〔清〕顧棟高 輯
吴樹平 李解民 點校

春秋大事表

第二册

中華書局

春秋列國官制表卷十

錫山　顧棟高復初　輯
金匱　華玉淳師道　參

敘

周禮爲周公制太平之書，世儒多疑其僞，獨有宋程、朱諸大儒亟稱之。然以愚觀之，竊有未盡然者。昔先王經理天下，天子治內，諸侯治外。故孟子言班爵禄之制特詳于列國君卿大夫士，其見于戴禮王制尤詳。而周官三百六十，獨列畿內之官，及于醢、醯、酒、漿之細，而于侯國之官概未之及，僅于秋官大行人及春官典命列其交際之禮與其命數，而其職事則無聞。竊疑周公勒成一書以垂治典，不宜舉近遺遠，詳小略大如是。春秋距成周數百年，其列國之官制猶存左氏。因事類見，可得什一于千百。雖其列國僭竊，或妄有改更，然其規模不甚相遠也。王制大國三卿皆命于天子，明大夫以下皆其君自命。案僖十二年管仲辭饗禮曰「有天子之二守國、高在」；宣十六年晉侯請于王命，士會爲太傅，是卿命于天子之證也。晉鞏朔以上軍大夫獻捷于周，而王曰「鞏伯未有職司于王室」，是大夫不命于天子之證也。周制諸侯兼官，司徒兼冢宰，司馬兼宗伯，司空兼司寇，故左傳曰季孫爲司徒，叔孫爲司馬，孟孫爲司空。而魯復有羽父爲太宰，夏父弗忌爲宗伯，此出當時之僭，非周制矣。左傳紀晉事尤詳，其職官雜見于事內，孔氏爲疏通而證明之，如御戎當周禮之戎僕，司士當周禮之司右，騶當周禮之趣馬，公族當夏官之諸子，公路當春官之巾車，其制尤班班可攷。其名或天子所制，或列國自命名，則均不可得而知矣。至太宰之名，則陳、宋與吴、楚俱有之。陳、宋爲三恪之後，吴、楚則僭王學者。爲綜考其同，區别其異，于春秋魯史之内得見成周侯國之官制，用補周禮之闕遺，亦學春秋者之一大掌故也。輯春秋列國官制表第十。

春秋列國官制表

周	宰	隱元年天王使宰咺來歸惠公仲子之賵。〇正義曰：「周禮天官卿一人，小宰中大夫二人，宰夫下大夫四人。」宰夫職曰：「凡邦之弔事，掌其戒令與其器
魯	太宰	隱十一年傳羽父請殺桓公，將以求太宰。〇正義曰：「天子六卿，天官爲太宰，諸侯則并六爲三而兼職焉。」昭四年傳稱季孫爲司徒，叔孫爲司馬，孟
宋	太宰 少宰	桓二年傳督爲太宰。〇按：文七年傳宋六卿和公室及哀二十六年傳宋六卿三族降聽政，並以右師、左師、司馬、司徒、司城、司寇爲六卿。成
晉		
齊	太宰	外傳桓公自莒反于齊，使鮑叔爲宰。韋註曰：「宰，太宰也。」則齊亦有太宰。
楚	太宰 少宰	宣十二年傳楚少宰如晉師。成十年傳太宰子商。十六年傳太宰伯州犂。昭元年傳薳啟疆爲太宰。二十一年傳太宰犯。按：楚以令
鄭	冢宰	昭元年傳趙孟曰：「武請于冢宰矣。」〇杜曰：「冢宰，子皮。」〇按：此或以爲執政之美稱，猶南遺稱季孫爲冢卿，士會稱蔿敖爲宰，非鄭獨設冢宰之
吳	太宰	定四年傳伯州犂之孫嚭爲吳太宰以謀楚。

幣財用。』旣掌弔事，或卽充使。此蓋宰夫也。」桓四年天王使宰渠伯糾來聘。〇正義曰：「傳言父在故名，則于法當書字。但中、下大夫例皆書字，故註直言王官之宰，不指小宰、宰夫。」

僖九年公會宰周公于葵丘。〇杜

孫爲司空，則魯之三卿無太宰。羽父名見于經，已是卿矣，而復求太宰，蓋欲令魯特設是官以榮己耳。以後更無太宰，知魯竟不立之。」

宰人

哀三年傳桓、僖災，子服景伯命宰人出禮書以待命。〇杜

十五年傳華元曰：「我爲右師。君臣之訓，師所司也。」是宋以右師爲政卿也。太宰在六官之下，而此傳云遂相宋公，蓋非常制。又按僖九年傳宋襄公卽位，以公子目夷爲仁，使爲左師以聽政，于是宋治。襄九年宋災傳樂喜爲司城以

尹、司馬爲要職，太宰之官非楚所重。

官。

太宰

襄十一年傳鄭使良霄、太宰石㚟如楚，告將服于晉。〇程啓生曰：「石㚟爲良霄之介。」則太宰之官非鄭所重矣。

按：鄭六卿其名可見者司馬、司空、司徒三官。襄二年傳云子罕當國，子駟爲政，

曰：「天子三公。」僖三十年天王使宰周公來聘。○杜曰：「天子三公兼冢宰也。」按：王人見于經者惟宰書官。正義曰：「穀梁傳曰『天子之宰，通于四海』。其意言宰者，六官之長官名。通于海內，當謂太宰之長官耳。其屬官不應得

曰：「宰人，冢宰之屬。」○按：此當亦如宰旅之類。

爲政。正義曰：「子罕賢知，故特使爲政。齊任管夷吾，魯任叔孫婼，皆位卑而執國政。」哀二十六年傳司城爲上卿，是宋亦有以左師、司城執政者矣。成十五年傳向帶爲太宰，魚府爲少宰。○正義曰：「六卿之外，或少

子國爲司馬。十年傳云子駟當國，子國爲司馬，子耳爲司空，子孔爲司徒。盜殺子駟、子國、子耳，子孔當國。十九年傳云鄭人使子展當國，子西聽政，立子產爲卿。三十年傳云子皮授子產政曰：「虎帥以聽，誰敢犯子？」子產爲

通。而宰咺、宰渠伯糾則必非長官，亦稱爲宰者。蓋自宰夫以上皆通也。」愚意冢宰，紀法之守。桓公簒弑，王不能討；卽位四年，未嘗一朝王室，而王使下聘；仲子諸侯之妾，以冢宰歸賵，皆非禮也。故特書官以示譏。若宰夫

司寇、二宰等亦是卿官，猶魯三卿外別有公孫嬰齊、臧孫許，但非如六卿等世掌國政也。」襄九年宋災傳使西鉏吾庀府守。○杜曰：「鉏吾，太宰也。」正義曰：「鉏吾太宰，傳無其文。周禮太宰之職掌建邦之六典。杜以府爲六

政。是鄭卿最尊者當國，當國之下復有爲政一人。此二卿未知以何名之。子產以少正爲卿，則六卿之中當有少正。又與宋六官不同。

以下，則如劉夏、石尚，書名可矣，何必具官。正義説非也。又僖二十八年踐土之盟，國語以王子虎爲太宰文公；而經兩書宰周公，皆在僖公時，或中有遷代。

宰旅

襄二十六年傳晉韓宣子聘于周，王使請事，對

官之典，故使具官守。劉炫以爲府庫守藏。今知不然者，以百司府藏已屬左、右二師。上華閱討右官，官庀其司。向戌討左，亦如之。則府庫之物，二師總令羣官所主。哀三年魯災，出禮書、御書，藏象魏，皆以典籍爲重，明

日：「晉士起將歸時事于宰旅，無他事矣。」○按：周禮太宰之屬旅下士三十有二人。

此府守是六官之典。」○按：杜以府守爲六官之典，遂謂是太宰之職，亦未有確據。周禮太史掌建邦之六典，小史掌邦國之志，則六官之典亦太史所掌。晉有董史，世掌典籍，韓宣子適魯觀書于太史氏，是他國典籍皆史官掌

周		司徒 襄二十一年傳晉欒盈奔楚過周，王使司徒禁掠欒氏者，歸所取焉。○正義曰：「周官司寇掌詰姦慝、刑暴亂。當使司
魯		司徒 昭四年傳杜洩謂季孫曰：「吾子爲司徒，實書名。」○正義曰：「周禮大司徒掌十二教，十有一曰以賢制爵，十有二
宋	之，此安知其非史職也？襄十七年傳皇國父爲太宰。	司徒 文七年傳鱗矔爲司徒。成十五年傳華喜爲司徒。襄九年宋災傳使華臣具正徒。○杜曰：「時爲司徒。」正義
晉		司徒 桓六年傳申繻曰：「晉以僖侯廢司徒。」○杜曰：「僖侯名司徒，廢爲中軍。」○按：僖侯之卒在春秋前百年，是春
齊		
楚		司徒 宣十一年傳令尹蔿艾獵城沂，使封人慮事，以授司徒。
鄭		司徒 襄十年傳子孔爲司徒。
衛		司徒 哀十五年傳司徒瞞成。二十五年傳司徒期。
陳		司徒 襄十七年傳司徒卬。

寇而云司徒者，以司徒掌會萬民之卒伍，以起徒役，以比追胥，以此追寇盜是其所掌，獲得罪人乃使司寇刑之耳。」昭二十二年傳司徒醜以王師敗績于前城。

曰以庸制祿，故司徒書名定位號也。」

曰：「周禮大司徒掌徒庶之政令，小司徒凡用衆庶則掌其政教。凡國之大事致民，是司徒掌役徒也。言具正徒，司里所使，遂正所納，皆是臨時調民而役之，若今之夫役。司徒所具正徒者，常供官役，若今之正丁也。」襄二十

秋時晉久無司徒之官。僖二十七年晉文公始作三軍，使郤縠將中軍。則謂廢司徒爲中軍者，杜蓋據後事言也。

昭八年傳司徒招。哀十一年傳初轅頗爲司徒。

周		
魯		宗伯 文二年大事于太廟躋僖
宋	九年傳宋司徒見智伯。○杜曰「司徒，華定也。」昭二十二年傳邊卬爲大司徒。○按：此則宋又有少司徒。哀二十六年傳皇懷爲司徒。	宗 襄九年宋災傳祝、宗用
晉		宗 成十七年傳晉范文子反
齊		
楚		
鄭		宗人 莊十四年傳鄭原繁曰：
虢		宗 莊三十二年傳神居莘，

公傳于是夏父弗忌爲宗伯。○杜曰：「宗伯，掌宗廟昭穆之禮。」

宗人 家宗人附

哀二十四年傳公子荆之母嬖，將以爲夫人，使宗人釁夏獻其禮，對曰：「無之。」公怒曰：「女爲宗司。立夫人，國之大禮也，何

馬于四墉，祀盤庚于西門之外。○杜曰：「宗，宗人。」

按：宋雖立六卿，而無宗伯。周禮小宗伯掌建國之神位，大烖及執事禱祠于上下神示。鄭注曰：「執事，大祝及男巫、女巫也。」「小宗伯與執事共禱祠。」春秋時多祝、宗

自鄢陵，使其祝、宗祈死。○按：此亦家宗人。

「先君桓公命我先人典司宗祏。」○按：此當亦是宗人之官。　襄二十二年傳鄭公孫黑肱有疾，召室老、宗人立段。○此家宗人也。

虢公使祝應、宗區、史嚚享焉。

衛

宗

襄十四年傳獻公出奔齊，使祝、宗告亡。

故無之？」〇杜曰：「宗人，禮官。」按：諸侯不應有宗伯，而周禮春官之屬有都宗人，掌都祭祀之禮，家宗人掌家祭祀之禮。定四年傳稱魯公之封有祝、宗、卜、史，杜氏解宗爲宗人。魯語哀姜至，公使大夫、宗婦覿用幣，宗

並稱，則諸侯之宗人當周禮小宗伯之職也。

周	
魯	人夏父展曰：「非故也。」韋注：「宗人，宗伯也。」則魯之宗人亦謂之宗伯。蓋其所掌與周官小宗伯同。昭二十五年傳叔孫昭子齊于其寢，使祝宗祈死。○按：此叔孫氏之宗人，卽周禮所云家宗人也。
宋	
晉	
齊	
楚	
鄭	
蔡	

司馬　家司馬別見。

昭四年傳杜洩曰："夫子爲司馬，與工正書服。"○杜曰："叔孫也。"正義曰："周禮夏官司馬其屬有司士，掌羣臣之政，以德詔爵，以功詔祿。工正雖不屬司馬，掌作車服，故與司馬書服也。"

大司馬　少司馬

隱三年傳大司馬孔父。僖十九年傳司馬子魚。二十二年傳楚人伐宋以救鄭，宋公將戰，大司馬固諫。○杜曰："大司馬固，莊公之孫公孫固也。"○按：下文戰于泓，司馬曰："彼衆我

司馬

詳見後。

大司馬　右司馬　左司馬

僖二十六年傳司馬子西帥師伐宋。文十年傳楚子田孟諸，宋公爲右盂，鄭伯爲左盂，期思公復遂爲右司馬，子朱及文之無畏爲左司馬。○杜曰："將獵，張兩甄，故置二左司馬。然則右

司馬

襄二年傳子國爲司馬。十四年傳司馬子蟜。

司馬

襄八年傳司馬公子燮。

陳

司馬

襄二十五年傳司馬桓子。

吳

司馬

哀十一年傳戰于艾陵，吳子謂叔孫曰："而事何也？"對

寡。」杜以爲子魚。史記宋世家前後皆作子魚之言。又文七年傳殺公孫固、公孫鄭，于時樂豫爲司馬，列于六卿，則固非卿明矣。顧寧人謂大司馬卽子魚，則「固諫」當爲固請之義。孔疏謂：「六卿之外別有孤卿。宋上公，禮得有

司馬一人當中央。」宣四年傳：初，司馬子良生子越椒。又云鬬班爲令尹，子越爲司馬，蔿賈爲工正。譖子揚而殺之，子越爲令尹，己爲司馬。成十六年戰于鄢陵傳司馬將中軍。○時子反爲司馬。襄二年傳楚殺右司馬公子

曰：「從司馬。」○杜曰：「從吳司馬所命。」

孤。」蓋附杜而爲之説也。文七年傳樂豫爲司馬，以讓公子卬。文八年宋人殺其大夫司馬。左傳：大司馬公子卬，昭公之黨也。司馬握節以死，故書以官。十五年宋司馬華孫來盟。左傳：宋華耦來盟，其官皆從之，書曰

申。三年傳司馬公子何忌侵陳。十二年傳司馬子庚聘于秦。十五年傳蔿子馮爲大司馬，公子橐師爲右司馬，公子成爲左司馬。二十二年傳公子齮爲司馬。二十五年傳蔿掩爲司馬，子木使庀賦，數甲兵。蔿掩書

「宋司馬華孫」，貴之也。十六年傳華耦卒而使蕩虺爲司馬。成十五年傳蕩澤爲司馬見殺，老佐爲司馬。襄六年傳樂轡以弓梏華弱于朝，平公曰：「司武而梏于朝，難以勝矣。」遂逐之。○杜曰：「司武，司馬。」時弱爲司馬。九

土田，度山林，鳩藪澤，辨京陵，表淳鹵，數疆潦，規偃豬，町原防，牧隰皋，井衍沃，量入脩賦，賦車籍馬，賦車兵、徒卒、甲楯之數。既成，以授子木，禮也。昭十二年傳司馬督。十三年傳公子棄疾爲司馬。十七年傳司馬子

年宋災傳使皇鄖命校正出馬，工正出車，備甲兵，庀武守。○正義曰：「車馬甲兵，司馬之職。使皇鄖掌此，鄖必司馬也。」二十七年傳宋人享趙文子，叔向爲介，司馬置折俎，禮也。○杜曰：「周禮司馬掌會同之事。」昭二十一年

魚。二十三年傳司馬薳越。二十七年傳左司馬沈尹戌。三十一年傳右司馬稽。哀四年傳左司馬眅。十六年傳沈諸梁兼二事，國寧，乃使寧爲令尹，寬爲司馬。○按：諸梁兼二事，令尹、司馬也。時子西爲令尹，子期必

傳華貙爲少司馬。○時貙之父華費遂爲大司馬。二十二年傳公孫忌爲大司馬。○杜云代華費遂。哀十四年傳司馬子仲。○皇野字。是年又有桓司馬，未知誰爲大司馬。哀二十六年傳皇非我爲大司馬。

是司馬，二人見殺，故諸梁兼攝其事。寧卽子西子子國。哀十八年傳：初，右司馬子國之卜也，觀瞻曰：「如志。」故命之。是子國自右司馬遷。令尹寬則子期子，各代其父也。

周	
魯	司寇 文十八年傳莒僕來奔，季文子使司寇出諸竟。　宣十八年傳臧宣叔逐東門氏。○杜曰：「時爲司寇。」　襄二十一年傳季孫謂臧武仲曰：「子爲司寇，將盜是務去。」　定元年傳孔子之爲司
宋	大司寇 少司寇 文七年傳華御事爲司寇。　十六年傳公子朝爲司寇。　十八年傳樂呂爲司寇。　成十五年傳向爲人爲大司寇，鱗朱爲少司寇。是年二司寇出奔楚，樂裔爲司寇。
晉	司寇 襄三年傳魏絳曰：「請歸死于司寇。」
齊	司寇 成十八年傳慶佐爲司寇。
楚	司敗 文十年傳子西曰：「臣歸死于司敗。」○杜曰：「陳楚名司寇爲司敗。」　宣四年傳若敖之亂，箴尹克黃使于齊，歸復命而自拘于司敗。
鄭	司寇 昭二年傳公孫黑將作亂，子產曰：「不速死，司寇將至。」　十八年鄭災，傳子產使司寇出新客，禁舊客，勿出于宮。
衛	司寇 昭二十年傳公孟縶狎齊豹，奪之司寇。　哀二十五年傳司寇亥。 唐 司敗 定三年傳唐人竊馬而獻之子常，子常歸唐侯，自拘于司敗。

寇也，溝而合諸墓。〇正義曰：「孔子爲司寇在定公十年後。」〇按：禮記正義引崔靈恩云：「諸侯三卿，司徒兼冢宰，司馬兼宗伯，司空兼司寇。三卿之下有五大夫。五大夫者，司徒之下立二人：小宰、小司徒；司馬之下以其事

襄九年宋災傳使樂遄庀刑器。〇杜曰：「樂遄，司寇。刑器，刑書。」昭二十年傳少司寇華牼。[二]二十二年傳樂輓爲大司寇。哀二十六年傳樂朱鉏爲大司寇。

省立一人，爲小司馬兼宗伯之事；司空之下立二人：小司空、小司寇。今夫子爲司空者，爲小司空也，從小司空爲小司寇也。」崔所以知然者，魯有孟、叔、季三卿爲政，又有臧氏爲司寇，故知孔子爲小司寇。顧寧人曰：「臧紇爲司寇，亦小司寇也。」十二年傳仲尼命申句須、樂頎下伐之。○杜註：「仲尼時爲司寇。」正義曰：「史記孔子世家云定公以孔子爲中都宰一年，四方皆則之。由中都宰爲司空，由司空爲大司寇。十年會于夾谷時已爲司寇矣。十四

周	
魯	年孔子由大司寇攝行相事。是此時仲尼爲司寇。」
宋	
晉	
齊	
楚	
鄭	
陳	

周	
魯	司空 隱二年傳司空無駭入極。昭四年傳杜洩曰「孟孫爲司空，以書勳。」○正義曰「周禮司勳屬夏官。今司
宋	司城 桓六年傳申繻曰「宋以武公廢司空。」○杜曰「武公名司空，廢爲司城。」文七年傳公子蕩爲司城。八年宋
晉	大司空 莊二十六年傳士蔿爲大司空。○杜曰「大司空，卿官。」 司空 文二年傳及晉司空士縠盟于垂隴。
齊	
楚	
鄭	司空 襄十年傳子耳爲司空。
陳	司空 襄二十五年傳鄭入陳，祝祓社，司徒致民，司馬致節，司空致地，乃還。○杜曰「陳亂，故正其衆官，脩其所

空書勳者，春秋之時，又是諸侯之法，不可盡與禮同。」

司城來奔。左傳：司城蕩意諸來奔，效節于府人而出。公以其官逆之，皆復之，亦書以官，皆貴之也。十六年傳蕩意諸死之，文公卽位，使母弟須爲司城。十八年傳公孫師爲司城。襄六年傳司城子罕。九年宋災傳

○杜曰：「晉司空非卿也，以穀能堪卿事故書。」成十八年傳右行辛爲司空，使脩士蔿之法。襄三十一年傳司空以時平易道路。按：成二年傳公會晉師于上鄍，賜三帥先路三命之服，司馬、司空、輿師、候正、亞旅皆受一命

職，以安定之。」

曹

司城

哀七年傳曹伯陽寵公孫彊，使爲司城以聽政。○程啓生曰：「司城，宋官，曹不應有。蓋曹後衰弱，奉宋之政令已久。其見滅于宋宜矣。」

樂喜爲司城以爲政。○杜曰：「樂喜，子罕也，爲政卿。」正義曰：「此傳有以爲政爲救火之政。但歷檢傳文，鄭人討賊，宋人獻玉，扶築臺之謳，削向戌之賞，皆是政卿之任，故言爲政卿也。」昭二十二年傳樂祁爲司城。

之服。襄十九年傳公享晉六卿于蒲圃，賜之三命之服，軍尉、司馬、司空、輿尉、候奄皆受一命之服。杜註：「司馬、司空皆大夫。」正義曰：「明他國以爲卿，晉以爲大夫。軍行有此大夫從者，司馬主甲兵，司空主營壘。」蓋晉自司徒

周		
魯	傅	
宋		哀二十六年傳樂茷爲司城。
晉	太師	既廢，僅大司空一見于傳。文公以後，世主夏盟，諸卿皆以軍將爲號，而司馬、司空僅列軍尉、輿師之閒，亦世變之亟也。今以司空附于此，而司馬則別見云。
齊	傅	
楚	太師	
鄭		
蔡	太師	

閔二年傳初，公傅奪卜齮田，公不禁。〇按：公卽位年八歲，此傅當亦公子時傅，猶楚潘崇爲太子師，穆王卽位使爲太師是也。

太傅

桓二年傳惠之二十四年晉始亂，故封桓叔于曲沃，靖侯之孫欒賓傅之。僖四年傳太子申生奔新城，公殺其傅杜原款。九年傳獻公使荀息傅奚齊。文六年傳宣子于是乎始爲國政，既成，

少傅

襄十九年傳齊侯使高厚傅牙以爲太子，夙沙衛爲少傅。按：禮記文王世子篇：「立太傅、少傅以養之，欲其知父子君臣之道也。太傅審父子君臣之道以示之，少傅奉世子以觀太傅之德行而審喻之。」此後世

師

少師

文元年傳穆王立，以其爲太子之室與潘崇，使爲太師，且掌環列之尹。昭十九年傳楚子之在蔡也生太子建，及卽位，使伍奢爲之師，費無極爲少師。哀十七年傳楚子問帥于太師子穀。

襄二十六年傳太師子朝。

衛

少師

襄二十七年傳以公孫免餘爲少師。

隨

少師

桓六年傳隨人使少師董成。

以授太傅陽子與太師賈佗，使行諸晉國以爲常法。〇正義曰：「孤尊于卿，法由在上，故宣子法成授二孤使行之。」〇按：晉置孤卿已僭，而有二孤，尤非禮也。宣十六年傳晉侯請于王以黻冕命士會將中軍，且爲太傅。〇正義曰：

東宮師傅官之始。楚以譏人費無極爲之，已失豫教之本。齊至屬之寺人，抑又甚矣。

「天子太傅，三公之官。諸侯太傅，孤卿之官。周禮典命云『公之孤四命』，鄭衆云『九命上公得置孤卿一人』。春秋時晉爲伯主，侯亦置孤卿。」成十八年傳使士渥濁爲太傅，使修范武子之法。襄十六年傳羊舌肸爲傅。○正義曰：「亦當爲太傅。士會以中軍將兼之，故知是孤卿。士渥濁以大夫居之，今此復代渥濁，亦大夫也。諸侯之有孤卿，猶天子之有三公，無人則闕，故隨其本官高下而兼攝之也。」〇按：晉語羊舌肸習于春秋，使傅太子彪，是肸

周		太史 日官附。桓十七年傳天子有日官，日官居卿以底日，禮也。○杜曰：「日官，天子掌曆者，不在六卿之數，而位從卿。」正義曰：「周禮
魯		太史 日御及司曆附。桓十七年傳諸侯有日御，日御不失日以授百官于朝。○杜曰：「日御，典曆數者。」○按：昭十七年夏六月甲戌朔日有食之，
宋		
晉	亦平公世子時傅。及即位，因以命之。	太史 左史 宣二年傳太史書曰：「趙盾弑其君。」以示于朝。孔子曰：「董狐，古之良史也，書法不隱。」襄十四年傳左史謂魏莊子
齊		太史 南史 襄二十五年傳太史書曰：「崔杼弑其君。」崔子殺之。其弟嗣書而死者二人，其弟又書，乃舍之。南史聞太史盡死，
楚		左史 昭十二年傳左史倚相趨過。哀十七年傳左史老。按：禮記玉藻「動則左史書之，言則右史書之。」正義曰：「周禮春官有太
鄭		太史 襄三十年傳使太史命伯石爲卿。○按：周禮策命之事掌于内史，今鄭以太史主之。孔疏以爲諸侯兼官無内史，然尚書酒誥有
虢		史 莊三十二年傳史嚚。○杜曰：「史，太史也。」
衛		太史 閔二年傳狄人囚史華龍滑與禮孔，

太史掌正歲年以序事，頒告朔于邦國。然則天子掌曆者謂太史也。」莊二十二年傳周史有以周易見陳侯者。○杜曰：「史，周太史也。」哀六年傳有雲如衆赤鳥，夾日以飛三日。楚子使問之周太史。

內史

季平子以六月非正月，而太史辨之，曰：「在此月也。」是魯之典曆數者亦卽太史也。又按：襄二十七年傳十一月乙亥朔日有食之，辰在申，司曆過也，再失閏矣。哀十二年傳冬十有二月螽，仲尼曰：「火伏而後蟄者畢，今火猶西

曰「不待中行伯乎？」○杜曰：「左史，晉太史。」三十年傳史趙曰「亥有二首六身。」○杜曰：「史趙，晉太史。」昭十五年傳王謂籍談曰：「昔而高祖孫伯黶司晉之典籍以爲大政，故曰籍氏。及辛有之二子董之晉，于是

執簡以往，聞既書矣，乃還。○按：孔疏南史是佐太史者，當是小史也，居在南，故謂之南史耳。昭二十年傳史嚚。哀十四年傳太史子餘。

史、小史、內史、外史、御史，凡五史，而無左、右史之名。熊氏云太史記動作之事，則太史爲左也。內史記策命之事，則內史爲右也。其官有闕，得交相攝代。若春秋之時，則特置左、右史官。」

太史友、內史友，則諸侯得立內史。或鄭令太史兼攝耳。昭元年傳公孫黑彊與于盟，使太史書其名，且曰七子。

二人曰：「我太史也，實掌其祭。」○按：周禮太史大祭祀與執事卜日，祭之日執書以次位常。是太史掌祭事也。襄二十九年傳史鰌。○按：傳中如鰌及史朝、史狗，杜註無明文。論語史魚，朱子集註：「史，官名，或是

桓二年傳周內史聞之。莊三十二年傳有神降于莘，惠王問諸內史過，曰：「是何故也？」僖十六年傳隕石于宋五，六鷁退飛過宋都，周內史叔興聘于宋，宋襄公問曰：「是何祥也？吉凶焉在？」○觀此二傳，則內史亦掌占候吉

流，司曆過也。」此司曆之官當即所云日御。文十八年傳太史克。昭二年傳韓宣子來聘，觀書于太史氏，見易象與魯春秋，曰：「周禮盡在魯矣。」○正義曰：「太史職掌書籍，必有藏書之處，若今之秘閣。」哀十一年傳公使太史

乎有董史。女，司典之後也，何故忘之？」○正義曰：「籍氏董氏世掌典籍。」二十九年傳龍見于絳郊，魏獻子問于蔡墨。○杜曰：「晉太史。」○按：下鑄刑鼎傳作蔡史墨，或蔡人。否則掌龜卜之史，故以蔡史名官。哀九年傳趙

太史也。」

凶之事，蓋太史之屬也。二十八年傳王命內史叔興父策命晉侯爲侯伯。○按：周禮內史職曰：「凡命諸侯及孤卿、大夫，則策命之。」鄭司農引此傳爲證。文元年傳王使內史叔服來會葬。襄十年傳晉滅偪陽，使周內史選其族

固歸國子之元。

外史

襄二十三年傳將盟臧氏，季孫召外史掌惡臣，而問盟首焉。○正義曰：「周禮外史掌書外令，掌四方之志。」今季孫召外史，蓋魯亦立此官也。」○按：此疏言魯亦有外史之官，而序

鞅卜救鄭，占諸史趙、史墨、史龜。按：周禮占人職曰：「凡卜筮，史占墨。」禮記玉藻曰：「卜人定龜，史定墨，君定體。」又月令：「命太史釁龜策占兆，審卦吉凶。」則卜筮之事雖太卜等官專掌，而太史亦涖其事。故周太史及晉史

周	嗣，納諸霍人。〇杜曰：「內史，掌爵祿廢置者。」	
魯	文疏內則云史官身居在外，季孫從內召之，故曰外史。又以南史、外史皆非官名。今据尚書，諸侯得有內史，則亦有外史也。	祝史 昭十七年傳日有食之，祝史請所用
宋		祝 哀二十六年傳大尹使祝爲載書，祝
晉	趙諸人並以占卜見。或謂春秋時稍稍侵官，或未然也。	祭史 昭十七年傳晉荀吳帥師涉自棘津，
齊		祝 襄二十五年傳祝佗父祭于高唐。
楚		
鄭		祝 祝史 昭十六年傳祝款。十
虢		祝 莊三十二年傳祝應。〇杜曰：「祝，

幣。○按：掌祝者謂之祝史，猶掌卜者謂之筮史。周禮春官大祝掌六祝之辭以祀鬼神示，其屬有小祝、喪祝、甸祝、詛祝等官。定四年傳分魯以祝、宗、卜、史，杜謂太祝、宗人、太卜、太史四官，則魯有太祝也。

襄以載書告皇非我。○按：周禮詛祝掌盟詛，作盟詛之載辭。鄭司農引此傳爲證。

使祭史先用牲于雒。○按：祭史當卽祝史。又襄二十七年傳叔向稱范武子祝史陳信于鬼神，是大夫之家亦有祝史。

昭二十年傳祝固。

八年鄭災傳使祝史徙主祏于周廟，告于先君。郊人助祝史除于國北，禳火于玄冥、回禄，祈于四墉。

太祝也。」

衛

祝

祝史

定四年傳祝鮀。哀二十五年傳祝史揮。

國	官	事
周	卜正	隱十一年傳滕侯曰：「我周之卜正也。」○杜曰：「卜正，卜官之長。」正義曰：「周禮春官太卜下大夫二人，其下有卜師、卜人、龜人、筮人。太卜爲之長，正訓長也，故謂之卜正。」
魯	卜士 卜人 史	桓六年傳子同生，卜士負之，士妻食之。○杜曰：「禮，世子生三日，卜士負之，射人以桑弧蓬矢射天地四方，卜士之妻爲乳母。」閔二年傳成季之將生也，
宋		
晉	卜人 筮史	閔元年傳卜偃曰：「畢萬之後必大。」○杜曰：「卜偃，晉掌卜大夫。」僖四年傳初，獻公欲以驪姬爲夫人，卜之不吉，筮之吉，公曰：「從筮。」卜人曰：「筮短龜長，不如從長。」十
齊	史	襄二十五年傳武子筮之，遇困之大過，史皆曰：「吉。」
楚	開卜 卜尹	昭十三年傳觀從曰：「臣之先佐開卜。」乃使爲卜尹。哀十八年傳初，右司馬子國之卜也，觀瞻曰：「如志。」杜曰：「觀瞻，楚開卜大夫。」
鄭	開卜 見註	昭十八年鄭災傳使公孫登徙大龜。○杜曰：「登，開卜大夫。」
衛	卜人	哀十六年傳衛侯占夢，嬖人與卜人比而告公。十七年傳衛侯夢于北宮，公親筮之，胥彌赦占之。○杜曰：「赦，筮史。」
秦	卜	僖十五年傳

桓公使卜楚丘之父卜之。○杜曰：「卜楚丘，魯掌卜大夫。」文十八年傳惠伯令龜，卜楚丘占之。襄九年傳穆姜薨于東宮，始往而筮之，遇艮之八。史曰：「是謂艮之隨。」昭五年傳：初，穆子之生也，莊叔以周易筮之，

五年傳初晉獻公筮嫁伯姬于秦，史蘇占之，曰：「不吉。」○杜曰：「史蘇，晉卜筮之史。」二十八年傳曹伯之豎侯獳貨筮史。成十六年鄢陵之戰，公筮之，史曰：「吉。」昭元年傳晉侯有疾，卜人曰：「實沈、臺駘爲祟。」

秦伯伐晉，卜徒父筮之。○杜曰：「秦之掌龜卜者。」

梁

卜

僖十七年傳梁嬴孕過期，卜招父與其子卜之。○杜曰：「梁太卜。」

郯

史

泠	周	
工	魯	遇明夷之謙，以示卜楚丘。三十二年傳晉史墨曰：「昔成季友，桓之季也，文姜之愛子也，始震而卜，卜人曰：『生有嘉聞，其名曰友，爲公室輔。』及生，如卜人言。」
舞師	宋	
師	晉	
	齊	
師	楚	
師	鄭	
大師	衛	文十三年傳邾文公卜遷于繹，史曰：「利于民而不利于君。」

昭二十一年傳天王將鑄無射，泠州鳩曰：「王其以心疾死乎。」○杜曰：「泠，樂官。」

襄二十八年傳叔孫穆子食慶封，使工爲之誦茅鴟。○杜曰：「工，樂師。」二十九年吳子使札來聘傳使工爲之歌周南、召南。按：周禮春官太師下大夫二人，小師上士四人，其下有瞽、矇之屬。鄭注云：「凡樂之歌必使瞽、矇爲焉，

襄十年傳宋公享晉侯于楚丘，請以桑林，舞師題以旌夏。○杜曰：「樂師也。」按：周禮春官大司樂、樂師、大胥、小胥，凡舞事皆屬焉。其下有籥師，掌教國子舞羽吹籥，祭祀則鼓羽籥之舞，賓客饗食則亦如之；司干掌

工

襄四年傳工歌文王之三。○杜曰：「工，樂人。」十四年傳師曠侍于晉侯。○杜曰：「師曠，晉樂太師。」昭九年傳屠蒯酌以飲工。○杜曰：「工即師曠。」

僖二十二年傳楚子使師縉示之俘馘。○杜曰：「師縉，楚樂師。」

樂尹

定五年傳昭王以季芊妻鍾建，以爲樂尹。○杜曰：「司樂大夫。」

泠人

成九年傳晉侯觀于軍府，見鍾儀，問其族，對

襄十一年傳鄭人賂晉侯以師悝、師觸、師蠲。十五年傳鄭人納賂于宋，以馬四十乘與師茷、師慧。

襄十四年傳獻公飲孫蒯酒，使太師歌巧言之卒章，太師辭，師曹請爲之。○杜曰：「太師，掌樂大夫。師曹，樂人。」

周	魯	宋	晉	齊	楚	鄭	衛
	命其賢知者以爲太師、少師。」魯論有太師摯、少師陽，而傳無之。今以昭九年傳合之檀弓所載，則是太師以下通謂之工也。	舞器。此舞師當卽籥師、司干之類，而非地官之舞師也。			曰：「泠人也。」○正義曰：「詩簡兮序云：『衛之賢者仕于泠官。』鄭云：『泠官，樂官也。泠氏世掌樂官而善焉，故後世名樂官爲泠官。』」		
行人 襄二十一年傳樂盈過周，辭于行	行人 文四年傳衛武子來聘，使行人私	行人 定六年晉人執宋行人樂祁犂。	行人 襄四年傳韓獻子使行人子員問之。			行人 襄十一年楚人執鄭行人良霄。二	行人 襄十八年晉人執衛行人石買。定

人。

焉。昭二十三年晉人執我行人叔孫婼。按：行人見于經者六，並以見執書。是乃一時奉使，非專官。又按：襄四年正義云：「周禮大行人掌大賓之禮、大客之儀，小行人掌使適四方協賓客之禮。諸侯行人當亦通掌此事，故爲

二十六年傳秦伯之弟鍼如晉脩成，叔向命召行人子員，行人子朱曰：「朱也當御。」

十四年傳鄭行人公孫揮如晉聘。三十一年傳北宫文子相衞襄公以如楚，過鄭，文子入聘，子羽爲行人。昭十八年宋、衞、陳、鄭災傳鄭使行人告于諸侯。

七年齊人執衞行人北宫結以侵衞。哀十二年傳謀于行人子羽。

陳

行人

昭八年楚人執陳行人干徵師殺之。

吳

行人

成七年傳巫臣請使于吳，乃通吳

通使之官。」然則經、傳所書行人雖各異，其職掌正同。

于晉，寘其子狐庸焉，使爲行人于吳。定四年傳伍員爲吳行人以謀楚。哀十二年傳衛人殺吳行人且姚。

巴

行人

桓九年傳巴子使韓服聘于鄧，鄧南鄙鄾人攻而奪之幣，殺巴行人。

周	尉氏 襄二十一年傳欒盈曰：「將歸死于尉氏。」○杜曰：「尉氏，討奸之官。」正義曰：「周禮司寇之屬無尉氏之官。蓋周室既衰，官名改易耳。」按此與晉之理，齊、衛之士，名既各
魯	
宋	
晉	理 襄二十六年傳衛侯如晉，晉人執而囚之于士弱氏。○杜曰：「士弱，晉主獄大夫。」昭十四年傳士景伯如楚，叔魚攝理。○杜曰：「士景伯，晉理官。」
齊	士 成十八年傳齊侯使士華免以戈殺國佐于内宮之朝。○正義曰：「士者，士官也，掌刑政。」
楚	
鄭	
衛	大士 僖二十八年傳衛侯與元咺訟，士榮爲大士。○杜曰：「大士，治獄官也。」正義曰：「以其主獄事，故使與晉之獄官對理質證。」

周	異，或位亦不同，然俱爲刑官，故並繫于此。	
魯		
宋		
晉		僕大夫 成六年傳韓獻子將新中軍，且爲僕大夫。公揖而入，獻子從公立于寢庭。○杜曰，「兼太僕。」正義曰：「太僕職云王視燕朝
齊		
楚		正僕 昭十三年傳蔡公因正僕入殺太子祿及公子罷敵。○杜曰：「正僕，太子之近官。」正義曰：「太僕也，周禮下大夫二人。」
鄭		

周		御士 僖二十四年傳太叔以狄師攻王，王御士將禦之。○杜曰：「周禮王之御士十二
魯		御 昭四年傳公御萊書。○杜曰：「公御士。」
宋		御士 昭二十一年傳華多僚爲御士。
晉	則正位掌擯相，鄭註『燕朝，朝于路寢之庭也』。獻子既爲僕大夫，故知寢庭爲路寢之庭。」	僕人 襄三年傳魏絳至，授僕人書。○杜曰：「僕人，晉侯御僕。」○按：周禮御僕掌
齊		
楚		御士 襄二十二年傳子南之子棄疾爲王御士。
鄭		

周	人。」正義曰：「周禮無御士之官，惟夏官太僕之屬有御僕下士十二人，掌王之燕令。」襄三十年傳單公子愆期爲靈王御士。	
魯		
宋		
晉	羣吏之逆及庶民之復。鄭司農云：「復謂奏事也，逆謂受下奏。」則此僕人正御僕之職也。	僕人 襄三十一年傳諸侯賓至，僕人巡
齊		僕人 哀二十一年傳公及齊侯、邾子
楚		
鄭		外僕 僖三十三年傳外僕髡屯。襄

宮。○按：此僕人所掌正與哀二十一年傳僕人同。

盟于顧，公先至于陽穀，齊閭丘息曰：「爲僕人之未次，請除館于舟道。」辭曰：「敢勤僕人。」○按杜註以次爲次舍，則此僕人當如鄭之外僕，掌次舍者。

二十八年傳子產相鄭伯以如楚，舍不爲壇，外僕言曰：「昔先大夫相先君適四國，未嘗不爲壇。」○杜曰：「外僕，掌次舍者。」○按：周禮天官之屬有掌舍下士四人，掌次下士四人。昭十三年傳子產命外僕速張于除。

周		
魯	御右	莊九年傳師及齊師戰于乾時，我師敗績，公喪戎路，傳乘而歸。秦子、梁子以公旗辟于下道，是以皆止。○杜曰：「二子，公御及戎右也。」十一年傳乘丘之役，公
宋	御右	文十一年傳初，宋武公之世鄋瞞伐宋，司徒皇父帥師禦之，耏班御皇父充石，公子穀甥爲右，司寇牛父駟乘，以敗狄于長丘。昭二十一年傳鄭翩願爲鸛，
晉	御戎右	桓三年傳曲沃武公伐翼，韓萬御戎，梁弘爲右。閔元年傳公將上軍，太子申生將下軍，趙夙御戎，畢萬爲右，以滅耿、滅霍、滅魏。二年傳使太子申生伐
齊	御戎右	成二年鞌之戰邴夏御齊侯，逢丑父爲右，齊師敗，鄭周父御佐車，宛茷爲右，載齊侯以免。襄二十三年傳齊侯伐衛，先驅，穀榮御王孫揮，召揚爲右；申驅，
楚	御戎右	宣十二年邲之戰楚許伯御樂伯，攝叔爲右，以致晉師。楚子爲乘廣三十乘，分爲左右。許偃御右廣，養由基爲右；彭名御左廣，屈蕩爲右。成二年傳王卒
鄭	御右	成十六年鄢陵之戰石首御鄭成公，唐苟爲右。襄二十四年傳晉侯使張骼、輔躒致楚師。求御于鄭。鄭人卜宛射犬，吉。二子使御廣車而行，己皆乘乘車。將
衛	御戎右	閔二年傳狄人伐衛，渠孔御戎，子伯爲右，黄夷前驅，孔嬰齊殿，及狄人戰于熒澤。襄十四年衛侯出奔齊傳公孫丁御公。昭二十年傳華齊御公孟，宗魯驂

以金僕姑射南宮長萬,公右顓孫生搏之。○正義曰:「檀弓云魯莊公及宋人戰于乘丘,縣賁父御,卜國爲右。車右與此不同者,禮記後人所録,聞于所聞之口,其事未必實也。」文十一年傳鄭瞞侵齊,遂伐我,公使叔孫得臣追

其御願爲驚。子禄御公子城,莊堇爲右。干犨御吕封人華豹,張匄爲右。

東山皋落氏,狐突御戎,先友爲右,梁餘子養御罕夷,先丹木爲右。僖八年傳里克帥師,梁由靡御,虢射爲右,以敗狄于采桑。十五年韓之戰,卜右慶鄭,吉,弗使,步揚御戎,家僕徒爲右,梁由靡御韓簡,虢射爲右。

成秩御莒恆,中鮮虞之傅摯爲右。曹開御戎,晏父戎爲右。貳廣,上之登御邢公,盧蒲癸爲右;啟,牢成御襄罷師,狼蘧疏爲右;胠,商子車御侯朝,桓跳爲右;大殿,商子游御夏之御寇,崔如爲右,燭庸之越駟乘。自

盡行,彭名御戎,蔡景公爲左,許靈公爲右。○正義曰:「諸侯戎御,皆御君之戎車。若君親在車,則當居中,御者居左,勇力之士在右,故御戎、戎右常連言之。此王車雖行,王身不在,故不立戎右,使御者在中,令蔡、許二

及楚師,而後從之乘。

乘,慶比御公,公南楚驂乘。及公宮,鴻駵魋駟乘于公。○按:驂乘,周禮謂之陪乘,蓋即車右也。

隨

戎右

桓八年傳楚伐隨,戰于速杞,隨師敗績,隨侯逸。鬭丹獲其戎車與其戎右少師。

之，侯叔夏御莊叔，綿房甥爲右，富父終甥駟乘。○杜曰：「駟乘，四人共車。」襄十年傳孟獻子以秦堇父爲右。定七年傳齊國夏伐我，陽虎御季桓子，公斂處父御孟懿子，將宵軍齊師。哀十一年傳齊國書帥師伐我，孟孺子

二十七年傳蒐于被廬，作三軍，荀林父御戎，魏犨爲右。二十八年城濮之戰，舟之僑爲戎右，師還，舟之僑先歸，士會攝右。三十三年殽之戰，梁弘御戎，萊駒爲右。戰之明日，襄公縛秦囚，使萊駒以戈斬之。囚呼，

衛將遂伐晉。○按此傳惟曹開、晏父戎杜註曰公御及右也，則公御曰御戎，餘但稱御。哀十一年艾陵之戰桑掩胥御國子。

君居王車上當左、右之位。」十六年鄢陵之戰彭名御楚共王，潘黨爲右。

洩帥右師，顏羽御，邴洩爲右；冉求帥左師，管周父御，樊遲爲右，及齊師戰于郊。

萊駒失戈，狼瞫取戈以斬囚，禽之以從公乘，遂以爲右。箕之役，先軫黜之而立續簡伯。文二年彭衙之戰王官無地御戎，狐鞫居爲右。七年令狐之戰步招御戎，戎津爲右。十二年河曲之戰范無恤御戎。成二年鞌之戰解張御郤克，鄭丘緩爲右。十三年麻隧之戰郤毅御戎，欒鍼爲右。十六年鄢陵之戰步毅御晉厲公，欒鍼爲右。十八年傳弁糾御戎，校正屬焉，使訓諸御知義。荀賓爲右，司士屬焉，使訓勇力之士時使。卿無共御，立軍尉以攝之。哀二年傳趙鞅納衛太子于戚，郵無卹御簡子，衛太子爲右；繁羽御趙羅，宋勇爲右。按：成十八年正義曰：「周禮大御，御官之長。別有戎僕掌御戎車。春秋征伐之世，以御戎爲重。此御戎當是御之尊者，當周之戎僕也。」桓三年正義曰：「周禮戎右，掌戎車之兵革使，故知右是戎車之右。」今按：御、右二者異職而共事，故合著之。又卿御，正義謂如梁餘子養御罕夷，解張御郤克之類。今按：梁由靡始御里克，復御韓簡，是亦卿御也。春秋時多公自將軍，故有公御，有卿御。然晉三軍將佐固當各有御、右，如鄢陵之戰韓厥從鄭伯，其御杜溷羅曰：「速從之。」郤至從鄭伯，其右茀翰胡曰：「諜輅之，余從之乘而俘以下。」厥是下軍之將，至是新軍之佐。宣二年傳晉侯伏甲將攻趙盾，其右提彌明知之。是有卿御，即當復有卿右也。

司士

見上成十八年傳。○正義曰：「周禮司士掌羣臣之版以詔王治，其職非車右之類，不得屬車右也。周禮有司右，上士也，掌羣右之政，凡國之勇力之士能用五兵者屬焉。其下更有戎右中大夫，齊右下大夫，道右上士。此三右或官尊于司右，而司右掌其政令。春秋之世，車右爲尊。此司士蓋周禮司右之類爲車右屬官。服虔以爲司士主右之官，謂司右也。」

周	
魯	御騶 襄二十三年傳孟氏之御騶豐點。○正義曰：「騶是掌馬之官，蓋兼掌御事，謂之御騶。」按：周禮邦國六閑，家四閑。此御騶特家臣耳。然可見魯亦有是官，故繫于此。
宋	
晉	乘馬御 六騶 成十八年傳程鄭爲乘馬御，六騶屬焉，使訓羣騶知禮。襄十六年傳虞丘書爲乘馬御。按：杜註：「乘馬御，乘車之僕。六騶，六閑之騶。」周禮諸侯有六閑。乘車尚禮容，故
齊	
楚	
鄭	

訓使知禮。」正義曰：「周禮齊僕下大夫，掌馭金輅以賓朝覲宗，遇饗食皆乘金輅。」杜言此是乘車之僕，蓋當周禮之齊僕，晉語謂之贊僕，當時之官名耳。」又曰：「騶當周禮之趣馬。周禮趣馬下士，掌駕說之頒。月令季秋天子乃

周		
魯		校人 哀三年傳：桓、僖災，子服景伯至，命校人乘馬。公父文伯至，命校
宋		校正 襄九年傳使皇鄖命校正出馬。
晉	教田獵，命僕夫七騶咸駕。鄭康成云七騶謂趣馬。程鄭爲乘馬御，御之貴者，故令掌駕之官亦屬之。」	校正 成十八年傳：弁糾御戎，校正屬焉。〇正義：「校正當周禮校人，掌王
齊		
楚		王馬之屬 昭二十七年傳：左司馬沈尹戌帥都君子與王馬之屬以濟師。
鄭		

周		
魯	人駕乘車。	工正　昭四年傳杜洩曰：「夫子
宋		工正　襄九年傳使皇鄖命工正
晉	馬之政。襄九年傳命校正出馬，知是主馬之官也。周禮校人不屬大御，此蓋諸侯兼官，或是悼公新法。此傳所言諸官，皆不得與周禮同也。」	
齊		工正　莊二十二年傳陳公子完
楚	○杜曰：「王馬之屬，王之養馬官屬校人也。」	工正　宣四年傳蔿賈爲工正。
鄭		

爲司馬，與工正書服。」〇正義曰：「工正掌作車服，故與司馬書服。」

工師

定十年傳郈工師駟赤。〇杜曰：「工師掌工匠之官。」

匠

襄四年傳匠慶謂季文子。〇杜曰：「匠慶，魯大匠。」

出車。〇正義曰：「周禮司馬之屬無主車之官。巾車、車僕職皆掌車，乃爲宗伯之屬。昭四年傳云夫子爲司馬與工正書服，是諸侯之官，司馬之屬有工正主車也。」

奔齊，桓公使爲工正。

工尹

文十年傳使子西爲工尹。〇杜曰：「掌百工之官。」宣十二年傳工尹齊將右拒卒，以逐下軍。成十六年傳楚子使工尹襄問郤至以弓。昭十二年傳工尹路請曰：「君王命剥圭以爲鍼柲。」十九年傳楚工尹赤遷陰

楚	于下陰。二十七年傳工尹壽帥師至于潛。哀十八年傳薳固。

周	
魯	巾車 哀三年傳子服景伯命巾車脂轄。○杜曰："巾車掌車。"○按：周禮巾車掌公車之政令，鄭註"車官之
宋	
晉	巾車 襄三十一年傳巾車脂轄。
齊	差車 哀六年傳鮑子醉而往，其臣差車鮑點。○杜曰："差車，主車之官。"
楚	
鄭	

周		
魯	長」。按：哀十四年傳叔孫氏之車子鉏商。服虔云：「車，車士。」考家語有「士」字，王肅云：「車士，將車者也。」此則大夫之家主車者。	府人 昭三十二年
宋		府人 文八年傳宋
晉		
齊		
楚		
鄭		府人 庫人

周		
魯		傳公疾，徧賜大夫，賜子家子雙琥、一環、一璧、輕服，受之。公薨，子家子反賜于府人。
宋	門尹	司城蕩意諸來奔，效節于府人而出。
晉		
齊		
楚	尹門	
鄭		昭十八年鄭災，傳使府人庫人各儆其事。〇正義曰：「周官有大府、內府、外府、天府、玉府、泉府、而無掌庫之官。蓋府、庫通言庫，亦謂之府。諸侯國異政殊，故府、庫並言也。」

僖二十八年傳門尹般。哀二十六年傳門尹得。按：國語敵國賓至，關尹以告，門尹除門。周禮地官之屬，司門下大夫二人，司關上士二人、中士四人。鄭司農以司關爲關尹，則門尹當卽周禮之司門也。

哀十六年傳石乞尹門。○杜曰：「爲門尹。」

大閽

莊十九年傳鬻權自刖，楚人以爲大閽，謂之大伯。○杜曰：「若今城門校尉官。」正義曰：「周禮天官閽人掌守王宮之中門之禁。」鄭云閽人司昏晨以啟閉者。秋官掌戮墨者使守門，刖者使守囿。則閽不使刖，而鬻拳得爲閽者。周禮地官之屬有司門，下大夫二人，掌授管鑰以啟閉國門。鄭云若今城門校尉，主王城十二門。此註亦云若今城門校尉官。然則鬻拳本是大臣，楚人以其賢而使典

國	（續前）	虎賁	門官
周		僖二十八年傳王命晉侯爲侯伯，賜之虎賁三百人。○正義曰：「國語云天子有虎賁，習武訓，諸侯有旅賁禦災害，大夫	僖二十二年傳門官殲焉。○正義曰：「周禮虎賁氏掌先後王而趨以卒伍，軍旅會同亦如之，舍則守王閑，王在國
魯			
宋			
晉			
齊			
楚			
鄭	此職，非爲刑而役之。當如地官之司門，非天官之閽人。」		

周	有貳車備承事，士有陪乘告奔走。周禮司馬之屬有虎賁氏下大夫二人，虎士八百人。」〇按：鄭註：「虎士，徒之選有勇力者。」	
魯		隧正 正夫 襄七年傳叔孫昭伯爲隧
宋	則守王宮，國有大故則守王門。此門官蓋亦天子虎賁氏之類，故在國則守門，師行則在君左右。」	隧正 襄九年宋災，傳令隧正納郊保奔火
晉		
齊		
楚		
鄭		

正。○杜曰：「隧正，主役徒。」正義曰：「隧正，官名，當周禮之遂人。」二十三年傳孟氏將辟，藉除于臧氏，臧孫使正夫助之。○杜曰：「正夫，隧正。」正義曰：「隧正當屬司徒，臧氏爲司寇，蓋兼掌之。」

所。○正義曰：「此隧正當天子之遂大夫。」○按：周禮每遂中大夫一人，各掌其遂之政令。又遂人職曰：「掌邦之野，若起野役，則令各帥其所治之民而至。」七年疏云當周禮之遂人，而此云當遂大夫者，各因其所主言之。諸侯兼官，或僅設隧正也。

周	縣大夫	昭九年傳周甘人與晉閻嘉爭閻田，王使賓滑執甘大夫襄以說于晉。○正義曰：「典邑大夫法當以邑名冠之而稱人。甘人是甘縣大夫。知閻嘉是晉之閻縣
魯	縣人	文十五年傳卞人以告。○杜曰：「卞邑大夫。」襄十年傳郰人紇。○正義曰：「公邑大夫皆以邑名冠之，呼爲某人。」○按：昭四年傳申豐論藏冰，曰「縣人
宋		
晉	縣大夫	僖二十五年傳趙衰爲原大夫，狐溱爲溫大夫。○按：晉侯問原守于寺人勃鞮，則縣邑之長亦謂之守。襄三十年傳絳縣人或年長矣，趙孟問其縣大
齊		
楚	縣尹	莊十八年傳初，楚王克權，使鬬緡尹之，以叛，圍而殺之，遷權于那處，使閻敖尹之。襄二十六年傳穿封戌，方城外之縣尹也。
鄭		

大夫。」按：周禮縣正，每縣下大夫一人，各掌其縣之政令徵比。則此縣大夫即周禮之縣正也。

傳之」。杜曰「縣人，遂屬」。正義曰：「五縣爲遂。然周禮有遂人、遂大夫，而無縣人。疑諸侯之縣大夫即謂之縣人也。成二年傳衛新築人仲叔于奚，杜曰守新築大夫。昭二十一年傳宋廚人濮，杜曰廚邑大夫。是邑大夫通呼

夫，則其屬也。○正義曰：「絳非趙武私邑而云則其屬者，蓋諸是公邑，國卿分掌之。」昭二十八年傳魏獻子爲政，分祁氏之田以爲七縣，分羊舌氏之田以爲三縣，司馬彌牟爲鄔大夫，賈辛爲祁大夫，司馬烏爲平陵大夫，魏戊

縣公

宣十一年傳諸侯、縣公皆慶寡人。

爲人也。」

宰

襄七年傳南遺爲費宰。定五年傳子洩爲費宰。八年傳成宰公斂處父。十年傳公若爲郈宰。哀十四年傳成宰公孫宿。按：宰本家臣之名，而邑長亦稱宰。正義曰：「公邑稱大夫，私

爲梗陽大夫，知徐吾爲塗水大夫，韓固爲馬首大夫，孟丙爲孟大夫，樂霄爲銅鞮大夫，趙朝爲平陽大夫，僚安爲楊氏大夫。哀四年傳使謂陰地之命大夫士蔑。〇杜曰：「命大夫，別縣監尹。」正義曰：「若是典邑大夫，則

邑稱宰。」然昭二十六年傳成大夫公孫朝，是私邑亦稱大夫。哀八年傳王犯嘗爲武城宰，是公邑亦稱宰也。又成十七年傳施氏卜宰，杜註：「卜立家宰。」「冢」當作「家」，刻本誤也。

當以邑冠之。乃言陰地之命大夫，則是特命大夫，使總監陰地，以其去國遥遠，别爲置監。」

周

魯

宋

封人

昭二十一年傳呂封人華豹。

晉

齊

楚

封人

宣十一年傳令尹蔿艾獵城沂，使封人慮事。○杜曰：「封人，其時主築城者。」正義曰：「周禮封人凡封國封其四疆，造都邑之封城者亦如之。大司馬，大役與慮事，受其要，

鄭

封人

隱元年傳潁考叔爲潁谷封人。○正義曰：「周禮封人掌爲畿封而樹之。鄭康成云畿上有封，若今時界也。天子封人職典封疆，知諸侯封人亦然。」桓十一年傳祭封人仲足。

蔡

封人

昭十九年傳楚子之在蔡也，郹陽封人之女奔之，生太子建。

蕭

封人

文十四年傳宋高哀爲蕭封人，以爲卿。○杜曰：「蕭，宋

周	
魯	
宋	
晉	
齊	
楚	以待攷而賞誅。鄭云慮事者，封人也，于有役，司馬與之，屬賦丈尺與其用人數也。是封人主造城邑、計度人數，故云其時主築城者。」
鄭	
	附庸。仕附庸，還升爲卿。」

周	候 襄二十一年傳使候出諸
魯	
宋	
晉	候正 候奄 成二年傳候
齊	
楚	候人 宣十二年傳隨季對楚使
鄭	

轘轅。○杜曰：「候，送迎賓客之官。」○按：周禮夏官有候人，各掌其方之道治，與其禁令，以設候人。若有方治，則帥而致于朝。及歸，送之于竟。周語云：「敵國賓至，候人爲道。」是諸侯亦有候人也。

正受一命之服。○杜曰：「候正，主斥候。」○按：周禮候人掌其方之道治與其禁令。鄭註：「禁令，備姦寇也。」此主斥候官當周禮候人之職。十八年傳張老爲候奄。○按：候奄當即候正，國語作「元候」。襄三年傳士富爲

曰：「豈敢辱候人。」○杜曰：「候人，謂伺候望敵者。」○按：此候人與晉候正同。

周		
魯		
宋		褚師 襄二十年傳褚師段。哀八年傳褚師子肥。
晉	侯奄。	
齊		
楚		
鄭		褚師 昭二年傳公孫黑請以印爲褚師。○杜曰：「市官也。」按：周禮地官自司市以下，質人、廛人、胥師、賈師、司虣、司稽、肆長，皆掌市政，而無褚師。成三年傳知罃之
衛		褚師 昭二十年傳褚師圃、褚師子申。哀十五年傳褚師比。

周		虞人 襄四年傳虞
魯		虞人 定八年傳虞
宋		
晉		
齊		虞人 昭二十年傳
楚		
鄭	在楚也，鄭賈人有將置諸褚中以出。六書故：褚以貯衣。然則褚師之職，或當如王制所云布帛精麤不中數、幅廣狹不中量不鬻于市者，而褚師掌其禁歟。	

人之箴。

人以鈹盾夾之。哀十四年傳西狩于大野，叔孫氏之車子鉏商獲麟，以爲不祥，以賜虞人。○杜曰：「虞人，掌山澤之官。」○按：周禮有山虞、澤虞等官。昭四年傳申豐論藏冰曰：「山人取之。」杜曰：「山人，虞官。」

齊侯田于沛，招虞人以弓。

衡鹿
舟鮫
虞候
祈望

昭二十年傳晏子曰：「山林之木，衡鹿守之；澤之萑蒲，舟鮫守之；藪之薪蒸，虞候守之；海之鹽蜃，祈望守之。」○正義曰：「周禮司徒之屬有林衡之官，掌巡林麓之禁。此置衡鹿以守山林是也。舟，行水之器。鮫，大魚之名。澤中有水有魚，故以舟鮫爲官名也。周禮山澤之官皆名爲虞。每大澤、大藪中士四人。藪是少水之澤，立官使之候望，故以虞候爲

國		
周		膳夫 莊十九年傳王收膳夫之秩。
魯		
宋		
晉		宰夫 膳宰 宣二年傳宰夫胹熊蹯不熟，殺之。 昭九年傳晉侯飲酒，
齊	名。海是水之大神，有時祈望祭之，因以祈望爲主海之官。此皆齊自立名，故與周禮不同。」	宰 昭二十七年傳齊侯飲公酒，使宰獻而請安。○正義曰：「公燕大夫之
楚		
鄭		宰夫 宣四年傳宰夫將解黿。

周	
魯	
宋	
晉	欒，膳宰屠蒯趨入。按：儀禮燕禮膳宰具官饌于寢東。鄭云：「膳宰，天子曰膳夫，掌君飲食。膳，羞者也。」釋曰：「天子有宰夫，兼有膳夫。諸侯亦有宰夫，兼有膳宰，掌君飲食，與天子膳夫同。」
齊	禮，公雖親在而別有主人。鄭云主人者，宰夫也。宰夫，太宰之屬，掌賓客之獻飲食者也。君于其臣，雖爲賓不親獻，以其尊莫敢抗禮也。今齊侯與公飲酒，而使宰獻，是比公于大夫也。」
楚	
鄭	

周		
魯	饔人 昭二十五年傳饔人檀。○杜曰：「饔人，食官。」按：周禮有內饔、外饔，俱中士四人、下士八人。	
宋		
晉		醫 僖三十年傳晉侯使醫衍
齊	饔人 僖十七年傳雍巫有寵于衛共姬，因寺人貂以薦羞于公。杜曰：「雍人名巫，即易牙。」襄二十八年傳公膳日雙雞，饔人竊更之以鶩。	
楚		醫 襄二十一年傳使薳子馮
鄭		
秦		醫 成十年傳晉侯求醫于

周	
魯	
宋	
晉	酖衛侯，甯俞貨醫，使薄其酖。
齊	
楚	爲令尹，以疾辭，楚子使醫視之。
鄭	
	秦，秦伯使醫緩爲之。昭元年傳晉侯求醫于秦，秦伯使醫和視之。按：周禮醫師上士二人、下士四人。

周		
魯	巫	僖二十一年傳夏大旱，公欲焚巫尩。○按：周禮司巫中
宋		
晉	巫	成十年傳召桑田巫。襄十八年傳見梗陽之巫皋。
齊		
楚	巫	文十年傳范巫矞似。
鄭		

士二人，掌羣巫之政令。若國大旱，則率巫而舞雩。鄭司農引此傳爲證。襄二十九年傳楚人使公親襚，乃使巫以桃茢先祓殯。〇正義曰：「巫者，接神之官。」〇按：周禮男巫，王弔則與祝前；喪祝，王弔則與巫前。鄭司農

周		
魯	引此傳爲證。	圉人 莊三十二年傳圉人犖。○按：周禮夏官有圉師、圉人，掌養馬者。定八年傳孟氏選圉人之壯者三百人，以爲公期築室于門外。
宋		圉人 襄二十六年傳左師見夫人之步馬者，問之，對曰：「君夫人氏也。」左師曰：「誰爲君夫人？余胡弗知？」圉人歸以告夫人。
晉		
齊		圉人 襄二十七年傳崔子使圉人駕，寺人御而出。二十八年傳陳氏、鮑氏之圉人爲優。
楚		
鄭		

周	
魯	司宮　侍人　昭五年傳南遺使國人助豎牛，以攻仲壬于大庫之庭，司宮射之。二十五年傳公果、公賁使侍人僚柤告公。
宋	司宮　巷伯　寺人　襄九年宋災傳令司宮、巷伯儆宮。○杜曰：「司宮，奄臣；巷伯，寺人；皆掌宮内之事。」正義曰：「周禮無司宮、巷伯之官，惟有内小臣奄上士四人。鄭
晉	寺人　僖五年傳公使寺人披伐蒲。二十五年傳晉侯問原守于寺人勃鞮。○即披也。成十七年傳郤至奉豕，寺人孟張奪之。　豎　僖二十四年傳晉侯之豎
齊	寺人　僖二年傳齊寺人貂始漏師于多魚。襄二年傳夙沙衛。○杜曰：「齊寺人。」二十五年傳侍人賈舉。
楚	閽　司宮　昭五年傳楚子曰：「若吾以韓起爲閽，而以羊舌肸爲司宮，足以辱晉。」按：周禮閽人，王宮每門四人，囿游亦如之，次内小臣之下，寺人之上。記
鄭	司宮　昭十八年傳商成公儆司宮，出舊宮人，寘諸火所不及。
衛	寺人　哀十五年傳寺人羅。二十五年傳公使侍人納公文懿子之車于池。　吳　閽　襄二十九年閽弒吳子餘祭。　邾

云奄稱士者，異其賢也。奄人之官，此最爲長，則司宮當天子之内小臣也。周禮又云寺人王之正内五人。鄭云正内，路寢也。王肅云今後宮稱永巷。是巷者，宮内道也；伯，長也。是宮内門巷之長，故知巷伯是寺人也。」二十

頭須，守藏者也。○杜曰「豎，左右小吏。」按：周禮内豎倍寺人之數，掌内外之通令，凡小事。鄭註：「使童豎通王内外之命給小事者。」則此晉侯之豎即周禮之内豎。齊寺人貂亦曰豎貂。正義曰「幼童爲内豎之官」，是也。又成十

曰「深宮固門，閽寺守之。」是閽與奄、寺雖不同，皆以刑人而掌近職，無容別見。又昭七年傳楚子爲章華之宮，無宇之閽人焉。而宋亦有司馬之侍人，齊有崔子之寺人，此大夫之家亦有閽、寺也。

閽 定二年傳邾莊公與夷射姑飲酒，私出，閽乞肉焉。三年傳邾子在門臺，臨廷，閽以瓶水沃廷。

曹

豎 僖二十八年傳曹伯之豎侯獳。

六年傳寺人惠牆伊戾爲太子內師而無寵。○正義曰：「內師身爲寺人之官，公使之監知太子內事，爲在內人之長也。」昭六年傳寺人柳有寵，太子佐惡之。二十一年傳公使侍人召司馬之侍人宜僚。
六年傳穀陽豎獻飮于子反，杜註：「穀陽，子反內豎。」昭四年傳叔孫穆子使牛爲豎。哀十五年傳孔氏之豎渾良夫，則大夫之家亦有內豎。

右列國互有之官。

周

三吏	成二年傳王使委于三吏。○杜曰：「三吏，三公也。」正義曰：「曲禮云五官之長曰伯，其擯于天子也，曰天子之吏。鄭云謂三公也，是三公稱吏。」
卿士	隱三年傳鄭武公、莊公爲平王卿士。○杜曰：「卿士，王卿之執政者。」八年傳虢公忌父始作卿士于周。九年傳鄭伯爲王左卿士。○程啟生曰：「鄭伯爲左卿士，則虢公右卿士也。鄭伯奪政之後，蓋周公黑肩代之，故桓五年伐鄭之役，虢公將右軍，周公將左軍。」襄十年傳單靖公爲卿士以相王室。按：哀十六年傳楚白
官師	襄十五年傳官師從單靖公逆王后于齊，卿不行，非禮也。○杜曰：「官師，劉夏也。」正義曰：「祭法云官師一廟，鄭云官師中士、下士也。是天子官師非卿也。」
陶正	襄二十五年傳子產曰：「昔虞閼父爲周陶正。」按：周室之官在春秋以前者，此與卜正、虞人，名與周禮略殊，故附著之。其餘如太師、司寇、司空之類俱不復載。

公勝謂石乞曰「王與二卿士」。杜註：「二卿士，子西、子期也。」定元年傳子家子曰：「若君立，則有卿士、大夫與守龜在。」是諸侯執政者亦謂之卿士。

魯

左宰

襄二十三年傳公鉏出爲公左宰。○杜曰：「出季氏家臣仕于公。」按：魯有左宰，即當復有右宰。衛有右宰，即當復有左宰。然不知其所掌何職也。

周人

哀三年傳南宮敬叔命周人出御書，俟于宮。○杜曰：「周人，司周書典籍之官。御書，進于君者也。」

賈正

昭二十五年傳臧會奔郈，郈魴假使爲賈正焉。○正義曰：「賈正如周禮之賈師，其職云各掌其次之貨賄之治，辨其物而均平之，禁貴賣者，使有恆賈。此郈市之賈正也。」

馬正

襄二十三年傳季氏以公鉏爲馬正。○杜曰：「馬正，家司馬。」定十年傳公南爲馬正。又郈馬正侯犯。

司馬

昭二十五年傳叔孫氏

之司馬鬷戾。按：周禮家司馬各使其臣以正于公司馬。鄭註：「卿大夫之采地，各自使其家臣爲司馬，主其地軍賦。」

宋

右師　左師

僖九年傳以公子目夷爲仁，使爲左師以聽政。文七年傳公子成爲右師，公孫友爲左師。十六年傳華元爲右師。成十五年傳魚石爲左師。十月，左師奔楚，華元使

鄉正

襄九年傳二師使四鄉正敬享。○杜曰：「鄉正，鄉大夫。」正義曰：「周禮鄉大夫每鄉卿一人，天子六鄉，卽以卿爲之長。此傳云二師使四鄉正，則別立鄉正，非卿典之。但其所職，當天子之鄉

司里

襄九年傳使伯氏司里。○杜曰：「司里，里宰。」正義曰：「周禮里宰，五里下士一人，謂六遂之內二十五家之長也。此言司里，謂司城內之民，若今城內之坊里也。」

帥甸

文十六年傳昭公將田孟諸，夫人王姬使帥甸攻而殺之。○杜曰：「帥甸，郊甸之帥。」正義曰：「周禮載師，以公邑之田任甸地，近國爲郊，郊外爲甸。帥甸者，甸地之帥，公邑之大夫也。杜舉

迹人

哀十四年傳迹人來告曰：「逢澤有介麇焉。」○杜曰：「迹人，主迹禽獸者。」○按：周禮迹人掌邦田之地政，爲之厲禁而守之，凡田獵者受令焉。

向戌爲左師。　襄九年傳使華閱討右官，官庀其司；向戌討左，亦如之。○杜曰：「閱，華元子，代元爲右師。」　昭六年傳華亥代華合比爲右師。　二十二年傳仲幾爲左師，樂大心爲右師。○杜曰：「仲幾代向寧，樂大心代華亥。」　哀十四年傳左師向巢。　十七年傳右師皇瑗。　十八年傳皇緩爲右師。　二十六年傳靈不緩爲左師。
按：宋六卿自殤公以前，則大司馬執政。督殺司馬孔父，遂以太宰相。　襄公卽位，子

大夫耳。周禮鄉爲一軍。宋大國，不過三軍，而有四鄉者，當時所立，非正法也。」

類言之。」

魚以左師聽政，而傳文始終稱司馬子魚，疑是時始立左、右二師，而子魚以司馬兼左師，後遂爲專官也。然春秋官皆尚右，傳敍宋六卿皆先右師，是宋卿以右師爲長。

大尹

哀二十六年傳六卿三族降聽政，因大尹以達，大尹常不告，而以其欲稱君命以令。○杜曰：「大尹，近官有寵者。」○程啟生曰：「蓋亦奄寺之流。」

晉

中軍將佐	僖二十七年傳蒐于被廬，作三軍，使郤穀將中軍，郤溱佐之。○按：莊十六年傳王使虢公命曲沃伯以一軍爲晉侯。正義曰：「周禮小國一軍，晉土地雖大，以初并晉國，故以小國之禮命之。」閔元年傳晉侯作二軍，公將上軍，太子申生將下軍。至是始作三軍，復大國之禮。正義曰：「軍行重者居中，故晉以中軍爲尊，而上軍次之。其二軍則上軍爲尊。」二十八年傳原軫將中軍。
上軍將佐	僖二十七年傳使狐偃將上軍，讓于狐毛而佐之。○按：晉語狐毛卒，先且居將上軍；狐偃卒，趙衰佐上軍。文七年傳荀林父佐上軍。○杜曰：「箕鄭將上軍居守，故佐獨行。」十二年傳郤缺將上軍，臾駢佐之。宣十二年傳士會將上軍，郤克佐之。成二年傳士燮佐上軍。○杜曰：「代荀庚。」正義曰：「宣十三年晉殺先縠，當是士會佐中軍，郤克將上軍。不知誰代郤克佐上軍，
下軍將佐	晉始作二軍，上軍公自將，下軍太子將之。閔二年傳伐東山皋落氏，杜註：「申生以太子將上軍。罕夷，下軍卿。」據此，則僖十五年韓之戰亦是公將上軍，韓簡則下軍將也。僖八年傳里克帥師，其御、右同韓簡，當亦是下軍將。 僖二十七年傳使欒枝將下軍，先軫佐之。二十八年傳胥臣佐下軍。文七年傳先蔑將下軍，先都佐之。十二年傳欒盾將下軍，胥甲佐之。宣
三行	僖二十八年傳作三行以禦狄，荀林父將中行，屠擊將右行，先蔑將左行。○杜曰：「晉置三軍，今復增置三行，以避天子六軍之名。三行無佐，疑大夫帥。」
新軍將佐	僖三十一年傳蒐于清原，作五軍以禦狄，趙衰爲卿。○杜曰：「罷三行，更爲上、下新軍。」○按晉語趙衰將新上軍，箕鄭佐之；胥嬰將新下軍，先都佐之。文六年傳蒐于夷，舍二軍。○杜曰：「復三軍之制。」成三年傳晉作六軍，韓厥、趙括、鞏朔、韓穿、荀騅、趙旃皆爲卿。○杜曰：「韓厥爲新中軍，趙括佐之；鞏朔爲新上軍，韓穿佐之；荀騅爲新下軍，趙旃佐之。晉

三十三年傳先且居將中軍。文二年傳趙衰佐中軍。六年傳蒐于夷，使狐射姑將中軍，趙盾佐之。陽處父至自溫，改蒐于董，易中軍。○杜曰：「易以趙盾爲帥，射姑佐之。」七年傳趙盾將中軍，先克佐之。十二年傳荀林父佐中軍。宣八年傳郤缺爲政。○凡言爲政，俱中軍帥。十二年傳荀林父將中軍，先縠佐之。十六年傳士會將中軍。十七年傳郤獻子爲政。成三年傳于是荀首佐中軍

疑荀首爲之。十六年士會將中軍，當是郤克佐中軍，疑荀首將上軍，荀庚佐之。十七年士會請老，郤克將中軍，當是荀首佐中軍，荀庚將上軍，故杜以爲士燮代荀庚也。」十三年傳士燮將上軍，郤錡佐之。十六年傳郤錡將上軍，荀偃佐之。襄九年傳荀偃將上軍，韓起佐之。十三年傳趙武將上軍。昭十三年傳荀吳以上軍侵鮮虞。○按：吳將上軍，見五年傳，時佐上軍者魏舒。

元年傳放胥甲父于衛，而立其子胥克。八年傳趙朔佐下軍。十二年傳趙朔將下軍，欒書佐之。成二年傳欒書將下軍。○正義曰：「不知此時誰代欒書佐下軍。」○按：成六年正義引服虔云：「郤錡將下軍，趙同佐之。」疑郤錡先佐下軍，至四年欒書將中軍，錡代將下軍。十三年傳韓厥將下軍，荀罃佐之。十八年傳使魏相、士魴、魏頡、趙武爲卿。○按：晉語呂宣子佐下軍，是年卒，士魴代相

舊有三軍，今增此爲六軍。」十三年傳趙旃將新軍，郤至佐之。○杜曰：「旃代韓厥，至代趙括。」正義曰：「新軍不言上、下，是新軍唯一，知新上、下軍于是罷矣。」十六年傳郤犨將新軍。十八年傳使魏相、士魴、魏頡、趙武爲卿。○按：晉語：「龔恭子將新軍，令狐文子佐之。」又云：「呂宣子卒，趙文子佐新軍。」蓋是年魏相卒，士魴升佐下軍，頡代魴將新軍，趙武佐之。襄三年傳魏絳佐新軍。○服虔

矣。四年傳欒書將中軍。十三年傳荀庚佐中軍。十六年傳士燮佐中軍。十八年傳韓獻子爲政。襄九年傳韓厥老矣，知罃稟焉以爲政，范匄佐中軍。十三年傳荀偃將中軍。十九年傳范宣子爲政。二十五年傳趙文子爲政。昭二年傳韓宣子來聘，且告爲政，而來見。五年傳薳啓彊曰：「韓起之下，趙成、中行吳、魏舒、范鞅、知盈。」○杜曰：「五卿位在韓起下，皆三軍將佐。」據此則趙成佐

佐下軍。襄九年傳欒黶將下軍。十三年傳魏絳佐下軍。十八年傳魏絳、欒盈以下軍克邿。二十四年傳程鄭佐下軍。昭九年傳荀躒佐下軍。○杜曰：「代其父荀盈。」按：盈佐下軍，見五年傳，時將下軍者范鞅。

云：「于是魏頡卒矣，使趙武將新軍代魏頡，升絳佐新軍代趙武。」十三年傳新軍無帥，晉侯難其人，使其什吏率其卒乘官屬以從于下軍。十四年傳舍新軍，禮也。成國不過半天子之軍。周爲六軍，諸侯之大者三軍可也。程啓生曰：「春秋置六軍者惟晉，其外見于傳者吳有中、上、下三軍，又有右軍，爲四軍，如仍有左軍，則五軍也。楚亦惟中、左、右三軍。齊中、上、下三軍。魯止有二軍。襄十一年季武子欲弱

中軍。二十八年傳魏獻子爲政。定元年傳晉之從政者新。○杜曰：「范獻子新爲政。」十三年晉趙鞅入于晉陽以叛，荀寅、士吉射入于朝歌以叛。○按：是年傳有荀躒、韓不信、魏曼多并趙鞅、荀寅、士吉射六人爲三軍將佐，其位次不可考。

按：晉伯之盛，六卿和而公室彊。然政在家門，權日下移。至是韓、魏與趙比，而范、中行見逐，知氏亦尋滅，三家分晉之勢成矣。

晉政卿亦稱元帥，僖

公室作三軍，至昭五年而舍之。」

二十七年傳作三軍謀元帥是也。亦稱將軍，昭二十八年傳豈將軍食之而有不足是也。後世設官有將軍、元帥等名，其原實起于此。

以下至新軍將佐互詳中軍表。

中大夫

僖四年傳既與中大夫成謀。十五年傳晉侯許賂中大夫。○杜曰：「國內執政里丕等。」

中軍大夫

上軍大夫

下軍大夫

僖三十三年傳文公以郤缺爲下軍大夫。○按：晉三軍大夫始此。

宣十二年傳趙括、趙嬰齊爲中軍大夫，鞏朔、韓穿爲上軍大

尉

中軍尉有佐

上軍尉

閔二年傳羊舌大夫爲尉。○杜曰：「軍尉。」

成十八年傳卿無共御，立軍尉以攝之。祁奚爲中軍尉，羊舌職佐之，鐸遏寇爲上

司馬

中軍司馬

上軍司馬

僖二十八年傳祁瞞奸命，司馬殺之。○按：此當是中軍司馬。宣十二年傳韓厥爲司馬。成十八年傳魏絳爲司馬。○中軍

七輿大夫

僖十年傳殺丕鄭、祁舉及七輿大夫。○杜曰：「侯伯七命，副車七乘。」正義曰：「每車一大夫主之，謂之七輿大夫。服虔云上軍之輿帥七人屬申生者，往前申生將上軍，

夫，荀首、趙同爲下軍大夫。

軍尉。○正義曰：「卿謂軍之諸將。往前恆有定員，掌共卿御。今始省其常員，惟立軍尉之官，臨有軍事使兼攝之，令軍尉兼卿御也。此惟有中軍、上軍而無下軍之官者，蓋時下軍無，闕不別立其官故也。」襄三年傳祁午爲中軍尉，羊舌赤佐之。○杜曰：「各代其父。」
按：國語以中軍尉爲元尉，上軍尉爲輿尉。而傳自有輿尉，襄十九年傳軍尉、輿尉皆受一命之服是也。又襄三十年傳廢其輿

司馬也。籍偃爲之司馬。○上軍司馬也。襄三年傳張老爲中軍司馬。四年傳鄐無賦于司馬。○杜曰：「又掌諸侯之賦。」十六年傳張君臣爲中軍司馬。十八年傳晉人使司馬斥山澤之險。二十九年傳晉侯使司馬女叔侯來治杞田。昭十三年傳羊舌鮒攝司馬。定六年傳所不以爲中軍司馬者，有如先君。○正義曰：「中軍司馬，晉國大夫之最尊者。」十三年傳上軍司馬籍秦圍邯鄲。
按：國語以中軍司馬

今七輿大夫爲申生報怨。」襄二十三年傳唯魏氏及七輿大夫與之。○正義曰：「僖十年傳杜謂副車，則此七輿大夫杜亦謂主副車之官也。劉炫云若是主公車，則當情親于公，不應曲附欒氏。服虔云下軍輿帥七人。欒盈將下軍，故七輿大夫與欒氏。炫謂服言是。」
按：僖十年傳七輿大夫之中有左行共華、右行賈華，時晉猶未置三行，則所謂左行、右行者，猶掌公戎車謂之公行耳。杜說未

	九宗五正 隱六年傳翼九宗五正頃父之子嘉父逆晉侯
	執秩 僖二十七年傳作執秩以正其官。○杜曰：
尉，正義曰：「服虔云軍尉、輿尉主發衆使民。于時趙武將中軍，若是軍尉，當是中軍尉也。」則中軍尉亦稱輿尉矣。	公族 餘子 公行
爲元司馬，上軍司馬爲輿司馬。周禮夏官軍司馬下大夫四人，輿司馬上士八人。而晉皆大夫爲之，不與周禮同。	復陶 襄三十年傳使爲君復陶。○杜曰：「主衣服
爲無據。七輿大夫與欒氏，蓋盈之黨有爲是官者耳。魏獻子猶附盈，豈得以七輿大夫爲疑。又按昭八年傳輿嬖袁克殺馬毀玉以葬。顧寧人曰：「輿嬖，嬖大夫也，掌君之車乘，如晉七輿大夫之類。」 輿師 成二年傳輿師受一命之服。○杜曰：「輿師主兵車。」	縣師 襄三十年傳以爲絳縣師。○正義曰：「周禮

于隨。〇杜曰：「唐叔始封，受懷姓九宗、職官五正，遂世爲晉强宗家。五正，五官之長。九宗，九姓爲一族也。」

「執秩，主爵秩之官。」

宣二年傳：初，驪姬之亂，詛無畜羣公子，自是晉無公族。及成公即位，乃宦卿之適子，而爲之田，以爲公族；又宦其餘子，亦爲餘子；其庶子爲公行。晉于是有公族、餘子、公行。冬，趙盾爲旄車之族，使屏季以其故族爲公族大夫。〇正義曰：「公族之官掌教公之子弟。餘子，嫡子之母弟，亦治餘子之政。孔晁註國語云『公族大夫掌公族及卿大夫子弟之官。』是卿之適子屬公族。餘子主教卿大夫適妻之

之官。」

縣師上士二人，掌邦國都鄙稍甸郊里之地域，而辨其夫家人民田畝之數，及其六畜車輦之稽。凡造都邑，量其地而制其域，以歲時徵野之貢賦。天子之縣師掌此數事，則諸侯之縣師亦然。」

次子。公行不教庶子。然則卿大夫之妾子亦是餘子之官教之。公行掌率公戎車之行列。車皆建旄，謂之旄車之族」。又曰：「魏風有公族、公路、公行。其公族、公行既同。公路似此餘子，但餘子不主路車。公路當與公行爲一，以其主君路車，謂之公路，主車行列謂之公行。其實止是一官，詩人變文以韻句耳。周禮無此三官之名，夏官有諸子下大夫二人，掌國子之倅事，與公族同。春官有巾車下大夫二人，掌王之五路事，與公行同。無餘子。」成十六年傳郤犨將新軍，且爲公族大夫。十八年傳荀家、荀會、欒黶、韓無忌爲公族大夫，使訓卿之子弟恭儉孝弟。襄十六年傳祁奚、韓襄、欒盈、士鞅爲公族大夫。

甸人

成十年傳甸人獻麥。○杜曰：「主爲公田者。」○按：周禮天官之屬有甸師，掌帥其屬而耕耨王籍，以時入之。又曰：「王之同姓有罪則死刑焉。」鄭註引文王世子「公族

獸人

宣十二年傳獸人無乃不給于鮮。○周禮獸人掌罟田獸。

小臣

僖四年傳與小臣，小臣亦斃。成十年傳小臣有晨夢負公以登天。

按：周禮天官之屬有內小臣奄上士四人，儀禮賈疏：「諸侯小臣，當天子太僕之

有罪致刑于甸人」，則甸人卽甸師也。又襄三十一年傳甸設庭燎，而周禮甸師帥其徒以薪蒸役外内饔之事，此甸爲甸師明矣。

事。」然二傳皆褻近之臣，則是内小臣而非太僕之小臣也。

齊

左相 襄二十五年傳慶封爲左相。 按：史記齊世家景公立，以崔杼爲右相。是齊高、國二卿之外，于時復立左、右二相。	銳司徒 辟司徒 並見成二年戰于鞌傳。○杜曰：「銳司徒主銳兵者，辟司徒主壘壁者。」	侍漁 襄二十五年傳申蒯侍漁者。○杜曰：「侍漁，監取魚之官。」○按：周禮𩺰人掌以時𩺰爲梁，凡𩺰者掌其政令。此侍漁當周禮之𩺰人也。

楚

令尹

莊四年傳令尹鬬祁。二十八年傳令尹子元。三十年傳鬬穀於菟爲令尹。僖二十三年傳成得臣帥師伐陳，子文以爲之功，使爲令尹。二十八年傳蔿呂臣實爲令尹。三十三年傳令尹子上。文十二年傳令尹大孫伯卒，成嘉爲令尹。宣四年傳及令尹子文卒，鬬班爲令尹，蔿賈譖而殺之，子越爲令尹。

莫敖

桓十一年傳屈瑕。莊四年傳莫敖屈重。襄十五年傳屈到爲莫敖。二十二年傳屈建爲莫敖。二十五年傳屈蕩爲莫敖。昭五年傳以屈生爲莫敖。

左尹

宣十一年傳楚左尹子重侵宋。昭十八年傳左尹王子勝。二十七年傳左尹郤宛。

右尹

成十六年傳右尹子辛將右。襄十五年傳公子罷戎爲右尹。十九年傳鄭子革奔楚，爲右尹。二十七年傳申鮮虞來奔，楚人召之，遂如楚，爲右尹。昭元年傳右尹子干出奔晉。程啟生曰：「子辛、子重俱以貴介爲左、右尹，出將重兵，其後並爲令尹，則左、右尹蓋亦楚之尊官。襄公以後漸用羈人，稍稍降矣。」

環列之尹

文元年傳且掌環列之尹。○杜曰：「宮衞之官，列兵而環王宮。」

十一年傳令尹蔿艾獵。成二年傳令尹子重。襄三年傳子辛爲令尹。五年傳子囊爲令尹。十五年傳公子午爲令尹。二十一年傳子南爲令尹。二十二年傳薳子馮爲令尹。二十五年傳屈建爲令尹。二十九年傳王子圍爲令尹。昭元年傳薳罷爲令尹。十三年傳公子比爲王，公子黑肱爲令尹。棄疾卽位，使子旗爲令尹。十七年傳陽匄爲令尹。二十三年傳囊瓦爲令尹。定六年傳令尹子西。			又曰：「子革自襄十九年奔楚爲右尹，至昭十二年仍爲此官，而中間爲右尹者又有子干。或楚此官不止一人；或子革先爲右尹，去任他職而子干代之，及子干出奔而子革仍爲右尹，未可知。」

哀十六年傳沈諸梁兼二事，國寧，乃使寧爲令尹。十七年傳子穀曰：「彭仲爽，申俘也，文王以爲令尹。」○按：彭仲爽爲令尹當在鬭祁之後，子元之前。楚令尹見傳者二十八人，惟仲爽申俘，餘皆王族也。詳見令尹表。

箴尹

宣四年傳箴尹克黄。襄十五年傳公子追舒爲箴尹。昭四年傳箴尹宜咎。定四年傳鍼尹固。○按：

沈尹

宣十二年傳沈尹將中軍。○杜曰：「沈或作寢，寢縣也，今汝陰固始縣。」襄二十四年傳沈尹壽。昭四年

連尹

宣十二年傳連尹襄老。襄十五年傳屈蕩爲連尹。○正義曰：「服虔云：『連尹，射官，言射相連屬也。』」

清尹

成七年傳清尹弗忌。

宮廄尹

襄十五年傳養由基爲宮廄尹。昭元年傳宮廄尹子晳出奔鄭。六年傳吳人獲宮廄尹棄疾。

哀十八年傳楚子曰：「寢尹、工尹，勤先君者也。」蓋薳固由箴尹遷工尹。

傳沈尹射。五年傳沈尹赤。十九年傳沈尹戌。哀十七年傳沈尹朱。十八年傳寢尹吴由于。

若是主射，當使養由基爲之，何以使由基爲宮廄尹？棄能不用，豈得爲能官人？蓋官名臨時所作，莫敖之徒並不可解，故杜皆不解之。」昭二十七年傳連尹奢。

揚豚尹

襄十八年傳揚豚尹宜。

芋尹

昭七年傳芋尹無宇。十三年傳芋尹申亥。○正義曰：「芋，草名。哀十五年陳有芋尹。蓋皆以草名其官，不知何故。」按：陳近楚，設官多相效。論語有陳司敗，司敗之官亦唯楚有

囂尹

昭十二年傳囂尹午。

陵尹

昭十二年傳陵尹喜。

郊尹

昭十三年傳楚子奪成然邑而使爲郊尹。○杜曰：「治郊境大夫。」

之。

蒍尹

昭二十七年傳蒍尹然。

王尹

昭二十七年傳王尹麇。○正義曰：「服虔云『王尹主宮内之政』。未必然，定本『王』作『工』。」

中廄尹

昭二十七年傳陽令終。

監馬尹

昭三十年傳監馬尹大心。

藍尹

定五年傳藍尹亹。

武城尹

哀十七年傳王卜之，武城尹吉。○杜曰：「武城尹，公孫朝。」○按：定四年傳有武城黑，杜註：「楚武城大夫。」楚官多以尹名者，而寢與武城皆邑名，蓋卽縣尹也。

右領

昭二十七年傳鄢將師爲右領。哀十七年傳右領差車。

司馬

昭二十年傳王使城父司馬奮揚殺太子，未至而使遣之。按：周禮夏官有都司馬。鄭云：「都，王子弟所封及三公采地也，司馬主其軍賦。」昭十九年傳云大城城父而寘太子焉，則此城父司馬卽周禮都司馬之職也。

鄭

少正

襄二十二年傳少正公孫僑。○杜曰：「少正，鄭卿官。」正義曰：「十九年傳云立子產爲卿，知少正是鄭之卿官。」

令正

襄二十六年傳子太叔爲令正。○杜曰：「主作辭令之正。」

執政

昭十六年傳孔張後至，立于客閒，執政禦之。○杜曰：「執政，掌位列者。」

執訊

文十七年傳鄭子家使執訊而與之書，以告趙宣子。○杜曰：「執訊，通訊問之官。」

馬師

襄三十年傳馬師頡。是年羽頡奔晉，子皮以公孫鉏爲馬師。昭七年傳朔于敝邑，亞大夫也，其官馬師也。

野司寇

昭十八年鄭災傳使野司寇各保其徵。○杜曰：「縣士也。」正義曰：「謂司寇之官在野者。周禮司寇屬官有

司墓

昭十二年傳司墓之室有當道者。○杜曰：「掌公墓大夫徒屬之家。」正義曰：「周禮墓大夫下大夫二人、中

門子

襄九年傳同盟于戲，鄭六卿及其大夫、門子皆從鄭伯。○杜曰：「門子，卿之適子。」○按：周禮小宗

縣士掌野，知野司寇是縣士也。職曰各掌其縣之民數，若邦有大役聚衆庶，則各掌其縣之禁令。知諸侯縣士亦當然也。」

士八人，掌凡邦墓之地域，爲之圖，令國民族葬。鄭之司墓亦當如彼。」

伯掌三族之別，以辨親疏，其正室皆謂之門子。鄭註：「正室，適子也，將代父當門者也。」十年傳子孔爲載書，以位序，聽政辟。大夫諸司門子弗順。

衛

右宰

隱四年傳右宰醜。襄十四年傳右宰穀。

占夢

哀十六年傳衛侯占夢，嬖人求酒于太叔僖子。○按：周禮占夢有中士四人。

秦

右大夫	庶長	不更		
成二年傳右大夫說。襄十一年傳右大夫詹。	襄十一年傳庶長鮑、庶長武。十二年傳庶長無地。	成十三年傳不更女父。○正義曰：「漢書稱商君爲法于秦，戰斬一首者，賜爵一級，其爵名四曰不更，十曰左庶長，十一曰右庶長。按春秋之世已有此名，後世以漸增之。商君定爲二十，非是商君盡新作也。其名之義難得而知耳。」		

右一國獨有之官。

校勘記

〔一〕「昭二十年傳少司寇華牼」「司」原作「師」，據左傳昭公二十年改。

春秋列國姓氏表卷十一

錫山　顧棟高復初　輯
金匱　華玉淳師道　參

敘

粤自禹貢曰「錫土姓」，而左氏傳有因生賜姓、胙土命氏之分，又別之以字、以謚、以官、以邑，其言姓氏之源流備矣。至宋夾漈鄭氏作姓氏略，乃復以左氏之言爲隘而推廣之，得姓氏者凡三十有二類。嗟乎，夾漈之學貪多務博，蔪勝前人。其所據者，乃從典午以後，經十六國、南北朝之紛亂，包羅囊括，合併雜糅。而于邃古得姓之始，與春秋列國由姓析爲氏族之源流，未嘗深析而明曉也。余嘗謂氏族之學至唐而極精，亦至唐而極亂。一亂于朝廷之賜姓，再亂于支孽之冒姓，三亂于外裔之入中國，因蕃落以起姓。何則？自漢初已有賜項伯爲劉纏，賜婁敬爲劉敬，至唐而如李勣之徒不知其幾矣。衛青以鄭季之子而冒姓衛氏，曹操以夏侯氏之子而冒姓曹氏，至唐而如楊國忠之徒不知其幾矣。金日磾以休屠王太子而姓金氏，劉元海以呼韓邪之後而姓劉氏，至唐而侯莫陳之爲侯，烏石蘭之爲石，又不知其幾矣。唐太宗既有天下，以地望明貴賤，特詔高士廉、岑文本之屬著姓氏譜，先列天家，次列后族及宰相，凡長孫、宇文皆登貴姓。而于生民之初得姓受氏之由，脈絡不可得而尋也，源委不可得而辨也。又況夾漈更在五季數百年之後乎？善乎，元儒史伯璿之論。曰：「三代以後，皆無所謂姓，只有氏而已。故後世但曰姓某氏，而不敢曰某姓某氏。蓋姓不可考，故但虚其姓于氏之上，而實其氏于下。」亮哉，言乎。愚謂欲考姓氏之分，斷須以左氏爲樞紐。蓋盤古、燧人之初，未始有姓也。至庖犧得風姓，炎帝得姜姓，黄帝得姬姓，帝堯以伊祁而爲祁，舜以嬀汭而爲嬀。至三代迭王，延及春秋之初，分封之國存百有二十四。稽其姓，合中國與夷蠻，僅及二十有一。是時諸侯之國公子公孫，支分派别，列官分職，世有掌司，因以命氏。而小國之卿大夫名字不列于經、傳，無可考者居十之九焉。其公族之析爲氏者，班班可攷。又最著者姬姓，則有周、魯、鄭、衛；姜姓則有齊；子姓則有宋；姒姓則有越與杞、鄫；芈姓則有楚。又陳本嬀姓，自陳敬仲奔齊而爲陳氏；晉之范本祁姓，士會封于范而爲范氏，其在秦者爲劉氏；吴夫概奔楚爲堂谿氏；伍員屬其子于齊爲王孫氏，尤大彰明較著者也。又春秋重世卿，爲之立後則置氏，不必公族盡皆有氏也。故春秋之初，魯之翬、挾、柔、溺，鄭之宛，齊之年，皆無氏。逮其後有没而立氏者，莊公季年立叔孫氏是也。有邀鄰國以立之，如四國爲賂故立華氏是也。余因通考左氏，以姓繫國，以國繫氏，俾後世知受氏所由來。其有不見于左傳，而爲後世韓、曾、歐陽志及史記世家、新唐書世系表所推本，如徐之本章禹，曾氏之本鄫，邵氏之本召，亦閒録焉。輯春秋姓氏表第十一。

春秋列國姓氏表

姬姓

魯蔡曹衛滕晉鄭吳虞虢國語虢文公，賈侍中以爲虢仲之後，韋昭注以爲虢叔之後。按：僖五年正義引賈云：「仲封東虢，制是也；叔封西虢，虢公是也。」東虢爲鄭所滅，則文公應爲虢叔之後。而經、傳所書虢皆西虢也。北燕史記燕世家召公，周之同姓。皇甫謐以爲文王庶子。按：僖二十四年傳富辰言文之昭一十六國，召公不與焉。然其下云召穆公糾合宗族于成周，似爲周之近族。穀梁傳亦謂「燕，周之分子」。則皇甫之言未爲無据也。朱竹垞以爲堯後，引史記封帝堯之後于薊，謂燕之始封本都于薊，故班固曰：「薊，故燕國，召公所封。」蓋堯祖黃帝，故記又云「封黃帝之後也」。陸德明亦云「黃帝姓姬，君奭其後」。二者未知孰是。祭極隱二年無駭帥師入極。穀梁曰：「滅同姓，貶也。」邢郕凡息隱十一年傳鄭、息有違言。正義曰：「世本息國姬姓。」郜芮魏桓三年傳芮伯出居于魏。正義曰：「世本芮、魏皆姬姓。」隨桓六年傳楚武王侵隨。正義曰：「世本隨國姬姓。」巴昭十三年傳楚共王與巴姬埋璧，則巴國姬姓也。荀賈桓九年傳荀侯、賈伯伐曲沃。正義曰：「世本荀、賈皆姬姓。」滑耿閔元年傳晉滅耿，杜註「姬姓」。霍密僖十七年傳齊密姬生懿公，是密姬姓。頓應劭云頓姬姓。管毛聃雍畢原酆郇邘應韓蔣茅胙僖二十四年傳富辰曰：「管、蔡、郕、霍、魯、衛、毛、聃、郜、雍、曹、滕、畢、原、酆、郇，文之昭也。邘、晉、應、韓，武之穆也。凡、蔣、邢、茅、胙、祭，周公之胤也。」沈史記索隱引世本沈姬姓。按：此沈國在汝南，與沈、姒、蓐、黃之沈在汾川者有別。彼爲少昊後。焦襄二十九年傳虞、虢、焦、滑、霍、揚、韓、魏，皆姬姓也。史記周本紀褒封神農之後于焦，此姜姓，別一焦國，不見春秋。**揚大戎**莊二十八年傳大戎狐姬生重耳。杜註：「唐叔子孫別在戎狄者。」**驪戎鮮虞**

姜姓

齊許申正義曰：「外傳說伯夷之後曰『申、吕雖衰，齊、許猶在』。又曰『齊、許、申、吕由太姜』。則四國同出伯夷，俱由太姜得封也。周語帝嘉禹德，賜姓曰姒，氏曰有夏；胙四岳國，賜姓曰姜，氏曰有吕。伯夷，炎帝之後，姜自是其本姓。而云賜姓姜者，炎帝後別姓非一。自以姜姓賜伯夷，更使爲一姓之祖，非復因舊姓也。猶后稷別姓姬，不是因黄帝姓也。」**紀**桓九年紀季姜歸于京師，杜註：「姜，紀姓。」**向**隱二年傳向姜不安莒而歸，是向姜姓也。**州**桓五年州公如曹，傳作淳于，杜註：「淳于，州國所都，城陽淳于縣。」疏引世本姜姓。桓十一年傳鄖人將與隨、絞、州、蓼伐楚師，杜註：「州國在南郡華容縣。」蓋別一州國。**萊**襄二年傳齊侯使諸姜宗婦來送葬，召萊子，萊子不會。是萊亦齊同姓國也。**姜戎**襄十四年傳謂我諸戎是四岳之裔胄也。

子姓

宋蕭莊二十三年蕭叔朝公，杜註：「蕭，附庸。」成二年傳有蕭同叔子，賈逵云子姓。**權**按：歷代紀事年表權偃姓。韓文公權德輿墓碑云其本出自殷帝武丁，武丁之子降封于權。權，江、漢閒國也，周衰入楚，爲權氏。是子姓也。

姒姓

杞鄫僖三十一年傳衞成公夢康叔曰「相奪予享」，公命祀相。甯武子不可，曰：「鬼神非其族類，不歆其祀。杞、鄫何事？相之不享于此久矣。」杜註：「言杞、鄫夏後，自當祀相。」**越**史記越世家其先禹之苗裔，夏后少康之庶子也。鄭語作芈姓。

風姓

宿任須句顓臾僖二十一年傳任、宿、須句、顓臾，風姓也，實司太皞與有濟之祀。

祁姓 唐杜襄二十四年傳士匄曰：「匄之祖自虞以上爲陶唐氏，在周爲唐、杜氏。」杜註：「唐、杜，二國名。」今按文六年傳有杜祁。

嬀姓 陳遂昭八年傳舜重之以明德，寘德于遂，遂世守之。及胡公不淫，故周賜之姓，使祀虞帝。正義曰：「舜姓姚氏。哀元年傳稱夏后少康奔虞，虞思妻之以二姚。虞思猶姓姚也，至胡公乃賜姓爲嬀耳。史記謂胡公之前已姓嬀，非也。」据此則陳始姓嬀，遂仍姚姓。然史記既云得嬀滿封之于陳，其下復云武王賜之嬀姓。此或如伯夷賜姓姜，后稷賜姓姬，卽因其故姓賜之，未可便謂史記之妄也。彙纂遂無姓。

姞姓 南燕宣三年傳初鄭文公有賤妾曰燕姞，杜註：「姞，南燕姓。」偪文六年傳杜祁以君故讓偪姞而上之。正義曰：「偪，國名。」晉語黃帝之子得姓者十四人，爲十二姓，姬、酉、祁、己、滕、葴、任、荀、僖、姞、儇、依是也。

任姓 薛奚仲後。隱十一年傳寡人若朝于薛，不敢與諸任齒。正義引世本氏姓篇，謝、章、薛、舒、呂、祝、終、泉、畢、過十國皆任姓。

嬴姓 秦黃梁葛江徐歷代紀事年表嬴、己、偃、允四姓，俱少昊後。按：史記伯翳賜姓嬴氏，徐、秦俱出柏翳，而偃姓出自皋陶，似皆爲顓頊之後。又按：史記秦之先爲嬴姓，其後分封，以國爲姓，有黃氏、江氏。索隱引世本江、黃皆嬴姓國。又僖十七年傳有梁嬴、葛嬴。

己姓 莒史記莒嬴姓，鄭語作曹姓，世本己姓。今按：文七年傳穆伯娶于莒，曰戴己，生文伯，其娣聲己，生惠叔。則莒爲己姓明矣。郯史記郯亦嬴姓。按：昭十七年傳郯子稱少皞氏曰吾祖也。杜註：「少皞，金天氏，己姓之祖。」則郯當爲己姓。温僖十年傳狄滅温，蘇子無信也。蘇、温互稱，實則一國。据鄭語爲祝融之後。蓋莒、郯、温三國同己姓，而所出則有少昊、高陽之不同。

偃姓	舒英氏史記皋陶之後或封英、六。疑英卽英氏。六蓼舒蓼文五年傳臧文仲聞六與蓼滅，曰：「皋陶、庭堅，不祀忽諸。」杜註：「蓼國今安豐蓼縣。」桓十一年傳鄖人軍于蒲騷，將與隨、絞、州、蓼伐楚師。杜註：「蓼國，今義陽棘陽縣東南湖陽城。」自是兩國。宣八年楚人滅舒、蓼，正義以爲蓼滅後更復，故楚今更滅之，非也。又世本羣舒中有舒蓼。傳云楚爲衆舒叛故伐舒蓼，滅之。似舒蓼連二字爲國名。杜云舒、蓼二國，亦非。舒庸舒鳩杜註：「羣舒偃姓。」按皇甫謐帝王世紀帝賜皋陶姓曰偃，則諸國皆皋陶後。
妘姓	鄅昭十八年傳鄅人藉稻，杜註：「鄅，妘姓國。」夷隱元年傳紀人伐夷，正義曰：「世本夷妘姓國。」偪陽襄十年滅偪陽傳，偪陽，妘姓也。使周内史選其族嗣，納諸霍人，禮也。鄭語祝融後八姓，己姓昆吾、蘇、顧、温、董，董姓鬷夷、豢龍，彭姓彭祖、豕韋、諸稽，秃姓舟人，妘姓鄔、鄶、路、偪陽，曹姓鄒、莒，斟姓無後，芈姓夔越。韋注：「董姓，己姓之別受氏爲國者。秃姓，彭祖之別也。斟姓，曹姓之別也。」
曹姓	邾小邾卽郳。襄十一年傳七姓十二國之祖，杜註：「邾、小邾，曹姓。」
芈姓	楚夔僖二十六年傳夔子不祀祝融與鬻熊，楚人讓之，對曰：「我先王熊摯有疾，鬼神弗赦，而自竄于夔。」杜註：「熊摯，楚嫡子，有疾不得嗣位，故別封爲夔子。」
熊姓	羅桓十二年傳羅人欲伐之。杜註：「羅，熊姓國。」日知録作芈姓。按：楚諸君皆以熊爲號，疑熊姓亦楚所分也。宣八年葬我小君敬嬴，公、穀二傳俱作頃熊，何休注楚女是也。

曼姓	鄧桓十年傳鄭祭足有寵于莊公，爲公娶鄧曼。杜註：「曼，鄧姓。」歷代紀事年表曼姓出自商。
歸姓	胡襄三十一年傳立胡女敬歸之子子野。杜註：「胡，歸姓國。」
隗姓	狄白狄赤狄僖二十四年傳有狄后隗氏，二十三年傳狄人伐廧咎如，獲其二女叔隗、季隗。杜註：「赤狄之別種。」
允姓	小戎莊二十八年傳小戎子生夷吾。杜註：「允姓之戎。」日知錄以爲子姓。陸渾即陰戎。昭九年傳先王居檮杌于四裔以禦螭魅，故允姓之奸居于瓜州。据襄十四年杜註：「姜姓之戎，別爲允姓。」
漆姓	鄋瞞即長狄。防風氏之後。魯語仲尼曰：「汪芒氏之君，守封、隅之山者也，爲漆姓，于周爲長狄氏。」史記作釐姓。

右國姓。

以上諸國得姓所祖，皆見傳文及注、疏，章章可考者。別有鄶妘姓，奄嬴姓，褒、斟灌、斟鄩姒姓，逢姜姓，密須姞姓，豕韋彭姓，昆吾己姓，鬷夷董姓，皆古國，春秋時無存。國語鄢妘姓，盧嬀姓，未見經、傳。歷代紀事年表冀、項、唐、陽、州來姬姓，厲、鄣、駘姜姓，穀、譚、沈嬴姓，貳、軫、絞、桐、無終偃姓，鄀允姓，鄅、牟妘姓，根牟曹姓，介斟姓，宗、麇芈姓，房祁姓，崇、巢姒姓，共、黎、邶、鄘、戴子姓，鄾曼姓，皆未詳所據。然年表中亦有不可憑者，如胡本歸姓，蓼本偃姓，肥、鼓狄類而皆以爲姬姓，息、密本姬姓，而以密爲風姓，息爲嬀姓；傳云江、黃、道、柏皆弦姻也，而謂弦與江、黄同爲嬴姓，皆誤也。彙纂淮姬姓，譚子姓，項姞姓，麇、鼓祁姓，弦隗姓。日知録權芈姓，麇嬴姓。又無姓之國十三，於餘丘、郭、道、柏、庸、鄟、邿、鑄、不羹及昭元年傳之沈、姒、蓐、黄。

姬姓所分之氏	周	周氏	史記索隱曰「周公元子就封于魯，次子留相王室，代爲周公。」路史謂平王子秀封汝川，非也。史記厲王奔彘，召公、周公二相行
姜姓所分之氏	齊	高氏	新唐書「齊文公生公子高，其孫傒食采于盧，佐管仲有功，桓公命以王父字
子姓所分之氏	宋	孔氏	昭七年傳孟僖子曰：「孔丘，聖人之後也，而滅于宋。其祖弗父何以有宋而授
姒姓所分之氏	齊	鮑氏	昭二十五年傳季公鳥取妻于齊鮑文子，曰季姒。是鮑氏姒姓。 晉
祁姓所分之氏	晉	士氏	范氏 襄二十四年傳士匄曰「昔匄之祖，自虞以上爲陶唐氏，在夏爲御龍氏
嬀姓所分之氏	陳	轅氏	亦作袁 昌黎袁氏先廟碑：「陳公子有爲大夫食國之地袁鄉者，其子孫世守不失
姞姓所分之氏	衛	孔氏	詳世系表。 宋 雍氏 桓十一年傳宋雍氏女于鄭莊公曰雍姞，杜
任姓所分之氏	魯	黨氏	莊三十二年傳初，公築臺臨黨氏，見孟任，從之。是黨氏任姓。
嬴姓所分之氏	晉	趙氏	史記趙氏之先與秦共祖，穆王賜造父以趙城，由此爲趙氏。 耿氏
己姓所分之氏	周	蘇氏	僖十年傳蘇子奔衛，杜注：「司寇蘇公之後。」按老泉蘇氏族譜後録「司寇
曹姓所分之氏	邾	曹氏	附 顧寧人曰：「魏將濟郊議，稱曹騰碑文云：『曹氏族出自邾。』王沈魏書
芈姓所分之氏	楚	鬬氏	鬬伯比、鬬廉俱若敖子。 成氏 亦若敖之後。 蔿氏 亦作薳
有氏無姓	周	武氏	隱三年秋武氏子來求賻，注不言武氏所出。新唐書平王少子生而有文在其手曰「武」，如此則宜以「武」爲名，豈得以名爲氏，

政，號曰共和。則平王之前已有周公矣。然周邑在西都畿內，平王東遷或更以汝川地封周公未可知耳。

召氏

陸德明曰：「召公長子繼燕，支子繼召。」史記白起傳雖周邵、呂望之功不益于此矣。是召、邵同一氏也。

爲氏。」按：莊九年傳鮑叔牙曰管夷吾治于高傒，則傒之氏高久矣。僖十二年傳管仲曰：「有天子之二守國、高在。」杜注：「國子、高子，

厲公。」杜注：「弗父何，孔父嘉之高祖。」

華氏

出戴公。桓二年會于稷以成宋亂，爲賂故立華氏也。杜注「督未死而賜族，督之妄

辛氏

閔元年傳畢萬仕于晉，辛廖占之，曰吉。正義引昭十五年傳云及辛有之二子董之晉，于是乎有董史。注云：「辛有，周人。二子適

在商爲豕韋氏，在周爲唐杜氏，晉主夏盟爲范氏。」杜注「周成王滅唐，遷之于杜爲杜伯。杜伯之子隰叔奔晉，四世及士會，受邑于

因自別爲袁氏。」新唐書袁氏出陳胡公裔孫轅濤塗。

夏氏

出宣公子少西。宣十一年傳楚子謂陳人無動，將討于少西氏。杜注：

注「雍氏，姞姓。」

邯鄲氏

文十二年傳趙有側室曰穿，正義曰「穿，趙夙之孫，別爲邯鄲氏。」按定十三年傳有邯鄲午，杜注「趙鞅同族別封邯

蘇公與檀伯達皆封于河，世世仕周，故河南、河內皆有蘇氏。」

云『武王封曹俠于邾，至戰國爲楚滅，子孫分流，或家于沛』。而魏武作家傳自云曹叔振鐸之後。景初中，明帝從高堂隆議，詔曰『曹

新唐書蚡冒生子薳章。

孫氏

新唐書蔿賈生孫叔敖，其後別爲孫氏。

屈氏

楚辭注「武王子瑕食采于屈，因氏焉。

殆不足據。

尹氏

隱五年傳王使尹氏、武氏助曲沃。杜注「尹氏武氏皆周世族大夫。」按：晉語文王諏于蔡、原而訪于辛尹。韋注：「辛，辛甲；尹，尹佚，皆周太史。」則尹氏爲史佚之後。鄭氏通志少昊後封于尹城。

祭氏 出周公。**原氏** 出文王。**毛氏** 出文王子毛叔鄭。**成氏** 出文王子郕叔武。**單氏** 陳氏世族譜成王幼子臻封于單。未知所据。

天子所命爲齊守臣，皆上卿也。」國高之命爲卿，應當在前。○又新唐書盧氏亦出自高，以邑爲氏。**國氏** 杜注亦姜姓。

也。」正義曰「督是公孫未合賜族，應死後其子乃賜族。」**樂氏** 出戴公○又新唐書蕭氏出宋樂大心封于蕭以爲附庸。按：莊

晉爲太史。」按新唐書啓封支子于辛，其後爲辛氏。是辛爲姒氏。**董氏** 晉語韓宣子祀夏郊，董伯爲尸。韋注「董伯，姒姓。」按

范。」按晉語隰叔子違周難于晉，生子輿爲理。世及武子佐文、襄，輔成、景，是以受隨、范。是士蔿初以官爲氏，至會始以邑爲氏。隱八年正

「少西，徵舒之祖子夏之名。」正義曰「禮以王父字爲氏。徵舒以夏爲氏，知子夏是字少西是名。」**孔氏** 宣十一年楚子入陳，納公孫

鄲。」正義曰：「世本趙衰，趙夙之弟也。衰之後爲趙氏，夙之後爲耿氏。」据此則夙邑于耿，以耿爲氏。穿之後又以邯鄲爲氏。

氏世系出自有虞氏。今祀圜丘，以始祖帝舜配。』則又不知何据。一代之君三易其祖。豈不可笑。」

屈原其後也。」**陽氏** 出穆王**囊氏** 出莊王**沈氏** 昭十九年傳沈尹戌，杜注：「莊王曾孫。」按：楚官俱以

南氏 隱九年春天王使南季來聘。穀梁傳南氏姓也。**渠氏** 桓四年王使宰渠伯糾來聘。杜注：「渠，氏；伯糾，名也。」**仍氏** 桓五年天王使仍叔之子來聘。正義曰：「仍氏，

王叔氏
文三年正義曰「王叔文公不知何王之子，字叔；遂以叔爲氏。」衞有公叔文子，此人蓋以王叔爲氏也。陳氏世族譜出僖王。
甘氏
出惠王。
劉氏
宣十年秋天王使王季子

隰氏
出自莊公。見國語注。按：齊有兩莊公，此春秋以前之莊公也。
崔氏
襄二十五年傳東郭偃曰「男女辨姓，今

十二年傳有蕭叔大心 正義曰「蕭邑大夫以此年有功宋人以蕭邑別封其人爲附庸。」樂大心，昭公時人，遠不相涉。
司城氏

董氏卽出于辛 晉有董狐、董叔、董安于。此與鄭語己姓之董，及昭二十九年傳飂叔安之裔董父帝舜賜姓曰董者有別。
魯

義曰：「舊官謂若晉之士氏是也。」宣十七年傳范武子將老，杜注「初受隨，故曰隨武子。後受范復爲范武子。」
劉氏
文十三

寧、儀行父于陳。按：孔寧稱公孫，必是陳之公族。襄二十七年會于宋有陳孔奐。
齊
陳氏
莊二十二年傳陳公子完奔齊，

徐
徐氏
附 昌黎徐偃王廟碑「徐氏十望其九皆本于偃王。」或曰：「徐子章禹既奔于吳，徐之公族子弟散之徐、揚二州

尹爲名，此必爲沈邑之尹而其後遂以爲氏也。陳曙峰世族譜引封建考云：「成八年晉滅沈，沈子逞奔楚，爲沈氏。生嘉，嘉生二子：曰

公、穀俱作任。按詩雲漢序仍叔美宣王也，周之有仍氏舊矣。」
家氏
桓八年天王使家父來聘。杜注：「家，氏；父字。」按詩節南山篇「家父作誦」，十月之交篇「家伯冢宰」鄭箋俱以爲字。疑此家父之祖父

來聘。公羊傳云母弟也，是頃王之子，定王之弟。或云襄王季子始封劉，非也。

儋氏

出儋王。

黨氏

定七年傳王入于王城，館于公族黨氏。

王氏附

周之卿士無以王爲氏

君出自丁，臣出自桓，不可。」按：新唐書丁公子季子食采于崔，因以爲氏。

晏氏

歐陽公晏殊神道碑云「有姜之裔，齊爲晏氏。」是

昭二十五年傳叔孫婼聘于宋，桐門右師見之，語卑宋大夫而賤司城氏。杜注：「司城，樂氏之大宗也。」按：子罕始爲司城，蓋其後又以司

曾氏

歐陽公曾致堯神道碑云：「莒滅鄫而子孫散亡，其在魯者自別爲曾氏。」又與曾鞏論氏族書：「曾氏出于鄫者，蓋其支庶，自

年傳秦人歸士會之帑，其處者爲劉氏。杜注：「士會，堯後，劉累之胤，別族復累之姓。」正義曰：「會子在秦不被賜族，故自復累之姓爲劉氏。

桓公使爲工正。顧寧人曰：「古人無以國爲氏者，惟出奔他國然後以本國爲氏。敬仲奔齊而爲陳氏是也。其他若鄭丹、宋朝、楚建、鄖

閒。」

丙、戌。戌生諸梁，諸梁生射及文，射生赤及朱。」按昭二十三年經書吳敗頓、胡、沈、蔡、陳、許之師于雞父，胡子髡、沈子逞滅。杜

日也。

榮氏

莊元年王使榮叔來錫桓公命。杜注：「榮氏，叔字。」按武王時有榮公，厲王時有榮夷公，此蓋其後也。

叔氏

文元年天王使叔服來會葬。杜注：「叔，氏；服，字。」

者。新唐書世系表王氏三房，琅琊、太原出靈王大子晉，京兆出魏信陵君。按：曹子建王仲宣誄云「流裔畢萬，末胄稱王。」此可證王之出于魏矣。韓文公王仲舒神道碑云「王氏皆王者之後。在太原爲姬姓，春秋時爲王子成父，敗狄

晏亦姜姓。

慶氏 桓公子無虧之後。

東郭氏 出桓公

盧蒲氏 襄二十八年傳盧蒲癸臣子之有寵，

城　爲氏。

皇氏 出戴公子司徒皇父。

老氏 出戴公○以上戴族四。

仲氏 出莊公

魚氏 出桓公子司馬

別有爲曾氏者爾。非鄫子之後皆姒曾也，蓋今所謂鄫氏者是也。」按：襄五年叔孫豹、鄫世子巫如晉傳謂「以成屬鄫，比諸魯大夫。其

秦滅魏劉氏徙大梁。漢高祖之祖爲豐公，又徙沛，故高祖爲沛人。」○按：杜甫重送劉十弟判官詩云：「分源豕韋派，別浦鴈賓秋。年

申之類皆是也。」

田氏 附 正義曰「陳世家敬仲之如齊以陳字爲田氏。左傳終始稱陳，田必非敬仲所改。未知何時改耳。」

注「國雖存，君死曰滅。」安得云奔楚？定四年諸侯會召陵伐楚，沈子不會，晉使蔡伐沈，滅之，以沈子嘉歸。時沈尹戌正爲楚左司馬，安

石氏 定十四年天王使石尚來歸脤。杜注「石尚，天子之士。石，氏；尚，名。」

樊氏 仲山甫之後。莊二十九年傳樊皮叛王，昭二十二年傳有樊頃子。

詹氏 昭九年傳王

有功因賜氏。」其事先靈王之立四十年與太子晉無涉。王莽自云舜後出齊王建孫田安則又有嬀姓之王。然春秋時齊之王氏最多，而文十一年王子成父杜亦云齊大夫。未知韓公賜氏之説何所據。

魯

衆氏

妻之。慶舍之士謂癸曰：「男女辨姓，子不辟宗，何也？」杜注：「慶氏、盧蒲氏皆姜姓。」

欒氏

高氏

欒、高二氏皆出惠公

昭三

子魚。按：史記宋之後有目夷氏，魚當亦子魚之後。

蕩氏

出桓公子司城蕩。

鱗氏

出桓公

向氏

出桓公

明年鄭見滅于莒。疑世子巫由是遂居魯。顧寧人謂出奔他國，以本國爲氏，是也。

越

歐陽氏

附

歐陽公誌叔父

事推兄忝，「人才覺弟優。」又寄族弟唐十八使君詩云：「與君陶唐後，盛族多其人。」是唐、杜、范、劉同出于堯，至唐猶稱同族。古人之審于氏

孫氏

附

昭十九年傳有孫書，杜注：陳無宇之子。新唐書「無宇子書景公賜姓孫氏。其孫武以田、鮑之亂奔吳，爲將軍。」

得以爲嘉之子也？昭四年傳楚沈尹射奔命于夏汭，五年傳沈尹赤會楚子次于萊山，而諸梁至定五年始見于傳，哀公末年猶在。又安

使詹桓伯辭于晉。按：詹與鞏俱以邑氏者。

鞏氏

昭二十二年傳鞏簡公敗績于京。定二年傳鞏氏之羣子弟賊簡公。

南宮氏

昭二十三年傳召伯奂、南宮極以成周人戍尹。杜注：「二子周卿士。」二

出孝公。鄭氏通志：公子益師字衆父，其後爲衆氏。傳有衆仲。

展氏

隱八年傳無駭卒，羽父請謚與族。公問族于衆仲，對曰：「天子建德，因生以賜姓，胙之土而命之氏。諸侯以字爲謚，因以爲族，官有世功則

年傳晏子曰：「姜族弱矣，而嬀將始昌。二惠競爽，猶可。」

○以上桓族四。

靈氏

出文公子子靈。

石氏

出共公子子石。

邊氏

出平公。

戴氏

隱八年正義曰

潁墓云「越王句踐之後有無彊者，爲楚所滅。無彊之子皆受楚封，封之烏程歐陽亭者爲歐陽氏。」按：史記越爲夏禹之後，是歐陽亦姒姓所

姓如此。哀三年傳劉氏、范氏世爲婚姻。此則姬姓之劉，出于周者也。○又國語注：「傳氏姚姓，堯後。」今姑附于此。

得以爲射輿赤之祖父也？又宋書沈約自序云：「少昊氏之裔封于汾川，其後四國沈、姒、蓐、黃。沈子國，今汝南平輿沈亭是也，定四年滅

十四年傳召簡公、南宮嚚以甘桓公見王子朝。杜注：「嚚，南宮極之子。」

魯

尹氏

隱十一年傳公之爲公子也，與鄭人戰于狐壤，止焉。鄭人囚諸尹氏，賂尹氏而禱于其主鍾巫，遂與尹氏歸而立其

有官族，邑亦如之。」公命以字，爲展氏。杜注：「諸侯之子稱公子，公子之子稱公孫，公孫之子以王父字爲氏。無駭，公子展之孫，故爲展氏。」鄭氏通志出孝公。

柳氏

新唐書展禽食采于柳下，遂姓柳氏。

「以謚分。爲族者，衛齊惡、宋戴惡之類。」按：哀二十六年傳戴氏、皇氏將不利于公室，杜注：「戴氏即樂氏。」此猶向氏亦稱桓氏，武公之後

于蔡。」按四國爲晉所滅，見于昭元年子產之言，甚明。其汝南之沈，別是一國。休文誤合爲一也。

主。

寪氏

隱十一年傳館于寪氏。按：寪氏史記作蔿。昭十一年傳使佐薳氏之箴，疑即此蔿氏。

秦氏

莊九年傳秦子、梁子以公旗辟于下道。杜注：「二子，公御及戎右也。」襄十年傳孟

臧氏

亦稱臧孫氏。隱五年傳公將如棠觀魚者，臧僖伯諫。正義曰：「僖伯名彄，字子臧，孝公之子，僖伯之孫始得以臧爲氏。今于僖伯之上已加臧者，傳家追言之。」

郈氏

亦作厚。

稱武氏之族也。昭八年傳戴惡會圍陳，注但云宋大夫未知于戴族四氏何出。

獻子以秦堇父爲右。生秦丕茲，事仲尼。襄十八年傳有秦周。昭二十五年傳有秦遄。

梁氏

梁子見上。又莊三十二年傳雩，講于梁氏。

夏父氏

文二年傳夏父弗忌爲宗伯。魯語韋昭注：「弗按：檀弓有后木，鄭注：「魯孝公子惠伯鞏之後。」是郈氏出孝公。

施氏

出惠公子施父。

仲孫氏

亦稱孟孫氏。

公羊傳公子慶父、公子牙、公子友皆莊公之母弟也。按：杜注：「慶父，

忌，夏父展之後。」

富父氏

文十一年傳富父終甥駟乘。哀三年桓、僖災傳富父槐至。杜注：「富父終甥之後。」

南氏

昭十三年傳費人叛南氏。按：襄七年傳南遺爲費宰。南蒯，南遺之子也。

莊公庶兄。」正義曰：「慶父庶長而以仲爲字，其後子孫以仲爲氏，是以經書仲孫。時人以其庶長稱孟，故傳稱孟孫。」史記亦以慶父爲莊公弟。

子服氏

子服它，孟獻子之子，別爲子服氏。

陽氏

定八年傳陽虎欲去三桓，以季寤更季氏，叔孫輒更叔孫氏，己更孟氏。疑陽氏與孟孫同族。

條氏

徐氏

蕭氏

索氏

長勺氏

尾勺氏

定四年傳分

南宮氏
昭七年傳孟懿子與南宮敬叔師事仲尼。正義曰：「南宮氏也，僖子之子。」

叔孫氏
出公子牙。

叔仲氏
叔仲彭生，叔牙孫，武仲子。文十八年傳襄仲殺之，既而復叔仲氏。

魯公以殷民六族云云。

衛

石氏
詳世系表。

齊氏
昭元年會于虢，齊惡始見于經。昭二十年傳公孟縶狎齊豹，杜注：「豹，惡之子。」此正義所云以謚爲族者，若衛齊惡之類是也。

趙氏

季孫氏

出公子友。

公鉏氏

襄二十三年傳故公鉏氏富。按：公鉏，季悼子庶兄，其後有公鉏極。

公父氏

魯語仲尼曰「公父氏之婦知也夫。」韋注：「公父，季氏之別也。」按：定五年傳有

昭九年傳衞趙黶會楚子于陳。定十四年衞趙陽出奔宋。杜注「陽，趙黶孫。」正義曰「世本懿子兼生昭子舉，舉生趙陽。兼即黶也。」

褚師氏

昭二十年傳褚師圃出奔晉。哀公時有褚師定子、褚師聲子。按：新唐

公父文伯，是季悼子之孫，公父穆伯之子。

東門氏

仲遂，莊公之子。宣十八年傳逐東門氏，杜注：「襄仲居東門，故曰東門氏。」

仲氏

成十五年仲嬰齊卒，杜注「襄仲子，公孫歸父弟。宣十八

書：「褚氏出自宋共公子段，字子石，食采于褚，其德可師，號曰褚師。」夫褚師乃官名，昭二年傳鄭公孫黑請以印爲褚師。是宋鄭衛俱有此官。子石之後自爲石氏。其謬妄不足信如此。

王孫氏

定八年傳有王孫賈。哀

年逐東門氏，既而又使嬰齊紹其後曰仲氏。」按：公羊傳以嬰齊爲後其兄歸父，故不稱公孫而以王父字爲氏。穀梁以爲宣八年仲遂卒，爲殺子赤疎之，不使稱公子，故其子亦由父疎之不得稱公孫，故別言仲氏。其說皆非也。魯

二十六年傳叔孫文子使王孫齊私于皐如。杜注「齊，衞大夫王孫賈之子昭子也。」

公文氏

哀十四年傳向魋出于衞地，公文氏攻之。二十五年傳公使侍人納公文懿子之車于池。

陶氏

施氏

大夫逐兄而立其弟，如叔孫豹之屬，未嘗後其兄也。經屢書公孫歸父，未嘗不稱公孫也。蓋嬰齊別受賜爲仲氏耳。劉炫謂季友、仲遂俱生而賜氏者，亦誤。

子家氏

昭五年傳有子家羈，杜注：「莊公玄孫。」蓋歸父

繁氏

錡氏

樊氏

饑氏

終葵氏

定四年傳分康叔以殷民七族云云。

晉

荀氏

荀本姬姓國

汲郡古文晉武公滅荀以賜大夫原氏黯，是爲荀叔。陳曙峰世族譜荀

字子家，故其後別爲子家氏。

叔氏 亦稱子叔氏。宣公弟叔肸之後。

顏氏 顏魯公家廟碑云其先出于顓頊，爲曹姓。邾武公名夷父，字顏。子友別封郳爲小邾子，遂以顏爲氏，多

氏亦隰叔之後，未必然也。後分爲中行、知二族。

程氏 成十八年傳程鄭爲乘馬御，杜注：「程鄭，荀氏別族。」○新唐書程氏出程伯休父，乃重黎之後。詳見太史公自序及晉書宣帝紀。與此程氏有別。

仕魯爲卿大夫。按：王儉姓譜顏氏出自魯侯伯禽支庶，食采顏邑。顧寧人曰：「左傳襄十九年齊侯娶于魯，曰顏懿姬，則顏爲姬姓，爲魯族審矣。」齊亦有顏氏。哀二十七年傳召顏涿聚之子。晉、衞亦有顏氏。孟子于衞主顏讎由。

中行氏

荀林父之後爲中行氏。僖二十八年傳晉侯作三行以禦狄，荀林父將中行。正義曰：「始將中行，故以爲氏。」

知氏

荀首之後爲知氏。成二年傳知罃之父，中行伯之季弟也。鄭氏通志荀

鬷氏

襄十九年傳顏懿姬姪鬷聲姬，杜注：「顏、鬷，皆二姬母姓。」

公儀氏

附

檀弓公儀仲子之喪，鄭注：「公儀氏，魯之同姓。」

蔡

朝氏

昭十五年蔡朝吴出奔

首別食知邑。

輔氏

附

晉語知果別族于太史爲輔氏，及知氏之亡，惟輔果在。

胥氏

僖二十三年傳司空季子杜注：「胥臣臼季也。」正義曰：「胥氏食采于臼。」

鄭。按：朝吳是子朝之孫，聲子之子。聲子字子家，經書公孫歸生，則子朝必蔡之公子。其後以字爲族也。

衛

甯氏

出武公。

孫氏

出武公。

世叔氏

亦稱太叔氏。

先氏

亦稱原氏。僖二十八年傳原軫將中軍時趙衰方爲原大夫。原必軫之舊氏，非其食邑。宣十三年正義曰「原縠是先軫之後，食采于彘，故曰彘子。原，其上世所食也。于時趙氏有原同，蓋分原邑而共食之。」似出文公。

北宫氏

出成公。

子叔氏

襄元年衛侯使公孫剽來聘，傳稱子叔。按：襄二十六年正義曰：「剽是穆公之孫，黑背之子。」成十年傳衛子叔黑背侵鄭，是黑背字子叔，即以子叔爲族也。」又昭二

未然。陳曙峰世族譜：「先氏與范氏同祖隰叔，初封于先。」亦無確据。

慶氏

昭三年傳叔向曰：「欒、郤、胥、原、狐、續、慶、伯，降在皁隸。」杜註：「八姓，晉舊臣之族。」按：慶氏見于傳者惟慶鄭一人。

十年傳賜析朱鉏謚曰成子，杜注：「黑背孫。」

公叔氏

出獻公。

公孟氏

昭七年傳衛襄公嬖人婤姶生孟縶。定十二年衛公孟彄帥師伐曹，〔二〕杜注：「孟縶子。」正義曰「此實公孫而不稱公孫者。縶字公

伯氏

成十五年傳三郤害伯宗譖而殺之伯州犂奔楚。定四年傳楚之殺郤宛也，伯氏之族出。伯州犂之孫嚭，爲吳太宰以謀楚。按：新唐書「宋襄公母弟敖仕晉，孫伯宗。」又云：「州犂奔楚食采于鍾離爲鍾氏。少

孟，故卽以公孟爲氏。劉炫謂公孟生得賜族，故彄卽以族告。」按：春秋之季，如衞之子叔、公孟，宋之石氏，皆以父字爲族，蓋賜氏之法漸替矣。

南氏

出靈公子郢。哀二十五年傳公之入也奪南氏邑，杜注：

子連家于南陽，以王父字爲宗氏。」皆未足信。蓋州犂未奔楚之先，楚已有鄖公鍾儀矣，其後又有鍾建，非伯氏之後也。李習之柏良器神道碑云：「柏氏系自有周叔虞封晉。其支子有受邑于伯者，因以爲姓。後世生宗，其子州犂奔楚

「南氏，子南之子公孫彌牟。」○按：史記天子東巡狩至河南求周苗裔，封其後嘉三十里地號曰周子南君。顧寧人曰：「秦并六國，衞最後滅。疑嘉是衞後故氏子南。武帝卽以其氏命之爲爵。而漢書恩澤侯表竟作姬嘉則沒其氏而書其

改伯爲柏。」則又爲姬姓矣。晉語伯亦作柏。

箕氏

晉語胥、籍、狐、箕、欒、郤、柏、先、羊舌、董、韓世掌近官，韋注：「十一族，晉之舊姓。」按文七年令狐之役箕鄭居守，時將上軍。

籍氏

昭十五年傳

姓矣。又恩澤侯表襃魯節侯公子寬以魯頃公玄孫奉周祀，子相如嗣更姓公孫氏，後更爲姬氏。此三代後變氏稱姓之最著者。」

文氏

司寇氏

檀弓司寇惠子之喪，鄭注：「惠子，將軍文子之弟。」正義引世本靈公生

王謂籍談曰「昔而高祖孫伯黶司晉之典籍，以爲大政，故曰籍氏。」杜注：「孫伯黶晉正卿，籍談九世祖。」按：新唐書「荀林父之孫曰籍偃一曰孫伯黶，以字爲氏。」此最可笑。林父在僖公時，相去僅百年，安得自孫以下復傳九世乎？

昭子郢，郢生文子木及惠叔蘭，蘭生虎，爲司寇氏，文子生簡子瑕，爲將軍文氏。按：姓譜康叔爲周司寇，後人遂爲寇氏。顧寧人謂：「康叔，衛國之祖，無以王官氏其支庶之理。」今据禮記疏，則寇氏爲司寇惠子之後。

鄭氏通志以縣爲文侯弟。○又按晉語注：「伯宗，晉大夫孫伯糾之子。」此有孫伯縣，疑皆晉之公孫。猶悼公之稱孫周，而晉語稱悼公之父亦曰孫談是也。

呂氏

僖十五年傳晉侯使郤乞告瑕呂飴甥杜註：「姓

司徒氏

附

檀弓衛司徒敬子死，鄭註：「司徒，官氏。公子許之後。」

晉

欒氏

桓二年傳晉封桓叔于曲沃，靖侯之孫欒賓傅之。正義曰：「此人之後遂爲欒氏。蓋其父字欒。」

瑕呂。」顧寧人曰：「呂，氏也。瑕，其邑名。蓋兼食陰、瑕二邑，故又曰陰飴甥。」按此與呂錡、呂相之呂有別，彼爲魏氏所分也。

瑕氏

文十三年傳晉侯使詹嘉處瑕以守桃林之塞。晉語陽畢曰：「若滅欒氏，起瑕、原、

祁氏

史記晉之宗家祁奚，叔向。鄭氏通志：「祁奚，獻侯四世孫，食邑于祁。」按奚去獻侯甚遠，疑非四世。

韓氏

晉語韓宣子對叔向曰：「自桓公以下，嘉吾子之賜。」韋注：「桓叔生子萬，受韓以

韓、魏之後而賞立之，則民懷矣。」韋注：「瑕，瑕嘉；原，原軫，皆晉賢人有常位于國者。」

張氏

鄭氏通志：「晉有解張字張侯，自此晉國世有張氏，因張侯之字以命氏也。趙有張談，韓有張開地，是其後也。」按

爲大夫，故曰韓萬。」按獻公盡滅桓、莊之族，未知韓氏何以獨盛于晉。史記韓世家韓之先與周同姓，其後苗裔事晉，則以韓爲武王子韓侯之後，或別有据也。昌黎送何堅序云何于韓同姓爲近。孫緬唐韻：韓滅，子孫分散江、淮

王符、皇甫謐並以張良爲韓之公族姬姓。未知鄭氏何据。晉有張老、張君臣、張趯、張骼，亦有解揚、解狐，如鄭說，則張氏乃解氏所分也。

右行氏

成十八年傳右行辛爲司空。杜注：「辛將右行，因以爲氏。」正義曰：

閈，字隨音變，遂爲何氏。

游氏

莊二十四年傳晉士蔿又與羣公子謀使盡殺游氏之二子。杜注：「游氏二子亦桓、莊之族。」

羊舌氏

閔二年傳羊舌大夫。正義引譜云：「羊舌氏，晉之公族，羊

「僖二十八年晉作三行，三十一年卽罷之，彼云屠擊將右行。未知此人卽屠擊之子孫，爲是其祖父，代屠擊也。」按右行辛卽賈辛。僖十年傳有左行共華、右行賈華，晉之有右行舊矣。或是華之後，昭十二年傳有右行詭。

舌其所食邑也。」新唐書武公曾孫突，羊舌大夫也。

楊氏

陸德明曰：「叔向食采于楊，故又號楊肸。」按漢書揚雄傳：「其先出自有周伯僑者，以支庶食采于晉之揚，因氏焉。周衰而揚氏或稱侯，號曰揚侯。」

鄭

洩氏

孔氏

僖七年傳子華曰：「洩氏、孔氏、子人氏三族實違君命。」按隱五年鄭人侵衛，祭仲、原繁、洩駕以三軍軍其前。僖三年首止之會，鄭伯逃歸不盟，孔叔止之。其後有洩堵寇、孔將鉏。是二會晉六卿爭權，揚侯逃于楚。」夫揚本姬姓侯國，見滅于晉而爲羊舌氏邑。乃謂始食采于揚，後爲揚侯，何舛戾若此？新唐書則云周宣王子尚父封爲揚侯，晉武公子伯僑爲羊舌氏之祖，較分明。又按：楚有王子揚，後爲陽氏。魯

族皆鄭世大夫。

皇氏

僖二十四年傳鄭伯將享宋公，問禮于皇武子。杜注「皇武子，鄭卿。」按：其後有皇戌、皇辰、皇耳、皇頡，惟耳爲戌子，餘未詳其系。

鄭雜姓最多如堵氏、石氏、侯氏、尉氏、司氏、子

亦有陽虎，晉有陽處父。明楊升菴謂楊揚陽羊四姓一族，亦誤也。

郤氏

亦公族，食邑于郤。按：新唐書及鄭氏通志，步氏、温氏俱出自郤。然晉卿以邑別族者甚多，傳注無明文者不録。楚亦有郤氏，乃伯州犂

師氏，皆不知其族姓所出。

齊

閭丘氏

襄二十五年傳有閭丘嬰，哀八年傳齊閭丘明來涖盟，杜註：「嬰之子。」二十一年傳閭丘息，杜注：「閭丘明之後。」

北郭氏

襄二十八年傳與北郭佐

之族。按：晉之公族皆出自獻公以上。宣二年傳云驪姬之亂，詛無畜羣公子，由是晉之公子無賜族者矣。

狐氏

出自唐叔。

賈氏

桓九年傳荀侯、賈伯伐曲沃。正義曰：「晉大夫有荀氏、賈

邑六十。昭二十二年傳齊北郭啓帥師伐莒，杜注：「啓，北郭佐之後。」

陳

女氏

莊二十五年陳侯使女叔來聘，杜注：「女，氏也。」

原氏

莊二十七年公子友如陳葬原仲，杜注：「原，氏也。」

氏，蓋晉滅之以賜大夫。」按文六年傳有大師賈佗。晉語云賈它，公族也。韋注：「賈它，狐偃之子狐射姑賈季也，食邑于賈。」

續氏

文六年傳晉殺續簡伯，杜注：「續鞫居，狐氏之族。」

魏氏

鍼氏

隱八年傳陳鍼子送女。襄二十四年陳鍼宜咎出奔楚，杜注：「鍼子八世孫。」按：魯亦有鍼季，衞亦有鍼莊子。

懿氏

莊二十二年傳初懿氏卜妻敬仲。

慶氏

襄二十三年

閔元年傳賜畢萬魏，以爲大夫。杜注：「畢萬，公高之後。」

令狐氏

正義曰：「世族譜魏顆、魏絳俱魏犨之子。顆別爲令狐氏，絳爲魏氏。蓋顆長而庶，絳幼而適故也。」

呂氏

呂錡亦絳庶兄。

傳慶氏以陳叛。

楚

熊氏

自桓六年熊率且比以後熊氏見于傳者甚衆，疑亦楚之公族也。

申氏

按：楚以申氏者甚衆，或其先世嘗爲申公，或故申侯之子孫仕于楚者皆不可知。

鄭

祭氏

桓十一年傳祭封人仲足有寵于莊公。杜注：「封人，守封疆者，因以所守爲氏。」按：仲之女雍姬，則祭氏姬姓也。鄭本畿內諸侯，疑祭氏、原氏即周祭伯、原伯之後仕于鄭者。正義以祭爲仲之舊

吳語注〔二〕「申包胥，楚大夫王孫包胥也。」疑申氏亦出于楚。

潘氏

詳世系表。

伍氏

不知其所本。按：伍舉亦稱椒舉，國語椒作湫，韋注：「邑也。」伍胥亦稱申胥，國語注「員奔吳，吳子與

氏，是也。

原氏

莊十四年傳厲公稱原繁曰伯父，是原亦姬姓。

子人氏

桓十四年鄭伯使其弟語來盟，傳作子人來盟。杜注：「其後爲子人氏。」按：僖二十八年傳使子人九行成于晉，正義以爲語之後，

之申地，故曰申胥。」

王孫氏

哀十一年傳子胥使于齊，屬其子于鮑氏，爲王孫氏。按：此稱王孫氏，疑伍氏亦出于楚。

養氏

宣十二年邲之戰，養由基爲右。昭十四年傳令尹子旗與養氏比，杜注：

是也。又後漢書段熲傳其先出自鄭共叔段。按：古人無以祖父名爲氏者。段子公孫滑，未知滑子爲誰。莊十六年傳公父定叔出奔衛，三年而復之，曰：「不可使共叔無後于鄭。」未聞其後有段氏。疑當爲公父氏。

「養由基之後。」

彭氏

哀十七年傳云彭仲爽，申俘也，文王以爲令尹。按：宣十二年邲之戰，彭名御左廣。昭四年傳彭生罷賴之師，是其後也。

觀氏

昭十三年傳觀起之死也其子從在

蔡，事朝吳。平王封陳、蔡，召觀從曰：「惟爾所欲。」對曰：「臣之先佐開卜。」乃使爲卜尹。哀十八年傳右司馬子國之卜也，觀瞻曰：「如志。」杜注：「觀瞻，開卜大夫觀從之後。」又哀十七年傳觀丁父鄀俘也，武王使爲軍帥。是觀氏之先

罕氏

襄二十六年傳叔向曰：「鄭七穆，罕氏其後亡者也。」按：穆公十三子，靈、襄嗣位，子孔誅，子然、士子孔之子出亡；子羽不爲卿，餘七子謂之七穆，皆以王父字爲氏。

良氏

游氏

國氏

駟氏

丘氏

豐氏

並詳世系表。

孔氏

昭十六年傳子產曰：「孔張，君之昆孫，子孔之後也。」蓋子孔既誅，昭七年立其子公孫洩，故孔氏有後于鄭。

本出于郜。國語有觀射父。

秦

百里氏

僖三十三年傳獲百里孟明視。正義曰：「世族譜以百里孟明視爲百里奚之子。」

子車氏

文六年傳秦伯任好卒，以子車氏之三子奄息、仲行、鍼虎

然氏	襄十九年傳子然之子子革奔楚，爲右尹。昭四年傳然丹城州來，杜註「鄭穆公孫」，是也。按：鄭亦有然明，未知子然之後與否。
羽氏	襄三十年傳羽頡出奔晉，杜註「子羽孫。」按：此子羽是穆
爲殉，皆秦之良也。遂因氏	
頜氏	
工婁氏	
須遂氏	
見莊十七年傳，杜注：「四族，遂之彊宗。」	

公之子。其行人子羽，則鄭之公孫也。

齊

管氏

正義曰：「世族譜管氏出自周穆王。」

楚

堂谿氏

定五年傳夫概王歸自立也，以與王戰而敗，奔楚，爲堂谿氏。按：夫概王，吴子諸樊之子。

春秋大夫無生而賜氏論

案春秋公之子稱公子，公子之子稱公孫，公孫之子以王父字爲氏。此定制也。而胡文定於僖十六年季友卒發傳云：「魯之大夫有生而賜氏者，若季友、仲遂是也。蓋季友於僖有擁戴之功，仲遂於宣有援立之恩，二君報之，故生而賜氏，俾世爲卿。春秋於此特書，以志壞法亂紀之始，謹履霜之戒。」其論甚正，而其實不然。三家稱仲孫、叔孫、季孫氏，未嘗單舉仲、叔、季也。莊三十二年傳立叔孫氏，未嘗云立叔氏。其有稱叔氏者，則另爲一族。宣公弟叔肸之後，經所稱叔弓、叔鞅、叔輒是也。論語孟孫問孝于我，檀弓云此季孫之賜也，俱有「孫」字。若生而賜爲季氏，則其子孫如季孫行父、季孫宿、季孫意如，當云季行父、季宿、季意如矣，何以復多贅一「孫」字乎？且叔氏與叔孫氏又何分別也？以是知季友賜氏之説非也。仲遂之「仲」，本是行次。若已賜爲仲氏，則其子歸父當稱仲歸父，不當更稱公孫歸父。公孫者，未賜族之稱也。況仲遂父子止稱東門氏，不稱仲氏，宣十八年傳有遂逐東門氏可証。至仲嬰齊，乃更受賜仲氏耳。以是知仲遂賜氏之説非也。大抵宋儒好横發議論，而讀書不精，考究欠實，往往多傅會影響。後儒以其近正，遞相祖述，遂成鐵案。殊不知季友卒時尚不氏曰季，至其孫行父始以王父字氏曰季孫，不可以孫而彊誣其祖。襄二十三年外史盟曰「毋或如東門遂」云云，若仲氏果宣公所賜，此係國之重典，昭彰耳目，外史必不易其稱謂而曰東門氏。杜於仲嬰齊卒註云：「嬰齊，襄仲子。」宣十八年逐東門氏，既而使嬰齊紹其後，曰仲氏。是則仲之有氏，至嬰齊始受君賜，以前止曰東門，與仲無與。而文定以爲宣公生而賜爲仲氏，豈不誤哉。夫因其子孫而罪其祖父，并罪祖父當日之君，以莫須有之事遂爲一成不可變之獄。此則宋儒刻論之過也。彙纂曰：「經書公子而名字雙舉者，公、穀以爲賢之，是也。胡氏之説亦正，但與仲遂並譏爲非」其論而猶未察，其於實事無據，余是以綜考經、傳而并正之。乾隆十一年又三月一日復初氏書於高郵舟次。

此亦華子師茂之説。師茂名育濂，先母舅之從孫，韋軒先生子。與其兄師道並英年好學，讀書穎鋭能深入，考訂尤精。余延以教孫。甫及二載，于春秋啟益爲多。感起予之助，特附識于此。

案：文定之説本于劉炫。杜註云：「稱字者貴之。」正義曰：「季是其字，友是其名，猶如仲遂、叔肸皆名字雙舉。劉炫以季爲氏，謂與仲遂皆生而賜族，非也。」公、穀二傳亦皆以稱字爲賢，與杜、孔略同，則劉與文定之説爲無據。又襄二十三年盟東門遂，註云：「襄仲居東門，故曰東門氏。」若果生而賜爲仲氏，豈復舉其所居之地乎？

校勘記

〔一〕〔定十二年衛公孟彄帥師伐曹〕「二」原作「三」，據左傳改。

〔三〕〔吳語注〕「吳」原作「楚」，據國語改。

春秋列國卿大夫世系表卷十二之上

錫山　顧棟高復初　輯
金匱　華玉淳師道　參

敍

三代之宗法，原於封建。蓋先王建樹屏藩，其嫡長嗣世爲君；支庶則推恩列爲大夫，掌國事，食采邑，稱公子某。公子之子稱公孫，公孫之子以王父字爲氏，世世不絕。若異姓積功勞用爲卿，世掌國政，則各以其官，或以邑爲氏。然此非先王令典也。孟子曰「立賢無方」，又曰「士無世官」，故春秋譏世卿。世卿之禍小者，淫侈越法，隕世喪宗。或族大寵多，權逼主上，甚者厚施竊國，陳氏簒齊，三家分晉。故世卿之禍，幾與封建等。然論者謂先王親親報功之典於是乎在。儀禮喪服傳曰：「親親故尊祖，尊祖故敬宗。」又曰：「大宗者，收族者也，不可以絕。」戴記謂「別子爲祖，繼別爲宗」。有自卑而別于尊者，則國君之支庶別爲大夫，所謂大夫不得祖諸侯者是也。有自尊而別于卑者，則單寒之庶姓積功勞用爲卿，子孫世世宗之者是也。嗚呼，先王之立法，豈能百世無弊哉。在後之人，因其勢而去其積甚者可矣。由乎親親之義而言之，則展親睦族爲國毘輔，所謂百足之蟲至死不僵者，而不能無尾大不掉之弊。由乎選賢之意而言之，則唯賢是擇，不拘世類，所謂挹損彊宗獨操主柄者，而亦有枝葉衰落之患。惟使恩有所止，其疎者則齒于士族，使各得以材能自進；而其在位者則束之以禮法，使有大故，不得免于罪戾。用此權衡輕重，雖傳諸百世，豈有弊哉。以余觀春秋卿大夫，其得失俱可概見。晉懲驪姬之亂，詛無畜羣公子，故文公諸子皆出仕於外，晉無公子秉政者，而權卒移於趙、魏。魯之孟孫、叔孫再世有大罪，宜絶其屬籍，而子孫仍列於貴位，所以卒兆乾侯之禍。出彼入此，厥害惟均，徵諸已事，良用顯然。惟楚之令尹，俱以親公子爲之，一有罪則必誅不赦，所以權不下替而國本盛彊。嗚呼，鑒往可以知來，斯言諒哉。輯春秋卿大夫世系表第十二。

春秋列國卿大夫世系表

凡世系相承者俱直下，兄弟平列。

有世次可稽而無祖父可承者，上空幾格。

無系可考者，另列於後，視其本族有某公時人，略以年代爲次。

周

周氏

周桓公	隱六年傳周桓公言于王。杜注：「周公黑肩也。」
周公忌父	莊十六年傳周公忌父出奔虢，惠王立而復。
宰周公閱	僖三十年冬天王使宰周公來聘。系未詳。
周公楚	成十二年春周公出奔晉。或云周公閱曾孫。

桓五年傳周公黑肩將左軍。十八年傳王殺周公黑肩。

之。僖二十四年傳狄師伐周獲周公忌父。

宰周公孔

僖九年公會宰周公于葵丘。公羊傳宰周公，天子之爲政者也。杜氏預曰「周公，宰孔也。天子三公不字。」

按：兩周公或云忌父、宰孔弟，未知是否。今以入春秋先後爲次。

召氏

厲王、宣王時有召穆公虎。僖二十四年傳召穆公思周德之不類，故糾合宗族于成周而作詩，是也。

召伯廖 莊二十七年傳王使召伯廖賜齊侯命。

召武公 僖十一年

召昭公 文五年王

召桓公 宣六年傳

傳王使召武公、內史過賜晉侯命。國語作召公過，韋注：「穆公之後」。

使召伯來會葬。

武公子。

召桓公逆王后于齊。昭公子。

成八年秋天子使召伯來賜公命。

召戴公

宣十五年傳王孫蘇與召氏、毛氏爭政，使王子捷殺召戴公及毛伯衛，卒立召襄。戴公，桓

召襄

戴公子。

召莊公

奐

昭二十二年傳王子還與召莊公謀。杜注：「召伯奐，子朝黨也。」

召簡公

盈

昭二十四年傳召簡公、南宮嚚以甘桓公見王子朝。杜注：「簡公，莊公子召伯盈也。」

祭伯

祭公

祭叔

祭氏 穆王時有祭公謀父。

公弟。按：戴公與桓公同時，爲周卿士，宰周公亦與周公忌父同時。注、疏不詳其系。今從陳氏譜，以爲兄弟，亦未見其必然也。

二十九年傳京師殺召伯盈。

隱元年冬十有二月祭伯來。

桓八年祭公來，遂逆王后于紀。

莊二十三年祭叔來聘。

穀梁范注「祭叔，天子寰內諸侯。」杜注及徐邈皆謂祭叔爲祭公使。正義云祭叔或是祭公之弟。今姑闕疑。

原氏

原莊公

原伯貫

原襄公

原伯絞

莊十八年傳原莊公逆王后于陳。

僖二十五年傳王以陽樊、溫、原、攢茅之田予晉，晉遷原伯貫于冀。

宣十六年傳晉侯使士會平王室，定王享之，原襄公相禮。

昭十二年傳原伯絞虐其輿臣，原輿人逐絞而立公子跪尋，絞奔郊。

跪尋

杜注「絞弟。」

原伯魯

昭十八年傳葬曹平公，往者見周原伯魯焉，與之語，不

原壽過

定元年傳城成周，魏獻子屬役于韓簡子及原壽過。按：原氏系俱未

說學。

詳。

毛氏

毛伯衛
文元年天王使毛伯來錫公命。

毛伯過
昭十八年傳毛得殺毛伯過而代之。
按毛伯衛以宣十五年見殺，年相去七十年，未知幾世。

毛伯得
昭二十六年奔楚。

			杜注：「過之族。」		

成氏

成肅公	成簡公	成桓公			
成十三年會伐秦，是年卒于瑕。	昭七年傳：王使成簡公如衞弔，且追命襄公。	定八年傳：晉士鞅會成桓公侵鄭。			

單氏

單伯			單襄公	單頃公	單靖公	單獻公
莊元年夏單伯送王姬。			朝 成元年傳：單襄公如	襄三年公會單子及諸侯，同	襄十年傳：單靖公爲卿士以相	昭七年傳：單獻公棄親用羈，

杜注「天子卿也。」

晉拜成。盟于雞王室。

或云單澤。襄公頃公子。

伯曾孫。子。

襄、頃之族殺獻公而立成公。杜注「獻公，靖公子。成公，獻公弟。」

單成公 昭十一年卒。

單穆公 旗 昭二十二年劉子、單子以王猛居于皇。秋劉子、單子以王猛入于王城。成公子。

單武公 定七年傳單武公、劉桓公敗尹氏于窮谷。杜注「穆公子。」

單平公 哀十三年傳公會單平公、晉定公、吳夫差于黃池。武公子。

王叔氏

王叔文公

王叔桓公

王叔簡公

單公子愆期 襄三十年傳單公子愆期爲靈王御士。靖公弟。

單蔑 見襄三十年傳。系未詳。

王子虎　僖二十九年傳公會王子虎盟于翟泉。文三年王子虎卒。	文三年傳王叔桓公、晉陽處父伐楚以救江。杜注：「王叔文公子。」	陳生　襄五年傳王使王叔陳生愬戎于晉。正義云：「王叔文公不知何王之子，王叔陳生其後也。」

甘氏

甘昭公　叔帶　僖七年傳襄王惡太叔帶之	**甘成公**	**甘景公**	**甘簡公**　昭十二年傳甘簡公無子，立其弟過。

難。杜注：「太叔帶，襄王弟，有寵于惠后。惠后欲立之，未及而卒。」十二年傳王以戎難故討王子帶。秋，王子帶奔齊。二十二年傳王子帶自齊復歸于京師。

過將去成景之族，成、景之族殺悼公而立成公之孫鰌。杜注「成公、景公皆過之先君。」

甘悼公

過

簡公弟。

甘平公

鰌

成公孫。

甘桓公

昭二十四年傳以甘桓公見王子朝。

杜注「平
公子。」

甘歜

文十七年傳周甘歜敗戎于邥垂。系未詳。

劉氏

劉康公

宣十年秋天王使王季子來聘。公羊傳母弟也。

劉定公 夏

襄十四年傳王使劉定公賜齊侯命。杜注「康

劉獻公 摯

昭十二年傳路劉獻公。杜注「定公子。」

劉文公 卷

昭二十二年傳劉獻公之庶子伯蚠事單穆公。劉

劉桓公

見定七年傳。杜注「文公子。」

公子。」十五年劉夏逆王后于齊。

劉毅 見襄三十年傳。以下三人系未詳。

劉州鳩 見昭十二年傳。

子摯卒，無子，單子立劉蚠。定四年劉卷卒。杜注「即劉蚠也。」

劉佗 昭二十三年傳尹圉誘劉佗殺之。杜注「劉蚠族。」

儋氏

儋季	襄三十年傳初王儋季卒，其子括將見王而歎。杜注：「儋季，靈王弟。」
儋括	襄三十年傳奔晉。
儋翩	定六年傳儋翩率王子朝之徒，因鄭人將以作亂于周。

尹氏

宣王時有尹吉甫。

尹武公	成十六年會伐鄭。
尹文公	固 昭二十三

年尹氏立王子朝。二十九年傳京師殺尹氏固。

尹言多

見襄三十年傳。系未詳。

尹辛

昭二十三年傳尹辛敗劉師于唐。杜注「尹氏族。」

魯

仲孫氏

共仲

穆伯

文伯

孟獻子

孟莊子

孺子秩

公子慶父	莊二年公子慶父帥師伐於餘丘。杜注「莊公時年十五，則慶父，莊公庶兄。」閔二年出奔莒，尋縊。
公孫敖	僖十五年公孫敖帥師救徐。杜注：「慶父之子。」文十四年卒于齊。
穀	文十四年傳穆伯之從己氏也，魯人立文伯。杜注「穆伯之子。」魯語作孟文子。
蔑	文十五年傳孟獻子愛之，聞于國。杜注「穀之子。」襄十九年仲孫蔑卒。
速	襄十六年傳齊侯圍郕，孟孺子速徼之。杜注「獻子之子莊子速也。」襄二十三年仲孫速卒。

		襄二十三年傳奔邾莊子子。
孟孝伯	羯	襄二十三年傳孟孫卒，公鉏奉羯立于户側。季孫至，曰：秩焉在？公鉏曰：「羯在此矣。」季孫曰「孺子長。」公鉏曰「何長之有？惟
孟僖子	貜	昭七年傳孟僖子爲介，不能相儀。孝伯子。昭二十四年仲孫貜卒。
孟懿子	何忌	昭七年傳僖子曰：「我若獲没，必屬説與何忌于夫子，使事之。」故孟懿子與南宫敬叔師事仲尼。杜注「説、何忌皆僖子之子。」
孟武伯	彘	哀十一年傳孟孺子洩帥右師。杜注：「懿子之子武伯彘。」
孟敬子	捷	見論語。武伯子。

		子服孝伯它　魯語仲孫它。韋注：「獻子之子子服它也。」
其才也。」遂立羯。杜注：「羯，孟莊子之庶子，孺子秩之弟孝伯也。」襄三十一年仲孫羯卒。		子服惠伯椒　襄二十三年傳臧孫聞之，曰：「國有人焉。誰
		子服昭伯回　昭十六年傳公至自晉，子服昭伯語季平子。
哀十四年仲孫何忌卒。	南宮敬叔說　懿子庶兄，別爲南宮氏。	子服景伯何　哀三年傳子服景伯至，命宰人出禮書。

惠叔

難

別爲子服氏。

居？其孟椒乎。」杜注：「椒孟獻子之孫子服惠伯。」

懿伯

昭三年叔弓如滕。傳子服椒爲介，及郊遇懿伯之忌。杜注：「懿伯椒之叔父。」

文十四年傳文伯卒，立惠叔。杜注：「穀弟。」

孟公綽

襄二十五年傳孟公綽曰：「崔子將有大志。」系未詳。

公期

定八年傳孟氏選圉人之壯者三百人，以爲公期築室于門外。杜注：「公期，孟氏支子。」

孟之反

哀十一年傳孟之側後入以爲殿。杜注：「之側，孟氏族。」

叔孫氏

僖叔	公子牙	莊三十二年公子牙卒。杜注「慶父同母弟。」是年傳立叔孫氏。
戴伯	公孫兹	僖四年公孫兹帥師會侵陳。杜注「叔牙子。」十六年公孫兹卒。
叔孫莊叔	得臣	文元年叔孫得臣如京師。杜注「叔牙孫。」宣五年叔孫得臣卒。
叔孫宣伯	僑如	文十一年傳叔孫得臣敗狄于鹹，獲長狄僑如，以命宣伯。杜注「得臣待事而名其三子，因名宣伯曰僑如。」

成十六年叔孫僑如出奔齊。

叔孫穆子
豹
成十六年傳召叔孫豹于齊而立之。杜注：「豹，僑如弟。」昭四年叔孫豹卒。

叔孫昭子
婼
昭四年傳立昭子而相之。杜注「昭子，豹之庶子。」昭二十五年叔孫婼卒。

孟丙

仲壬

叔孫成子
不敢
定元年傳叔孫成子逆公之喪于乾侯。杜注「成子，叔孫婼之子。」定五年叔孫不敢卒。

叔孫武叔
州仇
定八年傳陽虎劫公與武叔。杜注「武叔，不敢之子州仇。」

叔孫文子
舒
哀二十六年傳叔孫舒帥師會越皐如、后庸、宋樂茷，納衛侯。杜注「舒，武叔之子文子。」

叔仲惠伯 彭生

虺

襄三十年傳：叔孫莊叔于是乎敗狄于鹹，獲長狄僑如及虺也，豹也，而皆以名其子。

昭四年傳：穆子適齊，娶于國氏，生孟丙、仲壬。

叔仲昭伯 帶

叔仲穆子 小

叔仲志

定八年傳：叔仲志不

文七年傳叔仲惠伯諫。杜注：「叔牙孫。」別爲叔仲氏。世本叔牙生武仲休，休生惠伯彭生。

叔仲皮 檀弓鄭注叔孫氏之族。按世本惠伯子。以下四人並見檀弓。

叔仲衍 鄭注衍蓋皮之弟。

襄七年傳叔仲昭伯爲隧正。杜注：「惠伯之孫。」

子柳 鄭注「叔仲皮之子，子碩兄。」

子碩

昭十二年傳南蒯語叔仲穆子。杜注：「穆子，叔仲帶之子叔仲小也。」

得志于魯。杜注：「志，叔仲帶之孫。」

公若藐
定十年傳初叔孫成子欲立武叔，公若藐固諫。杜注「藐，叔孫氏之族。」

叔孫輒 子張
定八年傳叔孫輒無寵于叔孫氏。杜注「輒，叔孫氏之庶子。」

季孫氏

成季 公子友
莊二十五年公子友如陳。杜注「莊

季文子 行父
文六年季孫行父如陳。杜注「行

季武子 宿
襄六年季孫宿如晉。杜注「行

公鉏 公彌
襄二十三年傳季武子無適子，公彌

公鉏極
定八年傳季寤、公鉏極、公山不狃皆不得志于

公母弟。」僖十六年公子季友卒。	
父，季友孫。」國語韋注：「齊仲無佚之子。」襄五年季孫行父卒。	
父之子。」昭七年季孫宿卒。	
長，而愛悼子，欲立之。別爲公鉏氏。	季悼子 紇 未立爲卿而卒。
	季平子 意如 昭九年傳季平子欲其速成也。定五年季孫意如卒。悼子子。
	季桓子 斯 定五年傳桓子行東野。杜注：「桓子，意如子。」哀三年季孫斯卒。
季氏。杜注：「公彌曾孫。」	季康子 肥 哀三年傳季孫卒，康子即位。二十七年傳季康子卒。
	季昭子 强 禮記悼公之喪，季昭子問于孟敬子曰：「爲君何食？」鄭注：「昭子，康子之曾孫，

名强。」

季寤

子言

定八年傳陽虎欲去三桓，以季寤更季氏。杜注：「季桓子之弟。」

季魴侯

哀八年傳季魴侯通焉。杜注：「康子叔父。」

公甫

昭二十五

年傳又訴于公甫。杜注：「公甫，平子弟。」

公之

堅

昭二十五年傳秦姬以告公之。杜注：「公之亦平子弟。」

公父穆伯

靖

魯語敬姜曰：「余懼

公父文伯

歜

定五年傳陽虎囚季

穆伯之絶祀也。」

桓子及公父文伯。杜注：「文伯，季桓子從父昆弟。」魯語注：「文伯，季悼子之孫公父穆伯之子。」

季公鳥 甲

昭二十五年傳初季公鳥娶妻于齊鮑文子，生甲。杜注：「公鳥，公亥之兄，平子庶叔父。」

季公亥

公若

昭二十五年傳季公若之姊爲小邾夫人。正義曰「公若是平子庶叔父。」

公冶

襄二十九年傳使公冶問。魯語作季冶。韋注：

公思展

見昭二十五年傳。杜注「季氏族。」

公何藐

見定五年傳。杜注「季氏族。」

季子然

見論語。孔曰季氏子弟。

「季氏之族。」

展氏

公子展

夷伯　僖十五年震夷伯之廟。杜注：「夷伯，展氏之祖父。」按：鄭氏通志公子展之子曰公孫夷伯，孫曰展無駭。

無駭　隱二年無駭帥師入極。杜注：「不書氏，未賜族。」八年無駭卒。傳公命以字，爲展氏。杜注：「公子展之孫

展禽　柳下惠　僖二十六年傳公使展喜犒師使受命于展禽。國語注：「展禽，展無駭之後。」

展喜

展莊叔　襄二十八年傳展莊叔見之。

展瑕

展玉父　襄二十九年傳家臣展瑕、展玉父爲一耦。以上三人系

故爲展氏。」
系未詳。
未詳。

臧孫氏

臧僖伯	公子彄 隱五年公矢魚于棠。傳臧僖伯諫。正義曰：「僖伯名彄，字子臧，孝公之子。僖伯之孫始得以臧爲氏。今于
臧哀伯	達 桓二年取郜大鼎于宋，傳臧哀伯諫。杜注：「僖伯之子。」
臧文仲	辰 莊二十八年臧孫辰告糴于齊。世本達生伯氏瓶，瓶生文仲辰。文十年臧孫辰卒。
臧宣叔	許 宣十八年傳臧宣叔怒，曰：「當其時不能治也。」杜注：「文仲子。」成四年臧孫許卒。
臧武仲	紇 成十八年傳季武子問師數于臧武仲。杜注：「宣叔子。」襄二十三年臧孫紇出奔邾，傳初臧宣叔娶于鑄生賈及

僖伯之上已加臧字，傳家追言之。」是年卒。

爲而死。繼室以其姪，穆姜之姨子也，生紇，長于公宮。姜氏愛之，故立之。

臧賈

臧會

昭二十五年傳臧昭伯之從弟會，爲讒於臧氏，而逃于季氏。及昭伯從公，平子立臧

臧賓如

哀八年傳臧賓如如齊涖盟。杜注：「臧會子。」

臧石

哀二十四年傳臧石帥師會之取廩丘。杜注：「賓如子。」

會。

臧爲

襄二十三年傳乃立臧爲，臧紇致防而奔齊。

臧昭伯

杜注「臧爲子。」賈逵云「昭伯名賜。」

臧疇

襄十七年傳臧疇、臧賈帥甲三百宵犯齊師。杜注「臧疇、臧賈，臧紇之昆弟。」

臧堅

襄十七年傳齊人獲臧堅。杜註「紇之族。」

郈氏

郈惠伯 鞏

檀弓注：「孝公子，惠伯鞏。」

郈敬子 同

魯語公欲弛郈敬子之宅，對曰「先臣惠伯以命于司里。」韋注「敬

郈成子 瘠

襄十四年傳公使厚成叔弔于衛。

郈昭伯 惡

昭二十五年傳郈昭伯亦怨平子。

子，惠伯之後，孝公玄孫敬伯同也。」

施氏

施父	施伯		施孝叔
公子尾，惠公子。桓九年傳施父曰：「曹太子其有憂乎。」	齊語施伯，魯君之謀臣也。韋注：「惠公之孫，施父之子。」		成十一年傳聲伯嫁其外妹于施孝叔。杜注：「孝叔，惠公五世孫。」

東門氏

東門襄仲

公子遂，莊公子。僖二十六年公子遂如楚乞師。宣八年仲遂卒于垂。

子家 公孫歸父

宣十年公孫歸父如齊。杜注：「歸父，襄仲子。」十八年奔齊。

仲嬰齊

成十五年仲嬰齊卒。杜注：「襄仲子，

子家懿伯 羈

昭二十五年傳告子家懿伯。杜注：「子家羈，莊公玄孫。」別爲子家氏。

公孫歸父弟。宣十八年逐東門氏。既而又使嬰齊紹其後，曰仲氏。」

叔氏

傳稱子叔。

叔肸

宣十七年公弟叔肸卒，傳公母弟也。是文公子。

子叔聲伯 公孫嬰齊

成六年公孫嬰齊如晉。杜注「叔

子叔齊子 叔老

襄十四年季孫宿、叔老會吴于向。杜注「叔

敬子 叔弓

襄三十年叔弓如宋葬宋共姬。杜注「叔老子。」

成子 叔還

定十一年叔還如鄭涖盟。杜注「叔還，叔詣曾孫。」正

叔青

哀十九年傳叔青如京師。杜注「叔還子。」

肸子。」成十七年公孫嬰齊卒。

老，聲伯子。」正義曰「叔肸孫，故以叔爲氏。」襄二十二年叔老卒。

昭十五年叔弓卒。

叔輒

伯張

昭二十一年叔輒卒。杜注：「叔弓之

義曰「世本叔弓生定伯閲，閲生西巷敬叔，叔生成子還，還爲叔弓曾孫。杜云叔詣曾孫傳寫誤耳。」哀十四年卒。

子伯張。」

叔鞅

昭二十二年叔鞅如京師，葬景王。杜注：「叔弓子。」昭二十三年叔鞅卒。

叔詣

昭二十五年叔詣會晉趙鞅于黃父。昭二十九年叔詣卒。杜注：「叔鞅子。」

晉

韓氏

韓武子

萬

韓簡

僖十五年

子輿

成二年傳

韓獻子

厥

公族穆子

子

韓襄

襄十六年

桓三年傳曲沃武公伐翼，韓萬御戎。杜注「韓萬，莊伯弟。」	
傳晉侯使韓簡視師。杜注：「韓萬之孫。」	
韓厥夢子輿謂己。杜注：「子輿，韓厥父。」晉語注作子鎮。	
宣十二年邲之戰韓厥爲司馬。杜注：「韓萬玄孫。」正義曰「韓世家韓武子後三世有韓厥。世本桓叔生子萬，萬生求伯，求伯生子輿，子輿生厥，是厥爲萬之曾孫。而云玄孫，不知何所	
無忌 成十八年傳韓無忌爲公族大夫。杜注「厥長子。」	韓宣子 起 襄七年傳請立起也。杜注：「起，無忌弟宣子。」九年佐上軍。昭二年傳晉侯使韓宣子來聘
傳韓襄爲公族大夫。杜注「無忌子。」	韓須 昭二年傳韓須如齊逆女。杜注「起之子。」按：史記作貞子，世本作平子。
	韓簡子 不信 昭三十二年仲孫何忌會晉韓不信，城成周。杜注「韓起孫。」按：史記韓世家簡子卒，子

據也。」按：史記索隱引世本，萬生賕伯，賕伯生定伯簡，簡生輿，輿生厥。成三年將新中軍。十三年將下軍。十八年韓獻子爲政。襄七年告老。

且告爲政而來見。二十八年卒。

韓籍

叔禽

叔椒

子羽

昭五年傳

莊子代；莊子卒，子康子代；康子卒，子武子代；武子卒，子景侯虔立，始分晉爲諸侯。

韓穿

宣十二年傳韓穿爲上軍大夫。成三

叔禽、叔椒、子羽皆大家也。杜注：「皆韓起庶子。」

箕襄　邢帶

見昭五年傳。杜注：「皆韓

韓固

昭二十八年傳韓固爲馬首大夫。杜注：「韓起孫。」

年佐新上軍。

系未詳。

氏族。」

趙氏

史記："造父幸于周繆王，賜以趙城，由此爲趙氏。七世而生叔帶，去周如晉，事晉文侯。又五世生趙夙。"

趙夙	閔元年傳賜趙夙耿。杜注：「夙，趙衰兄。」
趙穿	文十二年傳趙有側室曰穿。杜注：「趙夙庶孫。」正義曰：「穿別爲邯鄲氏。」
趙旃	宣十二年傳趙旃求卿未得。杜注：「穿子。」成三年佐新下軍。十三年將新軍。
趙勝	襄二十三年傳趙勝帥東陽之師以追之。魯語叔孫豹與邯鄲勝擊齊之左。韋注：「趙旃之子頃子勝也。」
邯鄲午	定十年傳初衛侯伐邯鄲午于寒氏。正義云：「勝生午。」
趙稷	定十三年傳趙稷、涉賓以邯鄲叛。杜注：「稷，趙午子。」
趙朝	昭二十八年傳趙朝爲平陽大夫。杜注：「趙勝曾孫。」

趙成子	衰	僖二十三年傳從者趙衰。杜注「趙夙弟。」按：晉語云趙衰，先君之戎御，趙夙之弟也。韋注「衰公明之少子。」而史記云夙生共孟，共孟生衰；世本公
趙宣子	盾	僖二十三年傳趙衰生盾。文六年傳宣子于是始爲國政。
趙莊子	朔	宣八年傳使趙朔佐下軍。杜注「盾子。」十二年將下軍。
趙文子	武	成八年傳武從姬氏畜于公宮。杜注：「朔子。」十八年傳趙武爲卿。襄九年將新軍。十三年將上軍。二十五年傳趙文子爲政。昭元年卒。
趙景子	成	昭七年傳子產適晉，趙景子問焉。杜注「景子，晉中軍佐趙成。」趙武子。
趙簡子	鞅	昭二十五年傳會于黃父，趙簡子令諸侯之大夫。杜注「趙武孫。」哀二十年卒。
趙襄子	無恤	哀二十年傳越圍吳趙孟降于喪食。杜注「趙孟，襄子無恤，時有父簡子之喪。」按：史記趙世家簡子長子伯魯。襄子爲伯魯之不立也，欲傳位與伯魯子代

明生共孟及趙夙，夙生成季衰，俱誤也。僖三十一年傳趙衰爲卿。杜注：「爲新軍帥。」文二年佐中軍。五年卒。
趙獲 昭三年傳趙獲曰可以取州矣。杜注：「文子之子。」
成君。代成君先死，乃取代成君子浣立爲太子，是爲獻侯。獻侯卒，子烈侯籍立，始分晉爲諸侯。

趙同
僖二十四年傳，文公妻趙衰，生原同、屏括、樓嬰。
宣十二年爲下軍大夫。
成八年晉殺其大夫趙同、趙括。

趙括
宣二年傳，使屏季以其故族爲

公族大夫。宣十二年爲中軍大夫。成三年佐新中軍。

趙嬰齊

宣十二年爲中軍大夫。成四年傳晉趙嬰通于趙莊姬。五年春原、屏放諸齊。

趙羅

見哀二年傳。系未詳。

魏氏

畢萬		閔元年傳賜畢萬魏，卜偃曰：「畢萬之後必大。」杜注：「畢萬，魏犫祖父。」正義曰：「魏世家畢萬生武子。世本萬生
魏武子	犫	僖二十三年傳從者魏武子。僖二十七年傳魏犫爲右。
魏莊子	絳	成十八年傳魏絳爲司馬。杜注：「魏犫子。」襄三年傳晉侯以魏絳爲能使佐新軍。正義曰：「魏世家
魏獻子	舒	襄二十三年傳初欒盈佐魏莊子于下軍，獻子私焉。杜注：「莊子絳，獻子之父。」按：史記絳生嬴，
魏襄子	曼多	定十三年傳魏襄子亦與范昭子相惡。杜注：「襄子，魏舒孫曼多也。」世本獻子生簡子取，取生

芒季，芒季生武仲州。州卽犨也。杜依世本。」

武子生悼子，悼子生絳，則絳是犨孫。計其年世，孫應是也。先儒悉皆不然，未知何故。」十三年佐下軍。十八年將下軍。

嬴生獻子與此異。昭二十八年傳魏獻子爲政。定元年卒。

魏戊

昭二十八年傳魏戊爲梗陽大

襄子多，襄子生桓子駒，桓子生文侯斯。按：史記魏世家獻子生魏侈，侈之孫曰魏桓子，桓子之孫曰文侯都，始分晉爲諸侯。

夫。杜注「魏舒庶子。」

魏顆 宣十五年傳魏顆敗秦師于輔氏。正義曰「魏顆、魏絳俱魏犨之子，顆長而庶，絳幼而嫡。顆別爲令狐氏。」

令狐文子 頡 成十八年傳使魏頡爲卿。杜注「魏顆子。」

廚武子 錡

呂宣子 相

宣十二年傳魏錡求公族未得。杜注：「魏犨子。」按：魏錡亦曰呂錡。成十六年鄢陵之戰呂錡射共王中目卽此。

成十三年傳晉侯使呂相絶秦。杜注：「魏錡子。」十八年傳使魏相爲卿。

魏壽餘

文十三年傳使魏壽餘僞以魏叛者。杜注：「畢萬之後。」正義曰：「壽餘爲魏邑之主，當是犨之近親。」

范氏即士氏

士蔿

子輿

莊二十六年士蔿爲大司空。晉語隰叔子違周難于晉，生子輿，爲理。

范武子

會

僖二十八年傳士會攝右。杜註「士蔿孫。」按：文十三年正義引世本云

范文子

燮

宣十七年傳范武子將老，召文子。杜註「文子，士會之子。」成二年佐

范宣子

匄

成十六年傳范匄趨進。杜注「士燮子。」襄九年佐中軍。十九年范

范獻子

鞅

襄十四年傳士鞅奔秦。杜注「士匄子。」十六年爲公族大夫。定元

范昭子

吉射

定十三年晉荀寅、士吉射入于朝歌以叛。杜注：「吉射，士鞅子。」哀五年

賈逵云：「隰叔，杜伯之子；子輿，士蔿也。」

士蔿生成伯缺，缺生武子士會。宣十二年將上軍。十六年請于王命將中軍，且爲太傅。

上軍。十三年將上軍。十六年佐中軍。十七年卒。

彘共子

魴　成十八年晉侯使士魴來乞師。杜注：「士會子。」襄九年佐下軍。十三年卒。

宣子　爲政。二十五年卒。

彘裘

襄十四年傳彘裘亦幼。杜注：「裘，士魴子。」

年傳晉之從政者新。杜注：「范獻子新爲政。」

奔齊。

士縠　文二年傳穆伯會諸侯及晉司空士縠，盟于垂隴。杜注「士蔿子。」九年晉殺其大夫士縠。

士富　襄三年傳士富爲侯奄。杜注「士會別族。」

士莊伯

按：晉語作范獻子，注：「文子族昆弟。」

士貞子

渥濁

成十八年傳使士渥濁爲太傅，使脩范武子之法。

晉語注：「晉卿士穆子之子。」

士莊子

弱

襄九年傳晉侯問于士弱。

杜注「士弱，渥濁之子。」

士文伯

匄

襄三十年傳士文伯曰「然則二萬六千六百有六旬也。」

杜注「士弱子。」

士景伯

彌牟

昭十三年傳使士景伯辭公于河。

杜注「士文伯之子。」

范皋夷

士鮒

士蔑

范無恤

文十二年傳范無恤御戎。按：是時士會尚稱隨季，知未受范。此人疑非士會之族。

鞏朔

文十七年傳晉鞏朔行成于鄭。成三年將新上軍。系未詳。

定十三年傳范皐夷無寵于范吉射。杜注「范氏側室子。」

定十四年傳士鮒奔周。系未詳。

哀四年傳使謂陰地之命大夫士蔑。系未詳。

荀氏

後分爲中行、知二族。

荀息

僖二年傳使荀息假道于虞。僖十年晉里克弑其君卓及其大夫荀息。其後無考。

中行桓子

荀林父

僖二十七年傳荀林

中行宣子

庚

成三年晉侯使荀庚

中行獻子

偃

成十六年傳荀偃佐

中行穆子

吳

襄二十六年晉侯使

中行文子

寅

昭二十九年傳趙

父御戎。二十八年傳晉侯作三行以禦狄，荀林父將中行。文七年佐上軍。十二年佐中軍。宣十二年將中軍。按：荀林父之後爲中行氏。	知莊子 荀首 宣十二年
來聘。杜注「林父子。」正義云「時將上軍。」十三年佐中軍。	知武子 罃 宣十二年
上軍。杜注「荀庚子。」襄九年將上軍。十三年將中軍。十九年卒。	知朔 襄十四年傳于是知
荀吳來聘。杜注「荀偃子。」	
鞅、荀寅帥師城汝濱。杜注「中行荀吳之子。」定十三年入于朝歌以叛。哀五年奔齊。	

傳荀首爲下軍大夫。杜注：「林父弟。」成三年傳于是荀首佐中軍。按：荀首之後爲知氏。

傳熊負羈囚知罃。杜注：「莊子之子。」成十三年佐下軍。襄九年傳韓厥老矣，知罃稟焉以爲政。十三年卒。

朔生盈而死。盈生六年而武子卒。杜注：「朔，知罃之長子。盈，朔弟也。盈生而朔死。」按：世本罃生莊子朔，朔生悼子盈。杜不從。

知悼子

盈

襄二十三年傳知悼

知文子

躒

昭九年傳使荀躒佐

知宣子

甲

晉語知宣子將以瑤

知襄子

瑤

哀二十三年傳晉荀

荀騅
亦林父
弟。

子少而聽
于中行
氏。杜注：
「悼子，知
罃之子荀
盈。」
昭九年
卒。

下軍。
杜注：「荀
盈之子知
文子也。」

程鄭
成十八年
傳程鄭爲
乘馬御。

爲後。韋
注：「宣
子，荀躒
之子。」

知徐吾
昭二十八
年傳知徐
吾爲塗水
大夫。
杜注：「知
盈孫。」

瑶伐齊。
杜注：「荀
躒之孫。」

荀騅

成三年將新下軍。以下六人系未詳。

杜注：「荀氏別族。」按：晉語注：「程鄭，荀驩之曾孫，程季之子。」

荀家

荀會

成十八年傳荀家、荀會爲公族大夫。

荀賓

成十八年傳荀賓爲右。

知起

中行喜

襄二十一年傳知起、中行喜出奔齊。

欒氏

欒叔	世本賓父欒叔。
欒賓	桓二年傳晉封桓叔于曲沃，靖侯之孫欒賓傅之。
欒共叔	桓三年傳曲沃武公伐翼，獲欒共叔。杜注：「欒賓子。」
欒貞子	枝　僖二十七年傳欒枝將下軍。杜注：「欒賓孫。」文五年卒。
欒盾	文十二年將下軍。杜注：「欒枝子。」
欒武子	書　宣十二年佐下軍。杜注：「欒盾子。」成二年將下軍。四年將中軍。
欒桓子	黶　成十六年晉侯使欒黶來乞師。杜注：「欒書子。」十八年爲公族大夫。襄九年將下軍。
欒懷子	盈　襄十四年傳士鞅曰：「欒黶汰虐已甚，猶可以免，其在盈乎。」杜注：「盈，黶之子。」十六年爲公族大夫。十八年傳

欒京廬

欒弗忌

欒鍼　成十三年傳欒鍼爲右。杜注：「欒書子，厭弟。」

欒魴　魏絳、欒盈以下軍克鄀。杜注：「盈佐下軍。」二十一年出奔楚。二十三年晉人殺欒盈。

欒豹

宣十七年傳使欒京廬待命于齊。以下六人系未詳。

成十五年傳晉三郤害伯宗，譖而殺之，及欒弗忌。

襄十九年傳晉欒魴帥師從衞孫文子伐齊。杜註「欒氏族。」

昭三年傳初，州縣，欒豹之邑。杜註「欒盈族。」

欒糾

成十八年傳卞糾御戎。杜注「欒糾也。」

欒樂

襄二十三年傳遇欒樂。杜注「欒盈之族。」

郤氏

郤叔虎	豹
郤芮	僖九年傳
郤成子	缺
郤獻子	克
郤錡	駒伯

晉語郤叔虎朝，公語之，注：「郤芮之父。」世本郤豹生冀芮。

晉郤芮使夷吾重賂秦以來入。杜注：「郤芮，郤克祖父。」二十四年傳秦伯誘而殺之。

僖三十三年傳以一命命郤缺爲卿。杜注：「缺父冀芮。」文十二年將上軍。宣八年傳郤缺爲政。

步揚

僖十五年傳步揚御戎。杜注：「郤犨之父。」

宣十二年佐上軍。杜注：「缺之子。」成二年將中軍。

郤犨

苦成叔成十一年晉侯使郤犨來聘。杜注：「郤

成十三年晉侯使郤錡來乞師。杜注：「郤克子。」是年佐上軍。十六年將上軍。十七年晉殺其大夫郤錡。

正義云：「世本豹生義，義生步揚。」

克從父兄弟。」正義云「世本步揚生州，州卽犨也，當爲從祖昆弟。」十七年晉殺其大夫郤犨。

郤至

温季

成二年傳巫臣奔晉因郤至。杜注：「郤克族子。」正義

郤稱

郤穀

云：「世本步揚生蒲城鵲居，居生至。」晉語作郤昭子。十三年佐新軍。十七年晉殺其大夫郤至。

郤毅

成十三年傳郤毅御戎。杜注：「郤至弟。」

胥氏

僖十年與冀芮同見傳。以下四人系未詳。

郤乞 僖十五年傳晉侯使郤乞告瑕呂飴甥。

僖二十七年傳蒐于被廬，作三軍。謀元帥，趙衰曰：「郤縠可。」乃使郤縠將中軍。二十八年卒。

郤溱 僖二十七年佐中軍。

胥臣	臼季　僖二十三年傳從者司空季子。杜注：「胥臣臼季也。」二十八年佐下軍。文五年卒。
胥甲	文十二年佐下軍。杜注：「胥臣子。」宣元年晉放其大夫胥甲父于衛。
胥克	宣元年傳放胥甲父于衛，而立胥克。杜注：「克，甲之子。」宣八年傳廢胥克。
胥童	成十七年傳胥童以胥克之廢也，怨郤氏。杜注：「童，克之子。」十八年晉殺其大夫胥童。
胥午	襄二十三年傳欒盈夜見胥午而告之。系未詳。
胥梁帶	襄二十六年傳胥梁帶能無用師。系未詳。

先氏

先軫	僖二十七
先且居	霍伯
先克	文七年佐
先縠	彘子

年佐下軍。二十八年將中軍。	**先友** 閔二年傳先友爲右。以下七人系未詳。	**先丹木** 閔二年傳
僖三十三年傳反自箕，襄公以三命命先且居將中軍。杜注「先軫子。」文五年卒。	**先蔑** 僖二十八年傳先蔑將左行。文七年將下軍。是年奔秦。	**先茅**
中軍。杜注「先且居子。」	**先僕** 文三年傳晉先僕伐楚以救江。	**先都** 文七年佐下軍。
宣十二年佐中軍。十三年晉殺其大夫先縠。陳氏云：「疑卽先克子。」	**先辛** 宣元年傳先辛奔齊。	

先丹木爲右。	僖三十三年傳以再命命先茅之縣賞胥臣。	九年晉人殺其大夫先都。

狐氏 附續氏。

狐突 伯行 閔二年傳狐突御戎。晉語狐姬，伯行之子也，實生重耳。	狐毛 僖二十三年傳狐突之子毛及偃從重耳在秦。二十七年將上軍。	狐溱 僖二十五年傳狐溱爲溫大夫。杜注「毛之子。」
	狐偃 子犯	狐射姑 賈季 文六年佐

僖二十七年傳使狐偃將上軍，讓于狐毛而佐之。

中軍，是年出奔狄。杜注：「狐偃子。」

續簡伯

鞫居

文二年傳狐鞫居爲右。杜注：「狐氏之族。」六年傳晉殺續簡伯。

祁氏

祁奚 成八年傳以其田與祁奚。晉語注：「祁奚，晉大夫高梁伯之子也。」十八年爲中軍尉。襄十六年爲公族大夫。	**祁舉** 僖十年傳遂殺丕鄭、祁舉。
祁午 襄三年傳祁午爲中軍尉。杜注：「祁奚子。」	
祁盈 昭二十八年傳晉祁勝與鄔臧通室，祁盈將執之。杜注：「盈，祁午之子。」是年晉殺祁盈，遂滅祁氏。	**祁勝** 見昭二十八年傳。杜注：「祁

系未詳。

祁瞞 僖二十八年傳祁瞞奸命，司馬殺之。系未詳。

盈家臣。」

羊舌氏

唐書世系表晉武公子伯僑生文，文生突，羊舌大夫也。

羊舌大夫 閔二年傳羊舌大夫爲尉。杜注「叔向祖父。」	羊舌職 宣十五年傳羊舌職說是賞也。杜注「叔向父。」成十八年	羊舌赤 伯華 襄三年傳祁午爲中軍尉，羊舌赤佐之。杜注「赤，職之	子容 昭二十八年傳伯石始生，子容之母走謁諸姑。杜注「子容母，叔

傳祁奚爲中軍尉，羊舌職佐之。

子。」

羊舌肸

叔向

襄十一年傳晉侯使叔肸告于諸侯。

襄十六年傳羊舌肸爲傅。

羊舌鮒

叔魚

昭十三年傳羊舌鮒攝司馬。

向嫂，伯華妻也。」

楊食我

伯石

昭二十八年傳晉殺祁盈及楊食我，滅羊舌氏。

杜注「食我，叔向子。」

杜注：「叔向弟。」

羊舌虎

襄二十一年傳：宣子殺羊舌虎。杜注：「羊舌虎，叔向弟。」

籍氏

世本：孫伯黶生司空頡，頡生南里叔子，子生叔正官伯，伯生司徒公，公生曲沃正少襄，襄生司功大伯，伯生侯季子，子生籍游。

籍偃

成十八年傳：籍偃爲司馬。

籍談

昭十五年傳：王謂籍談曰：「昔

籍秦

昭二十七年傳：晉籍秦致諸侯

杜注：「籍談之父。」晉語注：「籍季之子籍游也。」	而高祖孫伯黶司晉之典籍，以爲大政，故曰籍氏。」杜注：「孫伯黶，籍談九世祖。」	之戌于周。杜注：「籍談子。」

齊

高氏

唐書世系表：齊文公生公子高，高孫傒食采于盧。

高敬仲 傒 莊九年傳鮑叔牙			高宣子 固 宣五年齊高固來逆	高無咎 成十五年會吴于鍾離。	高弱 成十七年傳高弱以盧叛。

曰「管夷吾治于高傒。」杜註：「齊卿高敬仲也。」

叔姬。正義曰世本敬仲生莊子，莊子生傾子，傾子生宣子。

杜注「無咎，高固子。」 十七年齊高無咎出奔莒。

杜注：「弱，無咎子。」

高厚

襄六年傳高厚、崔杼定其田。杜注：「厚，高固子。」十九年齊殺其大夫高厚。

高止

子容

襄二十九年齊高止出奔北燕。杜注「高厚子。」唐書世系表高厚生子麗，子麗生止。

高豎

襄二十九年傳高豎致盧而出奔晉。杜注「高止子。」

高鄰

襄二十九年傳齊人立敬仲之曾孫鄰。正義曰：「世本傾子之孫武子偃則偃爲敬仲玄孫。今傳云曾孫必有一誤。此鄰即後所云高偃是也。蓋鄰、偃聲

未知何據。

相近而字爲二耳。言敬仲曾孫，則此人祖父皆非正適。今別立之，遠繼敬仲後。」

高武子
偃
昭十二年齊高偃帥師納北燕伯于陽。杜注：「偃，高傒玄孫。」按：正義

高昭子
張
昭二十九年傳齊侯使高張來唁公。杜注「高，偃子。」哀六年來奔。

高無丕
哀十一年傳高無丕將上軍。十五年出奔北燕。

以鄭偃爲一人，今姑闕疑。

高發

昭十九年齊高發帥師伐莒。以下二人系未詳。

高齮

昭二十六年傳謂子猶之人高齮「能貨子猶，爲高氏後。」

國氏

懿仲

僖十二年傳有天子之二守國、高在。

國莊子 歸父

僖二十八年戰城濮見傳。

國武子 佐

宣十年齊侯使國佐來聘。

國勝

成十七年傳使國勝告難于晉。杜注：

杜注：「歸父之父曰懿仲。」

三十三年齊侯使國歸父來聘。

成十八年齊殺其大夫國佐。

國語韋注：「國歸父之子。」

「勝，國佐子。」十八年傳使清人殺國勝。

國景子

弱

成十八年傳國弱來奔，齊侯反國弱使嗣國氏。

杜注：「弱，勝之弟。」

國惠子

夏

定七年齊國夏帥師伐我西鄙。杜注：「夏，國佐孫。」

哀六年來奔。

國書

哀十一年

國觀

哀十七年

國子高 見檀弓。正義曰:「世本懿伯生貞孟,貞孟生成伯高父。」	
齊國書帥師伐我。系未詳。	
傳齊國觀、陳瓘救衞。杜注:「觀,書之子。」	國昭子 見檀弓。系未詳。

管氏

管敬仲 夷吾	
管脩 僖十二年	

莊八年傳管夷吾、召忽奉公子糾來奔。齊語韋注:「管嚴仲之子。」僖十五年卒。

傳管仲之世祀也，宜哉。正義曰:「成十一年傳有齊管于奚，譜以爲雜人則非管仲之子孫也。哀十六年傳楚白公殺齊管脩，杜云:『管脩，楚賢大夫，故齊管仲之後。』是管仲之後于齊沒不復見也。」按：既稱齊管修，疑是齊大夫奔楚者。

鮑氏

鮑叔

牙

莊八年傳鮑叔牙奉公子小白奔莒。齊語桓公自莒反國，使鮑叔爲宰。

鮑莊子

牽

成十七年傳鮑牽見之，以告國武子。杜注：「牽，叔牙曾孫。」

韋注：「鮑敬叔之子叔牙也。」

鮑文子

國

成十七年傳齊人來召鮑國而立之。杜注：「國，牽之弟。」國語韋注：「叔牙玄孫。」

鮑牧

哀六年傳陳乞、鮑牧及諸大夫以甲人于公宮。杜注：「牧，鮑國孫。」

鮑點

哀六年傳鮑子醉而往，其臣差車鮑點。杜注：「點，鮑牧臣。」

隰氏

隰朋 傳九年傳齊隰朋帥師會秦師納晉惠公。齊語注：「隰朋，齊莊公曾孫，戴仲之子成子也。」			隰鉏 襄二十五年傳使隰鉏請成。杜注：「鉏，隰朋之曾孫。」		隰黨 昭十四年傳齊隰黨、公子鉏送之。系未詳。				

崔氏

唐書世系表齊丁公生季子，食采于崔。生穆伯，穆伯生沃，沃生野，八世孫夭生杼。

崔夭	崔武子	崔成							

僖二十八年戰城濮見傳。

杼　宣十年齊崔氏出奔衞。成十七年傳齊侯使崔杼爲大夫。襄二十七年縊。

崔彊　襄二十七年傳齊崔杼生成及彊而寡，又娶東郭姜，生明。崔成有疾，廢之而立明。

崔明

崔如　襄二十三年傳崔如爲右。系未詳。

晏氏

晏桓子

弱

宣十四年傳公孫歸父會齊侯于穀，見晏桓子。杜注：「桓子，晏嬰父。」襄十七年卒。

晏平仲

嬰

襄十七年始見傳。定十年卒。

晏圉

哀六年傳齊國夏奔莒，遂及高張、晏圉、弦施來奔。杜注：「圉，晏嬰子。」

晏父戎

襄二十三年傳晏父戎爲右。

晏氂

襄二十三年傳獲晏氂。二人系未詳。

慶氏

慶克 成十七年傳齊慶克通于聲孟子。杜注：「克，慶封父。」按：鄭氏通志桓公子無虧生

慶封 子家 成十八年傳慶封爲大夫。杜注：「克子。」襄二十八年來奔。昭四年楚子伐吳，

慶舍 子之 襄二十八年傳齊慶封好田而嗜酒，與慶舍政。杜注：「舍，封之子。」

慶克。

執齊慶封殺之。

慶佐

成十八年傳慶佐爲司寇。杜注：「克子。」

慶嗣

子息

襄二十八年傳慶嗣聞之。杜注：「封之族。」

慶湨

襄二十八

	年傳慶嬰爲上獻。系未詳。

欒氏

公子堅　子欒	惠公子。
公孫竈　子雅	襄二十八年傳子雅子尾怒。杜注：「二子皆惠公孫。」昭三年傳齊公孫竈卒，晏子曰：「二惠競爽猶
欒施　子旗	昭二年傳子雅召子旗，使見宣子。杜注：「子旗，子雅子。」昭十年齊欒施來奔。

可，又弱一个焉姜其危哉。」

高氏

公子旗	子高 惠公子。
公孫蠆	子尾 見襄二十八年傳。昭八年傳齊子尾卒。
高彊	子良 昭二年傳子尾見彊。杜注「彊，子尾之子。」昭十年來奔。

陳氏

敬仲

陳公子完

莊二十二年傳陳公子完奔齊，使爲工正。及陳之初亡也，陳桓子始大于齊。其後亡也，成子得政。

陳文子

須無

襄二十三年傳陳文子見崔武子。杜注「文子，陳完曾孫。」案史記田完世家敬仲生稺孟夷，夷生湣孟莊，莊生文子須無。

陳桓子

無宇

襄六年傳陳無宇獻萊宗器于襄宮。杜注「陳完玄孫，文子之子。」

陳武子

子彊

昭二十六年傳冉豎射陳武子中手。史記桓子生武子及僖子乞。

陳僖子

乞

哀六年齊陳乞弒其君荼。

陳成子

恆

哀十四年齊陳恆執其君，寘于舒州。

按史記成子生襄子盤，盤生莊子白，白生太公和，遷齊康公于海上，立爲諸侯。

陳瓘

陳莊

哀十一年傳陳瓘、陳莊涉泗。

按：哀十五年傳齊陳瓘如楚杜注：「陳

子玉也。十四年傳成子兄弟四乘如公，杜注：「成子之兄弟有昭子莊、簡子齒、宣子夷、穆子安、廩丘子意茲、芒子盈、惠子得疑。」此陳莊即昭子莊也。 子士

陳書

子占

昭十九年傳莒子奔紀鄣，使孫書伐之。

杜注「孫書，陳無宇之子子占也。」

哀十一年

哀六年傳僖子使子士之母養之。

杜注「子士母，僖子妾。」

傳陳僖子謂其弟書。

陳逆 子行

哀十一年傳陳子行命其徒具含玉。杜註:「子行,陳逆也。」陳氏宗。

陳豹 子我

哀十四年傳陳豹欲爲臣。杜注:「豹亦陳氏族。」

春秋列國卿大夫世系表卷十二之下

錫山顧棟高復初輯
金匱華玉淳師道參

宋

孔氏

弗父何

昭七年傳孟僖子曰：「孔丘，聖人之後也。其祖弗父何，以有宋而授厲公。及正考父，佐

正考父

孔父嘉

隱三年傳宋穆公疾，召大司馬孔父而屬殤公焉。桓二年宋督弑其君與夷及其大夫孔

叔梁紇

襄十年傳鄹人紇抉之，以出門者。杜註：「仲尼父叔梁紇。」按：家語孔父生木金父，

孔子

戴、武、宣。」杜註：「弗父何，孔父嘉之高祖，宋湣公之子，厲公之兄。」

父。按：家語本姓篇弗父何生宋父周，周生世子勝，勝生正考父，正考父生孔父嘉，其後以孔爲氏。

金父生睪夷，睪夷生防叔。避華氏之禍奔魯，生伯夏，伯夏生叔梁紇。據杜註「孔父嘉子奔魯」，而此云防叔，疑杜說是。

華氏

好父說
華父督
華御事
華元
華閱
華皐比

世本戴公子好父說。

桓二年會于稷，傳立華氏也，督爲太宰，遂相宋公。正義曰：「世本華父督，宋戴公之孫，好父説之子。」莊十二年爲南宮萬所殺。

文七年傳華御事爲司寇。杜註：「華元父。」正義曰：「世本督生世子家，家生華孫、御事。」

文十六年傳華元爲右師。杜註：「督曾孫。」按：元歷事文公、共公、平公，凡四十年。

華耦

襄九年傳使華閱討右官。杜註：「華元子，代元爲右師。」

華臣

襄九年傳使華臣具正徒。杜註：「華元子爲司徒。」十七年宋華臣出奔陳。

襄十七年傳華閱卒，華臣弱皋比之室。杜註：「皋比，閱子。」

子伯 文九年救鄭見傳。杜註「督曾孫。」十五年宋司馬華孫來盟。

華椒 宣十二年傳華椒以蔡人救蕭。按：華氏如椒、合比、費遂，注、疏不詳其所出。李紫翔春秋

華喜 成十五年傳華喜爲司徒。杜註「督玄孫。」正義曰：「世本家生秀老，秀老生司徒鄭，鄭

華弱 襄六年宋華弱來奔。杜註「華椒孫。」

華定 襄二十九年會城杞。昭十

華啟 昭二十年傳華定之子啟。

紀傳以合比與牼爲喜之子，亥爲弱之子，不知何據。又以椒爲耦之父，定爲臣之子，則其謬顯然。今不從。

生司徒喜。

二年宋公使華定來聘。杜註：「華椒孫。」二十年出奔陳。二十二年出奔楚。

華合比

昭六年宋華合比出奔衛。據傳時爲右師。

華牼

昭二十年傳使少司寇牼以歸。杜註：「牼，亥庶兄。」

華亥

昭六年傳于是華亥欲代右師。杜註：「亥，合比弟。」昭二十年出奔陳。二十二年出奔楚。

華無慼

昭二十年傳公亦取華亥之子無慼。

華費遂

昭四年傳楚子以諸侯伐吳，宋華費遂、鄭大夫從。二十年傳公請于華費遂。杜註：「費遂，大司馬。華氏族。」

華貙

子皮

昭二十一年傳宋華費遂生華貙、華多僚、華登，貙爲少司馬。二十二年傳出奔楚。

華多僚

昭二十一年傳多僚爲御士。

華登

昭二十年傳華登奔吳。杜註：「費遂子。」二十二年傳出奔楚。

華吳

襄十七年傳華臣弱皋比之室，使賊殺其宰華吳。

系未詳。

華牼

昭二十一年傳華牼居于公里。杜註：「華氏族。」

華豹

昭二十一年傳呂封

人華豹。杜註：「華氏黨。」

樂氏

樂父術

戴公子。

樂呂

文十八年傳樂呂爲司寇。杜註：「戴公曾孫。」正義曰：「世本戴公生樂父術，術生碩父澤，澤生

樂喜

子罕

襄九年傳宋災，樂喜爲司城以爲政。杜註：「樂喜，子罕也。」正義曰：「子罕賢，以位卑而執國

樂祁犂

子梁

昭二十二年傳樂祁爲司城。杜註：「子罕孫。」定八年卒。

樂舍

昭二十年

樂溷

子明

定六年傳見溷而行。杜註：「溷，樂祁子。」

樂茷

子潞

哀二十六年傳樂茷爲司城。杜註：「樂溷子。」

夷父須，須生大司寇呂。今云曾孫誤也。」

政。」新唐書世系表樂呂生喜，喜生司城子罕。未知何據。

樂懼　成十六年傳鄭子罕伐宋，宋將鉏、樂懼敗諸汋陂。

傳樂舍出奔鄭。杜註：「樂喜孫。」

樂輓　昭二十二年樂輓爲大司寇。杜註：「子罕孫。」

樂朱鉏　哀二十六年傳樂朱鉏爲大司寇。杜註：「樂輓子。」

杜註：「樂懼，戴公六世孫。」

樂豫

文七年傳樂豫爲司馬以讓公子卬。

杜註：「戴公玄孫。」

正義曰：世本澤生季甫，季甫生僕伊與樂豫。

樂大心

昭七年傳以易原

縣于樂大心。二十二年傳樂大心爲右師。定十年宋樂大心出奔曹。杜註：「樂大心，子明族父。」

樂嬰齊

宣十五年傳宋人使樂嬰齊告急于晉。以下八人系未詳。

樂舉

成二年傳君子謂華元、樂舉于是乎不臣。

樂轡 子蕩

襄六年傳華弱與樂轡少相狎。

樂裔

樂遄

樂髡

哀三年宋樂髡帥師伐曹。

樂得

哀二十六年傳門尹

成十五年傳樂裔爲司寇。

襄九年傳使樂遄庀刑器。

將鉏

成十六年傳宋將鉏、樂懼敗諸汋陂。杜注「將鉏，樂氏族。」

得。

皇氏

皇父充石

文十一年

皇鄖

襄九年傳使皇鄖命

傳初宋武公之世，鄋瞞伐宋，司徒皇父帥師禦之。杜註：「皇父，戴公子。」是年傳皇父之二子死焉。杜註：「皇父與穀甥及牛父皆死。」陳曙峯曰：「穀甥爲皇父之子，不應稱公

校正出馬，工正出車。杜註：「皇父充石之後。」正義引服虔云「爲人之子大司馬椒也。」

皇國父

襄十七年傳宋皇國父爲太宰。系未詳。

皇瑗

哀七年宋

劓般

麇

子。」今詳杜意，似只訓之爲及。惟馬融以爲皇父之二子，從父在軍，爲敵所殺，而名不見。未知孰是。

皇瑗帥師侵鄭。十八年傳宋殺皇瑗。杜註：「瑗，宋右師。」

哀十七年傳宋皇瑗之子麇有友曰田丙，而奪其兄劖般邑以與之。

皇緩

哀十八年傳復皇氏之族，使皇緩爲右師。杜註：「緩，瑗從子。」正義曰：「世族譜瑗，皇父

皇野

子仲

哀十四年傳公知之告皇野。杜註：「皇野，司馬子仲。」系未詳。

充石八世孫；緩，充石十世孫。則爲從孫，非從子。二者必有一誤。」

伯

皇非我

哀十七年傳初子仲將以杞姒之子非我爲子，麇曰必立伯也。杜註：「伯，非我兄。」

二十六年傳皇非我爲大司馬。

皇懷

哀二十六年傳皇懷爲司徒。杜注：「懷，非我從昆弟。」

皇奄傷

昭二十二年傳出奔楚。系未詳。

老氏

老佐	成十五年傳老佐爲司馬。杜註：「戴公五世孫」。十八年卒。

仲氏

公子成	文七年傳公子成爲
公孫師	文十八年傳使公孫
仲江	襄十四年傳宋華
仲幾	昭二十二年傳仲幾
仲佗	定十年宋公之弟辰

右師。杜註：「莊公子。」按：陸德明云「成」本或作「戍」，音恤。又按正義引世本莊公生右師戍，戍生司城師，是公子成卽公孫師之父。

師爲司城。杜註：「莊公孫。」

閔、仲江會伐秦。杜註：「仲江，公孫師之子。」

爲左師。杜註：「仲江孫。」

暨仲佗、石彄出奔陳。杜註：「佗，仲幾子。」

魚氏

公子目夷 子魚 僖九年傳宋襄公卽位，以公子目夷爲仁，使爲左師以聽政，于是宋治。故魚氏世爲左師。杜註：「目夷，襄公庶兄。」
公孫友 文七年傳公孫友爲左師。杜註：「目夷子。」
魚石 成十五年宋魚石出奔楚，傳魚石爲左師。杜註：「目夷曾孫。」 **魚府** 成十五年傳魚府爲少宰。是年奔楚。

公子蕩	文七年傳公子蕩爲司城。杜註：「桓公子。」
公孫壽	文十六年傳初司城蕩卒，公孫壽辭司城，請使意諸爲之。杜註：「壽，蕩之子；意諸，壽之子。」成八年宋公使公孫壽來納
蕩意諸	文八年傳司城蕩意諸來奔。杜註：「公子蕩之孫。」十一年傳襄仲聘于宋，且言司城蕩意諸而復之。十六年宋弒其君，傳蕩意諸

鱗氏

幣。

死之。

蕩虺

文十六年傳華耦卒，而使蕩虺爲司馬。杜註：「虺，意諸弟。」

蕩澤

子山

成十五年宋殺其大夫山，傳蕩澤爲司馬。杜註：「澤，公孫壽之孫。」正義曰：「世本壽生大司馬虺，虺生司馬澤。」

公子鱗 桓公子。	鱗矔 文七年傳鱗矔爲司徒。杜註：「桓公孫。」正義曰：「世本桓公生公子鱗，鱗生東鄉矔。」			鱗朱 成十五年傳鱗朱爲少司寇。杜註：「鱗矔孫。」按：正義引世本矔生司徒文，文生大司寇子奏，子奏生朱。是當爲曾孫。是年出奔楚。

向氏

向父肸

桓公子。

向戌

成十五年傳華元使向戌爲左師。杜註：「向戌，桓公曾孫。」正義曰：「世本桓公生向父肸，肸生司城訾守，守生小司馬鱣及向戌。」

向寧

昭十九年傳向寧請師。杜註：「寧，向戌子。」二十二年出奔楚。

向宜 子祿

向鄭

昭二十年傳向宜、

向羅

昭二十年傳向寧之子羅。

向鄭出奔鄭。杜註：「宜、鄭皆向戌子。」

向巢

定九年傳使向巢如晉盟。杜註：「向戌曾孫，向魋兄。」按：檀弓桓司馬，鄭註：「向戌孫名魋。」正義引世本向戌生東鄰叔子超，超生左師眇。眇卽向巢也。魋是巢之弟，故云向戌孫。此云曾孫，未知孰是。哀十四年宋向巢來奔。

向魋

定十年傳公嬖向魋。哀十四年出奔衞。

子頎
哀十四年傳子頎騁而告桓司馬。杜註：「子頎，桓魋弟。」

子車
哀十四年傳子車止之。杜註：「車亦魋弟。」

司馬牛
哀十四年傳司馬牛

致其邑與珪焉而適齊。杜註：「牛，桓魋弟。」

向勝
向行
昭二十年傳：拘向勝、向行于其廩。

向爲人
成五年傳：宋公使向爲人辭以子靈之難。十五年傳：向爲人爲大司寇。是年出奔楚。以下四人系未詳。

向帶

成十五年傳向帶爲太宰。是年出奔楚。

靈氏

公子圍龜 子靈

成五年傳宋公子圍龜爲質于楚而歸。杜註：「文公子。」

靈不緩

哀二十六年傳靈不緩爲左師。杜註：「子靈之後。」

石氏

公子段 子石 襄二十年傳褚師段逆之以受享。杜注「共公子子石也。」	石彄 定十年宋石彄出奔陳。杜注「段子。」

邊氏

公子御戎 子邊 平公子。		邊卬 昭二十二年傳邊卬

爲大司徒。杜註：「平公曾孫。」

鄭

良氏

公子去疾 子良	宣四年傳襄公將去穆氏而舍子良。子良不可，曰：「穆氏宜存，則固願也。」
公孫輒 子耳	襄八年傳鄭子國、子耳侵蔡。杜註：「子耳，子良子。」十年盜殺
良霄 伯有	襄十一年楚人執鄭行人良霄。杜註：「良霄，公孫輒子伯有。」
良止	昭七年傳立公孫洩及良止以撫之。杜註：「止，伯有子。」

若將亡之，則亦皆亡，去疾何爲？」乃舍之，皆爲大夫。杜註：「子良，穆公庶子。」按此七穆之始。	鄭公孫輒，傳子耳爲司空。	三十年鄭人殺良霄。

游氏

公子偃 子游 成三年伐鄭，傳鄭	公孫蠆 子蟜 襄八年傳子孔、子	游眅 子明 襄二十二年傳鄭游	良 襄二十二年傳子展廢良而立

公子偃帥師禦之。杜註：「穆公子。」

蟜、子展欲待晉。杜註：「子蟜，子游子。」十九年卒。

販將如晉。杜註：「游販，公孫蠆子。」

游吉

子太叔

襄二十二年傳子展廢良而立太叔。杜註：「太叔，販弟。」二十六年傳子太叔爲令正。

太叔。杜註：「良，游販子。」

游速

子寬

定六年鄭游速帥師滅許。杜註：「游速，太叔子。」

公孫楚

子南

昭元年傳鄭放游楚于吳。杜註「子南，穆公孫。」

昭二十年傳太叔爲政不忍猛而寬。定四年卒。

國氏

公子發

公孫僑

國參

子國　成五年傳楚人執皇戌及子國。杜註：「子國，鄭穆公子。」襄二年傳子國爲司馬。十年盜殺鄭公子發。
子產　襄八年傳鄭人皆喜，惟子產不順。杜註：「子產，子國子。」十九年傳立子產爲卿。三十年傳鄭子皮授子產政。昭二十年卒。
子思　昭三十二年會城成周。杜註：「國參，子產之子。」

罕氏

公子喜 子罕

成十年傳子罕賂以襄鍾。杜註：「穆公子。」襄二年傳子罕當國。

公孫舍之 子展

襄八年傳子展欲待晉。杜註：「子展，子罕子。」十九年傳鄭人使子展當國。

罕虎 子皮

襄二十九年傳鄭子展卒，子皮卽位。杜註：「子皮代父爲上卿。」昭十三年卒。

罕魋

昭七年傳罕朔殺罕魋。

嬰齊 子齹

昭十六年傳子齹賦野有蔓草。杜註：「子齹，子皮之子嬰齊也。」

罕達 子賸

定十五年鄭罕達帥師伐宋。杜註：「罕達，子齹之子。」

公子騑

公孫夏

駟帶

駟偃

絲

駟氏

杜註：「䵶，子皮弟。」

公孫鉏

襄三十年傳子皮以公孫鉏爲馬師。

杜註：「鉏，子罕之子。」

罕朔

昭七年傳馬師氏與子皮氏有惡。

杜註：「馬師氏，公孫鉏之子罕朔也。」

是年奔晉。

子駟 成十年傳子駟爲質。杜註：「穆公子。」襄二年傳子駟爲政。十年，盜殺鄭公子騑，傳于是子駟當國。	
子西 襄十年傳子西聞盜，不儆而出。杜註：「子西，公孫夏，子駟子。」十九年傳子西聽政。	
子上 襄三十年傳駟帶帥國人以伐之。杜註：「駟帶，子西之子。」昭六年卒。	駟乞 子瑕 昭十九年傳其父兄立子瑕。杜註：「子
子游 昭十六年傳子游賦風雨。杜註：「駟帶之子駟偃也。」十九年卒。	駟歂 子然 定八年傳鄭駟歂嗣子太叔爲政。
昭十九年傳子游娶于晉大夫生絲，弱，其父兄立子瑕。	駟弘 子般 哀七年冬鄭駟弘帥師救曹。杜註：

公孫黑

子皙

襄十五年傳公孫黑爲質焉。昭二年鄭殺其大夫公孫黑。

瑕，子游叔父，公孫夏子。」

印

昭二年傳請以印爲褚師。杜註：「印，子皙之子。」

杜註：「歇駟，乞子子然。」

「弘，駟歇子。」

駟秦

哀五年傳駟秦富而侈，鄭人惡而殺之。

系未詳。

印氏

子印

成十三年傳鄭公子班殺子印。杜註：「子印，穆公子。」

公孫黑肱 子張

宣十四年傳使子張代子良于楚。杜註：「子張，穆公孫。」襄二十二年卒。

印段 子石

襄二十二年傳鄭公孫黑肱有疾，歸邑于公，召室老、宗人立段。杜註：「段，子石，黑肱子。」

印癸 子柳

昭十六年傳子柳賦籜兮。杜註：「子柳，印段之子印癸也。」

印堇父

襄二十六

年傳印堇父與皇頡戍城麇。系未詳。

豐氏

子豐

襄七年傳又與子豐適楚。杜註：「穆公子。」

公孫段 伯石

襄二十七年傳公孫段賦桑扈。三十年傳使太史命伯石爲卿。昭七年卒。

豐卷

豐施 子旗

昭七年傳子產爲豐施歸州田于韓宣子。杜註：「豐施，公孫段之子。」

子張	襄三十年傳豐卷將祭，請田焉。按：是時伯石尚在，疑卷是子豐之子，猶公孫楚之稱游楚也。

孔氏

公子嘉	公孫洩	孔張
子孔 襄十年傳子孔當	昭七年傳立公孫洩。杜	昭十六年傳子產曰：「孔

國。杜註：「穆公子。」十九年鄭殺其大夫公子嘉。
註：「洩，子孔之子。」
張，君之昆孫，子孔之後也。」

衛

石氏

石碏 隱三年傳石碏諫曰：「臣聞愛子教之以義方。」
石厚 隱三年傳其子厚與州吁遊。四年傳石碏使其宰獳羊肩涖殺石厚于
石成子 稷 成二年傳石成子曰：「師敗矣。」杜註：「成子，石稷，
石共子 買 襄十七年衛石買帥師伐曹。杜註：「石稷子。」
石悼子 惡 襄十九年傳衛石共子卒，悼子不哀。杜註：「買之子石

石碏四世孫。」

惡。」二十八年衛石惡出奔晉。

石圃

襄二十八年傳石惡出奔晉，衛人立其從子圃，以守石氏之祀，禮也。

石曼姑

哀三年衛石曼姑帥師圍戚。陳氏譜曼

石魋

哀十八年傳逐石圃而復石魋。杜

石駘仲

禮記石駘仲卒，無適子，有庶子六人，卜所以爲後者，石祁子兆。鄭註：「駘仲，衛大夫石碏之族。」

石祁子

莊十二年傳宋人請猛獲于衛，衛人欲勿與，石祁子曰「不可」。

姑或云惡子。

註：「石魋，曼姑子。」

石乞

哀十五年傳下石乞。系未詳。

甯氏

甯莊子	速　閔二年傳與甯莊子矢。晉語甯莊子言于公，韋注：「莊子，衛正卿，穆仲靜之子。」
甯武子	俞　僖二十八年傳甯武子與衛人盟于宛濮。
甯相	成二年傳侵齊。杜註：「甯相，甯俞子。」
甯惠子	殖　成十四年傳衛侯饗苦成叔，甯惠子相。
甯悼子	喜　襄二十年傳衛甯惠子疾，召悼子。二十七年衛殺其大夫甯喜。按：二十五年傳太叔文子曰：「九世之卿族，一朝而滅之。」杜

甯跪

莊六年傳放甯跪于秦。陳氏譜武公之子季亹四世孫曰甯跪。未詳所據。

注：「甯氏出衛武公，至喜九世。」

甯跪

哀四年傳衛甯跪救范氏。系未詳。

孫氏 唐書世系表衛武公子惠孫生耳，食采于戚。耳生武仲乙，乙生昭子炎。

孫昭子

孫莊子

孫桓子

孫文子

孫蒯

文元年傳晉師圍戚，獲孫昭子。

哀二十六年傳昔成公孫于陳，甯武子、孫莊子爲宛濮之盟而君入。

按：事在僖二十八年。唐書世系表昭子炎生莊子紇，紇生宣子鱄，鱄生桓子良夫。

良夫

宣七年衛侯使孫良夫來盟。

孫免

林父

成七年衛孫林父出奔晉。杜註：「良夫子。」十四年衛孫林父自晉歸于衛，傳定姜曰：「是先君宗卿之嗣也。」正義曰：「孫氏出衛武公，至林父八世。」

襄十年傳孫蒯獲鄭皇耳。杜註：「蒯，林父子。」

孫嘉

孫襄 伯國

襄二十六年傳孫嘉聘于齊，孫襄居守。杜註：「二子，文子之子。」

宣六年晉趙盾、衛孫免侵陳。系未詳。

孔氏

孔達

文元年傳衛孔達帥師伐晉。宣十四年衛殺其大夫孔達，傳衛人以爲成勞，復室其子，使復

孔成子 烝鉏

成十四年傳衛侯有疾，使孔成子、甯惠子立敬姒之子衎以爲太子。杜註：「成

羈

昭七年傳孔成子夢康叔謂己：「立元，余使羈之孫圉與史苟相之。」杜註：「羈，烝鉏

孔文子 圉

定四年晉士鞅、衛孔圉帥師伐鮮虞。杜註：「孔圉，孔羈孫。」

孔悝

哀十五年傳衛孔圉娶太子蒯聵之姊生悝。十六年傳孔悝出奔宋。

其位。

孔嬰齊 閔二年傳孔嬰齊殿。系未詳。

子，孔達孫。」

子。」

北宮氏

北宮懿子括 成十七年衛北宮括帥師侵鄭。杜註：「成公曾孫。」

北宮遺 襄二十六年傳晉人執甯喜、北宮遺。杜註：「遺，北宮括之子。」

北宮文子佗 襄三十年會澶淵，見傳。杜註：「北宮佗，北宮括之子。」
北宮貞子喜 昭二十年如晉葬平公。
北宮結 定七年齊人執衞行人北宮結以侵衞。十四年來奔。系未詳。

世叔氏 傳稱太叔。

太叔文子儀

襄十四年傳衞人使太叔儀對。

二十七年傳乃使文子爲卿。

二十九年會城杞。

太叔懿子

哀十一年傳太叔懿子止而飲之酒，遂聘之，生悼子。

杜註：「懿子，太叔儀之孫。」

悼子 世叔齊

哀十一年衞世叔齊出奔宋。

傳作太叔疾。

太叔僖子遺

哀十一年傳衞人立遺，使室孔姞。

杜註：「遺，疾之

弟。」

世叔申
昭三十二年會城成周。杜註：「世叔申，世叔儀孫。」陳氏譜或云卽太叔懿子。

公叔氏

公叔文子發
襄二十九年吳子使

公叔戍
定十三年傳，史鰌曰：「戍也

札來聘，傳適衛說公叔發。按：檀弓公叔文子卒，其子戌請謚于君。鄭注：「文子，獻公之孫。名拔，或作發。」又按：論語疏引世本云獻公生成子當，當生文子枝，枝生朱，爲公叔氏。

驕，其亡乎。」杜註：「戌，文子之子。」按：檀弓有公叔木，鄭註「木」當爲「朱」，春秋作「戌」。十四年衛公叔戌來奔。

南氏

子南 公子郢 哀二年傳：初衞侯遊于郊，子南僕。杜注：「子南，靈公子郢也。」按世本作昭子郢。	文子 公孫彌牟 哀二十五年傳：公之入也，奪南氏邑。杜注：「南氏，子南之子公孫彌牟。」	簡子 瑕 禮記：將軍文氏之子其庶幾乎。鄭注：「文子之子簡子瑕。」
	司寇惠子 禮記：司寇惠子之喪，鄭注：	虎

「惠子，將軍文子彌牟之弟惠叔蘭也，生虎者。」

陳

轅氏 唐書世系表陳胡公十三世而生濤塗。

轅宣仲 濤塗 僖四年齊人執陳轅濤塗。

轅選 文二年伐秦，見傳。

袁僑 襄三年同盟于雞澤，陳侯使袁僑如會。杜註：「濤塗四世孫。」

轅頗

哀十一年陳轅頗出奔鄭。唐書世系表宣仲生選，選生聲子突，突生惠子雅，雅生頗。

袁克

昭八年傳與嬖袁克。系未詳。

轅咺

哀十一年轅頗奔鄭，傳其族轅咺。

轅買

哀十四年陳轅買出奔楚。系未詳。

夏氏

人名	字	事迹
子夏	少西	宣十一年傳將討于少西氏。杜註：「少西，徵舒之祖，子夏之名。」
御叔		成二年傳是夭子蠻，殺御叔。杜註：「御叔，夏姬之夫。」
夏徵舒	子南	宣十年陳夏徵舒弒其君平國。十二年楚人殺陳夏徵舒。
夏齧	悼子	昭二十三年獲陳夏齧。杜註：「徵舒玄孫。」正義曰：「世本徵舒生惠子晉，晉生禦寇，禦寇生悼子齧，是徵舒曾孫。杜云玄孫
夏區夫		哀十三年盜殺陳夏區夫。系未詳。

未詳。」

楚

鬭氏

鬭伯比
桓六年傳鬭伯比言于楚子。宣四年傳楚若敖娶于䢵，生鬭伯比。

鬭穀於菟 子文
莊三十年傳鬭穀於菟爲令尹。宣四年傳伯比淫于䢵子之女，生子文。

鬭般 子揚
宣四年傳及令尹子文卒，鬭般爲令尹。杜註：「般，子文之子。」

克黄
宣四年傳其孫箴尹克黄使于齊，還及宋，聞亂，遂歸復命，而自拘于司敗。王思子文之治楚國也，

棄疾
昭六年傳吴人敗其師于房鍾，獲宮廄尹棄疾。杜註：「鬭韋龜之父。」

鬭韋龜
昭四年傳楚子欲遷許於賴，使鬭韋龜與公子棄疾城之而還。杜註：「韋龜，子文之玄孫。」

鬭成然 子旗
昭十三年傳王奪鬭韋龜中犨，又奪成然邑，而使爲郊尹。杜註：「成然，韋龜子。」

鬭辛
昭十四年使鬭辛居鄖以無忘舊勳。杜註：「辛，子旗之子。」

鬭懷
定四年傳鄖公辛之

子良　宣四年傳初楚司馬子良生子越椒，子文曰：「必殺之。」杜註：「子文，子良之兄。」

鬬椒　伯棼　僖二十八年傳子玉使伯棼請戰。杜註：「伯棼，子越椒也，鬬伯比之孫。」宣四

曰：「子文無後，何以勸善？」使復其所，改命曰生。

苗賁皇　宣十七年傳苗賁皇使見晏桓子。杜註：「賁皇，楚鬬椒之子。楚滅鬬氏而奔晉，食邑于

是年傳使子旗爲令尹。

弟懷將弒王。

鬬巢　定四年傳鬬辛與其弟巢以王奔隨。

鬭廉

射師

桓九年傳楚使鬭廉帥師及巴師圍鄾。

鬭班

莊三十年傳楚公子元歸自伐鄭而處王宮，鬭射師諫，則執而梏之。秋，申公鬭班殺子元。杜註：「射師，鬭廉也。」正義曰：「服虔

年傳子越爲令尹。是年遂滅若敖氏。

鬭克

申公子儀

僖二十五年傳楚鬭克、屈禦寇以申、息之師戍商密。文十四年傳殺鬭克。

楚語申公子儀父爲師。韋注：「儀父，鬭班

苗。」

	鬭丹　桓八年傳楚子伐隨，鬭丹
云『射師，若敖子鬭班也』。射師被梏，不言舍之，何以得殺子元。知射師與班必非一人。杜譜以爲鬭射師，若敖子；鬭班，若敖孫。』	鬭祁　莊四年傳令尹鬭祁。
子鬭克也。』	鬭緡　莊十八年傳楚武王克權，使
	鬭禦彊　莊二十八年子元、鬭禦彊、
	鬭梧　見上。
	鬭章　僖二年傳楚人伐鄭，鬭章
	鬭宜申　子西　僖二十六年傳楚成
	鬭勃　子上　僖二十八年傳子玉

獲其戎車與其戎右少師。以下八人系未詳。

鬬緡　尹之。

鬬梧、耿之不比爲旆。

囚鄭聃伯。

得臣、鬬宜申帥師滅夔。杜註：「鬬宜申，司馬子西也。」

使鬬勃請戰。三十三年傳楚令尹子上侵陳、蔡。

成氏　與鬬氏同出若敖。

成得臣　子玉　僖二十三年傳楚成得臣帥師伐陳，遂取焦、夷，城頓而還。子文

成大心　大孫伯　文十一年傳成大心敗麇師于防渚。杜註：「子玉之子。」十二年傳

成熊　昭十二年楚殺其大夫成熊，傳楚子謂「成虎，若敖之餘也」，遂殺之。

以爲之功，使爲令尹。二十八年楚殺其大夫得臣。按：是年傳若敖之六卒實從之。杜註：「若敖，子玉之祖也。」晉語注：「子玉，楚若敖之曾孫。」

令尹大孫伯卒。

成嘉

子孔

杜註：「成虎，子玉之孫。」按：去大心之卒八十五年，或非大心之子。

	文十二年傳成嘉爲令尹。杜註：「若敖曾孫。」

蔿氏

唐書世系表蚡冒生蔿章。

蔿章		桓六年傳楚武王侵隨，使薳章求成焉。
蔿呂臣	叔伯	僖二十八年傳蔿呂臣實爲令尹。
蔿賈	伯嬴	僖二十七年傳蔿賈尚幼。杜註：「孫叔敖之父。」宣四年傳蔿賈爲工
蔿艾獵	孫叔敖	宣十一年傳令尹蔿艾獵城沂。杜註：「艾獵，孫叔敖也。」正義曰：「服
蔿子馮		襄十五年傳蔿子馮爲大司馬。杜註：「叔敖從子。」正義曰：「按世本蔿艾獵是叔敖
蔿掩		襄二十五年傳蔿掩爲司馬。杜註：「子馮之子。」三十年傳楚公子圍殺大司馬蔿掩而取

正，譖子揚而殺之，已爲司馬。子越惡之，乃以若敖氏之族圄伯嬴于轑陽而殺之。		
虔亦云：『艾獵，叔敖也。』此年云令尹蔿艾獵，明年云令尹孫叔敖，明一人也。世本云：『艾獵，叔敖之兄。』世本誤。」	蔿啟疆	襄二十四年傳楚子使蔿啟疆如齊聘。昭元年傳
之兄，馮是艾獵之子，則馮是叔敖兄子也。釋例以艾獵、叔敖爲一人，馮是叔敖之子。」二十二年傳蔿子馮爲令尹。	蔿罷 子蕩	襄二十七年傳楚蔿罷如晉涖盟。
其室。	蔿射	昭五年傳蔿射以繁揚之師會于夏汭。
	蔿洩	昭六年傳使蔿洩伐徐。
	蔿居	昭十三年傳奪蔿居田。杜註：「居，掩之
	蔿越	昭二十一年傳楚蔿越帥師將逆華氏。
	蔿固	哀十八年傳蔿固敗巴師于鄾。

薳啟疆爲太宰。以下七人系未詳。

昭元年傳薳罷爲令尹。

族。」

屈氏

楚辭注武王子瑕食采于屈。

屈瑕

桓十一年傳楚屈瑕將盟貳、軫。

屈重

莊四年傳莫敖屈重。

屈完

僖四年楚屈完來盟于師，盟于召陵。

屈禦寇

子邊

僖二十五年楚鬭克、屈禦寇以申、息之師戍商密。以上四人系未詳。

屈蕩

屈到

屈建

屈生

宣十二年傳屈蕩爲右。世本屈蕩，屈建之祖。

子夕

襄十二年傳屈到爲莫敖。杜註：「屈蕩子。」

子木

襄二十二年傳屈建爲莫敖。二十五年傳屈建爲令尹。二十八年卒。國語韋注：「屈到子。」

昭五年傳以屈生爲莫敖。杜註：「屈建子。」

屈巫臣

子靈

宣十二年傳申公巫臣曰：「師人多寒。」成二年奔

屈狐庸

成七年傳巫臣請使于吳，寘其子狐庸焉。

晉。

子閻

子蕩

弗忌

見成二年傳。俱巫臣之族。

屈蕩

襄二十五年傳屈蕩爲莫敖。與宣十一年屈蕩同姓名。

屈申

昭四年傳使屈申圍朱方。杜註：「屈申，屈蕩子。」

屈罷

昭十四年傳使屈罷簡東國之兵于召陵。系未詳。

陽氏

王子揚 穆王子。
陽匄 子瑕 昭十七年傳陽匄爲令尹。杜註：「穆王曾孫。」正義曰：「世本：穆王生王子揚，揚生尹，尹生令尹匄。」
陽令終 昭二十七年傳殺陽令終與其弟完及佗。杜註：「令終，陽匄子。」 完 佗

囊氏

子囊 襄五年傳子囊爲令尹。杜註：「莊王子公子貞也。」十四年卒。	
囊瓦 昭二十三年傳楚囊瓦爲令尹。杜註：「子囊之孫子常也。」	

申氏

陳氏譜別列申叔氏，按傳言叔展，杜註言叔時、叔跪、叔豫皆連叔爲名，則亦申氏也。

申舟 文之無畏 文十年傳文之無畏爲左司馬。	
申犀 宣十四年傳楚子使申舟聘于齊，見犀而行。	
申驪 成八年傳欒書侵楚，獲申驪。系未詳。	
申無宇 襄三十年傳申無宇曰：「王子必不免。」	
申亥 昭十三年傳芋尹無宇之子申亥曰：「吾父再奸王	
申包胥 定四年傳初伍員與申包胥友。系未詳。	

杜註：「犀，申舟子。」

命。」

申叔時 宣十一年傳申叔時使于齊。

申叔跪 成二年傳申叔跪從其父將適郢。杜註：「叔跪，申叔時子。」

申叔豫 襄十一年傳訪于申叔豫。杜註：「叔豫，叔時孫。」

申叔展 宣十二年傳還無社與司馬卯言，號申叔展。系未詳。

潘氏

潘崇	文元年傳穆王立，以其爲太子之室與潘崇，使爲太師。
潘尫 師叔	宣十二年傳潘尫入盟。
潘黨	宣十二年傳叔黨命去之。杜註：「潘尫之子。」
潘子臣	定六年傳獲潘子臣。系未詳。

伍氏

伍參	宣十二年傳嬖人伍參欲戰。杜註：「伍
伍舉	襄二十六年傳楚伍參與蔡大師子朝
椒鳴	襄二十六年傳聲子使椒鳴逆之。註：

奢之祖父。」

友，其子伍舉與聲子相善。

「伍舉子。」

伍奢 昭十九年傳使伍奢爲之師。杜註：「伍舉之子，伍員之父。」

伍尚 昭二十年傳棠君尚謂其弟員。杜註：「棠君奢之長子尚也。」

伍員 子胥 昭二十年傳員如吳，言伐楚之利于州于。

伍豐 哀十一年傳子胥使于齊，屬其子于鮑氏，爲王孫氏。

春秋刑賞表卷十三

錫山　顧棟高復初　輯
儀真受業王　耀廣平　參

敍

蓋聞有功不賞，有罪不刑，雖唐、虞不能以化天下，故虞書有「天命」、「天討」之文。戴記：「爵人于朝，與士共之；刑人于市，與衆棄之。」蓋自天子之統壹宇內，與列侯之撫馭一國，莫不由賞罰之得其道。不僭不濫，斯稱上理焉。余觀春秋二百四十年，知天子之所以失其柄而旁落于諸侯，諸侯之所以失其柄而僭竊于大夫陪臣者，皆由刑賞之失政。爲之徵諸經、傳，可攷而知也。蓋當春秋之初，猶能爵命儀父爲諸侯，而伐鄭、伐曲沃，猶能誅叛討篡，刑賞未盡失也。乃伐鄭而射王中肩，伐曲沃而荀、賈尋爲晉所滅，其罪當滅國絶世，而天子不聞赫然震怒，列侯不聞敵王所愾。從此姑息養癰，馴至潰爛。此豈一朝一夕之故哉！當時以無罪殺母弟，而子頽、子帶侵犯王室，則避位而出奔。爵命至于獎篡弑，而求車求金，使命交馳，列侯視之若弁髦。蓋賞不足以勸善，罰不足以懲奸，徒擁空名于其上而已。魯爲諸侯之望國，而陵夷更甚。慶父弑二君，再世負大罪，而累代貴位。公孫歸父欲張公室，而衰絰出奔。蓋文公之世刑賞出于仲遂，文公以後刑賞出于三家。其國命倒置，宜也。唯齊桓任管仲而撻荆楚，用以創伯；晉文舉郤縠而刑三罪，民情大服，庶幾得命討之義。追其衰也，抑又甚焉。列國風靡，蕩無綱紀。夫君之所以威其臣者，大則誅殺，小則竄逐。乃當其始也，諸侯猶以專殺爲罪。其後大夫自相殺，若齊之殺國佐，晉之殺欒盈，或出于闈闥，或出于權臣，諸侯并不得過而問矣。其始猶以專放爲罪，其後大夫不待譴逐，自出奔以抗國君。若孫林父之奔晉，宋魚石之奔楚，借援大國，爲國生患，兵連禍結，易世不解。上不得以威其下，下反得以要其上矣。究其禍亂，安有底止。惟明天子振興于上，諸侯佐天子以大明黜陟，天下正，則一國莫敢不出于正。大夫佐諸侯以振飭紀綱，一國正，則家臣陪隸無有敢踰越犯分者。嗚呼！此孔子春秋之所爲作也。輯春秋刑賞表第十三。

春秋刑賞表

殺

張氏洽曰：「春秋之義，非天子不得專殺，是故二百四十二年無天王殺大夫文。書諸侯殺大夫者四十七。古者諸侯之大夫皆命于天子，諸侯不得專命也。大夫有罪則請于天子，諸侯不得專殺也。大夫猶不得專殺，況世子、母弟乎！春秋之世，國無大小，其卿大夫士皆專命之，有罪無罪皆專殺之，無王甚矣。稱君、稱國、稱人，雖有輕重，其專殺之罪則一也。」

襄三十年天王殺其弟佞夫。 陳氏曰：「凡王殺不書，雖王子不書，甚者母弟亦不書。必殺無罪也而後書。」 孫氏曰：「天子得專
僖五年春晉侯殺其世子申生。
襄二十六年秋宋公殺其世子痤。

殺，故二百四十年無天王殺大夫文。此特書殺其弟佞夫者，景王不能容一母弟，不可以不見也。」

汪氏克寬曰：「春秋書殺大夫四十七，或稱國，或稱人，惟晉侯殺申生、宋公殺痤、天王殺佞夫，不稱國不稱人而直稱君，以爲獨其君之罪也。僖十六年鄭伯殺其世子華，文十八年宋公殺其母弟須，殺得其罪，不書。」

隱四年九月衛人殺州吁于濮。	何氏休曰：「明國中人人得討之，所以廣忠孝之路。」范氏寧曰：「有弒君之罪者，則舉國之人皆欲殺之。」陸氏淳曰：「經中一字
桓六年蔡人殺陳佗。	呂氏大圭曰：「陳佗既踰年矣而不稱君，何也？齊無知亦踰年而不稱君。蓋當時一國之人、異邦之人猶知其爲弒逆也。」家氏鉉翁曰：「春秋有
莊九年春齊人殺無知。	汪氏克寬曰：「春秋之例，稱人以殺而但名之，則討有罪也。稱人以殺而不去其官，則非討賊也。晉惠殺里克，衛獻殺甯喜，利其所爲以得國，又忌而
宣十一年冬十月楚人殺陳夏徵舒。	杜氏預曰：「不言楚子而稱人，討賊辭。」范氏寧曰：「變楚子言人者，弒君之賊，若曰人人所得殺也。」劉氏敞曰：「此楚子
襄二十三年晉人殺欒盈。	孫氏復曰：「不言其大夫者，欒盈出奔楚，當絕也。稱人以殺，從討賊辭。」

偏施于諸例而義不同者，惟『人』字爾。或衆而稱人，或美而稱人，或諱而稱人，或貶而稱人，或賤而稱人。」	特筆之三罪焉，州吁、陳佗、無知是也。彼列于諸侯之會，或既立踰年，春秋以討賊書，不成其爲君。此聖人之特筆，非因乎舊史者也。」	殺之，則以國殺大夫爲文。楚棄疾誘比以爲君之利而殺之，而代其位，則以兩下相殺爲文。齊商人、楚虔、蔡般則國人君之，諸侯會之，不知其爲賊矣，故春秋俱不用討賊之例也。」	也，其稱人何？貶也，非也。此譬猶蔡人殺陳佗耳。」	
襄三十年鄭人殺良霄。 葉氏夢得曰：「良霄既自墓門之瀆入，爲亂，以伐北門。不書大夫，位已絶矣，非復大夫也。曰鄭人，討賊之辭也。」				

李氏廉曰：「春秋討賊書人例六，州吁、無知、陳佗、夏徵舒、欒盈、良霄是也。欒盈、良霄雖非

弑君，而皆叛逆之臣，故書法同。」

昭十一年夏四月丁巳楚子虔誘蔡侯般殺之于申。 孫氏復曰：「般，弑逆之人，諸侯皆得殺之。楚子名者，暴虐無道，貪蔡土地，不以弑君之罪殺般，故不得以討賊例。當坐誘殺蔡侯般也。」
昭十三年楚公子棄疾殺公子比。 啖氏助曰：「衛殺州吁，齊殺無知，皆書曰人，討比不稱人何也？棄疾以圖位而殺比，其罪鈞也，故不可稱人。」高氏閌曰：「比復稱公子，不以討賊之辭加之者，非討賊也，殺而代之也。憫比墮棄疾之謀，以深罪棄疾也。」
昭四年秋七月楚子以諸侯伐吳，執齊慶封殺之。 彙纂曰：「慶封，弑君之賊，法所當討，故書執、書殺，明其罪之可殺也。楚虔身爲弑逆，懷惡而討，故不再言楚子，所以别于徵舒也。」

此春秋之變文。以賊討賊，不辨曲直，故書楚子虔、蔡侯般，同斥其名。比不稱君，比不得爲君也。棄疾不稱人，棄疾非討賊，不得稱人也。所謂輕重之權衡、曲直之繩墨也。慶封見執例，然

亦弑君之賊，與泛執他國大夫有別，故從春秋討亂賊之例。

昭十四年冬莒殺其公子意恢。

左傳：「莒著丘公卒。郊公不慼，國人弗順，欲立著丘公之弟庚輿。蒲餘侯惡公子意恢，而善于庚輿。郊公惡公子鐸，而善于意恢。公子鐸相與謀，殺意恢而納庚輿，郊公奔齊。」

家氏鉉翁曰：「意恢之死，爲君故耳。此受託孤之寄而不能其事者也，故不書死難而書見殺。」

程氏端學曰：「不曰殺

莊二十六年曹殺其大夫。

陳氏傅良曰：「其不名何？惡君也。莊公卒，有戎難，羈出奔陳，赤于是簒曹。簒而殺其大夫，則必不義其君者也。宋杵臼無道而殺大夫，則亦不義其君者也。故曹、宋之大夫皆不名。」

家氏鉉翁曰：「此不惟譏其專殺，又譏其濫殺。曹赤挾戎援以簒兄之國，又挾戎威以去兄之黨。所殺者必

僖二十五年宋殺其大夫。

愚按：曹、宋之大夫不名，此孔子修春秋以後闕文，非魯史本闕，聖人仍其闕而遂筆之于書也。夫人臣當新故之際，不義其君而至于見殺，則豈特無罪，必皆殉節之士也。聖人宜急表之，以爲世勸，何故反没忠臣之名不書。若謂人衆不可悉書，彼三郤又何以悉書。若謂魯史本無名氏，則斷爛之文聖人宜并闕之，

僖七年鄭殺其大夫申侯。

左傳：「鄭殺申侯以說于齊，且用陳轅濤塗之譖也。」

張氏溥曰：「申侯告齊桓以資糧扉屨，誘鄭伯以王命，總以利誂人，其見殺也宜然。鄭伯始則比以趨利，既則借以紓禍，不罪己而專殺，甚失道矣。書殺大夫，志非刑也。」

僖十年晉殺其大夫里克。

公羊傳：「里克弑二君，曷爲不以討賊之辭言之？惠公之大夫也。」孫氏覺曰：「里克雖有弑君之罪，夷吾嘗命爲大夫矣。又以己私殺之，晉殺其大夫爾，非討賊也。」

其大夫而曰殺其公子者，義不在于專殺大夫，而在于殺君之親也。」

僖十一年春晉殺其大夫丕鄭父。

胡傳：「按左氏丕鄭言于秦伯，請出晉君，則鄭有罪矣。曷爲稱國以殺之而不去其官？惠公以私意殺里克，故其黨皆懼。鄭之有此謀，由殺里克致之也。春秋以大義公天下爲誅賞，故書法如此。其稱國者，兼罪

皆無罪，而又不止一人，魯史不得其姓名，是以闕之耳。」

僖二十八年楚殺其大夫得臣。

張氏洽曰：「楚子知晉之不可敵，而不能使之退師，師敗而不能自反。平日縱使求勝，一敗而輒殺之，故稱國以殺而不去其官。」

何爲留不白之疑于後世，使人謂捐軀死難者而名氏不可得見，又何以爲天下勸乎。故知修成以後闕也。」

僖三十年秋衛殺其大夫元咺及公子瑕。

杜註：「瑕立經年，未會諸侯，故不稱君。」

吴氏澂曰：「元咺不臣之罪當誅。今以國殺爲文而無討罪之辭者，衛侯未嘗正名其罪而陰使人殺之，誅之不以其罪也。」

文六年晉殺其大夫陽處父。

公羊傳：「狐射姑殺，則其稱國以殺何？君漏言也。」

陳氏傅良曰：「兩下相殺，其書國殺何？春秋之法，苟有賊而不知，皆其君之罪也。」

文十年楚殺其大夫宜申。

家氏鉉翁曰：「宜申謀弑穆王而稱國以殺，蓋商臣之罪，楚人皆得討之。宜申于楚成爲弟，安知不爲先君討賊以死，故春秋不以無將罪之。」

用事大夫，不能救正，至于多忌濫刑，危其國也。」

宣九年陳殺其大夫洩冶。

彙纂曰：「諸儒不明于大夫死必書名之義，于洩冶多所不滿，或罪其直諫以取死，或規其潔身以去亂，將使鄙夫藉口，非緘默以取容，卽見危而避害，安可垂訓于後世哉！左氏載孔子引詩，黃氏仲炎以爲非孔子之言，其見卓矣。」

宣十三年冬晉殺其大夫先穀。

蘇氏轍曰：「邲之役，先穀以違命致敗，誅之固宜。然先穀，先軫之孫，軫係晉之舊勳。晉人誅穀而盡滅其族，稱國以殺，言刑之過也。」

高氏閌曰：「釋趙旃、魏錡不討，而獨誅先穀，爲政不平矣。又族滅之，惡之甚也。」

案：荀林父元帥不誅，而誅先穀，失政刑矣。

宣十四年春衛殺其大夫孔達。

陳氏傅良曰：「孔達自殺而稱國以殺，其君意也。」

趙氏鵬飛曰：「衛穆叛清丘之盟，背晉與楚。今將復歸于晉，則殺孔達以說之。利則爲己功，害則爲臣罪。此與刺公子買之事無異，故以國殺爲文。」

成八年晉殺其大夫趙同、趙括。

卓氏爾康曰：「晉侯聽姬氏之譖，一朝而尸二大夫。以趙衰之勳，不復念而奪其田祿，失政刑矣，故稱國以殺。」

成十五年宋殺其大夫山。

杜註：「蕩山，宋公族。還害公室，故去族以示罪。」

不討趙旃、魏錡，見趙、魏之族强于晉也。

成十六年楚殺其大夫公子側。	汪氏克寬曰：「楚審躬臨戰陳，以罷卒致敗，而集矢于其目，乃歸咎于側而殺之。嬰齊與側相惡，使敵國謀臣知其莫有鬬心，而委罪于側。春秋稱國以殺不去其官，著楚君與大臣之失也。」
成十七年晉殺其大夫郤錡、郤犨、郤至。	孫氏復曰：「君之卿佐，是謂股肱。厲公一日而殺三卿，此自禍之道也，故列數之，以著其惡。」
成十八年春王正月晉殺其大夫胥童。	家氏鉉翁曰：「胥童與厲公先後死，春秋繫之國殺，爲其有當誅之罪也。使童大節可録，則必用孔父、牧、息之例，繼其君而書死矣。」
成十八年齊殺其大夫國佐。	許氏翰曰：「慶克作慝，濁亂中閨，譖害大臣，不誅不詰，使國佐無所發其忠，憤起而殺之，于是因以爲國佐罪。」 蘇氏轍曰：「佐雖以專殺叛君爲罪，然其咎發于慶克。齊人右慶氏而殺佐，故稱國以殺。」
襄二年楚殺其大夫公子申。	劉氏敞曰：「嬰齊也，壬夫也，申也，三人執楚國之政。公子申賄而專，嬰齊、壬夫畏其逼而殺之，故稱國以殺。」
襄五年楚殺其大夫公子壬夫。	
襄十九年齊殺其大夫高厚。	
襄十九年鄭殺其大夫公子嘉。	
襄二十年蔡殺其大夫公子燮。	
襄二十二年楚殺其大夫公子	

家氏鉉翁曰：「前殺公
子申，曰受小國之
賂；今殺壬夫，又以
侵欲于陳而使之叛，
楚猶有政。二大夫不
爲無罪，但用刑過慘，
春秋不與也。」

襄二十三年陳
殺其大夫慶虎
及慶寅。

家氏鉉翁曰：「二慶之
誅，公子黃之復，楚皆
專之。而春秋書法如

高氏閌曰：「齊高厚嘗
帥師伐我矣。晉新行
義于齊，齊侯始立而
欲親晉，故歸罪于高
厚而殺之。」
程氏端學曰：「此必齊
光既立之後，崔杼與
光共殺之，故以國
殺。」

襄二十七年衛
殺其大夫甯喜。

孫氏覺曰：「喜弒剽而
納衎。衎反國而復用
之，既而以私殺之。喜
雖有罪，而衛獻殺之

胡傳：「嘉召楚人伐其
國，信有罪矣。而子
展、子西不能正以王
法，肆諸市朝，與衆共
棄，乃利其室而分之，
故稱國以殺而不去其
官。」
汪氏克寬曰：「使子
展、子西正名誅之而
不利其室，則當如殺
良霄之例矣。」

昭二年秋鄭殺
其大夫公孫黑。

蘇氏轍曰：「駟黑富而
無禮，襄三十年攻良
霄而殺之，元年與游
楚爭室而逐之。鄭人

家氏鉉翁曰：「燮奉文
侯遺言，求成于晉，不
克而死。春秋稱國而
不去其官，録之也。」

昭五年楚殺其
大夫屈申。

季氏本曰：「案左氏楚
子以其貳于吴殺之；
然非其罪，故不去其
大夫。」

追舒。

高氏閌曰：「子南寵近
小人，故及于難。而
康王始則與人之子圖
其父，終則殺之，轘其
黨于四竟。夫威柄既
立，則責誚足以折姦
臣之鋒。及其失之，
則刀鋸不足以當姦臣
之罪。其怨毒所鍾，
遂發于靈王之世矣。」

昭十二年楚殺
其大夫成熊。

左傳：「楚子謂成虎若
敖之餘也，遂殺之。」
家氏鉉翁曰：「虎以猜
忌信讒殺無罪之大

此，不與楚之專制也。」王氏樵曰：「二慶據國叛君，其罪大矣。而稱國以殺何也？見陳侯之不能以罪討也。使陳能討賊，則必如欒盈、良霄之例矣。」

不以其罪也，與晉惠殺里克同，故皆曰殺。」

畏其彊而不討，既乃因其疾而幸勝之。黑固有罪，而鄭之所以誅之者亦殆矣，故稱國以殺。」

夫，故以累上之辭書之。」

昭二十七年楚殺其大夫郤宛。

趙氏鵬飛曰：「左傳以爲郤宛之死，費無極譖而殺之。而經以國殺爲文，蓋聽無極而致宛之死者君也，故以累上之辭書。」

哀二年蔡殺其大夫公子駟。

許氏翰曰：「蔡請遷于吴，而中悔。及吴師入，而委罪于駟，殺以説吴。稱國以殺，殺無罪也。」

哀四年夏蔡殺其大夫公孫姓、公孫霍。

案：左氏蔡昭侯將如吴，諸大夫恐其又遷也，公孫翩逐而射之，卒。文之鍇殺翩，因逐公孫辰而殺公孫姓、公孫霍。杜註：「三人皆弑君黨也。」

如此，則宜以討賊書，乃稱國以殺，而不去其官何哉？愚謂此殆左氏不足信也。文定强經合傳，謂蔡侯背楚誑吳，又委罪執政，夫人得而害之，故變文書盜，翩略其名氏，姓、霍不去其官，則是春秋奬亂賊也，豈可訓哉。獨趙氏鵬飛以爲蔡侯之死既出于盜，則賊不可名，必得真盜而始可加之罪。若不得其真而妄指以誣人，則爲失刑。如辰與姓、霍皆非真盜，而以弑見誣者也，故春秋稱國以殺。如此則于傳文稍更易，而于經前後庶無礙。如胡傳之說，則不可通矣。

先母舅曰：「右稱公子者一，不稱名宋、曹各一，稱大夫、稱名氏者三十。此胡傳所謂稱國以殺，國君大夫與聞其事，而不請于天子者也。」

莊二十二年陳人殺其公子御寇。	穀梁傳曰：「言公子而不言大夫，公子未命爲大夫也。其曰公子何也？公子之重視大夫。」邵氏寶曰：「御寇，陳世子也。何以殺之？欲立嬖姬子款也。殺
文七年宋人殺其大夫。	汪氏克寬曰：「經書宋公王臣卒，宋人殺其大夫。明年又書宋人殺其大夫司馬，宋司城來奔，以見嗣君無政。先君在殯而國人作亂，以戮其大臣。踰年而掌兵之官見誅，守國之官見逐。昭公
文八年宋人殺其大夫司馬。	案：劉氏敞曰：「曷爲以官舉言？不能其官也。」胡傳及諸儒俱從之。據左氏司馬握節以死，捐軀殉難，宜如孔父、仇牧之見褒，而乃以爲貶何哉？且左氏云昭公之黨，夫人臣不爲君之黨而顧爲
文九年晉人殺其大夫先都。	劉氏敞曰：「稱人以殺大夫者，殺有罪也。先都之罪何？先都、士穀者，皆晉之强家，求事晉而不得，怒而作亂，蓋殺其大夫先克也。」
文九年晉人殺其大夫士穀及箕鄭父。	彙纂曰：「夷之蒐在襄公末年，而陽處父、先克之殺在靈公初立之際。陽處父舉趙而抑射姑，則射姑殺處父。先克舉狐、趙而抑先都等，則先都等殺先克。國家之亂，孰大

者宣公而歸之陳人何？陳人之志猶公之志也。是以與申生之目君異辭。」

之爲君可知矣。」愚謂大夫不名，孔子修春秋以後失之。義已見前。

亂賊之黨乎？胡傳遂謂司馬欲專宋政，昭公寵其私昵，何所據依？其刻覈亦已甚矣。又司城蕩意諸效節于府人而出，魯公復之，後八年卒死帥甸之難，亦可謂始終一節者。胡氏謂坐待其及而死，如匹夫匹婦自經于溝瀆。而獨取子哀之去，于亂賊多恕辭，而于忠臣多責備，愚不知其何說也。

于此。故經于處父則稱國以殺，而蒙以累上之辭。于先都、士縠、箕鄭父則稱人以殺，而列在討賊之例，書法甚明。而胡傳謂稱人以殺，爲國亂無政而衆人擅殺，則非也。經書他國殺大夫皆稱國，而惟此三人稱人，其爲討賊之辭無疑。又以箕鄭父書『及』爲罪當末減。此亦不然。蓋『及』者，原其事之本末，非論其罪之輕重。」

昭八年陳人殺其大夫公子過。

左傳：「公子招、公子過殺悼太子偃師而立公子留。秋，招歸罪于過而殺之。」

陸氏淳曰：「春秋之作，本以懲奸慝。夫子以招推罪于過，故獨書招殺太子也。不書招殺過，過之罪自當死，宜爲國討也。」

吳氏澂曰：「案哀公屬留于招與過，故招、過同殺太子。招畏國人公議，懼楚人來討，故歸罪于過而欲免己。人其可欺乎！」

鄭氏玉曰：「過不去大夫公子，所以明招之爲首，使招不得以過說于楚以掩其罪也。」

先母舅曰：「右稱公子一，大夫不稱名者一，不稱名而稱官者一，大夫稱名氏者三。胡傳所謂稱人以殺，非君命而衆人擅殺之者也。」

呂氏大圭曰：「殺之或稱公子，或稱大夫公子，或稱大夫。稱公子者，公子而非大夫也。稱大夫者，大夫而非公子也。稱大夫公子者，公子而爲大夫也。又有以官舉者，以官之重而著之也。觀聖人所書，而褒貶寓乎其中矣。」

宣十五年王札子殺召伯、毛伯。 左傳：「王孫蘇與召氏、毛氏争政，使王子捷殺召戴公及毛伯衛。」胡傳：「邢侯專殺雍子于朝，叔向以殺人不忌爲賊，請施邢侯，君子以爲義。王札子之罪當服此刑，而定王不能施之，無	昭八年春陳侯之弟招殺陳世子偃師。 穀梁傳：「兩下相殺不志乎春秋，此其志何也？世子云者，君之貳也。」許氏翰曰：「陳哀寵其庶子，資以强輔而濟之權，以軋太子，至于亂作，躬受其禍。」汪氏克寬曰：「經書殺			

政刑矣。」季氏本曰：「一朝殺二大夫，而刑法不加焉，周之所以日替也。故不言王殺，而以兩下相殺之辭書。」

世子三，晉獻殺申生，宋平殺痤，陳哀殺偃師，皆嬖子匹嫡之禍也。申生與痤皆目君以殺，唯偃師之殺目陳侯之弟招，夫以弟招繫之陳侯，則陳哀之殺章章明矣。」

趙氏汸曰：「兩下相殺，不書；其書，譏不在相殺也。王孫蘇與召、毛爭政，使王札子殺召戴公及毛伯衛，王室復亂。陳哀公屬其嬖子于司徒招、公子過，而殺世子偃師，國幾亡。則譏不在相殺矣。」

内諱殺曰刺

僖二十八年公子買戍衛，不卒戍，刺之。

成十六年乙酉刺公子偃。

吳氏澂曰：「偃雖爲穆

莊二十二年春王正月肆大眚。

程子曰：「大眚而肆

張氏洽曰：「書之之詳，所以見其辭之不直，而情之甚私。買之死，實非其罪，不止于專殺大夫而已。」	姜所指，然亦不過脅公使從己，未見姜真有廢立之謀。而偃實有今，將之心也。乃成公怒其弟而竟殺之，亦甚矣。」	之，其失可知。凡赦，何嘗及得善人。諸葛亮治蜀十年不赦，審此爾。」		

先母舅曰：「穀梁云：『先名後刺，殺有罪也。先刺後名，殺無罪也。』按：公實懼晉而殺買，以不卒戍解於楚，安得謂買有罪乎？或又云：『刺不言罪。言罪，非其罪也。不言罪者，刺得其罪也。』公之將行，穆姜指偃與鉏曰『是皆君也』以激公，使逐季、孟。而偃未嘗與知，姜亦非真欲立偃，安得謂偃有罪乎？經兩書刺，皆殺無罪也。」

方氏苞曰：「經書刺大夫二，或言其故，或不言其故，皆舊史之文。蓋殺大夫，必録其得罪之由，史之常法也。然公子買見殺之故可言也，而公子偃見殺之故不可言也，故書辭異焉。孔子不革而一因之何也？偃之不言其故者，不可增也。於買而削其故，則刑之不中與？當日之邦交，皆不可得而見矣。」

案：春秋書刺，殺所不當殺也。書肆大眚，赦所不當赦也。寬嚴俱失之矣。

執

僖五年冬晉人執虞公。	孫氏復曰：「稱人以執，惡晉侯也。既非王命，又執不得其罪，故奪其爵。」彙纂曰：「虞、虢之滅，晉人蓋修其祀而不以滅告也。不告滅，因不書滅。」
僖十九年春王三月，宋人執滕子嬰齊。	孫氏覺曰：「宋襄非有德義服人，一會虐二君，以陵轢諸夏，故書人以貶之。」案：中國諸侯見執，惟滕子書名。諸儒皆謂惡遂失國也。案滕此時未嘗失地。胡傳又謂滕未嘗與齊桓之盟；及宋襄繼起，又不尊事大國，故名以著其罪。夫齊桓會盟，大國如秦、晉，近
成九年晉人執鄭伯。	左傳：「秋，鄭伯如晉，晉人討其貳于楚也，執諸銅鞮。」劉氏敞曰：「楚人以賂求鄭，鄭伯會于楚，晉人怒。及鄭伯之朝，執之而伐其國。鄭人改立君以拒晉，然後歸鄭伯。非伯討也，故稱人以執。」
襄十九年晉人執邾子。	左傳：「執邾悼公，以其伐我故。取邾田，自漷水歸之于我。」劉氏敞曰：「晉執其君，以翅其地。曷爲不言以歸？舍之也。已得漷水田，故舍之。」
昭四年楚人執徐子。	趙氏鵬飛曰：「楚虔將以諸侯伐吴，徐既聽于會矣，復疑徐子出于吴而執之。此豈伯討哉，故稱人以執。」

國如薛、莒、杞、鄫，皆未嘗與，何獨一滕。諸侯罪之大者，如曹負芻殺太子自立，猶不書名，滕獨以區區之微罪而書名耶？劉公是曰：「執而名，不反之辭。滕子自此未嘗反國，如死而書名者。」然則近之矣。

哀四年宋人執小邾子。

許氏翰曰：「天下無霸，故宋人得以執小邾子。」

趙氏鵬飛曰：「小邾微國，必不敢犯宋。宋執之非罪也，故書人。」

已上執不言所歸者。

僖二十八年晉侯入曹，執曹伯畀宋人。	孫氏復曰：「不奪爵者，曹伯卽楚，晉侯圖伯，執得其罪也。」
僖二十八年晉人執衛侯，歸之于京師。	孫氏復曰：「元咺故也。晉文助其臣而執其君，非所以宗諸侯，故書晉人。」 程子曰：「歸于者，順易之辭。歸之于者，强歸之辭。」
成十五年晉侯執曹伯，歸于京師。	胡傳：「負芻殺其太子而自立。厲公執之，又不敢自治，而歸于京師。春秋未有執得其罪如此者，故獨書其爵。」
襄十六年晉人執莒子、邾子以歸。	左傳：「以我故執邾宣公、莒犂比公。」 孫氏復曰：「晉平溴梁之會方退，執莒子、邾子以歸，又不歸于京師，非所以宗諸侯也。」 李氏廉曰：「經書執諸侯十三，惟此書以歸。執大夫十四，惟意如書以歸。」
哀四年晉人執戎蠻子赤，歸于楚。	公羊傳：「京師楚也。」 陳氏岳曰：「歸于京師，正也。今執而與楚，宜書如曹伯畀宋人之例。乃與歸于京師同文，是責晉以待京師者待楚也。」

此執而詳所歸者。

僖十九年己酉邾人執鄫子，用之。 左傳：「宋公使邾文公用鄫子于次睢之社。」杜註：「不書宋使邾，而以邾自用爲文。南面之君，善惡自專，不得託之于他命。」高氏閌曰：「諸侯終則名，鄫子不名，史佚之。」	昭十一年冬十有一月丁酉楚師滅蔡，執蔡世子有以歸，用之。 高氏閌曰：「經書鄫子與蔡世子有皆曰用之，而不書所用之迹，蓋聖人所不忍言。」師氏協曰：「詳書之，所以著其暴也。」			

此執而書用者。

李氏廉曰：「胡氏執諸侯例，執雖有罪而不歸京師，則稱人。宋執嬰齊是也。成九年晉人執鄭伯，襄十六年晉人執莒子、邾子，十九年晉人執邾子可入此例。歸于京師而執非其罪，則稱人。僖二十八年晉人執衛侯歸之于京師是也。若邾人執鄫子；晉侯執曹伯畀宋人，執戎蠻子歸于楚；宋人執小邾子，則暴惡之甚，不特以專與濫罪之矣。其楚子執宋公，見伐例。楚人執徐子，戎狄肆威，天下大變，又非可與此例論也。」

內大夫見執

文十四年冬單伯如齊，齊人執單伯。

胡傳：「齊君舍，魯之甥也。商人弒舍，固忌魯矣。魯使單伯如齊，齊人意欲辱魯，故執單伯。」

成十六年晉人執季孫行父，舍之于苕丘。

孫氏復曰：「沙隨之會，晉侯既不見公，今又聽僑如之譖執季孫行父。魯一不出師而晉再辱魯，其惡可知。」

昭十三年晉人執季孫意如以歸。

胡傳：「晉不正季孫無君之罪，徒以邾、莒之言曰『我之不共，魯故之以』，遂辭魯君而執意如。是意在貨財，非伯討也，故稱人以執。」

昭二十三年晉人執我行人叔孫婼。

左傳：「魯人取邾師，邾人愬于晉。晉人來討，叔孫婼如晉，晉人執之。」

孔疏：「據傳説則是魯有罪矣，而譏晉執者，凡諸侯有罪，當以師討之，不得執其使。」

他國執他國大夫

桓十一年九月宋人執鄭祭仲。

莊十七年春齊人執鄭詹。

僖四年齊人執陳轅濤塗。

襄二十六年晉人執衛甯喜。

定元年二月晉人執宋仲幾于

何氏休曰：「宋不稱公者，脅鄭之簒，首惡當誅，非伯討也。」陳氏傅良曰：「祭仲何以不名？命大夫也。祭，畿內邑。經書命大夫若單伯、原仲、女叔、祭仲，皆以畿內邑爲氏，而書字。陸氏例曰：『諸國大夫，王賜之畿內邑爲號令，歸國者皆書族書字，同于王大夫。』此春秋舊例。」	孫氏復曰：「稱人以執，惡桓也。詹不氏，未命也。桓十二月與鄭伯同盟于幽，而春執鄭詹，安用同盟？不稱行人者，會未歸而見執也。不言以歸者，秋鄭詹自齊逃來以歸可知也。」	公羊傳：「桓公假道于陳而伐楚。陳人不欲其反由己者，師不正故也。不修其師而執濤塗，非伯討，故稱人以執。」胡傳：「陳大夫一謀不協，其身見執，其國見伐見侵，桓公失在于量淺而器不宏也。」	劉氏敞曰：「甯喜弒君，曷爲稱人以執？甯喜如晉，晉人執之，曰爾曷爲納君而伐孫氏云爾，非伯討也。」家氏鉉翁曰：「甯喜可執，坐林父之訴而執之則悖也。」	京師。穀梁傳：「此其大夫，其曰人何也？不正其執人于尊者之所也。」家氏鉉翁曰：「不告王，不歸司寇，用伯討于天王之側，無王也。故不以城爲王事而略晉大夫之罪。」

已上執不稱行人。

襄十一年楚人執鄭行人良霄。	襄十八年夏晉人執衛行人石	昭八年楚人執陳行人干徵師	定六年秋晉人執宋行人樂祁	定七年齊人執衛行人北宮結

左傳：「諸侯復伐鄭，會于蕭魚，鄭人行成。使良霄如楚，告將服于晉，楚人執之。」杜註：「書行人，言非使人之罪。古者兵交，使在其閒，所以通命。執殺之，皆譏也。」

買。

蘇氏轍曰：「七十年石買侵曹，取重丘。曹人訴之晉，晉人因其使而執之。買則有罪，而執之於其使，則非禮也。」

殺之。

家氏鉉翁曰：「陳殺太子，罪在一招，行人何罪，而以爲戮乎！蓋靈因陳亂以爲利，殺人以行其詐也。」

犂。

左傳：「樂祁言于景公曰：『諸侯唯我事晉，今使不往，晉其憾矣。』宋公使行。趙簡子逆而飲之酒于緜上，獻楊楯六十。范獻子言于晉侯曰：『以君命越疆，未致使而私飲酒，不可不討也。』乃執樂祁。」

胡傳：「使范、趙方睦，皆有獻焉，則弗執之矣。執出于列卿之私意，威福之柄下移三家，分晉始于此。」

李氏廉曰：「此晉六卿内叛之始，亦宋叛伯之始。」

以侵衛。

左傳：「齊侯徵會于衛，衛侯欲叛晉，諸大夫不可。使北宮結如齊，而私于齊侯曰：『執結以伐我。』齊侯從之。」

劉氏敞曰：「衛侯欺其羣臣以紿晉，殘其百姓以奉齊。齊之執結固非伯討矣，而衛之無良又甚焉。」

已上執稱行人。

啖子曰：「凡稱行人而執，以其事執也。不稱行人而執，以己執也。」

放

孔氏穎達曰：「放之與奔，俱是去國，而情小異。釋例曰：『奔者，迫窘而去，逃死四鄰，不以禮出也。放者，受罪黜免，宥之以遠也。』」

宣元年晉放其大夫胥甲父于衛。左傳：「晉人討不用命者，放胥甲父于衛，而立胥克。」彙纂曰：「河曲之戰距今八年，晉始放胥甲父，蓋所謂待而後放者。故公羊以爲近正。乃胡氏非之，以
哀三年蔡人放其大夫公孫獵于吳。杜氏預曰：「公子駟之黨。」高氏閌曰：「放大夫者國也，而稱人，衆人擅逐之也。其放之于吳，召亂之道也。厥後蔡亂以公孫氏，豈獵之黨歟。」

爲不告于司寇而擅刑。夫周初千八百國，放流以下，其獄繁矣。若皆請于王司寇之官，可勝理乎？胥甲父下軍之佐，既非命大夫，罪止于放，又非專殺，乃猶以不告于司寇罪之，是徒泥于尊王之義，而不知其事之不可通也。然則書之奈何？曰責其與趙穿同罪而獨見放也。盾庇族子而獨罪胥甲，晉政出私門，而桃園之刃兆于此矣。春秋之法，稱國以殺而不去其官爲罪累上，則稱國以放而去其官亦爲罪累上。蓋胥甲誠有罪而放之者，未足以服其心，則以累上之辭書，以見義焉耳。」

昭八年冬十月壬午楚師滅陳，執陳公子招，放之于越，殺陳孔奐。

先母舅曰：「此放他國之大夫也。放之，宥之也。殺偃師者，招、奐其黨也。楚討殺世子之罪，放其首惡而殺其黨，譏失刑也。先書滅陳，楚之志在滅陳而已矣。」

奔

閔二年九月公子慶父出奔莒。

張氏洽曰：「季友既立僖，則當正慶父之罪，致辟于甸人，以伸兩弒其君之討，乃以賂求于莒，不許其人而已。又立孟氏，與叔牙同，豈非邦憲之大失。」汪氏克寬曰：「慶父既縊，當書刺慶父，以正討賊之法。今但書奔，而不志其死，則見魯人之不能以賊討矣。慶父之立後不異于叔牙，而公孫敖

文八年冬十月公孫敖如京師，不至而復，丙戌奔莒。

張氏洽曰：「敖受命以赴天王之喪，廢君命而徒返，已爲不赦之罪，況懷桑中之行而淫奔乎。文公容其復而奔，魯之無政刑也。」

汪氏克寬曰：「敖豈惟無王，實以無君。文公既不加壅命之譴于敖，又不遣他卿如京師。經書公孫敖如

宣十八年冬十月歸父還自晉，至笙，遂奔齊。

左傳：「公薨，季文子言于朝曰：『使我殺嫡立庶以失大援者，仲也夫。』遂逐東門氏。子家還，及笙，壇帷，復命于介。既復命，袒括髮，即位哭，三踊而出，遂奔齊。」

彙纂曰：「高氏閌謂當致命于殯，黃氏仲炎、汪氏克寬引箴尹克黃以律之，其說非也。克黃使還之時，君尚在

成十六年冬十月乙亥，叔孫僑如出奔齊。

高氏閌曰：「季孫得釋，將與公偕歸，故僑如懼罪而出奔。」

程氏端學曰：「以僑如之惡，魯不即誅于不見公之時。至再辱國，又不能誅，而縱之奔。魯國無政可知也。」

襄二十三年冬十月乙亥，臧孫紇出奔邾。

杜氏預曰：「阿順季氏，爲之廢長立少以取奔亡。書奔，罪之。」

王氏錫爵曰：「武仲除道東門，本非爲亂，而甲從則疑于爲亂。納蔡請後，本非要君，而據邑則涉于要君。想其人持論有餘，而守道不足。」

爲卿無以異于公孫茲，則魯人必納慶父之喪。經不書喪歸，與穆伯異者，豈非聖人以共仲弒逆，罪非赦比，而削其喪歸以絕之歟？彙纂曰：「季友內執魯政，外有齊援，視慶父之奔而不能討。胡傳以爲譏失賊者，是也。若以難易遲速之幾爲季子解，則失討賊之義，非經旨。」

京師，不至而復，丙戌奔莒。非獨著赦之惡，舉魯國君臣之罪，皆不逃聖筆之誅矣。」案：赦爲慶父之子，再世負大惡，而其子孫仍爲貴卿。又許其以喪歸，晏然若無是事者，自是人臣可以無惡不作矣。

也。君在，則殺之者君也，安可逃乎。歸父則君已薨矣。君薨，則殺之者用事之臣也，何必輕身以死乎。左氏及胡傳皆以爲善之，允爲定論。」案：趙東山謂大夫出奔，非其罪不書。歸父出奔何罪乎？然不量力而與强家爲難，名爲張公室，實欲專擅魯政，亦不得爲無罪。若果無罪，則當如季友奔陳之例矣。

昭十二年冬十月公子慭出奔齊。

高氏閌曰：「季氏之臣南蒯將去季氏而立慭，不克而以費叛，慭遂奔齊。君子譏其妄而哀其志。」案：慭亦不量力輕以君國爲嘗試者，亦不得爲無罪。

已上內大夫奔六。

趙氏汸曰：「慶父弒子般，成季奔陳不書；弒閔公，成季以僖公適邾不書。此大夫出奔，非其罪不書之例也。自慶父以下，皆以罪書。」

成十二年春周公出奔晉。

杜氏預曰：「周公爲王所復而自絕于周，故特書出以罪之。」

襄三十年王子瑕奔晉。

范氏寧曰：「不言出，周無外。」

湛氏若水曰：「佞夫見

昭二十六年尹氏、召伯、毛伯以王子朝奔楚。

汪氏克寬曰：「尹氏世卿，秉政擅權，書立

高氏閌曰：「逋逃之臣，諸侯敢受之，書此而晉罪昭然矣。」	殺，瑕懼及禍而出奔晉。瑕自比于逆亂之黨，固有罪矣。景王使佞夫見殺，瑕又出奔，王獨無罪乎。春秋書之，譏及王也。」	朝，書以朝奔楚，著始終黨惡而不悛也。書曰奔楚，楚之罪亦見矣。」		

趙氏汸曰：「以上書王卿士出奔者一。莊十六年周公忌父出奔虢，惠王立而復之，不書；宣十六年王孫蘇奔晉，晉人復之，亦不書，以王命爲重也。至尊制命，爲紀法之宗。苟以王命復之，則奔者之有罪無罪，與復之之有援無援，皆不足深辨矣。周公楚以王命復之而不反，故書之也。書王子奔者二。桓十八年周公欲弑莊王而立王子克，王殺周公黑肩，王子克奔燕，不書。蓋主謀者黑肩，既以天子討有罪不書，則子克出奔不書，以非其罪也。儋括欲立王子佞夫，佞夫弗知。景王殺佞夫，括、瑕、廖奔晉，瑕廖蓋與括同謀者。殺佞夫既以非其罪書，則瑕書奔者，以佚賊也。僖十二年王以戎難故討王子帶，王子帶奔齊，其後又以狄師伐周。襄王復辟，卒討之。則其奔齊不書者，以能討也。王子朝之亂，王猛、敬王相繼播越五年，敬王反正而不能討其罪，則其奔楚，亦以佚賊書也。」

襄二十年秋蔡公子履出奔楚。

左傳：「蔡公子燮欲以蔡之晉，蔡人殺之。公子履其母弟也，故出奔楚。」

陳侯之弟黄出奔楚。

左傳：「陳慶虎、慶寅畏公子黄之偪，愬諸楚曰：『與蔡司馬同謀。』楚人以爲討，公子黄出奔楚。」

襄二十七年夏衛侯之弟鱄出奔晉。

王氏樵曰：「今案書弟，罪衛侯也。書鱄出奔于殺大夫甯喜之後，亦以罪鱄。何則？重于失信而不知兄弟之恩之尤重，不忍負甯氏而不知君之尤不忍離，獨無罪乎！」

昭元年夏秦伯之弟鍼出奔晉。

左傳：「秦后子有寵于桓，其母曰：『弗去，懼選。』鍼適晉，其車千乘。」

家氏鉉翁曰：「鍼之汰甚矣。書秦伯之弟，譏秦伯，亦貶鍼也。」

冬楚公子比出奔晉。

高氏閌曰：「靈王既殺其君之子而自立，比爲右尹，力不能制，是以出奔。」

昭八年夏陳公子留出奔鄭。

左傳：「陳哀公元妃鄭姬生悼太子偃師。二妃生公子留，有寵，屬諸司徒招與公子過。

定十年秋宋公子地出奔陳。

王氏樵曰：「君雖不君，臣不可以不臣。若地者，亦驕伉矣，故春

冬宋公之弟辰暨仲佗、石彄出奔陳。

黄氏仲炎曰：「宋公以私寵向魋之故，使其

定十四年秋衛世子蒯聵出奔宋。

胡傳：「世子，國本也。以寵南子故，不能保

宋公之弟辰自蕭來奔。

高氏閌曰：「宋公不能容一弟，既使爲奔亡之臣，又使爲叛逆之

哀公有廢疾，招與過殺太子而立公子留。哀公縊。使干徵師赴于楚，楚人執而殺之。公子留奔鄭。」	秋以自奔爲文。」	母弟國卿羣然奔叛。蓋君不君，則臣不臣也。」	世子而使之去國。以欲殺南子故，不能安其身至于出奔。春秋兩著其罪，故特書世子。」	臣。奔而入叛，叛而復奔，三書宋公之弟，皆以罪宋公也。」

趙氏汸曰：「以上書公子出奔者十。案傳隱三年宋公子馮奔鄭，莊八年齊公子小白奔莒、公子糾來奔，二十年陳公子完奔齊，僖五年晉公子重耳奔狄，十七年齊公子昭奔宋，襄十四年衞公子展奔齊之類，皆不書。雖來奔不書，以非其罪也。陳氏曰：『譏不在奔也。』昭二十年楚太子建奔宋，陳氏曰『奔非其罪，雖太子不書』，是也。然書奔者未必皆有罪，如蔡公子燮、陳公子黃皆非有罪而書者。陳、蔡之人安于事楚，其臣有欲從中國者，雖公子、公弟不能保其身。然不奔他國而皆奔楚者，以其國終于事楚，猶冀可藉以歸耳。故悉書之，以見二國之習于夷，上無天子，下無方伯，莫能正也。楚公子圍弒其君，右尹子干奔晉，亦非有罪而書者。圍弒君而以瘧疾赴諸侯，特書比奔以明變也。衞鱄以下皆以罪書，事見于傳。惟衞討齊豹之亂，公子朝奔晉，有罪而不書者，衞人以朝故殺宣姜，諱不告也。」

僖二十八年夏	文六年冬晉狐	七年夏晉先蔑	宣十年夏齊崔	成七年冬衞孫

衛元咺出奔晉。	杜氏預曰：「元咺雖爲叔武訟訴，失君臣之節，故無賢文。」書其名。	成十五年秋宋華元出奔晉。
射姑出奔狄。	家氏鉉翁曰：「射姑以私怨殺一大夫，其罪固當誅。而處父以私意黨趙氏，使盾由是專政，其末流遂有弑君之事。然則處父固當言，言而以私，乃其罪也。」	宋魚石出奔楚。
奔秦。	穀梁：「不言出，在外也。」	成十七年秋齊高無咎出奔莒。
氏出奔衛。	胡傳：「許翰以謂崔杼出而能反，反而能弑者，以其宗强，于此舉氏辨之早也。其說得矣。」	襄六年夏宋華弱來奔。
林父出奔晉。	趙氏鵬飛曰：「孫氏專衛自良夫始。良夫見經六，專盟者二，專兵者四，會盟征伐既一出其手。延及其子，定公不忍其横，不能無憾于心。乃未及加譴，而林父遽訴于大國，以内抗其君。其後卒自晉入衛，遂逐其君，入于戚以叛。聖人始終著之，其罪固無所逃矣。而晉佑叛臣以亂人國，春秋尤責晉也。」	襄十七年秋宋華臣出奔陳。

蘇氏轍曰：「華元之奔晉也，未至而復。其書曰華元出奔晉，且書自晉歸于宋何也？元將討山而知力之不能，故奔。奔而國人許之討，故歸。書之，以見其出入之正，是以能討山也。使元懷祿顧寵重于出奔，則不能討山矣。」

王氏錫爵曰：「魚石之自止元于河上也，畏其挾晉援以討，而桓氏皆無祀于宋也。其既許元討山，而終不免于去也，爲與山有親而嘗同惡，恐見及也。但所奔在楚。而宋天下要樞，正楚所欲争，卒致助魚石入彭城，釀成他日之大禍，則魚石之罪大矣。」

左傳：「齊慶克通于聲孟子，與婦人蒙衣乘輦而入于閎。鮑牽見之，以告國武子。武子召慶克而謫之。夫人怒。訴于靈公曰：『高、鮑將不納君，[二]而立公子角，國子知之。』秋七月壬寅，刖鮑牽而逐高無咎，無咎奔莒。」王氏葆曰：「無咎身爲卿佐，不能謀國正君以致見逐，亦不爲無罪，故書奔。」

左傳：「宋華弱與樂轡少相狎，長相優，又相謗也。子蕩怒，以弓梏華弱于朝。平公見之，曰：『司武而梏于朝，難以勝矣。』遂逐之。夏來奔。」高氏閌曰：「不言逐而以自奔爲文者，朝廷尚敬，而弱瀆慢如此，所以罪弱也。」

高氏閌曰：「華臣暴其宗室而亂宋政，不有國討，失政刑矣。君子違不適讎國。陳乃宋讎而奔焉，尤可誅也。」

襄二十一年秋

晉欒盈出奔楚。

劉氏敞曰：「不以范匄

襄二十三年夏

邾畀我來奔。

孫氏復曰：「書畀我來

襄二十四年冬

陳鍼宜咎出奔楚。

襄二十八年夏

衛石惡出奔晉。

左傳：「衛人討甯氏之

冬齊慶封來奔。

王氏貫道曰：「崔杼弑君，慶封與之爲比，乃逐之爲文，而以盈之自出爲文。使盈無可逐之釁，則匄不得逐矣。匄之罪易見，盈之失難知。春秋所以大正其本也。」

奔，惡納也。惡向受邾叛人邑，今又納邾叛人也。」

左傳：「陳人復討慶氏之黨，鍼宜咎出奔楚。」

黨，故石惡出奔晉。」

乘其家亂而滅之以當國，欲不亡，得乎？魯敢受亂，是召亂也。」

襄二十九年秋齊高止出奔北燕。

左傳：「齊公孫蠆、公孫竈放高止于北燕。書曰出奔，罪高止也。高止好以事自爲功且專，故難及之。」

襄三十年秋鄭良霄出奔許。

張氏洽曰：「良霄之出，公孫黑蓋有罪焉。春秋舍黑專伐之罪而罪良霄，何也？伯有所爲，有喪家亡身之道，雖微黑，亦必不免。既亡而不自省，又入伐君而大亂其國，春秋所以正名以討賊之辭也。」

昭六年夏宋華合比出奔衛。

左傳：「宋寺人柳有寵，太子佐惡之。華合比曰：『我殺之。』柳聞之，乃坎，用牲，埋書，而告公曰：『合比將納亡人之族，既盟于北郭矣。』公使視之，有焉，遂逐華合比。」

許氏翰曰：「經書宋公殺其世子痤，華合比

昭十年夏齊欒施來奔。

蘇氏轍曰：「齊欒施、高彊皆嗜酒而惡陳鮑。陳鮑及其醉而攻之，不勝，遂來奔。高彊不書，非卿也。」

昭十五年夏蔡朝吳出奔鄭。

胡傳：「朝吳，蔡之忠臣，能復蔡，棄疾以其忠于所事而信之，使居舊國。則曷爲出奔？費無極害其寵也。然朝吳不能以忠信自任，杜譏諂之謀，而信費無極欲爲之請之言，卒至爲蔡人所逐，不智甚矣。故特昭二十年夏曹公孫會自鄸出奔宋。

汪氏克寬曰：「春秋書大夫自其叛邑出奔者，皆先書叛。此不書叛，非叛也。得罪待放，君無赦命，是以自其所食之邑而出奔也。」高氏攀龍曰：「此必曹君無道，致令其奔，非會之罪也。其曰公孫，賢之，言其專乎鄸而不以鄸叛，賢于臧武仲遠矣。」

冬十月宋華亥、向寧、華定出奔陳。

家氏鉉翁曰：「書三卿同日而奔，不惟誅華、向，其君亦有責焉耳。」

出奔衛，著寺人讒慝敗國，爲世戒也。」

昭二十七年冬邾快來奔。

家氏鉉翁曰：「邾庶其、畀我來奔，季孫宿納之。今邾快又來奔，意如復納之。快，邾之賤者，不足録。春秋所以録之無所遺者，誅季氏之無君也。」

定四年冬楚囊瓦出奔鄭。

胡傳：「囊瓦貪以敗國，又不能死，可賤甚矣，故記其出奔。」

書其出奔，以罪吴也。」

定十年秋宋樂大心出奔曹。

季氏本曰：「宋景公寵用桓魋，諸卿離心，君臣迹睽，故聞子明譖大心而逐之。而大心以國卿之重，挾詐不忠，安保其不爲亂哉。」

定十四年春衛公叔戌來奔。 左傳：「公叔戌將去夫人之黨，夫人愬之曰：『戌將爲亂。』春，衛侯逐公叔戌與其黨。故趙陽奔宋，戌來奔。」	哀六年夏齊國夏及高張來奔。 許氏翰曰：「陳乞將立陽生，乃先逐國、高。國、高出奔，而後陳乞弒君之謀得肆矣。」 家氏鉉翁曰：「國、高
衛趙陽出奔宋。 家氏鉉翁曰：「人臣必先自正其身，而後可格君心之非，而措之于善。今戌怙富而驕，素無國中之譽，乃欲以正君自任。事不克而速禍，宜也。春秋書三大夫之奔，所以著衛亂之所從始。」	哀十一年夏陳轅頗出奔鄭。 左傳：「初，轅頗爲司徒，賦封田以嫁公女，有餘，以爲己大器。國人逐之，故出。」 許氏翰曰：「春秋書
夏衛北宮結來奔。 左傳：「公叔戌之故也。」	冬衛世叔齊出奔宋。 左傳：「太叔疾娶于宋子朝，其娣嬖。子朝出，孔文子使疾出其妻，而妻之。疾使侍人誘其初妻之娣，寘于
秋衛公孟彄出奔鄭。 高氏閌曰：「比年志公孟彄師，此衛國用事之卿。靈公疑其爲蒯聵之黨而逐之。屢書大夫之奔，著靈公之無道也。」	
哀四年春蔡公孫辰出奔吴。 陳氏傅良曰：「書盜殺蔡侯申，蔡公孫辰出奔吴，則辰與聞乎弒可知矣。」	

受託孤之寄，景公葬，甫歷時而亂作，又不能以死奉荼，曾荀息之不若。名而奔之，所以誅也。」	之，所以爲人臣附上刻下、託公營私者之戒。」	犂，而爲之一宮，如二妻。文子怒，欲攻之，遂奪其妻。或淫于外州，外州人奪之軒以獻。恥是二者，故出。」高氏閌曰：「春秋書內外大夫奔者凡六十。蓋君之股肱，故重而書之。至其季年，何出奔之多也？是時政在大夫，各欲自專，始則相猜相忌，終乃相攻相逐也。」	

趙氏汸曰：「以上外大夫書出奔者三十有三。非以罪出，則彊家之相傾者也。蓋自元咺而後，大夫益專，其出入必有關于一國之故。惟鄭厲公反國討與于雍糾之亂者，殺公子閼，而公父定叔出奔衞，不書。春秋不與鄭突，削其復歸之文，故見殺與出奔者皆不復書。鄭文公惡高克，使宿師河上，久而不召，師潰，而克奔陳。春秋特書鄭棄其師，譏文公不君，而高克之奔不足書矣。故自僖以前，外大夫無以出奔書者，政不在大夫也。」

莊十二年冬十月宋萬出奔陳。	昭二十六年冬十月尹氏、召伯、毛伯以王子朝奔楚。	昭二十二年春宋華亥、向寧、華定自宋南里出奔楚。		

趙氏汸曰：「以上書篡弑出奔者二，書叛臣出奔者一。雖卒討之不書，雖討以諸侯之師不書。宋請南宮萬于陳醢之，定五年春王人殺子朝于楚，皆不書者，蔽罪于所奔之國也。亂臣賊子，無所逃于天地之間，其誰可受。凡諸侯爲逋逃淵藪者，皆有所利焉。而罪莫甚于黨惡逆，故經于篡弑者出奔，雖卒殺之不書，蔽罪于受之之國也。昭二十一年傳公子城以晉師至，曹翰胡會晉荀吳、齊苑何忌、衛公子朝救宋，大敗華氏，圍諸南里。春秋削之不書者，以四國之師救宋而懼楚不能一戰，乃出叛者以說之，其事不足書也。」

文八年冬宋司城來奔。	十四年秋宋子哀來奔。			

趙氏汸曰：「以上外大夫書奔不名者二。」宋人將弑昭公而殺其司馬，故司城與高哀皆來奔。非見出于君，故一書其官，一書其字而不名。」

莊元年冬十月王使榮叔來錫桓公命。

張氏洽曰：「莊公主王姬之昏，故王寵嘉其父。桓公已終而遣使錫之策命，若昭七年王使成簡公追命衞侯之比也。桓弑隱，王法之所必誅，王不能討，又寵以錫命，故特去天而止書王。」

文元年夏四月天王使毛伯來錫公命。

胡傳：「諸侯終喪入見則有錫，歲時來朝則有錫，能敵王所愾則有錫。今文公繼世，喪制未畢，非初見繼朝而獻功也，何爲來錫命乎？穀梁子曰：『禮，有受命，無來錫命。來錫命，非正也。』」

成八年秋七月天子使召伯來錫公命。

胡傳：「成公即位，服喪已畢而不入見，既更五服一朝之歲而不如京師，又未嘗敵王所愾而有功，何爲來錫命乎？志天子之僭賞也。」

案：以上書錫命三，皆志天王之僭賞也。最失禮者莫如虢公命曲沃武公爲晉侯，綱紀從此大壞。其餘如成簡公追命衞襄公、劉定公之賜齊靈公命，皆僭賞之尤者，然春秋例皆不書。他如賜齊桓公、晉文公其有功者，亦不書，所以詳内而略外也。

校勘記

〔一〕〔高鮑將不納君〕「納」原作「利」，據左傳成公十七年改。

春秋田賦軍旅表卷十四

錫山　顧棟高復初　輯
同里受業嵇　瑊汝器　參

敍

周制授田以井，井九百畝，中爲公田，八家耕之，歲貢其入于上；餘私田得以自食，所謂助而不稅。其賦兵則九夫爲井，四井爲邑，四邑爲丘，四丘爲甸，甸六十四井，出長轂一乘，甲士三人，步卒七十二人，大率以五百七十六夫而出七十五人，以次更調。此周制田賦軍旅之大略也。自宣十五年初稅畝，而田制始壞，私田始有征矣。成元年作丘甲而兵制始壞，每丘出一甲士，一甸之中，凡出四甲士矣。其始不過欲加賦以足用，益兵以備敵。至襄十一年作三軍，三分公室而各有其一。昭五年舍中軍，四分公室，季氏擇二，二子各一，皆盡征之而獻于公。自是公室徒擁虛器于上，向之增賦爲三家增之爾，公室不得而有也。向之益兵爲三家益之爾，公室不得而役也。嗚呼！自古奸臣竊國，必使怨歸于上而恩出于己，而後民歸之如流水。晉僖公之世，碩鼠興歌而曲沃得以支子奪宗矣。齊景公之世，踊貴屨賤而陳氏得以厚施竊國矣。魯自稅畝丘甲之興，民困征斂，戰争不已，三子日爲君虐用其民，至四分公室以後，必更示寬大，以苛虐之制歸于上，以縱舍之實出于己。民當其時，如脫桎梏而就父母，誰肯爲公家盡力死鬭，與季氏爲難哉！乾侯之役，子家子曰：「政自之出久矣，隱民多取食焉。」范獻子曰：「季氏甚得其民。」其明證也。迨至公徒釋甲執冰而踞，向之丘甲以益兵者，增一兵，適增一敵爾。貨子猶粟五千庾，向之稅畝以加賦者，增一賦，適爲季氏蓄一資爾。傳曰：「與其有聚斂之臣，寧有盜臣。」嗚呼！誰知聚斂卽盜臣之藉手哉！輯春秋田賦軍旅表第十四。

春秋田賦軍旅表

宣十五年，初税畝。

左傳：「非禮也。穀出不過藉。」公羊：「譏始履畝而税也。古者什一而藉。」穀梁：「古者什一藉而不税。」彙纂曰：「公、穀二傳皆以爲税而取一，但廢古之助法爾。杜氏預以爲既取其公田，又税其私田，什之一則爲什而取二。胡傳主公、穀，而朱子從杜

成元年作丘甲。

杜註：「周制，長轂一乘，戎馬四匹，牛十二頭，甲士三人，步卒七十二人，此甸所賦。今魯使丘出之，譏重斂。」劉氏敞曰：「丘者，十六井爾，甸乃六十四井。使丘供甸賦，是加四倍之斂，魯亦必不爲也。」孫氏覺曰：「是丘出一甲，而甸出甲士四人也。往者三人，而今

襄十一年作三軍。

左傳：「季武子將作三軍，告叔孫穆子曰：『請爲三軍，各征其軍。』乃盟諸僖閎，詛諸五父之衢。三分公室而各有其一。三子各毁其乘。季氏使其乘之人，以其役邑入者無征，不入者倍征。孟氏使半爲臣，若子若弟。叔孫氏使盡爲臣。」正義曰：「三家所得，

昭五年，舍中軍。

左傳：「初作中軍，三分公室，而各有其一。季氏盡征之，叔孫氏臣其子弟，孟氏取其半焉。及其舍之也，四分公室，季氏擇二，二子各一，皆盡征之，而貢于公。」正義曰：「前此十二分其國民，三家得七，公得五。國民不盡屬公，公室卑矣。今四分公室，三家自取其

哀十二年，用田賦。

左傳：「季孫欲以田賦，使冉有訪諸仲尼，仲尼不對，而私于冉有曰：『君子之行也，施取其厚，事舉其中，斂從其薄，如是則以丘亦足矣。若不度于禮，而貪冒無厭，則雖以田賦，將又不足。』」杜註：「丘賦之法，因其田財，通出馬一匹，牛三頭。今欲别其田

氏，姑並存之。」

增其一，丘出一人焉。」胡傳：「益兵也，爲齊難，益兵備敵，重困農民。作丘甲者，每丘出一甲士，一甸之中，凡出四甲士也。周制，一乘七十五人。楚人二廣之法，一乘至用百有五十人。魯每乘增一甲士，亦未可知。其實不過增三之一耳。先儒以爲丘出甸賦，加四倍者，誤矣。」程氏端學曰：「若使丘供甸賦，經當云丘乘，不當云丘甲矣。」

各以父子兄弟分爲四，季氏盡取四分，叔孫氏取子弟而以父兄歸公，孟氏止取其子弟之半而以三歸公。蓋分國民爲十二，三家得七，公得五也。」方氏苞曰：「魯舊二軍，鞌之戰，四卿並將，蓋主帥與其佐也。作三軍，乃季孫自爲一軍，叔、孟共爲一軍，公徒爲中軍。惟公徒爲中軍，故後復毀之，而三家共分其民也。以傳考之，十二分魯國之衆，季氏取其四，孟氏取四之一，叔孫氏取四之二；如此則叔、孟豈能各

税，而隨時獻公，自是公室無一民，有貢而已。」方氏苞曰：「蓋公徒爲中軍，故毀之，而盡入于三家也。昭公不忍季氏之訴，季氏必微窺之，故舍中軍，使無尺土一民，雖懷憤而不能逞也。四分公室，二子各一，而共爲一軍，力常不足。季氏得二，則沛乎有餘。故後此二家亦爲役屬，而不能抗也。」又曰：「魯三家所以不爲齊田氏、晉六卿者，以中軍既毀，尺地一民皆歸三家，君特寄焉，以爲無害而姑舍

及家財各爲一賦，故言田賦。」呂氏大圭曰：「陳君舉謂以丘賦一乘爲未足，又以田賦之。田賦之者，家出一人以爲兵。然古者甸出革車一乘，是五百七十六夫而出七十五人。今受田者皆出一人爲兵，比古七倍，恐不至如此。賈逵以爲周制十六井賦戎馬一匹，牛三頭，今使一井之田出十六井之賦，是多于常賦十六倍，于理亦未宜然。」李氏廉曰：「杜氏以爲丘賦之法，因其田財，通出馬一匹，牛三頭。

備一軍，而公徒之五，豈肯聽其不從征役乎！

之。晉地大，分之猶爲强國。魯地小，若三家各爲一國，則不足以禦四隣，恐大國借以爲討而并兼之，故留其君以爲贅旒，而朝會、帥師、危苦、困辱之地，皆使君往。蓋魯君轉供大夫之職也。」又曰：「哀公時，公數帥師，蓋三家之兵使公將之，事畢則各反其所隸，猶魯盛時，公室之兵使大夫將，而事畢仍歸于公耳。」

今欲別其田及家財各爲一賦，則是丘出馬二匹，牛六頭也。然杜氏于作丘甲條内已曰：「丘出甸賦，是一丘十六井已出馬四匹，牛十二頭矣，安得復以爲出馬一匹，牛三頭乎？此前後自相戾也。況家財有無難均，何得別之。斯不如胡氏用國語孔子對冉有之言，大率以爲田主出粟，而賦則取于商賈之里廛。今魯以商賈所當出之賦，而令農民出之，非古人重本抑末之意。呂氏亦曰：「古者田出租，里出賦，蓋收區域之征，以備馬牛車乘，若漢家收田賦泉以補車馬，亦其遺意也。緣此賦止里廛出之，而今賦于田上，故譏之耳。然則司馬法所謂甸出一乘者，其止出一乘之人歟？觀傳所載多臨事而始授以甲，授以車，則知馬牛車乘，決非丘甸所出也。胡氏説近之，陳氏非是。」

附録列國

桓五年，鄭偏伍。

僖十五年，晉州兵。

宣十二年，楚乘廣。

成七年，吴乘車射御。

昭元年，晉毁車崇卒。

左傳：「先偏後伍，伍承彌縫。」

杜註：「司馬法：車戰二十五乘爲偏，以伍次之，承偏之隙而彌縫闕漏也。」

按：傳言兵車之制始此。

左傳：「晉于是乎作州兵。」

杜註：「五黨爲州，州二千五百家也。因此又使州長各繕甲兵。」

正義曰：「周禮卿大夫以歲時登其夫家之衆寡，辨其可任者，州長則否。今以州長管人既少，督察易精，故使州長治之。」

按：此于軍制無所變更，第增一州長爲將耳，所謂征繕者是也。後日晉三軍皆立將佐，本諸此。

左傳：「廣有一卒，卒偏之兩。」

杜註：「十五乘爲一廣。司馬法：『百人爲卒，二十五人爲兩，車十五乘爲大偏。』今廣十五乘，亦用舊偏法，復以二十五人爲乘副。」

正義曰：「二廣之別各有一卒之兵，百人也，一卒之外，復有十五乘之偏，并有二十五人之兩，其實一廣十五乘，有一百二十五人從之。」

案：周制，車一乘有甲士三人，步卒七十二人，則十五乘已有兵一千一百二十五人。

左傳：申公巫臣通吳于晉，「以兩之一卒適吳，舍偏兩之一焉。與其射御，教吳乘車，教之戰陳。」

杜註：「司馬法：『車九乘爲小偏，十五乘爲大偏。』蓋留車九乘及一兩二十五人，令吳習之。」

正義曰：「以兩之一，謂將二十五人也。又言卒，謂更將百人也。凡將一百二十五人適吳也。舍偏，謂舍一偏之車九乘。兩之一，又舍二十五人。凡舍九乘車、二十五人與吳矣。」蘇氏曰：「舍九乘車，以六乘車

左傳：「晉荀吳敗羣狄于太原，崇卒也。將戰，魏舒曰：『彼徒我車，所遇又阨，以什共車，必克。困諸阨，又克。請皆卒，自我始。』乃毁車以爲行，五乘爲三伍。爲五陳以相離，兩于前，伍于後，專爲右角，參爲左角，偏爲前拒，以誘之。翟人笑之。未陳而薄之，大敗之。」

正義曰：「五陳，卽兩、伍、專、參、偏是也。相離者，布置使相遠也。司馬法云：『五十乘爲兩，百二十乘爲伍，八十一乘爲專，二十九乘爲參，二十五乘爲

今楚乘廣之法，復有卒百人，兩二十五人，是于周制之外，復增出一百二十五人，爲乘車之副也。合二廣，凡得二千五百人矣。

還。」按：此則巫臣將大偏至吳，留一小偏，令吳習車戰。

偏。』彼皆準車數多少爲名。此去車用卒，而亦有此名者，則不以車數爲別也。」按：此易車戰爲步卒之始。

昭四年，鄭丘賦。

左傳：「鄭子產作丘賦。」杜註：「丘十六井，當出馬一匹，牛三頭。今子產別賦其田，如魯之田賦。」正義曰：「春秋之世，兵革數興，鄭在晉、楚之間，尤當其劇。故子產于常賦牛馬之外，

哀十七年，越句卒。

左傳：「越子伐吳，吳子禦之笠澤，夾水而陳。越子爲左右句卒，使夜或左或右，鼓譟而進，吳師分以禦之。越子以三軍潛涉，當吳中軍而鼓之，吳師大亂，遂敗之。」杜註：「句卒，鉤伍相著，別爲左右屯。左右

別賦其田，如魯之田賦，蓋欲別其田及家財各爲一賦。今丘賦與彼同，蓋賦斂家資，使出牛馬，又別賦其田，使之出粟，若今輸租，更出馬一匹，牛三頭，是一丘出兩丘之稅也。周禮有夫征家征，此蓋兼而有之。」按：此亦嫌太重。子產當日未必遽如此。詳見前李氏辨中。	句卒爲聲勢，以分吳軍，而三軍精卒并力擊其中軍，故得勝。」按：句卒是于三軍之外別爲左右偏師，以亂其耳目，而分其兵力，使敵不虞三軍之擣其中堅，此所謂奇兵也。			

丘甲田賦論

春秋成元年作丘甲，哀十二年用田賦，杜氏兩註馬牛之數，前後自相違戾，具見李氏廉辨論中。李氏特取文定之說，曰：作丘甲者，每丘出一甲士，而甸出甲士四人也。往者三人，而今增其一。杜氏以爲丘出甸賦加四倍者非是。用田賦者，往時田主出粟，而賦則取于商賈之里廛。今魯以商賈所當出之賦，而于田上征之，蓋收區域之征，以備馬牛車乘，若漢家收田賦泉以補車馬，亦其遺意。杜氏以爲別其田及家財各爲一賦者非是。因謂司馬法所云甸出一乘者，其實止出一乘之人，一切馬牛車乘決非丘甸所出。卓哉斯論，可破千古之惑。而後儒往往不之信者，則以周禮小司徒及鄉師、遂師俱有六畜車輦旗鼓兵器帥而至之文，疑此言與周禮相悖。余謂周禮出于王莽時，好爲繁重碎密之制，特傅會司馬法以瞽當世之愚民，非周制之本然也。夫信周禮，不若信左傳，信左傳，尤不若信詩、書，詩、書非出于一人之手，學者可因文思義，以想見當時之制度，非若周禮勒成一書，有所增飾，故至今猶可考而知也。嘗攷左氏傳鄭莊之伐許，授兵于大宮；公孫閼與潁考叔爭車；晉惠公禦秦師，乘小駟，鄭入也，則車馬皆出自上可知矣。衛懿公將戰，國人受甲者皆曰使鶴；鄭子產授兵登陴，楚武王授師孑焉以伐隨，則甲仗兵器皆出自上可知矣。夫以六十四井之地需出長轂一乘，戎馬四匹，牛十二頭，則必廬井溝洫之外別有牧地，主伯亞旅而外別有圉人，築場納稼之餘別煩芻茭。且或秣飼不以時，或致臨事倒斃，不大敗乃公事乎！不特此也，果其馬牛車輦皆出民閒，公家可以不煩畜馬，而衛風有騋牝三千，魯頌有駉駉牡馬，豈反不以備戰陣，而止以供遊觀乎？不特此也，馬牛車輦皆民自具則必怨，行役者兼述其供馬賦車之苦，勞歸士者并慰其車煩馬殆之勤，而東山止言制彼裳衣，勿士行枚，何草不黄之詩止云匪兕匪虎，率彼曠野。但曰民勞耳，未嘗一言及車馬也。且其制當自周初已定，武王勝商克紂，當云歸馬于民閒，還牛于卒伍可矣，何云歸馬華山之陽，放牛桃林之野？此尤大彰明較著者也。且卽周禮一書，亦自相矛盾，既云馬牛供于丘甸矣，而大司馬校人之職復云：掌王之六馬十二閑。又云：凡軍事，物馬而頒之。大司徒牛人又云：軍旅供其兵車之牛，與其牽徬，以載公任器。與左傳授甲授兵正相類。可見周禮一書，有眞有僞，所貴好學深思之士，旁通經傳，參互而別擇之，勿徒泥于先儒之成說，庶乎考諸三王而不謬也。謹因文定與李氏之說爲衡定之曰：初稅畝，加賦也。作丘甲，益兵也。用田賦，備車馬也。春秋當日之情事瞭然若睹，而諸儒之説亦有所折衷矣。

春秋吉禮表卷十五

錫山 顧棟高復初 輯
安東 程雲龍錦江 參

敍

昔成王以周公有大勳勞，賜魯重祭，其目有三，曰郊、曰禘、曰大雩。而望亦郊之屬，因郊遂以有望。凡郊禘及宗廟之樂用八佾之舞，然亦有差別，魯無日至之郊，殺于天子，四望闕其一，雩惟建巳之月，大雩帝用盛樂，其餘因旱而雩，則禱于國内之山川而已。八佾惟用于文王、周公之廟，自魯公且不得與，況其下之羣公乎！至春秋之世，其僭益甚，或僭用日至之郊。宣三年、成七年、定十五年、哀元年之改卜牛，皆在春正月是也。雩凡二十有一，皆書，大凡旱暵之祭皆僭用雩上帝之盛樂矣。閔公竊禘之盛禮以行吉祭，僖公用禘禮以合先祖，敍昭穆，用致夫人于廟，而禘始夷于常祀之禮。隱五年，考仲子之宫，初獻六羽，明八佾，前此之皆用羣公之廟之無不用也。嗚呼！以諸侯而用天子之禮，是謂上僭。上僭自魯公以後，世世行之。孔子身爲魯臣子，而不忍言也。以諸侯用天子之禮，而旋爲大夫所竊，是爲下陵。下陵自宣、成之世始之。孔子心憂其漸而不能以救也，不得已從其甚者書之。郊以龜違書，牛害書，非時大不敬書，大雩以旱書，禘以別立廟與致小君書。易曰：「履霜堅冰至。」是故書郊自僖三十一年始，三桓之禍由僖基之也。雩一見于桓，再見于僖、成，五見于襄，而七見于昭。桓公爲三桓所自出，至僖公而兆其毒，成、襄而養其癰，至昭公則潰矣。孔子立定、哀之世，目擊禍敗，追原本始，書之重，辭之複，繁而不殺，君有短垣而自踰之，何有于大夫。曰猶繹，曰猶三望，曰猶朝于廟，一爲幸之，一爲惜之，低徊之辭，深于痛哭焉。孔子曰：「天下有道則禮樂征伐自天子出。」又曰：「天下有道則政不在大夫。」嗚呼！此孔子當日作春秋之發凡起例也。輯春秋吉禮表第十五。

春秋吉禮表

郊

吴氏澂曰：「經書郊者九，龜違者四，牛災者四，非時大不敬者一。蓋魯郊雖僭，行之已久，視爲常事，故不悉書。惟卜之不從，牛之有變，及時之大異于常而後書。」

先母舅霞峰華氏曰：「魯無冬至大郊之事，四望闕其一，降殺于天子。成王所賜，伯禽所受，蓋爲祈穀之郊，在啓蟄之月。魯以諸侯而郊，已爲非禮，其末流之失，抑又甚焉。或僭用日至之郊，宣三年、成七年、定十五年、哀元年之改卜牛，皆在春正月是也。或踰啓蟄之節，僖三十一年、成十年、襄十一年，及定、哀之改卜，皆以四月五月。又其甚者，成十七年之書九月用郊是也。夫魯之郊久矣，隱、桓、莊、閔不書，先儒謂聖人不敢無故斥言君父之過，故因其變異而書，不及時則書，過時則書，卜郊不從則書，四卜五卜以瀆書，用郊以廢卜書，郊牛傷，鼷鼠食郊牛，以紀異書，不郊猶三望，以可已不已書。若宣三年王喪而卜郊，哀元年先公未小祥而郊，忘哀從吉，違禮褻天，則又比事觀之，而惡自見矣。」

僖三十一年夏四月，四卜郊，不從，乃免牲，猶三望。

公羊：「三卜，禮也。四卜，非禮也。求吉之道止于三。」

汪氏克寬曰：「成王所賜止是祈穀之郊，乃夏之孟春。而明堂位註疏以孟春爲周之正月，郊特牲疏又以魯冬至郊天，建寅之月，又郊以祈穀，皆誤也。」

戴氏溪曰：「魯之僭郊自僖公始，其説可信。僖公之前，春秋未嘗書郊，此其證也。然

宣三年春王正月，郊牛之口傷，改卜牛。牛死，乃不郊，猶三望。

左傳：「望，郊之屬也。不郊，亦無望可也。」

張氏洽曰：「此因事之變以明魯郊之非禮。時天王崩甫四月，僭禮之中復有忘哀從吉之罪，春秋所以特書之。」

家氏鉉翁曰：「魯宣篡弑，除喪始郊，而天示之譴也。一書十有六言，辭煩而不厭，特著其變異。」

成七年春王正月，鼷鼠食郊牛角，改卜牛。鼷鼠又食其角，乃免牛。不郊，猶三望。

劉向曰：「鼠，小蟲，性盜竊，鼷又小者也。牛，大畜，祭天尊物也。角，兵象，在上，君威也。小小鼷鼠食至尊之牛角，季氏執國命以傷君威之象。」

程氏端學曰：「時成公幼弱，三桓擅政，鼷鼠食郊牛角，天示譴也。不知變懼，而又食其角，天譴深矣。」

成十年夏四月，五卜郊，不從，乃不郊。

穀梁：「夏四月，不時也。」

范氏甯曰：「郊時極于三月。」

吳氏澂曰：「五卜不從而後不郊，瀆神甚矣。」

成十七年九月辛丑，用郊。

公羊：「九月，非所用郊也。郊用正月上辛。」

趙氏鵬飛曰：「成公七年十年，蓋嘗卜之不從而遂不郊，今懼卜而不從，故不復卜，而直用之。書曰用郊，蓋前乎此未嘗用也。至定、哀之郊，則不復書用。」

吳氏澂曰：「九月乃夏時孟秋建申之月，豈郊之時乎。不卜日，不卜牲，而强用其禮，非時之甚，不敬之大也。」

而魯之先公猶畏天災，故因災而不郊者閒有之。至定之終，哀之始，則習玩已久，雖天災亦不知所畏矣。」

汪氏克寬曰：「既書免牛，又書不郊，因閒有吳、曹二事，不可但言猶三望，故以不郊起之也。」

襄七年夏四月，三卜郊，不從，乃免牲。

左傳：「孟獻子曰：『吾乃今而知有卜筮。夫郊祀后稷，以祈農事也。故啓蟄而郊，郊而後耕。今既耕而卜郊，宜其不從也。』」汪氏克寬曰：「公、穀、啖氏皆以三卜爲合禮，而亦書之者，蓋四

襄十一年夏四月，四卜郊，不從，乃不郊。

高氏閌曰：「魯本不當郊，今不郊者，非知其非禮也，乃卜不從故耳。」汪氏克寬曰：「僖三十一年但書免牲，不書不郊，蓋免牲則不郊，可知此云不郊，則卜免牲不吉，而不敢免

定十五年，鼷鼠食郊牛，牛死。改卜牛。夏五月辛亥，郊。

公羊：「曷爲不言其所食？漫也。」范氏甯曰：「不言所食，食非一處而死。」黃氏震曰：「郊牛死傷，廢郊可也。而改卜牛，是違天也。」高氏閌曰：「以改卜牛

哀元年，鼷鼠食郊牛。改人牛。夏四月辛巳，郊。

汪氏克寬曰：「定公之喪，未及小祥而僭行天子之郊禮，釋凶服而從吉，則爲不孝于親，矧郊之祭也。喪者不敢哭，凶服不敢入國門，今在喪而藏事，則爲不敬于天。

月則爲過時不敬，以致龜違，書之以譏其非時，非譏其瀆卜也。」	也。」	在滌三月，故至五月乃郊。」	春秋書郊之失禮，未有甚于此者也。宣三年，匡王未葬而不郊，猶三望，其罪與哀公等。」

禘

案杜氏以審諦昭穆謂之禘，合食羣廟謂之祫。祫卽禘，禘卽祫，一祭而有二名也。故閔二年、僖八年之書禘，禘也。文二年大事于太廟，躋僖公，公、穀皆以爲祫，祫卽禘也。故杜氏亦以大事爲禘。宣八年有事于太廟，亦禘也。故孔氏正義亦謂之禘。昭十五年有事于武宮，傳明稱禘于武公。定八年從祀先公，傳明稱禘于僖公。又昭二十五年禘于襄公。傳文灼灼可據，故無論經書大事有事，皆祫，卽皆禘也。自朱子取趙伯循之説，謂禘專祭始祖與始祖之所自出，不兼羣廟，而以毁廟與未毁廟之主合食太廟，謂之大祫，單就七廟合食謂之時祫。夫后稷之所自出何？人謂嚳也。殊不知帝嚳原非稷契之父，歷考詩、書及孔、孟之文，無一言及帝嚳者。大雅之生民，商頌之長發，魯頌之閟宮，止及姜嫄玄鳥，無一言及稷契之父爲何人者。乃史公因世本之妄説，謂稷契與帝堯爲親兄弟。果爾則堯在位七十載，何不聞舉其親兄，而必待舜舉之乎？孔子又何説禹、稷躬稼而有天下乎？世本創其説于前，而國語、史記與戴記從而附會于後，千年鉅典，看破竟屬子虛。故謂禘爲祭始祖之所自出者，趙伯循不知何所本，歷考三傳及三傳之註疏，杜、孔、鄭、賈、服諸儒未之有也。世特以朱子大儒，既從其説，不敢違異，遂成鐵案，後儒遂以經書大事爲祫祭，有事爲時祭，于禘無與，不知其實皆禘也，故今斷從左傳及杜氏之説。

閔二年夏五月乙酉，吉禘于莊公。 左傳："速也。" 公羊："其言吉何？未可以吉也。三年之喪，實以二十五月。其言于莊公何？未可以稱宮廟也。" 何氏休曰："時莊公薨，至是適二十二月，閔公以莊公在三年之中，未可入太廟，禘之
僖八年秋七月，禘于太廟，用致夫人。 左傳："禘而致哀姜焉，非禮也。" 杜氏預曰："禘，三年大祭之名。致者，致新死者之主于廟，審定而列之昭穆。哀姜淫而與弑，薨又不于寢，僖公疑其禮，故死已八年，遲迴歷三禘之久，至是果行之。嫌
文二年二月丁丑，作僖公主。 左傳："書，不時也。" 凡君薨，卒哭而祔，祔而作主，特祀于主，烝嘗禘于廟。 正義曰："此諸侯之禮。尸柩已遠，孝子求索，不知所在，故造木主，立几筵，特用喪禮祀于寢，不同之于宗廟。至三年喪畢，致新死者之主于廟，
八月丁卯，大事于太廟，躋僖公。 左傳："逆祀也。" 杜氏預曰："大事，禘也。" 正義曰："昭十五年有事于武宮，及定八年從祀先公，傳並稱禘，則知此大事、有事于太廟，皆禘也。" 先母舅曰："僖公薨十有五月而作主，猶未
宣八年六月辛巳，有事于太廟。仲遂卒于垂。壬午，猶繹，萬入，去籥。 正義曰："有事，謂禘祭也。釋例以昭十五年有事于武宮，傳稱禘于武公，則知此言有事，亦是禘也。不言禘而略言有事者，以禘祭得常不書，爲

于新宮，故不稱宮廟。」

劉氏敞曰：「禘，非禮也。吉禘，亦非禮也。于莊公亦非禮也。」

張氏洽曰：「此蓋出于哀姜，慶父樂哀謀簒而爲之，又非他日僭禮之所得比矣。」

異常，故書。」

案：哀姜與弑二君而入周公之廟，其失禮不待言。此條三傳及諸儒其説不一，或以爲成風，或以爲聲姜。今斷從左氏。詳見三傳異同表。

廟之遠主當遷入祧，于是乃大祭，以審定昭穆，謂之禘。」又曰：「諸侯五月而葬，葬日而虞，間日一虞，凡七虞，明日而爲卒哭之祭，卒哭之明日而爲祔祭，始作木主以依神，特用喪禮祀于寢。其四時常祭禴祀烝嘗，及三年喪畢而爲禘祭，並行之于廟，禮當如是。是卒哭在葬後十四日，祔而作主更在卒哭之明日，通計不過半月耳。今葬僖公後積十月始作木主，是太緩，故曰非禮也。」

祔廟，緩也。喪未大祥而逮大事于太廟，亟也。何爲緩于祔祭而亟于祫祭也？蓋孫祔于祖，僖公當祔桓公之廟，而閔公之入，桓廟已遷，兄弟同昭穆，則僖、閔同穆之南廟，而僖公當祔閔公之廟矣。文公所以緩于祔祭者，正爲不欲以僖公居閔公之下。夏父弗忌特窺其意而爲之説，文公既得其説，故二月甫作主，八月遂大祫，升僖于閔，急急爲之，不待喪畢。春秋據事直書，而其情見矣。」

下繹祭，故書耳。」

昭十五年二月癸酉，有事于武宮。籥入，叔弓卒。去樂，卒事。

左傳：「春，將禘于武公，戒百官。梓慎曰：『禘之日其有咎乎！吾見赤黑之祲，喪氛也。其在涖事乎！』二月癸酉，禘。叔弓涖事，籥入而卒。去樂，卒事，禮也。」

正義曰：「閔二年，吉禘于莊公，僖八年，禘于太廟，皆書禘。此不言禘，而略言有事者，不爲禘祭而書，爲下

昭二十五年春，禘于襄公。經不書。

左傳：「將禘于襄公，萬者二人，其衆萬于季氏。臧孫曰：『此之謂不能庸先君之廟。』」

杜氏預曰：「蓋襄公別立廟。」

定八年冬，從祀先公。

左傳：「陽虎欲去三桓，冬十月，順祀先公而祈焉。辛巳，禘于僖公。」

杜氏預曰：「先公，閔公、僖公也。將正二公之位次，所順非一，故通祀而祈焉。不于太廟者，懼于僖神，故特于僖廟行順祀。」

正義曰：「大祭于太廟，以審定昭穆，謂之禘。禘于太廟，禮之常也，各以其宮。時之爲也，雖非三年大祭而書禘，用禘禮也。今爲順祀，而禘于僖

叔弓卒書也。武公廟毁已久，成六年復立之，魯遂以爲不毁之廟，故禘于其宮，不于太廟，亦非常也。」

公，則是并取先公之主，盡入僖廟，而以昭穆祭之，故須用禘禮。不于太廟而于僖廟者，以將退僖升閔，懼于僖公之神，故就僖廟行之。徙上世之主就食僖廟，此陽虎亂臣所爲，非正也。」

大雩

汪氏克寬曰：「經書雩二十一。左氏于桓五年云：書不時也。襄五年、八年、二十八年，昭三年、六年、十六年、二十四年，皆曰旱也。昭二十五年再雩則曰旱甚，餘年無傳。首言不時，而後皆言旱，互文見義，皆以旱而皆不時也。然春秋實以旱書，而併著其僭耳。」

吴氏澂曰：「魯之雩祀僭王禮，特書曰大雩，以表其異于諸侯祭山川之雩也。左氏謂龍見而雩，過則書。龍見者，孟夏建巳之月，故經無書六月雩者，蓋得禮則不書。」

桓五年秋，大雩。

孫氏復曰：「雩者，求雨之祭。建巳之月，其常也。建午、建申之月，非常則書。」程子曰：「成王賜魯重祭，得郊禘大雩。大雩，雩于上帝，用盛樂也。諸侯特雩于境内之山川耳，大雩，僭也。然其來已久，不能悉書，故因其非時則書之。」

僖十一年秋八月，大雩。

趙氏鵬飛曰：「雩有二，月令：仲夏大雩，帝用盛樂。時祭也。周禮司巫：國有大旱，則帥巫舞雩。旱祭也。」

僖十三年秋九月，大雩。

吳氏澂曰：「諸侯旱而雩，禮也。大雩祀及上帝，非禮也。」

成三年秋，大雩。

成七年冬，大雩。

劉氏敞曰：「穀梁曰：冬無爲雩也，非也。周之十月，今之八月，若久不雨，可得不雩乎？」

襄五年秋，大雩。

左傳：「旱也。」

襄八年秋九月，大雩。

左傳：「旱也。」

襄十六年秋，大雩。

案：是年五月地震，齊

襄十七年九月，大雩。

案：雩爲旱祭，連歲大

襄二十八年秋八月，大雩。

左傳：「旱也。」

高氏閌曰：「是歲春無

高氏閌曰：「因旱祭志僭也。」

連伐北鄙，又因旱而雩，國勢亦孔棘矣。

雩，則連歲旱可知矣。

冰而秋旱，皆人事所召，而僭用大禮以祈之，不亦悖乎！」

昭三年八月，大雩。

左傳：「旱也。」

汪氏克寬曰：「春秋書雩二十有一，而昭公之世有七焉，亦可見災變之數見矣。是年既遭旱暵，未幾而連月雨雹，昭公略無遇災而懼之意，終及于難。吁，可歎哉！」

昭六年秋九月，大雩。

左傳：「旱也。」

昭八年秋，大雩。

案：是年秋蒐于紅，自根牟至于商、衛，革車千乘。非時而耀兵，傾國以從蒐狩，而是時方憂旱，連書之以志三家之横。

昭十六年九月，大雩。

左傳：「旱也。」

昭二十四年秋八月，大雩。

左傳：「旱也。」

昭二十五年秋七月上辛，大雩。季辛，又雩。

定元年九月，大雩。

薛氏季宣曰：「有三年

定七年秋，大雩。

案：是時陽虎專政，雩

九月，大雩。

薛氏季宣曰：「一秋而兩大雩，僭瀆之甚

定十二年秋，大雩。

案：是時孔子爲政，而

雩。左傳「書再雩，旱甚也。」高氏閌曰「因一月再雩，而志其僭且數也。」	之喪而行大雩之禮，見三桓之無上也。」	祭之禮，并非三家爲之矣。	也。」汪氏克寬曰「經書雩祭二十有一，惟昭二十五年及此年書再雩，災之甚而變之大者也。昭不自省，而有陽州之孫，定又不知儆，而有寶玉之竊。世卿之逆，陪臣之橫，其致一也，故比事書之，以爲後鑒。」	經之書雩，亦止于此。

常祀

汪氏克寬曰「四時常祀，惟桓公之經書烝書嘗。蓋再烝之瀆，與未易災之餘而嘗，皆失禮之大者。況冬烝而以夏五月行之，酉月嘗而以未月行之，或太過，或不及，皆失時之甚，故書之以示貶。」

桓八年春正月	夏五月丁丑，	桓十四年秋八		

己卯，烝。

公羊："烝者何？冬祭也。常祀不書，此何以書？譏亟也。"杜氏預曰："此非爲過時而書，爲下復烝見瀆書也。"

烝。

程子曰："正月既烝矣，而非時復烝者，必以前烝爲不備也。其黷禮甚矣！"

月壬申，御廩災。乙亥，嘗。

穀梁以爲災之餘而嘗也，志不敬也。張氏洽曰："壬申有御廩災之變，宜遇災而懼，未可有事于祖考。況祭祀用夏時，此八月乃夏之六月，未當時祭，何爲汲汲以四日之間遽舉嘗祭乎！其苟簡滅裂，概可見矣。春秋書之，以責其不時，且不敬也。"

不告朔

杜氏諤曰："六年閏月，不告月，猶朝于廟，夫子録之，是幸其禮之不盡廢也。十六年書不視朔，是未嘗朝廟聽政，禮廢甚矣。」

文六年閏月，不告月，猶朝于廟。 案：此閏月謂閏十二月。文公以閏非正，不行告朔之禮，而以朔日但身至廟朝謁而已。 汪氏克寬曰：「春秋書猶朝于廟，即聖人愛禮存羊之意。」	文十六年夏五月，公四不視朔。 杜氏預曰：「諸侯每月必告朔聽政，因朝于廟。今公以疾闕，不得視二月、三月、四月、五月之朔也。」 高氏閌曰：「若真有疾，則亦常事爾。此特書者，公非有疾，欲符季孫行父之言，使齊不疑耳。」			

宮廟

汪氏克寬曰：「隱公立宮以祭庶弟之母，啓後世追尊妾母，皆援春秋考宮之義。聖人書之，以著失禮之始。凡經書宮廟，若西宮、新宮、桓宮、僖宮，則以災而書。作新宮合禮則不書也。世室屋壞則書，作世室合禮亦不書也。丹桓公楹、刻桓宮桷過侈非禮則書，武宮、煬宮親盡不當立則書，凡易世立先君之廟得禮則不書。」

隱五年九月，考仲子之宮，初獻六羽。

劉氏敞曰：「魯祭周公宜八佾，魯公宜六佾，羣公宜四佾。今祭仲子用六佾，是以仲子僭魯公，且以羣公僭周公矣。」

莊二十三年秋，丹桓公楹。

何氏休曰：「爲將娶齊女，欲以夸麗示之。」

莊二十四年春王正月，〔二〕刻桓宮桷。

范氏甯曰：「不言新宮而謂之桓宮，以桓見殺于齊，而飾其宗廟，以榮讎國之女，惡莊不子。」

文十三年秋七月，世室屋壞。

杜氏預曰：「簡慢宗廟，使至傾頹。」胡傳：「世室，魯公之廟也。上書自正月不雨，至于秋七月，而此書世室屋壞，不恭甚矣。」

成六年二月辛巳，立武宮。

高氏閌曰：「武公乃伯禽九世孫，于公爲十一世祖，毁之已久，而輒立者，蓋武公敖在宣王時南征北伐，佐王師有功，而得謚曰武。今季孫行父自多其鞌之功，出私意再爲立宮。聖人書之，以著其僭亂妄作之由。」

定元年九月，立

煬宮。左傳："昭公出，故季平子禱于煬公，立煬宮。"萬氏孝恭曰："煬公，伯禽之子，考公之弟，魯之以弟繼兄，自此始。昭公已有適嗣，季孫舍之不立，而立昭公之弟定公，恐人議己，于是爲煬公立廟，以明魯一生一及之所自始，蓋國之舊制然爾。"

卽位

先師高紫超氏曰："十二公，或書卽位，或不書卽位，一從其實而書耳，聖人非有意于其閒也。"

有復舅氏霞峰先生書見後。

隱元年春，王正月。

左傳：「不書卽位，攝也。」

杜氏預曰：「假攝君政，不脩卽位之禮，故史不書于策。」

正義曰：「隱以桓幼小，且攝君政，以待其長，所以不行卽位之禮。史官不書卽位，仲尼因而不改。是公實不卽位，史本無可書。莊、閔、僖不書卽位，義亦然也。」又云：「隱、莊、閔、僖，雖居位，皆有故而不脩卽

桓元年春，王正月，公卽位。

公羊：「繼弒君，不言卽位。此其言卽位何？如其意也。」

何氏休曰：「弒君欲卽位，故如其意，以著其惡。卽位之禮，先謁宗廟，明繼祖也。還，立朝正君臣之位，〔二〕事畢而反凶服。」

杜氏預曰：「諸侯每首歲必有禮于廟，諸遭喪繼位者，因此而改元正位，百官以序，故國史亦書卽位之事于策。桓公簒立而用常

莊元年春，王正月。

公羊：「公何以不言卽位？春秋君弒則子不言卽位，隱之也。」

穀梁：「繼弒君不言卽位，正也。先君不以其道終，則子不忍卽位也。」

正義曰：「此月無事而空書月者，莊雖不卽君位，而亦改元朝廟，與民更始。史書其事，見此月公宜卽位；而父弒母出，不忍卽位，故空書其文。閔、僖亦然。」

閔元年春，王正月。

啖氏助曰：「凡先君遇弒，則嗣子廢卽位之禮，穀、梁之說是也。」

朱子曰：「公卽位，要必當時別有卽位禮。數不書卽位者，此禮不備故也。」

僖元年春，王正月。

公羊：「繼弒君，子不言卽位。此非子也，其稱子何？臣子一例也。」

何氏休曰：「僖公繼成君，閔公繼未踰年君。禮，諸侯臣諸父兄弟，以臣之繼君，猶子之繼父也，故傳稱臣子一例。」

位之禮，或讓而不爲，或痛而不忍，或亂而不得，國史固無所書，非行其禮而不書于文也。舊説顔氏及賈、服之徒以爲國史書而孔子削之。若實卽位，則爲隱公無讓，若實有讓，則史無緣虚書，故杜詳辨之。」觀此則謂孔子削而不書，前人已有此解，而杜、孔二家亦既詳辨之矣，不知宋儒何又復紛紛多事。

彙纂曰：「杜氏之言，此定解也。胡氏謂仲尼首絀隱公，以明大法，恐未安。夫君行卽位之禮則書，卽位

禮，欲自同于遭喪繼位者。」

正義曰：「桓公歸罪寪氏，詐言不與賊謀，而用常禮，自同于遭喪繼位者，亦既實卽其位。國史依實書之，仲尼因而不改，反明公實篡立，而自同于常，亦足見桓之篡也。」

按：孔氏此條字字精當，春秋書法，皎如日星，與先師之説可以相發明矣。

朱子曰：「書卽位者，是魯君行卽位之禮。繼故不書卽位者，是不行卽位之禮。若桓公之書卽位，則是桓

王氏樵曰：「朱子以不書卽位者，非聖人絀之，自是魯君原不行卽位之禮。其書卽位者，是魯君行卽位之禮也。莊公不行卽位之禮，公、穀以爲繼故而有所不忍焉，得之矣。」

何氏其偉曰：「胡傳以爲内無所承，上不請命。夫父死之謂何？而急于請命乎？且死于外，而欲有所承乎？」

彙纂曰：「莊公不書卽位，胡傳之説非也。隱、莊、閔、僖外，俱書卽位，豈皆稟命于王。若桓若宣若定，豈皆

不行則不書，孔子安得而筆削之乎！」	文元年春，王正月，公卽位。 杜氏預曰：「先君未葬而公卽位，不可曠年無君。」 正義曰：「文公、成公俱未葬而書卽位，因三正之始，明繼嗣之正，表朝儀，以固百姓之心，此國君明分制之大禮也。」 彙纂曰：「胡傳據高宗諒陰之説引虞、商二書，以爲冢宰攝告廟，臨羣臣，而人主不親其事。今以朱子之言考之，則他事可攝，卽
公自正其卽位之禮耳。」	宣元年春，王正月，公卽位。 穀梁：「繼故而言卽位，與聞乎故也。」 家氏鉉翁曰：「宣受位于賊臣以爲恩，而莫之討，葬君不以禮，迫嫡母而歸之齊，首惡之罪何所逃，故書卽位以討之。此桓弑隱之例也。」 邵氏寶曰：「卽位之禮行則書之，不行則否。文、成以下六君皆行之，隱公以爲攝而不必行，莊、閔、僖則繼故而不忍行，桓、宣之
內有所受，故當從公、穀。」	成元年春，王正月，公卽位。 案：經二月葬宣公，成亦未葬而卽位，同文公之例。
	襄元年春，王正月，公卽位。 穀梁：「繼正卽位，正也。」
	昭元年春，王正月，公卽位。 穀梁：「繼正卽位，正也。」 楊氏士勛曰：「重發傳者，嫌繼子野非正，故明之。」

位必不可攝。又謂嗣君以先君之喪猶爲己私服，此不易之定論也。」

行，桓、宣之志也。」

定元年夏六月癸亥，公之喪至自乾侯。戊辰，公卽位。

趙氏匡曰：「卽位皆于朔日，故不書日。定公待昭公喪至，既至而卽位，故書日。」王氏樵曰：「昭公薨，至是閲七月矣。已越葬期，而喪始至，喪至五日而定始立，蓋意如無君。不以禮正先君後君之終始，逆

哀元年春，王正月，公卽位。

趙氏鵬飛曰：「繼正。」

之緩，立之緩，皆不以時，其惡著矣。」

公至

啖氏助曰：「凡公行一百七十有六，書至者八十有二，不書至者九十有四。左傳謂告廟則書于策。夫子隨其所至以示功過，且志其去國遠邇遲速也。其有一出而涉兩事者，或致前事，或致後事，擇其重者志之。十二公唯隱不告，蓋謙讓不以人君之禮自處也。其餘不以告，或恥也，或怠也。」

劉氏永之曰：「時有遠近，則史有詳略。自文以前，君行八十，書至者十七。自文以後，君行九十，書至者六十四。此其易曉也。」

彙纂曰：「反行必告，則史書其至，不告則不書，杜註、孔疏甚明。諸家紛紛，或以爲遠，或以爲久，或以爲危，或以爲幸，失之鑿矣。」

桓二年冬，公至自唐。	左傳：「告于廟也。凡
桓十六年秋七月，公至自伐鄭。	
莊六年秋，公至自伐衛。	公羊：「曷爲或言致
莊二十三年春，公至自齊。	公羊：「危之也。」
夏，公至自齊。	王氏葆曰：「廢魯社，觀齊社，何以守土而

公行，告于宗廟。反行，飲至、舍爵、策勳焉，禮也。特相會，往來稱地。自參以上，往稱地，來稱會。」杜氏預曰：「凡公行不書至者，皆不告廟。」

左傳：「公至自伐鄭，以飲至之禮也。」孫氏覺曰：「案：書至義與二年公至自唐同說，皆告廟則書也。彼書地，此書伐鄭，蓋非魯地者，皆志以事。」程子曰：「不唯告廟，又以見勤勞于鄭突。」

會？或言致伐？得意致會，不得意致伐。衛侯朔入于衛，何以致伐？不敢勝天子也。」穀梁：「惡事不致，此其致何也？不致則無用見公惡事之成也。」家氏鉉翁曰：「公輔朔之篡，而納之于衛，又敗王師，一舉而犯二罪將何辭。以告廟書至，不與其至也。」案：桓納鄭突，莊納衛朔，皆輔不正以奪正。聖人特書伐鄭伐衛，惡之也。抑二君亦不知其非，反夸示其功，以告廟爾。

案：公行二十有三，書至者五，而其三皆爲娶讎人之女。此則親往納幣，越國踰年，告朔居喪之禮俱廢。自後觀社致，逆女致，兩年之閒，三至齊廷，必欲得此女而後快。且未至而丹楹刻桷，既至而使大夫宗婦覿，如此崇奉，竟忘其爲讎人之女。春秋屢書，不一書，其意深切著明矣。

治民。況公以觀社爲名，實窺齊女，誨淫召亂，所以危而書至也。」

莊二十四年秋，公至自齊。

孫氏覺曰：「莊公親迎于齊，當以夫人偕至。夫人未至而莊公先還，告至于廟。春秋志其告廟之實，且志其先夫人而至也，穀梁曰：先至非正，此說是也。」

莊二十六年夏，公至自伐戎。

許氏翰曰：「隱、桓世有戎盟，至莊公而戎始變渝，是以有濟西之役。此年伐戎，爲報怨也。以莊公治家與國之多闕而勞師于戎，雖能復怨，何益于內治。書至，譏之也。」

僖四年八月，公至自伐楚。

穀梁：「有二事偶，則以後事致，後事小，則以先事致。此以伐楚致，大伐楚也。」

趙氏鵬飛曰：「伐楚，其功大，策勳于廟，爲得其實。此書至，以見善者也。」

吳氏澂曰：「公與齊桓爲他會皆不至，此獨至者，重大其事，且以師出三時，久役之勞也。」

僖六年冬，公至自伐鄭。

穀梁：「其不以救許致何也？大伐鄭也。」

胡氏銓曰：「伐鄭，本志也。救許，遂事也。」

趙氏鵬飛曰：「公以伐鄭之功歛至也，不可以事致，擇其大而有功者而已。」

僖十五年九月，公至自會。

高氏閌曰：「以會致者始于此。春秋致會凡二十有七，公自正月如齊，因而會盟于牡丘，暴師于外，已踰三時，而以會致，見救徐之無功也。」

黃氏震曰：「欲救徐不能，楚師未退而先反也。」

僖十七年九月，公至自會。

僖二十六年，公至自伐齊。

僖二十九年春，公至自圍許。

僖三十三年十二月，公至自齊

文四年春，公至自晉。

左傳：「書曰至自會，猶有諸侯之事焉，且諱之也。」杜氏預曰：「恥見執，託會以告廟。」彙纂曰：「淮之會，齊以滅項止公，聲姜會齊侯請而釋之，因以至自會爲諱，此左氏之説也。公、穀以項爲齊滅，而此不發傳。」	穀梁：「惡事不致，其致何也？危之也。」公羊：「何以致伐？曰：患之起，必自此始也。」何氏休曰：「魯内虛而外乞師，以犯强齊，會齊侯昭卒，晉文行霸，幸而得免，故雖得意猶致伐。」	趙氏鵬飛曰：「公會于溫，朝于王所。今乃以圍許至何哉？志其實也。至自會，則若無功，至自京師，則實不至，故以圍許至也。」	汪氏克寬曰：「天王使宰周公來聘，公不能入覲京師，而僅使公子遂報聘。齊使國歸父來聘，而躬往朝謁，歸又告廟，顛倒已甚。書至，譏之也。」王氏貫道曰：「公嘗如齊矣，未嘗至，此何爲至？公反自齊而薨，嫌以齊故也。」	孫氏復曰：「自是公朝强國皆至者，惡其輕去宗廟，遠朝强國也。」孫氏覺曰：「文公之出，六致之者四，危之也。不致者二，安之也。」
文十四年春，王正月，公至自晉。 高氏閌曰：「公自去冬初如晉，則因與衛盟，	秋七月，公至自會。新城。 按：此會爲同盟于新城之會。傳云：「從于楚者，服也。」去冬衛、	文十七年秋，公至自穀。 高氏閌曰：「公不與扈之會，而及齊盟穀，苟免齊難，書至自穀，則	宣四年秋，公至自齊。 家氏鉉翁曰：「公比年如齊，皆備書之，非惟危公，亦以正齊侯黨	宣五年夏，公至自齊。 左傳：「春，公如齊。高固使齊侯止公，請叔姬焉。夏，公至自

既盟晉而還，則又因與鄭會，久于道路而不朝正，書至以見之。」 汪氏克寬曰：「文公卽位至是十有三年，而朝晉者三，過于諸侯事天子之禮，故聖人于此書之特詳。」	宣七年秋，公至自伐萊。 趙氏鵬飛曰：「爲齊伐萊，何功于魯，而飲至于魯廟，宣公其必有以誣其祖矣。」
鄭皆因公以請平于晉，至是諸侯之從楚者復附晉，公于此會爲有功，以爲榮而歸而飲至。時楚莊初立，方哆然有求諸侯之志，微晉之伯，諸侯一舉歸楚。故此會實爲有補于諸夏。公糾鄭、衞以往晉，不爲無功。故前書同盟，而此書至自會，與之也，與凡書至自會者不同。	宣八年春，公至自會。黑壤。 左傳：「晉侯之立也，公不朝，又不使大夫聘。黑壤之會，晉人止公，公不與盟，以賂
不會扈可知矣。」 趙氏鵬飛曰：「穀之盟，不當盟而盟，忍怨以自辱。扈之會，當會而不會，棄義以從仇。聖人惡之，書六月公及齊侯盟于穀，復書諸侯會于扈，而秋則書公至自穀，以著公之失所從也。」 汪氏克寬曰：「明年齊商人復欲伐魯，則危可知。」	宣九年春正月，公至自齊。 孫氏復曰：「公有母喪而遠朝强齊，其無哀甚矣。」
篡之罪。」 汪氏克寬曰：「盟會之書至，始于桓公之盟唐。朝大國而屢書至，始于宣公之如齊。蓋危桓、宣之不得返，而又歎其不見討也。」	宣十年春，公至自齊。 左傳：「齊侯以我服故，歸濟西之田。公如齊受田。」 按：公至是凡四朝齊
齊，書，過也。」 杜氏預曰：「公既見止，連昏于鄰國之臣，厭尊毀列，累其先人，而于廟行飲至之禮，故書之以示過。」 汪氏克寬曰：「宣公五如齊，惟此年踰時始返，經雖諱止公之跡，而比事觀之，其實亦不可掩矣。」	五月，公至自齊。 左傳：「公如齊奔喪。」 趙氏鵬飛曰：「春如齊受田而歸，不勝其喜，故元卒而復如齊奔

汪氏克寬曰：「特書至者，竭志從人，而不思力之不足，聲罪伐人，而不知己之有玷，兵出踰時，煩民毒衆，爲宣公危之也。前後伐莒伐杞，皆不致，聖人蓋有深意矣。」

宣十七年秋，公至自會。斷道。

汪氏克寬曰：「宣公會盟兩書至，黑壤之會，事齊而不事晉，危晉之見討而不得釋也。斷道之盟，背齊而與晉謀伐齊，危齊人之見討也。宣公卑屈事齊，惟恐獲戾。至是惠死頃立，已閱七年，

免。」

汪氏克寬曰：「此特書至者，以公見止于晉，踰年始返，危之也。盟會，常事，不致。桓、文之盟會皆不致也。」

成三年二月，公至自伐鄭。

左傳：「諸侯伐鄭，鄭公子偃帥師禦之，敗之丘輿。」

吳氏澂曰：「雖未逾時，伐鄭無功，亦危之而致也。」

夏，公至自晉。

胡傳：「成公三年之喪畢，嗣守社稷之重，而不朝于周，以拜汶陽田之故而往朝于晉，行事亦悖矣。」

矣。春秋書至繁而不殺，甚之也。

成四年秋，公至自晉。

左傳：「晉侯見公不敬，公歸，欲求成于楚而叛晉。季文子曰：『非我族類，其心必異。』公乃止。」

家氏鉉翁曰：「公始與晉連兵伐齊，以有鞌之戰勝，謂當與晉爲睦。未幾月率先諸侯

喪，以報其賜。公即位，十年之內，未嘗一如京師，而五朝于齊，齊之視魯不啻附庸。聖人書此，非苟責魯，抑亦誅齊也。」

成六年春，王正月，公至自會。蟲牢。

汪氏克寬曰：「二年會蜀盟蜀不書至者，以望國之君屈于荊楚之大夫，不可以告廟也。此特書至者，謂公苟能自會，如京師，斬衰哭臨，庶幾亡于禮者之禮。今乃奄然

遽謀伐之，初乞師于楚，尋復求助于晉，齊近魯而遠借援于大國，岌岌乎其殆哉！」

受盟于楚，猶幸晉人無討，所以比年如晉，以謝其過。一不爲禮，又將叛而即楚，故春秋備書以貶之。」

歸國，故特書公至自會，以著其無王不臣之罪。」

成七年，公至自會。馬陵。

左傳：「楚子重伐鄭，諸侯救鄭。八月，同盟于馬陵。」案：此會晉景合九國之師自將以行，春秋書爵書救，其褒之亦至矣。而不以救鄭致者，高氏閌謂諸侯會而退，故但書至自會也。

成九年，公至自會。于蒲。

左傳謂「歸汶陽之田故，諸侯貳于晉。晉人懼，會于蒲，以尋馬陵之盟。」案：此會晉實不德，而魯亦無名，故但書至自會。

成十一年春，王三月，公至自晉。

左傳：「公至自晉。晉人以公爲貳于楚，故止公。公請受盟，而後使歸。」趙氏鵬飛曰：「公自前年七月如晉，至今三月而後至，留于晉者凡九月。書至，危之也。」

成十三年秋七月，公至自伐秦。

孫氏復曰：「不以京師至者，明本非朝京師。」

成十五年，公至自會。于戚。

左傳：「討曹負芻也，執而歸諸京師。」案：晉厲公此舉，執既當罪，又歸京師，深得伯討，故書爵。而僅以會至者，曹爲微國，故不以伐曹至也。

成十六年，公至自會。沙隨。

案：公以僑如之難，鄢陵之戰後期，晉侯信讒而不見公，而以會致者，曲不在己，不恥也。

成十七年秋，公至自會。柯陵。

穀梁：「柯陵之盟，謀復伐鄭也。」

吳氏澂曰：「方欲聲鄭罪以致伐，而楚救已至。諸侯畏楚而還，未嘗得致伐也。故不以伐致，而以會致。」

十一月，公至自伐鄭。

左傳：「楚公子申救鄭，諸侯還。」

趙氏鵬飛曰：「公從伐鄭三，而兩至自會，蓋無功以告廟也。今亦無功，乃至自伐何耶？前此二伐，非乞師而往，則其反亦不以師行告。今之伐，以乞師而會，則其反亦不得不以伐告焉。用此知聖人之書至，從告廟，爲得其實。」

成十八年，公至自晉。

案：此悼公初立，公如晉，朝嗣君也。公至自晉，而范宣子即來聘，拜朝之辱，晉悼之下諸侯可見矣。

襄三年，公至自晉。

正義曰：「此時晉侯出其國都，與公盟于長樗，蓋近城之地。盟訖，還入于晉，故公歸書公至自晉也。蓋悼公謙以待人，不敢使國君就己，出盟于外，若似相就然。」

案：襄公此時年甫六歲，初即位而朝晉，晉悼之加禮如是。書至自晉，喜之。

秋，公至自會。雞澤。

左傳：「晉爲鄭服故，

襄五年春，公至自晉。

高氏閌曰：「著公不朝

公至自會。于戚。

左傳：「九月丙午，盟

十有二月，公至自救陳。

穀梁：「善救陳也。」

襄八年，公至自晉。

左傳：「春，公如晉，

且欲脩吳好，六月己未，同盟于雞澤，陳侯使袁僑如會。」案：陳、鄭卽楚已久，晉悼一興虎牢之役，一會而得二叛國，功亦偉矣。書至自會者，美其功，非危之也。杜氏謂踰時而返，故致之者，非是。	正于廟也。且公幼而頻年如晉，此危道也。襄之出二十四，致之者二十一，危之也。」	于戚。會吳，且命戍陳也。」	范氏甯曰：「善之，故以救陳致。」	朝，且聽朝聘之數。五月甲辰，會于邢丘，使諸侯之大夫聽命。季孫宿及齊、宋、衛、邾之大夫往會之。」彙纂曰：「季孫從公朝晉，遂由晉而赴邢丘。經于會後始書公至，蓋季孫往會之時，公尚在晉也。」
襄十年，公至自會。于柤。左傳：「夏四月，會吳于柤。五月甲午，遂滅偪陽。」王氏葆曰：「會吳猶可，會吳而滅人之國，其惡甚矣，故以會致焉。」	襄十一年，公至自伐鄭。吳氏澂曰：「不以同盟致，以前事致者，見雖同盟而未得鄭也。」高氏閌曰：「春秋以變文爲褒貶，屢書盟而不信，則以不書盟爲誠，屢書伐而無功，則	公至自會。蕭魚。左傳：「諸侯悉師以復伐鄭，鄭人行成。十二月戊寅，會于蕭魚。」穀梁：「伐而後會，不以伐鄭致，得鄭伯之辭也。」	襄十三年春，公至自晉。左傳：「十二年夏，晉士魴來聘，且拜師。冬，公如晉朝，且拜士魴之辱。明年春，公至自晉，孟獻子書勞于廟，禮也。」正義曰：「凡反行飲	襄十六年夏，公至自會。溴梁。左傳：「悼公薨，平公卽位，會于溴梁，命歸侵田。與諸侯宴于溫，使諸大夫舞。齊高厚之歌詩不類，使諸大夫盟高厚，高厚逃歸。」

高氏攀龍曰：「不致滅而致會，舉其可道者也。」

以不致伐爲美。」

趙氏鵬飛曰：「亳城之盟至自伐，蕭魚之役至自會，亦可知其以會爲功，而不以伐爲功矣。」

程子曰：「兵不加鄭，故書至自會。」

李氏廉曰：「厲公三伐，終以伐致。悼公三伐，終以會致。蓋自蕭魚會而兵爭得息矣。」

至，有功則舍爵、策勳，無勞告事而已。」

襄十九年，公至自伐齊。

程氏端學曰：「平陰圍齊，此不以圍致而以伐致者，前以伐齊出，故歸亦以伐齊告，圍乃伐之一事爾，皆魯史之舊，無他義也。」

襄二十年秋，公至自會。澶淵。

左傳：「夏，盟于澶淵，齊服故也。」

薛氏季宣曰：「齊之無道，諸侯圍之而不服，以士匄聞喪而還師，遂會于澶淵。」

襄二十一年夏，公至自晉。

左傳：「公如晉拜師，及取邾田也。」

案：公以受邾田而親往拜晉之賜，以周公之子孫見小利而動，附强國而不知恥，且踰三月而後返，書至，亦譏之也。

襄二十二年春，王正月，公至自會。商任。

左傳：「會于商任，錮欒氏也。」

吳氏澂曰：「釋不朝正于廟也。」

公至自會。沙隨。

左傳：「會於沙隨，復錮欒氏也。」

案：公一年兩會，皆受晉强臣之役。連書至，以志晉、魯之世變。

襄二十四年，公至自會。夷儀。

左傳：「會于夷儀，將以伐齊。水，不克。冬，楚子伐鄭以救齊，諸侯還救鄭。楚子乃還。」

高氏閌曰：「諸侯救鄭不書，故僅以會致。」

襄二十五年，公至自會。重丘。

左傳：「晉侯復會于夷儀，伐齊，以報朝歌之役。齊人以莊公說，請成，晉侯許之。秋七月己巳，同盟于重丘，齊成故也。」

汪氏克寬曰：「此書至會者，著其黨惡附姦之罪。」

襄二十九年夏五月，公至自楚。

左傳：「二十八年冬十一月，爲宋之盟故，公及諸侯如楚。及漢，楚康王卒。二十九年春正月，公在楚，楚人使公親襚。夏四月，送葬至于西門之外。還及方城，聞季武子取卞，公欲無入。榮成伯賦式微，乃歸。」

孫氏復曰：「公留于楚者七月。」

昭五年秋七月，公至自晉。

左傳：「公如晉，自郊勞至于贈賄，無失禮。夏，莒牟夷以牟婁及防、茲來奔。莒人愬于晉，晉侯欲止公。范獻子不可，乃止。〔三〕秋七月，公至自晉。」

汪氏克寬曰：「歷三時乃得歸。書至，危之也。」

昭七年九月，公至自楚。

左傳：「楚子成章華之臺，願與諸侯落之，使薳啟彊來召公。三月，公如楚。九月，公至自楚。」

汪氏克寬曰：「自如楚至今七閱月，危公之意可見矣。」

昭十三年，公至自會。平丘。

左傳：「爲取郠故，晉

昭十六年夏，公至自晉。

左傳：「十五年冬，公

昭二十六年三月，公至自齊，居于鄆。

秋，公至自會，居于鄆。鄟陵。

左傳：「會于鄟陵，謀

昭二十七年，公至自齊，居于鄆。

將以諸侯來討。八月甲戌，同盟于平丘。」吳氏澂曰：「公雖不與同盟，然已與于平丘之會，故以會致。」	如晉，晉人止公。」	孫氏復曰：「公爲意如所拒，不得入于魯也。」孫氏覺曰：「在外雖不告廟，而亦書至，所以存公也。」	納公也。」汪氏克寬曰：「鄆非宗廟所在，季氏專魯，當時史官阿附，必不書公至，吾聖人以所見之世而特志爾。」	汪氏克寬曰：「五書至，必繫以居于鄆。不言居鄆，則疑于復國。」
冬，公至自齊，居于鄆。	昭二十九年春，公至自乾侯，居于鄆。何氏休曰：「不致以晉者，不見容于晉，未至晉。」	定四年秋七月，公至自會。左傳：「劉文公合十八國之諸侯于召陵，謀伐楚。晉荀寅求貨于蔡侯，弗得，設辭于范獻子，乃辭蔡侯。」高氏閌曰：「晉以伐楚召諸侯，而以會致者，不成乎伐也。」	定六年二月，公至自侵鄭。高氏閌曰：「公内有强臣不能討，乃爲晉討鄭，危之道也。」	定八年正月，公至自侵齊。張氏洽曰：「陽虎用兵無法，而公親行，故書至以危之。」

三月，公至自侵齊。

卓氏爾康曰：「是時三桓拱手，虎已無復畏忌，正月無功，勸君再往。久居敵境，危道也，故皆書至。」

定八年，公至自瓦。

左傳：「齊國夏伐我西鄙，晉士鞅、趙鞅、荀寅救我。公會晉師于瓦。」

高氏閌曰：「不以會致者，公非出會也。」

定十年，公至自夾谷。

左傳：「春，及齊平。夏，公會齊侯于夾谷。」

定十二年，公至自黄。

季氏本曰：「黄之盟，齊、魯睦也。」

案：穀梁曰：「其以地致，危之。」非也。兩國會盟致皆以地，此常例爾。況夾谷于黄，乃孔子用魯，教化大行之時，豈反有危道哉！

十有二月，公至自圍成。

杜氏預曰：「國内而書至者，成强若列國，興動大衆，故出入皆告廟。」

定十四年，公至自會。于牽。

張氏洽曰：「時孔子已去魯，故會齊、衛，合謀救范、中行氏。三國之君同爲會而助不衷，故致公以危之

哀十年五月，公至自伐齊。

左傳：「公會吴伐齊，齊人弑悼公，赴于師。」

高氏閌曰：「齊、魯接境，而公久不歸者，進

哀十三年秋，公至自會。黄池。

李氏廉曰：「哀公編書會吴者五，獨伐齊與黄池書至，聖人擇其危甚者而書之也。」

也。」

退制在吳也。」

附先師高紫超先生復舅氏書

春秋十二公，不書卽位者四君，說者謂皆聖人削之。然其說可通于此者，卽不可通于彼，于是各爲委曲相就之說，而春秋之旨晦矣。隱不書卽位，文定主內無所承，上不請命，其論固極正大。然嘗竊惑之，春秋之法，是非善惡，固云大公而不私。然尊君父，不敢斥言者，亦春秋之定理也。春秋惡天下之無王，則亦惡乎一國之無君。惡一國之無君，則已更不當先萌無君之心，而逞無君之筆。夫春秋諸侯其不請命而無承者遍天下，而文定乃曰：「春秋首絀隱公，以明大法。」則是聖人欲正天下無王之罪，而已先逞無君之筆矣。夫君父一也，今有羣爲盜者于此，而其父亦與焉，藉令身爲士師，而曰首誅吾父之爲盜者，其可乎？隱公卽有可絀之罪，而聖人非絀隱公之人。若謂聖人作經，直以天自處，而于此乎何恤焉，則亦悖理逆倫之甚矣。今謂削隱公爲不稟于君父之例，卽文定首絀隱公之意也。此其說之可商者一也。謂文、成、襄、昭、哀五君皆不稟于君而稟于父，可從末減，義亦未安。夫諸侯之位，受之王也，非受之父也。既不稟于王，則雖受之于父，而亦爲擅立，又可從而末減乎！既可受之父，而從末減，則天下諸侯其干王法者少矣。既削隱公爲不稟于君父之例，又末減于文、成諸君而書卽位，以書卽位者爲是，則疑削卽位者爲非，以削卽位者爲非，則不宜以書卽位者爲是。是非可以互易，予奪可以倏更，隱何獨不幸，以春秋之首君而當大罰。此其説之可商者二也。又謂桓、宣、定三君皆繼弑而與聞乎故，故亦如其常而書即位。夫桓、宣繼弑君，信矣。若昭非弑也，昭非弑而强使之同乎弑，則亦模糊遷就之説也。桓、宣之惡極矣，俱志存乎殺兄。定非志乎殺也，但不能討意如爲罪耳。因定不承于父，難從受父末減之例，而直使與桓、宣之弑君者同科，則用法可謂不平矣。此其説之可商者三也。然則十二公或書即位，或不書即位，其義果云何？曰：一從其實而書耳，聖人非有意于其閒也。隱之攝而不即位也，變例也。莊、閔、僖之繼弑君而不即位也，定例也。桓、宣故踰其例者，則以欲自掩其簒弑之實耳。若從其例，則是自明其簒也。慶父立閔公，誠無不忍子般之意。然慶父醜聲昭著，廷臣亦惡之，季友之徒或有與之争而抗者，故亦不行即位之禮也。然則桓、文、宣、成、襄、昭、定、哀八君，實嘗即位矣，則經亦無容没其實而不書即位。隱、莊、閔、僖四君，實未嘗即位也，則經亦不得强而誣之爲即位，皆從其實而書耳。然春秋雖皆從實以書，而于文、成、襄、昭、哀五君書即位者，自有以明傳世繼統之重。于莊、閔、僖三君不書即位者，自有以昭萬世嗣君處變之法。于桓、宣之不應即位而書即位者，自有以發其很賊無兄之隱。于定之六月戊辰而始書即位者，自有以見意如强逼專制其君之實。此如太陽一照，而萬物無遁形。聖人之意，未嘗不深切而著明也。或曰：王法所最重，莫過于繼世而立君，王法所必誅，莫過于不稟君父而自立。今謂隱公不書即位，止于從實而書之，則所云丘竊取者謂何？曰：然子不稟于父，臣不稟于君，爲王法必誅之定律。聖人于衛人立晉之文發之矣，不必更牽合于此也。然則隱即位不書，止于從實而無他義乎？曰：位者，人君之大寶，命德討罪，皆藉位以行之。天子正其位，然後可以有爲于天下。諸侯正其位，然後可以有爲于一國。不書卽位，則是失其人君之大寶，而不足以有爲于一國也。嗚呼！此其所以終蒙菟裘之變也歟！

案：十二公或書卽位，或不書卽位，皆據實而書。此本三傳及杜氏、何氏、范氏、孔氏、楊氏諸儒之註疏，極明白坦易，故朱子亦力主其說。不知宋之儒者，何故自生枝節，謂不書卽位，是仲尼削之。至其不可通處，則又分爲兩例，以削隱公爲不稟于君父之例，而文、成、襄、昭、哀五公附之以從未滅，故不削，以削莊、閔、僖爲繼弑，不當行卽位之禮之例，而以桓、宣、定附之以與聞乎弑，及爲弑君者所立，故不削。五公之不削，恕之，桓、宣、定之不削，罪之。如此則聖人之立法，令人得上下其手矣。其意欲張大聖人之書法，謂非此無以警亂賊之心，而不知先自蹈于僭妄之失。且卽據實而書，而春秋之旨未嘗不嚴于斧鉞也。夫史以傳信，若魯君實行卽位之禮，而仲尼沒其實而不書，則春秋非傳信之書矣，何以爲聖人之作乎！愚故節錄三傳及諸儒之旨，而以高先生之說爲定。

春秋三傳禘祫說

今世之稱祫禘者，謂祫，合也，毀廟之主陳于太祖，未毀廟之主皆升合食于太祖。而禘則惟祭始祖與始祖之所自出，不兼羣廟之主，周以稷配嚳，魯則以周公配文王。此朱子取趙伯循之說，而後世儒者多遵信之。然愚嘗徧考三傳、禮記、孝經、論語、中庸之義疏，與商、周、魯頌之樂章，從無周祀帝嚳及魯祀文王爲所自出之文，不知伯循據何典籍而云然也。夫信漢儒不若信三傳，信三傳尤不若信聖人之經。所謂漢儒之説者，則戴記之大傳、喪服小記、明堂位及祭法是也。所謂聖人之經，則詩所傳之三頌與孔子所書春秋之經文是也。且世謂周祭及于嚳者，因祭法有禘嚳而郊稷之文耳。然此禘鄭氏謂祭天于圜丘，非謂宗廟之祭，而以稷配之也。又因小記及大傳有王者禘其祖所自出之文耳。然此禘謂祭感生之帝于南郊，乃漢儒誣妄之説，亦非謂稷之生于帝嚳，而因以祭之也。況質諸三傳，其禘之説又甚明。文二年八月，大事于太廟，公、穀謂之祫，左氏謂之禘，然其義並同。公羊云：「五年再殷祭。」何休云：「祫，合也。禘，諦也，審諦無所遺失。禘所以異于祫者，功臣皆得祭爾。」閔二年夏五月乙酉，吉禘于莊公。杜預云：「三年喪畢大祭，以審昭穆，謂之禘。」惟諸儒稱五年一行，而杜謂三年一行者，其義小殊。而其説禘並謂兼羣廟之主，絶未嘗有周公所自出，而謂祭及于文王也。鄭康成又謂禘之異于祫者，謂第陳毁廟之主，而羣廟之主則各就其廟祭。徵之春秋實事，尤可信不誣。昭十五年，有事于武宫。左傳謂之禘，昭二十五年傳：「禘于襄公。」此各就其廟之明證也。然猶可曰：此左氏之言耳。閔二年，吉禘于莊公，僖八年，禘于太廟，明明于各廟稱禘。豈孔子所書之經，猶不足信乎！然猶可曰：此春秋僭亂之禮耳。至周頌之雝爲文王禘太祖之樂歌，商頌之長發爲武丁大禘之樂歌，豈商、周盛世之樂章，經傳説、周公之手定，而猶不足信乎！雝之言皇考則文王，烈考則武王，未嘗及于嚳也。長發之言玄王則契，相土則契之孫，以及湯與阿衡，亦未嘗一語及嚳也。其列相土與阿衡，尤可爲陳毁廟及祭功臣之明證。其謂魯用天子之禮樂者，蓋如舞佾歌雍之屬錫魯，以矜隆盛耳。豈謂其祭文王于周公之廟，以諸侯祖天子，以干大戾乎！況魯頌閟宮之詩明言之矣，其詩曰：「白牡騂剛。」公羊于文十三年傳云：「周公牲用白牡，魯公用騂剛，羣公不毛。」未嘗言及文王之牲，何得言祭文王以周公配也。載觀尚書言后稷建邦啓土，孝經言郊祀后稷以配天，中庸言上祀先公，皆至后稷而止。又禮記明堂位云：「季夏六月，以禘禮祀周公于太廟。」顏師古註漢書亦云：「禘者，諦也，謂一一祭之。」徧觀載籍，從未有言祭及始祖之父者。余怪夫不知何人泥小記及大傳之文，而又厭感生帝之誣妄，遂以帝嚳當之。馴至漢祖堯，曹魏祖舜，牽合附會，爲千古笑。唐趙伯循復曲成其説，至謂魯祭文王，漫無依據，臆斷滋甚。後經朱子遵用之，而後世遂無異辭，此皆不深考于經之過也。夫信朱子，尤莫若信聖經可也。

書春秋禘祫説後

禮家禘祫之説，千古聚訟。然愚謂古今世異，而王者報本反始，宜從其實。如殷、周之興，肇基稷、契，則當以稷、契爲始祖。始祖正東向之位，始祖以上不必及也。後世帝王以匹夫有天下，則當以受命有功德者爲太祖。太祖正東向之位，太祖以上不必及也。何以明之？契始封商，開六百年之基，稷封有邰，肇八百年之祚。則商、周之王，自當本稷、契。至稷、契之興，不緣帝嚳無由追祀，且稷、契當日自是舜之臣子耳，其初皆起于側微，謂稷、契皆帝嚳之子，與堯爲昆弟，此史家附會之説，徵之事實，萬萬無是理。何則？生民與閟宮之詩，皆陳姜嫄，商頌之長發，頌有娀。如果爲高辛氏之子，則商、周不宜頌母而不頌父。譙周云：「其父微，故不著。」且如史家之説，姜嫄爲元妃，有娀爲次妃，則稷、契俱爲帝堯之兄，而堯自即位至殂落凡百有二十四歲，計稷、契當帝舜時年俱近百三十歲，當已衰老不任事。而堯在位七十載，有親兄爲大聖人，終其身不舉，待帝舜而後克舉之，恐親睦九族之聖人不應如是。然則稷、契同出于帝嚳，且屬無稽，而謂商、周推爲所自出，禘祀之於太廟，不尤誣妄之甚乎！商、周禘嚳之文出于祭法與國語，國語非左氏所作，其文多與傳牴牾，而祭法出于漢儒之傅會，其爲不足信尤明也。自是以後，李唐有天下，其先皇祖虎始受命爲唐公，追謚爲太祖景皇帝，則東向自宜屬景皇，而獻、懿二祖無與焉。趙宋之太祖削平僭亂，垂統百世，其先未有功烈顯著爲王業所基者，則東向自宜屬太祖，而僖、宣無與焉。何也？有安天下之功，自宜享子孫百世之報。王者祖有功，宗有德，蓋謂此也。唐貞元中詔百僚集議典禮，昌黎韓子謂當禘祫時，獻祖宜居東向之位，景皇帝退從昭穆之列，祖以孫尊，孫以祖屈。同時獻議五十七封，惟顏魯公真卿與公意合，朝廷卒從王紹等議，正景皇帝東向之位，附獻、懿主于興聖廟中。後世不以王紹等爲非，而以昌黎爲是者，從其實也。宋治平四年，英宗升祔，用司馬温公議，遷僖祖于夾室。熙寧中，介甫用事，復還僖祖太廟，而太祖退居昭穆，時伊川程子獨是其説。逮南渡後，孝宗升祔，諸儒樓鑰、陳傅良等建議遷毁，相汝愚主之，而太祖始正東向之位。時有宋建國已二百餘年，朱子晦菴祖安石議，争之尤力，謂僖祖上比稷、契，不宜遷毁。然後世不以介甫及程、朱之議爲是，而以温公等之言爲非者，亦從其實也。夫博學多聞，明于掌故，至昌黎、介甫止矣。精研義理，至伊川、晦菴止矣。然而不以彼易此者，蓋欲愜乎人心之同，然初不必以其人爲輕重也。曰：如此則子孫得以功德加其祖考，孟子不有云：「孝子之至，莫大乎尊親」乎！曰：受命之主，追崇所生者，此善則歸親之義。百代後守成之主，以受命之祖爲不祧者，此祖有功，宗有德之義。善則歸親者，一人之私。祖有功，宗有德者，天下之公。王者不以一人之私廢天下之公，故必明于周、魯之禘祫，而百世禘祫之議乃定。

魯無文王廟論

往嘗疑趙伯循説魯禘文王，謂祀文王于周公之廟，以周公配之，不知其説何所據。及閲襄十一年傳有臨于周廟之文，杜預謂此爲文王廟。魯唯文王、周公廟用八佾，伯循因而傅會之，不知此係左氏之誣妄，且其説亦與伯循不甚符合，請得而詳辨之。禮，諸侯以始封之君爲太祖，魯以伯禽爲始封，而周公留相成王，肇基功業。魯人尊崇其制，以周公廟爲太廟，魯公廟爲世室，並世世不毁。若復有文王之廟，則魯不毁之廟三世，比天子而更上之矣。周有后稷之廟，未聞更有帝嚳廟也。此其説之誣一也。論語稱子入太廟，註云：「孔子始仕時助祭于周公之廟。」若更有周廟，論語何以不之及？其説之誣二也。且既有周廟，决無虚而不祭之理。而魯享祀之典，莫備于閟宫之篇。其詩曰：「白牡騂剛。」但陳周公與魯公之牲，不及文王也。其説之誣三也。春秋僖八年傳禘于太廟，用致夫人，别無禘于周廟之文。禘爲祭祀大禮，而行於太廟，未知虚設文王之廟將以何用，其誣四也。且伯循之説，以文王爲所出之帝，以周公配。若有文王之廟，則當迎周公主合食于文王。今不以子就父，而反以父就子，欲以重周公，而不虞其卑文王，其説之不可通五也。魯禘爲昭穆合食，顯有明文。若如伯循之説，則文王虚其廟不祭，而以文王下臨周公之廟，周公應退居昭穆之列，欲以重周公，適以卑周公，其説之不可通六也。

孔氏正義復以鄭祖厲王，蒯聵稱皇祖文王，謂鄭、衞俱立所出王之廟，其謬益甚，豈鄭、衞俱得賜重祭乎！此又不待辨而自明者也。四明萬氏充宗更爲通其説，謂魯禘不同周禘，魯禘不追所自出。蓋亦據明堂位及閟宫之文，其於説春秋則近之矣。不知周禘原無祭其所自出之禮，何論于魯。且帝嚳原非稷、契之父，何得謂禘嚳爲祭其所自出。大傳及小記言祭其所自出者，謂祭感生帝于南郊也，非帝嚳也。以感生帝爲誣妄，而以帝嚳當之，以周禘帝嚳，而魯以文王擬之，復以左氏魯有周廟之説，遂輾轉傅會，其原皆始于趙伯循之一人，則朱子信之之過也。曰：然則論語或問禘之説，而夫子曰不知，何也？曰：禘爲王者大祭，蓋謂其禮樂特盛，原不必謂祭其所自出也。如周頌雝之禘太祖，商頌長發之禘玄王，何嘗及于始祖之父，而亦豈諸侯所得僭乎！惟非諸侯所得僭，而魯僭之，孔子所以不敢顯言也。必謂其追遠尊先，及于無窮，此後人故爲幽遠之論，考之實事不然也。

辨四明萬氏兄弟論禘之失

余既博稽經傳定議，以爲禘兼羣廟之主，不追所自出已，復遍考諸儒之説，以參其同異。而四明萬充宗氏著學禮質疑，有禘説四篇，其弟季埜復著論九首，俱精詣博辨，凡古今名臣學士禘祫之議，靡不搜剔遯隱，考正疑互，以求一是，厥功甚大。然愚嘗取而覈之，季埜取孔氏穎達之説，謂禘卽祫，祫卽禘，更無差别者，其説與余同。其謂禘兼羣廟之主，徵諸長發之詩，詳列玄王、相土、成湯，以爲羣廟合祭之證，其説亦與余同。至駁杜預稱禘爲三年喪畢之吉祭，謂此乃魯末流之失，宣聖特書以示譏，不可爲典要，議尤精當不可易。獨其兄弟並謂禘兼羣廟之主，復上追始祖所自出，其説蓋亦本于程子及陳用之、胡明仲、黄楚望諸儒之説，而不知其理之不可通也。夫當大祭合食之時，始祖正東向之位，羣昭羣穆以次列侍。若復追所自出，不知始祖此時位置何處。若並居東向，則父子無並坐之禮。若退居昭穆之列，則褻始祖已甚。進退無據，無一而可。故趙伯循謂祀于始祖之廟，以始祖配之，而不兼羣廟之主。配如孔廟之配享，自當旁坐，以明有父之尊，而復不與羣昭羣穆齒。其説較爲有理，故朱子遵用之。蓋羣廟與所自出，一祭必不可得兼。萬氏謂禘兼羣廟之主，與伯循異，則是也。謂復追所自出，則非也。且萬氏堅守禘嚳之説爲報本追遠之至意者，豈不以大傳、小記、祭法、國語及儀禮喪服傳之爲經傳炳據昭昭可信乎哉！然此數書之可信，孰若武王、周公、孔子、孟子之言爲可信也。武王既有天下，大告羣后，敍列祖之功德，起自后稷，而未嘗及于嚳。周公陳王業之艱難，若豳風之七月，大雅之生民與周頌思文之什，遡后稷，遡姜嫄，無一言及嚳也。孔子删書斷自唐、虞，其論追王上祀止及先王先公。孟子言稷、契之事詳矣，未嘗謂帝堯之兄弟。其謂稷、契同出於嚳者，乃史遷據世本無稽之説，戴記從其後而附會之耳。國語非左氏所作，其言多與傳牴牾。且左氏已不可信，何有國語。儀禮喪服世稱子夏爲之傳，要亦漢儒之筆耳。如果係報本追遠大典，何以詩、書不一陳之，而孔子、孟子絶口不道也哉！至充宗氏盡闢三年五年之説，謂禘每歲一舉，行以午月，此誤以四時之禘爲大禘。而取徵于雜記孟獻子之言，復以七月日至之禘與正月日至之郊對舉，謂郊歲行，則禘亦歲行可知。嗚呼！雜記之言已出漢儒，更復憑此臆斷，多見其不知量耳。儒者從千百年後求先王廢墜之典，上之信經，其次信傳，又其次則鄭、王、賈、孔。諸儒之成說，猶不失爲近古，然儒者猶當別白以求其至當。若逞其聰明，創爲異説，意欲求勝前人，而不知適增後人之一噱耳。萬氏兄弟最精于禮，而猶有此失，則甚矣經學之難言也。

辨萬氏季埜論禘之失

季埜氏復著論曰：「自三年一祫、五年一禘之説創于緯書，東漢初，張純舉以告世祖，遂據以定禮，合已毁未毁之主而祭于高廟。蓋自東周之亡二百餘年，而禘禮復舉，誠爲盛事。顧其爲制，以高帝爲始祖，而不追始祖所自出。自時厥後，禘名雖存而實亡。」嗚呼！泥于祭法禘黄帝、禘嚳之説，是將使漢祖堯，曹魏祖舜，至唐、宋更無可假託，迺至明皇祖老子，唐尊其廟爲太清宫，前二日先行朝獻之禮，次日朝饗太廟，又次日有事南郊。真宗更祖趙玄朗，宋尊其廟爲景靈宫，前二日先行朝獻之禮，次日朝饗太廟，又次日有事南郊。以爲如是而後得稱大禮，合于先王報本追遠之意。不失諸傅會，即失諸矯誣，是非俗儒泥古階之厲歟？季埜復云：「後世宗廟皆無始祖，又安有自出之祖？雖不禘亦可，舉宋神宗之言曰：禘者，本以審諦祖之所自出。秦、漢以來，譜牒不明，莫知其所本，則禘禮固可廢。遂詔罷禘祀。神宗此舉，真超出漢、唐諸帝之上。」嗚呼！季埜此言，又何其與前説相背戾也。夫過崇先王之禮而牽而合之，謂後世不能盡合先王之禮而舉而廢之，二者俱失。善乎，孔氏穎達之言曰：「禘、祫一也。以其審諦昭穆謂之禘，以其合祀羣廟謂之祫。」商、周以稷、契爲始祖，漢、唐以後，以受命開國者爲太祖，大合食，舉盛禮，如是則禘之典百世可通行，何爲必舉而廢之哉！季埜前所謂名存實亡者，至此併其名而去之，其故由于祭法侈大先王之禮，謂虞、夏、商、周俱有所自出之帝，馴至好奇之主，攀附古聖，而循名責實者，又旋至廢罷。此俗儒說禮者之過，非後世人主之過也。季埜以鄭氏釋經，凡言禘者，俱指爲祀天，以爲妄誕不經，不知鄭氏之失，特稱感生帝如靈威仰之屬雜於讖緯爲非耳。祭天之說，起于韋玄成。王者受命，未有不于天者。詩言：「惟嶽降神，生甫及申」，況受命之主乎！明祖初定祭禮，以始祖無可稽考，特設一主曰皇初祖帝，其有取于鄭氏之旨也夫！

禘祭感生帝說

禮記大傳：「不王不禘。王者禘其祖所自出，以其祖配之。」鄭康成註：「所自出謂感生帝也。」此極爲有見。其見于商頌之長發、大雅生民之篇，彰彰可考，但不當襲讖緯之說，用靈威仰、汁光紀不經之名耳。以稷、契爲帝嚳之子，與帝堯爲兄弟者，此史遷踵帝王世本之謬。而國語、祭法皆雜出于漢儒，以禘郊祖宗之祭，謂虞、夏、商、周皆有之，遠追至黄帝、帝嚳，謂三代之祖皆一姓。夫周公治定制禮，而第因襲虞、夏、商之故事，何以稱禮樂之宗乎？且考諸商書，止云大饗于先王，未嘗有禘之名也，則祭法之謬不辨可知矣。且以生民之詩攷之，以姜嫄爲帝嚳元妃者尤大謬。自古帝王祈求子嗣，必躬禱天地山川，嬪妃不得與。漢成帝祠河東泰畤，而昭儀在屬車豹尾閒，已爲淫褻非禮。豈有帝嚳端居不出，而令元妃偏行郊野，于情爲不合，于禮爲非宜。且卽使元妃行禱，亦當有千乘萬騎，清塵警蹕，如今士大夫家亦須有肩輿傔從。乃至步行草野，至足履大人迹，此乃村姥里媪所爲，豈謂帝王之妃而出此。且以爲無人道而生子，亦宜秘不令宣，抑或別有處置，而乃置諸隘巷，寘諸寒冰，且顯名之曰棄，尤非帝王行徑。且帝堯以唐侯升爲天子，此本與帝嚳不相涉。若說稷與堯俱爲帝嚳之子，則稷乃元子，當立，決無不立稷而反立堯之理，堯必無不首先舉稷，直待殂落之後，舜方舉之之理。且不特此也，頌之長發，先儒以爲大禘之樂歌，大雅之生民，爲尊祖以配天之樂歌。以子孫追述先世，豈宜復有遺漏，何故但推其母，不推其父，以帝嚳先代之聖帝，豈其不足稱述，而沾沾於有娀、姜嫄，以爲受命發祥之始乎？蓋稷、契皆無父而生，詩人明言之曰：「有娀方將，帝立子生商。」又曰：「履帝武敏歆。」所謂帝，即感生帝也。以其無形無影，故不可立尸，又不可立主，但憑依於始祖之神位，以爲所自出之帝。故當大禘之時，始祖得正東向之位，羣昭羣穆以次咸列。長發之詩，自玄王以及相土、成湯，并及阿衡，雝之歌，兼及文王、武王，此其明證也。若以帝嚳爲所自出，稷、契將與嚳並居東面而饗乎？抑退居昭穆之列乎？趙伯循又以爲禘祭不兼昭穆，尤與經文不合。論語或問禘之說，子曰不知也，以其理幽渺，所謂聖人有所不知者是也。以其爲天地生人之始，萬物皆爲同體，故知其說者治天下不難也。朱子惑于趙伯循之說，謂后稷更追上一世，以爲報本之中又報本，追遠之中又追遠，以宇內神奇渺忽之理，出以腐儒拘文牽義之見，遂令後世漢祖堯，曹魏祖舜，影響傅會，未必非斯言啓之也，則經學不明之過也。

書陳止齋春秋郊禘說後

事有千百年之定案，載在經典，傳于學士大夫，一旦以爲不然，初似創論，反覆思之，而知其理之不可易。此蓋好學深思之士，讀書得閒，默會遺經于千載之上，卒以大白乎聖人之心，非尋行數墨之士所可到也。魯之有郊禘說者，以爲成王所賜，伯禽所受，蓋出于明堂位之文，獨止齋陳氏以爲此東遷以後之僭禮也，非成王所賜。其說一徵之史記曰：秦襄公始列于諸侯，作西畤，祠白帝，僭端見矣。位在藩臣而臚于郊祀，君子懼焉，則平王以前未有也。魯之郊禘，惠公請之也。據邵氏經世書惠公請于秦襄公祠白帝之年。其後齊桓公欲封禪，而晉亦郊鯀，皆僭禮也。再徵之春秋與魯頌，其言曰：春秋之郊，何以始見于僖公？惠公雖請之，而魯郊猶未率爲常，至僖公始作頌，以郊爲夸，于是四卜不從猶三望，故特書之，以其不勝譏，譏其甚焉者爾。三徵諸左傳祝鮀之言曰：「周公相王室，以尹天下，於周爲睦。分魯以大路、大旂，夏后氏之璜，封父之繁弱，殷民六族，以昭周公之德。分之土田陪敦，祝、宗、卜、史，備物、典策，官司、彝器。」成王命魯不過如此而已。若果如明堂位之言，祝鮀不應不及。四徵之隱公及僖公諸傳。隱公考仲子之宮，問羽數于衆仲。周公閱來聘，饗有昌歜、白、黑、形鹽，以爲備物，辭不敢受。衛甯武子來聘，宴之，賦湛露及彤弓，不答。果若魯得行天子之禮，則自始封迄春秋之初已四百年，羽數何以始問于隱公？昌歜、形鹽以之饗天子之元老，安用固辭？湛露、彤弓，甯武子何以不答？可見魯僭未久，上自天子之宰，下至列國名卿之有識者，無不微文示譏，而魯人並無一語及于成王之賜以自解，則郊禘之說，當從劉恕爲得也。止齋此論，樓氏鑰亟稱之，以爲千古未發。余謂此亦心理同然，特世儒爲成見所封，不之察爾。明堂位出于漢儒，特傳會魯頌白牡騂剛犧尊之文，以爲此天子所賜。而公羊子又附益之曰：「周公拜乎前，魯公拜乎後。」夫以周公大聖，魯公大賢，豈宜過受天子之恩，以自夸大啓後世人臣加九錫之漸。魯頌鋪陳郊禘盛典，而其言成王之命叔父，未嘗一言及天子之賜，第曰「大啓爾宇，錫之山川，土田附庸」而已，此尤可與祝鮀之言相發，足徵郊禘非成王所賜，而出于東遷以後之僭禮無疑也。止齋爲浙東巨儒，其論郊禘之事，深有合于余心，爲表明而論著之如此。

黄楚望氏亦曰：「周公相成王，制禮作樂，爲天子諸侯不易之大法。身没而王，與伯禽躬爲非禮，以享周公。成王賢王，魯公賢君，必不至是。以魯頌『白牡騂剛』推之，則記禮者之過也。禘者，殷諸侯之盛祭，至周公始定爲不王不禘之法。成王以周公有大勳勞，故命魯以殷諸侯之盛禮祀周公，以示不臣周公之意，故牲用白牡。白牡者，殷牲也。騂剛者，魯公之牲也。又可見魯公以下皆合食于太廟，而禮秩未嘗敢同于周公，非有祭文王爲所自出之禮，如或者之云也。其禘于羣公之廟，則後世始僭之。然晉亦有禘，蓋文公有勳勞于王室，欲效魯禘祭，而請于天子，故得用之。若東周諸侯爲所自出之王立廟稱周廟，如魯與鄭皆是。然止謂之周廟，不敢以祖廟稱之，諸侯不敢祖天子也。若如所云，魯得禘于周公之廟，則當于文王廟以周公配之。若據趙氏則止臨期立文王之主與尸，而反迎以入周公之廟，以父就子，以尊就卑，禮必不然。禮之郊大雩，則平王之世惠公請之是矣。然郊祀蒼帝而四望闕其一，猶未敢盡同于王室。蓋以爲成王所賜者，本明堂位及祭統，以爲惠公所請者，出吕氏春秋，魯、鄭皆有周廟，晉有禘祀，見左傳。」

趙木訥氏曰：「郊之制，自惠公請之周，雖有其制而未敢用，至僖公首舉之。」葉石林氏曰：「吕不韋之書曰：「此平王之未造，惠公請于周而假寵于周公，是平王爲之也。」黄東發氏曰：「破明堂位之説自劉敞始，至木訥述用之甚明，石林與止齋參考之甚備。明堂位出于漢儒，在秦書呂覽之後，其不足據亦明矣。」

康熙庚午，監察御史李時謙疏請舉行禘禮，事下九卿詹事科道會議。禮部尚書張玉書等議曰：「臣等綜考禮制，言禘者不一，有謂虞、夏禘黄帝，殷、周禘帝嚳，皆配祭昊天於圜丘者；有謂祖之所自出爲感生帝，而祭之于南郊者；有謂圜丘、方澤、宗廟爲三禘者。先儒皆辨其非，而言宗廟之禘又不一説。有謂禘祭止及毁廟，不及親廟者；有謂長發之詩爲殷之禘，雍之詩爲周之禘，而親廟與毁廟皆兼祭者。惟唐趙匡、陸淳皆以爲禘異于祫，不兼羣廟。王者既立始祖之廟，直推始祖所自出之帝，而以始祖配之，故名爲禘。至于三年一祫，五年一禘，經無明文，其説始于漢儒，而後之議禮者咸宗之。漢、唐、宋所行禘禮，亦莫考始祖之所自出，止于五歲之中行一祫一禘兩大祭于其宗廟而已。大抵夏、商以前，有禘之祭，而其制未詳。漢、唐以後，有禘之名，而與祫無别。惟周以后稷爲始祖，以帝嚳爲所自出之帝，而太廟之中，原無帝嚳之位，故祫祭不及帝嚳，至禘祭時，乃特設帝嚳之位，以稷配焉。行于後代，不能盡合，故宋神宗諭廷臣議罷禘禮。明洪武初，御史答禄與權請舉禘祭，衆議亦以爲不必行，詔從其議。至嘉靖中，乃立虚位祀皇初祖帝，而以太祖配享，事屬不經，禮亦旋罷。洪惟我國家受天顯命，世德相承，定鼎之初，追上四祖尊稱，以肇祖原皇帝始基王迹，故立廟崇祀自肇祖始。夫太廟之中，以受命之君爲太祖，允宜特尊者也。我太祖高皇帝功德隆盛，與天無極，自當爲太廟萬世之祖。上而推所自出，則締造之業，肇祖爲最著。今太廟祭祀，四孟分祭于前殿後殿，以各伸其尊，歲暮祫享于前殿，以同將其敬。一歲之中，自肇祖以下，屢伸祼獻，仁孝誠敬，已無不極，五年一禘之祭，不必舉行。」王阮亭居易錄。

校勘記

〔一〕〔莊二十四年春王正月〕「正」字據春秋經當作「三」。

〔二〕〔立朝正君臣之位〕「立」字公羊傳桓公元年何休注作「之」。如作「之」，則「之朝」二字與上句「還」字作一句讀。

〔三〕〔乃止〕此二字據左傳昭公五年文當作「乃歸」。

春秋凶禮表卷十六

錫山顧棟高復初輯
安東程　澄練江　參

敘

世儒多以例釋春秋，吾不知所爲例者，將聖人自言之乎，抑出于後儒之揣測也。是不以凡例釋春秋，而直以春秋釋凡例，而經旨益晦。余觀凶禮一編，而春秋二百四十二年之書法，其微意所在，往往前後不相蒙，始終不相襲，而知例之斷斷不可以釋經也。儀禮喪服傳曰：斬衰裳、苴、絰、杖、絞帶、冠繩纓、菅屨者，子爲父，妻爲夫，諸侯爲天子，及臣爲君，此三者，人道之大綱也。春秋之世，有諸侯不奔天子之喪，不會天王之葬，而擅自盟會及郊祀，又大國受小國之奔喪會葬，而未嘗以禮報者，而君臣之道闕。有居喪而納幣，衰絰而從戎，祔廟而逆祀，而父子之倫喪。有以妾匹嫡，天王歸賵，列國會葬，下及僖、宣、襄、昭四妾母薨稱夫人，葬稱小君，而夫婦之道苦。聖人于百五十年閒，一書之，再書之，垂戒深切著明矣。然以魯不報答小國爲非禮。至昭、定之世，滕、薛及曹、魯俱遣使會葬，似足正邦交之失，而聖人未嘗與也。以躋僖逆祀爲非禮。至定之八年從祀先公，似足釐廟祀之謬，而聖人未嘗與也。以以妾配適爲非禮。至定、哀之世，定姒不書薨，不書夫人，不書小君，似足正嫡妾之分，而聖人未嘗與也。其不與者何也？前之失由魯之恃强淩弱，倨傲無禮，後之失由季氏之樹援結黨，弁髦其君；前之失由禮臣之逢迎主上，紊亂典禮，後之失由陽虎之謀爲不軌，假正濟私；前之失由諸公之私厚所生，混淆名分，後之失由季氏之目無君上，菲薄禮儀。聖人前後各據實書之，以著其顛倒益甚，罪狀益深，世道益不可問。而世儒顧以例求之，夫一年之内有寒暑，一日之内有朝夕，寒暑異而裘葛不異，朝夕異而饔飧不異，可乎哉？昔人序少陵詩有云：「太平黷武則志在銷兵，神京陸沈則義嚴討賊。」嗚呼！少陵之詩且然，何況春秋出自孔子哉！故欲執少陵開元、天寶之詩而例諸肅、代諸作則泥矣，執孔子隱、桓、莊、閔之春秋而例昭、定、哀之春秋則鑿矣。學者無以傳求經，並勿執經以求經，惟熟覽二百四十二年之情事，而綜考聖人前後之書法，與聖人默會于千載之上，庶乎可以得之。若執一字以求之，如宰咺書名、王不稱天之類，不爲酷吏之舞法深文，則爲兔園之咬文嚼字，而春秋之義隱矣。輯春秋凶禮表第十六。

春秋凶禮表

天王崩葬

胡傳：「春秋十二王，桓、襄、匡、簡、景志崩志葬，赴告及，魯往會之也。莊、僖、頃崩葬皆不志，王室不告，魯亦不往也。平、惠、定、靈志崩不志葬，赴告雖及，魯不會也。王子猛未踰年，不書崩。敬王崩在春秋後。」

隱三年三月庚戌，天王崩。平王不書葬。杜氏預曰：「不書葬，魯不會。」邵氏寶曰：「魯不會葬者凡七，平、莊、僖、惠、頃、定、靈。蓋諸

桓十五年三月己未，天王崩。桓王七年而後克葬。趙氏匡曰：「此後莊王、僖王不書崩，見王室不告，魯亦不赴，著諸侯之不臣也。」

莊三年五月，葬桓王。李氏廉曰：「莊公立越七年而始葬桓王者，考之桓十八年傳曰：周公欲弒莊王而立王子克，辛伯告王，遂與王殺周公黑肩，王子

僖八年冬十有二月丁未，天王崩。惠王不書葬。

文八年秋八月戊申，天王崩。公孫敖如京師，不至而復。丙戌，奔莒。左傳：「秋，襄王崩。穆伯如周弔喪，不至，以幣如莒，從己氏。」

侯皆然。當是時，伯者誰歟？謂之尊王，不亦愧乎！」

文九年二月，叔孫得臣如京師。辛丑，葬襄王。

何氏休曰：「惡文公不自往。僖公成風之喪，襄王比加禮，故録之以責内。」

楊氏士勛曰：「魯卿往會始書。」

劉氏敞曰：「杜云：『卿共葬事，禮也』，非也。使卿共葬，周末之淩替，非典之正也。」

宣二年冬十月乙亥，天王崩。

匡王四月而葬，前頃王不書崩。

克奔燕。由此觀之，蓋以亂故也。」

宣三年春正月，葬匡王。

胡傳：「微者往會，慢也。或曰親之而常事不書，非矣。崩葬始終之大變，豈以是爲常事而不書乎！」

徐氏彥曰：「去年十月天王崩，至今年春未滿七月，即文九年傳所謂不及時書也。」

呂氏大圭曰：「葬桓王，葬匡王，不書其

成五年冬十有一月己酉，天王崩。

定王不書葬。

高氏閌曰：「罪諸侯之不會也。」

汪氏克寬曰：「文公不加壅命之罪于敖，又不遣他卿如京師，其罪非獨敖矣。」

襄元年九月辛酉，天王崩。

案：是月邾子來朝。冬，衛侯使公孫剽來聘，晉侯使荀罃來聘。

徐氏彥曰：「天王崩而四國得行朝聘者，杜氏云：『辛酉是九月十五，冬者，十月初也，四國行朝聘之時，王之訃告未至于魯。』」

楊氏士勛曰：「知王崩赴未至者，禮，諸侯爲王氏葆曰：「此雖非禮，猶爲可道。若夫以微者往會，而不登于策，併不往弔葬，而見略于經，則又甚矣。」趙氏鵬飛曰：「天王書葬者五，而魯以大夫會葬者二，此年得臣之行，與昭二十二年叔鞅如京師葬景王而已。其三則不書大夫如京師，蓋使微者往也。然猶愈夫不會葬者。書崩而不書葬者四，魯不會也。」

人，或謂皆公親往。然以他文考之，葬諸侯而使卿者，則備書之，其他不書其人者，皆爲公親往，可乎？」

天子斬衰，豈天子以九月崩，當月即邾子來朝，冬初即晉、衛來聘，魯是有禮之國，焉得受之。猶如襄二十九年吳子餘祭以五月被弒，許未至魯，故季札以六月至魯，仍行聘事，亦此類也。」彙纂曰：「三國朝聘，左氏皆以爲禮。杜氏預釋之曰：王訃未至也。公、穀俱不發傳，而范氏寧、徐氏彥、楊氏士勛咸主杜說，蓋按日而稽之，非臆度也。胡傳以爲貶，雖本泰山孫氏說，恐無所據。」

襄二年春王正月，葬簡王。

杜氏預曰：「五月而葬，速。」

案：經不書遣大夫如京師，蓋使微者往，著其慢也。

襄二十八年十有二月，天王崩。

靈王不書葬。

案：是月乙未，楚子昭卒，明年正月，公在楚，不奔天子之喪，而久留以待楚子之葬，至夏五月乃歸。舉一魯而天下之諸侯可知，顛倒極矣！蓋由向戌爲弭兵之說，使晉、楚之從交相見，故天下諸侯皆以臣子之禮事楚，甚矣其爲春秋之罪人也。

左傳：「葬靈王，鄭上卿有事。子展使印段往。伯有曰：弱，不

昭二十二年夏四月乙丑，天王崩。

卓氏爾康曰：「景王太子壽早夭，猛與匄皆爲母弟，子朝，庶孽也。猛幼而貴，朝長而卑。王愛朝，欲立之，未及而崩。子朝恃寵争立，諸大臣不服，于是劉子、單子欲立子猛，尹氏、召伯、毛伯欲立子朝，彼此相持，皆未卽位。所以三月卽葬景王者，蓋劉、單欲使王猛急成喪以行事也。」

六月，叔鞅如京師葬景王。

趙氏鵬飛曰：「三月而葬，亂故也。」

高氏閌曰：「天子崩必七月而葬者，使天下諸侯遠近俱得會其葬也。今天王崩，諸侯無一奔喪者，昭公但使叔鞅往會之，又以三月而葬，是天子而用大夫之禮也。」

冬十月，王子猛卒。

左傳：「十一月乙酉，王子猛卒。己丑，敬王卽位。」

杜氏預曰：「未卽位，故不言崩，周人謚曰悼王。」

孫氏復曰：「言王，所以明當嗣之人也。言子，所以見未踰年之君也。言猛，所以別羣王子也。不崩不葬，降成君也。」

吳氏澂曰：「子上加王字者，表其爲天王未踰年之子，以別于諸侯未踰年之子也。」

可。子展曰：與其莫往，弱，不猶愈乎！遂使印段如周。」			

公薨

張氏洽曰：「春秋書魯君見弒之例有二，在內則不書地，以存其實；在外則不容不書其地，而以上下文之特異者見之。」

程子曰：「人君薨于路寢，見卿大夫而終，乃正終也。薨于燕寢，非正也。薨不書地，弒也。」

隱十一年冬十有一月壬辰，公薨。	桓十八年夏四月丙子，公薨于齊。丁酉，公之喪至自齊。	莊三十二年八月癸亥，公薨于路寢。	閔二年秋八月辛丑，公薨。	僖三十三年冬十有二月乙巳，公薨于小寢。
左傳：「公祭鍾巫，齊于社圃，館于寪氏。壬辰，羽父使賊弒公于寪氏，立桓公而討寪氏，有死者。不書葬，	左傳：「公及文姜如齊，齊侯通焉。公謫之，以告。夏四月丙子，享公。使公子彭	何氏休曰：「天子諸侯皆有三寢，一曰高寢，二曰路寢，三曰小寢。父居高寢，子居路寢，夫人居小寢。」	左傳：「共仲使卜齮賊公于武闈。」陳氏傅良曰：「魯之春秋固書曰公子慶父弒公于武闈，聖人書之曰公薨，諱之也。諱	左傳：「卽安也。」穀梁：「小寢，非正也。」楊氏士勛曰：「傳發此例者，以隱公不地，桓

不成喪也。」公羊：「君弒賊不討不書葬，以爲無臣子也。」穀梁：「不書葬，以罪下也。」朱子曰：「書薨而以不地著之，蓋臣子隱諱之義。」

生乘公，公薨于車。」胡傳：「前書公與夫人姜氏如齊，後書夫人孫于齊，而莊公不書即位，則被弒之實亦明矣。」

啖氏助曰：「莊公正終而嗣禍，分位不明，而閨闈不修也。故宗嗣素定之，兵權散主之，閨闈嚴飭之，女子小人不尸重任，賢良受託，鼎足交輔，何自有篡弒之禍哉！」

之而以不地不葬見之。薨，十二公所同也。不地不葬，隱、閔所獨也。雖諱，而亂臣賊子之獄具矣。」

公非正。今僖公雖卒，而没于婦人之手，故發傳以惡之也。」

文十八年春，王二月丁丑，公薨于臺下。

穀梁：「非正也。」汪氏克寬曰：「或謂因隕而斃，故以非命而終。今雖莫考其詳，然經書薨于臺下，則其失正可知。」黃氏正憲曰：「前書毁

宣十八年冬十月壬戌，公薨于路寢。

汪氏克寬曰：「宣公亦弒立而獲正終，然魯君自是失政，而三家彊盛，不復可制矣。」

成十八年八月己丑，公薨于路寢。

穀梁：「路寢，正也。男子不絕于婦人之手，以齊終也。」

襄三十一年夏六月辛巳，公薨于楚宮。

何氏休曰：「公朝楚，好其宮，歸而作之，故名之云爾。」薛氏季宣曰：「別宮也。小寢猶非正，況別宮乎。」

昭三十二年十有二月己未，公薨于乾侯。

左傳：「書曰公薨于乾侯，言失其所也。」

泉臺，此書公薨于臺下，卽其地耶？信如左氏之說，則蛇之妖，乃不係于聲姜，而係于文公者矣。」

定十五年夏五月壬申，公薨于高寢。

杜氏預曰：「高寢，宮名。言失其所。」

未成君卒

莊三十二年冬十月己未，子般卒。

左傳：「子般卽位，次于黨氏。冬十月己未，共仲使圉人犖賊

文十八年冬十月，子卒。

左傳：「冬十月，仲殺惡及視，而立宣公。」范氏甯曰：「子赤也。諸侯在喪既葬之稱。」

襄三十一年秋九月癸巳，子野卒。

左傳：「夏六月辛巳，公薨于楚宮。立胡女敬歸之子子野，次于

子般于黨氏，立閔公。」

公羊：「其稱子般卒何？君存稱世子，君薨稱子某，既葬稱子，踰年稱公。何以不書葬？未踰年之君也。」

案：程氏端學曰：「不名，係闕文。」陳氏傅良曰：「凡君在喪恆稱子，未葬稱子某。文公以六月葬，故不書子赤卒。成之爲在喪之君，以弒罪罪宣公也。如此則不名實有意義，不得從闕文之例。」

又案：王子猛亦是既葬而卒，而書子猛者，以別于子朝，又是一例。君薨皆日，即被弒之君亦得日，而子惡之卒，經、傳俱無其日者，當是敬嬴、襄仲斃之闈闥之內，其死狀甚秘，外人不聞知已。又殺其母弟，戕

季氏。秋九月癸巳，卒，毁也。己亥，立敬歸之娣齊歸之子公子禂，是爲昭公。」

其保傅，又逐其母，子惡之黨無一人，故并不知其死日，是行弑之又一變局也。仲之凶𢿢，更加羽父、共仲一等。

公葬

先母舅霞峰華氏曰：「春秋之法，君弑賊不討不書葬，此夫子之創例，所以責臣子之必討賊，不容一日緩也。故隱不書葬，而終桓之世内大夫之卒削不書，魯無大夫也，亦可謂深切著明矣。閔之弑也，慶父出奔，後雖受誅，卒立孟氏，實啟三桓之盛，安得謂之討賊，故亦不書葬。或乃以隱、閔之不書葬爲桓、僖不葬以君禮，且以隱、閔夫人不備薨葬證之。夫魯君之不以禮葬者，莫若季氏之於昭公，然春秋不聞以此削其葬。況僖公，魯之賢君，決無不以禮葬閔公之事，而閔公遇弑纔十餘歲，安得夫人，其誣妄甚矣。葬，大事，故十二公非君弑而葬必書，失禮而喪不以制，如定公之雨不克葬必書。」

桓十八年冬十有二月，葬我君桓公。

公羊：「賊未討，何以書葬？讎在外也。」

穀梁：「不責踰國而討於是也。」

汪氏克寬曰：「春秋君弒而書葬者凡九，衛桓、齊襄、陳靈則賊已討者也。鄭僖、齊悼則經不書弒者也。蔡景之葬，偏刺天下之諸侯也。許悼之葬，不使止，爲弒父也。蔡靈讎在外，而亦弒逆之賊，與魯桓同。楚虔之殞于比，亦猶齊諸兒之殞于無知

閔元年夏六月辛酉，葬我君莊公。

左傳：「亂故，是以緩。」

汪氏克寬曰：「魯君之葬，皆不過五月之期，惟桓公見戕于齊，九月而後葬，昭公客死于外，八月而後葬。莊公之薨，至是十有一月，蓋以國亂子弒，嗣君幼弱，危不得葬也。」

文元年夏四月丁巳，葬我君僖公。

左傳：「緩。」

杜氏預曰：「僖公實以三十三年十一月薨，文元年閏三月，并閏計之，七月乃葬，故傳云緩。」

文十八年六月癸酉，葬我君文公。

案：文公以二月薨，至是五月而葬，如期。

成元年二月辛酉，葬我君宣公。

案：宣公以去年冬十月薨，至是五月而葬，如期。

也。蔡昭雖在內，賊已討，而賊微不書。」

成十八年十二月丁未，葬我君成公。

左傳：「書順也。」

杜氏預曰：「薨于路寢，五月而葬，國家安靖，世適承嗣，故曰書順。」

襄三十一年冬十月癸酉，葬我君襄公。

案：襄公以夏六月薨，至是五月而葬，如期。

定元年秋七月癸巳，葬我君昭公。

左傳：「季孫使役如闞，將溝焉。榮駕鵞曰：『生不能事，死又離之，以自旌也？縱子忍之，後必或恥之。』乃止。秋七月癸巳，葬昭公於墓道南。孔子之爲司寇也，溝而合諸墓。」

高氏閌曰：「昭公薨半載餘，始以喪歸，歸及踰月而遽葬，見魯之臣子無恩于先君如此。」

定十五年九月丁巳，葬我君定公。雨，不克葬。戊午，日下昃，乃克葬。

穀梁：「葬既有日，不爲雨止，禮也。雨，不克葬，喪不以制也。」

孫氏復曰：「言無備之甚也。」

高氏閌曰：「葬曰虞，所以寧親也。日下昃，則失虞之時矣。」

夫人薨葬

汪氏克寬曰：「魯夫人見經者八，文姜、哀姜、聲姜、穆姜、齊姜書薨書葬，子氏以隱公在，不書葬，出姜歸齊，并不書薨，孟子以同姓諱而略之。妾母見經者六，仲子之卒在春秋之前，成風、敬嬴、定姒、齊歸皆書薨書葬，稱夫人，稱小君，與正嫡無異，仲子不稱夫人、小君，猶未至如中葉以後失禮之甚也。唯定十五年姒氏卒，以哀公未即位，故不成小君之禮爾。」

先母舅霞峰華氏曰：「夫人見經者八，妾母見經者六，若以王法繩之，惟隱夫人子氏、僖夫人聲姜、成夫人齊姜無貶，其餘除出姜歸齊不書薨葬外，宜俱在貶斥之列。而春秋書夫人薨，其葬也書葬我小君，雖以文姜、哀姜之弒逆而無貶，雖以成風、定姒之妾母僭位而無貶，雖以敬嬴之殺嫡奪嗣而亦無貶。惟定姒，哀公之母，不稱夫人；孟子，昭公之配，亦不稱夫人。孟子不書葬，定姒葬不稱小君，蓋當時不以夫人之禮喪之。凡此類直書其事而義自見者也。」

隱二年十有二月乙卯，夫人子氏卒。	穀梁：「夫人者，隱之
莊二十一年秋七月戊戌，夫人姜氏薨。	杜氏預曰：「薨寢祔
莊二十二年春，王正月癸丑，葬我小君文姜。	胡傳：「典禮當謹之于
僖元年秋七月戊辰，夫人姜氏薨于夷，齊人以歸。十有二月	
僖二年夏五月辛巳，葬我小君哀姜。	程氏端學曰：「哀姜淫

妻也。卒而不書葬，夫人之義從君者也。」 黃氏正憲曰：「春秋隱稱公，則其妃必稱夫人。豈成隱之爲君，而不成其妃爲夫人乎？」	姑，赴于諸侯，故具小君禮書之。」 張氏洽曰：「以文姜之醜行，而卒以國君之母寵榮終身，此魯之禍所以未艾也。」 黃氏仲炎曰：「文姜之惡極矣，春秋終始以夫人書之，孰謂春秋奪人之爵，甚至貶及天王哉！」	始，文姜已歸，爲國君母，臣子致送終之禮，雖欲貶之，不可得矣。」	丁巳，夫人氏之喪至自齊。 汪氏克寬曰：「文定及程沙隨皆謂齊以喪歸魯。夫魯之去齊無越一百七十日始至之理，蓋齊既殺之于夷，以喪歸于齊國，然後魯請而歸于魯爾，所以下云夫人氏之喪至自齊，而不言至自夷也。」	逆，其死也，不葬于其地，而以歸魯，魯人受之，葬之以禮，又別爲之謚，是知有母而不知有宗廟矣。」 季氏本曰：「先儒謂子無絀母之義，竊意既得罪于夫，宜絶于宗廟，以私禮葬可也，以小君禮祔不可也。」
文四年冬十有一月，夫人風氏薨。 陳氏傅良曰：「夫人某氏，嫡稱也，喪之以夫人之禮也。隱公之喪	文五年三月辛亥，葬我小君成風。 莊公妾，僖公母。 汪氏克寬曰：「後世以妾母爲正嫡，至于襄	文十六年秋八月辛未，夫人姜氏薨。 僖公配、文公母聲姜也。	文十七年夏四月癸亥，葬我小君聲姜。 高氏閌曰：「九月乃葬，慢也。不稱僖姜而別爲之謚，非禮	宣八年六月戊子，夫人嬴氏薨。 趙氏鵬飛曰：「宣公殺太子，絶嫡母，而奉妾母，蓋自元年而已然。

桓母猶有疑焉。是故別廟祔姑稱謚，伉然如夫人，則自文公之喪成風始。」齊氏履謙曰：「哀姜誼不可以入宗廟，故僖公緣此，尊成風爲夫人，以妾亂嫡。後世失禮，自成風始。春秋並同夫人書之，亦不沒其實而已。」案：後世漢光武以呂后殺三趙王得罪高帝，絀其配饗，升薄后于高帝廟合食，意亦同此。

事，乃黜正嫡而嬖妾合葬焉。如唐中宗之葬乾陵，嚴善思諫而弗止，孰有如漢之文帝自謂側室之子，而不以爲嫌者乎！」

也。」

故聖人于元年稱婦姜，則見其以妾爲姑。而于此復書夫人嬴氏薨，則宜以妾母爲夫人，而妾母專政之罪，于是著見矣。」家氏鉉翁曰：「哀姜淫亂，弒二君，齊桓討而殺之，僖于是尊其母成風爲夫人，以配其父，此僭也。然非哀姜不終，則僖公亦未敢遽如此。今敬嬴與其子弒君逐母，僭號夫人，使遇齊桓，則敬嬴、襄仲皆當比而誅戮，列國無伯，故得以肆行無忌至此。」

冬十月己丑，葬我小君敬嬴，雨，不克葬。庚寅日中而克葬。

范氏甯曰：「君以夫人禮卒葬之，故主書者亦不得不以爲夫人。」吳氏澂曰：「僖、宣、襄、昭四妾母，羣臣皆逢君之意而尊爲夫人也。」

襄二年夏五月庚寅，夫人姜氏薨。

成公配，襄公嫡母。左傳：「初，穆姜使擇美檟，以自爲櫬與頌琴，季文子取以葬。君子曰：虧姑以成婦，逆莫大焉。」家氏鉉翁曰：「襄公嫡母與定姒並書卒葬，而嫡妾之分見矣。」案：此年有夫人姜氏，四年復書夫人姒氏，有兩夫人，先儒謂不加貶而罪自見者也。然自漢、唐以後，生母皆並稱太后，誰復以爲非者？久矣，古禮

秋七月己丑，葬我小君齊姜。

杜氏預曰：「齊，謚也。三月而葬，速。」

襄四年秋七月戊子，夫人姒氏薨。

成公妾，襄公生母。左傳：「定姒薨，不殯于廟，無櫬，不虞。匠慶謂季文子曰：子爲正卿，而小君之喪不成。君長，誰受其咎？初，季孫爲己樹六檟于蒲圃東門之外，匠慶請木，季孫曰：略。匠慶用蒲圃之檟，季孫不御。」案：季孫初意欲不以夫人之禮喪定姒，以避正嫡，此正合禮。逮匠慶請木，乃不以嫡庶之名分折之，第

八月辛亥，葬我小君定姒。

高氏閌曰：「死纔二十三日。」許氏翰曰：「傳載季文子欲不以夫人之禮葬定姒，而不得已于人言。觀此葬速，禮略也。」

襄九年五月辛酉，夫人姜氏薨。 宣公配，成公母。 左傳：「穆姜薨于東宮。」 杜氏預曰：「成公母淫僑如，欲廢成公，故徙	
秋八月癸未，葬我小君穆姜。 杜氏預曰：「四月而葬，速。」 家氏鉉翁曰：「穆姜爲行父所幽以死，魯國之大無有如潁考叔之悟其君者，畏季氏也。」	之不行於今矣！
昭十一年五月甲申，夫人歸氏薨。 襄公妾，昭公生母。 襄配敬歸，不見經。 彙纂曰：「先儒據左氏以齊歸爲敬歸之娣，故有妾母稱夫人之	
九月己亥，葬我小君齊歸。 范氏甯曰：「齊，謚。」 左傳：「葬齊歸，公不慼。晉士之送葬者，歸以語史趙。叔向曰：『魯公室其卑乎！有三年之喪，而無一	令略取他人之木，蓋當時習見。僖、宣兩朝喪妾母皆用夫人禮，故不用遂以爲怪，而季文子初亦不知此，蓋僖公作俑之過也。然此時猶知畏懼君威，曰君長，誰受其咎，則季氏猶未至甚横，異乎定、哀之世，此可以觀世變矣。
定十五年秋七月壬申，姒氏卒。 哀公母，定公妾。定配不見經。 公羊：「何以不稱夫人？哀未君。」 穀梁曰：「妾辭也。」	

居東宮。」

案：穆姜以淫行而壽極長，死于孫之手，親見齊姜與定姒之薨，己之櫬乃爲其婦所用，其亦苦矣。文姜壽亦極高，年近六十猶出淫于莒。此則幽閉東宮而不得出，則以穆姜得罪季氏，當時君弱臣强可知矣。桓、宣皆弑立，欲結援大國以自固，而皆得淫妻之報，天道不爽，信哉！自穆姜幽死以後，魯之夫人遂無復有淫行者。

九月辛巳，葬定姒。

行父取穆姜喪具以喪齊姜，其心可誅矣。」

哀十二年夏五月甲寅，孟子

譏。何氏釋公羊則以齊歸爲襄公嫡夫人，與左不同。季氏本謂自昭至哀再無卒襄夫人者，則齊歸之爲嫡，亦未可定。」方氏苞曰：「左氏以爲娣，誤也。有因妾母僭夫人薨葬，而預書夫人之娶以別之者矣，未有志僭者之薨葬，而反削夫人之薨葬者也。歷襄、昭、定、哀未嘗別見襄夫人之薨，以此知齊歸之爲嫡也。」

日之慼，不顧親也，殆其失國。」

啖氏助曰：「自成風之後，妾母皆僭用夫人之禮，故書薨書夫人，以著其非禮。定姒卒時，哀立未踰年，故書卒。子既未踰年，故不稱夫人也。」

公羊：「定姒何以書葬？未踰年之君也。」左傳：「不稱小君，不成喪也。」王氏樵曰：「諸家皆以哀未踰年之君，故定姒止書卒葬，而不書夫人以薨，小君以葬，此皆因諸侯僭禮而爲之辭。其實子雖踰年成君，亦不得夫人其妾母也。自成風以來，妾母皆僭用夫人禮，故春秋亦從而書夫人，書小君，以著其非禮。姒氏，哀公之母，定公之妾，已君未君皆不稱夫人。卒曰姒氏卒，葬曰葬定姒，皆正名也，非因子

卒。

昭公配，吳女。

左傳：「昭公娶于吳，故不書姓。死不赴，故不稱夫人。不反哭，故不言葬小君。」吳氏澂曰：「固是以同姓而不書夫人薨，亦以見魯臣子不以夫人之禮喪之也。昭公，君也，尚且逐出之，而葬不備禮，況其夫人乎！一書卒而二義具焉。」

案：胡氏寧以姒氏不稱夫人爲正名，孟子不稱夫人爲隱惡，此似是而非也。是時權在季氏，乃季氏不以

未踰年之故也。」	爲夫人耳，非哀公之意也。假正誼以削其禮數，薄其君父，據實事書之，正以見季氏專制其君之惡。謂夫子有意削之者，是助季爲暴也。諸説之中，臨川吴氏近之。

歸賵含及奔喪會葬

案：春秋喪禮之交際，唯以力之强弱爲隆殺。魯不奔天子之喪，而天子遣使來會僖公之葬，顛倒已甚。況歸賵仲子，賵葬成風，越禮亂倫，尤不可言。秦人以大國而歸襚，則以欲窺晉也。自晉使詹嘉處瑕以守桃林之塞，而秦、魯遂絶。郳之來奔喪，滕之來會葬，則小國以天子之禮事大國也。禮，諸侯之喪，士弔，大夫送葬。會葬，非禮也，奔喪甚矣。

隱元年秋七月，天王使宰咺來	文元年二月，天王使叔服來會	文五年春，王正月，王使榮叔歸	三月辛亥，王使召伯來會葬。	文九年冬，秦人來歸僖公成風

歸惠公仲子之賵。

程子曰：「春秋時嫡妾僭亂，聖人尤謹其名分。不曰夫人，曰惠公仲子，謂惠公之仲子，妾稱也。以夫人禮賵人之妾，亂倫之甚。」

葬。

高氏閌曰：「會葬者，諸侯相送終之辭。天王惟有弔贈含襚之禮，今使叔服來會葬，是自同于諸侯也。」

黃氏仲炎曰：「桓王崩七年而後葬，見諸侯不恤天子之喪。僖公以夏四月葬，而王使叔服先二月至魯，見天子急于奉諸侯之喪，冠履倒置極矣。」

案：此條公、穀、杜氏、胡氏皆以爲得禮，家氏鉉翁亦謂僖公，魯之賢君，書天王爲無貶。然僖公未嘗遣使會惠王之葬，襄王不

含，且賵。

程子曰：「天子成妾母爲夫人，亂倫之甚，失天理矣！」

陳氏傅良曰：「賵，常事，不書，惟賵仲子、成風特書之，則以遂命爲夫人也。」

彙纂曰：「魯弑君始桓，僭嫡始成風，王不能正而又成之，故錫命歸含、賵、會葬。王皆不稱天，以謹其始。」

杜氏諤曰：「薨而賵、含，尚曰不可，況又使卿會葬乎！故復去天，以不義。」

湛氏若水曰：「會葬之禮，諸侯所以尊天子，天子所以答施于諸侯，猶之可也。而施于妾母，是成其夫人，而教人以妾僭嫡矣。紊名分，逆天理，莫此之甚。」

之襚。

穀梁：「秦人弗夫人也，卽外之弗夫人而見正焉。」

孫氏復曰：「書者見周室陵遲，典禮錯亂，秦人之弗若也。自四年成風薨後，王使榮叔歸含且賵，召伯會葬，儼然同于夫人矣。天子所不能正而秦人能之，故書。」

鄭氏玉曰：「夫子以魯之臣子，不敢違其國，故皆以夫人書。此因史之舊及秦人歸襚，始書曰僖公成風，以正嫡妾之分，此夫子修春秋之文也，聖人

	之討，及其葬，乃反遣使先期以至焉，是使王靈益卑，而諸侯傲慢不臣，益無畏懼，謂之無貶，得乎？			之筆削可見矣。」
襄三十一年冬十月，滕子來會葬。 陳氏傅良曰：「改葬惠公也。衞侯來會葬，隱公不見，春秋之初，魯猶秉禮也。晉景公之喪，成公弔焉，亦已卑矣，晉于是止公，使送葬，諸侯莫在，魯人辱之，雖伯主未有君會葬者也。葬楚康王也，公及陳侯、鄭伯、許男送于西門之外，	定十五年，邾子來奔喪。 杜氏預曰：「諸侯奔喪，非禮。」	九月，滕子來會葬。 家氏鉉翁曰：「魯君嘗奔齊、晉之喪，會楚之葬，春秋不書，諱之也。邾、滕二君來奔喪、會葬而皆書者，非嘉其來，志其禮之僭也。」 案：邾、滕之奔喪、會葬，始見于春秋之季，何也？春秋中葉，邾、滕猶視魯爲列國，未如齊、晉之强大也。		

則天下諸侯有會葬于楚者矣。于是滕子會葬于魯，是春秋之季也。」

故邾屢與魯鬬争，互有勝負，而魯亦未敢以屬國處之。至襄之季，昭之世，而季氏專政，屢侵奪邾、莒以自益，而魚肉邾爲尤甚。故小國聞風生畏，諂以求免，儼如魯之事齊、晉矣。非畏魯也，畏季也。畏季而魯益弱。聖人書之，以志世變，非止譏邾、滕之越禮而已。

外諸侯卒葬

程子曰：「吉凶慶弔，鄰國之常禮。諸侯之卒與國之大故，來告則書，諸侯告喪，魯往會葬則書。」

汪氏克寬曰：「赴告以日，史書其日，則經弗削，以見列國臣子之謹終。赴告略，史不日，則經無自而書其日，以著列國臣子之慢。」

隱三年八月庚辰，宋公和卒。十二月癸未，葬宋穆公。 孫氏覺曰：「記卒記名者，卽位之初，以名赴我，我因其卒，得以名之于册也。卒而不名者，卽位之初，不赴于我，或史失之，不得記其名也。」 徐氏邈曰：「凡書葬者，皆據我而言葬彼。故不書宋葬穆公，而書葬宋穆公。」
隱八年夏六月己亥，蔡侯考父卒。八月，葬蔡宣公。 杜氏預曰：「三月而葬，速。」 陳氏深曰：「諸侯告終，則必稱嗣以赴。自其告先君之終，則已紀録于列國之史矣，非特因同盟、朝會、聘告之有證也。」
桓五年春正月，甲戌、己丑，陳侯鮑卒。夏，葬陳桓公。 吳氏澂曰：「葬不書月，史失之。蓋陳佗篡立而葬之也。」
桓十年春，王正月庚申，曹伯終生卒。夏五月，葬曹桓公。 湛氏若水曰：「著葬之得禮也。禮，諸侯五月而葬。何以書？有赴報則史書之，聖人存之。」
桓十一年夏五月癸未，鄭伯寤生卒。秋七月，葬鄭莊公。 杜氏預曰：「三月而葬，速。」 季氏本曰：「卒踰兩月而葬，必慮有争焉耳。蓋嗣君爲喪主，諸侯會葬，而其位始定。故凡速葬者，皆有故也。」

桓十二年冬十一月丙戌，衛侯晉卒。十三年三月，葬衛宣公。

家氏鉉翁曰：「衛宣未葬，嗣子朔從諸侯及魯、紀戰，敗績而歸，乃葬其親，不仁可知。春秋不書衛子而以爵書，絶之也。」吳氏澂曰：「二月己巳之戰，衛助齊滅紀，魯爲紀禦齊，魯、衛非敵怨也，故不廢會葬之禮。」

桓十四年冬十二月丁巳，齊侯禄父卒。十五年夏四月己巳，葬齊僖公。

高氏閌曰：「魯不供天王之喪，而會齊僖之葬，顛倒甚矣。」凡春秋喪月之數，皆是據首尾而言，丁巳是十二月初二日，己巳是四月十六日，相去凡一百三十三日。

桓十七年六月丁丑，蔡侯封人卒。秋八月癸巳，葬蔡桓侯。

杜氏預曰：「稱侯，蓋謬誤。三月而葬，速。」正義曰：「桓侯獨不稱公，劉謂桓卒而季歸，無臣子之辭也。蔡侯無子，以弟承位，故傳稱蔡人嘉之，與貶相反，故杜直以爲史文謬誤。」案：啖氏助又謂蔡季賢，請謚于王，胡傳亦從其説，趙木訥氏極駁之，詳闕文表。

莊元年冬十月乙亥，陳侯林卒。二年春王二月，葬陳莊公。

杜氏預曰：「魯往會之，故書。」

莊二年冬十二月，宋公馮卒。三年夏四月，葬宋莊公。

穀梁：「月葬故也。」

莊二十一年夏五月辛酉，鄭伯突卒。冬十有二月，葬鄭厲公。

杜氏預曰：「八月乃葬，緩。」

王氏葆曰：「鄭伯有納惠王之功勳在王室，然不免謚爲厲者，其始以賂而簒立，中以虐而出奔。周室雖衰，公議尚在，臣子不敢妄加美名，古意猶可考也。」

莊二十三年冬十一月，曹伯射姑卒。二十四年春王三月，葬曹莊公。

左氏卒葬俱無傳。

僖四年夏，許男新臣卒。八月，葬許穆公。

趙氏匡曰：「是時許從伐楚召陵，許國與楚近，遇疾而歸，卒于國，故不言卒于師。」

余氏光曰：「郭氏曰：經書許男新臣卒，而傳加一師字。若曰諸侯薨于朝會加一等，卒于王事加二等，蓋因許本男爵，謚而爲公，遂生此曲說。文五年十月甲申，許男業卒，明年春，葬許僖公。宣十七年春正月，許男錫我卒，夏，葬許昭公。是二公

僖七年秋七月，曹伯班卒。冬，葬曹昭公。

黄氏震曰：「七月卒，冬而葬，時也。」

僖十二年冬十二月丁丑，陳侯杵臼卒。十三年夏四月，葬陳宣公。

葬如期。

		者，薨于朝會乎？王事乎？觀此足知傳之謬妄矣。」		
僖十七年冬十二月乙亥，齊侯小白卒。十八年秋八月丁亥，葬齊桓公。 左傳：「冬十月乙亥，齊桓公卒，易牙與寺人貂因内寵以殺羣吏，而立公子無虧。十二月乙亥，赴。」杜氏預曰：「孝公立而後得葬，凡十有一月，亂故也。」	僖二十五年夏四月癸酉，衛侯燬卒。秋，葬衛文公。	僖二十七年夏六月庚寅，齊侯昭卒。秋八月乙未，葬齊孝公。 杜氏預曰：「三月而葬，速。」	僖三十二年冬十二月己卯，晉侯重耳卒。三十三年夏四月癸巳，葬晉文公。 左傳：「子墨衰絰，夏四月辛巳，敗秦師于殽，遂墨以葬文公。」今案：己卯是十二月十一日，辛巳是四月十五日，癸巳是四月二十七日，見襄公父死未葬而尋干戈也。	文五年冬十月甲申，許男業卒。六年春，葬許僖公。 俞氏皐曰：「葬不書月，史闕文。」

文六年八月乙亥，晉侯驩卒。冬十月，公子遂如晉，葬晉襄公。

杜氏預曰：「卿供葬事，文、襄之制也。三月而葬，速。」

汪氏克寬曰：「趙盾患秦之送公子雍，欲禦秦師，故急于襄事。」

文九年秋八月，曹伯襄卒。冬，葬曹共公。

葬如期。

宣三年冬十月丙戌，鄭伯蘭卒。葬鄭穆公。

趙氏鵬飛曰：「丙戌卒而丙戌葬，無是理。諸侯五月而葬，今十月卒，大抵葬在三月之閏耳。歸生將不利于嗣君，故速葬而成其逆焉。」

宣十年夏四月己巳，齊侯元卒。公如齊。六月，公孫歸父如齊，葬齊惠公。

左傳：「公如齊奔喪。」

黄氏正憲曰：「卒三月而葬太速者，觀崔氏見逐于君終之際，嗣子稱侯于未踰年之前，則必有其故矣。」

案：十二公無親奔天子之喪，親會天王之葬者，而親往奔齊惠之喪，隨又遣卿會葬，是以天子之禮事齊也。宣公賴齊得國，

宣十四年夏五月壬申，曹伯壽卒。秋九月，葬曹文公。

葬如期。

故終身謹事，齊惠殁又加禮如此。春秋備書，其旨深矣。

宣十七年春，王正月庚子，許男錫我卒。丁未，蔡侯申卒。夏，葬許昭公，葬蔡文公。

張氏洽曰：「春秋備書，而宣公不謹于事上，交隣之罪見矣。」季氏本曰：「是時許、蔡從楚，皆來赴喪，魯皆往弔，見魯亦與楚通。」

成二年八月壬午，宋公鮑卒。三年二月乙亥，葬宋文公。

胡傳：「案：左氏：文公卒，始厚葬，君子謂華元、樂舉於是乎不臣。今數其葬之月，則信然矣。」高氏閌曰：「七月而葬，僭天子之禮。」

成二年八月庚寅，衛侯速卒。三年春，王正月辛亥，葬衛穆公。

王氏葆曰：「六月乃葬，非禮。」

成四年三月壬申，鄭伯堅卒。夏四月，葬鄭襄公。

季氏本曰：「襄公卒，二月而葬，其速如此，必襄公以弟代兄，其後嗣子有爭也。」

成九年秋七月丙子，齊侯無野卒。冬十有一月，葬齊頃公。

葬如期。

成十四年冬十月庚寅，衞侯臧卒。十五年春，王二月，葬衞定公。

葬如期。

成十五年夏六月，宋公固卒。秋八月庚辰，葬宋共公。

季氏本曰：「三月即葬，必嗣子幼弱，恐有他變，而急于襄事也。」

襄四年春，王三月己酉，陳侯午卒。秋七月，葬陳成公。

汪氏克寬曰：「時陳即晉，魯會其葬，故書。」

葬如期。

襄六年春，王三月壬午，杞伯姑容卒。秋，葬杞桓公。

趙氏鵬飛曰：「杞自入春秋至是，始以名赴于諸侯，以前蓋微弱不能行其禮，諸侯亦眇之而不會葬。」

嚴氏啟隆曰：「桓公立七十年，末年婚于晉悼，至是卒始書名，魯亦始會葬，自後杞之卒葬備見矣。」

案：趙氏之說，非也。僖二十三年書杞子卒，則已訃于魯矣。況此時杞成公婚于魯，魯僖又號賢君，而不

襄十五年冬十一月癸亥，晉侯周卒。十六年春，王正月，葬晉悼公。

季氏本曰：「晉平公初立，見諸侯多不協，故汲汲焉欲合諸侯，喪未三月而速葬也。」

鄭氏玉曰：「欲會諸侯而速葬其親，背禮莫斯爲甚。」

往會葬，直至結婚于晉悼以後，凡杞之喪無不會葬者，則春秋當日之邦交可知矣。

襄十九年秋七月辛卯，齊侯環卒。冬，葬齊靈公。

左傳：「夏五月壬辰晦，齊靈公卒，莊公即位，執公子牙于句瀆之丘。」

杜註：「太子光定位而後赴，經從赴。壬辰是五月二十九日，辛卯是七月二十九日。」

襄二十三年三月己巳，杞伯匄卒。夏，葬杞孝公。

左傳：「晉悼夫人喪之，平公不徹樂，非禮也。」

高氏閌曰：「杞自桓公以來，晉悼爲昏姻國，國恃以興，而魯禮有加焉。」

案：襄二十九年，晉平方合諸侯以城杞，其加厚如此，而諸侯有

襄二十九年夏五月庚午，衛侯衎卒。秋七月，葬衛獻公。

三月而葬，速。

昭元年六月丁巳，邾子華卒。秋，葬邾悼公。

高氏閌曰：「入春秋來邾始書葬。蓋邾、滕、薛，小國也，秦，遠國也，皆至昭公而書葬，是魯衰甚矣。」愚謂此由季氏專政，欲外示有禮于鄰國，以自張其聲勢也，如王莽遣使單于及四裔之類。高氏閌以爲魯衰甚者，猶未得其情。

昭三年春，王正月丁未，滕子原卒。夏，叔弓如滕，葬滕成公。

杜氏預曰：「卿供小國之葬，禮過厚。」

趙氏鵬飛曰：「魯未嘗會小國之葬，今因滕子來會襄公之葬，故魯以叔弓報之。然于天王有不會葬，或以微者會之。今滕小國，而以卿會葬，何厚私情而薄王禮也。」

昭五年秋七月，秦伯卒。六年春，王正月，葬秦景公。 左傳：「大夫如秦葬景公，禮也。」 案：經未有書秦葬者，至是始書。蓋季氏當日所謹事者齊、晉，謂秦亦大國，可以結援，故復遣使會葬。 七月而葬，非禮。	
昭七年秋八月戊辰，衛侯惡卒。十有二月癸亥，葬衛襄公。 葬如期。	敢不會葬者乎！
昭八年夏四月辛丑，陳侯溺卒。秋，葬陳哀公。 左傳：「陳哀公元妃生悼太子偃師，二妃生公子留。二妃嬖，留有寵，屬諸司徒招與公子過。哀公有廢疾，二公子殺悼太子而立公子留。哀公縊。楚師滅陳，葬陳哀公。」	
昭十年秋七月，晉侯彪卒。九月，叔孫婼如晉，葬晉平公。 季氏本曰：「晉自襄公以三月葬以後，書葬者悼、平、昭、頃，皆甫三月，不知其故，豈其意在速定嗣君，而遂以爲常制歟？」	當日魯之陵郲亦甚矣，豈有畏而會其葬者乎！
昭十年十有二月甲子，宋公成卒。十一年春，王二月，叔弓如宋，葬宋平公。 高氏閌曰：「卿供盟主之葬，猶可言也。卿供同列之葬，非禮甚矣。」 三月而葬，速。	

昭十二年三月壬申，鄭伯嘉卒。五月，葬鄭簡公。

杜氏預曰：「三月而葬，速。」

案：此時子產爲政，猶不免速葬，其故不可知矣。

昭十四年三月，曹伯滕卒。秋，葬曹武公。

葬如期。

昭十六年秋八月己亥，晉侯夷卒。季孫意如如晉。冬，葬晉昭公。

三月而葬，速。

昭十八年春王三月，曹伯須卒。秋，葬曹平公。

葬如期。

昭二十年十有一月辛卯，蔡侯廬卒。二十一年春，王三月，葬蔡平公。

葬如期。

昭二十四年丁酉，杞伯郁釐卒。冬，葬杞平公。

杜氏預曰：「丁酉，九月五日。有日無月。」

昭二十七年冬十月，曹伯午卒。二十八年春，王三月，葬曹悼公。

案：是時季逐君出居乾侯，而不廢列國會葬之禮，儼然自以爲

昭二十八年夏四月丙戌，鄭伯寧卒。六月，葬鄭定公。

案：定公亦三月而葬，豈鄭亦以速葬爲常制歟？湛氏若水以書葬爲志恤鄰之禮。夫季

昭二十八年秋七月癸巳，滕子寧卒。冬，葬滕悼公。

王氏葆曰：「昭公在外，季氏使人會諸侯之葬，以結外援也。」

高氏閌曰：「公不在

昭三十年夏六月庚辰，晉侯去疾卒。秋八月，葬晉頃公。

汪氏克寬曰：「是時公在晉地，不弔其喪，不送其葬者，晉不受公，公亦淹卹在外，不能

昭三十一年夏四月丁巳，薛伯穀卒。秋，葬薛	
定三年二月辛卯，邾子穿卒。秋，葬邾莊公。	君，而列國亦不之問。春秋于兩年之首書公至自齊，居于鄆，書公如晉，次于乾侯，而復備書此等，所謂直書而義自見，不假一字爲褒貶者也。杜氏預曰：「六月而葬，緩。」
定四年春，王二月癸巳，陳侯吳卒。六月，葬陳	氏逐君，其罪莫大乎是，是所謂不能三年之喪而緦小功之察者也。
定八年三月，曹伯露卒。秋七月，葬曹靖公。	國，凡喪葬之事，皆季氏專之。」
定八年秋七月戊辰，陳侯柳卒。九月，葬陳	備其禮也。」案：昭公在外七年，季氏凡五行會葬，小國如滕、薛，列國如曹、鄭，無不加意隆重。甚至晉頃公之卒，公在晉，蔑其君而與其臣行禮，舉一世不知三綱爲何物。聖人閔焉，故于歲首書公在乾侯，而以下詳書列國會葬，誅亂賊，正人倫之意，于此尤喫緊。或乃以爲得禮，亦思行禮者爲何人也歟？

獻公。 季氏本曰：「薛自魯桓公以來，服屬于宋，魯雖與同盟，猶以宋屬待之，故獻公之先君不赴喪，不書卒。獻公，三家所私厚也，故因公出而告喪，魯之弔葬亦備，其皆三家之私歟？」	定九年夏四月戊申，鄭伯蠆卒。六月，葬鄭獻公。 案：鄭三世皆以三月速葬，豈以子産行之，而遂爲定例耶？
杜氏預曰：「六月乃葬，緩。」	定九年秋，秦伯卒。冬，葬秦哀公。 許氏翰曰：「秦自晉悼以後，寢不見于春秋，則知秦益退保西戎，軍旅禮聘之事，不交于列國矣。」
惠公。 杜氏預曰：「癸巳，正月七日。書二月，從赴。」 葬如期。	定十二年春，薛伯定卒。夏，葬薛襄公。 高氏閱曰：「春秋書薛卒者三，葬者不日不月，史文略也。」
葬如期。	哀二年夏四月丙子，衛侯元卒。冬十月，葬衛靈公。 范氏甯曰：「七月而葬，蒯聵之亂故也。」
懷公。 杜氏預曰：「三月而葬，速。」	哀三年冬十月癸卯，秦伯卒。四年春，王二月，葬秦惠公。 葬如期。

哀十年三月戊戌，齊侯陽生卒。五月，葬齊悼公。 左傳："公會吳伐齊，齊人弒悼公以說，赴于師。" 杜氏預曰："以疾赴，故不書弒。" 汪氏克寬曰："悼公書葬，與鄭僖公同。不及五月，禮略也。"	哀八年冬十有二月癸亥，杞伯過卒。九年春，王二月，葬杞僖公。 季氏本曰："三月而葬，必有故。"	哀五年秋九月癸酉，齊侯杵臼卒。冬，叔還如齊。閏月，葬齊景公。 案：自九月起併數閏爲五月而葬，失喪事不數之義，春秋譏之。此條公、穀二家說不同，詳三傳異同表。	哀四年春，王二月庚戌，盜殺蔡侯申。冬十有二月，葬蔡昭公。 高氏閌曰："國亂，故緩。此所謂君弒賊討然後書葬者也。距弒凡十有一月。"	哀四年秋八月甲寅，滕子結卒。冬十有二月，葬滕頃公。 葬如期。
		哀十三年夏，許男成卒。秋，葬許元公。 卒葬日月皆不具，但得其時而已。	哀十一年秋七月辛酉，滕子虞母卒。冬十有一月，葬滕隱公。 葬如期。	哀十年，薛伯夷卒。秋，葬薛惠公。 卒葬日月皆不具，史略也。

已上書卒書葬凡七十二國，皆來赴，而魯往會葬者也。內書卿會葬者七，譏其過禮。至宣公親奔齊惠之喪，則又甚矣。

隱七年春，王三月，滕侯卒。	家氏鉉翁曰：「不葬，魯不往會，史佚其謚，是以失書，不容鑿爲之說。」
隱八年夏六月辛亥，宿男卒。	胡傳：「春秋有怠于禮、弱其君而不葬者，滕侯、宿男之類是已。」
桓十二年八月壬辰，陳侯躍卒。	張氏洽曰：「去年與柔盟于折。不書葬，魯不會，不恤同盟也。」
莊十六年冬十有二月，邾子克卒。	孫氏復曰：「邾稱爵者，始得王命列爲諸侯也。」俞氏皐曰：「不書葬，不往會也。」
莊二十五年夏五月癸丑，衛侯朔卒。	何氏休曰：「朔犯天子命，不書葬，與盜國同。」汪氏克寬曰：「朔之入國，魯莊與有力焉，未必不會其葬，所謂治其罪而不葬者也。」
莊二十八年夏四月辛未，邾子瑣卒。	不書葬，義同上。
莊三十一年夏四月，薛伯卒。	彙纂曰：「薛稱伯，時主所黜。」
僖九年春，王正月丁丑，宋公御說卒。	季氏本曰：「同盟，又相接壤，無不會葬之
九月甲子，晉侯佹諸卒。	季氏本曰：「晉雖同姓，前此喪俱不訃，吳、隨、北燕亦然，可
僖十四年冬，蔡侯肸卒。	此條不具日月，詳見闕文表。其不書葬者，則以蔡之臣子慢其先

禮。不書葬者，襄公方有子喪，而出會于葵丘，故葬禮遂簡，諸侯亦不遣人往會爾。」

見非同盟而親盡，則禮有節矣。其後因强盛而私相通問，豈非王制所禁乎！若郕、部諸同姓國，雖同盟而不紀其卒者，以國小不敢訃，以煩大國之弔。」

案：季氏之説非也。禮，六世則親盡，春秋之初，姬姓之國無在六世以內之理，審如此，總不宜有書卒書葬者矣。蓋在小國則不能備其禮，在遠國則不敢具其儀，如今世小姓不敢與世家通問往來。當時燕迫北狢，晉近西戎，且又以支子暴興，而諸夏

君，不備其禮，而魯因以不往會耳。

猶擯之，故以前喪俱不許。獻公來訃而魯不會葬以此。

僖二十三年夏五月庚寅，宋公兹父卒。

張氏洽曰：「僖公已有志于附楚，忘盟薄之信，故不會宋襄之葬。」

趙氏鵬飛曰：「不書葬，諸侯從楚不會爾。」

冬十有一月，杞子卒。

高氏閌曰：「入春秋以來始書杞卒。」

案：不書葬杞，雖赴而魯不會也。

僖二十四年冬，晉侯夷吾卒。

杜氏預曰：「晉文定位而後告惠公之喪。」

案：傳惠公以二十三年九月卒，懷公立，今年正月秦伯納文公，二月入曲沃，殺懷公于高梁，不書，皆不告也。呂氏大圭曰：「經所據魯史，左傳所據他國之史，年月不同，不可得而考矣。」又案：惠公乃文公之仇，豈有爲治喪之理，其不書葬固宜。

僖二十八年六月，陳侯款卒。

案：陳本從楚，因城濮之勝，懼而從踐土之會。而魯亦從晉文久役于外，明年春方至自圍許，無暇脩會葬之禮，故雖赴而魯不書葬。

僖三十二年夏四月己丑，鄭伯捷卒。

案：鄭文自三十年背晉與秦盟，晉之所惡，故雖赴而魯不會葬。

文七年夏四月，宋公王臣卒。

家氏鉉翁曰：「不書葬，責昭子輕舉召亂，葬不如禮。」季氏本曰：「昭公初立，羣族亂作，于是送終之禮廢。故凡不書葬者，非皆由魯不往會，亦有其國葬不備禮而謝絶諸侯者，如宋成公是已。」

文十三年夏五月壬午，陳侯朔卒。

趙氏鵬飛曰：「不書葬，魯不會爾。」

邾子蘧除卒。

案：魯自僖公與邾搆怨，邾、魯不和久矣。明年，邾人伐我南鄙，叔仲彭生伐邾，正當交争之世，其不會葬固宜。

文十四年夏五月乙亥，齊侯潘卒。

左傳：「子叔姬妃齊昭公，生舍。叔姬無寵，舍無威。公子商人驟施于國，而多聚士。昭公卒，舍卽位。秋七月乙卯，商人弑舍。」

案：昭公以亂故，不成禮以葬，魯無從往會。是年冬，齊人遂執單伯及子叔姬。

文十八年春，王二月，秦伯罃卒。

高氏閌曰：「秦自九年來歸僖公成風之禭，始與魯通好，至是遂以喪來赴。」

案：不書葬，遠國從無會葬之禮。至昭五年，季氏專政，欲結援大國，始遣大夫會景公之葬。

宣四年春，秦伯稻卒。

秦不書葬，義同上。

宣九年八月，滕子卒。

案：不書葬，此所謂怠于禮弱其君而不葬者

冬十月癸酉，衛侯鄭卒。

胡傳：「何以不書葬？魯不會也。衛成事晉

成六年夏六月壬申，鄭伯費卒。

楊氏士勛曰：「悼公不

成十四年春，王正月，莒子朱卒。

楊氏士勛曰：「莒渠丘

	也。魯未嘗會小國之葬，至昭元年以後，而邾、滕、薛三國無不會葬者，滕至遣卿供事，蓋由季氏專政，欲外示殷勤，以結援于小國。	甚謹，而魯宜獨深向齊，衛欲爲晉致魯，故謀黑壤之會，而特使孫良夫來盟以定之。及會而晉人止公，賂然後免。是以扈之會，皆前日諸侯，而魯不會。二國相繼以喪赴，亦皆不會葬。此所謂無其事而闕其文者也。」	書葬，魯不會也。」	公也。葬須稱謚，莒無謚，故不書葬。」
冬，秦伯卒。 秦不書葬，義見前。	成十六年夏四月辛未，滕子卒。 高氏閌曰：「滕入春秋至今三書卒，皆不名。」	成十七年冬十有二月，邾子貜且卒。 案：邾，小國，魯不會葬，義見前。	襄二年六月庚辰，鄭伯睔卒。 高氏閌曰：「不書葬者，以成公附楚故，諸侯不會葬也。」	襄十七年春，王二月庚午，邾子牼卒。 案：是時邾、魯方搆難，是年冬，嗣子復興師助齊伐我南鄙，其不會葬固宜。

昭十四年八月，莒子去疾卒。 胡傳：「魯自昭公以來，雖薛、杞微國，無不會其葬者，何獨于莒則不往？蓋是時意如事政，而莒嘗訴其疆鄆取郠之罪于方伯而見執，爲是怒莒而不往，以此見意如之專恣。」			

已上書卒不書葬，凡三十一國，皆來告而魯不會葬者也。先母舅曰：「或以衛朔不書葬、宋三世不書葬爲治其罪，春秋據事而定其褒貶耳，不以没魯之會葬而治其既往之罪也。不然，鄭莊射王中肩，何以書葬？」

宣十八年秋七月甲戌，楚子旅	襄十二年秋九月，吴子乘卒。	襄十三年秋九月庚辰，楚子審	襄二十八年十二月乙未，楚子	昭元年冬十有一月己酉，楚子

卒。公羊：「何以不書葬？吳、楚之君不書葬，辟其號也。」何氏休曰：「葬從臣子，辭當稱王，故絶其葬。」	昭十五年春，王正月，吳子夷末卒。
杜氏諤曰：「宣十八年錄楚子旅卒者，著其暴盛，而諸侯交接赴告之相親也。此書吳子卒，亦以其暴盛，且明諸侯通之會之，而赴告之相及也。」趙氏鵬飛曰：「吳、楚不書葬，非魯不會也，聖人削之，避其號耳。」	昭二十六年九月庚申，楚子居卒。
卒。汪氏克寬曰：「魯史必書楚王某卒，聖人革其僭號，故曰楚子某卒。」	定十四年五月，於越敗吳師于檇李。吳子光卒。
昭卒。案：此楚康王也。是時公在楚，楚人至使公親襚，夏四月，公與陳、鄭、許諸侯送葬至西門之外，大夫皆至墓。天王以同月崩，而莫有遣人會天王之葬者，冠履之倒置極矣。聖人于二十九年春正月書公在楚，所以存其實，削楚之葬不書，所以正其名，所謂春秋非聖人莫能修也。	哀六年秋七月庚寅，楚子軫卒。
麇卒。左傳：「楚公子圍將聘于鄭，未出境，聞王有疾而還，入問王疾，縊而弒之。」彙纂曰：「楚圍弒君而以瘧疾赴，故魯史亦承赴而書之，春秋因而不革，與髡頑之書卒同義。」	

不書葬，義見上。

不書葬，義見上。

卒。

案：是時闔廬威震天下，昭公至與爲婚，而豈有不遣人會葬之理，明是仲尼削之無疑也。

不書葬，義見上。

已上吳、楚之君不書葬。

隱五年夏四月，葬衛桓公。

杜氏預曰：「有州吁之亂，十四月乃葬。」

莊九年秋七月丁酉，葬齊襄公。

杜氏預曰：「九月乃葬，亂故。」

張氏洽曰：「無知已誅，可以葬矣。」

宣十二年春，葬陳靈公。

杜氏預曰：「賊討國復，二十二月然後得葬。」

彙纂曰：「討賊之義，無閒于內外。故徵舒雖爲楚殺，而陳靈亦得書葬。公羊之説是也。」

已上君弒賊討則書葬。

襄三十年冬十月，葬蔡景公。 胡傳：「君弒賊不討，何以書葬？遍刺天下之諸侯也。」 家氏鉉翁曰：「君弒賊不討而書葬，臣子親爲逆，無臣子可責也。」	昭十九年冬，葬許悼公。 公羊：「賊未討，何以書葬？不成于弒也。」 穀梁：「不使止爲弒父也。」

已上君弒賊未討而書葬。先母舅曰：「君弒賊不討不書葬，責世子也。世子弒君，而何責之？與有故如其常而書葬，猶繼弒君不書卽位，痛嗣君也。繼弒君而與聞乎故，而何痛之？與有故如其常而書卽位。或曰：許世子以不嘗藥書弒，避位而出奔，未踰年而卒，與蔡般不同，是原其情而書葬，又一例也。」

哀四年冬十有二月，葬蔡昭

公。

國亂，凡十有一月而葬。

先母舅曰：「蔡侯申之弒，書殺，書盜，書葬，春秋之又一例也。」

昭十三年冬十月，葬蔡靈公。

陸氏淳曰：「國復乃葬，凡三十有一月。」

先母舅曰：「國復乃葬，春秋一見而已。」

宣九年九月，晉侯黑臀卒于扈。

穀梁：「其地于外也。」家氏鉉翁曰：「不書葬，魯不會也。魯事

成十三年夏五月，曹伯廬卒于師。冬，葬曹宣公。

襄七年十二月，鄭伯髡頑如會，未見諸侯。丙戌，卒于鄵。八

襄十八年冬十月，曹伯負芻卒于師。十九年，葬曹成公。

襄二十五年十二月，吳子遏伐楚，門于巢，卒。

孔氏穎達曰：「諸侯不生名，此吳子名在伐

齊，嘗爲晉所辱，黑壤之會，不預盟扈，遂與晉絶。」	襄二十六年八月壬午，許男甯卒于楚。冬，葬許靈公。 家氏鉉翁曰：「許靈公如楚，請伐鄭，卒于楚。楚子爲之伐鄭，師還，乃葬許靈公，求諸侯亦勤矣。」
時從晉厲公伐秦。	昭二十三年夏六月，蔡侯東國卒于楚。 因朝于楚而卒。胡氏寧曰：「失德不葬，若蔡侯東國是也。王父殺父見用，又奔之，失德也。」
年夏，葬鄭僖公。 彙纂曰：「鄭伯被弒，經既從赴而書卒，則自當書葬。」	昭二十五年十有一月己亥，宋公佐卒于曲棘。二十六年春王正月，葬宋元公。 家氏鉉翁曰：「齊、晉二大國坐視季氏逐君，恬不加省，而宋元特爲此行，春秋特書其卒，録之也。」
時從晉伐齊，爲平陰之役。	定四年五月，杞伯成卒于會。秋，葬杞悼公。 時從十八國諸侯會于召陵，伐楚。不言卒于師者，不成乎伐楚也。
楚上，爲卒書名，上之以省文也。」	

已上諸侯卒于外者。孫氏復曰：「外諸侯卒不地，在其國而不于路寢，與卒于他國者，皆載其地。蓋人君爲一國之主，宗廟、社稷、人民之所係重，不于其寢而于他處，非常可知也，故謹而志之。」

成十年五月丙午，晉侯獳卒。秋七月，公如晉。 左傳：「晉人止公，使送葬。冬，葬晉景公。」 趙氏鵬飛曰：「公久留于晉，及葬景公而後反，實公之辱，故不書葬，爲内諱也。」			

先母舅曰：「此所謂諱其辱而不葬者也。」

内大夫卒

隱元年，公子益師卒。衆父，孝公子。

公羊：「何以不日？遠也。所見異辭，所聞異辭，所傳聞異辭。」

劉氏敞曰：「公子之尊視大夫，大夫三命，然後氏，死則卒之。」

程子曰：「諸侯之卿，必受命于天子。當時不復請命，故諸侯之卿皆不書官，不與其爲卿也。稱公子，以公子故使爲卿也。惟宋王者之後，得命官，

隱五年冬十有二月辛巳，公子彄卒。

杜氏預曰：「大夫書卒，不書葬。葬者，臣子之事，非公家所及，故不書葬。」

汪氏克寬曰：「僖伯以先公之子，必未賜族。蓋左氏追稱氏，如陳桓未卒而稱陳桓公有寵于王之類。」

隱八年冬十有二月，無駭卒。

左傳：「羽父請謚與族，公命以字爲展氏。」

胡傳：「無駭書名，未賜族也。未賜族而身爲大夫則稱名，無駭、挾之類是也。古者卿不世官，春秋初猶爲近古，故無駭與挾皆書名耳。」

家氏鉉翁曰：「春秋初年，周制猶存，故有未賜族之大夫。其後太夫世其官，無不賜族，而周制幾于掃地矣。」

隱九年，挾卒。

公羊：「吾大夫之未命者也。」

杜氏預曰：「挾，魯大夫，未賜族。」

張氏洽曰：「春秋無駭、挾之卒，與季友、仲遂之卒，實因卿大夫之告終，以謹世變也。」

案：春秋之卿大夫死則賜族，公子牙卒而傳曰立叔孫氏是也。亦有雖爲卿而死竟不賜族者，挾、柔、溺之後無聞者是也。其未死而稱族者，華督傳

僖十六年三月壬申，公子季友卒。

趙氏孟何曰：「大夫卒名，此其兼字之何也？褒恤之異數也。季友，僖之叔父，而有功于僖，仲遂，宣之叔父，而有功于宣，其喪之有加禮焉，故卒皆字之。叔肸非有功，而以母弟之親，宣公喪之視季友、襄仲，故三臣皆世爲卿。」

故獨宋卿書官，如司馬、司城之類，而此外一切削之。」	秋七月甲子，公孫茲卒。高氏閌曰：「此公子牙之子，世秉魯政，至春秋之終而猶未絕。」
	文十年春，王三月辛卯，臧孫辰卒。張氏洽曰：「文仲自莊公末已與聞國政，而四十餘年間，魯政多疵，文公尤甚。」
李氏廉曰：「公、穀以爲罪無駭入極而貶之，又以爲隱不成爲君，故不爵大夫，皆無據。」	宣五年，叔孫得臣卒。
稱立華氏，則因弒君懼討，賂諸侯而求爲此，非例也。其餘如臧僖伯、臧哀伯、叔孫戴伯之徒，皆傳家據後追書之耳。	成四年夏四月甲寅，臧孫許卒。汪氏克寬曰：「文仲子宣叔也。子紇嗣爲卿，是爲武仲。」
	成十五年三月乙巳，仲嬰齊卒。案：公羊以嬰齊爲歸父之子，謂弟爲兄後，非也。傳所謂魯人者，即季氏也。歸父欲去三家，乃季氏之仇，如何傷其無後。而于襄仲固無嫌也，其後襄仲而不後歸父，斷斷明矣。互見三傳異同表。

襄五年十有二月辛未，季孫行父卒。	襄十九年八月丙辰，仲孫蔑卒。 程氏端學曰：「譏世卿也。蓋慶父爲三桓之始，以奔莒不書卒，其子公孫敖亦奔莒，至蔑而始書卒，子速嗣，曰莊子。」	襄二十二年秋七月辛酉，叔老卒。 高氏閌曰：「此叔肸之孫，聲伯之子，其子弓嗣，是爲子叔敬子。」	襄二十三年八月己卯，仲孫速卒。 汪氏克寬曰：「魯卿自季孫宿以私意廢長立幼，于是家臣效尤，孟氏之騶豐點廢秩立羯，叔孫氏之豎牛殺孟丙而立舍，皆託廢立以擅其權，而三桓微矣。」	襄三十一年秋九月己亥，仲孫羯卒。 此孟孝伯也。子貜嗣，是爲僖子。
昭四年冬十有二月乙卯，叔孫豹卒。	昭七年冬十有一月癸未，季孫宿卒。	昭二十一年八月乙亥，叔輒卒。 趙氏鵬飛曰：「叔輒，叔弓之子，無事業，見于經而獨書卒，志世爵也。」	昭二十三年春，王正月癸丑，叔鞅卒。 汪氏克寬曰：「叔弓之子，輒之弟也。」	昭二十四年春，王二月丙戌，仲孫貜卒。 汪氏克寬曰：「孟僖子也。子何忌嗣，是爲懿子。」

昭二十五年冬十月戊辰，叔孫舍卒。	汪氏克寬曰：「舍子不敢嗣，是爲叔孫成子。」
昭二十九年夏四月庚子，叔詣卒。	高氏閌曰：「叔詣欲納昭公而卒。」
定五年六月丙申，季孫意如卒。	家氏鉉翁曰：「翬之死不書，遂之死去族，意如卒之以常禮，志定公不能爲君討賊，而遇意如加厚也。」
秋七月壬子，叔孫不敢卒。	
哀三年秋七月丙子，季孫斯卒。	子肥嗣，是爲康子。

已上內大夫卒凡二十五人，餘六人，公孫敖、公孫嬰齊卒于外；仲遂及叔弓當祭而卒，志禮之變；叔肸書字書弟，係春秋之變例；公子牙爲季子所誅，此當列于刺殺之條，不同他大夫之有恩數，故特列出，附于刑賞表之內。

汪氏克寬曰：「或日或不日，自文公而上一百十四年，書日百有七十，宣公而下一百二十八年，書日二百二十，年數略同，而日數近倍。程子謂因舊史，理或然也。內大夫見經者四十有七，卒者三十一，不書卒十有六，慶父、歸父、僑如、臧紇、公子憖出奔，公子買、公子偃刺，何忌、州仇、叔還卒于獲麟後。餘六人，文定以翬弒隱公，叔彭生不發襄仲之謀，貶不書卒。柔、溺、結之不卒，非正大夫。啖氏以單伯淫叔姬，黜其卿位。今考無駭、挾與柔、溺書法無異，結書族，未必非大夫。單伯書字，無貶辭，似未嘗黜。竊疑大夫或卒或不卒，亦因史舊文耳。」

先母舅曰：「朱子謂成、襄以前，舊史多所舛逸，自昭、定之後，皆聖人親見其事，故不至有遺。卒不書日者，益師、無駭、挾、得臣四人。程子曰史失之是已。文定謂恩數之有厚薄，則得臣之在宣公不應薄。又以得臣爲貶而不書日，則公孫敖、襄仲、意如之卒，何以不貶而書日？」

文十四年九月甲申，公孫敖卒于齊。文十五年，齊人歸公孫敖之喪。 穀梁：「奔大夫不言卒，此言卒何也？爲受其喪，不可不卒也，其地于外也。」杜氏預曰：「既許復之，故從大夫例書
成十七年十有一月壬申，公孫嬰齊卒于貍脤。 范氏甯曰：「卒在常所則不地。嬰齊卒貍脤，仲遂卒于垂，或踰竟，或未踰竟，皆書地。」蘇氏轍曰：「嬰齊從于伐鄭，還而道卒，大夫卒不地，其地于外也。」

卒。」陸氏淳曰：「奔大夫不書卒，非我臣也。既許其歸，即我臣，故書之。」			

已上二人大夫卒于外者。

宣八年夏六月辛巳，有事于太廟，仲遂卒于垂。壬午，猶繹。萬入，去籥。陳氏傅良曰：「大夫卒稱名，其兼字之何？自是仲氏世爲卿，故	昭十五年二月癸酉，有事于武宮，籥入，叔弓卒。去樂，卒事。李氏廉曰：「一以猶繹爲非禮，一以去樂卒事爲得禮，皆記事之變也。」		

譏之也。」

張氏洽曰：「仲遂弑君，宜如翬之例不書卒，此因事之變書之也。書仲遂，其字也。」先母舅曰：「仲遂，弑君之賊，天下之大惡，于其卒而以爲不宜繹何也？春秋示天下萬世人主以待大臣之義，不以仲遂書也。」

案：春秋合禮不書，既以去樂爲得禮，而復書于經何也？曰爲武宮書也。志武宮不當有事，魯君臣遇變而不知自警之罪。高氏閌謂自成六年立武宮，此云有事，則知自立宮以後，祭之如親廟。方祭而涖事者暴卒，殆天所以示戒，而魯君臣恬然不悟，去樂卒事，而仍復冒然爲之，此春秋所以志也。

已上二人大夫卒而記事之變。

宣十七年冬十有一月壬午，公

弟叔肸卒。

穀梁：「其曰公弟叔肸，賢之也。賢之何也？宣弑而非之也，織屨而食，終身不食宣公之禄，君子以是爲通恩也，以取貴乎春秋。」

胡傳：「或謂叔肸寵弟，宣公有私親之愛，故生而賜氏，俾世其卿，非也。誠使叔肸生而賜氏，則是貴戚用事之卿，如齊年、鄭語之類，豈有不見于經者。宣公時聘問朝會，遂、蔑、行父、歸父交于列國，而叔肸不與，其非生而賜氏，俾世其卿明矣。」趙氏鵬飛曰：「內臣卒者二十有三，未有書公弟而且字之者，春秋之變文，惟此而已。肸恥食汙君之祿而不仕，是以聖人異之。」王氏沿曰：「叔肸之生不名于策書，則非卿矣。死不目爲公子，則未仕矣。變文曰公弟，合名與字卒之，知其賢而得書也。」

已上一人書弟書字，係聖人之特筆志褒。

外大夫卒葬

隱三年夏四月辛卯，尹氏卒。

公羊：「天子之大夫也。其稱尹氏何？貶。曷爲貶？譏世卿，世卿非禮也。」

汪氏克寬曰：「尹氏蓋吉甫之後，當幽王時爲三公。此書尹氏卒，則來赴于魯也。」

程氏端學曰：「陸淳氏以爲人臣無外交，今死而赴，故書以示譏。然乎？曰：此一小義，大義則譏天子之世卿。」

先師高紫超氏曰：「春秋之書，蓋爲昭二十三年尹氏立王子朝伏

文三年夏五月，王子虎卒。

左傳：「來赴弔如同盟。」

杜氏預曰：「與翟泉之盟，天王因以同盟之例來赴。」

汪氏克寬曰：「王子虎盟諸侯于王庭，劉文公爲王官伯，尹氏世執朝權，皆王室之秉政者，故特赴于諸侯。而魯史記其卒，春秋存而弗削，以示王臣不當赴喪于列國。」

趙氏與權曰：「尹氏之後王臣書卒者，王子虎、劉卷也。子虎書卒不書葬，而劉卷

定四年秋七月，劉卷卒。

杜氏預曰：「卽劉蚠也。奉命出盟召陵死，則天王爲告同盟，故不具爵。」

孔氏穎達曰：「畿內之臣不得外交，必非劉邑之臣來赴，當是天子爲告也。天子告臣，故不具爵。」

陸氏淳曰：「畿內諸侯不同列國，故不言劉子卷卒，亦譏來告，故書之。」

陳氏傅良曰：「王卿士不卒，有關于天下之故則卒之。于襄王之難有王子虎，于敬王

葬劉文公。

趙氏匡曰：「畿內諸侯，列國不當與行交往之禮，今會其葬，非禮也。」

高氏閌曰：「尹氏、王子虎皆不書葬，此特書葬，以魯往會之也。」

汪氏克寬曰：「諸儒皆謂劉子定內難，復辟于周，故特書卒葬。然單旗不書卒，而尹氏專權亦書卒，故知從赴告耳。」

案：內大夫且不書葬，豈有會葬王朝大夫之禮。此非因劉卷之事王政，畏其聲勢，良

莊二十七年秋，公子友如陳，葬原仲。

左傳：「非禮也。原仲，季友之舊也。」

杜氏預曰：「季友違禮會外大夫葬，具見其事，所以示譏。」

陸氏淳曰：「人臣無境外之交，況以私事而出境乎！此不待貶絕而惡見者也。」

吳氏澂曰：「無會葬隣國大夫之禮。季友與原仲有舊，欲往會其葬，以大夫不可私行出境，請于公，而公命之行，故書。」

汪氏克寬曰：「雖請于

案。」	書葬，所謂今之大夫交政于中國，焉得而勿哭者也。」	之難有劉子，故特賢而卒之。」李氏廉曰：「胡氏無傳，義同尹氏、子虎，而陳氏之説亦得春秋意外之旨。」	由意如逐君内怯，到處殷勤脩好，而不自知其越禮爾。	公，亦是私行耳。」彙纂曰：「季友越國會葬，春秋直書以示貶，其義甚明。公羊以爲通私行，穀梁以爲諱出奔，胡傳以爲王臣始亂而諸國大夫無譏，皆非也。惟吳氏澂、汪氏克寬以爲請命而後行，似得當時情事。蓋非奉君命出境則不書于策，即書亦不言如也。」

已上四人書外大夫之卒葬，係聖人之特筆志貶。

内女卒葬

汪氏克寬曰：「内女爲諸侯夫人者七，惟紀伯姬、宋伯姬志卒志葬，蓋閔紀之亡，襃共姬之賢，而特詳其本末也。鄫季姬、杞叔姬止書卒，志其常也。郯伯姬、齊子叔姬不書卒，被出不復其國，非尊同之比也。未適人者二，僖九年伯姬卒，文十二年子叔姬卒，許嫁稱字，比于尊同者也。爲大夫內子者四，莒慶叔姬、宋蕩伯姬及婦齊高固子叔姬，則以嫁大夫而不卒也。惟紀叔姬非夫人而書卒書葬，則以其賢而特録之，乃春秋之變例也。」

莊四年三月，紀伯姬卒。	穀梁：「外夫人不卒，此其言卒，何也？吾女也。適諸侯則尊同，以吾爲之變，卒之也。」 何氏休曰：「禮，天子諸侯絕期，天子惟女之適二王後者，諸侯惟女之爲諸侯夫人者，恩得伸，故卒之。」 范氏甯曰：「諸侯姑姊妹女子子嫁于國君
六月乙丑，齊侯葬紀伯姬。	公羊：「外夫人不書葬，此何以書？隱之也。其國亡矣，徒葬于齊爾。」 杜氏預曰：「齊侯攝伯姬之喪，而以紀國夫人禮葬之。」 孔氏穎達曰：「雖爲齊侯所葬，亦由魯往會之，故書。不書謚者，亡國之婦，夫妻皆降，莫與之謚也。」
莊二十九年冬十有二月，紀叔姬卒。	杜氏預曰：「紀國雖滅，叔姬執節守義，故繫之紀，賢而録之。」 張氏溥曰：「叔姬不歸魯而歸酅，死則仍繫之紀，其志也。春秋賢之甚，故書之詳。」
莊三十年八月癸亥，葬紀叔姬。	杜氏預曰：「以賢録也。無臣子，故不作謚。」 張氏洽曰：「紀叔姬從一而終，不以存亡貳其心，故詳録其生死，又紀魯之往葬，皆以正夫人之禮書之，所以明婦行，以示後世也。」 家氏鉉翁曰：「滅國不
僖十六年夏四月丙申，鄫季姬卒。	湛氏若水曰：「禮，諸侯之女嫁爲諸侯夫人者，有大功之服焉，故赴其卒則史書之，聖人存之以致親親之義爾。」

者，尊與己同，則爲之服大功九月，變不服之例。適大夫者，不書卒。」陳氏傅良曰：「內女爲夫人，書卒不書葬。其不書卒者，必有故也。」	襄三十年五月甲午，宋災。宋伯姬卒。 穀梁：「取卒之日加之災上者，見以災卒也，伯姬之婦道盡矣。詳
呂氏祖謙曰：「內女不書葬，而書葬者三，宋共姬、紀伯姬與叔姬，皆非常也。」	秋七月，叔弓如宋，葬宋共姬。 公羊：「外夫人不書葬，此何以書？隱之也。其稱謚何？賢也。」
	成八年冬十月癸卯，杞叔姬卒。 左傳：「來歸自杞，故書。」 陸氏淳曰：「諸侯無大
葬，此以賢叔姬，故特書葬。娣媵不葬，此以賢叔姬，故與伯姬俱得葬。春秋特錄之，以垂訓後世。」吳氏澂曰：「叔姬，娣也。魯紀之，待叔姬與叔姬之自待其身，皆與伯姬同。春秋備書之，此蓋莊公以爲姑而爲服大功之服也歟？」	成九年春，王正月，杞伯來逆叔姬之喪以歸。 啖氏助曰：「出婦未反而逆其喪，非禮也。」 汪氏克寬曰：「聖人錄

其事，賢伯姬也。」許氏翰曰：「春秋撥亂謹禮，以宋共姬爲婦道之表，故詳録焉。」趙氏鵬飛曰：「春秋書内女四，鄫、杞二姬以惡，紀、宋二姬以賢。然語其難，則宋姬爲尤難。故紀姬之葬以字，而宋姬之葬以謚。」	家氏鉉翁曰：「傳謂國君之喪，大夫弔，卿大夫葬；夫人之喪，士弔，大夫葬。以此命卿爲過禮，蓋魯人高共姬之節，其禮視舊爲優也。」陳氏宗之曰：「古者夫人之謚從君之謚，春秋時其制隳矣。共姬執禮而死，宋人不敢加非禮之謚。」	功以下之服，故杞叔姬雖出猶書者，爲喪歸杞故也。」	河廣之詩，則知出妻與廟絶，不可復反，是以啖氏爲此説。然春秋書叔姬卒與杞伯逆喪，悉無貶辭，則知叔姬蓋無悖德反義之行，故杞桓公猶逆其喪。夫在而逆喪歸葬，自應祔廟，與宋襄之母不同。」

已上五人，紀伯姬、叔姬、宋共姬志卒志葬，皆非常也。鄫季姬志卒不志葬，其常也。杞叔姬被出而亦書卒，因逆喪以歸也。其餘如郯伯姬、齊子叔姬并不書卒，與嫁爲大夫妻一例。

僖九年秋七月乙酉，伯姬卒。穀梁：「未適人不卒，	文十二年二月庚子，子叔姬卒。		

此何以卒？許嫁笄而字之，死則以成人之喪治之。」范氏甯曰：「女子許嫁不爲殤，蓋既許嫁于諸侯則尊同，尊同則服大功九月。」

左傳：「不言杞，絶也。書叔姬，言非女也。」

案：左氏以叔姬爲已嫁而見絶，此以上文杞伯來朝與此作一事看，故生出如此穿鑿。其實子叔姬只是未嫁之女，如僖九年伯姬卒一例，與上杞伯來朝事了無干涉也。余另有論見後。

已上二人，内女未嫁而卒者。先母舅曰：「雖云許嫁，則喪之以成人之禮，亦時君溺愛之過。許嫁未可稱夫人，則於國君無服。喪之如成人，非禮也。」

莊二年秋七月，齊王姬卒。

公羊：「外夫人不卒，此何以卒？我主之

也。」
杜氏預曰：「魯爲之主，比之內女。」
趙氏鵬飛曰：「此聖人以疑故志之也。秋七月，王姬卒，而冬十二月，夫人會齊侯于禚。是誠可疑者，魯桓千乘之君，文姜與其兄謀之如獵狐兔，何有一婦人？歸齊，十月而卒于齊，死之善惡不可得而詳也。其赴魯，內有所不安，疑魯問其故，不知赴魯，而夫人出會，是乃所以致魯之疑。聖人亦從其實以疑詞書之，其意可見矣。不然王姬卒，常事爾，何以書？

或曰魯主之，故赴于魯。十一年，王姬歸于齊，亦魯主之也，其後何以不書卒？」案：趙氏之言極有見，蓋前日之結婚，天王使魯主之者，疑魯有報讎之心，而欲以此訾魯也。既而魯惟命是聽，乃遂肆然無忌，娩王姬而與文姜爲此會焉。是王姬之卒，魯實致之也。吴草廬謂禮本無王姬服之禮，莊公特爲之服以媚齊，則十一年歸之王姬爲桓公夫人，何不聞以媚襄者媚桓乎！

已上一人王姬比内女者。

春秋文十二年子叔姬卒論

案：左氏以叔姬爲已嫁于杞，被出而見絶，以經文不繫杞而言絶也。又因上有杞伯來朝，與子叔姬卒相連，憑空生出請絶叔姬而無絶昏。言立其娣以爲夫人。遂以此叔姬爲杞所絶之女，而以成五年杞叔姬來歸，八年杞叔姬卒爲杞之所請繼續爲昏者。揆之情事，可謂大謬。據今士庶之家，無絶一女而更請一女之理，杞何敢然，魯亦安肯許。既如其意，以次女續昏矣，二十餘年，又復見絶，杞何不道乃爾。五年來歸，八年卒于母家，九年請于杞而後來逆喪，姊娣二人，前後俱爲所棄，杞何强暴，魯何孱弱至此，此皆情理之必無者。且既請絶叔姬，則叔姬非復夫人，可不爲之服矣，經又何以書其卒乎？當以公、穀許嫁之説爲是。其許嫁不知何國，與僖九年伯姬一例。李氏廉更爲之説曰：「已許嫁于杞，杞伯來朝請絶，而復求其次。」夫叔姬方在母家，杞又何從摘其短而預先請絶乎？此皆以上下兩事牽合之病也。杞伯自來朝魯，叔姬自卒，兩事本自風馬牛。看作兩事，自無此病。若啖氏助、劉氏敞、吕氏大圭謂此傳當在成公八年而誤置于此，亦覺費手。春秋一經杞伯來朝多矣，豈必有所爲。左傳謬説極多，豈能必求其可通。與其信傳而欲易置經文，何如删傳而使經文仍舊之爲得乎！

春秋文十六年毀泉臺論

案：公羊傳云：「泉臺者，郎臺也。未成曰郎臺，既成曰泉臺，即莊三十一年所稱築臺于郎者。」諸儒俱從之，以是爲彰先祖之過，故譏。愚統經文前後觀之，而知其説非也。據左氏，「有蛇自泉宮出，入于國，如先君之數。秋八月辛未，聲姜薨。毀泉臺」。杜註以爲蛇妖所出而聲姜薨，故毀之。正義云：「臺在宮内，人見蛇從宮而出，毀臺，并毀其宮也。」劉氏敞謂迷民以怪，蓋取是説。意泉宮當爲聲姜所居，如東宮、西宮之屬，近在宮闈之内。蛇出而夫人薨，以是爲不祥，故欲毀。若云郎臺，則郎地在今魚臺縣，去魯都二百里，係邊鄙之地，世無邊鄙有妖眚而以爲應在夫人之理。即云毀泉臺與上夫人薨各爲一事，不相連屬，而經于夫人薨下閒無異事，不另志日月，則當于是日毀矣。若非爲宮内不祥，急欲毀去，世豈有當衰麻哭泣之時，而欲改革先朝故事，毀二百里以外之臺之理。孫氏覺曰：「毀者，全除之，與墮異。先君爲之是而毀之，是毀先君之美也。先君爲之非而毀之，是暴先君之惡也。夫事之是非且勿論，而毀于聲姜薨日，于情事總覺迂緩不切，故知迷民以怪之説爲是也。」十八年二月，公薨于臺下。黄氏正憲謂即其地，則蛇之妖不係于聲姜而係于文公。天意若曰公當從此宮出，從先君于地下，理未可知。夫春秋之教，屬辭比事。然亦有不當聯兩事爲一事者，如文十二年，杞伯來朝。二月庚子，子叔姬卒。此自是兩事，而左氏必欲强合之，遂以爲杞伯之朝，請絶叔姬而無絶昏。二月，叔姬卒。不言杞，絶也。此與情理不合。子叔姬自是魯女未嫁，何與杞伯來朝事耶？如此年秋八月辛未，夫人姜氏薨，毁泉臺。此因夫人薨而毁，本自一事，而公羊必欲强分之，遂以泉臺爲莊所築之郎臺。何休註云：「譏臨民之漱浣。」與泉字義合，更極牽强。夫人于是日薨，泉臺于是日毁，經文所書不顯然耶？傳之當從與不當從，一斷以經而已矣。

春秋昭八年葬陳哀公論

春秋之法，内賊不討不書葬，然亦有書葬者，如蔡景公、許悼公是也。國滅不書葬，然亦有書葬者，若昭八年楚人滅陳，春秋書葬陳哀公是也。蔡景、許悼之葬，諸儒求其説而不得，往往曲爲遷就，迄無一定。先師高紫超先生論之曰：「禮成而葬者書葬，委屍而棄葬者不書葬。更有逆子推刃其父，欲掩其弑逆之迹，告于諸侯，隆禮以葬，則亦書葬，春秋一皆據實書之耳。」善哉言乎！可謂得春秋之旨矣。昭八年陳哀公之葬，諸儒多異詞，左氏謂嬖人袁克葬，賈、服以爲葬哀公之文在殺孔奐之下，指爲楚葬。孔氏又申杜預之説，謂若果楚葬，宜云楚人葬陳哀公，如齊侯葬紀伯姬之例，不得直言葬，由是註疏據左氏以爲定案矣。而後人又從而訾之，趙氏謂袁克非大臣，何能辦葬死君，又何能告諸侯使會葬。黎氏謂陳爲楚據，魯豈敢于其葬而使臣往會之。彙纂因折衷其説，謂葬宜從傳文，而魯往會葬則不可解。楚方滅陳，諸侯震恐，故下文九年春，魯使叔弓會楚子于陳，以致其敬，豈有先使人如陳會葬陳君之理。蓋必魯會葬而後書，常例也。獨此役魯未往會葬，而變例得書，是聖人存陳之意。果若是，則魯實未有其事，魯史未有其文，而夫子書之是誣也，矯也，欲存筆削之義，而先著矯誣之筆，不足以垂法後世。竊謂此亦聖人據實書之耳。蓋楚棄疾奉孫吴圍陳，託名討罪，于哀公固無仇也。滅陳之後，大葬哀公，使其故臣告于諸侯，遠近畢會，以示恩禮，一以悦陳國之遺民，一以掩四方之耳目而已，因得取國而無慙。魯之往會亦承楚意而爲之，與九年叔弓會楚子正自並行不悖。是則魯實會葬矣，春秋安得不書葬。楚實以禮葬哀公，而使魯往會矣，魯之會葬固無嫌。若如左氏之説，則爲袁克之私葬，必不能告于諸侯也，魯必不敢逢楚之怒而往會葬也，春秋何由得書。故此事當撥棄左氏而信經文，比事觀之較然矣。其他滅國而不書葬者，或仇怨相伐，俘其國君，或死于其位，臣民私竊藁葬，如是則魯實無由會葬也，春秋安得書葬。故知夫子據事直書之説，而春秋之旨四達不悖，諸儒紛紛之論，不辨自明矣。

春秋定十五年姒氏卒論 附哀十二年孟子卒

姒氏者，哀公之母，定公之妾也。前此僖、宣、襄、昭四妾母皆薨稱夫人，葬稱小君，君子譏之曰僭。則姒氏之書卒而不書夫人，書葬而不稱小君，爲春秋許其復正乎？曰：不許也。四妾母之稱夫人，稱小君也，是君之欲私厚于其母也。此姒氏之不書夫人，不書小君也，是强臣專制，陵蔑其君，使君不得加厚于其母也。君欲加厚其母，而臣下曲意以成之，其事雖非，而猶出于尊君愛上之意。使君不得加厚其母，而舉國知有權臣，不知有君上，其事雖正，而實爲無父無君之尤。嗚呼！亂臣賊子欲肆無禮于君父，其事未有不出于正者也，必擇舉世所共憤，賢人君子所歎息痛恨者。一旦行之，使舉國翕然，而後可惟吾所爲，而不吾忌。陽虎欲作亂，而先順祀先公，王莽之追奪丁、傅，董卓之駢誅宦官，皆爲移鼎之漸，而春秋安得許之哉！夫姒氏猶妾母，至孟子爲昭之嫡夫人，而亦書卒，併不書葬，則季之專制可見矣。或謂舊史固稱夫人孟子薨，夫子特削而書卒，以示天下後世娶同姓之戒。曰：此尤悖理之甚也。且娶吴爲同姓，罪在昭公耳，于孟子乎何尤。昭公畏吴而與爲昏，生以夫人之禮崇之，則死自宜以夫人之禮葬之。仲遂弑君之賊，而宣公既以爲大臣，則當隆始終恩遇之禮。故春秋書仲遂卒于垂，猶繹去籥，此尤筆法之顯然可見者，豈孟子之同姓反不得比于仲遂之逆賊乎哉！季氏于昭公逐其身，廢其嗣，又弱其配，使不得成禮以葬，此凡有血氣之所同憤者。聖人據實書之，以示凡爲臣子者，皆當食其肉而寢處其皮。而顧謂季氏實以禮葬夫人，夫子因其同姓而削其葬，並削其號，於痛心泣血之日，而爲索瑕摘垢之舉，且以前日昭公之罪而移罪于孟子，于事爲失實，于情爲非宜，聖人固萬萬不出此。用是知聖人之于經，皆是據實書，而非有意筆削其閒也。前此四妾母，實以夫人之禮薨之，實以小君之禮葬之，則春秋安得不書夫人，不書小君。此姒氏與孟子實未嘗以夫人之禮薨，小君之禮葬，則春秋安得而書夫人，書小君。然于其書者，可以見以妾配嫡，名分僭擬之嫌。于其不書者，有以著强臣專制，陵逼其君之實，則固並行而不相悖也。而十二公之或書卽位，或不書卽位，概可見矣。

春秋桓莊二公不書大夫卒論

春秋隱爲公子翬所弑，賊在内，故不書葬。桓薨于齊，仇在外，故書葬。而于桓、莊之大夫俱不書卒，以著其反面事仇，偷生隱忍，以是爲舉朝無臣子也。考桓、莊二公歷五十年，大夫之卒多矣，惟于莊三十一年書公子牙卒。〔一〕然此當在有罪刺殺之例，春秋諱之而書卒，非恩禮所加，故知皆仲尼削之也。然宣亦繼弑，而叔孫得臣之書卒何也？曰：春秋自僖公以前，以治世之禮治之，自僖公以後，以亂世之禮治之。以治世之禮治之者，著賞罰之大公，周道未衰，而僖公猶可與有爲也。以亂世之禮治之者，著賞罰之失柄，周道大壞，而春秋將夷于戰國也。夫子列僖公之詩于魯頌，因哀公之獲麟而作春秋，其治亂之分乎！僖公之作泮宫，復閟宫，不書于春秋，而特列于頌，以爲是三王之事，周道其猶可爲也。故于僖公以前，春秋一皆以王道治之。至僖公以後，三桓盛矣，魯之衰由三桓，聖人于此詳書三桓之事，以著世卿擅政之漸，壞法亂紀之由。至昭公，則魯非復周公之魯，而爲三桓之魯矣。故聖人不復以王道治之，以爲誅之將不可勝誅，而反掩其背上無君之實。觀于桓之世公子翬不書卒，而定五年書季孫意如卒，彼躬負大逆者且然，又何論于舉朝之士大夫乎！此則聖人之微意，讀者當分別觀之可也。

春秋左傳喪畢吉禘説

士虞禮記卒哭明日以其班祔，檀弓亦言殷練而祔，周卒哭而祔。孔子善殷，蓋亦以周祔太早，急于神其親也。陸象山先生居母喪欲卒哭而祔，除几筵，其兄子壽疑之，皆以書來問朱子，朱子告以鄭氏儀禮註祔已主反于寢。象山謂非經之本文，不足據信。朱子痛闢之，以爲無論古禮，但今卒哭之後，便除靈席，孝子之心，豈能自安。後儒多疑朱子，謂喪禮每加以遠，見于坊記，喪事有進而無退，見于檀弓，皆主不反寢之證也。鄭氏剏爲此説，朱子乃棄經而信傳，可乎？且廟者，鬼神所依，寢者，生人所居，既祔廟而仍反于生人雜遝之所，于理亦覺未安。余嘗考之，朱子三年而祔之説，蓋本程子、張子之説，程、張之説實本左氏喪畢吉禘之説也。程、張俱云，禮，卒哭猶存朝夕哭，若無主在寢，哭于何處。必俟三年喪畢祫祭，祧主藏于夾室，新主乃自殯宫入于廟。此特據左氏特祀于主，烝、嘗、禘于廟，以主與廟對稱，謂主應不在廟而在寢爾，未嘗據儀禮以立説也。卽如春秋所稱，鄭氏用穀梁練而壞廟之説，則以練爲斷，杜氏用賈逵、服虔説，則以三年爲斷，其説亦不同。朱子謂穀梁但言壞舊廟，而不言遷新主，安知其非于練而遷舊主，于三年而納新主耶？朱子之意，蓋謂三年遷新主于廟，然後全以神事之，其卒哭而祔，則仍反主于寢，而以事生之禮事之爾。其于孝子之心則安矣，而于喪事卽遠之旨相悖。且既不于廟以神其親矣，不知卒哭之明日，又胡爲先多此一祔也。至賈疏又云：「惟祔祭與練祭祭在廟，祭訖反主于寢，其大祥與禫祭，其主自然在寢祭之。」是使死者于廟乍入乍出，漫無一定，既求合儀禮卒哭而祔之文，又合穀梁練而壞廟之文，又欲合左氏喪畢吉禘之文，拘牽遷就，吾恐先王制禮不如是之委曲也。朱子謂祔與遷是兩事，祔者，祔于所當入之祖廟，并祭其祖，是祖孫同廟而享。至喪畢，祖遷于高祖廟，高祖藏于夾室，然後奉新死者之主入廟。穀梁謂壞廟，易檐，改塗，正是祔以後遷以前之事。此在周制則可行爾，後世自漢明帝以來，天子之廟且同堂異室，在士大夫則同室異龕爾，四代並在一處，安得祔時祭于其祖之龕，躐其父而配享乎！竊謂今日孫祔于祖，斷不容泥，而卒哭明日之祔，既有孔子善殷之言，則亦不必以儀禮之本文爲拘也。書儀、家禮及前明會典俱祔後復主于寢，從鄭氏之説，而家禮則告祔于卒哭，而祔廟于大祥，蓋兩從焉。近儒謂卒哭至大祥相去幾二年，而絡繹成兩祔，非人情。且已告祖考以將祔死者之主矣，而仍不入廟，祝文亦虚。不若信程、張之説，以大祥之明日祔廟，改主遷祔同日行之，爲近情而不可易也。開元、政和二禮卒哭之後不祔廟，至三年禫後祔，其亦有見于此歟？

天子諸侯喪禮已廢絶于春秋時論

世傳儀禮爲周公所定，然其中聘、覲、燕、食多係王朝邦國之禮，而喪禮惟載喪服及士喪禮三篇，天子諸侯之喪禮闕焉不載。孟子時滕文公欲行三年之喪，父兄百官羣然怪駭，孟子亦第陳其大概，而曰「諸侯之禮，吾未之學」。嗚呼！孟子去孔子之世未百年，而當日之習尚如此，則其泯焉廢墜豈一朝夕之故哉！余嘗詳考左氏傳，而知天子諸侯喪紀已廢絶于春秋時無疑也。蓋自周道陵遲，皇綱解紐，有以諸侯不奔天子之喪，不會天王之葬，而甘僕僕于晉、楚者矣；有以天子貧乏不備喪具，至七年乃葬，于魯求賻求金，甚至景王三月而葬，以天子而用大夫之禮者矣。逮子朝作亂，王室如沸，奉周之典籍以奔楚，而天子之禮遂亡。列國不守侯度，其侈者如宋文公之椁有四阿，棺有翰檜，偃然用王禮。而苟簡不備者，如晉欒書以車一乘葬厲公于東門之外，齊崔杼葬莊公，四翣，不蹕，鄰封不與知，公卿不備位。魯號秉禮，而葬昭公于墓道之南。檀弓載孟敬子之言，明知食粥爲天下之達禮，而居然食食。其餘列國尤放肆不軌，由是惡其害己而皆去其籍，而諸侯之禮亦亡。孔子以大聖人而不得位，退與門弟子講習于杏壇之上，故孺悲曾學士喪禮于孔子，而天子諸侯之禮無由釐正，三傳之所記僅存什一于千百。至孟子時，有土之君靦焉人面，以三年之喪之達禮而怪駭爲不經。杞、宋之無徵，豈獨爲夏、殷之禮歎哉！

曰：然則聘、覲、燕、食之禮之獨存何也？曰：此正可覘春秋之世變也。春秋時覲享之禮雖廢，然晉文曾朝王于河陽，厲公以諸侯伐秦如京師，其禮猶相沿。王朝與列國交聘，晉、楚諸大國受諸侯之聘使，儼然同天子之儀。至燕饗及勞賜臣下，列國尤多。而春秋之世尚文，相與致講于俯仰揖讓衣裳襘袺之閒，故歷久而著明。喪禮則根乎至性，而人心澆漓，有土之君尤甚，景王有三年之喪二而燕樂已早，衞太子衎之哭而不哀，魯昭三易衰衽如故衰，其弁髦棄之久矣。故聘、覲、燕、食之禮不廢，春秋時習行之也。士喪禮之不廢，則孔子與游、夏諸弟子講明而力守之也。至天子諸侯之喪禮，則廢墜已久，典籍缺如，雖聖人亦無如之何矣。余年二十一執先府君喪，讀喪禮，嘗恨儀禮獨詳于士，不獲覩天子諸侯之全。竊意儀禮詳載其節次，而周官散見于各職，嘗欲彙萃三禮、大小戴、春秋三傳及鄭、賈諸儒儀禮註疏推類及天子諸侯者，裒輯成書，以補儀禮之闕，因循未逮，迄今老矣。究觀左氏，乃知其廢失實始于春秋時，不由秦火，今諸儒之所傳者，亦未必皆周公之舊也。

校勘記

〔一〕〔惟于莊三十一年書公子牙卒〕 據春秋，莊公三十二年書公子牙卒。此云「三十一年」，誤。

春秋賓禮表卷十七之上

錫山顧棟高復初 輯
安東程雲龍錦江 參

敘

昔者先王爲賓禮，以親邦國，制爲朝覲、聘問、會同、盟誓之禮，所以協邦交，明上下，崇體統，息紛爭也。六年五服一朝，又比年一小聘，三年一大聘，諸侯則世相朝，終其君之世，一見而已。大行人時聘以結諸侯之好。司盟掌盟載之法，凡邦國有疑會同，則掌其盟約之載及其禮儀，是則朝聘會盟由來舊矣。當其時，諸侯率天下而羣奉乎一尊，天子錫隆施以推恩乎萬國，疏數有常期，貢賦有常數，賚予有常典，體統相承，尊卑不紊，豈非天下爲同，大一統之世哉！東遷而後，王政不綱，諸侯放恣，于是列邦不脩朝覲之禮，而天王且下聘矣，歸賵矣，錫命矣。終春秋之世，魯之朝王者二，如京師者一，而如齊至十有一，如晉至二十，甚者旅見而朝于楚焉。天王來聘者七，而魯大夫之聘周者僅四，其聘齊至十有六，聘晉至二十四，而其受列國之朝則從未嘗報聘焉。由魯以知天下，而王室之微，諸侯之不臣，概可見矣。隱、桓之世，盟會繁興，諸侯互結黨以相軋，自莊十三年齊桓爲北杏之會，而天下之諸侯始統于一，無敢擅相盟會。歷一百五十六年，晉伯衰，鄟陵始復爲參盟，而諸侯之權復散，七國之分擾，秦雄之并吞，實兆于此。蓋嘗綜一經之始終而論之，由王而伯，由伯而爲戰國，世運遷流，殆非一朝一夕之故矣。夫子作春秋以尊王，而其于魯論則深予管仲之伯，蓋悲王道之不行，而以爲惟伯猶足以維之也。至伯統絶，而春秋不得不夷而爲戰國矣。觀于朝聘、會盟，而天下之勢由天子而諸侯而大夫，屢降益下，歷歷可見，故備列之，輯春秋賓禮表第十七。

春秋賓禮表

公朝

先母舅霞峰華氏曰：「僖公朝于王，非公之能朝王也。天子在踐土，在河陽，晉文率諸侯以朝王，而公亦與朝也。又非晉真能尊天子也，天王下勞晉侯于踐土，晉侯致天子于河陽，而因率諸侯以朝也。春秋書曰王所，非其所也，不與王之于踐土于河陽也，而天王不當下勞，晉侯不當召王，其實著矣。書曰公朝，不與晉之主是朝也，而晉文非真能率諸侯以尊天子，其實亦著矣。然而猶書曰朝，至成公朝于京師則并不書朝，何也？僖之朝，雖朝于外，朝也。成公會晉厲伐秦，道過京師，因而朝焉，則意不在于朝也。春秋誅其意，故不曰朝，而曰如京師。下文又曰公自京師遂會伐秦，而成公簡慢之實著矣。春秋二百四十二年，書朝王所者二，而皆不于京師，書如京師者一，而又不以朝，此天下之盡無王，而春秋所以作也。」

僖二十八年，公朝于王所。	壬申，公朝于王所。	成十三年三月，公如京師。		

陳氏傅良曰：「外朝王不書，書魯以見其餘。春秋兩書王所之朝，諸說皆主貶晉，獨趙氏鵬飛謂諸侯不因晉文之會，未必朝也，聖人特以顯晉文之功。愚謂晉文功之首而罪之魁也，當楚頵强肆之餘，一戰勝之，使天下猶知有周，此晉文之功也。不躬率諸侯以朝天子，而屈使就己，開後世挾天子以令諸侯之漸，此晉文之罪也。」

吳氏澂曰：「古者天子巡狩，方伯率諸侯以朝于方岳之下，此禮之廢久矣。今一歲之中，天子兩受諸侯之朝，晉文之心，第欲借此以夸諸侯爾。然實譎而名則正，心非而迹則是，故啖氏亦有取焉。」

張氏洽曰：「魯從諸侯伐秦，未有不由周者，秦之伐鄭，過周北門，則晉、鄭與魯可知也。故魯與諸侯因講朝禮于京師，而後同劉子、成子爲伐秦之行。春秋以諸侯事周之禮久廢，而偶行于伐秦之役，没而不書，是盡廢其僅存之禮，若遂書朝于京師，則是舉百年之墜典，又非其實。故書如京師而不言朝，以見其行禮之不事。書自京師會諸侯伐秦，以見諸侯之行止爲伐秦，而不爲京師。而劉子、成子之在會，亦削而不書，則

晉無請命之實意，朝王之專禮，而伯主摟諸侯以輕王室之罪自見矣。」

列國來朝

程子曰：「諸侯雖有相朝之禮，而當時諸侯于天子未嘗朝覲，獨相率以朝魯，得爲禮乎！」

呂氏大圭曰：「魯之所如者，齊也，晉也，甚則朝遠夷之君，而齊、晉未嘗朝魯也。魯之所受朝者，滕也，郳也，薛也，杞也，曹也，否則夷、狄之附庸，而滕、郳、薛、杞、曹未嘗一受魯之朝也。蓋齊、晉盛也，楚則所畏也，滕、郳、薛、杞則土地狹隘，而不能與魯伉矣。」

先母舅霞峰華氏曰：「凡書來朝，貶也。諸侯不朝天子而朝同列，與不朝天子而受同列之朝，其罪均也。況旅見乎，況以諸侯而受同列之旅見乎，交譏之矣。蕭叔朝公，朝于外，非其地也。曹伯使其世子射姑來朝，當朝而疾，疾而世子攝行于王可也，于諸侯不可也。」

桓二年，滕子來朝。	秋七月，紀侯來朝。	桓六年，紀侯來朝。	莊五年，郳黎來來朝。	莊二十七年，杞伯來朝。

杜氏預曰：「隱十一年稱侯，今稱子，蓋時王所黜。」朱子曰：「滕子來朝，爲說甚多。或云時王所黜，不知當時時王已不行黜陟之典。或云春秋惡其朝桓，然豈有惡其朝桓而并後世子孫盡削之之理。或云當喪未君，又不見滕侯卒，皆不通之論。獨程沙隨則謂春秋時小國事大國，其朝聘貢賦隨其爵之崇卑以爲多寡，故往往自貶降，以省貢賦，恐是如此。後面鄭朝晉，云鄭伯男也，而使從公侯之賦。鄭初襲用

吳氏澂曰：「齊謀并紀，而鄭助之。紀國度不能自存，以魯與齊、鄭睦，故來朝魯以求庇。」

左傳：「紀侯請王命以求成于齊，公告不能。」家氏鉉翁曰：「夏會于郕，冬又來朝，紀之求魯至矣，卒不能有益。春秋責魯坐受鄰國之朝，莫之或拯也。」

穀梁：「微國之君未爵命者也。」孔氏穎達曰：「郳之上世出于邾，邾挾之後夷父顔有功于周，別封爲附庸，曾孫黎來有功，春秋數從齊桓尊周室，王命爲小邾子。」劉氏敞曰：「未成國謂之郳，既成國謂之小邾。」

范氏甯曰：「杞稱伯，蓋時王所黜。」案：杞爲二王之後，當從公爵。自此年稱伯，終于春秋，中閒更貶從子，恐亦當從自貶以省貢賦之說。

侯禮以交于大國，後來益困，說出此等話，非獨是鄭，想當時小國多如此。」

僖七年夏，小邾子來朝。

何氏休曰：「齊桓公白天子進之。」

杜氏預曰：「郳黎來始得王命而來朝。」

家氏鉉翁曰：「自周之東，以篡得國，王不能討而命之者多矣，如曲沃武公，姓名不登于簡牘，不與其封也。郳、小邾，皆存而不削。」

僖二十年夏，郜子來朝。

孔氏穎達曰：「二十四年傳富辰所云郜之初封文王之子，聃季之弟。」

劉氏敞曰：「公羊以爲失地之君，非也。失地之君，何得言來朝。」

鄭氏樵曰：「郜有二，桓二年取郜大鼎，北郜也。郜子來朝，南郜也。單州有二郜

僖二十七年春，杞子來朝。

左傳：「杞桓公來朝。公卑杞，杞不共也。」

案：杞于莊二十七年來朝稱伯，而此稱子，蓋杞以子禮來朝，公怒其失禮，而是秋遂使公子遂入杞也，則凡貶號爲省貢賦之說信矣。

文十一年秋，曹伯來朝。

左傳：「即位而來朝也。」

趙氏鵬飛曰：「諸侯世相朝，禮也。常事不書，此何以書？譏其以强弱爲判，不復顧禮。曹文公即位而朝魯，未聞魯文公即位而朝曹。聖人書之，以志禮之變。」

文十二年，杞伯來朝。

左傳：「杞桓公來朝，請絶叔姬，而無絶昏，公許之。」

范氏甯曰：「僖二十七年稱子，今稱伯，蓋時王所進。」愚謂春秋雖亂世，不應倏進倏退如是。前胡爲而子之？此胡爲而伯之？至後日又胡爲忽子之？而未幾旋伯之？杞以微弱小國，去周

城。」

又遠，有何交涉而數數得罪于天王？又數數邀寵于天王也？蓋此之稱伯，因前此躬以子禮朝魯，受魯之伐，而不敢不以伯禮來也。自後成四年與十八年來朝，守其常賦，俱稱伯。至襄二十九年來盟，是時杞爲晉平公之舅，晉爲城杞，且使魯歸杞田，杞挾晉之勢，從簡禮以要魯，故仍復書子，以後終春秋並稱伯。蓋因貢賦之盈絀以爲升降，此情事之顯然者。

文十二年秋，滕子來朝。	左傳：「亦始朝公也。」 汪氏克寬曰：「曹文、杞桓、滕昭相繼來朝，而文公不一脩往覲之禮于京師，無王甚矣。」
文十五年夏，曹伯來朝。	劉氏敞曰：「左氏以諸侯五年再相朝爲合禮，非也。諸侯于天子五年一朝，不得于列國亦用此禮。」 趙氏鵬飛曰：「子太叔謂文、襄之伯也，令諸侯三歲一聘，五歲一朝。左氏見曹伯來朝，適合五歲之期，遂據以爲古制，多見其附會而不通矣。」
宣元年，邾子來朝。	黃氏仲炎曰：「邾自僖、文之世常與魯抗，今宣簒立而反朝之，非畏魯，乃畏齊也。齊悦魯之利，邾畏齊之壓，而公論不復存矣。」
成四年，杞伯來朝。	杜氏預曰：「將出叔姬，先脩朝禮，言其故。」
成六年夏六月，邾子來朝。	高氏閌曰：「天王新卽位，不朝王而朝魯，可見其惟陵我是畏也。」
成七年夏五月，曹伯來朝。	趙氏鵬飛曰：「曹于諸侯未爲小國，乃征役
成十八年秋，杞伯來朝。	左傳：「杞桓公來朝，勞公，且問晉故。公
八月，邾子來朝。	汪氏克寬曰：「杞、邾相繼來朝，蓋皆謀從
襄元年，邾子來朝。	季氏本曰：「邾子去年朝魯，今襄公新立，故
襄六年，滕子來朝。	季氏本曰：「滕向無朝矣，此復來朝者，以魯

則上同于衛、鄭，而朝覲則下比于邾、莒，蓋亦難矣。牽之戰，曹固與齊無憾，徒受晉、魯之役，其餘救鄭伐鄭，無敢不從。此其名與鄭、衛同也，而其實勢不支。故鄭、衛未嘗朝魯而曹屢朝之，此其實與邾、莒比也。」	以晉君語之。杞伯于是驟朝于晉，而請爲昏。」	晉。」季氏本曰：「晉悼公初立，尤厚于魯，故二君來修舊好，欲依附魯耳。」	復來朝以賀之。」	睦于晉，賴魯以爲庇耳。」
襄七年春，郯子來朝。季氏本曰：「成七年，吳伐郯，郯既從吳，至是吳與晉通好，遂不禁郯之親魯，故復來朝，以脩舊好。」	小邾子來朝。左傳：「小邾穆公來朝，亦始朝公也。」	襄二十一年，曹伯來朝。左傳：「曹武公來朝，始見也。」汪氏克寬曰：「即位三年而來朝，此喪畢入見于天子之禮，而以是朝魯，得爲禮乎！」	襄二十八年，邾子來朝。左傳：「邾悼公來朝，時事也。」	昭三年秋，小邾子來朝。季氏本曰：「小邾雖累從晉，列于諸侯，而不失事大之禮，本魯附庸故耳。」

昭十七年春，小邾子來朝。

汪氏克寬曰：「自三年來朝，至是十有五年，再朝于昭公。」

秋，郯子來朝。

家氏鉉翁曰：「周、魯俱衰，典章闕壞，而小國之君乃知前古官名之沿革，蓋録之也。」

定十五年春，王正月，邾子來朝。

哀二年，滕子來朝。

汪氏克寬曰：「哀公新立，故滕頃公來朝。自襄六年成公朝魯，至此凡七十有三年矣。」

列國旅見

隱十一年春，滕侯、薛侯來朝。

劉氏敞曰：「兼言之，譏旅見也。非天子不旅見諸侯，諸侯相旅見，非禮也。」

桓七年夏，穀伯綏來朝，鄧侯吾離來朝。

杜氏預曰：「不總稱朝，各自行朝禮。」

桓十五年，邾人、牟人、葛人來朝。

陳氏傅良曰：「旅見非邦交之舊，自參以上甚矣。」

朝不于廟及受世子朝

莊二十三年，蕭叔朝公。

公羊曰：「公在外也。」何氏休曰：「言朝公，惡公不朝于廟。」案：禮，朝聘必受之于太廟，歸美于先君，且重賓。故朝不言朝公，聘不言聘公，謙不敢以己當之也。今公方與齊侯遇穀，而蕭叔就穀朝之，公偃然受之。書朝公，以志公爲已侈，不書來朝，以志蕭叔行禮爲已簡，交譏之。

桓九年冬，曹伯使其世子射姑來朝。

程子曰：「春秋之時，君疾而使世子出，取危亂之道也。」葉氏夢得曰：「諸侯朝天子，有疾不能朝，則使世子攝。射姑攝朝于魯，是伉天子之禮于諸侯也。」

附列國來朝後

先母舅霞峰華氏曰：「郳子來會不言朝，不用朝禮也。祭伯來、祭公來不書朝，不當朝也。介葛盧來、白狄來亦不書朝，不能朝也。實來朝而不復其國也，並附列國來朝後。」

定十四年，郳子來會公。

杜註：「會公于比蒲。來而不用朝禮，故曰會。」正義云：「就蒐處行會禮。」

李氏廉曰：「莊公及齊遇穀，而蕭叔朝公；定公大蒐于比蒲，而郳子來會公，皆非其所。」

隱元年冬十二月，祭伯來。

桓八年，祭公來。

僖二十有九年，介葛盧來。

冬，介葛盧來。

何氏休曰：「前公圍許

襄十八年春，白狄來。

正義云：「以自來爲文，明非王命。」 程子曰：「祭伯，畿内諸侯，爲王卿士。當時諸侯不脩朝覲之禮，祭伯不能輔王正典刑，而反與之交，故特書以正其罪。」	程子曰：「祭公受命逆后，而至魯先私行朝會之禮。聖人深惡之，故先書其來，使若以朝魯爲主，而逆后爲遂也。」	公羊曰：「何以不言朝？不能乎朝也。」 陳氏傅良曰：「介一歲再至，其意將安在乎？明年遂侵蕭，亟書之，譏有以來之也。」	不在，故更來朝。」 孫氏復曰：「一歲而再來，非禮之甚。」	杜氏預曰：「不言朝，不能行朝禮。」
桓六年春正月，寔來。 杜氏預曰：「州公自曹來朝。不言州公者，承上五年冬州公如曹，省文也。言奔則來行朝禮，言朝則遂留不去，故變文言寔來。」 程子曰：「五年冬如				

曹，尚爲君也，故以諸侯書之。今不能反國，則匹夫也。故名之實，不書州，亡其國也。」	

公如列國

先母舅霞峰華氏曰：「春秋書公朝王所者二，如京師者一，而書公如齊十，如晉二十一，如楚二，比而觀之，由魯以知天下王室之微，諸侯之不臣，不待貶而自見矣。僖十年，公始朝齊，自後不朝齊則朝晉，知盟主而不知有天王。迄襄、昭之閒，伯統亦衰，遂旅見而朝于楚，知蠻夷而不知有諸夏，此又世運之一大升降也。」

僖十年春，王正月，公如齊。	張氏洽曰：「僖公始朝齊，見于葵丘，之後齊桓伯體漸肆，諸侯不
僖十五年春，王正月，公如齊。	張氏洽曰：「公十年朝齊，此又朝齊，純用五年一朝之制，同于事
僖三十三年冬十月，公如齊。	高氏閌曰：「公本事齊，逮晉文伯而受盟焉。至是晉文已卒，
宣四年秋，公如齊。	高氏閌曰：「公始即位，公子遂、季孫行父一歲而三聘齊，至是
宣五年春，公如齊。	左傳：「高固使齊侯止公，請叔姬焉。」汪氏克寬曰：「宣公五

朝天子而朝伯主，自是始矣。」李氏廉曰：「經書公如齊凡十四，桓、莊之編四書如，皆非朝也，獨此爲朝齊之始，僖如齊三，宣如齊五，昭如齊二。」

天子之禮矣。」汪氏克寬曰：「杜氏謂諸侯五年再相朝，禮也。何休謂合古五年一朝之義，皆非是。周制，諸侯邦交，但曰世相朝爾。」

齊侯一使卿來聘，而公遂往朝之。蓋魯因晉喪，既伐邾矣，故懼晉而改事齊也。」

亟朝于齊，謹事大國以自固也。」

如齊，惟此年踰時，至夏而始返。經雖諱止公之跡，而比事觀之，其實亦不可掩矣。」

宣九年春，王正月，公如齊。

范氏甯曰：「有母之喪而行朝會，非禮。」

宣十年春，公如齊。

王氏貫道曰：「比年朝正，事齊如事君。」

夏，公如齊。

胡傳：「宣公深德齊侯之能定其位，故生則傾身事之，没則親往奔喪。」

昭二十七年春，公如齊。

季氏本曰：「公每如齊求納而不能，故復居鄆。」

冬，公如齊。

趙氏鵬飛曰：「公朝齊者二，會齊者一，齊終無以爲公謀，故明年遂如晉。」

已上如齊。

文三年冬，公如晉。

文十三年冬，公如晉。

成三年夏，公如晉。

成四年冬，公如晉。

成十年秋七月，公如晉。

李氏廉曰：「文公二年朝晉，以及處父盟見辱不書，故此爲書公如晉之始。」

左傳：「公如晉朝，且尋盟。」

案：自此年朝晉後，至成三年始復朝晉，首尾歷二十七年，而晉人不見討者，以當晉靈之世，趙氏當國，君臣多閒，又楚莊暴興，而晉方與秦搆難，無暇以諸侯爲事。逮宣公簒立而終身謹事齊，晉怵于秦、楚之合，而齊、魯之黨比，在所不問也。至齊頃肆毒，乞師于楚以伐齊，適會楚莊卒，乃改用晉師。既而鞌師大勝，乃朝晉。使非鞌之役，魯將改其事齊

左傳：「拜汶陽之田。」

家氏鉉翁曰：「魯宣諂齊，未除喪而會，既除喪而朝。成公事晉，率宣公之舊，除喪入見之禮不施之王而施之晉。」

案：宣公之世，謹事齊而怠于晉，至末年頃公立，魯猶未絕齊。成公即位，去齊即晉，齊伐北鄙以搆怨，魯、衛助晉戰鞌，取汶陽之田，遂改其所以事齊者事晉矣。

高氏閌曰：「公連歲如晉者，以嘗即楚故也。」

案：是年晉侯見公不敬，歸欲求成于楚而叛晉，以季文子之言而止。家氏鉉翁曰：「甚哉，魯成中無所主也。始與晉連兵伐齊，以有鞌之勝，謂當與晉爲睦，未幾月率先諸侯受盟于楚，猶幸晉人之無討。故去年如晉，今年又如晉，所以救前日匱盟之過。一不爲所禮，又將叛而即楚。春秋備書其從楚適晉，所以深貶之也。」

左傳：「晉人止公，使送葬。」

高氏閌曰：「公昔不奔天王之喪，今乃奔晉侯之喪，又爲晉人所執，使之送葬，故聖人于景公之葬沒而不書。」

	成十八年，公如晉。 時悼公新立，公如晉，朝嗣君。 李氏廉曰：「成公朝晉者四，四年不見敬，十年見止，惟十八年悼公卽位之朝無譏。」	襄二十一年春，王正月，公如晉。 左傳：「拜師及取邾田也。」
者以事楚，如僖公之以楚師伐齊取穀矣。然則寧之功，豈在城濮下哉！	襄三年，公如晉。 高氏閌曰：「童子侯不朝王，蓋不可接以成人之禮也，豈可反朝同列乎！」	昭二年冬，公如晉，至河乃復。季孫宿如晉。 案：公以晉少姜之喪而特如晉弔，晉以非
	襄四年冬，公如晉。 左傳：「公如晉聽政。」 王氏葆曰：「襄公之立，至是纔七歲爾。」	昭五年，公如晉。 左傳：「公如晉，自郊勞至于贈賄無失禮。」 汪氏克寬曰：「昭公如
	襄八年春，王正月，公如晉。 左傳：「公如晉朝，且聽朝聘之數。」	昭十二年，公如晉，至河乃復。 左傳：「取郠之役，莒人愬于晉，晉有平公之喪，未之治也，故辭
	襄十二年，公如晉。 左傳：「公如晉朝，且拜士魴之辱。」 趙氏匡曰：「大國使聘，卽須自往拜之，是公無寧歲也。左氏以爲合禮，一何謬乎！」	昭十三年，公如晉，至河乃復。 左傳：「公如晉，荀吳謂韓宣子曰：『執其卿而朝其君，不如辭之。』

湛氏若水曰：「朝聘有常期，襄公特附晉之强兵取邾之田而往拜之，是交以利而不以義矣。」	昭十五年冬，公如晉。 趙氏鵬飛曰：「公屢如晉，而晉卻之，至河乃復，以季氏之故也。今晉方爲魯執季氏而釋之，公無所博，晉無所庇，故聽公一朝焉。」
伉儷，辭之，而公復使季孫致襚服，以終其事。先儒謂晉之辭公未爲失，春秋止罪公輕動耳。所謂恭不近禮，不能遠恥辱也。	昭二十一年，公如晉，至河乃復。 左傳：「鼓叛晉，晉將伐鮮虞，故辭公。」家氏鉉翁曰：「叔孫爲政，季孫惡諸晉，士鞅怒卑己，故公爲所卻。蓋季氏外交强國大
晉凡七，至晉而見止者一，及河而不至者五，惟此年得善往返。」	昭二十三年冬，公如晉，至河有疾，乃復。 公羊云：「殺耻也。」穀梁云：「釋不得入乎晉也。」汪氏克寬曰：「是時叔孫婼拘囚于晉，昭公是行本以請婼，而懼
公。」	昭二十八年，公如晉，次于乾侯。 孫氏復曰：「公前年如齊者再，皆不見禮，故如晉。此云次于乾侯，復不得入于晉也，其窮辱若此。」
乃使士景伯辭公于河。」 汪氏克寬曰：「公之如晉，蓋以請季孫也。既不得與平丘之盟，猶欲託躬朝之禮，以請其臣，其失進退之義亦甚矣，宜其見辭而不得入也。」	昭二十九年，公如晉，次于乾侯。 左傳：「平子每歲賈馬，具從者之衣屨，而歸之于乾侯。」高氏閌曰：「公去齊如晉，晉復不受。諸侯出奔狼狽，未有如公

夫，以脇制其上也。」汪氏克寬曰：「晉伐鮮虞，豈妨于邦交之禮。況是年晉實未嘗有事，不過託辭以拒公耳。」

不見納，故託疾而返。春秋因而書之，以免其不得至晉之耻也。」

之甚者。」

定三年春，王正月，公如晉，至河乃復。

程子曰：「必晉怒而公往朝焉。晉辭公而復，故明年因會而請盟于皋鼬。」

家氏鉉翁曰：「意如之簒，皆晉大夫爲之羽翼。公如晉，至河乃復者，意如所以操縱其君，使之一切聽

己。」愚案：家氏之言最得季之情狀。程子謂晉人怒者，猶爲忠厚之見也。				

已上如晉。

襄二十八年十有一月，公如楚。 左傳：「爲宋之盟，故公及宋公、陳侯、鄭伯、許男如楚。」陳氏傅良曰：「列國之君旅見于楚始于此。」	昭七年三月，公如楚。 左傳：「楚子成章華之臺，願與諸侯落之，使薳啟疆召公。三月，公如楚。」鄭氏玉曰：「以朝聘往猶曰辱，況以臺榭之樂往，不待貶而見矣。」			

已上如楚。

天王來聘

先母舅霞峰華氏曰：「春秋天王來聘必書。穀梁子曰：聘諸侯，非正也。諸侯朝而王聘，正也。諸侯不朝而王聘，非正也。況桓、宣篡弑之賊，王不討而反聘之乎！春秋二百四十二年，魯大夫如京師者僅四，而王之下聘有七。隱、桓之世，絕無報聘。比事以觀，而天王之失道，魯之不臣，不待貶而自見矣。」

隱七年冬，天王使凡伯來聘。

程子曰：「春秋時諸侯不脩臣職，朝覲之禮廢，不能正典刑而反聘之，又不見答，失道甚矣。」

隱九年春，天王使南季來聘。

張氏洽曰：「隱十年之閒，宰咺、凡伯、南季三至魯廷，而魯曾不報聘。春秋詳書王使，則知隱公之罪大矣。」

彙纂曰：「程子以爲天王失威福之柄，張氏洽主罪魯，當兼用二

桓四年夏，天王使宰渠伯糾來聘。

張氏洽曰：「糾爲天子冢宰，不能詔王以八柄馭羣臣，乃親奉命來聘魯桓，故貶而書名。」

陳氏際泰曰：「天王終以桓公爲嫡而可立，故糾之聘與賵之歸

桓五年，天王使仍叔之子來聘。

杜氏預曰：「仍叔，天子大夫。稱仍叔之子，本于父字，幼弱之辭也。」

家氏鉉翁曰：「宰糾名，貴者以名爲貶。仍叔之子不名，少且賤者，以不名爲貶，皆以著其獎逆之罪也。」

桓八年，天王使家父來聘。

杜氏謂家氏，父字。季氏本謂父乃名也，蓋天子之元士。節南山詩自謂「家父作誦，以究王訩」，豈有不自稱其名者乎！

趙氏與權曰：「五年之中，周三聘魯，而魯使未嘗一至。春秋傷周

	說。」	同。聖人終以桓公非嫡而不當立，故渠之名與咺之斥同。」		責魯之意隱然矣。」
僖三十年冬，天王使宰周公來聘。 程氏端學曰：「魯不過因會盟晉侯朝于王所而已，襄王不能正王法而下聘焉，已爲失道，况遣冢宰乎！」	宣十年秋，天王使王季子來聘。 李氏廉曰：「糾以冢宰之重而聘桓，季子以介弟之尊而聘宣，禮益瀆矣。」 汪氏克寬曰：「來求止于文公，來聘止于宣公，錫命止于成公，非削之而不紀，蓋王命不足爲輕重，而王亦不復遣使于諸侯耳。」	附：莊二十三年，祭叔來聘。 穀梁曰：「其不言使，何也？不正其外交也。」 王氏葆曰：「祭叔，天子之大夫，倘不以王命來，則當以祭伯來之例書，倘以王命來，則當以天王使凡伯之例書。今但曰來聘，見其假王命而私朝也。」		

聘周

先母舅霞峰華氏曰：「公子遂如京師，報宰周公也，而以二事出。叔孫得臣如京師，拜錫命也，而以大夫往。宣公五朝齊，而仲孫蔑一如京師。襄公五朝晉，而叔孫豹一如京師。入春秋以後，天王聘魯者七，而魯大夫如京師者僅四，又皆簡慢不恭如此，其罪可勝誅乎！或曰：隱、桓之世，天王來聘者五，魯大夫之報聘者亦無聞焉，或者得禮而常事不書乎？曰：報聘，非得禮也。王制：『諸侯于天子，比年小聘，三年大聘，五年一朝。』東遷以後，諸侯莫朝，視天子蔑如也。其卿大夫之聘，亦安有合王制而無失禮者哉！設隱、桓之世，魯大夫一如京師，國史必書，夫子必存而不削。設天王聘，而魯一報聘，春秋尤必書之，以志其非禮。而不見于經，是僖三十年以前魯實未嘗聘周也。入春秋幾百年而後公子遂一報聘，猶愈于隱、桓之不答聘者矣。文元年得臣一拜命，猶愈于莊公、成公之不拜命者矣。又二十七年而仲孫蔑一如京師，其後又五十餘年而始有叔孫豹之聘，自是之後，終春秋不復聘王矣。」

僖三十年，公子遂如京師，遂如晉。	杜氏預曰：「報宰周公之聘，又命自周往聘晉，故曰遂。」
文元年，叔孫得臣如京師。	家氏鉉翁曰：「拜錫命也。在喪不能躬往，使臣可也。除喪朝王，然後于禮爲盡。而
宣九年夏，仲孫蔑如京師。	胡傳：「當歲首月公朝于齊，而夏使大夫聘于京師，比事以觀，不待貶而惡見。」
襄二十四年，叔孫豹如京師。	左傳：「賀城郟也。」李氏廉曰：「魯之聘王止此。此後止書叔鞅之會葬而已。」

趙氏汸曰：「周禮諸侯于天子有見有貢，而無聘問。于天子言聘，蓋東遷禮失之辭。」
文公循習舊事，終不能往。」
陸氏九淵曰：「宣公即位九年，兩朝于齊，乃一使其大夫聘于周室，王迹既熄，逆施倒置，恬不爲異。」
汪氏克寬曰：「襄之聘晉者九，是年春先聘晉，冬乃聘王，書以著魯之慢王也。」

聘列國

先母舅霞峰華氏曰：「内大夫出聘五十有二，如齊十六，如晉二十四，如楚一，皆著其以弱事强也。如宋五，如陳、如衛、如邾各一，報聘也。公孫茲如牟，娶齊如莒，行父如陳，聘且娶焉。春秋止書如，不正其以公事而行私事也。」

僖七年，公子友如齊。	李氏廉曰：「吾大夫正聘于齊始此。」 趙氏鵬飛曰：「自僖三
僖十三年冬，公子友如齊。	張氏溥曰：「十年春正月，公如齊，魯君始朝齊也。十三年冬，公
僖二十八年，公子遂如齊。	吳氏澂曰：「魯以楚師伐齊取穀，未及報怨。晉文既伯，齊、魯均爲
文元年，公孫敖如齊。	何氏休曰：「譏喪娶，吉凶不相干。」 高氏閌曰：「會晉歸而
文十七年冬，公子遂如齊。	高氏閌曰：「公已與齊盟，而遂復往者，政在遂故也。」

年公子友如齊涖盟，聽伐楚之期，以後凡三年公不朝則季友聘，終齊桓之世不怠。」	子友如齊，則大夫聘問之常矣。自是魯益恭而齊益驕。」	受盟之國，則齊不敢背晉盟而脩魯怨，故魯因使公子遂聘齊，講好而釋前怨也。」	復聘齊，魯人于是兩事齊、晉，且圖婚于齊故也。」	
文十八年秋，公子遂、叔孫得臣如齊。 劉氏敞曰：「公子遂將弒君，謀之齊而後決。故經書子卒，先原其禍亂之始，著之奉使之日，以見非常。」 家氏鉉翁曰：「凡使不書介，得臣預逆謀，故並書。」	文十八年，季孫行父如齊。 高氏閌曰：「行父實與弒謀，故出姜歸而行父遽如齊，恐齊聽夫人之訴而來討，納賂以求平也。」	宣元年夏，季孫行父如齊。 左傳：「納賂以請會。」 高氏閌曰：「春秋時國君不以其道立，苟得一預諸侯之會，他國不得復討其罪。所以行父不憚自行，欲假大國之權，以定宣公之位也。」	公子遂如齊。 左傳：「齊侯會于平州，以定公位。故襄仲如齊拜成。」 胡傳：「再書于策者，著其始終成就弒立之謀。」	宣八年夏六月，公子遂如齊，至黄乃復。 杜氏預曰：「大夫受命而出，雖死以尸將事。遂以疾還，非禮也。」

宣十年，季孫行父如齊。齊頃公立而初聘。	冬，公孫歸父如齊。左傳：「伐邾故也。」高氏閌曰：「以伐邾故，恐齊人以爲討，二歲之間，而公與大夫五如齊矣。」	成十一年秋，叔孫僑如如齊。張氏洽曰：「蓋謝戰鞌之師，捐歸汶陽之忿，迫于晉之辱而不得已也。」	襄二十年，叔老如齊。杜氏預曰：「齊、魯有怨，朝聘禮絶。今復繼好息民。」王氏葆曰：「齊屢陵魯，及澶淵而始平。今叔老之脩聘，欲固齊好也。」	昭九年秋，仲孫貜如齊。杜氏預曰：「自叔老聘齊至今二十年，禮意久曠，今復脩舊好。」
定十年，叔孫州仇如齊。杜氏預曰：「謝致郈也。」				

先母舅霞峰華氏曰：「內大夫如齊二十五，因事而往者九，逆女三，納幣一，單伯一，葬二，涖盟二，其正聘于齊十有六。莊三十二年慶父如齊，穀梁曰奔也，不在正聘之數。」又曰：「魯之聘齊自僖公始，以齊桓創伯也。經于僖公書如齊者三，于文公書如齊者再。文十八年春，公薨。秋，公子遂、叔孫得臣如齊，二卿並出，假聘事以行篡奪之謀。自是十年之中，七聘

于齊。襄仲、行父奔命不遑，或一歲再往。春秋悉書于册，而遂及得臣、行父三人之同惡，與齊人納賂黨惡之罪昭然矣。至宣十七年斷道之盟，魯始叛齊親晉，交相侵伐。鞌之戰，四卿同將逞其私忿。迄成十一年而叔孫僑如始再聘于齊，以脩前好。其後襄公二十年而叔老如齊，昭九年而仲孫貜如齊，定十年而叔孫州仇如齊，或二十年而一聘，或三十年而一聘云。」

僖三十年，公子遂如京師，遂如晉。	王氏樵曰：「晉未聘魯，魯初往聘，故左傳曰：遂初聘于晉。周先聘魯，魯本欲往報，故左傳曰：將聘于周。不專于王室，直書而義自見。」
僖三十一年，公子遂如晉。	左傳：「拜曹田也。」鄭氏玉曰：「魯遣使如晉，拜分田之賜，而不請命于周，正疆理之復，但知有伯，而不知有王。」
文五年夏，公孫敖如晉。	高氏閌曰：「王含且賵，又來會葬矣，捨天王而謹事晉，不待貶而惡見。」
文六年秋，季孫行父如晉。	汪氏克寬曰：「文公卽位六年再朝于晉，而貴卿比年往聘，過于事天子之禮。」
文十五年春，季孫行父如晉。	時齊商人弑其君舍，舍爲魯甥，單伯如齊唁叔姬，齊人執單伯，并執子叔姬，故行父如晉以請于齊也。張氏洽曰：「魯不能以義討，而反因晉以求齊，行父爲大夫不能請討弑君之賊，皆罪也。」

秋，季孫行父如晉。

左傳：「齊人侵我西鄙，故季文子告于晉。」

高氏閌曰：「一歲再如晉，皆爲齊故。」

宣十八年，公孫歸父如晉。

胡傳：「宣公因齊得國，故刻意事之，雖易世猶未怠。及頃公怒晉，魯上卿，而郤克決策討之，于是背齊而事晉。」

案：宣公聘晉止此一事。

成六年，公孫嬰齊如晉。

汪氏克寬曰：「二年三年公兩朝晉，此年嬰齊，行父又兩聘晉。魯讎齊而倚晉爲援，故君臣亟行迭往。」

冬，季孫行父如晉。

賀晉遷于新田。

成十一年夏，季孫行父如晉。

黃氏仲炎曰：「晉人止公九月而後歸之，然猶亟于聘魯者，疑其叛而要結之也。魯侯被晉之辱，然猶繼朝而聘晉者，畏其威而諂事之也。」

襄四年夏，叔孫豹如晉。

左傳：「報知武子之聘也。」

是時晉悼初立，脩禮于諸侯，襄公凡九聘晉，始于此年。

襄五年，叔孫豹、鄫世子巫如晉。

左傳：「覲鄫太子于晉，以成屬鄫。」

杜氏預曰：「巫受命于魯，不書及，比之魯大夫。」

襄六年，季孫宿如晉。

李氏廉曰：「五年九月戚之會，穆叔以屬鄫爲不利，使鄫大夫聽命于會。是年莒人滅鄫，晉人以爲討，故季武子如晉謝亡鄫。」

襄九年夏，季孫宿如晉。

左傳：「報范宣子之聘也。」

襄十六年冬，叔孫豹如晉。

趙氏鵬飛曰：「言齊之見伐，故十八年晉率諸侯爲平陰之役。」

	劉氏敞曰：「鄫不勝莒、魯之患，求爲附庸于魯以自定，故相與往見于晉。明年莒卽滅鄫，則是往爲無益矣。」			
襄十九年，季孫宿如晉。 吳氏澂曰：「謝討齊，且取邾田也。」	襄二十四年春，叔孫豹如晉。 杜氏預曰：「賀克欒氏也。」	襄二十八年，仲孫羯如晉。 左傳：「告將爲宋之盟故如楚也。」	襄二十九年冬，仲孫羯如晉。 左傳：「報范獻子之聘也。」	昭二年夏，叔弓如晉。 趙氏鵬飛曰：「晉韓起來聘，通嗣君也。故叔弓如晉以報之。」
昭六年夏，季孫宿如晉。 卓氏爾康曰：「魯受莒牟夷之奔，時公在晉，宿實主之。及莒愬晉，公幾爲晉所止，以	昭八年，叔弓如晉。 左傳：「賀虒祁也。」	昭二十三年春，叔孫婼如晉。 以魯取邾師，故邾人愬于晉，爲晉人所執。	定六年夏，季孫斯、仲孫何忌如晉。 左傳：「季桓子如晉獻鄭俘，陽虎彊使孟懿子往報夫人之幣。」	

范獻子之言得歸，故武子如晉謝歸公。」

高氏閌曰：「一卿將命，可兼他事，豈可每事一卿，累數之，見二卿爲陽虎所制也。」

先母舅霞峰華氏曰：「內大夫如晉二十有八，會葬三，昭二年公如晉，晉人辭公，季孫宿如晉，弔少姜也，不在聘數，其正聘于晉二十有四。」

又曰：「僖三十年，公子遂如京師，遂如晉，爲聘周之始，亦聘晉之始。其明年，遂復如晉，拜曹田。文公之世如晉者五。宣公篡立，結援于齊，亦聞晉有內亂，故君臣專意事齊，而于晉使寥寥焉，僅十八年歸父一聘而已。成公嗣立，大夫如晉三見于經。然晉不以德綏諸侯，公數見止辱，晉于是失盟主之禮矣。其後晉悼脩文、襄之業，使命數來，而魯脩聘事亦謹。襄公之編見經者九。昭公屢朝于晉而見距，三聘于晉而執行人，專于事大而不知所以自立，其見辱宜矣，而晉伯亦衰。定六年以後，魯君臣之如晉者無聞焉。」

文十一年，公子遂如宋。	成五年，仲孫蔑如宋。	襄二年，叔孫豹如宋。	襄二十年，季孫宿如宋。	昭二十五年春，叔孫婼如宋。
左傳：「襄仲聘于宋，且言司城蕩意諸而復	左傳：「報華元也。」 汪氏克寬曰：「蔑與華	左傳：「通嗣君也。」	左傳：「報向戌之聘也。」	汪氏克寬曰：「意如遣公室之正卿爲己逆

之。因賀楚師之不害也。」

元交相聘問，其情厚矣。而明年逼于晉令，遽興侵宋之師。朝玉帛而暮干戈，謹于邦交者如是乎！」

汪氏克寬曰：「魯自蕭魚以後，連歲與强齊、邾、莒交兵，不遑朝聘往來之事，雖向戌來聘，而亦未之報。今始平于齊，遂交好鄰國，以尋舊好耳。」

婦，專恣甚矣。討私邑，使公室之卿圍之，娶己妻，使公室之卿逆之，則名雖爲臣，而實行魯君之事，何待昭公孫齊而後專魯哉！」

先母舅霞峰華氏曰：「內大夫如宋八，因事而往三，致女一，葬共姬一，葬平公一，其正聘于宋五。」

莊二十五年冬，公子友如陳。

杜氏預曰：「報女叔之聘也。」

李氏廉曰：「此內大夫出聘之始，而亦季氏之始事也。當隱、桓、莊之閒，上而周，近而

文六年夏，季孫行父如陳。

左傳：「季文子聘于陳，且娶焉。」

汪氏克寬曰：「季友如陳者再，今行父之往，蓋因其祖之舊好，假公室之聘而圖婚耳。」

齊，有來聘者矣，魯曾無報謝之禮。而女叔一來，季友旋造陳庭，繼又躬行以會原仲之葬，則陳、魯之交，蓋出于季友、原仲之私情矣。」

先母舅霞峰華氏曰：「內大夫如陳三，葬原仲一，其正聘于陳二。」

昭六年冬，叔弓如楚。

張氏洽曰：「楚與吳讎敵之國，而昭公婚吳遠楚，故申之會，魯不與焉。今楚復伐吳，其惡益遠。昭公始通好于楚，蓋不待遠啓疆之召，已服楚而將朝之矣。」

僖二十六年，公子遂如楚乞師，不在正聘之數。

僖五年夏，公孫茲如牟。左傳：「公孫茲如牟，娶焉。」孔氏穎達曰：「叔孫聘妻已定，但卿非君命不得越竟，故咨公請使，奉君命以聘，因自爲逆婦。」	成八年，公孫嬰齊如莒。左傳：「逆也。」吴氏澂曰：「大夫託聘之名而自逆婦者多矣，非禮也。」	襄六年冬，叔孫豹如邾。左傳：「穆叔如邾，聘，且脩平。」高氏閌曰：「公初卽位，邾子來朝，四年有狐駘之戰，至是往聘脩平，以無忘舊好。」	襄七年秋，季孫宿如衞。左傳：「報子叔之聘，且辭緩報，非貳也。」趙氏鵬飛曰：「公初卽位，晉、衞俱使卿來聘，既而公如晉者再，大夫如晉者三，而衞至七年而始報之，故謝緩報。」

春秋賓禮表卷十七之下

錫山顧棟高復初　輯
安東程雲龍錦江　参

列國來聘

汪氏克寬曰：「經書諸侯來聘三十一，齊聘者五，晉聘者十有一，宋、衞聘者各四，陳、鄭、秦、吳聘者各一，楚聘者三。魯以秉禮之國，受同列之朝聘，而尊王之禮寥寥罕見，故悉書以示譏焉。」晉、衞、宋來聘連後來聘及盟數之。

隱七年，齊侯使其弟年來聘。	程子曰：「不稱公子而稱弟者，著僖公私于同母，卒致其子簒弑之禍。」
桓三年冬，齊侯使其弟年來聘。	左傳：「致夫人也。」杜氏預曰：「古者女出嫁，又使大夫隨加聘問，存謙敬，序殷勤也。在魯而出則曰致女，在他國而來則總
僖三十三年，齊侯使國歸父來聘。	吳氏澂曰：「二十六年，有伐齊取穀之怨。二十八年，晉文既伯，公子遂聘齊以解仇而講好，越六年而歸父
宣十年，齊侯使國佐來聘。	李氏廉曰：「齊之聘魯，五年之再來，齊僖糾合之時也；歸父之來，晉襄未定之時也；國佐之來，齊頃有志于叛晉也；慶封
襄二十七年春，齊侯使慶封來聘。	家氏鉉翁曰：「齊靈、莊相繼，魯受兵無寧日。景公立，始通好，春秋書以美之。」

	成八年，晉侯使士燮來聘。左傳：「言伐郯也，以其事吳故。」案：是時吳、晉未通，故郯事吳，而晉邀魯
曰聘。」	成十八年，晉侯使士匄來聘。左傳：「拜公朝也。」許氏翰曰：「公朝始至，而聘使繼來，晉悼之下諸侯肅矣。此列
來報公子遂之聘也。」	襄元年，晉侯使荀罃來聘。徐氏彥曰：「天王崩而四國得行朝聘者，杜氏云：辛酉，九月十五。冬者，十月初也。
之來，齊景初立，而有志于争伯也，皆出于私情。然春秋之初，齊猶加禮于魯。至桓既伯，僖七年公子友如齊之後，魯使之聘齊者二十二，而齊聘僅三至焉，亦可以觀世道矣。」案：是年齊頃初立，公既親往奔其父喪，又使行父聘嗣君，故國武子來報聘。	襄八年，晉侯使士匄來聘。左傳：「告將用師于鄭。」汪氏克寬曰：「成公末年至襄十二年，士匄、
	襄十二年夏，晉侯使士魴來聘。左傳：「晉士魴來聘，且拜師。」杜氏預曰：「謝前年伐鄭師。」

往伐之。	襄二十六年夏，晉侯使荀吴來聘。 左傳：「晉人爲孫氏故，召諸侯，將以討衛。」 家氏鉉翁曰：「林父據戚以叛，晉人以兵戍
國之所以睦，而叛國之所以服也。」	襄二十九年，晉侯使士鞅來聘。 左傳：「拜城杞也。」 李氏廉曰：「觀拜城杞之使，卽私情之不足以令諸侯可知矣。」
四國行朝聘之時，王之訃告未至于魯。穀梁註及公羊疏俱同杜說。」 楊氏士勛曰：「若其聞喪，豈天子以九月崩，當月卽邾子來朝，冬初卽晉、衛來聘。魯是有禮之國，焉得受之。」	昭二年春，晉侯使韓起來聘。 趙氏匡曰：「左氏云：爲政而來見，禮也。案：伯國正卿無有適諸國告爲政之理。前後爲政者多矣，何不來乎？」
荀罃、士魴凡四聘魯，則晉之所以結與國者不亦厚乎，宜悼公之得諸侯也。」	昭二十一年夏，晉侯使士鞅來聘。 杜氏預曰：「晉頃公卽位，通嗣君。」 趙氏鵬飛曰：「晉至頃公公室日衰，六卿日侈，頃公拱手爾。卽
趙氏鵬飛曰：「晉以聘問結諸侯，薄往而厚來，伯者之術也，故冬公如晉。」	文四年，衛侯使甯俞來聘。 吴氏澂曰：「衛自孔達爲政，侵鄭伐伯主。晉會諸侯于垂隴，將伐衛，幸得陳侯爲之請成，執孔達以説于晉，而後得免。甯俞代爲

之。衛人伐戚，殺晉戍三百人。晉不知自反，乃會諸侯謀有討于衛，使荀吳來召公。當晉平之世，强臣僭横，倒行逆施，卒以此失諸侯。」	襄元年冬，衛侯使公孫剽來聘。 左傳：「衛子叔、晉知武子來聘，禮也。」 彙纂曰：「三國朝聘，左氏皆以爲禮。杜云：王討未至也。公、穀俱不發傳，而范氏甯、徐氏彥、楊氏士勛咸主杜氏。蓋按日而稽
	成四年，宋公使華元來聘。 左傳：「通嗣君也。」 王氏葆曰：「宋入春秋未嘗聘魯，文十一年公子遂雖往而宋不報也。華元之來，其爲共公謀昏張本乎？」
黃氏正憲曰：「晉自趙武與楚狎主夏盟，諸侯由此不專事晉。韓起代武爲政，欲致諸侯，故親來聘魯。起可謂有志于治者矣。」	成八年，宋公使華元來聘。 左傳：「聘共姬也。」 案：華元之來，蓋圖婚，故夏使公孫壽來納幣。
位于今五年，始出聘諸侯。蓋伯業既隳，諸侯外之，彼亦知無求于諸侯，故聘好有所不急也。」 汪氏克寬曰：「二十三年，晉執舍，蓋原于士鞅之怒。自是晉之聘魯終于此。」	昭十二年夏，宋公使華定來聘。 左傳：「通嗣君也。」 高氏閌曰：「公始以卿共平公之葬，故宋元公嗣位而即使來聘。」
政，衛服伯主而無事。明年春，晉遂歸孔達，其夏衛侯朝晉。至秋而來聘魯焉。事大睦鄰，以安社稷，皆出甯俞之謀。夫子稱其知可及者，蓋如此。」	莊二十五年春，陳侯使女叔來聘。 杜氏預曰：「季友相魯，原仲相陳，二人有舊，故女叔來聘，季友冬亦報聘。」 黃氏仲炎曰：「雖其君使之，實出其臣之私。

之，非臆度也。胡傳主貶，必以爲訃告已及，恐無所據，當從左氏。」

大夫交政于中國，其見于此乎！」

襄五年夏，鄭伯使公子發來聘。

左傳：「通嗣君也。」

李氏廉曰：「魯、鄭自輸平來盟以後，未嘗有聘問之使，終春秋僅見于此，則以悼公之盛，諸侯之睦也。」

外裔來聘

莊二十三年，荆人來聘。

家氏鉉翁曰：「著其漸

文九年冬，楚子使椒來聘。

李氏廉曰：「晉文、襄

襄三十年春，楚子使薳罷來聘。

左傳：「通嗣君也。」

文十二年，秦伯使術來聘。

汪氏克寬曰：「術不稱

襄二十九年，吴子使札來聘。

杜氏預曰：「吴子，餘

盛也。」李氏廉曰：「荊之聘魯三，始書荊人，繼書楚子使椒，又繼書楚子使薳罷，蓋進之以漸也。其義三傳皆同，然荊聘魯而旋有伐鄭之師，介朝魯而繼有侵蕭之役，秦人歸襚來聘而意在河曲之戰，其窺覘之謀，離間之術常如此。」
之盛，秦、楚未嘗得以爵通也。至是椒聘書子，術聘書伯，雖曰能聘，而列國之無伯，亦可見矣。」
高氏閌曰：「公踰年在楚，楚郟敖新即位，故使薳罷來聘以報之。」張氏洽曰：「魯以君行，而楚以大夫聘，此桓、文之所以行乎列國者。故自宋之盟，楚人行伯主之禮，非晉平、趙武之責而何哉！」
氏，文定謂與楚子使椒一例。今考歸襚稱秦人，而此年來聘稱君大夫，是亦漸進之矣。」
祭。既遣札聘上國而後死。札以六月到魯，未聞喪也。不稱公子，其禮未同于上國。」

來聘及盟

先母舅霞峰華氏曰：「凡聘之志皆譏，而聘而及盟，尤爲非禮。聘而盟，胡氏以爲大夫私盟，專命遂事，非也。何休註公羊以爲聘、盟兩受命者是矣。然大夫有聘無盟。以大夫盟公，伉也。以公及大夫盟，卑也。凡此類，皆當時諸侯昧于上下之辨，而政在大夫所由來也。故春秋凡聘而及盟皆不書公，所以深惡之。」

成三年冬，晉侯使荀庚來聘，衞侯使孫良夫來聘。丙午，及荀庚盟。丁未，及孫良夫盟。 彙纂曰：「左、公羊皆以爲尋盟，則是二臣之聘盟，兩受君命，非奉命來聘而擅及魯盟也。劉氏敞以爲專命生事，過矣。又謂不繫于國，以見遂事之辱。不知奉使而來既書晉侯、衞侯，則及盟可不繫于晉、衞也。」	成十一年，晉侯使郤犨來聘。己丑，及郤犨盟。 高氏閌曰：「公留于晉者九月，晉侯不與公盟，乃反公于國，而使大夫盟之，晉之無禮于公甚矣。」 家氏鉉翁曰：「與三年荀庚來聘而盟書法同。荀庚之盟，魯自慊其貳，求與之盟，雖伉也，其責在魯。今晉厲無禮于公，懼公卽楚，故遣郤犨爲此盟，其責在晉。」	襄七年冬十月，衞侯使孫林父來聘。壬戌，及孫林父盟。 左傳：「尋孫桓子之盟。」卽成三年使孫良夫來聘，丁未及孫良夫盟是也。林父，良夫子。	襄十五年春，宋公使向戌來聘。二月己亥，及向戌盟于劉。 孔氏穎達曰：「劉蓋魯城外之近地。」 許氏翰曰：「不盟于國而盟于劉，崇向戌故。」 汪氏克寬曰：「不言公，見其伉也。聘而遂盟，已爲非禮，況以千乘之君，而降尊失列，與之盟于國都之外乎！」	

先母舅霞峰華氏曰：「齊之聘魯者五，而齊年再來，在隱、桓之世。其後二百四十餘年之間，公朝齊者十有一，魯大夫之聘齊者十有九，而齊使僅三至焉，蓋其視魯爲已卑矣。魯朝晉者二十一，

聘晉二十有四，而晉使之來十有一。荀庚、郤犨之聘而及盟，以大夫伉也。士燮之聘，言伐鄭，以伯令徵也。惟成十八年至襄十二年，悼公復伯，以禮親諸侯，故十餘年閒而來聘者四。外此昭二年韓起執政，以上卿將命，庶幾以禮來者乎。若荀吳之聘，黨叛臣而徵諸侯，士鞅之聘，責牢禮至十有一，則非禮之加，抑又甚矣。魯于宋、衞匹也，而亦使大夫盟公，公又崇宋向戌而與盟于國都之外，過矣。陳邇于楚，故入春秋以來，惟一聘魯，而在莊公之世，荆楚未盛之前。鄭懼于楚，而自輸平以後，亦惟一聘魯，而在晉悼之時，諸侯方睦之日。楚三來聘而寖益强，故春秋之書法凡三變，説春秋者以爲漸進之。汪氏曰：「楚大夫書名書氏，自嬰齊會蜀而已然。然則挾衆威魯，以臣伉君，春秋書公子嬰齊，亦將謂予而進之乎！況薳罷之來，報公朝也。公踰年在楚，幾不得反，而楚使一來，謂聖人予而進之，謬矣！故謂以著楚之寖强者，其説猶爲近之。而秦使術、吴使札義同，楚使椒，當亦非以其能聘而進之矣。」

閔元年冬，齊仲孫來。

仲孫何以來？齊侯使來聘耳。春秋上不書使，下不書聘，直書曰來，誅桓公之心也。桓公以聘魯爲名，而實以窺魯。

特會

先母舅霞峰華氏曰：「會有三例，特會也，參會也，主會也。其初以諸侯而特會，其後以大夫而特會諸侯矣，又其後以大夫而特會大夫矣。其初以諸侯而主會，其後以大夫而主諸侯之會矣，又其後以大夫而主大夫之會，而君若贅疣矣。其初以諸侯主諸夏之會，以攘夷狄，其後以夷狄同主諸夏之會，而晉、楚之從交相見矣，又其後以夷狄獨主夷夏之會，大合十三國于申，而伯主不復與矣。懼楚而通吳，會吳以謀楚，卒之楚敗而吳強。而黃池之會，春秋以是終焉。通而論之，諸侯之特會者，多在隱、桓以前。自有主會，無特會、參會者矣。大夫之特會者，多在文、宣以後。有大夫特會而後有大夫主會者矣。以諸侯而主天下之會自北杏始，以大夫而主天下之會自鍾離始，以夷狄而同主天下之會自宋始。有北杏而後有葵丘之會。宰周公至温之會，而天王實狩焉，而諸侯之亢極矣，然後大夫乘之。大夫主天下之會，而諸侯失政，然後夷狄乘之。春秋詳而志之，得失之故可考矣。」

隱九年冬，公會齊侯于防。

高氏閌曰：「齊與公連謀，爲鄭伐宋也。」

家氏鉉翁曰：「左氏云：鄭人以王命來告伐宋，故冬會于防以謀之。案：魯咍于歸祊之利，齊背瓦屋之盟，連兵而伐與國，內揣有愧，故相與假王命，非王意也。其後伯主挾天子以令諸侯，實昉于此。」

隱十一年夏，公會鄭伯于時來。

吳氏澂曰：「鄭莊以小利餌魯，隱既與之伐宋，爲鄭報怨矣，又與之同伐許，爲鄭益地。許與鄭接壤，鄭之所利，齊、魯無與也。鄭伯以計鈎致齊、魯之君，而借其兵力，以吞併小國耳。」

劉氏實曰：「凡稱會，外爲主。時來，鄭地，則知伐許，鄭志也。」

桓元年三月，公會鄭伯于垂。

張氏洽曰：「公纂立而懼諸侯討己，欲外結好以自固，因鄭伯嘗歸祊以易許田而未遂，乃求好于鄭，鄭亦欲乘此機以求許田，故會于垂。」

桓三年春正月，公會齊侯于嬴。

左傳：「成昏于齊也。」

杜氏預曰：「公不由媒介，自與齊侯會而成昏。」

家氏鉉翁曰：「魯桓懼方伯而乞昏于齊，以爲此會。非媒而昏，越境而會，皆不以正。」又曰：「桓以昏求齊而終殞于齊，此天也。」

案：嬴爲齊邑，在今泰安府治東南五十里，介齊、魯境上。

公會齊侯于讙。

程子曰：「齊侯出疆送女，公遠會之，皆非義也。」

胡氏銓曰：「公果親逆，自當書逆女，必不曰會齊侯。此見公因會齊侯而受姜氏耳。」

案：讙爲魯地，在今泰安府肥城縣西南。

桓十一年，公會宋公于夫鍾。

高氏閌曰：「公憾鄭忽

冬十有二月，公會宋公于闞。

家氏鉉翁曰：「二年之

桓十二年，公會宋公于虛。

張氏洽曰：「宋納突于

冬十有一月，公會宋公于龜。

黃氏正憲曰：「折、闞、

桓十五年，公會齊侯于艾。

孫氏覺曰：「左氏以爲

而欲定突，是以不憚屈辱，力爲鄭請，宋亦數與公會，皆非爲國爲民，其罪均耳。」

閒兩盟四會，惟宋之故，春秋書盟會未有若是頻數者也。」汪氏克寬曰：「宋之會魯，將以求賂于鄭，魯之會宋，將以爲鄭免其賂，所以終不能降心以相從。」闞爲魯地。

鄭，求賂而後使之入。及突入國之後不能償，遂成釁隙。桓公屈己往來宋地，欲平宋、鄭之難，不知人之心不親，非屢盟數會之所能回也，故春秋詳書以譏之。」虛、龜皆宋地。

夫鍾之會，是宋欲親魯伐鄭，故數會于魯地，宋爲主。龜、虛之會，是魯欲平宋、鄭，宋不受平，故數會于宋地，魯爲主。」彙纂曰：「以爲魯志者，左氏所謂欲平宋、鄭也。以爲宋志者，穀梁所謂會者，外爲志也。二說不同。惟黄氏謂始則宋欲親魯，繼則魯欲爲宋平鄭，引宋、魯地名爲證，此爲得之。」

謀定許，經無其事，此亦未可知也。」鄭氏玉曰：「隱十一年，齊、魯、鄭入許。今許叔乘鄭之亂，以復其國。齊、魯不興師以問之則已矣，安得反爲之會，以立其位乎？高氏謂魯嘗與齊絶，至是復通好，彭生之禍兆於此矣，故春秋志之，以齊侯爲主，理或然也。」愚案：此係齊襄之元年。素通其妹，欲假此會以復爲往來之地。故喪未踰年，即撥棄前怨爲此會，不四年而遂有彭生之禍。詳見齊魯交兵表。

桓十八年，公會齊侯于濼。 杜氏預曰：「公本與夫人俱至濼，公與齊侯行會禮，故先書會濼。」 范氏甯曰：「實驕伉而不制，故不言及。」 汪氏克寬曰：「以尊及卑曰及。及者爲主。僖公及夫人姜氏會齊侯于陽穀，以公及夫人，夫人不敢專行也。桓公與夫人姜氏如齊，若曰夫人專行而公從之也。」	
莊二十七年，公會齊侯于城濮。 杜氏預曰：「將討衞之立子頽也。」 張氏洽曰：「城濮，衞地。齊欲討衞而會魯于此，定其交而後加兵于人，見其謀之審也。」	
宣元年，公會齊侯于平州。 左傳：「以定公位。」 張氏洽曰：「會者，外爲志。魯宣欲求寵以定位，而書齊惠之志，以治黨惡之罪，與桓公、鄭莊垂之會一也。」	
定八年，公會晉師于瓦。 左傳：「晉士鞅、趙鞅、荀寅救我。公會晉師于瓦。」 程氏端學曰：「義在公會晉師，故不書晉卿名。以諸侯之尊，越國會諸侯之師，一見魯之微弱，二見當時惟知附勢，而不顧理之不可也。」	
定十年夏，公會齊侯于夾谷。 趙氏匡曰：「經不書盟，傳何得云盟？蓋左氏欲以歸汶陽之田歸功于夫子，故謬爲此說，殊不知要而得之，非聖人之正也。」	此爲十八年會濼之張本。

已上特會中國諸侯。

隱二年春，公會戎于潛。何氏休曰：「書會者，惡其虛內務，恃外好也。古者諸侯非朝時不得越竟。」

哀七年夏，公會吳于鄫。高氏閌曰：「吳欲伯諸侯，魯先往會之。」

哀十二年，公會吳于橐皋。家氏鉉翁曰：「晉衰而即齊，景死而事吳，趨利棄信，春秋所惡也。」

已上特會外裔。

成二年，公會楚公子嬰齊于蜀。季氏本曰：「成公以周公之裔，諸侯之望，下與楚大夫會，辱已甚矣。」

桓十年秋，公會衛侯于桃丘，弗遇。杜氏預曰：「衛侯與公爲會期，中背公，更與齊鄭。故公獨往而不相遇也。」

先母舅霞峰華氏曰：「經書公特會者二十，與中國諸侯會十四，會師一，與外裔會三，會楚大夫一，會而弗遇一。」

内大夫特會諸侯

文元年秋，公孫敖會晉侯于戚。	吳氏澂曰：「凡魯卿會外君，直書不隱，以見其非。」程氏端學曰：「諸侯非王命自爲會，罪也。況魯國有喪，以大夫而會伯主乎！」
文十六年春，季孫行父會齊侯于陽穀。	左傳：「公有疾，使季文子會齊侯于陽穀，請盟，齊侯不肯。」汪氏克寬曰：「齊特以勢軋魯而脇文公之親至，非果能以大夫不可伉諸侯之禮責魯也。及襄仲納賂，則貪于利而從之矣。」
宣十四年冬，公孫歸父會齊侯于穀。	張氏洽曰：「宣公之立，公子遂主之。故其父子常親于魯，而齊亦不復計等列之不班，從而與之會。」
宣十五年春，公孫歸父會楚子于宋。	黄氏仲炎曰：「楚子在宋，兵未及魯，而望風納賄，惟恐或後，見魯君大夫苟免自營，怵于威武之甚也。」
昭九年春，叔弓會楚子于陳。	孔氏穎達曰：「此與宣十五年公孫歸父會楚子于宋同。楚子在彼，魯敬大國，自往會之，非楚子召使會。」許氏翰曰：「楚既滅陳，威震諸夏，是以無所號召，而諸國之大夫會之。」

哀六年，叔還會吳于柤。許氏翰曰：「叔還以吳在柤，故往會之，始結吳好也。」				

案：禮，卿不得會公侯。大夫專會公侯，政安得不自大夫出乎！

襄五年，仲孫蔑、衛孫林父會吳于善道。杜氏預曰：「吳先在善道，二大夫受命于晉，往會之，故曰會吳。」汪氏曰：「是旅見于吳也。」				

内大夫特會大夫

文十一年夏，叔仲彭生會晉郤缺于承筐。	王氏葆曰：「大夫交爲會禮，以謀國事，諸侯之政，大夫擅之矣。」此大夫特相會之始。
宣十五年，仲孫蔑會齊高固于無婁。	趙氏鵬飛曰：「高固蓋昏于魯，知齊之謀會于無婁，爲魯謀而解齊之紛也。」家氏鉉翁曰：「高固自以國事出，宣使大夫候之于途。諂事外臣，書之以貶。」
成五年夏，叔孫僑如會晉荀首于穀。	左傳：「晉荀首如齊逆女，故宣伯餫諸穀。」穀，齊地。汪氏克寬曰：「自文十一年以後，大夫會大夫，率以爲常矣。」
襄十九年，叔孫豹會晉士匄于柯。	許氏翰曰：「襄公之時，政在大夫。甚矣，專相爲會，故詳録之。」
昭三十一年，季孫意如會晉荀躒于適歷。	汪氏克寬曰：「大夫交爲會禮，雖以謀國事，亦亂之階也，況意如逐君之賊乎！春秋直書于策，不待貶絶而惡自見矣。」

參會

先母舅霞峰華氏曰：「經書公參會者十。特會者，離會也，兩君相見也。三以上爲參，伯者主其會爲主。瑣澤，左氏以爲合晉、楚之成，晉伯衰矣。黃池之會，夷狄主會而春秋先晉，晉既不復能主，春秋又不與吳爲主，則亦參會而已矣。」

桓十四年春正月，公會鄭伯于曹。 杜氏預曰：「以曹地，曹與會。」吳氏澂曰：「前年魯、鄭同救紀，而敗齊、衛之師。蓋虞齊、衛報怨，故爲會以謀之。曹素與魯協，故會鄭于其地。」季氏本曰：「曹在衛南，東北爲齊界，亦伺齊、衛之往來。」	桓六年夏四月，公會紀侯于郕。 左傳：「紀來諮謀齊難也。」孫氏復曰：「此與三年會郕同旨。」	桓三年六月，公會杞侯于郕。 彙纂曰：「左、穀作杞，公羊作紀。程子以爲杞稱侯皆爲紀，當以公羊爲是。蓋齊、魯方睦，紀與郕皆畏齊，故會魯而求庇也。高氏閌之說得之。」	桓二年二月，公會齊侯、陳侯、鄭伯于稷，以成宋亂。 程子曰：「宋弒其君，而四國共成定之。劉氏敞曰：」左氏謂成爲平，非也。」朱子曰：「春秋大義數十，如成宋亂、宋災故之類，乃是聖人直著褒貶。」	隱十年春，王二月，公會齊侯、鄭伯于中丘。 杜氏預曰：「尋九年會于防，謀伐宋也。」家氏鉉翁曰：「冬甫會齊于防，春又會齊、鄭于中丘，惟利是趨。春秋聯書之，所以貶也。」
哀十三年，公會晉侯及吳子于黃池。	哀十二年，公會衛侯、宋皇瑗于鄖。	定十四年，公會齊侯、衛侯于牽。	成十二年夏，公會晉侯、衛侯于瑣澤。	桓十六年春正月，公會宋公、蔡侯、衛侯于

曹。左傳：「謀伐鄭也。」孫氏覺曰：「二年之閒會盟侵伐，皆爲納厲公突。蓋突猶居櫟，忽未出奔，故諸侯謀伐忽而納之爾。」

彙纂曰：「西門之盟，左氏備載其事而不見于經。蓋晉、楚爲成，春秋惡之，故聖人削而不書。瑣澤之會，經書魯與晉、衞而不及鄭伯，傳載鄭伯如晉而不及魯、衞。故劉氏敞以爲傳未足信。然春秋事據左氏，今仍存之。」

左傳：「謀救范、中行氏也。」案：牽爲衞地，在內黄之西南，濬縣之北。

左傳：「吳徵會于衞。秋，衞侯會吳于鄖。公及衞侯、宋皇瑗盟，而卒辭吳盟。」

汪氏克寬曰：「春秋先晉，以存中國之名。而書及，以著兩伯之實。穀梁謂嘉其尊王，故進而書子。使夫差果能尊周，則當序單平公于吳、晉之上，如葵丘宰周公之例矣。」

外特會參會

定十四年秋，齊侯、宋公會于洮。

左傳：「范氏故也。」家氏鉉翁曰：「春秋初

宣十一年秋，晉侯會狄于欑函。

陳氏傅良曰：「楚方倡義于天下，而晉孜孜于羣狄，至往會焉，晉

桓二年，蔡侯、鄭伯會于鄧。

季氏本曰：「蔡、鄭、鄧三國皆在楚北境，而鄧尤近楚。是時楚

定十年冬，齊侯、衞侯、鄭游速會于安甫。

家氏鉉翁曰：「前此齊與鄭、衞盟鹹盟沙矣，

年，諸侯連兵助亂。及桓公之伯，明分義以示天下，此風頓革。今齊景欲復祖業，而率與國往助叛人，世道至是一變，春秋降而爲戰國矣。」此特會也。	卑甚矣。」此晉景與狄特會也。	始僭稱王，憑陵江漢，鄧先患之，故爲地主，而會蔡、鄭于其國。」此參會也。	今三國復爲此會，無所憚于晉矣。」	

案：外諸侯相會不書，必關天下之故而書會。鄧始懼楚，世道之一變也。會洮，會安甫，黨亂臣而叛伯主。天下自此無伯，世道之又一變也。

特盟

先母舅霞峰華氏曰：「書及，内爲主也。書會，外爲主也。隱元年及邾儀父，桓元年及鄭伯，閔元年及齊侯，皆書及，誌内之急于盟也。盟戎書及，責在内，高氏謂深責中國而不罪夷狄是矣。襄三年，公及晉侯盟長樗，公朝晉而盟也。朝晉而盟者三，皆諱不書公，獨此書公及，異乎襄、靈之及盟也，與内爲主而書公及者異矣。會齊盟者四，艾之盟，齊僖求伯之初也；柯與扈，齊桓圖伯之初也；于黃，齊景争伯之初也，皆齊志也。會鄭盟者一，鄭突始篡而求盟也。會邾儀父盟趡，趡，魯地，彼來而我會之，故書會。是皆以外爲主矣。」

劉氏敞曰：「盟者何？殺牲載書而約也。會者何？約信命事而不殺也。古者六歲而會，十二歲而盟。亟會盟，非禮也。」

隱元年三月，公及邾儀父盟于蔑。

左傳：「公攝位，而欲求好于邾。」

李氏廉曰：「胡氏以及字罪公，蓋用杜預卽位求好之說。豈非隱公之立，上不請命，内不承國，亦待茲盟以自安耶？」

隱二年秋八月庚辰，公及戎盟于唐。

程子曰：「戎滑夏而與之盟，非義也。」

隱六年夏五月辛酉，公會齊侯盟于艾。

杜氏預曰：「春秋前魯與齊不平，今棄惡結好。」

趙氏鵬飛曰：「鄭故也。自三年石門之盟，齊、鄭爲與國。齊將救鄭，則地隔于魯，不求魯無以救鄭。鄭來渝平，齊爲之謀也。故鄭使反命，而齊爲艾之盟。」

桓元年夏四月丁未，公及鄭伯盟于越。

胡傳：「垂之會，鄭爲主也，故稱會。越之盟，魯志也，故稱及。鄭人欲得許田以自廣，是以爲垂之會。桓公欲結鄭好以自安，是以爲越之盟。」

桓二年，公及戎盟于唐。

季氏本曰：「懼戎爲患，復脩舊好。」

桓十二年丙戌，公會鄭伯盟于武父。

左傳：「宋公辭平，故與鄭伯盟于武父。」

趙氏鵬飛曰：「公四會兩盟，皆以平宋、鄭。今宋不肯平，乃寒前日之盟，盟鄭突而謀伐宋。」

桓十七年二月丙午，公會邾儀父盟于趡。

吳氏澂曰：「隱元年及邾盟蔑，七年而隱公伐邾，桓公八年又伐邾，邾、魯不通久矣。至桓十五年，同牟、葛朝魯，乃始尋蔑盟，而平其再伐之怨，故邾來魯地受盟。」

汪氏克寬曰：「是年八月即伐邾，則趡盟不待貶而惡自見。」

莊十三年冬，公會齊侯盟于柯。

左傳：「始及齊平也。」

孫氏復曰：「公不及北杏之會，桓公既滅遂，懼其見討，故盟。」

孫氏覺曰：「魯、齊世讎，小白之入，魯納子糾，至于屢戰。至是齊桓求伯，欲與魯平，故爲柯之盟。」

朱子曰：「凡事當權時勢義理，今桓公名爲尊周室，若魯不赴，非是叛齊，乃叛周也。」

莊二十三年十有二月甲寅，公會齊侯盟于扈。

程子曰：「要結姻好也。」

汪氏克寬曰：「諸傳皆謂莊公受制于母，俾娶仇女。今考莊公以文姜葬後求婚于齊，自盟防而會遇者三，自納幣而如齊者三，汲汲奔走，不憚煩勞，而且盛飾禰宮以夸示其配，此縱欲而不能自克爾，非迫于義而不敢違也。」

閔元年秋八月，公及齊侯盟于落姑。

左傳：「請復季友也。」

卓氏爾康曰：「是時閔公八歲耳，哀姜、慶父當國，豈欲季友之歸者。故陳氏以爲國人爲之，臨川吳氏因謂魯之世臣有如衞石碏者爲此謀，深得當時事情。但季友既出奔，豈有如石碏者能自安于內。以經、傳推之，時陳方爲齊所厚，且與魯交好，季友一再如陳，蓋有所託，此盟亦季友援陳人以請于齊桓耳。」

襄三年夏四月壬戌，公及晉侯盟于長樗。

杜氏預曰：「晉侯出其國都與公盟于外。」

家氏鉉翁曰：「魯君童稚之年，晉悼勤于用禮，書以美之。」

定十二年冬十月癸亥，公會齊侯盟于黄。

杜氏預曰：「結叛晉也。」

汪氏克寬曰：「此齊、魯爲盟之終也。固叛晉之交，而晉不復能伯矣。」

外諸侯特盟

陳氏傅良曰：「外特相盟不書，必關于天下之故而書。莒、紀無足道也。齊、鄭合，天下始多故矣。天下之無王，鄭爲之。天下之無伯，齊爲之也。是故書齊、鄭盟石門，以志諸侯之合。書齊、鄭盟于鹹，以志諸侯之散。是春秋之終始也。」

吴氏澄曰：「齊、鄭盟石門，繼以宋、齊、衛瓦屋之盟，諸侯之黨合而無王，近以胚胎齊霸之糾合矣。齊、鄭盟鹹，繼以齊、衛、鄭沙、曲濮之盟，諸侯之黨散而無伯，遠已醖釀秦雄之并吞矣。閲世變者知之。」

隱二年，紀子伯、莒子盟于密。〔一〕	吳氏澂曰：「子伯二字或是侯字之誤。」家氏鉉翁曰：「于蔑，內盟之始也。于密，外盟之始也。內外盟必書，志東遷諸侯無所統一，自相爲盟也。」
隱三年冬，齊侯、鄭伯盟于石門。	程子曰：「天下無王，諸侯不守信義，數相盟誓，所以長亂，故外諸侯盟來告者則書之。」劉氏實曰：「齊、鄭之盟，春秋亦存而不削者，志世變也。齊、鄭之黨合，天下始多故矣。」
定七年秋，齊侯、鄭伯盟于鹹。	陳氏傅良曰：「特相盟自齊桓以來未之有，于是再見諸侯無主盟矣。」李氏廉曰：「此爲齊景圖復伯之始，而鄭實左右之。自是以後有盟沙、盟曲濮、會安甫、盟黃、會牽、會洮，皆齊、鄭糾合之事。可與隱公初年對看。」
定七年，齊侯、衛侯盟于沙。	嚴氏啓隆曰：「天下有伯，諸侯無敢私相盟，私相盟是無伯也。故盟洮、盟向，以齊桓既没故；盟曹南，以宋襄圖伯故；盟蒲隧，以齊景圖伯故；同盟于蟲，以宋元無伯故。今盟鹹，復盟沙，是鄭與衛皆叛晉也。」
定八年冬，衛侯、鄭伯盟于曲濮。	杜氏預曰：「結叛晉。」高氏閌曰：「去年公侵鄭，今年二卿侵衛，皆爲晉故。士鞅又自帥師侵之，故二君同爲此盟，以固其謀。」

參盟

案：陳氏于瓦屋曰諸侯初參盟也。有參盟然後有主盟。于鄟陵曰此參盟也。參盟自齊桓以來未之有也，於是再見晉不復主盟也。盟主不作而諸侯之盟復相參錯矣。大抵兩國相盟爲特盟。特盟，專辭也。三以上爲參盟。參盟，衆辭也。伯者之盟爲主盟。主盟，尊辭也。衆共尊爲盟主而聽命焉。有主盟而天下之參盟定于一矣。齊桓没而有曹南之盟，宋襄圖伯而不終；晉伯衰而有鄟陵之盟，齊景假納昭公以糾合諸侯而不果納，則亦不足以主盟矣。

隱八年秋七月庚午，宋公、齊侯、衛侯盟于瓦屋。

穀梁：「諸侯之參盟于是始。」

家氏鉉翁曰：「參盟宋爲首，責在宋也。東遷之初，諸侯猶有未叛王者。前年宋首連四國之兵伐鄭，今復盟三國之侯。春秋于參盟會伐皆以宋爲首，

桓十一年春正月，齊人、衛人、鄭人盟于惡曹。

孫氏覺曰：「去年之冬，三國之君嘗伐魯而勝矣，此復爲惡曹之盟，以新勝魯而結好耳。」

陳氏傅良曰：「此郎之諸侯，凡一役而再見者。但人之，略之也。」又曰：「參盟莫甚于惡曹，故略之。」

桓十二年夏六月壬寅，公會杞侯、莒子盟于曲池。

程子曰：「杞侯皆當作紀。隱二年紀、莒盟于密，是時紀謀齊難，故魯桓與之盟莒以援之耳。」

秋七月丁亥，公會宋公、燕人盟于穀丘。

黃氏正憲曰：「去年宋與魯、陳、蔡爲盟，今又盟燕，將以斷齊、鄭之道也。左氏乃云公欲平宋、鄭，何也？蓋是時齊、鄭爲黨，齊謀吞紀，桓公欲援之而不能，其欲平鄭于宋者，意欲鄭背齊合魯而陰援紀也，計亦巧矣。」

桓十七年春正月丙辰，公會齊侯、紀侯盟于黃。

高氏閌曰：「紀懼齊見圖，每爲之備。而齊人多詐，故爲此盟，示之以不疑，俾之弛備而不我慮。是以尋盟既退，魯遂與齊戰于奚；二年齊遂遷紀之三邑，足知盟之無益矣。」

正其無王之罪。」王氏樵曰：「隱元年及宋人盟于宿，已爲參盟之端。然宿小國，而內稱及，外稱人，皆微者，猶不足紀，故穀梁首發義于此。」

僖十九年夏六月，宋公、曹人、邾人盟于曹南。鄫子會盟于邾。

黃氏仲炎曰：「宋襄圖伯，不能致曹，而乃枉駕以盟曹。曹弱于宋，且不服，況諸侯乎。」家氏鉉翁曰：「宋公書爵，予之以伯乎？曰：望之，非予之也。齊桓

昭二十六年秋，公會齊侯、莒子、邾子、杞伯盟于鄟陵。

左傳：「謀納公也。」陳氏傅良曰：「參盟于是再見。」王氏錫爵曰：「此盟蓋齊景假納公之大義，以爲糾合之謀者也。而卒不能納公，則爭

既歿，天下不可無伯也。」
伯之略止于如此矣。」

公與大夫盟

先母舅霞峰華氏曰：「公及大夫盟者六，諱公不書者二，齊高傒、晉處父是也。及高傒內爲主，婚仇人而盟其使，以大惡諱也。及晉處父外爲主，朝伯主而盟其臣，以國恥諱也。內爲主者譏在內，而高傒之伉亦可知矣。外爲主者罪在外，而公之不能自强亦可知矣。」

家氏鉉翁曰：「凡公與强國之大夫爲盟不書公及，諱强國之以無道加于公也。與小國之大夫爲盟則不諱公，以自欲與之盟，非彼要公必欲爲此盟也。」

隱八年九月辛卯，公及莒人盟于浮來。	陸氏淳曰：「莒，小國也，非大夫敢盟公，公自欲與之盟耳。所以
莊九年，公及齊大夫盟于蔇。	穀梁曰：「大夫不名，無君也。盟，納子糾也。」趙氏匡曰：「納讎人之
莊二十二年秋七月丙申，及齊高傒盟于防。	程子曰：「諱公盟，始與讎爲昏，惡之大也。」
僖二十五年冬十二月，公會衞子、莒慶盟于洮。	左傳：「衞人平莒于我，十二月盟于洮，脩
僖二十六年春正月，公會莒子、衞甯速盟于向。	左傳：「尋洮之盟也。」趙氏鵬飛曰：「莒知魯

譏公之失禮，且明非大夫之罪也。」家氏鉉翁曰：「以望國之君而盟小國之臣，謙而不中禮者也。」

子，損禮而盟大夫，故盟書公及齊大夫，以明非大夫之罪也，所以異于高傒及處父。」孫氏覺曰：「莊公忘讎而爲齊立君，公則有罪矣。齊之大夫無君于上，以一時之權伉君而盟于蔇。公則有罪而大夫無嫌，故變例書之。」

家氏鉉翁曰：「魯忘君父之大讎，請昏于齊，齊使高傒要魯以盟，其傲魯也甚矣。春秋書之，齊、魯均責焉耳。若文二年及晉處父盟，則專責晉人之無狀，故去處父族以示貶。」

衞文公之好，且及莒平也。」趙氏鵬飛曰：「莒、魯有深怨，衞成斬，然在衰絰之中爲會于洮以平之。而莒不肯信，故以大夫聽命焉。則夫洮之盟，平未成也。明年向之會而後成矣。」

肯平乎已，前日洮之盟已信矣。今將與魯爲會而已不躬行，非所以爲平，故莒子必親至。而二國既從，衞第以大夫與歃而已。故聖人兩無貶辭，外雖盟大夫，内不没公，不以爲伉也。」

文二年三月乙巳，及晉處父盟。

左傳：「晉人以公不朝來討。公如晉，晉人使陽處父盟公以恥之。」陸氏淳曰：「晉逼公令

與大夫盟，故特書其名，以著其罪。」張氏洽曰：「盟于晉之都而君不出，恥甚矣，故諱之。」李氏廉曰：「處父、高傒伉一也，處父去氏而高傒存族者，彼于防而此于晉也。」

内大夫盟諸侯

先母舅霞峰華氏曰：「内大夫盟諸侯，始于及宋人盟宿。宿，微國也。春秋書之，謹其始也。至柔會宋公、陳侯，大夫始出盟公侯矣。自是而後，公子結及齊侯、宋公盟矣，公孫敖會三國之君及晉士縠盟矣。行父請盟于齊而商人弗及盟，非能謹上下之分也，求賂故也，納賂而公子遂及齊侯盟矣。臧孫許以次卿而及晉侯盟赤棘，不已伉乎！仲孫貜之盟邾于祲祥，何忌之盟邾于拔，直卑之耳。又其甚者，句繹之盟，伐國取地，以盟其君，而公不與聞，則世變之極，而春秋之書盟亦止此。」

隱元年九月，及宋人盟于宿。	杜氏預曰：「凡盟以國地者，國主亦與盟。」案：胡傳：「内稱及，外稱人，皆微者。其地以國，宿亦與焉。有宿國之君也，故爲春秋内大夫盟諸侯之始。」
桓十一年，柔會宋公、陳侯、蔡叔盟于折。	陳氏傅良曰：「柔者何？以大夫會諸侯盟于是始也，故貶之。至公子結不貶矣。」吕氏大圭曰：「以大夫與諸侯盟，此不待貶絕而自見者也。故内大夫帥師自無駭始，内大夫與諸侯盟自柔始。」
莊十九年秋，公子結媵陳人之婦于鄄，遂及齊侯、宋公盟。	杜氏預曰：「盟非魯公意，又失媵陳之好，故至冬三國各來伐。」程子曰：「鄄之巨室嫁女于陳人，結以其庶女媵之，因與齊、宋盟，挈之以往。」汪氏克寬曰：「前漢奉世、延壽、湯矯制發兵，蕭望之、匡衡謂不可爲後法，不宜復加爵土。先儒謂此春秋譏遂事之法。」
文二年夏六月，公孫敖會宋公、陳侯、鄭伯、晉士縠盟于垂隴。	陳氏傅良曰：「大夫而敵諸侯于是始，晉遂以大夫主諸侯也。」吴氏澂曰：「晉以士縠主盟，魯以公孫敖伉三國之君，皆非禮。」
文十六年春，季孫行父會齊侯于陽穀，齊侯弗及盟。六月戊辰，公子遂及齊侯盟于郪丘。	王氏葆曰：「行父請盟則弗及，仲遂納賂則俯從，商人之爲君可知矣，見弑于近習宜哉！」

成元年夏，臧孫許及晉侯盟于赤棘。	高氏閌曰：「齊怨成矣，晉援不可緩也，故汲汲焉求爲此盟。」趙氏鵬飛曰：「魯至是蓋果于絶齊，急于求晉矣。明年，齊伐我北鄙，而四卿會晉師爲鞌之戰，其謀蓋定于赤棘也。」
昭十一年，仲孫貜會邾子盟于祲祥。	高氏閌曰：「始也盟蔑、盟趡，是魯君親與之盟。今公雖以夫人之喪使貜會盟，自是何忌盟拔、州仇、何忌盟句繹，直是大夫與君盟，而魯、邾之强弱可知矣。」
定三年冬，仲孫何忌及邾子盟于拔。	汪氏克寬曰：「魯以大夫而盟邾君，紊君臣之分也。邾隱公父喪纔九月而出會盟，薄父子之親也。」
哀二年癸巳，叔孫州仇、仲孫何忌及邾子盟于句繹。	陳氏傅良曰：「自是内外盟皆不書，不足書也。」汪氏克寬曰：「三卿並將以伐國取地，二卿又並盟他國之君，是魯之諸卿與列國諸侯無異，大夫之强僭極于此時矣。」

主盟詳五争盟例，不另載。

遇

胡氏寧曰：「古者諸侯或因朝覲，或從王命，無期約而適值于途，必有兩君相見之禮，所以崇禮讓，絶慢易也，故謂之遇。周衰，諸侯放恣，出入無期度，私爲邂逅之約，有如適值于途者，亦謂之遇，非矣。」

汪氏克寬曰：「公、穀釋名義皆謂不期爲遇。左氏遇垂、梁丘之傳則皆云先爲之約，不期而會者，古禮也；私爲之約而以簡禮相會者，春秋諸侯之禮也；非王事而出，預有期約以相會聚，乃行古者不期之禮，是自欺耳，書之所以譏之也。垂之遇，以三國之君相會，亦比于不期而遇，其爲簡慢詭譎益可見矣。凡會莫適爲主，以爵之尊卑爲序，爵同則以國之大小爲序。」

隱四年夏，公及宋公遇于清。 左傳：「公與宋公爲會，未及期，衛人來告亂。冬，公及宋公遇于清。」 胡傳：「春秋志內之遇者三，而皆書及，若曰以此及彼然也；志外之遇者三，而皆以爵，若曰以尊及卑然也，
莊二十三年，公及齊侯遇于穀。 家氏鉉翁曰：「繼納幣觀社而書，著魯莊之急于得耦，而求之惟恐未至也。」 黃氏震曰：「公亦自知數會之煩擾而簡其禮。」 許氏翰曰：「隱、莊之閒，凡六書遇。自閔
莊三十年冬，公及齊侯遇于魯濟。 左傳：「謀山戎也，以其病燕故。」 張氏洽曰：「簡禮以議軍旅之事，所謂定其交而後求者歟？」

皆惡其無人君相見之禮。」	以後，有會無遇。」

已上內相遇。

隱八年春，宋公、衛侯遇于垂。任氏伯雨曰：「齊侯將平宋、衛于鄭，衛侯既不敢違齊侯之命，又不能釋鄭國之怨，有異志焉，故先遇于清。」	莊四年夏，齊侯、陳侯、鄭伯遇于垂。許氏翰曰：「齊與陳、鄭遇垂，蓋謀取紀，是以紀侯見難而去也。」	莊三十二年夏，宋公、齊侯遇于梁丘。左傳：「齊侯以楚伐鄭故，請會于諸侯。宋公請先見。夏，遇于梁丘。」張氏洽曰：「齊不以伯主自居，以梁丘近宋而先之也。」

已上外相遇。

胥命

桓三年夏，齊侯、衞侯胥命于蒲。 姜氏廷善曰：「春秋方惡盟誓，而二國之相命獨能以言相結，不事刑牲歃血，則雖未知其事之善惡何如，而能不盟，則爲近正而可取耳。」				

校勘記

〔一〕〔隱二年紀子伯莒子盟于密〕「子伯」春秋左傳作「子帛」。

春秋軍禮表卷十八

錫山顧棟高復初 輯
安東程 昶旦華 參

敍

晉書禮志曰：「五禮之別，其四曰軍，所以和外寧内，保大定功者也。但兵者凶事，故因蒐狩而習之。」傳曰：「春蒐夏苗，秋獮冬狩，皆于農隙以講事，所以明貴賤，辨等列，順少長，習威儀。」晉文大蒐以示之禮，登有莘之墟以觀師，曰：「少長有禮，其可用也。」則蒐狩之于禮大矣哉！周衰，禮制廢壞，軍禮尤甚。以魯一國言之，其始也縱弛忘備，强鄰交侵，臨時講武，淹留異地；其繼也權臣僭竊，國柄倒持，黷武與師，征役不息。夫子于此蓋不勝世變之感焉，故蒐狩之合禮者皆不書。于桓、莊之狩必書公，志非時與非地也。則其平日之忘備，而國威之不振可知矣。昭、定之蒐不言公，則軍非其軍，國非其國，君若贅旒然，其得失無與于公也，而魯事益不可爲矣。爰綜蒐狩之見于經者，并大閱、治兵與夫乞師、獻捷、歸俘都爲一編，以志魯之遞衰非一日之故云，輯春秋軍禮表第十八。

春秋軍禮表

蒐狩

卓氏爾康曰：「四時之田，止書蒐狩。蒐狩合禮不書，其書者必有故也。僖、文而後，歷五公蒐狩皆不書。大夫專國，公不復知軍政，時田得失無足議，故雖違禮亦不書也。昭公八年以後，又復頻書，是時三家分魯，假春蒐之禮以耀武示强，又與非時非地之蒐不同，故頻書以示變耳。」

李氏廉曰：「經書狩三，于郎以遠書，于禚以親仇書，西狩本常事，以志非常之瑞書。書蒐五，四書大蒐，用天子大蒐之禮也。書焚一，焚咸丘，志淫獵也。」

桓四年春正月，公狩于郎。 公羊曰：「常事不書，此何以書？譏遠也。」 杜氏預曰：「周之春，夏之冬。田狩從夏時，
七年春二月己亥，焚咸丘。 杜氏預曰：「焚，火田也。」放火燒草，守其下風。今俗放火張羅，其遺教。然譏盡物也。
莊四年冬，公及齊人狩于禚。 公羊曰：「諱與讎狩也。」 穀梁曰：「齊侯也。其曰人，卑公之敵，所以
昭八年秋，蒐于紅。 劉氏敞曰：「蒐，春事也。秋興之，非正也。蒐有常所矣，于紅亦非正也。曷爲不言
十一年五月，大蒐于比蒲。 孫氏復曰：「蒐，春田也。五月爲不時，時又有夫人歸氏之喪。」 高氏閌曰：「大云者，

故左氏曰：「書時，禮也。」 案：此不以非時書，以譏遠書也。	正義曰：「火田明爲田獵，不言蒐狩者，以火田非蒐狩之法，直書其焚，以譏其盡物爾。」	卑公也，刺釋怨也。」 王氏葆曰：「公及之狩，志在公也。」 吴氏澂曰：「越境而與讎人狩于彼國之地，公于是乎無羞惡之心矣。」	公？公不得與于蒐爾。」 陳氏傅良曰：「三家是時舍中軍而四分公室，革車千乘，皆三家之師也。自是而屢蒐，三家所以耀武焉爾。故桓、莊之狩必言公，昭、定之蒐不言公。」	僭天子之禮也。八年書蒐，此書大，見三家益彊。」
二十二年春，大蒐于昌間。 許氏翰曰：「八年秋蒐，十一年夏蒐，以爲書不時也。今此春蒐時矣而書，則凡昭公書蒐，蓋刺大夫盛强，公失其政，兵戎是講，而禮制不興也。」	定十三年夏，大蒐于比蒲。 高氏閌曰：「魯既叛晉，而三桓日懼人之圖己，故數蒐焉。」 趙氏與權曰：「三家分軍私斂，蒐閱軍實以自固，非時非制，不足言也。」	十四年秋，大蒐于比蒲。 張氏洽曰：「蒐而邾子來會，則公親蒐矣。而不書公，以軍政不屬于公，而專于三家也。」	哀十四年春，西狩獲麟。 孔氏穎達曰：「虞人賤官，自脩常職，公卿不行，故不書狩者名氏。此狩常事，本不合書，書之，爲獲麟起也。」	

軍旅

汪氏克寬曰：「大閱、治兵，皆一經之特筆。桓公有所畏而大閱，非其時；莊公有所俟而治兵，非其地。故皆特書以示貶，不然常事不書。」

先母舅霞峰華氏曰：「周禮：仲冬教大閱，遂以狩；仲秋教治兵，遂以獮。皆于農隙以講事，則大閱、治兵有其時、有其地矣。桓公懼鄭忽，畏齊人，而大閱于八月。莊公無故興師，久次于外，而治兵于郎。非其時，非其地，而平時之忘備可知矣。」

桓六年秋八月壬午，大閱。 何氏休曰：「比年簡徒謂之蒐，三年簡車謂之大閱，五年大簡車徒謂之大蒐。」 孫氏覺曰：「大閱之禮，比三時最爲盛大。蓋當仲冬之月，田事已畢，又禽獸盛長，取
莊八年甲午，治兵。 張氏治曰：「久次于外，以俟陳、蔡，不至，衆心將離，故申明約束，以訓齊其衆。書曰治兵，治者，不治者也。」 李氏廉曰：「周禮：中秋教治兵，遂以獮；
襄十一年春，王正月，作三軍。 詳見田賦軍旅表。
昭五年王春，正月，舍中軍。 同上。

而無擇故也。春秋之八月，夏之六月，苗稼方長，乃行大閱之禮，以妨農稼，聖人所深罪。」	中冬教大閱，遂以狩。春秋之書蒐狩，皆兼及于振旅大閱。但書治兵大閱者，只講武而不及獮狩也。蓋非預備不虞，實久役不得已而治之爾。」			

乞師

陳氏傅良曰：「內乞師不書，乞諸外裔然後書，故成二年臧宣叔如晉乞師不書。外乞師不書，必盟主而後書，故隱四年宋公使來乞師不書。」

僖二十六年，公子遂如楚乞師。 葉氏夢得曰：「召陵之盟，桓公與我伐楚而楚服。今我乃欲與楚	成十三年春，晉侯使郤錡來乞師。 杜氏預曰：「將伐秦也。侯伯當召兵而乞	成十六年，晉侯使欒黶來乞師。 范氏甯曰：「將與鄭、楚戰。」	成十七年，晉侯使荀罃來乞師。 范氏甯曰：「將伐鄭。」	成十八年，晉侯使士魴來乞師。 許氏翰曰：「悼公復興伯業，而乞師以救宋，猶循厲公故事。元年

伐齊而恃之以勝，公之謀國亦疎矣。」趙氏鵬飛曰：「楚自累年以來兵交于宋，未嘗及齊也。今魯不忍齊之侵伐，而遠乞師于楚，使之深入中國，爲天下患，其罪可勝誅乎！」

師，謙辭。」陸氏淳曰：「云乞師者，明列國之禮。小大雖殊，不相統屬，魯兵非晉所宜有，又非天子之命，故譏之。」劉氏敞曰：「聖人作春秋，無不輕外重內。至於乞師，則內外同之者，以兵爲重也。故伯主之尊，猶以乞師爲文。」

而後無復乞師，則召兵而已矣。」

獻捷

汪氏克寬曰：「春秋書獻捷者二。獻者，下奉上之辭。齊桓獻捷書齊侯，所以著其誇服戎之功而譏之也。楚成獻捷而書楚人，所以微其挾滑夏之威而抑之也。然于齊書戎捷，而于楚不書宋捷，則所以尊中國而賤外夷也昭昭矣。」

莊三十一年六月，齊侯來獻戎捷。 程子曰：「齊伐山戎得其捷，躬來夸示以威魯。聖人書曰來獻，抑之也。」 黄氏震曰：「獻捷，諸侯事天子之禮，齊與魯皆失之。」	僖二十一年，楚人使宜申來獻捷。 穀梁曰：「不曰宋捷，何也？不與楚捷乎宋也。」 胡氏曰：「爲魯諱也。」 劉氏敞曰：「楚執宋公而伐其國，威震天下，宜人情皆榮之。而春秋抑而不予，既貶其君稱人，又隱其捷乎宋。」

歸俘

高氏閌曰：「歸俘，終春秋一書而已，凡此皆聖人之特筆也。」

莊六年，齊人來

歸衞俘。 趙氏鵬飛曰：「二傳皆以俘爲寶，不知俘之爲字訓軍所獲而已，未聞訓寶也。諸儒多引書序俘厥寶玉，不知書序之俘，亦訓取也。若訓俘爲寶，豈可云寶厥寶玉乎！」				

春秋嘉禮表卷十九

錫山顧棟高復初　輯
安東程　昭仲明　參

敍

先王厚男女之別，重繼嗣之原，爰定昏禮，爲納采、問名、納吉、納徵、請期、親迎，所以別嫌明微，先德後色，垂萬世統，至深遠也。東遷而後，禮教不脩，倫紀廢壞，陳靈以君臣宣淫，晉文以懷嬴薦寵，衛宣有新臺之刺，齊襄有南山之行，人道同于禽獸，典禮棄若弁髦，大亂極矣，聖人憫焉。是故詳其制于禮，而嚴其律于春秋。自古天子尊，無與敵，不行親迎之禮，娶后則使卿逆，上公監之。而祭公以專行見譏，劉夏以官師致褻。春秋志之，謹名分，窒亂源也。十二公之違禮，莫甚于莊、宣。莊公當親喪而主王姬，娶仇女而躬納幣。宣公倚齊得國，結好圖昏，卽位未幾，遽行喪娶，有人心者謂宜于此焉變矣。內女爲夫人者七，其三不克終，不書歸，餘皆有故而書。鄫季姬之歸不書歸，逮歸寧而反書歸，譏在魯也。紀叔姬以媵書，宋共姬致三國之媵而亦書，賢之也。叔姬以孑身而全宗祀，共姬待傅姆而蹈烈火，秉禮守義，皭然不滓，庶幾周公之教猶有存焉。故大書、特書，不一書，以爲勸也。嗚呼！昏禮有六，而春秋書納幣、逆女與夫人至，從其重者書之也。而或失之略，或失之過。失之略者，輕妃偶而虞不終。失之過者，諂强鄰而羞宗廟。聖人之爲天下後世慮，豈不深切著明也哉！輯春秋嘉禮表第十九。

春秋嘉禮表

王后

孫氏覺曰：「春秋二百四十二年，周十三王，書逆王后者惟二，非禮則書也。」

吴氏澂曰：「祭公遂行逆后，而紀姜逌歸京師，其逆其歸，兩從苟簡，故書逆書歸。劉夏以士逆后，而齊之歸女無違于禮，故書逆不書歸。得禮者不書，失禮然後書。」

桓八年，祭公來，遂逆王后于紀。 杜氏預曰：「天子娶于諸侯，使同姓諸侯爲之主。王使魯主昏，故祭公來受命于魯。」 趙氏匡曰：「祭公來謀逆后之期，當復命于天子，命之逆則逆。今	桓九年春，紀季姜歸于京師。 蘇氏轍曰：「劉夏逆王后于齊，不書其歸，此何以書？魯爲之主也。」 楊氏士勛曰：「凡書逆王后，皆由過魯。若魯主昏而過我，則言歸；若不主昏而過	襄十五年，劉夏逆王后于齊。 左傳：「卿不行，非禮也。」 孫氏復曰：「天子不親逆，取后則三公逆之。劉夏，士也。王后，天下母，使微者逆之，故書以著其非。」 孔氏穎達曰：「劉夏逆		

祭公不復命于王，專逆王后于紀，故曰遂以惡之。」	我，則直言逆。」	后，譏卿不行，不譏王不親逆，明是王不當親也。文王逆太姒，身爲公子，迎在殷世，未可據以爲天子之禮。」	

王姬

先母舅霞峰華氏曰：「春秋惟兩書王姬，而皆于莊公之篇。則莊公之于齊，非但不可主齊襄之婚，其主齊桓之婚亦未爲無譏也。但如王氏之説，罪有大小，故書之有詳略耳，不然常事不書矣。」

莊元年夏，單伯逆王姬。 孫氏復曰：「魯桓見殺于齊，天子命莊公與齊主昏，非禮也。莊公以親仇可辭而不辭，非子也，交譏之。」	秋，築王姬之館于外。 胡傳：「春秋于此事一書再書又再書者，其義以復讎爲重。雖築館于外，不以爲得禮而特書也。」 劉氏敞曰：「爲讎主昏	王姬歸于齊。 胡傳：「魯主王姬之嫁，舊矣。常事不書，此獨書者，以歸于齊故也。不書歸于齊，則無以見其罪之在。」	
莊十一年冬，王姬歸于齊。 左傳：「齊侯來迎共姬。」 王氏葆曰：「主襄公之昏，其罪大，故書之詳。主桓公之昏，其罪小，故書之略。」			

	而不知辭，乃以築外自解，曰：我庶幾得禮。是何足以言禮也！」
	彙纂曰：「王姬歸齊，春秋兩書之，皆以魯主昏也。公、穀以此年爲過我，恐無可據。詳見三傳異同表。」

逆夫人

先母舅霞峰華氏曰：「納幣、逆女、夫人至，三者昏禮之大節。得禮則不書，僖公、襄公是也。國惡諱不書，昭公之娶孟子是也。其餘失禮則書。是故納幣不書，莊公親如齊納幣則書。納幣使大夫不書，文公喪未畢而公子遂納幣則書。親迎不書，公子翬、公子遂、叔孫僑如以大夫逆則書。莊公雖親迎而娶仇女，故亦書。夫人至不悉書，大夫以夫人至則書。大夫逆而公中受亦書。大夫宗婦覿不書，莊公男女同贄則書。凡書，皆失禮者也。書夫人至，正也。書入，不宜入也。書以，不以者也。婦者，有姑之稱。」

桓三年，公子翬如齊逆女。	張氏洽曰：「君臣同弑
九月，齊侯送姜氏于讙。	杜氏諤曰：「魯逆失之
公會齊侯于讙。	張氏洽曰：「齊僖愛其女之過，至于越竟而
夫人姜氏至自齊。	穀梁曰：「不言翬之以
莊二十二年冬，公如齊納幣。	穀梁：「納幣，大夫之

隱公，乃昏于齊以求配偶，不待貶而罪惡見者也。」 彙纂曰：「紀履緰來迎女，程子謂親迎于其所館，豈有遠適他國以求婦者。張氏洽主其說，洵爲有理。故此年公子翬如齊逆女。凡以不親迎爲譏者皆删之。」	輕，而齊送失之過。」	送之，遂使魯侯之出不爲親迎，而爲齊侯在讙，特往會之。齊、魯俱非禮。」	來，公親受之于齊侯也。」 杜氏預曰：「齊侯送之，公受之于讙。」	事，公親納幣，非禮也。」 程子曰：「齊疑昏議，故公自行納幣，後二年方逆，齊難之也。」 孫氏覺曰：「婚禮有六，惟親迎則諸侯自迎于境上，其他五禮皆使大夫。」
莊二十四年夏，公如齊逆女。 穀梁：「不正其親逆于齊也。」 吳氏澂曰：「親迎，常事，不書。公納幣越三年而後得親迎，以非常而書。」	秋，公至自齊。 穀梁：「先至，非正也。」 孫氏覺曰：「公親迎于齊，當與夫人偕至。夫人未至，而莊公先還，告至于廟，故書以示譏。」	八月丁丑，夫人姜氏入。 公羊：「其言入、言日，難也。夫人與公有所約，然後入。」 何氏休曰：「夫人不肯疾順公，與公約定八月丁丑乃入。」	戊寅，大夫宗婦覿用幣。 杜氏預曰：「莊公欲奢夸夫人，故使大夫、宗婦同贄俱見。」 胡氏寧曰：「譏同見也。若大夫不覿，只書宗婦足矣。」	文二年，公子遂如齊納幣。 董氏仲舒曰：「文公四十一月乃娶，而納幣之月在喪內，故曰喪娶。」 何氏休曰：「僖以十二月薨，至此未滿二十

五月。」

文四年夏，逆婦姜于齊。

穀梁：「其曰婦姜，爲其禮成乎齊也。」

汪氏克寬曰：「春秋書逆夫人，惟此年最略，不書逆者名氏，不書如齊，不稱夫人，不言氏，不書至，責文公首紊通喪之禮。」

案：穀梁之説非是，詳見三傳異同表。

宣元年，公子遂如齊逆女。

家氏鉉翁曰：「曰宣公斬焉在疚，而首遣大夫如齊逆女，所遣者又同惡之大夫，春秋書之以著其罪。」

三月，遂以夫人婦姜至自齊。

穀梁：「其不言氏，喪未畢，故略之也。其曰婦，緣姑言之之辭也。」

汪氏克寬曰：「有姑則以婦禮至。不稱姜氏而稱婦姜，著敬嬴之欲速以姑自居也。」

案：不書氏，係闕文。穀梁之説非是，詳見闕文表。

成十四年秋，叔孫僑如如齊逆女。

彙纂曰：「先儒皆謂諸侯當親迎，程子獨辨之，以爲親迎者，迎于所館，未有委宗廟社稷而遠適他國以逆婦者。其説是也。文定于此年之傳從穀梁之説，以爲譏不親逆，且謂或迎于其國，或迎于竟上，終未有定見。既曰逆于竟上，則未人竟之先，安得不以大夫逆之乎？」

九月，僑如以夫人婦姜氏至自齊。

張氏洽曰：「稱婦，宜公夫人穆姜尚存。」

内女

先母舅霞峰華氏曰：「内女適諸侯者七，適大夫者四。適諸侯書歸，適大夫不書歸。適諸侯書歸者，紀伯姬、杞伯姬、宋伯姬是也。鄫季姬之始歸不書歸，歸寧而反書歸；齊子叔姬、郯伯姬、杞叔姬之始歸亦不書歸，而書來歸，略其常而著其變也。書紀伯姬，以叔姬書也。逆女，逆伯姬也。録叔姬之歸，不得不著伯姬之歸也。書杞伯姬，以伯姬之違禮而亟來書也。書宋伯姬，以三國之來媵書也。歸寧不書，而杞伯姬書來，不當來也。會洮則書，來朝其子則書，來求婦則書，罪伯姬也。而所以致伯姬之越禮往來者，以魯之卑之，非是則杞不得安也。歸寧而反不書，而鄫季姬書歸，不易歸也。書季姬及鄫子遇于防，使鄫子來朝，罪季姬也。而所以致季姬之越禮而爲會者，以魯之止之，非是則鄫不得歸也。歸諸侯者七，而逆女一書。逆女使卿，禮失之略也。納幣一書，致女一書。納幣、致女使卿，禮失之過也。適大夫者四，書逆者三，敵也，譏公不當與大夫爲主也。以大夫自逆則稱字，以姑逆則稱婦也。書來者一，亟也，兼高固不當同來也。以反馬則不當躬至，以歸寧則不當並行也。媵待年不書，而紀叔姬歸書，賢叔姬也。外女媵不書，而三國來媵書，賢共姬也。」

隱二年九月，紀履緰來逆女。	冬十月，伯姬歸于紀。	隱七年春，王三月，叔姬歸于	莊十二年春，王三月，紀叔姬歸	莊二十五年，伯姬歸于杞。

左傳：「卿爲君逆也。」 公羊：「外逆女不書，此何以書？譏始不親逆也。」 程子曰：「親迎者，迎于其所館，豈有委宗廟社稷而遠適他國以求婦者。詩稱文王親迎于渭，亦未嘗出疆也。」	陳氏傅良曰：「內女爲夫人，凡八見于經，恆書歸。不書歸者，有故也。齊子叔姬、郯伯姬、杞叔姬不書歸，以來逆者。書逆紀伯姬，爲嘗失位也。未有書吾女遭人倫之變者也。伯姬喪在殯，紀侯失國，齊人葬之，魯問不及焉，故詳之也。」	紀。 張氏洽曰：「媵不書。此特書者，以其能不忘紀之五廟，雖紀侯卒，而歸于酅，以奉宗祀，沒身而後已。聖人以其賢可以厲婦行，是以變例而特書之。」 卓氏爾康曰：「叔姬歸酅一事，足風千古。故先書叔姬之歸以本之。惟書叔姬，故于伯姬之歸卒亦詳。」	于酅。 何氏休曰：「痛其國滅無所歸也。酅不繫齊者，時齊聽後五廟，故國之。」 杜氏預曰：「紀侯去國而死，叔姬歸魯。紀季自定于齊而後歸之。全守節義，以終婦道，故繫之紀，而以初嫁爲文，賢之也。」	孫氏復曰：「不言逆者，天下日亂，昏禮日壞，逆者非大夫也，僖二十五年季姬歸于鄫，成九年伯姬歸于宋之類是也。」
莊二十七年春，公會杞伯姬于洮。 胡傳：「莊公愛其女之過，而不能節之以	冬，杞伯姬來。 左傳：「歸寧也。歸寧曰來，出曰來歸。」 趙氏匡曰：「非禮而來，故書耳。豈二百四十二年，內女惟兩度	僖五年，杞伯姬來朝其子。 公羊：「與其子俱來朝也。」 何氏休曰：「禮，外孫	僖二十八年秋，杞伯姬來。 吳氏澂曰：「杞桓公、伯姬之次子，繼其兄成公而立。即來朝魯	僖三十一年冬，杞伯姬來求婦。 劉氏敞曰：「婦人不專行，杞伯姬來求婦，非禮也，姑無自求婦者

禮。」陸氏淳曰：「參譏之，公及杞侯、伯姬俱失正。」家氏鉉翁曰：「于洮非歸寧之地，安有女子來寧父母，疾驅于通道大都，略無所禁忌者乎！」	僖十四年夏六月，季姬及鄫子遇于防，使鄫子來朝。
歸寧乎！」張氏洽曰：「志其來往之數，非歲一歸寧之義，所以厚男女之別也。」	僖十五年九月，季姬歸于鄫。卓氏爾康曰：「鄫子既朝，魯怒壻已解，故仍
初冠，有朝外祖之道。」張氏洽曰：「其子蓋年十餘歲，杞伯在而使其子隨母以來也。諸侯相見之禮，父在而使其子行之，又使婦人參之，著杞伯與僖公俱失正。」高氏攀龍曰：「時杞惠公病，欲託其子于魯，然非禮矣。是年惠公卒，成公嗣位。」	成八年夏，宋公使公孫壽來納幣。公羊：「納幣不書，此
而爲魯所卑，又使卿帥師入其國，魯之待杞可謂無恩矣。故伯姬又來謝過而求平也。」家氏鉉翁曰：「志入杞之怨釋也。是年晉文始伯，諸侯弛兵，于是鄰國之好交脩，以是爲晉侯之澤也。」季氏本曰：「伯姬莊二十五年歸杞，至是三十八年，亦老矣。而匍匐來魯，豈得已哉，國小爲魯所陵也。」	衞人來媵。公羊：「錄伯姬也。」何氏休曰：「伯姬以賢聞諸侯，諸侯爭欲媵之，故善而詳錄之。」
也。」季氏本曰：「杞爲魯所陵，故伯姬二十八年來魯，今又來求婦，求庇于魯耳。」	成九年二月，伯姬歸于宋。家氏鉉翁曰：「自始至成禮七見經，貴之

左傳：「鄫季姬來寧，公怒止之，以鄫子之不朝也。夏遇于防，而使來朝。」

蘇氏轍曰：「公怒鄫子不朝，止而絶其昏。故遇于防而使來朝，非禮也。不稱鄫季姬，絶也。」

復歸鄫。諸家止以歸鄫爲于歸，坐出魯公愛女使自擇配之說。夫女子于夫家母家皆曰歸，豈必新昏耶。若女子自擇壻，天下斷無此理也。」

何以書？録伯姬也。」

彙纂曰：「古史雖不可見，班、馬以後皆以人之賢否爲詳略。伯姬有賢行，舊史特詳録之，聖人亦因而不革。書納幣，書來媵，書歸宋，書致女，辭繁而不殺，皆緣末録本之意。公羊之説得之矣。」

程子曰：「媵，小事，不書。伯姬之嫁諸侯皆來媵之，故書以見一女子之賢尚聞于諸侯，況君子乎。」

也。」

夏，季孫行父如宋致女。

公羊：「未有言致女者，此其言致女何？録伯姬也。」

杜氏預曰：「女嫁三月，又使大夫隨加聘問，謂之致女，所以致

晉人來媵。

胡傳：「伯姬賢行著于家，故致女使卿，特厚其嫁遣之禮。賢名聞于遠，故諸國爭媵，信其無妬忌之行。或曰：魯女雖賢，豈能聞于遠乎？曰：古者庶女與非敵者則求爲媵，

成十年五月，齊人來媵。

高氏閌曰：「伯姬嫁已久，諸侯以其賢猶來媵之。然晉、衛已備其數，豈可復加乎。」

家氏鉉翁曰：「伯姬有賢行，諸國慕之，雖

成婦禮，篤昏姻之好。」	固爲之擇賢小君，則諸侯之賢女自當聞矣。」	齊、晉之大，忘其勢而樂以其女爲媵，抑亦譏其過制也。」	

已上內女適諸侯者。

文十四年，齊人執子叔姬。 孫氏復曰：「子叔姬，齊昭公夫人，舍之母也。舍既遇弒，魯使單伯視子叔姬，故商人執子叔姬。」	文十五年十二月，齊人來歸子叔姬。 胡傳：「見子叔姬無罪，齊人自絕而歸之耳。」	宣十六年秋，郯伯姬來歸。 左傳：「出也。」 吴氏澂曰：「常事不書故始之歸郯不書。」 汪氏克寬曰：「春秋于杞叔姬書卒，書杞伯逆喪以歸。而郯伯姬來歸之後，不復見于經，則善惡優劣不可以概觀矣。」	成五年春，王正月，杞叔姬來歸。 家氏鉉翁曰：「杞伯來朝之明年而後叔姬乃歸，此與他悖義之出不同，必叔姬自不安于杞，非杞絕之也。」

已上內女適諸侯來歸者。

莊二十七年，莒慶來逆叔姬。	陳氏岳曰：「內女適大夫，則稱字不書歸。」汪氏克寬曰：「莒慶，微國之大夫，而莊公以女妻之，又自爲之主，其不君亦甚矣。」
僖二十五年，宋蕩伯姬來逆婦。	趙氏鵬飛曰：「諸侯嫁女于大夫，以大夫同姓爲主。今公自主之，是尊屈乎卑也。娶妻必親迎之，而伯姬爲子逆婦，是上役乎下也。」
宣五年秋九月，齊高固來逆子叔姬。	黃氏仲炎曰：「宣公以不義得國，倚强齊以自固，連昏于齊之大夫而不敢違，此孟子所謂爲人役者也。」
冬，齊高固及子叔姬來。	左傳：「反馬也。」胡傳：「禮，嫁女留其送馬，不敢自安。及廟見成歸，遣使反馬，則高固親來，非禮也。又女子歲一歸寧，今見逆未易歲而叔姬亟來，亦非禮也。」

已上內女適大夫者。

春秋譏不親迎論

春秋隱二年，紀履緰來逆女。公羊曰：「外逆女不書，此何以書？譏始不親迎也。」史公于外戚世家云：「春秋譏不親迎。」索隱引此傳文以爲證。後儒承其說，因于莊之二十四年公如齊逆女，穀梁曰：「不正，其親逆于齊也。」謂親迎合禮不書，以親迎讎人之女，故書。而桓三年公子翬如齊逆女，宣元年公子遂如齊逆女，成十四年叔孫僑如如齊逆女，皆主不親迎之說。是則公、穀及史遷皆以爲諸侯當親迎，千百年來無有異議矣。程子獨辨之曰：「親迎者，迎于其所館，豈有委宗廟社稷而遠適他國以逆婦者。非唯諸侯，卽卿大夫亦然。文王親迎于渭，周國自在渭旁，未嘗出疆也。況其時乃爲公子，未爲國君。」其說精當，足正千古之繆。文定主不親迎之說，而又謂或迎于其國，或迎于境上。彙纂譏其未有定見，既曰迎于境上矣，則未入境之先，安得不以大夫逆之？則三公子之如齊迎女，禮也。既已合禮，春秋何以書？彙纂譏文定之無定見，而究未發明所以書公子逆女之故，則此案終未結。余懷此疑凡數年，後乃因而斷之曰：程子之說是也。公羊譏不親迎，非春秋之旨。史公所云，蓋習見漢世尊崇后家，而援公羊以爲說，後儒遂以爲定例，過矣。翬與遂之書逆女也，惡其寵逆黨，結强援也。僑如之書逆女也，惡其通國母，擅國權也。統權前後經文，而聖人之旨自見，與不親迎何涉乎！何則翬以隱十一年弑君，而桓三年卽爲命卿而逆女？遂以文十八年殺子赤，而踰年卽冒國喪而逆女？此爲結援强大，以求宣前日滔天之惡。僑如以成十四年逆女，而十六年卽與姜氏謀逐季孟而出奔，此爲專擅國柄，以預釀後日竊國之漸。比事觀之，而書法之故瞭然矣。至紀履緰之逆伯姬，以吾女遭人倫之變而特詳之，亦初非以其不親迎也。夫逆女使命卿，其常耳。必以爲譏不親迎，假令婚于秦、楚，而爲國君者，將舍國事之重，越千里，踰時月，以求婦乎？魯十二公之夫人，若子氏，若姒氏，若歸氏，均非若齊、魯之近也，當日必以大夫迎之。而春秋不悉書者，此正所謂常者不書也。昭公娶于吴，而魯之諸公未嘗涉吴境，此當使誰迎之乎？夫春秋之書來逆者，若莒慶，若齊高固，此則親迎矣。而春秋書之者，惡其以大夫伉諸侯。而莊、宣二公以國君而自屈，故特書之。其意各有在，亦初不關乎親迎與不親迎也。自公羊爲此說，而史遷祖之，後世遂成鐵案之不可易。雖知程子之説之爲是，而終莫能撼，多爲依稀兩可之論。拔本塞源，當自公羊始，而後是非之説乃定。

望溪方氏曰：「國君之禮異于公子、士、庶人，卿逆而迎于境可矣。越禮而親迎，非禮也。使親迎爲得禮，則莊公如齊逆女，當以爲常事而不書矣。」

春秋五禮源流口號

錫山顧棟高復初 著
金匱華育濂師茂 參

敍

余作春秋地形口號既竣，意有未盡，復取所輯五禮表中有鄙見及折衷前説處，續成四十四首，名曰春秋五禮源流口號。凡歷代制作之典禮，禮臣之引據，與儒者之駁辨，各列端緒，附註其下，貽請學者，用作鼓吹，俾知經經緯史，具有本末。欲達古今之禮者，尤不可不通于春秋云。乾隆五年三月下浣復初氏又識。

緯史經經昔典型，樞機端在一麟經。史從託始經垂教，尼父心傳燦日星。一

紀事自從周正朔，爲邦商榷夏、殷模。夏時冠月支離解，歷勘經文總不符。二

周家改時改月，春秋之春正月，皆夏十一月也。李氏廉曰：「左氏以正月爲建子，漢、唐諸儒皆以周孟春爲建子之月，至宋人始有改正朔不改時月之説。故程子以書春爲假天時以立義，則是十

一月本非春，聖人虚立春字于正月之上，以示行夏時之意。胡氏因之，遂謂以夏時冠周月。然考諸經文，總無合處。」汪氏克寬曰：「時王之曆，國史據以紀事。若孔子於筆削之始擅改周曆，豈特無王，又失事實，何足以爲聖人之經哉！」另有春秋時令表。

宣聖無非據事書，不行卽位自當初。宋儒强解從誅削，漫謂尼山天自居。三

隱公元年不書卽位，胡文定謂春秋首絀隱公，以明大法，爲其上無所承，内不稟命也。先師高紫超氏曰：「春秋諸侯不稟命而無承者徧天下，而孔子以本國臣子首削隱公之卽位，以明王法，非尊君父不敢斥言之義。」又謂文、成、襄、昭、哀五君皆書卽位，既誅首惡，此後可從末減，隱何獨不幸以春秋之首君而當大罰也。至謂聖人作經，直以天自處，而于此乎何恤焉，則尤悖理之甚矣。孔穎達據杜氏之説，曰隱、莊、閔、僖四君皆實不行卽位之禮，或讓而不爲，或痛而不忍，或亂而不得，國史固無所書，非行其禮而不書于文也。謂孔子修經削之者，本于賈、服之徒，宗之者，始于程子，而其説暢于東萊，文定據以作傳，過矣。

定無正月桓無王，一字矜嚴凜若霜。終是簡編脱誤處，强求義例總荒唐。四

桓在位十八年，凡十四年不書王。穀梁曰：「桓無王也。」元年書王，胡氏謂以天道王法正桓公之罪；二年書王，正華督之罪；十年書王，謂天數之終；十八年書王，謂正桓公之終。其立説可謂鑿矣。宣亦篡弒，何以書王？桓既無王，而又以元二兩年書王爲正桓公及宋督之罪，則春秋弒君之賊多矣，前後年無不書王者，又將以何法正之耶？至定公本以六月戊辰卽位，是年書春王三月，晉

人執宋仲幾歸于京師，正二月無事可見，故不書。公、穀乃以春王二字讀斷，謂聖人削其正月，以牽合定無正之義。先母舅霞峰華氏曰：「正月非定之正月，春秋無緣預責其罪。經本適下三月爲句，公、穀自析而二之，何與聖人事耶？此等皆曲說，不可從者也。」

桓編兩歲闕秋冬，自是當年事適逢。漫謂王誅乏天討，删除造化亦何庸。五

桓四年七年俱不書秋冬，自是兩年之秋冬無事可書，故闕。說者必謂賞以春夏，刑以秋冬。桓弑君而天討不加，是有陽無陰，歲功不能成，故特削之。四年不書，則以天王之下聘，七年不書，則以穀、鄧之來朝，天王與列國之諸侯俱無可望者。果爾，則桓十七年五月公羊不書夏，昭十年十二月三傳皆不書冬，又將何說乎？其尤誕妄之甚矣。

禘祫原來非二名，六經傳記歷然明。緯書創論分三五，從此諸家聚訟爭。六

孔穎達曰：「禘、祫一也。以其審諦昭穆謂之禘，以其合祀羣廟謂之祫。」商頌長發，大禘樂歌也，而詳列玄王、相土、成湯，禘之即祫明矣。三年一祫，五年一禘之說出于緯書。附合五年再殷祭之文，以爲僖公二年喪畢而祫，明年而禘，至八年而再禘，秋七月禘于太廟，用致夫人是也。唐明皇開元六年，睿宗喪畢而祫，明年而禘。自是之後，祫、禘各自以年，不相通數。凡七祫五禘，至十七年禘、祫併在一歲。有司覺其非，乃議以爲一禘一祫，五年再殷，宜通數。而禘後置祫，歲數遠近，二說不同。鄭玄用高堂隆先三而後二，徐邈先二後三，而邈以爲二禘相去爲月六十，中分三十置一祫焉。此最爲得，遂用其說。由是一禘一祫在五年之閒，合于再殷之義。

漢、唐王業起衡茅，强慕黄、虞擬禘郊。劉祖帝堯曹祖舜，唐宗老子更堪嘲。七

大傳曰：「王者禘其祖之所自出，以其祖配之。」祭法有虞、夏禘黄帝，殷、周禘嚳之文，唐趙伯循遂謂禘專祭始祖與始祖所自出，而不兼羣廟之主，與祫爲二。朱子遵用其説，不知趙何所據依。其實漢、晉以來馬、鄭、王、服、何、范、杜、孔諸儒俱未嘗有此説也。諸儒俱謂禘兼羣廟之主，如長發之頌玄王并及相土、成湯。春秋禘于太廟，用致夫人。惟其合祭羣公，故夫人亦得致，豈有祭始祖與始祖所自出而夫人得與其列者乎！禘禮自東周亡而已廢，至東漢初，緯書盛行，張純遂舉三年一祫、五年一禘之説以告世祖，因據以定禮。初欲禘帝堯，議者謂漢之王業，功不緣堯，乃止合已毁未毁之主而祭于高廟，以高帝爲始祖，則禘仍與祫不異。曹魏文帝祖舜。唐玄宗天寶元年神仙之説興，乃建玄元皇帝廟，先三日行朝獻禮，次日朝饗太廟，又次日有事南郊，終唐世莫能改，可嗤益甚，則皆拘泥祭法，攀援傅會失之也。萬季野云：「後世宗廟且無始祖，又安有自出之祖。」宋神宗嘗曰：「禘者，本以審禘祖之所自出。秦、漢以來，譜牒不明，莫知所本，則禘禮固可廢。」遂詔罷禘祀。嗚呼！禘禮復行于東漢而罷于宋，中閒千有餘年，皆矯誣之虚祀，皆由祭法、大傳、漢儒雜以緯書之説，侈談不根，後世如鄭玄之徒好爲曲説以附益之，以拘牽爲復古，以增多爲致孝，而不知其無當于情實也。先王之禮豈如是哉！經之可信者，莫如中庸、論語及春秋，皆言禘而不言祫，禘卽祫也。中庸明言宗廟之禮所以序昭穆，而下卽云禘嘗之禮。春秋大書禘于太廟，禘于莊公，大事于太廟，躋僖公，禘之爲合祭羣廟，灼然無疑。乃必謂追所自出，又謂堯與稷、契同出于

嚳，此乃史遷據世本無稽之説耳。詩、書及孔、孟其言稷、契之事屢矣，豈嘗有一言及嚳者哉！

魯僭王朝微不侔，只行祈穀不行郊。禘同大雩春秋筆，失禮之中失禮尤。八

魯僭王禮凡三，禘也、郊也、雩也。然郊亦微不同，王朝有二郊，迎日至之郊，其月以日至，其日用上辛，至啟蟄之月則又祈穀于上帝。魯無冬至大郊之事，降殺于天子所用者，祈穀之郊而已。諸侯祭山川皆得雩，魯僭王禮，特書曰大雩，以表其異于諸侯祭山川之雩。夫魯之僭久矣，聖人不敢無故斥言君父之過，故皆因其尤甚者書之。郊不及時則書，過時則書，僭用日至則書，或以瀆書，紀異書，可已不已書。雩以過龍見書，旱甚書。禘以莊公之廟書，致夫人書。蓋凡合禮則不書也。○黄楚望氏曰：「禘者，殷諸侯之盛祭，周公始定爲不王不禘之法，成王以周公有大勳勞，故賜魯以殷諸侯之盛禮。郊、大雩則平王之世惠公請之。然郊止祈穀，望止三，猶未敢盡同于王室也。」

別子從無祖至尊，禮家持論炳朝暾。魯如更有文王廟，百代烝嘗歷祖孫。九

杜註、孔疏以魯、宋、鄭、衛四國俱有所出王之廟。襄十二年吴子壽夢卒，臨于周廟。註云：「周廟，文王廟也。」昭十九年鄭災，子産使祝史徙主祏于周廟。註云：「周廟，厲王廟也。」文二年逆祀，傳：「宋祖帝乙，鄭祖厲王。」註云：「宋爲王者後，得立先王帝乙廟。而周制王子有功德者，得廟祀所出之王。魯以周公故，得立文王廟，鄭之桓、武世有大勳，故得立厲王廟。又哀二年蒯聵禱云：敢昭告皇祖文王。是衛亦以康叔故得立文王廟也。」其傅會左傳周廟之言極謬。禮，諸侯不

得祖天子，況魯以伯禽爲始封祖，而周公留相王室，故以周公之廟爲太廟，魯公之廟爲世室，並百世不毁。若更立文王廟，則不毁之廟有三，周有始祖后稷廟，未聞更有帝嚳廟也，豈非更超天子而上之乎？

告朔、朝正係典常，文公初廢漸淪亡。春秋屬筆無窮意，魯論猶傳愛餼羊。十

文六年閏月不告朔，猶朝于廟。十六年夏五月公四不視朔。周制，天子常以季冬頒來歲十二月之朔于諸侯，諸侯受而藏之祖廟，每月之朔則以特羊告廟，請而行之，謂之告月，亦曰告朔，因以聽此月之政，謂之視朔，玉藻謂之聽朔。其日又以禮祭于宗廟，謂之朝廟，周禮謂之朝享，其歲首行之則謂之朝正。告朔、視朔、聽朔，朝廟、朝享、朝正，二禮各有三名，同日行之。文公以閏非常月，故缺不告，但身至廟朝謁而已，故曰猶朝于廟，是幸其禮之不盡廢也。至十六年書不視朔，是并未嘗朝廟。汪氏曰：「春秋書此，卽聖人愛禮存羊之意。」公、穀皆曰猶者，可以已也。杜氏亦曰可止之辭，大失春秋之旨。

朝正闕祭匪今始，在楚何煩持筆書。屈辱蠻夷危已甚，乾侯同志失常居。十一

襄二十九年春王正月，公在楚。左傳釋不朝正于廟也。魯自文、宣以後，告朔、朝廟久廢，而朝正猶存，以其爲三始之正也。然歲首公之在齊、晉多矣，闕朝正之禮亦不少矣，獨于楚書之者，公不奔天王之喪，而久留以俟楚子之葬，屈辱已甚。又季武子專國而取卞，公畏而幾不敢入，已兆乾侯之漸。故穀梁曰：「閔公，閔其爲楚所制。」公羊曰：「存之以係魯國臣民之望也。」春秋書公在

乾侯三，皆于正月，亦此意。

致廟説宜從左氏，穀梁立母最虚浮。躬親主鬯由夫婦，嫠也如何職獻酬。十二

僖八年，禘于太廟，用致夫人。左傳以爲致哀姜，穀梁則曰立妾之辭也。劉向曰：「夫人成風致之于太廟，立以爲夫人。」楊氏士勛曰：「若如左氏之説，則哀姜元年爲齊所殺，何爲今日乃致之。」由是自胡傳以下，彙纂所徵引十四家，皆從穀梁之説，而其實非也。木訥趙氏曰：「先君已死，子安有見母于廟之理。不詰自屈。」先師高紫超氏曰：「夫人指哀姜，斷無可疑。其不稱姓氏而止稱夫人，正與前書夫人氏之喪相照。」先母舅霞峰華氏曰：「致夫人，乃致死者，非致生者也。若如劉向謂致成風于太廟，立以爲夫人，則經當言立夫人，不當但言致夫人。言致夫人，語未竟也。且于廟中行册立之禮，以子而册母，古無其禮。孫氏又謂以夫人之禮致成風于太廟，使之與祭。將爲主婦而祭乎？將以聲姜爲主婦而成風與助祭乎？尤不可通矣。愚案：其遲至八年而後致者，哀姜見討于方伯，醜聲昭著，實難入周公之廟，故僖公疑而不敢卽行。然業以夫人之禮葬之，又似不得不行，故遲至八年始行之。此情理之宜有者，不必以楊氏之説爲疑也。」

繼統繼嗣説縱横，漢、宋、明來最不平。春秋僖、閔爲昆弟，三傳先加父子名。十三

文二年，大事于太廟，躋僖公。公羊曰：「譏逆祀也。先禰而後祖也。」何休註：「僖公以臣繼閔公，猶子繼父，故閔公于文公爲祖。」穀梁曰：「先親而後祖也。」楊士勛疏：「親謂僖公，祖謂閔公。」左傳：「子雖齊聖，不先父食。」杜註：「臣繼君，猶子繼父。」胡安國傳曰：「兄弟不先君臣，故三傳同

以閔公爲祖，以僖公父視閔公爲禮。」徐氏乾學曰：「僖雖閔之庶兄，而既承其統，則降而爲子矣。閔雖文之從父，而既子乎僖，則尊而爲祖矣。王侯之家，臣子一例，生可以諸父昆弟爲臣，則其死豈不可以諸父昆弟爲子。閔公之薨，僖公行三年之喪，是子爲父之服。既服子之服，豈不可正子之名。三傳俱指閔、僖爲父子，有明證也。」又禮記有虞氏祖顓頊而宗堯，陳澔註云：「舜受天下于堯，堯受之于嚳，故堯授舜，而舜受終于文祖。蘇氏謂卽嚳廟也。舜授禹，禹受命于神宗，卽堯廟也。卽是可以知虞不宗瞽瞍而宗堯，是舜亦以堯爲父矣。」

父子君臣等大倫，生爲君父死稱親。王公原不同黎庶，昭穆當從統緒伸。十四

宋真宗咸平元年禮院言：太祖廟宜稱皇伯。有詔集議。張齊賢等曰：「天子絶旁期，廟中安得有皇伯之稱。爲人後者爲之子，所以尊本祖而重正統也。請自今有事于太廟，太祖室宜稱孝孫，太宗室宜稱孝子。」徐氏乾學曰：「太宗以太祖爲父，常情鮮不驚駭。揆以三傳譏先禰後祖之義，則張公實古之達禮者。賈公彥疏周禮冢人掌公墓曰：兄死弟及，則以兄弟爲昭穆，各爲一世。春秋之躋僖，乃是升僖爲昭，以閔爲穆，世次亂，故云逆祀。若兄弟同居昭位，第位次之逆以爲逆祀，則以後羣公昭穆仍自不亂，何得至定八年始云順祀先公乎！最得三傳之意，孔穎達之説非也。」劉氏敞曰：「生既爲臣，臣子一例，若拘兄弟不相爲後之説，不繼所受國者而繼先君，則是生以臣子事之，死以兄弟治之，是爲忘生背死。」高氏閌曰：「既授以國，則所傳者雖非子，猶子道也，傳之者雖非其父，猶父道也。漢之惠、文亦兄弟相繼，而當時議者皆推文帝上繼高祖，而惠帝親受高祖天下

者反不得與昭穆之正。至光武當繼平帝，又自以世次當爲元帝後，皆背經違禮而不可傳者也。明之嘉靖非特不當考興、獻，并不當考孝宗，當考武宗。此不易之論，明儒已有言之者。」

嬰齊爲後本公羊，帝室如何與頡頏。昭穆自宜嚴世次，弟兄相繼瀆倫常。十五

春秋成十五年，仲嬰齊卒。公羊傳曰：「爲兄後也。」公孫嬰齊曷爲謂之仲嬰齊？爲人後者爲之子也。」何休謂弟無後兄之義，爲亂昭穆之序，失父子之親。萬斯同曰：「此必周世原有此禮，故魯人因而行之，孔子據實書之，公羊亦仍其舊而傳之爾。不然，魯豈敢剏爲此禮，而公羊亦豈鑿空妄説者乎。且仲遂有弑君大惡，若嬰齊後歸父仍稱弟而不稱子，則固依然後仲遂矣。世徒泥兄弟不同昭穆之説，不知古之有國有家者，以承祧傳統爲重，原與士庶不同也。」崑山徐氏辨之曰：「卿大夫之繼世卽與天子諸侯不同，蓋天下不可一日無天子，國不可一日無君，故以弟後兄可，以兄後弟可，甚至以叔後姪亦可。生既爲之臣，入繼則當爲之服斬衰，廟食則自當正祖禰之號。故三傳同以閔公爲僖公之父，爲文公之祖。」胡氏安國謂兄弟不先君臣，此定禮也。大夫則不然，以別子爲祖，亦不能臣其宗族，自當循昭穆一定之序。如歸父無子，則當立嬰齊之子，嬰齊又無子，則當使爲攝主以待嬰齊之子之生，非如天子諸侯之位不可虛懸以有待者。季孫有疾，命家臣正常曰：「南孺子之子，男也，則以告而立之，女也，則肥也可。」此卿大夫之庶子攝位以待宜立者之生之證也。

不疑大義重朝廷，叱縛姦人聽不熒。決獄端須經術士，公羊畢竟亂前經。十六

漢昭帝始元五年，有一男子自稱衛太子，詣闕，詔公卿將軍雜識視，至者莫敢發言。京兆尹雋不疑後到，叱從吏收縛。曰：「昔蒯聵違命出奔，輒距而不納，春秋是之。」遂送詔獄。天子與大將軍光聞而嘉之，曰：「公卿大臣當用經術士，明于大誼。」不疑所據乃公羊之說。春秋哀公三年，晉趙鞅納蒯聵，公羊傳曰：「不以父命廢王父命。」案：不疑之斷則是也，而公羊之說則非也。以春秋謂衛輒爲當立，非冉有、子貢之疑而問，則夫子之意幾不白于後世矣。

尹氏公羊譏世卿，春秋大義炳然明。後人更說鍾巫主，强索新奇異義生。十七

隱三年夏四月辛卯，尹氏卒。左氏經文爲君氏卒，謂是隱公之母聲子，此全無義理。公羊謂是周之太師尹氏，世執朝權，爲周階亂。因其告喪以氏書者，譏世卿非禮，爲後鑒也。立義極精。先師高紫超先生謂與昭二十三年尹氏立王子朝照應，其説是已。明季氏本更謂是魯之大夫，即隱公因于鄭之尹氏，與尹氏歸而立其主者。據此則尹氏是羈旅之臣，入隱公之世僅一見，無甚關係，如何便書于册，恐只是好新之病。

鄫爲莒滅事宜真，異姓承祧説好新。果爾尼山親斷獄，不宜入莒出鄫人。十八

襄六年，莒人滅鄫。文定取公、穀之説曰：「非滅也，立異姓耳。」其説與左氏不同。先母舅霞峰華氏曰：「莒人滅鄫、取鄫之始末，左氏備書于册，公、穀之説不知何據。公羊曰：取後于莒。穀梁曰：立異姓以涖祭祀。果如此，則罪在鄫不在莒，謀不自莒出，與黄歇、吕不韋之事不同。聖人不正鄫之罪，以爲寵愛妾，立異姓，以亡宗祀之戒，而顧以滅鄫之罪加之未嘗與謀之莒，用法可謂

倒置矣。」趙氏匡亦謂鄫果如此，經當如梁亡之類而書鄫亡，不得言莒滅。季氏本謂滅人國與白殄厥世，其事不同，其詞亦當有異，聖人豈肯含糊不明，使人難曉。

子緣母貴肇公羊，千載椒房釀咎殃。丁、傅並稱帝太后，怨生王莽禍深長。十九

隱元年公羊傳曰：「子以母貴，母以子貴。」漢哀帝欲追尊祖母傅太后及母丁姬，詔曰：「春秋之義，母以子貴，其尊恭皇太后爲帝太太后，丁姬爲帝太后，稱號與王太后並。」後哀帝崩，王莽秉政，修舊怨。時丁、傅已前卒，迺發冢開槨户，周棘其處，禍最慘酷。趙氏匡謂公羊于經外妄生此文，遂令漢朝引以爲證，首亂大法，信矣。

自第二首起至十九首止，共十八首，論春秋吉禮。

天王宴樂喪中蚤，納幣親喪魯不疑。天子諸侯俱廢絶，只留士禮後人師。二十

儀禮載士喪禮三篇，而無天子諸侯喪禮。孟子亦曰：「諸侯之禮，吾未之學。」滕文公欲行三年之喪，而至父兄百官譁然，則知天子諸侯喪禮已廢絶于春秋時久矣。觀宣元年公子遂如齊納幣，而昭十五年傳，景王有三年之喪，而宴樂已早，以天王之貴，秉禮之國，而側然無所顧忌，其他抑又可知。惡其害己而去其籍，不待戰國時爲然也。今所傳士喪禮以孔子與七十子講明而切究之，故能傳。其餘王公之禮則不可得而考，散見于顧命與康王之誥者，皆殘缺無首尾，杞、宋無徵，豈獨夏、殷之禮哉！

元凱登朝倡短喪，一時議出駭猖狂。由來註左先差誤，經術旋爲倫紀殃。二十一

昭十二年，晉侯享諸侯，子產相鄭伯，請免喪而後聽命。杜註云：「時簡公未葬。」明既葬則爲免喪也。昭十五年，穆后崩，王既葬除喪。叔向曰：「三年之喪，雖貴遂服。」杜云：「天子諸侯除喪當在卒哭，今王既葬而除，故譏其不遂。」杜以卒哭與葬相去非遠，同在一月也。隱元年歸賵，傳弔生不及哀，註云：「諸侯已上，既葬則衰麻除，無哭位，諒闇終喪。」孔穎達曰：「既葬除喪，惟杜有此說。晉泰始十年，武元楊皇后崩，既葬，詔議太子宜終服否。預言天子諸侯之喪不同士庶，既葬除服，諒闇以居，心喪終制。問所據依，預歷引左傳以證，且曰：書不云高宗服喪三年，而云諒闇三年，此釋服心喪之文也。叔向譏景王，不譏其除喪而譏其宴樂已早，明既葬應除，而違諒闇之節也。議上，太子遂除衰麻，諒闇終制。于時內外多怪駭，謂其違禮以合時。預令博士段暢博采典籍爲之證據。」夫預以一代儒宗至爲短喪之議，解經之誤至于如此，豈非孟子所爲生心害政者哉！

列侯曾不葬天王，求賻求金轍迹忙。從此冠裳成倒置，歸脤錫命紊皇綱。二十二

平、惠、定、靈四王志崩不志葬，赴告及魯而魯不會，致令天家喪事乏用，求賻求金，王固可哀，而魯之無王亦甚矣。而王之于魯也，仲子則歸賵，桓公則錫命，僖公則會葬，一再不已。尚方之賜，賁及寵妾，爵命之頒，獎及篡弑。甚至靈王之崩，列侯不遣一介奔喪，而相率久留踰年，以俟楚子之葬，君臣上下顛倒已甚。

喪中更築王姬館，弁冕衰麻兩不宜。一綫未忘周禮在，于郊不許接恩私。二十三

莊元年春，築王姬之館于外。杜氏曰：「公時在諒闇，慮齊侯當親迎，不忍，便以禮接于廟，故築館于外，以迎王姬，以爲庶幾可以自安。」穀梁子以爲得變之正。

聲姜卒後毁泉臺，總爲蛇妖祓禍災。若説郎臺郊野外，中宮何事惹嫌猜。二十四

文十六年，有蛇自泉宮出，如先君之數。秋八月辛未，聲姜薨，毁泉臺。孔疏云：「蛇自宮出而毁其臺，則臺在宮内。人見從宮而出，毁宮并毁其臺也。」案：如此則泉宮當爲聲姜所居，如東宮、西宮之屬，在魯宮闈之内。因蛇出而聲姜薨，遂謂蛇有妖，其穴當在臺下，故毁宮并毁臺。劉氏敞謂迷民以怪，如臧文仲之祀爰居，信矣。公羊謂卽莊公所築之郎臺。未成爲郎臺，既成爲泉臺。胡傳及諸儒遂謂文公暴先祖之過。夫郎地在今兗州府魚臺縣，去曲阜幾二百里，爲魯邊境，安有二百里外見蛇妖，而國人疑以爲母夫人之祟，無此情理。當從左氏，公羊之説非也。

文公出絳柩如牛，篝火狐鳴原軫謀。假託先君行號令，左公妙筆亂人眸。二十五

僖三十三年，將殯晉文公于曲沃，出絳，柩有聲如牛。卜偃曰：「君命大事，將有西師過軼我，擊之，必大捷。」左公于殽之役發端書此。此原軫預探秦謀，假託先君以號令其衆也。自秦背晉與鄭盟，子犯、先軫輩憤憤不平久矣。又聞秦將襲鄭，視晉蔑如，刻欲出師邀擊，而恐國中諸大夫有未報秦施之疑，故于柩出絳時，假神道設教，使卜偃傳宣以惑衆，此陳勝之故智也。左公卻不説破，故至今千載無人曉。

自第二十首起至二十五首止，共六首，論春秋凶禮。

盟會初矜特與參，屢盟長亂亦何堪。霸功既出諸侯一，收拾殘黎得枕酣。二十六

盟會例有三，兩君相見曰特，三以上爲參，伯者主其會爲主。特與參多在隱、桓之世，伯統未興，諸侯自擅，屢盟數會，旋相背棄，兵革交争，無所厎止。有伯者主盟，而諸侯始聽命于一，無復有特會、參會、特盟、參盟，而兵革亦少息矣。先儒謂聖人不得已而與桓、文。

昭、定中閒霸統絶，會盟仍復似初年。四時之序成功退，世運從玆又變遷。二十七

自昭十三年晉昭公合十四國之諸侯于平丘，晉之主盟止于此。至昭二十五年爲黄父之會以謀王室，而諸侯不至，僅合大夫以謀之，天下自此無霸。二十六年，公會齊侯盟于鄟陵，始復爲參盟。參盟自齊桓以來未之有。蓋自莊十三年北杏至此凡一百六十五年，參盟始再見于經。自是之後，諸侯復特相會，大夫且特相會，而季孫意如會晉荀躒于適歷，朋比逐君之賊矣。馴至陳氏篡齊，六卿分晉，春秋所以變而爲戰國也。

汶陽歸自袁婁後，桓世何嘗返魯田。手劍登壇誇大耳，史遷漫信豈誠然。二十八

莊十三年，公會齊侯，盟于柯。公羊傳云：「莊公登壇，曹子手劍而從之。管仲曰：君將何求？曰：願請汶陽之田。桓公許之。」案：成二年牽之戰，及齊國佐盟于袁婁，齊人始歸汶陽之田。八年，晉人使韓穿來言汶陽之田，歸之于齊。至定十年夾谷之會，復來歸。經文所載甚明，齊桓、魯莊之世不聞有歸田事。曹子刼盟，公羊特作誇大語耳。穀梁作曹劌，史遷又作曹沫，列之刺客傳，殊少著實據。左傳曹劌論戰係節制之師，必不作匹夫之勇。此蓋公羊齊人口授相傳，漫以汶陽歸

田事移之此日耳。趙氏匡謂桓公未嘗侵魯地，及盟後又未嘗歸魯田。孫氏覺亦謂事迹既妄，不可以訓。

蔑盟不日惡渝盟，柯會旋稱信始成。一貶一褒同義例，妄生穿鑿致紛爭。二十九

柯之盟，公、穀皆以不日爲信。考隱元年公及邾儀父盟于蔑，莊九年公及齊大夫盟于蔇，穀梁皆曰其盟渝也。至扈與葵丘，桓盟亦有書日者，則又遷就其説，或以爲危之，或以爲美之，何前後之相矛盾若此。朱子謂以日月爲褒貶，穿鑿得全無義理者，此類是也。

滕、杞降同伯子號，時王貶黜渺難踪。試看子産争承日，鄭國幾從男賦供。三十

桓二年，滕子來朝。杜預從穀梁説，以爲時王所黜。胡氏安國謂如是，則春秋不作矣。獨其謂孔子貶滕之朝桓，更不可通，豈有併其後世子孫盡削之耶？趙氏匡謂當喪未君，滕凡四次來朝皆書子，豈其值朝魯偏有喪事。程子謂後臣屬于楚，滕在春秋又從無屬楚之事，其説皆不可通。獨程氏沙隨謂當時諸侯多自貶以省貢賦，朱子極取之，而引昭十三年平丘之盟子産争承以爲證，此最顯然者。然李氏廉又謂諸侯降爵，惟滕、薛、杞，滕、薛可云自貶，杞于莊二十七年稱伯，僖二十七年稱子，文十二年稱伯，至襄二十九年又稱子，則前説又難通，而欲更取時王黜陟之説。愚謂此因貢賦一時之盈絀以爲升降，無可疑也。杞于僖二十七年來朝，僖怒其禮簡，是秋使公子遂入杞。襄二十九年來盟，是時晉平公爲杞之甥，率諸侯城杞，且使魯歸杞田。杞蓋挾晉之勢，從簡禮以要魯，魯史俱不没其實，書之曰子，以後終春秋並稱伯，此又情事之顯然者。若云時王黜陟，不

應條升條降，進退無常。若是則自貶之說信不可易也。

紀本侯封更不疑，隱編闕略啟文辭。漢家增飾褒封例，外戚恩私國柄移。三十一

桓二年，紀侯來朝。紀本是侯爵，緣隱二年書紀子伯、莒子盟于密，是闕文。程子曰：「當書紀侯某伯、莒子盟于密。」何休註公羊遂謂紀本是子爵，因天子將娶于紀，故封之百里，以廣孝敬。穀梁註亦謂時王所進爵。由是後世遂啟光寵外家之漸，班固外戚恩澤侯表序有云：「后父據春秋褒紀之義。」應劭云：「王者不取于小國，天子將納后于紀，先褒子爵爲侯。」漢世立后，先進其父爲大司馬大將軍，封邑侯，恩澤之濫自此始，則皆不知紀子伯之爲闕文，而誤創褒紀之說誤之也。

會稷、澶淵特筆書，宣尼深意顯然攄。全經卽事明褒貶，不用深文蠹簡餘。三十二

桓二年書會于稷，以成宋亂。襄三十年書會于澶淵，爲宋災故。此春秋一經之特筆。朱子謂春秋大義數十，炳如日星，此類是也。餘皆據事直書而義自見，更有闕文如紀子伯、莒子盟于密之類，當直斷爲紀侯，不用曲說。

朝聘往來禮所宜，春秋以力定崇卑。襄、昭旅見朝荆楚，滕、薛從無報聘時。三十三

大戴記朝事篇載諸侯相朝之禮，齊等之國往來報施，其常也。春秋之世，以小弱朝强大，故魯之所如者齊、晉，至襄、昭之末，且旅見而朝于楚，而三國未嘗朝魯也。魯之所受朝者，滕四，杞、郳各七，曹、小邾各五，郯子二，薛、紀、穀、鄧、鄫、郜、蕭叔各一，魯皆未嘗報聘。

宋、虢尋盟華裔併，桓、文事業一朝更。從今禮義冠裳國，僕僕南征向楚廷。三十四

襄二十七年，宋之盟，晉、楚之從交相見。虢之盟，以舊書加于牲上而已。自是魯、鄭諸國皆旅見于楚，送楚子之葬，賀章華之臺，以天子之禮事之。而楚靈遂獨主盟，合十三國諸侯于申，滅賴、滅陳、滅蔡，兵終未嘗弭。

向戌爲成説弭兵，意從休養息紛争。終成和議秦丞相，隳卻金湯萬里城。三十五

自向戌弭兵之後，晉偃然弛備，伯業遂隳。楚遷陳、蔡、許、道、房、申于荆，吞滅列國，春秋之局從此大變。以講好息民爲辭，後來秦檜祖此。

同盟本出周典禮，壇祀方明自昔年。同志尊王同外楚，紛紛均未是真詮。三十六

春秋書同盟十有六，齊二，晉十四。説者棼如亂絲，杜預言服異，胡文定言惡反覆，止齋陳氏、臨川吳氏皆謂同者衆詞。或者又謂伯業未盛、伯業既衰則書同盟。惟劉原父引殷見曰：「同諸侯覲于天子，天子爲壇祀方明。」是爲方岳同盟之禮。齊桓懼天下諸侯有弗同，故假此禮以號召諸侯。同盟自是當日載書之辭，故葵丘之盟曰：「凡我同盟之人。」其有不書同者，亦當日自不行同盟之禮，而非聖人許之而書同，更非惡之而書同也。若如諸儒之説，則以爲惡其反覆而書同，又以爲許其同欲而書同，是後世舞文亂法之所爲，聖人書法不如是。

自第二十六首起至三十六首止，共十一首，論春秋賓禮。

蒐狩第云譏不時，宣尼載筆有深思。特書大蒐同王制，昭、定中閒柄倒持。三十七

蒐狩合禮不書，非時、非地及越禮則書。昭、定二公書大蒐四，以用天子大蒐之禮也。大蒐、

大閱，凡王所舉皆曰大。不書公，是時政在三家，公不得專國，雖公自行而不書，以志變也。

出境專行係閫司，其餘遂事有深議。匡衡妬媢因經義，不許陳湯斬郅支。三十八

春秋凡書遂者，皆惡之。桓八年，祭公來，遂逆王后于紀；莊十九年秋，公子結媵陳人之婦于鄄，遂及齊侯、宋公盟，皆惡其專擅無人臣之禮。漢陳湯、甘延壽出使外國，矯制發兵斬郅支單于，匡衡謂其爲國生事，幸不加誅，不宜復加爵土，先儒謂得春秋譏遂事之法。

齊襄滅紀志兼并，九世之讎最不情。一自公羊生異義，空教漢武黷邊兵。三十九

莊四年，紀侯大去其國，蓋齊襄公滅之也。齊之欲吞紀久矣，自桓之五年，齊、鄭如紀，以至莊元年、三年，凡關紀之存亡者一一備書。至是不書出奔，而書大去，蓋聖人憫之也。公羊則謂爲襄公諱。襄公之九世祖哀公亨乎周，紀侯譖之，以其能復遠祖之讎，故爲之諱。至漢武帝太初年，欲遂困胡，下詔曰：「昔齊襄公復九世之讎，春秋大之。」遂至兵連不解，殫財喪師，流血千里，公羊一言之流毒至于如此。

自三十七首起至三十九首止，共三首，論春秋軍禮。

常事婚姻例不書，親迎納幣義何居。强鄰壓逼甘卑屈，仇女親喪總蔑如。四十

納幣、親迎，昏禮之大節。春秋合禮則不書，僖公、襄公是也。大惡諱則亦不書，昭公之娶孟子是也。其餘失禮則書。納幣使大夫不書，文公喪未畢而公子遂納幣則書。親迎不書，莊公娶仇女則亦書。莊公書納幣，娶仇女而又親納幣，失禮之中又失禮也。其餘桓、文、宣、成四君之書逆，

皆譏其不親迎。左氏以卿逆爲合禮，失之矣。

仇女爲婚亂紀常，丹楹刻桷媚閨房。小君覿幣殊恩寵，終使身罹黜婦殃。四十一

莊公忘其父而娶仇女，冒親喪而躬納幣，二年之閒，三至齊廷，盟于防，遇于穀，盟于扈。其未至也，如齊觀社以炫其車服，丹楹刻桷以誇其富盛，親逆而不與俱入，既至而覿見有加，于此見夫人之伉，莊公之卑，異日通慶父弑二君之禍兆矣。春秋自莊二十二年高傒盟防，至二十四年大夫宗婦覿用幣，詳書凡十四事，以志履霜堅冰之戒。

高固來迎子叔姬，以臣相伉躐尊卑。爲因篡弑求援立，屈體成婚更不辭。四十二

宣五年秋，齊高固來迎子叔姬。左傳是年公如齊，高固使齊侯止公，請叔姬焉。至秋而來逆。魯宣以不義得國，倚齊自固，連昏于齊之大夫而不以爲恥，卑屈甚矣。

逆女須親禮典明，僑如、翬、遂著譏評。委捐社稷躬迎婦，說本伊川義更精。四十三

隱三年，紀裂繻來迎女。公羊云：「外逆女不書，此何以書？譏始不親迎也。」太史公外戚傳云：「春秋譏不親迎。」索隱引此傳文爲證，而桓三年公子翬、宣元年公子遂、成十四年叔孫僑如之如齊逆女，皆譏其以大夫逆。自公、穀至史遷皆主其說，幾成鐵案矣。程子獨非之曰：「親迎者，迎于其所館，豈有委宗廟社稷而遠適他國以迎婦者。文王親迎于渭，自在周境內，未嘗出疆。況文王當日乃爲公子，未爲國君。」其言極是有理。彙纂從其說，故于此三年之傳，凡主穀梁譏不親迎者皆刪，但不別解春秋所以書逆女之故，終是未有定見。愚斷之曰：公羊之說非也，逆女無不以大

夫迎者。紀履緰來逆女，乃因吾女伯姬之遭變而特詳其事。如宋伯姬之書公孫壽來納幣，非譏其以大夫逆也。翬、遂，譏其寵任簒弒，僑如，譏其通國母而擅權，義在翬、遂與僑如，而不在逆女。必謂譏其以大夫逆，則如晉之取女于齊，楚之取女于晉，俱隔二三千里之遠，而必責國君之親往乎？其理亦不可通矣。故必先破公羊之説而後是非乃定。

自四十首起至四十三首止，共四首，論春秋嘉禮。

膝下授經讀左氏，老來仍復手殘編。廢興典禮千秋訟，端緒須從箇裏研。四十四

余年十一歲時，先君手録左氏全本授讀，迄今五十二年矣。

附曆法口號一首

曆法精明肇太初，從前悠謬總紛如。春秋連月書頻食，漢代初年尚有諸。

春秋襄二十一年九月十月朔連食，二十四年七月八月朔連食。曆家推算無連月頻食法，西曆則謂日食之後越五月越六月皆能再食，是一年兩食者或有之，連月而食則斷無是也。是時周曆法已不准，致有此誤。武王定曆至此已及六百年，後王無能更正，至漢武帝用司馬遷等言造太初曆，曆法始精密。以前曆紀廢壞，自周末歷秦及漢初，日食及置閏俱錯繆，秦置閏多在歲終，恆書後九月，漢高帝三年及文帝前三年俱于十月晦十一月晦頻食，皆是曆法未更正之故也。詳見天文表敍後。

春秋王迹拾遺表卷二十

錫山顧棟高復初 輯
金匱孫廷鏞士衡 參

敘

孟子曰："王者之迹熄而詩亡，詩亡然後春秋作。"東遷以後，政教號令不行于天下。然當春秋初年，聲靈猶未盡泯也。鄭伯、虢公爲王左右卿士，鄭據虎牢之險，虢有桃林之塞，左提右挈，儼然三輔雄封。其時賦車萬乘，諸侯猶得假王號令以征伐與國，故鄭以王師伐郕，秦偕王師伐魏。二郕本附庸也，進爵而爲子，滕、薛、杞本列侯也，降爵而爲子伯。列國之卿猶請命于天子，諸侯之妾猶不敢僭同于夫人。虎牢已兼并于鄭，仍奪之還王朝；曲沃以支子簒宗，赫然興師而致討；衞朔逆命，子突救衞書王人；樊皮叛王，虢公奉命誅不服，庶幾得命德討罪、興滅繼絶之義。然鄭以懿親而且交質矣。曲沃之伐，不惟無功，日後荀、賈且爲晉所滅。甚至射王中肩，列國無爲王敵愾者。而僖王之世，命曲沃爲晉侯，貪寵賂，奬簒弑，三綱盡矣。嗣後王室益微，迨至晉滅虢，而襄王復以温、原賜晉，舉崤、函之險固，河内之殷實，悉舉而畀諸他人。自是王朝不復能出一旅，與初年聲勢大異矣。嗚呼！以文、武、成、康維持鞏固之天下而淩夷衰微至此，此豈一朝一夕之故哉！惠、襄以後，世有兄弟之難，子頽、子帶、子朝迭亂王室，數數勤諸侯之師。蓋齊家之道有闕，政本不脩，皇綱陵遲，君子閔焉。獨能憑藉先靈，稱述祖制，折伏强暴，若襄王拒請隧，定王詰鞏伯，而王孫滿以片言卻强楚於近郊之外，譬之以太阿授人，而欲以朽索控跅跑之馬。嗚呼！其難哉！爰自春秋始年，訖於獲麟，列王朝之事之散見經、傳者，都爲一編，于魯春秋之内得二百四十二年之周史，亦吾夫子之志也。輯春秋王迹拾遺表第二十。

春秋王迹拾遺表

隱元年

平王四十九年

鄭伯寤生

秋七月，使宰咺歸魯仲子之賵。

冬，鄭人以王師、虢師伐衛南鄙。

十二月，祭伯私如魯。

隱二年

平王五十年

鄭伯

隱三年

平王五十一年

鄭伯

三月庚戌，王崩。

秋，使武氏子求賻于魯。

鄭武公、莊公爲平王卿士，王貳于虢，鄭伯怨王。王曰：「無之。」故周、鄭交質。王子狐爲質于鄭，鄭公子忽爲質于周。王崩，將畀虢公政。夏四月，祭仲帥師取温之麥。秋，又取成周之禾。

隱四年

桓王元年

鄭伯

三月戊申，衛州吁弒其君完。

弒君于是始。

隱五年

桓王二年

鄭伯

春，曲沃莊伯以鄭人、邢人伐翼，王使尹氏、武氏助之。翼侯奔隨。

曲沃叛王。秋，王命虢公伐曲沃，而立哀侯于翼。

案：曲沃擅以鄭人伐翼而王復助之，旋於是年叛王，王復命虢公伐曲沃，顛倒不常始此，而鄭、虢之分左右祖亦于是始。

			九月，鄭人以王師會邾伐宋，入其郛。
隱六年	桓王三年	鄭伯	冬，告飢于魯，魯爲之請糴于宋、衞、齊、鄭。鄭伯如周，始朝王，王不禮。
隱七年	桓王四年	鄭伯	使凡伯聘魯。戎伐凡伯于楚丘以歸。鄭公子忽在王所，故陳侯請妻之。鄭伯許之，乃成昏。
隱八年	桓王五年	鄭伯　虢公忌父	夏，虢公忌父始作卿士于周。杜註：「周人于此遂畀之政。」秋，宋、齊、衞盟瓦屋。諸侯之參盟于是始。八月丙戌，鄭伯以齊人朝王。
隱九年	桓王六年	鄭伯　虢公	春，使南季聘魯。宋公不王，鄭伯爲王左卿士，以王命討之。伐宋。秋，鄭人以王命告于魯。冬，齊、魯會於防，謀伐宋也。正義曰：「時虢公爲右卿士，與鄭伯夾輔王。」
隱十年	桓王七年	鄭伯　虢公	蔡人、衞人、郕人不會王命。冬，齊人、鄭人入郕，討違王命也。王氏樵曰：「是時已有霸之漸。」
隱十一年	桓王八年	鄭伯　虢公	王取鄔、劉、蔿、邘之
桓元年	桓王九年	鄭伯　虢公	
桓二年	桓王十年	鄭伯　虢公	滕子朝魯。隱十一年
桓三年	桓王十一年	鄭伯　虢公	
桓四年	桓王十二年	鄭伯　虢公	夏，使宰渠伯糾聘魯。

田于鄭，而與鄭人蘇忿生之田十二邑，由是失鄭。	**桓五年** 桓王十三年 虢公林父　周公黑肩 夏，使仍叔之子聘魯。王奪鄭伯政。鄭伯不朝。秋，王以諸侯伐鄭。王爲中軍；虢公林父將右軍，蔡人、衛人屬焉；周公黑肩將
	桓六年 桓王十四年 虢公　周公黑肩 夏，北戎伐齊，鄭太子忽帥師救齊，大敗戎師。 案：鄭忽以隱三年質王所，至是因王奪鄭伯政，遂歸爾。
稱侯，今降稱子，杜氏預以爲時王所黜。楊氏士勛曰：「時周德雖衰，尚爲天下宗主。」 案：樂正子記滕、薛旅朝隱公，桓王聞之徵朝，滕以子往，薛以伯往，王怒，皆黜。	**桓七年** 桓王十五年 虢公　周公黑肩 盟、向求成于鄭，既而背之。 秋，鄭人、齊人、衛人伐盟、向，王遷盟、向之民于郟。 案：盟、向即蘇忿生之十二邑，王所易鄭、
	桓八年 桓王十六年 虢公　周公黑肩 春，使家父聘魯。 曲沃滅翼。 冬，王命虢仲立晉哀侯之弟緡于晉。祭公如魯，遂逆后于紀。 案：王定晉誅曲沃，多
王師、秦師圍魏，執芮伯以歸。	**桓九年** 桓王十七年 虢公　周公黑肩 春，紀季姜來歸。 秋，虢仲、芮伯、梁伯、荀侯、賈伯伐曲沃。 案：是時王室猶能興師，諸侯猶能舉方伯連帥之職，輔嫡長以誅支庶，名不爲不

桓十年	桓王十八年 虢公　周公黑肩 虢仲譖其大夫于王，詹父有辭，以王師伐虢。 夏，虢公出奔虞。	左軍，陳人屬焉。戰于繻葛，王卒大敗，祝聃射王中肩。正義曰：「隱八年傳云：『虢公忌父始作卿士于周。』則與鄭伯分王政。九年，鄭伯爲王左卿士，則虢公爲右。至此王全奪與虢，不使鄭伯復知，故鄭伯積恨不朝也。」
桓十一年	桓王十九年 虢公　周公黑肩	
桓十二年	桓王二十年 虢公　周公黑肩	劉、蔿、邘之田于鄭者。今背鄭歸王，王不能復還鄭之田，自是鄭之心益失矣。冬，曲沃伯誘晉小子侯殺之。
桓十三年	桓王二十一年 虢公　周公黑肩	使虢公，前立哀侯，今立哀侯之弟緡，明年遂偕四國伐曲沃，雖湯、武之師不烈于此。而諸國皆孱懦無用，適足損皇威而長桀鰲。日後獻公卒銜恨而滅虢，則何不以使虢者使齊、鄭乎！
桓十四年	桓王二十二年 虢公　周公黑肩	正；五國奉天子之命，兵不爲不多，而卒無功。自是芮、梁爲秦所滅，荀、賈、虢爲晉所滅，秦築王城之險，晉阻桃林之塞，東西周咽喉隔絕，而王令益不行于天下矣。史記晉世家：「獻公曰：『吾先君莊伯武公之誅晉亂，而虢常助晉伐我。』于是伐虢。」

桓十五年

桓王二十三年

虢公　周公黑肩

春二月，使家父求車于魯。三月乙未，王崩。

桓十六年

莊王元年

虢公　周公黑肩

桓十七年

莊王二年

虢公　周公黑肩

桓十八年

莊王三年

虢公　周公黑肩

周公欲弒王而立王子克，辛伯告王，遂與王殺周公黑肩，王子克奔燕。

按：周公黑肩以桓五年見傳，至此歷十四年。

莊元年

莊王四年

虢公

夏，魯單伯來逆王姬。冬十月，使榮叔錫魯桓公命。王姬歸于齊。齊師遷紀郱、鄑、郚。

莊二年

莊王五年

虢公

秋七月，齊王姬卒。

莊三年

莊王六年

虢公

五月，葬桓王。七年乃葬。

張氏溥曰："傳者疑其太緩，遂云改葬，非也。時王室有子儀、黑肩之亂，因亂而緩

莊四年

莊王七年

虢公

莊五年

莊王八年

虢公

莊六年

莊王九年

虢公

春王正月，王人子突救衛。

范氏甯曰："王人，卑者之稱也。以其能奉天子之命救衛，而拒四國之諸侯，故加名

莊七年	莊王十年	虢公	
莊八年	莊王十一年	虢公	葬。」
莊九年	莊王十二年	虢公	
莊十年	莊王十三年	虢公	
莊十一年	莊王十四年	虢公	以貴之。」 冬，王姬歸于齊。
莊十二年	莊王十五年	虢公	是年，莊王崩。經不書，周不赴，列國不奔喪也。
莊十三年	僖王元年	虢公	是年春，齊桓公爲北杏之會以主盟，諸侯參盟始不復見。楊氏時曰：「春秋之世，以諸侯而主會盟之政，由北杏始。」
莊十四年	僖王二年	虢公	秋七月，荆入蔡。蔡始折而入于楚。
莊十五年	僖王三年	虢公	春，齊侯、宋公、陳侯、衞侯、鄭伯會于鄄，齊始伯。
莊十六年	僖王四年	虢公　周公忌父	秋，荆伐鄭。齊、楚始争鄭。冬，諸侯同盟于幽以尊周。邾子克卒。莊氏甯曰：「附齊而尊周室，王命進爵爲子。」王使虢公命曲沃伯以一軍爲晉侯。

莊十七年

僖王五年

虢公　周公忌父

是年，僖王崩。經不書，周不赴也。時齊桓方創伯，而諸侯不奔天子之喪，罪當有所歸矣。

莊十八年

惠王元年

虢公　周公忌父

春，虢公、晉侯朝王，王饗醴，命之宥，皆賜玉五瑴、馬三匹。虢公、晉侯、鄭伯使原莊公逆王后于陳。陳嬀歸于京師，實惠后。

案：此係晉獻公之元

莊十九年

惠王二年

虢公　周公忌父

秋，子穨作亂，五大夫奉子穨以伐王，不克，出奔溫。蘇子奉子穨以奔衛。衛師、燕師伐周。

冬，立子穨。

莊二十年

惠王三年

虢公　周公忌父

春，鄭伯和王室，不克，以王歸處于櫟。秋，王及鄭伯入于成周。冬，王子穨享五大夫，樂及徧舞。鄭伯見虢叔曰：「是樂禍也，憂必及之，盍納

王綱頹倒自僖王始。初，晉武公伐夷，執夷詭諸，蔿國請而免之。既而弗報，故子國作亂，遂以晉師伐夷，殺夷詭諸。周公忌父出奔虢。惠王立而復之。杜註：「周公忌父，王卿士。」

莊二十一年

惠王四年

虢公　周公忌父

夏，同伐王城，鄭伯將王自圉門入，虢叔自北門入，殺王子穨及五大夫。王與鄭伯武公之略，自虎牢以東。王巡虢守，王與虢公酒泉。鄭伯之享王

	莊二十二年 惠王五年 虢公　周公忌父	莊二十七年
年，適當惠王之元初列，諸侯恭行即位入覲之禮，又與虢、鄭同主逆后，諂事王朝，依附列國，晉獻真奸雄矣。而王不能行誅黜之典，反于喪中宴樂婚娶，越干大禮，以自取戾，何以令萬國、威諸侯乎！	莊二十三年 惠王六年 虢公　周公忌父 祭叔私聘魯。 穀梁：「其不言使，何也？不正其外交，故不與使也。」	莊二十八年
	莊二十四年 惠王七年 虢公　周公忌父	莊二十九年
王乎？」	莊二十五年 惠王八年 虢公　周公忌父	莊三十年
也，王以后之鞶鑑與之。虢公請器，王予之爵。鄭伯由是始惡于王。	莊二十六年 惠王九年 虢公　周公忌父 秋，虢人侵晉。 冬，虢人又侵晉。 案：此晉獻滅虢之由也。	莊三十一年

惠王十年 虢公　周公忌父 杞伯朝魯。 范氏甯曰：「杞稱伯，蓋時王所黜。」 孔氏穎達曰：「桓二年，杞侯來朝。十二年，會曲池。自此年稱伯終春秋，故云爲時王所黜。蓋桓、莊、僖、惠，不知何王黜之。」 王使召伯廖賜齊侯命，且請伐衛，以其立子頹也。	惠王十一年 虢公　周公忌父 春，齊侯伐衛，數之以王命，取賂而還。	惠王十二年 虢公　周公忌父 冬，樊皮叛王。	惠王十三年 虢公　周公忌父 春，王命虢公討樊皮。 夏四月丙辰，虢公入樊，執樊仲皮，歸于京師。 案：虢於王室無役不供，凡討伐之事，悉虢公主之，是王之爪牙也。晉滅之，而王曾無一言，如喑啞然，王靈之不振，一至于此。	惠王十四年 虢公　周公忌父 夏四月，薛伯卒。 葉氏夢得曰：「滕、薛、杞之降爵，皆時王所黜。蓋春秋之初，小國猶有聽命焉者也，大國則莫見焉。杞于僖以子見，至文以後則書伯，亦以是進之也。文以後雖三國亦能行，則周益衰矣。
莊三十二年 惠王十五年 虢公　周公忌父 秋七月，有神降于莘。	閔元年 惠王十六年 虢公　周公忌父	閔二年 惠王十七年 虢公　周公忌父 春，虢公敗犬戎于渭	僖元年 惠王十八年 虢公　周公忌父	僖二年 惠王十九年 虢公　周公忌父 夏五月，晉里克、荀息

僖三年	惠王二十年 虢公　周公忌父		惠王問内史過曰：「是何故也？」對曰：「國之將興，明神降之，鑒其德也。將亡，神又降之，觀其惡也。」王曰：「若之何？」對曰：「以其物享焉。」神居莘六月。虢公使祝應、宗區、史嚚享焉。神賜之土田。史嚚曰：「虢其亡乎！國將興，聽于民。將亡，聽于神。」
僖四年	惠王二十一年 虢公　周公忌父		
僖五年	惠王二十二年 虢公　宰孔 夏，諸侯會王世子于首止，謀寧周也。王使周公召鄭伯，曰：		納。舟之僑曰：「無德而禄，殃將至矣。」
僖六年	惠王二十三年 宰孔　周公忌父		
僖七年	惠王二十四年 宰孔　周公忌父 夏，小邾子朝魯。杜氏預曰：「郳黎來始得王命。」		會虞師伐虢，滅下陽。秋九月，虢公敗戎于桑田。晉卜偃曰：「虢必亡矣。」

僖八年 惠王二十五年 宰孔　周公忌父 春，諸侯會王人盟于洮，以謀王室。襄王定位而後發喪。 冬十二月丁未，王崩。 趙氏匡曰：「據盟洮傳，則正月二月位已定，何得直至十二月而後告喪于諸侯。」 彙纂曰：「秘喪至一年	
僖九年 襄王元年 宰孔　周公忌父 夏，宰周公會諸侯于葵丘，王使宰孔賜齊侯胙。 公羊：「宰周公，天子之爲政者也。」	
僖十年 襄王二年 宰孔　周公忌父 春，蘇子叛王卽狄，又不能于狄，狄人伐之，王不救，遂滅溫。 夏四月，周公忌父、王子黨會齊隰朋立晉惠公。	「吾撫女以從楚，輔之以晉。」鄭伯逃歸不盟。 冬十二月，晉滅虢，虢公醜來奔，遂滅虞，而脩虞祀，歸其職貢于王。
僖十一年 襄王三年 宰孔　周公忌公 春，王使召武公、內史過賜晉侯夷吾命。 夏，王子帶召揚、拒、泉、皋、伊、雒之戎同伐京師，焚東門。秦、晉伐戎以救周。	
僖十二年 襄王四年 宰孔　周公忌父 王以戎難故，討王子帶。秋，王子帶奔齊。 冬，齊侯使管夷吾平戎于王，王以上卿之禮享管仲。管仲辭，受下卿之禮而還。	何氏休曰：「齊桓公白天子進之。」 閏十二月，惠王崩。 襄王惡太叔帶之難，不發喪，而告難于齊。

之久，恐無此理。」吳氏澂曰：「蓋前年之冬有疾，至今年歲終乃崩爾。」

僖十三年

襄王五年

宰孔　周公忌父

秋，爲戎難故，諸侯戍周，齊仲孫湫致之。

僖十四年

襄王六年

宰孔　周公忌父

秋八月辛卯，沙鹿崩。公羊：「爲天下記異也。」

僖十五年

襄王七年

宰孔　周公忌父

僖十六年

襄王八年

宰孔　周公忌父

秋，王以戎難告于齊，齊徵諸侯而戍周。

僖十七年

襄王九年

宰孔　周公忌父

是年冬，齊侯小白卒。

僖十八年

襄王十年

宰孔　周公忌父

僖十九年

襄王十一年

周公忌父

僖二十年

襄王十二年

周公忌父

僖二十一年

襄王十三年

周公忌父

僖二十二年

襄王十四年

周公忌父

秋，秦、晉遷陸渾之戎于伊川。

富辰請召太叔，曰：「吾兄弟之不協，焉能怨諸侯之不睦。」王說。王子帶自齊復歸于京師。

僖二十三年

襄王十五年

周公忌父

僖二十四年

襄王十六年

周公忌父

夏，王召狄伐鄭取櫟，遂立狄女爲后，通于太叔帶，王廢之。頹叔、桃子奉太叔以狄師伐周，獲周公忌父、原伯、毛伯、富辰，王出適鄭。太叔以隗氏居于溫。

案：周公忌父于莊十六年避蔿國之亂出奔虢，惠王立而復之，至是歷三十八年矣。疑周公閱即其子也。

僖二十五年

襄王十七年

王子虎

三月，晉侯逆王，王入于王城，取太叔于溫，殺之。戊午，晉侯朝王，王饗醴，命之宥。請隧，弗許，與之陽樊、溫、原、欑茅之田，晉于是始啟南陽。

案：南陽卽河陽，今懷慶府，桓王所與鄭蘇忿生之田十二邑是也。鄭不能服而復歸之王，王復不能有而以賜晉。此蓋疆幹殷實之地，光武以河內

僖二十六年

襄王十八年

王子虎

僖二十七年

襄王十九年

王子虎

開基者。自是晉日强，周日削矣。

僖二十八年

襄王二十年

王子虎

夏四月，晉侯敗楚師于城濮，作王宮于踐土。五月丁未，獻楚俘于王。王享醴，命晉侯宥。王命尹氏及王子虎策命晉侯爲侯伯。王子虎盟諸侯于王庭，晉侯帥諸侯朝王。冬，晉侯會諸侯于温，召王，以諸侯見，且使王狩。天王狩于河陽，晉侯復帥諸侯朝王。

僖二十九年

襄王二十一年

王子虎

夏六月，王子虎會諸侯之大夫盟于翟泉。

僖三十年

襄王二十二年

王子虎　周公閱

魯侯爲衞請納玉于王與晉侯，皆十瑴，王許之。秋，乃釋衞侯。冬，使宰周公閱聘魯。杜註：「周公，天子三公兼冢宰。」

僖三十一年

襄王二十三年

王子虎　周公閱

僖三十二年

襄王二十四年

王子虎　周公閱

是年冬，晉侯重耳卒。

年	王年	卿士	事迹
僖三十三年	襄王二十五年	王子虎　周公閱	春，秦師將襲鄭，過周北門，左右免胄而下，超乘者三百乘。是年秋，魯侯申卒。
文元年	襄王二十六年	王子虎　周公閱	二月，使叔服會葬于魯。 夏四月，使毛伯錫魯侯興命。 晉侯驩朝王于溫。 魯叔孫得臣來拜錫命。
文二年	襄王二十七年	王子虎　周公閱	
文三年	襄王二十八年	周公閱　王叔桓公	夏四月乙亥，王叔文公卒，王赴其喪于諸侯，諸侯弔如同盟。 冬，晉以楚伐江故來告，王使王叔桓公帥師會晉陽處父伐楚以救江。 杜註：「桓公，周卿士，王叔文公之子。」 正義曰：「王子虎謚文公。不知何王之子字叔，遂以叔爲氏。桓公是其子，王叔陳生其後也。」
文四年	襄王二十九年	周公閱　王叔桓公	
文五年	襄王三十年		
文六年	襄王三十一年		
文七年	襄王三十二年		
文八年	襄王三十三年		
文九年	頃王元年		

周公閱　王叔桓公

正月，使榮叔歸魯成風含，且賵。

三月，使召公會魯成風葬。

周公閱　王叔桓公

周公閱　王叔桓公

周公閱　王叔桓公

秋八月戊申，王崩。

冬十月，魯公孫敖來弔喪，不至，以幣奔莒。

周公閱　王叔桓公

春，毛伯求金于魯。

杜氏預曰：「求金以共葬事。雖踰年而未葬，故不稱王使。」

二月，魯叔孫得臣來會葬。

九月癸酉，地震。

文十年

頃王二年

周公閱　王叔桓公

秋七月，使蘇子盟魯侯于女栗。

文十一年

頃王三年

周公閱　王叔桓公

文十二年

頃王四年

周公閱　王叔桓公

文十三年

頃王五年

周公閱　王叔桓公

文十四年

頃王六年

周公閱　王孫蘇

春，王崩。周公閱與王孫蘇争政，故不赴。

秋七月，周公將與王孫蘇訟于晉，王叛王孫蘇，而使尹氏與聃啟訟周公于晉。趙宣子平王室而復之。

文十五年	匡王元年 周公閱　王孫蘇	
文十六年	匡王二年 周公閱　王孫蘇	
文十七年	匡王三年 周公閱　王孫蘇 秋，甘歜敗戎于邥垂，乘其飲酒也。	
文十八年	匡王四年 王孫蘇　召伯　毛伯	
宣元年	匡王五年 王孫蘇　召伯　毛伯	案：周公閱卽僖三十年聘魯之宰周公閱也。至頃王之崩，已歷十八年。王孫蘇疑卽王叔桓公，以其爲王子虎之子，故曰王孫。訟于晉，而趙宣子復之，使仍和親，則此年仍復共爲政矣。
宣二年	匡王六年 王孫蘇　召伯　毛伯	
宣三年	定王元年 王孫蘇　召伯　毛伯	
宣四年	定王二年 王孫蘇　召伯　毛伯	
宣五年	定王三年 王孫蘇　召伯　毛伯	
宣六年	定王四年 王孫蘇　召伯　毛伯	

秋，晉趙盾弑其君夷皋，使趙穿來逆公子黑臀而立之。
冬十月乙亥，王崩。

春正月，葬匡王。
四月，亟葬。
楚子伐陸渾之戎，遂至于雒，觀兵于周疆。
王使王孫滿勞楚子，楚子問鼎之大小輕重，對曰：「周德雖衰，天命未改。鼎之輕重，未可問也。」

夏，王使子服求后于齊。
冬，召桓公逆王后于齊。

宣七年

定王五年

王孫蘇　召伯　毛伯

冬，晉侯盟諸侯于黑壤，王叔桓公臨之，以謀不睦。
案：文十四年，趙宣子復王孫蘇，宣十五年，王孫蘇復與召氏、毛

宣八年

定王六年

王孫蘇　召伯　毛伯

宣九年

定王七年

王孫蘇　召伯　毛伯

春，王使徵聘于魯。
夏，魯仲孫蔑來聘，王以爲有禮，厚賄之。

宣十年

定王八年

王孫蘇　召伯　毛伯

秋，使王季子報聘于魯。
公羊：「其稱王季子何？貴也，母弟。」

宣十一年

定王九年

王孫蘇　召伯　毛伯

氏争政，則此二十年內秉政者，王孫蘇也。而此年稱王叔桓公，益知王孫蘇與王叔桓公爲一人矣。	宣十二年 定王十年 王孫蘇　召伯　毛伯 是年夏，楚敗晉師于邲，晉由是失伯。
	宣十三年 定王十一年 王孫蘇　召伯　毛伯
	宣十四年 定王十二年 王孫蘇　召伯　毛伯
	宣十五年 定王十三年 王孫蘇　召伯　毛伯 王孫蘇與召氏、毛氏争政，使王子捷殺召戴公及毛伯衞。許氏翰曰：「拓跋魏世，高歡覩張彝之變而生亂心。定王在上，而子弟敢以私怨專殺，王不能禁，無惑乎周之無以令天下矣。」
	宣十六年 定王十四年 王孫蘇 春，晉士會滅赤狄甲氏及留吁、鐸辰。三月，來獻俘。晉侯請于王，以黻冕命士會爲太傅。夏，成周宣榭火。爲毛、召之難故，王室復亂，王孫蘇奔晉，晉人復之。案：王孫蘇于文十四年與周公閱争政，致

宣十七年 定王十五年	
宣十八年 定王十六年	
成元年 定王十七年	
成二年 定王十八年	晉滅赤狄潞氏，使趙同來獻俘。
成三年 定王十九年	頃王之喪不赴。訟于晉而王不直王孫蘇，宜即加斥逐，何待于晉。乃因趙盾復之之故，復使爲政，首尾共二十年，經匡、定兩朝。復以争政故殺召伯、毛伯，其專肆無上亦甚矣。不即誅戮，復使奔晉，而晉人復之。以天朝之貴不能處置一上卿，聽命大國如屬吏，典刑安在哉！ 冬，晉侯使士會平王室，王享之。原襄公相禮。殽烝。

成四年 定王二十年 單襄公　劉康公	王孫蘇
成五年 定王二十一年 單襄公　劉康公	王孫蘇
成六年 簡王元年 單襄公　劉康公	單襄公　劉康公 春，晉侯使瑕嘉平戎于王，單襄公如晉拜成。劉康公徼戎，將遂伐之。叔服曰："背盟而欺大國，此必敗。"不聽，遂伐茅戎。三月癸未，敗績于徐吾氏。 案：定王在位二十一年，王孫蘇擅殺命卿而不能討，劉康公生事喪師而不加罰，徒以論殽烝，御齊捷，以口舌取勝，諸侯何畏哉！
成七年 簡王二年 單襄公　劉康公	單襄公　劉康公 冬，晉侯使鞏朔獻齊捷于周，王弗見，使單襄公辭云云。鞏伯不能對，禮之如侯伯克敵使大夫告慶之禮，降于卿禮一等。
成八年 簡王三年 單襄公　劉康公	單襄公　劉康公

夏，梁山崩。公羊：「爲天下記異也。」
冬十一月己酉，王崩。不書葬，諸侯不會也。

周公楚

周公楚

周公楚
秋，使召桓公賜魯侯命。

成九年

簡王四年
單襄公　劉康公
周公楚

成十年

簡王五年
單襄公　劉康公
周公楚

成十一年

簡王六年
單襄公　劉康公
周公楚
夏，周公楚患惠、襄之偪也，且與伯輿争政，不勝，怒而出。及陽樊，王使劉子復之，盟于鄄而入。三日復出奔晉。
秋，晉郤至與周争鄇田，王命劉康公、單襄公訟諸晉，晉侯使郤至勿敢争。

成十二年

簡王七年
劉康公　單襄公
春，王使以周公之難告魯。

成十三年

簡王八年
劉康公　單襄公
晉侯帥諸侯伐秦，來朝京師。劉康公、成肅公會晉伐秦。成子受脤于社，不敬。師還，卒于瑕。

成十四年

簡王九年

劉康公　單襄公

成十五年

簡王十年

劉康公　單襄公

三月，晉侯會諸侯盟于戚，執曹負芻歸于京師。

成十六年

簡王十一年

尹武公　單襄公

七月，尹武公會諸侯伐鄭。

杜氏預曰：「尹子，王卿士，子爵。」

此晉厲鄢陵之後，復三假王命伐鄭也。

釋曹伯歸于曹。

趙氏鵬飛曰：「簡王不能正王法，以令天下，失政刑矣。」

成十七年

簡王十二年

尹武公　單襄公

夏，尹子、單子會諸侯伐鄭，自戲童至于曲洧。

冬，單子復會諸侯伐鄭。

成十八年

簡王十三年

尹武公　單襄公

正月，晉欒書、中行偃弒其君州蒲，使荀罃、士魴來逆周子而立之，是爲悼公。

襄元年

簡王十四年

尹武公　單襄公

九月辛酉，王崩。

襄二年

靈王元年

王叔陳生　伯輿

春正月，葬簡王。

襄三年

靈王二年

王叔陳生　伯輿

襄四年

靈王三年

王叔陳生　伯輿

襄五年

靈王四年

王叔陳生　伯輿

春，王使王叔陳生愬戎于晉，晉人執之。

士魴如京師，言王叔之貳于戎也。

襄六年

靈王五年

王叔陳生　伯輿

襄七年

靈王六年

王叔陳生　伯輿

襄八年

靈王七年

王叔陳生　伯輿

襄九年

靈王八年

王叔陳生　伯輿

襄十年

靈王九年

王叔陳生　伯輿

夏五月，晉滅偪陽，使周內史選其族嗣納諸霍人。

冬，王叔陳生與伯輿爭政，王右伯輿。王叔陳生怒而出奔，及河，王復之，殺史狡以說焉。不入。晉侯使士匄平王室，王叔與伯輿訟，士匄聽之，使王叔氏與伯輿合要，王叔氏不能舉其契，遂奔晉。單靖公爲卿士，以相王室。

杜註：「代王叔。」

襄十一年

靈王十年

單靖公

案：周室至此非唯不能治諸侯，并不能自治其大夫。自頃王末至此共五十年，争政凡四見矣。每争不勝則怒而出奔，王再三復之猶不止。甚至王孫蘇殺二命卿而不加罪，王叔陳生至殺史狡以說。訟于晉，晉復之，王不敢不聽，直至出奔乃更易其人。臣桀驁而無上，君忍恥而含垢，典刑至此，而文定輒謂上告天

襄十二年

靈王十一年

單靖公

王求后于齊，齊侯問對于晏桓子。桓子曰云云，齊侯許昏，王使陰里結之。

襄十三年

靈王十二年

單靖公

襄十四年

靈王十三年

單靖公

王使劉定公賜齊侯環命。

杜氏預曰：「定公，卽劉夏，位賤，以能而使之。傳稱謚，舉其終耳。因昏而加褒顯，言王室不能命有功。」

襄十五年

靈王十四年

單靖公

春，劉夏從單靖公逆后于齊。

孫氏復曰：「天子不親逆，取后則三公逆之。劉夏，士也。王后，天下母。使微者逆之，故曰劉夏逆王后于齊，以著其非。」

正義曰：「王季子食采于劉，遂爲劉氏，謚康公。劉夏是康公之子，卽前年傳所稱劉定公是也。」

子，下告方伯，何迂之甚也。

襄十六年

靈王十五年

單靖公

襄十七年

靈王十六年

單靖公

襄十八年

靈王十七年

單靖公

襄十九年

靈王十八年

單靖公

夏四月，鄭公孫蠆卒，赴于晉。大夫范宣子言于晉侯，以其善于伐秦也。六月，晉侯請于王，王追賜之大路，使以行葬禮。

襄二十年

靈王十九年

單靖公

襄二十一年

靈王二十年

單靖公

秋，晉逐欒盈，欒盈出奔楚，過于周，周西鄙掠之。辭于行人曰：「臣，戮餘也，將歸死

襄二十二年

靈王二十一年

單靖公

襄二十三年

靈王二十二年

單靖公

是年，穀、洛鬬，毁王宫。

襄二十四年

靈王二十三年

單靖公

冬，齊人城郟。魯叔孫豹來聘，且賀城。王嘉其有禮，賜之大路。

襄二十五年

靈王二十四年

單靖公

于尉氏。」王使司徒禁掠欒氏者，歸所取焉，使候出諸轘轅。

杜註：「郟即王城也。去年爲水所壞，時齊叛晉，欲城之以求媚。」

襄二十六年 靈王二十五年 單靖公	
襄二十七年 靈王二十六年 單靖公	是年，向戌爲弭兵之說，晉、楚合天下之諸侯同盟于宋，令晉、楚之從交相見。
襄二十八年 靈王二十七年 單靖公	十有二月甲寅，王崩。是月，楚子昭亦卒。汪氏克寬曰：「不書葬，諸侯不會也。」
襄二十九年 景王元年 單靖公	爲宋之盟故，前年十一月，魯及宋、陳、鄭、許諸君如楚。及漢，楚子卒。宋公反，魯及陳、鄭、許遂行，楚人止之送葬。正月朔，楚人使魯親襚。夏四月，葬楚康王，諸侯親送葬至西門之外。五月，王葬，諸侯之大夫莫有至者。鄭上卿
襄三十年 景王二年 單靖公　劉定公	初，王儋季卒，其子括將見王，而歎。單公子愆期爲靈王御士，入告王曰：「必殺之，不然，必害。」及靈王崩，儋、括欲立王子佞夫，佞夫不知。五月癸巳，王殺佞夫，王子瑕奔晉。

有事，子展使印段往。伯有曰：「弱，不可。」子展曰：「與其莫往，弱，不猶愈乎？」遂使印段來會葬。

襄三十一年

景王三年

單靖公　劉定公

昭元年

景王四年

單靖公　劉定公

是年春，諸侯復爲會于虢，尋宋之盟，讀舊書。晉趙孟還自鄭，王使劉定公勞趙孟于潁。

昭二年

景王五年

單獻公　劉定公

昭三年

景王六年

單獻公　成簡公

昭四年

景王七年

單獻公　成簡公

昭五年

景王八年

單獻公　成簡公

昭六年

景王九年

單獻公　成簡公

昭七年

景王十年

單獻公　成簡公

秋八月，衛侯惡卒，來告喪，且請命。王使

昭八年

景王十一年

單成公　成簡公

昭九年

景王十二年

單成公　成簡公

周甘人與晉閻嘉爭閻田。晉梁丙、張趯率

成簡公如衛弔，且追命襄公。單獻公棄親用羈。冬十月，襄、頃之族殺獻公而立其弟成公。案：獻公，單靖公之子，頃公之孫，襄公之曾孫。

陰戎伐潁。王使詹桓伯辭于晉。時王有姻喪，晉使趙成如周弔，且致閻田與襚，反潁俘。

昭十年

景王十三年

單成公

昭十一年

景王十四年

單成公

秋，單子會韓宣子于戚，視下言徐。叔向曰：「單子其將死乎！無守氣矣。」冬十二月，單成公卒。

昭十二年

景王十五年

劉獻公

原伯絞虐其輿臣。冬十月，原輿人逐絞而立公子跪尋。甘簡公無子，立其弟過。過將去成、景之族。成、景之族賂劉獻公，丙申，殺甘悼

昭十三年

景王十六年

劉獻公

秋，劉子會諸侯于平丘，晉人將尋盟，齊人不可。晉侯使叔向告劉獻公曰：「若之何？」對曰：「君苟有信，雖齊不許，君庸多矣。天子之老請帥王賦，『元

昭十四年

景王十七年

劉獻公　單穆公

	昭十五年 景王十八年 劉獻公　單穆公 六月乙丑，太子壽卒。 秋八月戊寅，穆后崩。 十二月，晉荀躒如周，葬穆后，籍談爲介。既葬，除喪，以文伯宴，樽以魯壺，因求彝器。籍談不能對，歸告叔向。叔向曰：「王其不終乎！王一歲而
	昭十六年 景王十九年 劉獻公　單穆公
公，而立成公之孫鰌，是爲平公。 杜註：「獻公，劉定公之子，康公之孫，名摯。」	昭十七年 景王二十年 劉獻公　單穆公 晉侯使屠蒯來京師，請有事于雒與三塗。萇弘謂劉子曰：「客容猛，非祭也，其伐戎乎！」乃警戎備。九月丁卯，晉荀吳帥師涉自棘津，使祭史先用牲于雒。陸渾人弗知，師從之，遂滅陸渾，周大獲。
戎十乘，以先啟行』，遲速惟君。」	昭十八年 景王二十一年 劉獻公　單穆公 春二月，毛得殺毛伯過而代之。 正義曰：「于時天子微弱，故自殺自代不能禁之。」 原伯魯不說學，魯閔子馬曰：「周其亂乎！夫必多有是說，而後及其大人。」
	昭十九年 景王二十二年 劉獻公　單穆公

有三年之喪二焉，于是乎以喪賓宴，又求彝器，樂憂甚矣，且非禮也。」

昭二十年

景王二十三年

劉獻公　單穆公

昭二十一年

景王二十四年

劉獻公　單穆公

春，王將鑄無射，泠州鳩曰：「王其以心疾死乎！鐘，音之器也。小者不窕，大者不槬，則和于物，和于聲，入于耳，而藏于心。今鐘槬矣，王心弗堪，其能久乎！」

昭二十二年

景王二十五年

單穆公　劉文公

劉獻公之庶子伯蚠事單穆公。夏，劉子摯卒，單子立劉蚠。四月乙丑，王崩。六月丁巳，葬。子朝作亂，劉子、單子以王猛居于皇。冬十月丁巳，晉籍談、荀躒帥師納王猛于王城。十一月乙酉，王子猛卒。己丑，敬王

昭二十三年

敬王元年

單穆公　劉文公

正月壬寅，晉人圍郊，討子朝。郊、鄩潰。王使告閒，晉人還。六月，子朝之黨復熾，劉、單俱爲所敗。秋七月，以王居于狄泉，子朝入于王城，尹氏立王子朝。八月丁酉，南宮極以地震死。萇弘謂劉文公曰：「天棄之矣，東

昭二十四年

敬王二年

單穆公　劉文公

三月庚戌，晉侯使士景伯涖問周故，立于乾祭，而問于介衆。乃辭王子朝，不納其使。六月，晉人徵會于諸侯，期以明年。冬十月癸酉，王子朝用成周之寶珪于河。甲戌，津人得諸河上。

	昭二十五年 敬王三年 單穆公　劉文公 夏，諸侯會于黄父，晉趙簡子令諸侯之大夫輸王粟，具戍人，曰：「明年將納王。」去年六月，晉人徵會于諸侯，期以明年。及會矣，又云明年將納王。王室有倒懸之急，而晉怠緩如此，由政在范、趙，莫肯致力故也。
	昭二十六年 敬王四年 單穆公　劉文公 四月，單子如晉告急。劉師爲王城人所敗。七月己巳，以王出。王次于滑。晉知躒、趙鞅納王，使女寬守闕塞。冬十月丙申，王起師于滑。十一月辛酉，晉師克鞏，子朝之黨召伯盈反逐子朝。王子朝及召氏之族、毛
卽位。	昭二十七年 敬王五年 單穆公　劉文公 秋，諸侯會于扈，令戍周。十二月，晉籍秦致諸侯之戍于周，魯人辭以難。
王必大克。」案：單穆公名旗，劉文公名狄，卽劉蚠。子朝告諸侯，所謂單旗、劉狄剥亂天下者也。	昭二十八年 敬王六年 單穆公　劉文公
	昭二十九年 敬王七年 單穆公　劉文公 三月己卯，殺召伯盈、尹氏固及原伯魯之子。尹固之復也，有婦人遇之郊，尤之，曰：「處則勸人爲禍，行則數日而反，是夫也，其過三歲乎？」杜註：「尹氏以二十六年與子朝俱奔楚而道還。」至此爲三歲。案：天王殺其弟佞夫

昭三十年 敬王八年 單穆公　劉文公	是年九月，魯季孫意如出其君，孫于陽州。冬十月壬申，尹文公涉于鞏，焚東訾，弗克。
昭三十一年 敬王九年 單穆公　劉文公	伯得、尹氏固奉周之典籍以奔楚。召伯及劉子、單子盟，王入于成周。 案：子朝之亂凡五年，而後出奔。
昭三十二年 敬王十年 單穆公　劉文公 秋八月，王使富辛與石張如晉，請城成周。范獻子謂魏獻子曰：	
定元年 敬王十一年 單穆公　劉文公 會城成周，宋仲幾不受功，曰：「滕、薛、郳，吾役也。」與薛宰争	
定二年 敬王十二年 單穆公　劉文公 鞏簡公棄其子弟而好用遠人。夏四月辛酉，鞏氏之羣子弟賊	則書。此不書者，以是爲刑當其罪，常事而不書也。然召伯盈以反正爲功，尹氏固以中途而返，俱在輦轂之下，故得就誅戮。若毛伯得從子朝在楚，不能令楚誅之，猶有佚罰，非柔不茹、剛不吐之義矣。夏五月庚寅，王子趙車入于鄻以叛，陰不佞敗之。

「與其成周，不如城之。」冬十一月，晉合諸侯之大夫于狄泉，令城成周。案：是年，王請城成周，曰：「爲伯父憂，不遑啓處，于今十年，勤戍五年。」注云：「謂自二十三年二師圍郊，至此年爲十年。二十八年籍秦致戍，至此爲五年。」正義曰：「致戍在二十七年十二月，而杜云二十八年者，以十二月垂盡，去在此時，至周當以明年，故云五年也。」湛氏若水曰：「書城成

言。晉士彌牟曰：「子姑受功，歸，吾視諸故府。」仲幾曰：「縱子忘之，山川鬼神其忘諸乎？」士伯怒，曰：「薛徵于人，宋徵于鬼，宋罪大矣，必以仲幾爲戮。」乃執仲幾以歸。三月，歸諸京師。城三旬而畢，乃歸諸侯之戍。案：子朝出奔後，又八年而後城成周，王室于是乎定。

簡公。

定三年 敬王十三年 劉文公	
定四年 敬王十四年 劉文公 三月，劉子會十八國之諸侯于召陵，侵楚。五月，盟于皋鼬。將長蔡于衞，衞侯使祝佗私于萇弘云云，萇弘告劉子，與范獻子謀之，乃長衞侯。 秋七月，劉卷卒。爲赴于諸侯，如同盟諸	
定五年 敬王十五年 單武公　劉桓公 春，殺子朝于楚。 杜註：「因楚亂也。」 經不書，以是爲刑當其罪而不書也，與鄭殺世子華同義。	周，著尊王之心猶未忘也。」 高氏攀龍曰：「敬王既入成周，卽于此定都，不復返王城，遠惡黨也。成周既城後，遂謂之京師。」
定六年 敬王十六年 單武公　劉桓公 夏四月，儋翩率王子朝之徒因鄭人將以作亂，鄭于是乎伐馮、滑、胥靡、負黍、狐人、闕外。 六月，晉閻没戍周，且城胥靡。 冬十二月，王處于姑蕕，辟儋翩之亂也。	
定七年 敬王十七年 單武公　劉桓公 春二月，儋翩入于儀栗以叛。 夏四月，單武公、劉桓公敗尹氏于窮谷。 杜註：「時尹氏復黨儋翩共爲亂，武公是穆公子，桓公是文公子。」 冬十一月戊午，單子、	

侯來會葬。註：「劉卷卽劉蚠。奉命出盟召陵，死則天子爲告同盟，故不具爵。」

劉子逆王于慶氏。晉籍秦送王。己巳，王入于王城，館于公族黨氏，而後朝于莊宮。

定八年
敬王十八年
單武公　劉桓公
二月己丑，單子伐穀城，劉子伐儀栗。辛卯，單子伐簡城，劉子伐盂，以定王室。秋，晉士鞅會成桓公侵鄭，圍蟲牢，報伊闕也。

定九年
敬王十九年
單武公　劉桓公

定十年
敬王二十年
單武公　劉桓公

定十一年
敬王二十一年
單武公　劉桓公

定十二年
敬王二十二年
單武公　劉桓公

定十三年
敬王二十三年
單武公　劉桓公

定十四年
敬王二十四年
單武公　劉桓公

定十五年
敬王二十五年
單武公　劉桓公

哀元年
敬王二十六年
單武公　萇弘

哀二年
敬王二十七年
單武公　萇弘

晉逐范、中行氏。析成鮒、小王桃甲率狄師以襲晉，戰于絳中，不克而還。士鮒來奔。

秋，使石尚歸脤于魯。

哀三年

敬王二十八年

單武公　劉桓公

劉氏、范氏世爲婚姻，萇弘事劉文公，故周與范氏。趙鞅以爲討。六月癸卯，殺萇弘。正義曰：「此時文公已卒，萇弘知政。以己先事劉子，劉氏又與范氏親，至己握國權，遂與范氏，故殺

哀四年

敬王二十九年

單平公

哀五年

敬王三十年

單平公

哀六年

敬王三十一年

單平公

哀七年

敬王三十二年

單平公

之，以說于晉。」案：天王攖列國陪臣之怒，至不能保其政卿，王室之聲靈盡矣。

哀八年 敬王三十三年 單平公

哀九年 敬王三十四年 單平公

哀十年 敬王三十五年 單平公

哀十一年 敬王三十六年 單平公

哀十二年 敬王三十七年 單平公

哀十三年 敬王三十八年 單平公

夏，單平公會晉定公、吳夫差、魯哀公于黃池。

趙氏匡曰：「據左氏有單平公，而不書于經者，緣吳、晉敵禮而會，如今賓主對舉酒，自然單子無坐位，是

哀十四年 敬王三十九年 單平公

哀十五年 敬王四十年 單平公

哀十六年 敬王四十一年 單平公

春，衛侯使鄢武子來告曰：「蒯聵得罪于君父君母，逋竄于晉。晉以王室之故，不棄兄弟，寘諸河上。天誘其衷，獲嗣守封焉，使下臣肸告執事。」王使單平公對，曰：「肸以嘉命來告余一人，

哀十七年 敬王四十二年 單平公

兩伯之義分明也。」

往謂叔父，余嘉乃成世，復爾祿次，敬之哉！方天之休。弗敬弗休，悔其可追？」

夏四月己丑，孔丘卒。

哀十八年

敬王四十三年

單平公

哀十九年

敬王四十四年

單平公

左傳：「叔青如京師，敬王崩故也。」據左氏，敬王崩在此年，是敬王以四十四年崩，當魯哀之十九年矣。世本與此同。而史記周本紀則云敬王四十二年崩，當在哀公十七年。十二諸侯年表又云敬王四十三年崩，徐廣曰：「歲

在甲子。」六國表起于元王之元年，是乙丑，則又爲魯哀之十八年。卽史記一書而兩說互異，與左氏共成三說，未詳孰是。

案：周自平、桓之世，鄭、虢分政。至敬王時，有單平公，中閒或兩人，或三人。見於左傳者，爭政凡四，共二十八人，或出師征伐，或與諸國會盟，事迹班班可考。只虢公自忌父、林父兩人以名見以後，止稱虢公，或稱虢仲，或稱虢叔，至僖五年晉滅虢而止。或父子相繼，其名字不可得見。其奔京師者爲虢公醜云。

春秋魯政下逮表卷二十一

錫山顧棟高復初　輯
金匱孫廷鉞振威　參

敍

從來國家之欲去權臣也，必俟其有可指之罪，一朝卒然而去之。無使一擊不勝，至於再擊，則彼之聲勢益張，蟠附益固，而吾之國威亦頓挫。又必所與謀者，皆正直無私，國人素所傾服之臣。是故必如舜而後可殛四凶，必如周公而後可誅管、蔡。愚觀昭公乾侯之事，而知三家之所以蔓延不可制者，非獨三家之罪，亦魯之羣公有以自取之也。何則？國家之患，莫大乎世卿。然相沿已久，不可驟革。季子有大功，而執政爲卿，宜也。叔牙以就鍼巫之酖，而業許爲立後。至如慶父胡爲者，通國母，弑二君，負滔天之惡，此斷斷宜絶其屬籍矣，而亦爲立後。逮其子敖，棄君命，從己氏，罪尤必誅不赦，而其二子儼然爲貴卿。從此三家遂如鼎足不可去一，父子再負重罪而寵榮不衰。此時魯之威柄已倒地，此根本之失，首宜歎息痛恨者也。至當日魯之欲去三桓非一世矣，患在發之太早，謀之太疏。一發于歸父，宣十八年。再發于僑如，成十六年。三發于南蒯，昭十二年。至平子登臺之請而凡四矣。每一發不勝，則三家之聲望益隆，國人之屬望益切。此非欲去之，直爲三家立赤幟，助之翼而飛也。請得而言之，季友有定國之功，而其子無佚早死，孫行父于文之六年纔受室爲卿，此時年少位卑，惟仲遂之言是聽，未有可指之罪也。若追論弑子赤之事，則宜先誅仲遂而後及行父。今歸父以逆賊之子，而欲圖行父忠賢之後，且當時行父與蔑俱有賢聲，國人豈能服乎？國人不服，必不能去，不去而君臣之閒必不相安，此魯之失計一也。嗣後行父稍稍肆志矣，鞌之戰，一怒而興舉國之師，役滿朝之將，功成志得，立廟銘鐘。然終成公之世，與仲孫蔑共政，小心畏慎，俱爲賢卿，聲望猶出僑如遠甚。一旦僑如通於穆姜，欲藉晉力以去季、孟，并欲廢公，此時公視季、孟如唐之五王，而視僑如與其母乃韋后與三思爾，非特國人與之，并公亦且委心聽任，如同舟之遇風，此魯之失計二也。嗣後行父悟威權之不可去手，幽君母，刺公子偃，然皆藉君意以行之。至其子宿乃遂攘奪國政，適值襄公幼弱，父喪未期，卽首城賜邑，視叔、孟二卿蔑如也。行父卒後，次當及仲孫蔑，蔑之後當及叔孫豹，此二子皆賢大夫也。魯之舊例，執政以次更代，俟其人已卒，然後遞掌國政。而宿之凶燄，二子皆畏之，慮其軋己，故宿請作中軍，而豹卽有政將及子之言，不欲與爭。既得國政，兵柄在手，入鄆以自益，城成邑，而偃然居叔孫之上，凡意如逐君之事，皆宿倡導之。至宿死而其子紇早卒，執政次及叔孫舍。舍爲政凡十八年，無能革意如之惡，且事事欲傾陷叔孫致之死。此時之罪狀，人人欲傳刃其腹中矣。然南蒯特不得志于季氏之徒，非能爲國除患，一旦造謀，智短慮淺，謀未及成，先懼弗克，叛而奔齊，身冒不韙，而欲除百年之積蠹，有是理哉！此魯之失計三也。當此國威三挫之後，魯人視公室真如死灰之不復然，而濡首富貴之徒，咸奔走季氏。昭公踵此而欲與季爲難，此如命遼、郤以攻曹瞞，其不爲刃出于背者幸爾。追維終始，此豈一朝一夕之故哉！逮季桓子遭陽虎之難，急用孔子，孔子爲政三年，三都隳其二，公私俱安，魯國大治，此所謂惟禮可以已之者也。陽虎謂孔子好從事而亟失時，蓋欲招孔子以共圖季氏。貨蓋如董卓、曹操之流，欲以蔡邕、荀彧擬孔子。易曰：「開國承家，小人勿用。」聖人繫易，豈不深切著明矣哉！輯春秋魯政下逮表第二十一。

春秋魯政下逮表

僖元年	季友 莒人以慶父故，求賂乎魯，魯人不與，爲是興師而伐魯。公子友敗諸酈，獲莒子之弟挐。公賜季友汶陽之田及費。 陳氏傅良曰：「魯之內難始定 李氏廉曰：「季之有費始此。」 王氏錫爵曰：「自此私門之强，遂蔓延數十世不可拔，何僖公慮
僖二年	季友
僖三年	季友 齊人爲陽穀之會，來尋盟。冬，公子友如齊涖盟。 汪氏克寬曰：「既稱涖盟，則魯君遣使出境之時已命之往盟，而非大夫之專盟矣。經書涖盟者四，惟此佐齊桓伐楚，有輔伯之善。」
僖四年	季友 冬十二月，公孫茲帥師會齊人、宋人、衛人、鄭人、許人、曹人侵陳。 陳氏傅良曰：「公子牙與弒子般，公子慶父親弒閔公，而其子皆世爲將，是故謹志之。公子友帥師敗莒師于酈，公孫茲帥師會侵陳，公孫敖帥師救徐，見三家所自始。」
僖五年	季友 公孫茲如牟娶焉。 孔氏穎達曰：「牟自桓十五年來朝以來，更不朝聘于魯，魯不應使卿聘此小國。當是叔孫聘妻已定，但卿非君命不能越境，故咨公請使奉君命以聘，因自爲逆婦，故傳明其因娶而聘。」 汪氏克寬曰：「不書逆者，不與其因聘禮而行私事也。季友私交

之不遠也。然則賞友之功宜何如？亦曰隆其爵秩而已。」

案：季友此舉，自是有功，後來意如逐君，猶韓魏公之有侃冑，豈可以侃冑之故而追貶魏公哉！卽賞功之邑，亦是常事。當年管、晏所受，豈必不大于費。而忠者自忠，奸者自奸。魯之病患在世卿使專執政耳。趙氏與權謂季友竊難之名，遂攘魯國之權，而專主其師。敗莒有功，季氏專制始兆。太刻論矣。此如白日見鬼，遂覺無人之非鬼也。

則書其事，公孫兹、季孫行父、公孫敖、公孫嬰齊、叔孫婼因聘與盟而逆則不書，皆所以謹私交也。」

趙氏鵬飛曰：「前年伐陳已專兵矣，今又如牟，其專日甚。仲孫、叔孫之僭基于此。」

僖六年	季友
僖七年	季友　秋七月，公子友如齊。汪氏克寬曰：「甯母，而又使季友脩聘，所以勤伯國之好也。十三年夏，會鹹。冬，季友復聘，與此同。」
僖八年	季友
僖九年	季友
僖十年	季友
僖十一年	季友
僖十二年	季友
僖十三年	季友　冬，公子友如齊。張氏洽曰：「陽穀、甯母及鹹之會，其後友皆如齊。蓋伐楚、服鄭、城緣陵之事，魯皆同之，足以見友專魯政也。」
僖十四年	季友
僖十五年	季友　三月，盟于牡丘。公孫敖帥師及諸侯之大夫救徐。汪氏克寬曰：「桓公倡伯四十餘年，未嘗命大夫爲主將，大夫主將始此。然春秋書法，必書諸侯以統之，

與四年公孫茲帥師及諸侯之師侵陳、襄三年叔孫豹及諸侯之大夫及陳袁僑盟同。蓋當時諸侯雖以其權畀之大夫，而春秋之法，必欲其權繫于諸侯也。」

僖十六年

季友

三月壬申，公子季友卒。

胡傳：「魯卿有生而賜氏者，季友、仲遂是也。經于其卒各以氏書，志變法亂紀之端，貽權臣竊命之禍，其垂戒遠矣。」

彙纂曰：「季友討逆定

僖十七年

公子遂

夏，滅項。

程氏端學曰：「先書滅項，後書公至自會，則大夫擅國政、握兵權可知。」

僖十八年

公子遂

僖十九年

公子遂

僖二十年

公子遂

亂，功在公室。經書公子而名字雙舉者，公、穀以爲賢之，是也。胡傳以爲生而賜族，其說亦正。但與仲遂並譏，非其倫。」秋七月甲子，公孫茲卒。

僖二十一年

公子遂

僖二十二年

公子遂

僖二十三年

公子遂

僖二十四年

公子遂

僖二十五年

公子遂

僖二十六年

公子遂

夏，東門襄仲、臧文仲如楚乞師，臧孫見子玉而道之伐齊、宋。冬，公以楚師伐齊，取穀。李氏廉曰：「是年展喜

僖二十七年

公子遂

秋八月乙巳，公子遂帥師入杞。趙氏鵬飛曰：「僖公自季友卒而用公子遂，數年之間，內不自脩，而結怨四鄰，伐齊入

僖二十八年

公子遂

秋，公子遂如齊。許氏翰曰：「齊自孝公立，與魯好絕，比相侵伐。昭公復與公同踐土之盟，故公遣大夫聘之。」

僖二十九年

公子遂

秋，大雨雹。胡傳：「雹者，戾氣，陰脅陽，臣專君之象。時僖公即位日久，公子遂專權，政在大夫，萌于此矣。」

僖三十年

公子遂

冬，公子遂如京師，遂如晉。李氏廉曰：「晉未聘魯而魯往聘，周先聘魯而魯苟答聘，是尊王之禮不如事伯之謹

犒師，受命于柳下惠，而公子遂如楚，則臧文仲爲之介。夫人臣謀國，有賢人而不用，乃遠乞師于强楚，揖盜賊以困姻鄰。春秋特書如楚乞師，蓋深罪爲國之無謀也。」

杞，與前善惡判矣。」是年，晉文公圖伯。

張氏洽曰：「杞伯姬來，而入杞之怨釋。公子遂如齊，而取穀之憾解。伯權之立如此。」

案：前日如楚乞師伐齊者，公子遂也。今如齊脩好者，復公子遂。三年之中，倏仇倏合，謀國無術，而依人爲强弱，使無晉文之興，魯之爲魯可知矣。

也。」

僖三十一年

公子遂

春，公子遂如晉拜曹田。

僖三十二年

公子遂

是年冬，晉文公卒。

僖三十三年

公子遂

公伐邾，取訾婁，以報升陘之役。邾人不設備。秋，襄仲復伐邾。張氏洽曰：「升陘之役

文元年

公子遂

夏四月，叔孫得臣如京師，拜錫命。秋，公孫敖會晉侯于戚，疆戚田。

文二年

公子遂

夏六月，公孫敖會宋公、陳侯、鄭伯、晉士縠盟于垂隴。杜氏諤曰：「譏政在于

十歲矣，僖公以晉文方伯，而未敢興報怨之師。今晉文方沒，秦、狄內訌，故君臣閒有事而交伐邾以取利，直書而罪自見矣。」

冬十月，公孫敖如齊聘，告即位。趙氏鵬飛曰：「三家之子孫雖自僖公始，而僖之世莫見其橫，蓋僖所不容也。及文公之初，則已專盟會矣。孟氏自敖而專，叔孫氏自得臣、彭生而橫，季孫氏自行父而侈。」呂氏大圭曰：「春秋之初，蓋有以大夫而會諸侯者矣，未有若公孫敖之專會也。」愚案：敖以秋冬二時會晉，復聘齊，交于大國。魯政下逮，蓋不始于季，而早在叔、孟二家矣。

大夫也。桓、文之伯，或盟王人，或致天子，是天子受制于諸侯也。春秋不與之，故書王人以先諸侯。晉襄紹伯，致諸侯而大夫會之，是諸侯受制于大夫也。春秋亦不予之，故序諸侯以先士縠。」吳氏澂曰：「晉以士縠主盟，魯以公孫敖伉三國之君，皆非禮也。桓、文殁，大夫擅專諸侯之會盟，自公孫敖、士縠始。」冬，公子遂如齊納幣。

文三年	文四年	文五年	文六年	文七年
公子遂 春王正月，叔孫得臣會諸侯之師伐沈，沈潰。 高氏閌曰：「文公三年之閒，遂、敖、得臣略見于經，則知魯政盡在諸臣矣。漢五行志：『文公時，大夫始專政。』信矣！」	公子遂	公子遂 夏，公孫敖如晉。	公子遂 夏，季文子聘于陳，且娶焉。 黃氏仲炎曰：「託君命以遂其私也。」 秋，季文子將聘于晉，使求遭喪之禮以行。其人曰：「焉用之？」文子曰：「備豫不虞，古之善教也。求而無之，實難。過求，何害？」八月乙亥，晉襄公卒。冬十月，襄仲往會葬。 案：是年行父始見于經，蓋此時方受室，始預卿班，上壓于仲遂，未及專國政也。故每	公子遂 穆伯娶于莒，曰戴己，其娣聲己。戴己卒，又聘于莒，莒人以聲己辭，則爲襄仲聘焉。冬，穆伯如莒涖盟，且爲仲逆。及鄢陵，登城見之，美，自爲娶之。仲請攻之，叔仲惠伯勸公止之，使公孫敖反莒女，復爲兄弟如初。

文八年	仲遂 前年秋八月，晉侯立，趙盾會諸侯盟于扈，公後至，晉人以爲討。冬，襄仲會晉趙盾盟于衡雍，報扈之盟也。遂會伊雒之戎于暴。張氏洽曰：「文公怠緩，悉以國事付之公子遂，此敬嬴所以得窺伺閒隙，胚胎殺適	
文九年	仲遂 三月，楚子師于狼淵以伐鄭。公子遂會晉趙盾、宋華耦、衛孔達、許大夫救鄭。案：是時晉靈年少，趙盾專政，而魯文怠于政事，仲遂執國柄已二十七年，彼此俱有無君之心。故衡雍之盟，救鄭之舉，兩人必	
文十年	仲遂	
文十一年	仲遂 夏，叔仲彭生會晉郤缺于承筐，謀諸侯之從楚者。王氏葆曰：「此會未爲非義，然大夫交爲會禮，以謀國事，諸侯之政，大夫擅之矣。」秋，襄仲聘于宋，因賀楚師之不害。冬十月甲午，叔孫得	事俱謹慎過防，當時亦稱之。其一歲再出聘，蓋魯之習例如此，公孫敖已先見矣。黃氏正憲謂其專執國政，阿結彊援，私交樹黨，似嫌責之太早。
文十二年	仲遂 冬十二月，季孫行父帥師城諸及鄆。黃氏震曰：「二邑近費，而介于莒。他年宿伐莒，取鄆，叔弓彊其田，費于是始大。此行父自爲封殖之計也。」案：行父自六年以後始復見經，此時已漸	

立庶之禍。」

汪氏克寬曰：「此時仲遂已有無君之心，而晉討盟扈，趙盾必要仲遂歃血而後信，疑其君而信其臣，政柄全在大夫矣。三桓專魯，六卿分晉，豈一朝一夕之故哉！」

李氏廉曰：「公子遂會晉趙盾盟衡雍，季孫行父及晉郤犨盟于扈，皆權臣專行之事，而此爲造端。」

穆伯如周弔喪，不至，以幣奔莒，從己氏。

黃氏仲炎曰：「觀遂之專，敖之恣，文公之不能制其臣可知矣。」

相要結。蓋將養成羽翼，以爲篡弒之謀也。而二君亦偃然聽之，是以晉有桃園之刃，而魯成儲嗣之禍。季孫行父自六年如晉以後從未見經，則其不秉國政可知。論者于此時必欲舍遂而責行父，此因其子孫而厚責其祖父耳，非擒賊擒王手也。

九月癸酉，地震。

何氏休曰：「是時魯文公制于公子遂，齊、晉失道，星孛之萌自此而作。」

臣敗狄于鹹，獲長狄僑如。

有營私之意矣。

文十三年 仲遂	文十四年 仲遂 春，邾人伐我南鄙，叔仲彭生帥師伐邾。九月甲申，公孫敖卒于齊。	文十五年 仲遂 春，季孫行父如晉。蘇氏轍曰：「爲單伯與子叔姬故，將因晉以請齊也。」夏，齊人歸公孫敖之喪。汪氏克寬曰：「著三桓漸强之由，雖有罪而獲赦也。」齊侵我西鄙，季孫行父告于晉。一歲再如晉，皆爲齊故。	文十六年 仲遂 春，季孫行父會齊侯于陽穀，齊侯弗及盟。公使襄仲納賂于齊侯。六月戊辰，公子遂及齊侯盟于郪丘。	文十七年 仲遂 冬，公子遂如齊拜穀盟。
文十八年 仲遂 春王二月丁丑，公薨。敬嬴生宣公，嬖而私事襄仲，襄仲欲立之，	宣元年 仲遂 春王正月，公子遂如齊逆女。三月，遂以夫人婦姜至自齊。	宣二年 仲遂	宣三年 仲遂	宣四年 仲遂 春，公及齊侯平莒及郯，莒人不肯。公伐莒，取向。

叔仲不可。仲爲請于齊侯，齊侯新立，而欲親魯，許之。冬十月，殺惡及視，而立宣公，并殺叔仲彭生。

季孫行父如齊。

案：此時行父罪無所容于天地之間矣。然則魯政下逮，襄仲始之，而季孫特成之也。

汪氏克寬曰：「宣公之罪有大于喪娶者，故詳録之，以見其縱私欲而紊典禮，實欲結大援而逭天討也。」

夏，季文子如齊納賂以請會。會于平州，以定公位。公子遂如齊拜成。六月，齊人取濟西田，以立公故也。

宣五年

仲遂

春，公如齊，高固使齊侯止公，請叔姬焉。

秋九月，齊高固來逆叔姬。

案：公以求援大國之故，忍恥屈辱如此。

宣六年

仲遂

宣七年

仲遂

夏，公會齊侯伐萊。

案：四年，公偕齊侯平莒及郯，莒人不肯，公伐莒，取向，而齊無所得，故此年會齊伐萊以償之。萊去魯遠，

宣八年

仲遂

夏六月，公子遂如齊，至黄乃復。辛巳，仲遂卒于垂。

胡傳：「曷爲書字？生而賜氏，俾世其官也。」

宣九年

季孫行父

王使來徵聘。夏，孟獻子聘于周。王以爲有禮，厚賄之。

蓋彼此各圖取其近地以爲利。傳曰不與謀，言非公之本意也。襄六年，齊遂滅萊。冬，會于黑壤，晉人止公于會，公不與盟，以賂免。故黑壤之盟不書，諱之也。

案：宣公一意事齊而不事晉，故晉人止公。

案：仲遂自僖十六年季友卒即執國政，歷僖、文、宣三世，前後共三十八年，弒儲君，逐國母，窮凶極惡，較意如更甚，彼季氏其效尤者耳。

宣十年

季孫行父

夏四月，公如齊，奔齊惠公喪。六月，公孫歸父如齊，葬齊惠公。趙氏鵬飛曰：「歸父，仲遂之子也。父如齊，依惠公以定公位。子如齊，葬惠公以終

宣十一年

季孫行父

夏，公孫歸父會齊人伐莒。汪氏克寬曰：「伐邾、伐莒，皆以歸父將重兵。後此會齊侯、會楚子，皆歸父特會國君，以見宣公之德仲

宣十二年

季孫行父

宣十三年

季孫行父

宣十四年

季孫行父

冬，公孫歸父會齊侯于穀。王氏葆曰：「宣公以私恩任用歸父，此年會齊侯，明年會楚子，見公與之深也。諸侯失政自宣公始，大夫專

父志。父子争國之權，相濟爲姦，以固其寵。」秋，歸父帥師伐邾，取繹。季文子初聘于齊，賀即位。冬，歸父如齊，謝伐邾。齊侯使國佐來報聘。高氏閱曰：「以伐邾故，恐齊人以爲討，故明年遂與齊偕伐莒以求媚。」	**宣十五年** 季孫行父 春，公孫歸父會楚子于宋。卓氏爾康曰：「魯西南與宋爲界，楚人圍宋，則勢將及魯。是時行
遂而寵其子，使專權于魯也。至笙之逐，肇端于此歟？」	**宣十六年** 季孫行父
	宣十七年 季孫行父 夏，會于斷道。
	宣十八年 季孫行父 歸父以襄仲之立公也，有寵，欲去三桓，以張公室。與公謀，而聘于晉，欲以晉人去之。冬，公薨。季
政自歸父始。」	**成元年** 季孫行父 夏，臧孫許及晉侯盟于赤棘。胡傳：「初，宣公謀以晉人去三桓，歸父爲是見逐而奔齊矣。今

父當國，欲使歸父會楚以謀其不免。但魯素服于齊，恐未得楚庇，先受齊患。故預遣歸父會齊侯于穀，一以覲齊圖楚之志，一以盡已事齊之禮。冬會齊侯，而明春即會楚子，魯之爲魯亦可哀矣。」

秋，仲孫蔑會齊高固于無婁。

胡傳：「諸侯非王事而自相會，政不自天子出矣。更以大夫與大夫會，政并不自諸侯出矣。田氏簒齊，三家專魯，有由然也。」

文子言于朝曰：「使我殺適立庶以失大援者，仲也夫！」臧宣叔怒曰：「當其時不能治也，後之人何罪？子欲去之，許請去之。」遂逐東門氏。歸父還自晉，至笙，遂奔齊。

案：此事三傳及諸儒皆善歸父。以余觀之，歸父亦不能無罪。蓋不量力，不度勢，輕以其君爲孤注，而與巨室爲難，鮮有不禍及公室者。幸而公薨，而歸父身見逐爾。萬一宣公在，而果欲贊成此舉，彼歸父以亂賊之子，而行父爲季友忠賢之後，

季孫當國，恨齊人之立宣公，納歸父，又懼晉人之或見討，故往結此盟。」

案：自是臧與季爲一家，惟季之命是聽矣。厥後其子武仲逢迎季氏之私意，反至見逐。天道不爽，信哉！

且與蔑俱有賢聲，國人與之久矣，其能去乎！不去，而君臣之間必不相安。即使行父與蔑俱畏名義，不至爲意如之悖逆，而歸父柄政十年，其行事概可見矣。擅兵權，專盟會。果若去之，是去一三桓，增一三桓也，庸知愈乎！彙纂亦同。胡氏以爲善之，似屬皮相。又案：臧、季俱係舊臣，而歸父以少年新進，席父之寵，橫被寵任，二家側目久矣。當季文子揚言于朝，臧必先與約結，佯怒季孫以示公道，而隨即曰：「許

成二年	季孫行父 六月癸酉，季孫行父、臧孫許、叔孫僑如、公孫嬰齊帥師會晉、衞、曹之大夫及齊侯戰于鞌，齊師敗績。陳氏傅良曰：「凡帥非卿不書，雖卿也，非元帥亦不書。書魯四卿，是各自帥也。自	
成三年	季孫行父 秋，叔孫僑如圍棘，取汶陽之田。棘不服，故圍之。胡傳：「復故地，而民不聽，至于命上將，用大師，環其邑而攻之，何也？魯于是時初稅畝，作丘甲，稅役日益重，所以雖復歸故國，	
成四年	季孫行父 夏四月甲寅，臧孫許卒。案：臧氏從未嘗執魯權，世爲季氏之奴隸。追許卒而紇嗣，以媚季而反見逐于季，倚伏之理，可不懼哉！公如晉，晉侯見公不敬。秋，公欲求成于	
成五年	季孫行父 夏，晉荀首如齊逆女，故宣伯餫諸穀。鄭氏玉曰：「穀，齊地。他國大夫，非過吾境，而使大夫會之，非禮也。若僑如私會，則尤專恣之甚。」汪氏克寬曰：「自文十一年彭生會郤缺，宣	請去之。」其狡僞之情可見。不然，彼世爲司寇，豈不能正色力争。故公羊直以爲臧宣叔逐之者，或有所受之也。至成公與行父死君忘父，其罪又不待言矣。
成六年	季孫行父 二月辛巳，立武宮。高氏閌曰：「武公敖在宣王時南征北伐，佐宣王有功，而謚曰武。然于公爲十一世祖，毀之久矣。至此行父自多其功，出私意再爲立廟。聖人書之，以著季氏僭亂妄作之	

文季年而無使介，至是而無將佐，魯三家之勢成矣。」

方氏苞曰：「此大夫會伐以名見之始也。蓋魯卿各伐其功，故並書于策，而三國之大夫亦以名見矣。曹大夫終春秋皆稱人，而此獨以名見，則舊史承諸卿之私意，而非有典法明矣。孔子不革，何也？使革之，而魯舉元帥，曹止書人，則諸卿驕悖無君之迹，轉不可得而見矣。是時軍帥正佐皆卿，許，行父之佐也，嬰齊，僑如之佐也。蓋是時魯止二軍，故其

而不願爲之民也。」

楚，季文子不可，乃止。

十五年蔑會高固，自是大夫會大夫，率以爲常矣。」

冬，同盟于蟲牢。宋公辭會。

由。」

夏六月，公孫嬰齊如晉，受命伐宋。秋，仲孫蔑、叔孫僑如帥師侵宋，以其辭會故。

冬，季孫行父如晉，賀遷。

許氏翰曰：「蔑、僑如、嬰齊、行父有如必書。一歲之內，四人相望于春秋者，大夫張也。」

後三軍稱作。四卿並將，空國以出，非獨遑忿，以歸父在齊，而三桓同惡焉耳。」

案：季于是時恣意肆志矣。初爲卿時，猶壓于仲遂，遂死而已執政，而其子歸父專權，十年之間，歸父凡八見經。伐邾、伐莒，則歸父掌兵權。會齊、會楚，則歸父專盟會，而行父僅一如齊。至是仇讎已去，方悟威權之不可去手。適幸成公之懦弱，乃遂放意攬權，一怒而空舉國之師，役滿朝之將，功成志得，立廟銘鐘，四分公室之形實肇于此。

成七年	季孫行父	秋，同盟于馬陵，尋蟲牢之盟。
成八年	季孫行父	春，晉侯使韓穿來言汶陽之田，歸之于齊。宋華元來聘共姬。夏，使公孫壽來納幣。冬，衛人來媵。
成九年	季孫行父	爲歸汶陽之田故，諸侯貳于晉。晉人懼，春，會于蒲，以尋馬陵之盟。二月，伯姬歸于宋。夏，季文子如宋致女。
成十年	季孫行父	五月，齊人來媵。是年，晉景公卒。秋七月，公如晉。晉人止公，使送葬，諸侯莫在。魯人諱之，故不書。
成十一年	季孫行父	三月，公至自晉。晉人以公爲貳于楚，故止公。公請受盟，而後使歸。郤犨來聘，且涖盟。夏，季文子如晉報聘。秋，宣伯聘于齊，以脩前好。趙氏鵬飛曰：「魯前日以憾齊之故，不得不事晉。今魯與宋婚，而齊且來媵，已釋怨脩好。晉既以魯爲貳己而止公，九月郤犨來聘，又抗公而盟之，魯安能復忍辱事晉，故以僑如如齊通舊好

成十二年

季孫行父

夏，會于瑣澤。華元克合晉、楚之成故也。

成十三年

季孫行父

春，晉郤錡來乞師伐秦。三月，公如京師，及諸侯朝王，遂從劉康公、成肅公會晉侯伐秦。

成十四年

季孫行父

秋，宣伯如齊逆女。九月，僑如以夫人婦姜氏至自齊。

成十五年

季孫行父

三月乙巳，仲嬰齊卒。孫氏覺曰：「嬰齊，仲遂之子，而歸父之弟也。歸父奔齊，而仲遂之後遂絕。魯不欲絕仲遂之後，使嬰齊後之，故曰仲嬰齊也。」家氏鉉翁曰：「公羊謂仲嬰齊爲兄後，非也。弟無後兄之理，以後襄仲爾。」賀氏仲軾曰：「魯果欲爲歸父立後，曷不反歸父之子而立之，不必用親弟爲之後。互

也。」

成十六年

季孫行父

宣伯通于穆姜，欲去季、孟而取其室。鄢陵之戰，將行，姜送公，而使逐二子。公請反而聽命。姜怒，公子偃、公子鉏趨過，指之曰：「女不可，是皆君也。」公申宮，儆備，設守而後行，是以後。晉侯不見公。宣伯使告郤犨，請止行父而殺之，我斃蔑而事晉，蔑有二矣。晉人執行父于苕丘。公還，使聲伯請季孫于晉，欒、范亦爲之請，

見三傳異同表。」十一月，會吳鍾離。始通吳也。

乃赦季孫。僑如奔齊。季孫及郤犨盟于扈。歸，刺公子偃。家氏鉉翁曰：「季孫之執，僑如之奔，郤犨之盟，公子偃之刺，春秋備書之，爲魯國隱憂也。季孫之釋也，欒、范私之。行父外交有素，始與襄仲共謀弑君，陷叔仲惠伯于死。今自晉歸，逞執辱之憾，幽君母，殺公子，魯之政一出季氏矣。」

成十七年

季孫行父

夏，公會諸侯伐鄭。六月乙酉，同盟于柯陵。九月，晉侯使荀罃來

成十八年

季孫行父

二月，晉悼公立，復興霸。公如晉朝。夏，晉范宣子來聘，且拜

襄元年

季孫行父

正月，圍宋彭城。彭城降晉。夏，晉韓厥伐鄭，仲孫

襄二年

季孫行父

夏，齊姜薨，季文子取穆姜之美檟以葬。君子曰：「虧姑以成婦，

襄三年

季孫行父

公如晉，始朝也。夏，盟于長樗。孟獻子相，公稽首。

乞師。冬，復伐鄭，公孫嬰齊還至貍脤而卒。

襄四年

季孫行父

夏，叔孫豹如晉，報知武子之聘。秋，定姒薨。季孫議欲不殯于廟，無櫬，不虞。匠慶謂曰：「子爲

朝。八月己丑，公薨。冬，晉侯使士魴來乞師。十二月，會于虛朾，謀救宋。宋人辭諸侯而請師以圍彭城。

襄五年

季孫行父

夏，穆叔覲鄫太子于晉，以成屬鄫。孟獻子會吳于善道，且告會期。九月丙午，盟于戚，會吳，且

蔑會東諸侯之師次于鄫，以待晉師。冬，晉侯使荀罃來聘。

襄六年

仲孫蔑

秋，莒人滅鄫。冬，晉人以鄫故來討，曰：「何故亡鄫？」季武子如晉謝。趙氏鵬飛曰：「父喪未

罪莫大焉。」秋七月，會于戚，以謀鄭。孟獻子請城虎牢以偪鄭。穆叔聘于宋，通嗣君。冬，復會于戚，遂城虎牢。

襄七年

仲孫蔑

夏四月，城費。家氏鉉翁曰：「宿首城賜邑，將以抗君而專國。春秋書，以著犯上作亂之漸。」

六月己未，同盟于雞澤。陳侯使袁僑如會。戊寅，叔孫豹及諸侯之大夫及陳袁僑盟。孫氏覺曰：「雞澤諸侯已盟，袁僑後到，諸侯卑之，不與盟，使大夫盟之，而穀梁以爲大夫執國權。案經意乃是諸侯不與盟，故使大夫，大夫安得專權哉！」

襄八年

仲孫蔑

正月，公如晉朝，且聽朝聘之數。五月甲辰，會于邢丘，使諸侯之大夫聽命。季孫宿往會。

正卿，而小君之喪不成，君長，誰任其咎？」初，季孫爲己樹六檟于蒲圃東門之外，匠慶取以葬。

案：季文子喪定姒，議從其薄，蓋託于妾母不得同夫人之禮。此由君弱臣强，非薄儀制，非果欲復正也。然當日匠慶猶有「君長，誰任其咎」之言，取季孫之木以葬，季孫不敢止，則君之聲靈猶震，季氏猶有所忌憚。至定、哀之世，定姒不書夫人，不稱小君，則太阿倒置，君位如贅旒矣。先儒猶以爲正名，非也。

受命戍陳。穆叔以屬鄫爲不利，使鄫大夫聽命于會。冬，諸侯戍陳，楚子囊伐陳。十一月甲午，會于城棣以救之。季文子卒。

高氏閌曰：「自文子卒而魯始有城費、作三軍事，則知文子雖專而猶忠慎，僭亂未啟也。」

案：文子繼仲遂爲政凡三十四年，其爲人大抵賢奸參半，至其子宿嗣，則放手爲擅奪矣。

期而執使命，不顧失禮。是時襄公幼弱，宿自爲之。」

案：晉責魯以亡鄫，而不討莒滅鄫之罪，此不可解。

李氏廉曰：「自城費之後，南蒯、公山不狃相繼以費叛，非特魯不能制季，而季亦不能制其陪臣。定十二年，始用子路墮三都，不狃、叔孫輒帥費人襲魯，不克，奔齊，遂墮費。」

秋，季孫宿如衛。

季氏本曰：「時仲孫蔑執政，正務睦鄰，故多通使鄰國，宿非私行也。或意所欲往而因以植黨，則有之矣。」

冬，楚子囊圍陳，會於鄬以救陳。

杜註：「晉雖重煩諸侯，故使大夫聽命。」

案：此係晉悼謙以接諸侯，然自此政權逮于大夫，大夫張矣。

莒人伐我東鄙，以疆鄫田。

冬，晉范宣子來聘，告將用師于鄭。

冬，公如晉，聽貢賦之數。請屬鄫，不許。孟獻子固請，乃許之。十月，邾人、莒人伐鄫，臧紇救鄫，侵邾，敗于狐駘。

註：「鄫屬魯，故救之。」

襄九年

叔孫豹

夏，季孫宿如晉，報范宣子之聘。

穆姜薨于東宮。

冬十月，公會諸侯伐鄭，季武子從晉荀罃、士匄門于鄟門。十二月己亥，同盟于戲。公送晉侯，晉侯以公宴于河上，問公年。

襄十年

叔孫豹

春，公會諸侯會吳于柤。

夏四月，圍偪陽。孟氏之臣秦堇父輦重如役。

襄十一年

叔孫豹

季武子將作三軍，告叔孫穆子曰：「請爲三軍，各征其軍。」穆子曰：「政將及子，子必不能。」武子固請之。穆子曰：「然則盟諸？」乃盟諸僖閎，詛諸五父之衢。三分公室而各有其一，三子各毁

襄十二年

季孫宿

三月，莒人圍台。季武子救台，遂入鄆，取其鐘以爲公盤。何氏休曰：「時公微弱，故季孫宿遂取鄆而自益其邑。」案：自作三軍之後，季遂橫行無忌，取邑以自封殖，有銘功勒鼎

襄十三年

季孫宿

夏，邿亂，分爲三。〔一〕師救邿，遂取之。

曰：「十二年矣，可以冠，大夫盍爲冠具？」季武子以公還，及衞，冠于成公之廟。

其乘。季氏使其乘之人，以其役邑入者無征，不入者倍征。孟氏使半爲臣，若子若弟。叔孫氏使盡爲臣。案：傳「政將及子」之言，則此時當叔孫豹爲政，尚未及季孫也。但孟獻子以襄十九年卒，而叔孫爲政者，意當日獻子已告老，不與國事，不然，作三軍何不請于孟獻子，而特請于叔孫穆子乎？明年，季孫遂爲政，而擅兵入鄆矣。

之事矣。

襄十四年

季孫宿

正月，諸侯之大夫會

襄十五年

季孫宿

夏，齊侯圍成，季孫

襄十六年

季孫宿

晉人爲溴梁之會，諸

襄十七年

季孫宿

是歲，齊再伐我北鄙。

襄十八年

季孫宿

諸侯同圍齊。孟莊子

吳于向。子叔齊子爲季武子介以會。自是晉人輕魯幣而益敬其使。 汪氏克寬曰：「魯以二卿會晉，晉列一卿于會，晉、魯俱失禮矣。」 夏四月，叔孫豹從晉伐秦。 冬，會于戚，謀定衛。季武子往會。	宿、叔孫豹帥師城成郛。 高氏閌曰：「此孟孫之邑，而叔、季帥師以城之者，見三家相黨，以備齊爲名，而興役之衆。故其城堅固可守，卒爲魯患，而不可墮也。」 案：是時孟獻子尚在，而城成之役反不與者，意當告老不任事。又獻子賢，不肯城其私邑，而叔、季强城之也。季若不城成，則無以解于己之城費。此殆欲孟、叔兩家代爲分謗耳。 秋，齊伐我南鄙，使告于晉，晉將爲會以討	侯皆在晉。 夏，晉人歸諸侯。穆叔從公。齊子帥師會伐許。 晉人以我故，執莒子、邾子以歸。 秋，齊侯圍郕，孟孺子速徼之。齊侯曰：「是好勇，去之以爲之名。」乃還。 案：速是孟獻子之子，此時已在行，則獻子告老久矣。 冬，穆叔如晉聘，且言齊故。	冬，邾人伐我南鄙，爲齊故也。	斬其楠以爲公琴。

郲、莒。冬，晉悼公卒。

襄十九年

季孫宿

春，晉人取邾田，自漷水歸之于我。

季武子如晉拜師。

夏，季武子以所得于齊之兵作林鐘而銘魯功焉。臧武仲謂季孫曰：「非禮也。」

案：行父當仲遂世未嘗執政，卽遂死而其子歸父專權，宣公特以上卿之名尊季，而征伐會盟大柄悉歸父操之，季固未嘗與競也。迨行父卒，次當及蔑。宿不顧父喪未

襄二十年

季孫宿

春，及莒平。孟莊子會莒人盟于向，督揚之盟故也。

秋，孟莊子伐邾。

案：邾、莒前俱伐魯，督揚之盟，邾、莒皆與，乃盟莒而伐邾，非柔不茹、剛不吐之義矣。

叔老如齊。

冬十月，季孫宿如宋。

李氏廉曰：「魯之報齊、邾已甚，故聘齊以解讎，聘宋以求援耳。」

襄二十一年

季孫宿

春，公如晉，拜師及取邾田。

邾庶其以漆、閭丘來奔，季武子以公姑姊妻之。

陳氏傅良曰：「是時公猶在晉，季孫宿納之也。」

襄二十二年

季孫宿

襄二十三年

季孫宿

夏，邾畀我來奔。

家氏鉉翁曰：「魯受庶其二邑，復納其黨，季孫之罪大矣。」

八月，叔孫豹帥師救晉，次于雍榆。

己卯，仲孫速卒。

冬十月，臧孫紇出奔邾。

家氏鉉翁曰：「季宿自亂己之嫡庶，復亂人之嫡庶，又蔽罪臧紇而逐之。紇固有罪，宿之恣睢不度亦甚矣。」

期，卽執使命，明年首城賜邑，孟孫執政無如之何。次及叔孫穆子，復以作三軍固請。穆子知其不能久爲人下，故有「政將及子」之言。既得政柄，肆無忌憚，入鄆以自益，會吳而使次卿爲介，城成而偃然居叔孫之上，視其父初年竟大相反。何也？仲遂權奸過于行父，故有所畏而不敢動，至蔑與豹，則束躬自好，有退讓避之爾。從來小人能制小人，以君子與小人角，是大路與柴車爭遂也，自古然矣。八月丙辰，仲孫蔑卒。

冬，叔孫豹會晉士匄于柯。杜氏謂曰：「時政在大夫，故專相爲會。」

襄二十四年

季孫宿

春，叔孫豹如晉，賀克欒氏。仲孫羯帥師侵齊，晉故也。高氏閌曰：「羯代速爲卿，未練而帥師，亦無復三年之喪。」冬，叔孫豹如京師，賀城郟。王嘉其有禮，賜之大路。

襄二十五年

季孫宿

春，齊崔杼伐我北鄙。孟公綽曰：「崔子將有大志，不在病我。」夏五月，崔杼弒莊公。諸侯會于夷儀，伐齊。齊人以莊公說。秋七月己巳，同盟于重丘。

襄二十六年

季孫宿

夏，晉侯使荀吳來聘。爲孫氏故，召公，爲澶淵之會。六月，會于澶淵，以討衛，疆戚田。

襄二十七年

季孫宿

宋向戌欲弭諸侯之兵以爲名，告于諸侯，皆爲會于宋。秋七月辛巳，盟于宋西門之外，晉、楚之從交相見。季武子使謂叔孫以公命曰：「視邾、滕。」既而齊人請邾，宋人請滕，皆不與盟。叔孫曰：「邾、滕，人之私也，何故視之？宋、衛，吾匹也。」乃盟。正義曰：「是時季氏專

襄二十八年

季孫宿

秋，孟孝伯如晉，告將爲宋之盟故如楚。十一月，公及宋公、陳侯、鄭伯、許男如楚。及漢，楚康王卒。公欲反，從叔仲帶言，遂行如楚。

襄二十九年	季孫宿 春王正月，公在楚，楚人使公親襚。夏四月，葬楚康王，止諸侯送葬，至于西門之外，諸侯之大夫皆至墓。公還，及方城。季武子取卞，使公冶問，璽書追而與之，曰：「聞守卞者將叛，臣帥師徒以討之，既得之矣。敢告。」公冶致使而退，及舍，而後	
襄三十年	季孫宿 五月甲午，宋災。宋伯姬卒。秋七月，叔弓如宋，葬宋共姬。正義曰：「愍伯姬以災而死，故使卿共葬事，禮從厚。」冬十月，會于澶淵，歸宋財。	
襄三十一年	季孫宿 六月辛巳，公薨于楚宮。立胡女敬歸之子子野，次于季氏。秋九月癸巳，卒，毁也。立齊歸之子公子裯。穆叔不欲，武子不聽，卒立之。于是昭公生十九年矣，猶有童心，君子是以知其不能終也。案：子野卒，三傳皆以爲毁，獨近日望溪方	
昭元年	季孫宿 正月，叔孫豹會諸侯之大夫于虢，以從宋之盟。三月，季武子伐莒，取鄆。莒人告于會。楚告于晉曰：「魯瀆齊盟，請戮其使。」樂桓子欲求貨于叔孫，而爲之請。弗與，曰：「我以貨免，魯必受師，是禍之也。雖怨季孫，魯國何罪？」趙	魯國之利害，慮兩事晉、楚，貢賦必重，故欲比視小國。恐叔孫彊直不從其言，故假公命以敦之。」
昭二年	季孫宿 晉少姜卒，公如晉，及河，晉侯使來辭，曰：「非伉儷也，請君無辱。」公還。季孫宿致襚服焉。方氏苞曰：「襄公末年如楚歸，懼季氏之逼，幾不敢入，君臣瑕釁已開。子又離喪次而暴卒于季氏之家，雖其事甚秘，邦人鄰國必有疑焉。季氏利昭	

聞取卞。公欲無入，榮成伯賦式微，乃歸。邵氏寶曰：「季氏之勢盛矣，襄公之不敢歸，畏武子也。況昭公之于平子乎！」 六月，晉知悼子合諸侯之大夫城杞，孟孝伯往會。 案：楚之彊橫如此，而晉平合天下之力以恤其母家，晏然不復以諸侯爲事，皆向戍弭兵之説誤之也。	昭三年 季孫宿 冬，大雨雹。
	昭四年 季孫宿 正月，大雨雹。
氏以爲爲季孫所弑，與子般卒、子赤卒一例。愚嘗因其意著爲論。 己亥，仲孫羯卒。	昭五年 季孫宿 正月，舍中軍，卑公室
孟聞之，爲固請諸楚，楚人許之，乃免叔孫。	昭六年 季孫宿 夏，季孫宿如晉。
公之暗懦而立之，未必非懼討也。然其生十九年矣，安知其如晉不相訢，故逆阻之，晉人辭公而納季孫，情事顯然矣。左氏所傳，晉之飾言也。養季氏之奸無以爲辭，而託于少姜之非嫡也。魯君初立，而朝伯主，自是故事，傳亦未載，公如晉弔，胡乃以少姜爲辭哉！穀梁子曰：『公如晉而不得入，季孫如晉而得入，惡季孫也。』得其實矣。」	昭七年 季孫宿 三月，叔孫舍如齊涖

黄氏仲炎曰：「季氏專國，有無君之心，干犯陰陽，故冬春連大雨雹。時魯人申豐區區，以不藏冰爲咎，可謂矯誣上天矣！豈非黨附季孫，故曲爲之解，使其君莫之疑歟。」

冬十二月乙卯，叔孫豹卒。

許氏翰曰：「豹卒而毁中軍，則公若寄矣。以是知豹之有力于公室也。」

也。毁中軍于施氏。初作中軍，三分公室，而各有其一。季氏盡征之，叔孫氏臣其子弟，孟氏取其半焉。及其舍之也，四分公室，季氏擇二，二子各一，皆盡征之，而貢于公。

汪氏克寬曰：「襄二十九年，享范獻子，公臣不能具三耦，則公室已無民矣。今季孫復以國民四分之，而已取其半，非獨欲弱公室，亦欲乘叔孫婼之未定其位，弱二家而强己也。」

公如晉。夏，莒牟夷以牟婁及防、兹來奔。莒人愬于晉，晉侯欲

高氏閌曰：「謝前年取莒牟夷叛邑。蓋莒既伐魯，則魯有辭，是以晉受季孫之聘，而不見討也。」

卓氏爾康曰：「去年公幾見止，以范獻子之言得歸，故往謝。蓋此時季已聯結晉大夫矣。」

方氏苞曰：「往年公如晉，晉侯謂公善於禮。宿懼公與晉侯之相得也，故如晉自託，而比于下隸以曲媚焉。蓋晉諸臣黨于季氏，季孫取鄟、鄆而執昭公，無以服諸侯，故范鞅以師討爲辭以歸公，而私于宿，使躬拜莒

盟。

案：是時魯所事者四國，婚于吳，恐楚怒，則不得不朝楚。朝楚，恐晉怒，則不得不與杞成。又恐齊怒，則不得不如齊尋舊好。謀國如此，亦可哀已。

晉人來治杞田，季孫將以成與之，守臣謝息不可。季孫曰：「君在楚，于晉罪也。又不聽晉，魯罪益重，不如與之。吾與子桃，成反，誰敢有之？是得二成也。魯無憂，而孟孫益邑，子何病焉？」晉人爲杞取成。

冬十一月癸未，季孫宿卒。

	昭八年 叔孫舍 秋，蒐于紅，自根牟至于商、衛，革車千乘。 趙氏恒曰：「此後凡書蒐，俱與公無與矣。自三軍作舍，民屬私家，
	昭九年 叔孫舍 春，叔弓會楚子于陳。 秋，仲叔貜如齊。 冬，築郎囿。季平子欲其速成也，叔孫昭子曰：「焉用速成，其以
止公。范獻子不可，乃歸公。秋七月，公至自晉。莒人來討，不設備。戊辰，叔弓敗諸蚡泉。 家氏鉉翁曰：「公在晉，而季孫兩納邾、莒之叛人，蓋置其君于陷阱罟擭之地，將使晉人執之而已得遂其竊國之計，意如逐君之謀兆于宿矣。」	昭十年 叔孫舍 秋七月，季孫意如、叔弓、仲孫貜帥師伐莒，取郠，獻俘，始用人于亳社。 杜氏預曰：「三大夫皆
田以自脫耳。」 冬，叔弓如楚。 趙氏鵬飛曰：「時兩事晉、楚，宿如晉，則叔弓不得不如楚。」	昭十一年 叔孫舍 春二月，叔弓如宋，葬宋平公。 五月，大蒐于比蒲。 黃氏仲炎曰：「蒐以大名，有盡物之害也。喪
家氏鉉翁曰：「宿乘主幼，盜兵權，伐國取地以自私，襄公幾爲所逐。自後世言，司馬懿其人也。至昭，昭遂移宗社矣。意如逐君，其殆宿所命歟。」 案：宿于紇未爲卿而死，是爲悼子，孫意如嗣。	昭十二年 叔孫舍 夏，公如晉，至河，乃復。取郠之役，莒人愬于晉，晉有平公之喪，未之治也，故辭公。

故蒐皆三家之事。」案：昭二十一年傳：「晉士鞅來聘，叔孫爲政，季孫欲惡諸晉。」杜註云：「叔孫昭子以三命爲國政，季孫憎叔孫在己上位，欲使得罪于晉。」據此則宿卒後，叔孫昭子爲政明矣。又昭十二年傳：「季悼子之卒也，叔孫昭子以再命爲卿。及平子伐莒克之，更受三命。」則叔孫爲正卿，雖平子有功，亦應歸功首輔，乃是舊例如此，故季孫憎其在己上也。但以叔孫之賢，無能制季孫之專橫，是亦有罪焉耳。

勦民也？無囿猶可，無民，其可乎？」張氏洽曰：「以左傳觀之，有以見意如逢君以耳目之娛而竊其權，昭公安之而不悟也。」

卿，故書之。季孫爲主，二子從之。」陳氏傅良曰：「舍中軍矣，曷爲書三卿帥師？四分公室，叔弓爲意如貳也，序于仲孫貜之上，而叔孫婼守。自是迄春秋，魯有四卿，而權歸三家也。」方氏苞曰：「中軍既毁，則仍二軍矣。而是年三卿並將，何也？孟、叔雖共爲一軍，而主兵者則不肯相下也。清之戰，季氏爲左師，孟、叔爲右師，則謂三桓各有一軍，誤矣。晉六卿並出，獨書元帥者，統于君

不廢蒐，無忌君之心也。所以爲此者，三家焉爾，公不與也。」仲孫貜會邾子，盟于祲祥。秋，季孫意如會八國之大夫于厥慭，謀救蔡。

穀梁：「季孫氏不使遂乎晉也。」家氏鉉翁曰：「魯受莒之叛臣、叛邑，敗其師，伐其國，又取其地，皆季氏所爲。明年，晉人執意如，亦知罪之所在。而公每至晉輒爲所卻，豈晉之諸臣曲爲季氏之地，公有辭而不能以自伸歟？」季平子立，而不禮于南蒯。南蒯謂公子慭：「吾出季氏，而歸其室于公，子更其位，吾以費爲公臣。」慭許之。南蒯語叔仲小，且告之故。季悼子之卒也，叔孫昭子以再命爲

又案：平子欲使昭子逐叔仲小，蓋是時平子未爲政，不得專黜逐之權，雖甚怨之，而必請于昭子也。

也。魯自成、襄以後，三卿出則書三卿，二卿出則書二卿者，散辭也，不屬于君，而無所統也。」

案：據此則杜氏謂罷中軍，季孫稱左師，孟氏稱右師，叔孫氏則自以叔孫爲軍名，謂仍有三軍，非也。不過因哀十一年傳孟孺子洩帥右師，而又言叔孫武叔退而蒐乘，疑叔、孟各自成一軍，此或是武叔退懦不親自將，而委孺子于敵，未可知。謂以叔孫爲軍名，則斷無此理。

九月，叔孫舍如晉，葬晉平公。

卿。及平子伐莒克之，更受三命。叔仲小欲搆二家，謂平子曰：「叔孫三命踰父兄，非禮也。」平子曰：「然。」故使昭子自貶黜。昭子怒，朝而命吏曰：「婼將與季氏訟。」季孫懼，而歸罪于叔仲小。故叔仲小、南蒯、公子慭謀季氏。慭告公，而遂從公如晉。南蒯懼不克，以費叛如齊。公子慭還，及郊，聞費叛，遂奔齊。

高氏閌曰：「南蒯欲去季氏，君子譏其妄而哀其志。」

昭十三年

叔孫舍

春，叔弓圍費，弗克，敗焉。平子怒，令見費人執之，以爲囚俘。冶區夫曰：「若見費人寒者衣之，飢者食之，費來如歸，南氏亡矣。憚之以威，爲之聚也。」平子從之。秋，晉合諸侯于平丘。邾人、莒人愬于晉，晉侯不見公，公不與盟，晉人執季孫意如以歸。冬，公如晉請季孫，荀吳謂韓宣子曰：「執其卿而朝其君，不如辭之。」乃辭公于河。

昭十四年

叔孫舍

春，意如至自晉。費人叛南氏，南蒯奔齊。齊侯使鮑文子來歸費。

昭十五年

叔孫舍

冬，公如晉，平丘之會故也。

昭十六年

叔孫舍

正月，公在晉，晉人止公。不書，諱之也。家氏鉉翁曰：「公如晉踰歲，歷三時之久乃還，意如陷其君也。其後公興兵討之，勢不容已。論者謂爲啟釁，非也。」九月，季孫意如如晉，葬晉昭公。

昭十七年

叔孫舍

年	執政	事
昭十八年	叔孫舍	
昭十九年	叔孫舍	夏五月己卯，地震。
昭二十年	叔孫舍	
昭二十一年	叔孫舍	夏，晉士鞅來聘。叔孫爲政，季孫欲惡諸晉，使有司以齊鮑國歸費之禮爲士鞅，士鞅怒，曰：「是卑敝邑也，將復諸寡君。」魯人恐，加四牢焉，爲十一牢。
昭二十二年	叔孫舍	春，大蒐于昌閒。許氏翰曰：「刺大夫盛彊，公失政也。」
昭二十三年	叔孫舍	邾人城翼，還，遂自離姑，武城人取邾師，邾人愬于晉。晉人來討，叔孫舍如晉，晉人執之。韓宣子使邾人聚其衆，將以叔孫與之。叔孫聞之，去衆與兵
昭二十四年	叔孫舍	二月，叔孫舍至自晉。案：昭元年，叔孫豹在會，而宿以取鄆陷叔孫致留于會者三月。前年，叔孫舍如晉，而意如以取邾師陷叔孫致留于晉者踰年。樂
昭二十五年	叔孫舍	夏，會于黃父，謀王室。有鸜鵒來巢。九月戊戌，公伐季氏。平子登臺而請，請囚于費，弗許，請以五乘亡，弗許。子家子曰：「君其許之。衆怒不
昭二十六年	季孫意如	正月，葬宋元公。汪氏克寬曰：「公在外，而魯于宋、晉、鄭、曹、滕、薛不廢會葬，意如之專魯無疑矣。」三月，公至自齊，居于鄆。
昭二十七年	季孫意如	春，公如齊。公至自齊，居于鄆。秋，晉會諸侯于扈，謀納公也。宋、衛皆利納公，固請之。范獻子取貨于季孫，設辭以懼二子。二子懼，

而朝，乃弗與。范獻子求貨于叔孫，叔孫弗與。魯人爲叔孫故，申豐以貨如晉。叔孫曰：「見我，吾告女所行貨。」見，而不出。吏人請其吠狗，弗與。及將歸，殺而與之食之。冬，公爲叔孫故如晉，及河，有疾而復。

高氏閱曰：「晉雖以取郲師爲罪，其實則爲士鞅來聘，以魯爲卑己故也。」

王鮒欲取貨于豹，不與，范鞅欲取貨于舍，亦不與，父子可謂執持有守。而意如父子之積惡，陷其君，并陷同列，罪不容于天矣。

可蓄，蓄則民將生心。」郈孫曰：「必殺之。」公使郈孫逆孟懿子。叔孫氏之司馬鬷戾帥徒救季氏，陷西北隅以入。孟氏望見叔孫氏之旌，以告，遂執郈昭伯，殺之于南門之西，同伐公徒。公與臧孫謀于墓，遂行。己亥，公孫于齊，次于陽州。齊侯唁公于野井。昭子自闞歸，見平子。平子稽顙，曰：「子若我何？」昭子曰：「人誰不死？子以逐君成名，子孫不忘，不亦傷乎？」平子曰：「苟使意如得改事君，所謂生

齊侯將納公，季孫納貨于子猶，說齊侯止之，使師從公圍成，師及齊師戰于炊鼻。

杜註：「季氏師距公。」

秋，齊侯會諸侯盟于鄟陵，謀納公。

案：魯屢虐邾、莒，而鄟陵之會，邾、莒皆與。蓋二國亦知侵伐之謀出于季氏，與昭公無涉。

皆辭。

案：齊、晉皆欲納公，而季氏皆以貨沮，固由列國之無伯，亦由三軍作舍以後，兵皆季氏之兵，賦皆季氏之賦，故季得操縱自如，而公坐爲其所困也。

孟懿子、陽貨伐鄆，敗公徒于且知。

案：左傳謂孟僖子病，不能相禮，令懿子師事仲尼。乃乾侯之役，執郈昭伯殺之南門之西，與鬷戾同伐公徒，此又與陽貨親逆顏行。以後世言，意如爲司馬昭，而懿子爲抽戈之成濟也。余嘗

昭二十八年 季孫意如 三月，公如晉，次于乾侯。使請逆于晉，晉侯不見公。 案：齊猶取鄆以居公，而晉侯至不得見。蓋景公有圖伯之志，猶假義飾譽，而晉頃則權在六卿，君位幾如	
昭二十九年 季孫意如 春，以不得見晉侯故，至自乾侯，復居于鄆。齊侯使高張來唁公，稱主君。子家子曰：「齊卑君矣，君祇辱焉。」乃復如乾侯。平子每歲賈馬，具從者之衣屨，而歸之于	
昭三十年 季孫意如 春王正月，公在乾侯。 陸氏淳曰：「此時鄆潰，公無所容，寄在乾侯。既非其地，不得書居，故每歲首皆書所在。」	死而肉骨也。」昭子如齊，與公言之。歸，而平子有異志。昭子使祝宗祈死。戊辰，卒。 十一月，宋公佐將爲公故如晉。己亥，卒于曲棘。 十二月，齊侯取鄆以居公。
昭三十一年 季孫意如 春王正月，公在乾侯。晉侯將以師納公，范獻子曰：「若召季孫而不來，則信不臣矣，然後伐之，若何？」晉人召季孫。獻子使私焉，曰：「子必來。」季孫意如會晉荀躒于適歷。	
昭三十二年 季孫意如 春王正月，公在乾侯，取闞。 李氏廉曰：「公旅寄乾侯已久，非有兵力可以得邑。蓋季孫以闞與公，而公取之也。」 案：闞爲魯先君墳墓所在，季氏逐君而以	疑左傳之誣，華韋軒謂此非誣，而左氏謂師事仲尼乃誣也。家語及史記弟子列傳無懿子之名，學宮配享，無懿子之位，則非孔子弟子亦明矣。 公如齊。

贅旒矣。

乾侯。公執歸馬者，賣之，乃不歸馬。以公衍爲太子。

子叔詣欲納公。夏四月庚子，卒。季孫意如曰：「叔倪無病而死，此皆無公也，是天命也，非我罪也。」

冬十月，鄆潰。

正義曰：「公自二十六年以來，常居于鄆。此時公既如晉，必留人守鄆。鄆人潰散而叛公，使公不得更來，當時季氏道之使然。」

荀躒曰：「何故出君？」季孫練冠、麻衣，跣行，伏而對曰：「君若以臣爲有罪，請囚于費，以待君之察也，亦唯君。若以先臣之故，不絕季氏，而賜之死。若弗殺弗亡，得從君而歸，君之惠也，臣之願也。」夏四月，季孫從知伯如乾侯。荀躒以晉侯之命唁公，曰：「意如不敢逃死，君其入也。」公曰：「亡人不能見夫人，己所能見夫人者，有如河。」荀躒掩耳而走，退而謂季孫曰：「君怒未怠，子姑歸祭。」

冬，邾黑肱以濫來奔。

闞居公，如今日屏遠大臣令之守陵相似。蓋度昭公年老，又憂濊將死，使之居闞，以爲日後葬埋稍便，其設心與司馬昭、高洋相似，千載令人髮指。

冬，仲孫何忌合十有一國之大夫城成周。

陸氏淳曰：「公爲旅人，何忌不能從，季氏逐君，何忌不能去，雖城成周，無補于過，此不待貶絕而惡見。」

十有二月己未，公薨于乾侯。

定元年

季孫意如

正月，孟懿子會城成周。

夏，叔孫成子逆公喪于乾侯。季孫使告子家羈曰：「公衍、公爲實使羣臣不得事君，若公子宋主社稷，則羣臣之願也。」對曰：「羈弗敢知，將逃也。」喪及壞隤，公子宋先入，從公者皆反。六月癸亥，公之喪至自乾侯。戊辰，公卽位。秋七月癸巳，葬昭公于墓道南。

余氏光曰：「諸侯喪五日而殯，殯則嗣子卽

定二年

季孫意如

夏五月壬辰，雉門及兩觀災。

冬十月，新作雉門及兩觀。

公羊：「其言新作之何？脩大也。凡脩舊例不書。」

家氏鉉翁曰：「定公受位賊臣，天示之異。所以臨蒞臣民者，一朝化爲煨燼，乃復從而新之，有加其舊。是以天變爲不足畏也。」

定三年

季孫意如

春王正月，公如晉，至河，乃復。

孔氏穎達曰：「三傳皆無其說，不知何故乃復。」

家氏鉉翁曰：「此蓋意如約結晉之大夫，操縱其君，使之一切聽己也。」

定四年

季孫意如

三月，公會諸侯于召陵，侵楚。

五月，公及諸侯盟于皐鼬。

程子曰：「公以不獲見于晉，故因會而求盟焉。則此盟，公意也，故曰及。」

汪氏克寬曰：「會與盟，公皆與，則但當書諸侯盟于皐鼬，如祝柯、重丘會盟殊地之例。而又書公及者，所以著定公之汲汲于後會，求爲此盟也。」

方氏苞曰：「曹負芻既會而後執，故定公以

定五年

季孫意如　陽虎

六月丙申，季孫意如卒。陽貨將以璵璠斂，仲梁懷弗與，曰：「改步改玉。」乙亥，陽虎囚季桓子及公父文伯，而逐仲梁懷。己丑，盟桓子于稷門之內。庚寅，大詛。

秋七月壬子，叔孫不敢卒。

季氏本曰：「季平子、叔孫成子俱卒，其嗣桓子、武叔皆稚弱，國命爲陽虎所執矣。」

位。昭子斂事已畢，何待五日而後殯？不過假此待宋，而樹己援立之恩爾。」

昭公出，季平子禱于煬公。九月，立煬宮。

與盟爲幸也。定公受國于意如，當書季氏立公子宋，而不敢也。既以即位之恒辭書，則無以別于嫡嗣，故于此特文以見義焉。」

定六年

陽虎

二月，公侵鄭，往不假道于衞，及還，陽虎使季、孟自南門入，出自東門。衞侯怒，使彌子瑕追之。公叔文子曰：「天將多陽虎之罪，君姑待之。」乃止。

季氏本曰：「陽虎專政，實主此謀。魯兵掌於諸卿，而陪臣以

定七年

陽虎

春二月，齊人歸鄆、陽關，陽虎居之以爲政。

秋，齊國夏伐我。陽虎御季桓子，公斂處父御孟懿子，將宵軍齊師。齊師墮，伏而待之。苫夷曰：「虎陷二子于難，余必殺女。」虎懼，乃還，不敗。

定八年

陽虎

正月，公侵齊。

張氏洽曰：「陽虎執政，用兵無法，故以侵書。」

二月，公侵齊。

陽虎欲去三桓，以季寤更季氏，叔孫輒更叔孫氏，已更孟氏。冬十月，順祀先公而祈焉。壬辰，將享季氏

定九年

季孫斯

陽虎歸寶玉、大弓。六月，伐陽關，陽虎出奔齊，請師伐魯。齊侯執陽虎將東之，又逃奔宋，遂奔晉，適趙氏。

案：是年孔子爲中都宰，此實出于季氏之意。意如肆毒于昭公，骨未寒，而其子爲陪

定十年

季孫斯

春王正月，及齊平。

謝氏曰：「前此齊、魯數相侵伐，至孔子爲相，與齊釋怨相平，而齊受之。聖人以德親懷鄰國，講信脩睦如此。」

方氏苞曰：「季氏恃晉而搆怨于齊，且再使公主兵，陽虎在齊必

三桓專兵爲口實，欲竊兵權，自是恒以公將矣。」季桓子如晉，獻鄭俘，陽虎彊使孟懿子往報夫人之聘。孟孫謂范獻子曰：「陽虎若不能居魯，而息肩于晉，所不以爲中軍司馬者，有如先君。」獻子謂簡子曰：「魯人患陽虎矣。」杜註云：「虎欲困辱三桓，并求媚于晉，故强使正卿報晉夫人之聘。孟孫欲使晉人知虎專權爲國患，故假説爲陽虎求貴官，令晉人知虎必逃走入晉也。」

于蒲圃而殺之。至期，陽虎前驅，陽越殿，將如蒲圃。孟孫之臣公斂處父知其謀，先爲備。陽虎遂劫公與叔孫州仇以伐孟氏。公斂處父帥成人與陽氏戰，陽氏敗。陽虎説甲如公宫，取寶玉、大弓以出，入于讙、陽關以叛。方氏苞曰：「蘇氏謂陽虎及南蒯、侯犯之叛，皆以賤不書，而竊寶玉、大弓書，以分器重于地，非也。中軍既毁，尺地寸土，皆歸三家。若以叛書，是爲三家討賊也。而舍叛又無以屬辭，故書圍，

臣所執，蒲圃之變，幾至隕命，報復影響，抑又甚焉。乃始創鉅痛深，呼號將伯，以爲非大聖人不能銷弭此患，委心聽任，良有由也。然則陽虎謂孔子好從事而亟失時，蓋亦欲招孔子以共圖季氏耳。夫季氏之有陽虎，猶曹操之遇司馬懿，卽殺之不爲過。夫聖人豈肯與司馬父子作緣者哉！

謀挑禍，故孔子與聞魯政，急與齊平。其曰及，魯志也。」夏，公會齊侯于夾谷。齊人來歸鄆、讙、龜陰田。案：是年孔子自邑宰爲司空。叔孫氏之臣侯犯以郈叛。叔孫州仇、仲孫何忌帥師再圍郈，弗克。郈工師駟赤詐謂侯犯令事齊，與齊郈，復宣言于郈中曰：「侯犯將以郈易于齊，齊人將遷郈民。」郈人大駭，叛侯犯。侯犯奔齊，齊人乃致郈。家氏鉉翁曰：「齊受侯犯，以郈歸魯。前歸

案：春秋之世，不介晉權則亂不得發，季孫逐君而媚晉以自保，故范鞅、荀躒皆助之，卒無恙。其家臣陽虎即效尤，亦欲求媚于晉以去三桓，强制二子如僕隸，天道之不遠如此。其後陽虎卒逃走入晉，爲趙氏私人。以伯國之後，而至爲逆賊逋逃主，異哉！秋八月，陽虎又盟公及三桓于周社，盟國人于亳社，詛于五父之衢。	定十一年	季孫斯
	定十二年	季孫斯
以著陪臣據邑之實，而不書叛，以寓三家竊國之誅。若寶玉、大弓則竊之公宮，不可以不志也。」	定十三年	季孫斯
	定十四年	季孫斯
汶陽，今復歸鄆，此聖人德化所感。不然，齊何有于叔孫哉！」方氏苞曰：「春秋國君之會，相者必上卿，魯大夫特會諸侯久矣。今公主會，而孔子攝相者，魯恃晉而結怨于齊，雖新與齊平，知其必以惡來，故使公試其危，而三桓亦不敢相也。左、穀梁所稱卻萊兵，誅優施，請汶陽之田，欲張大聖人，而反小之。先儒推以情事，謂不足信，誠然。」	定十五年	季孫斯

冬，及鄭平。叔還如鄭涖盟。始叛晉也。案：是年孔子又從司空爲大司寇。

仲由爲季氏宰，將墮三都。季氏將墮費，公山不狃、叔孫輒帥費人以襲魯，仲尼使申句須、樂頎下，伐之。二子奔齊，遂墮費。
公羊：「孔子行乎季孫，三月不違，曰：『家不藏甲，邑無百雉之城。』于是墮郈、墮費。」
朱子曰：「墮邑之事，孔子因其機而爲之，若漸漸埽除，得去其勢，亦自削弱。」又曰：「他合下只説得季桓子透，事事信之，所以做得。後來被公斂處父一説破了，桓子便

夏，築蛇淵囿。
李氏廉曰：「此正與受女樂事相類，決非夫子爲政時。」
季氏本曰：「孔子去，而君臣志荒矣。」
大蒐于比蒲。
李氏廉曰：「史記以此年孔子由大司寇攝相事，至十四年然後行，非也。考案經文，此年絶無更敗起廢之事，而築囿、大蒐，絶與墮都之意不侔。蓋自成之不墮，三家之慮變矣，聖人色斯舉矣，安有明年由大司寇攝行相事之理乎！」
朱子語録曰：「費、郈之墮，出于不意。及公

夏五月，公會齊侯、衛侯于牽。
張氏洽曰：「是時孔子已去魯，故會齊、衛，合謀救范、中行氏。」
秋，天王使石尚來歸脤。
李氏廉曰：「王使自宣十年王季子之後，至此始見。蓋晉伯已衰，列國無統，而孔子相魯之餘，魯勢稍振。故王室借此以親望國，亦一王伯消長之機會。其如孔子已去魯何哉！」

夏五月壬申，公薨于高寢。
秋七月壬申，姒氏卒。
公羊：「哀公之母也。何以不稱夫人？哀未君。」穀梁：「妾辭也。」
辛巳，葬定姒。
案：前此僖、宣、襄、昭四妾母，皆薨稱夫人，葬稱小君，春秋特書以志其僭。則此姒氏之書卒，不書夫人，且葬不稱小君，爲春秋許其復正乎？曰：不許也。前四妾母之稱夫人、稱小君也，是君之欲私厚于其母也。此姒氏之不稱夫人、不稱小君也，是權臣專制，陵逼其君，使君

不信之。」

呂氏大圭曰：「三家之城其邑，將以自利，而其後卒受無窮之害。孔子之建此議，適有動乎三家之心，故當時全不費力。然叔、季之臣皆據邑以叛，而公斂處父獨爲孟氏盡力，則其不肯墮亦宜也。使孔子久得志于魯，則將有不待兵革而自墮者，如魯之不用何。」

將墮成，公斂處父謂孟孫曰：「無成，是無孟氏也。子僞不知，我將不墮。」冬十月，公圍成，不克。

胡氏宏曰：「此時三家斂處父不肯墮成，次第喚醒了叔、季二家。及齊人以女樂歸之，遂行。不然，當別有處置。明俱是十二年事也。」

金氏履祥曰：「季氏，權臣也。桓子舍己權，以聽孔子，而一旦墮其名都，以强公室，其中豈無介介。顧以衰敗之餘，藉之振起，爲是降心相從。今外侮既御，內難既定，桓子豈甘于終絀。故其信任之意，漸漸就衰，特未敢驟舍孔子。迨齊人歸女樂，而卽荒淫其中，三日不朝，此明欲使孔子之去。不然，

之不得加厚其母也。聖人一皆據實書耳。詳見姒氏卒論。

之慮變矣，故經文不言三家，直書公。」案：魯世家以齊人歸女樂，孔子行，即于是年冬。

使桓子之志未移，一女樂豈足以閒之哉！」案：金氏之説最得事情。蓋始之欲用孔子墮費、郈者，憤陪臣也。至孟氏不肯墮成，而二家亦漸漸生悔，而急于是冬借女樂以退孔子。蓋惟恐孔子抑陪臣，并抑三家，以强公室，連己亦無地步。故後來季孫終不用孔子，而武叔至毁仲尼。蓋墮都之事，德怨相半也。若説此年攝相，至十四年然後行，豈有聖人當國而樂囿、大蒐，焉用彼相，而孔子亦何爲重書之于册乎！

哀元年

季孫斯

冬，仲孫何忌帥師伐邾。

家氏鉉翁曰：「定公之薨，邾子奔喪，冀其不爲侵暴，曾幾何日而何忌伐邾。自是三家更將迭出，殆無虛歲，皆季氏利邾之土疆，期盡乃已，而仲與叔附翌之也。」

哀二年

季孫斯

春二月，季孫斯、叔孫州仇、仲孫何忌帥師伐邾，取漷東田及沂西田。癸巳，叔孫州仇、仲孫何忌及邾子盟于句繹。

家氏鉉翁曰：「三卿自將，不假他族爲帥，兵皆其兵，將皆其將，國愈不可爲矣。」

鄭氏玉曰：「三卿伐而二卿盟，蓋季氏志在滅邾，二田不足飽其欲，故以田與叔、仲，使二氏與盟，己則包藏禍心，欲入邾而未肯已也。」

哀三年

季孫斯

夏四月甲午，地震。五月辛卯，桓宮、僖宮災。

家氏鉉翁曰：「季氏悖亂僭上，罪不勝誅，故天災以示警戒。」

季孫斯、叔孫州仇帥師城啟陽。

季氏本曰：「季孫以叔孫附己，故與同城，而地則季孫得之。」

秋七月丙子，季孫斯卒。

冬十月，叔孫州仇、仲孫何忌帥師圍邾。

許氏翰曰：「句繹之盟，踰年渝之，棄信甚矣。」

哀四年

季孫肥

夏，城西郛。

杜註：「備晉也。」

哀五年

季孫肥

春，城毗。

杜註：「備晉也。」

哀六年

季孫肥

春，城邾瑕。

高氏閌曰：「瑕，邾邑。魯未嘗取于邾，而遽城之，見魯之迫邾以不義，强城之也。」

夏，叔還會吴于柤。

許氏翰曰：「始結吴好。」

冬，仲孫何忌帥師伐邾。

高氏閌曰：「自公卽位以來，四用兵于邾，積明年入邾之亂。」

哀七年

季孫肥

夏，公會吴于鄫。吴徵百牢，且召季康子，康子使子貢辭。太宰嚭曰：「國君道長，而大夫不出門，此何禮也？」對曰：「豈以爲禮，畏大國也。寡君既共命焉，其老豈敢棄其國。」

季康子欲伐邾，饗大夫以謀之。子服景伯曰：「背大國不信，伐小國不仁，失二德者危，將焉保？」弗聽。

秋，伐邾，遂入之，處其公宫，衆師晝夜掠。以邾子益來，獻于亳

哀八年

季孫肥

三月，吴爲邾故伐我，克東陽而進。微虎欲宵攻王舍，選卒三百人，有若與焉。吴子聞之，一夕三遷。將盟，景伯曰：「我未及虧，而有城下之盟，是棄國也。吴輕而遠，不能久，請待之。」不聽。吴人盟而還。

齊侯使如吴請師，將以伐我，乃歸邾子。

胡氏銓曰：「畏吴懼齊而歸之也。」

秋，及齊平。

案：魯以陵邾之故，交受齊、吴兩大國之伐，

哀九年

季孫肥

春，齊侯使公孟綽辭師于吴。吴子曰：「昔歲寡人聞命，今又革之，不知所從，將進受命于君。」冬，吴子使來儆師伐齊。

哀十年

季孫肥

春王二月，邾子益來奔。

高氏閌曰：「先爲魯所俘，而又來奔，不知恥甚矣。」

公會吴子、邾子、郯子伐齊，師于鄎。齊人弑悼公以説，吴師乃還。

案：齊以不背盟之故，辭師于吴，吴爲是伐齊，徵師于魯，魯宜感齊之德而婉以謝吴可也。邾受齊恩更深，爲魯伐幾亡，賴齊連吴伐魯，魯乃歸邾子。今乃邾、魯連結伐齊，

哀十一年
季孫肥

哀十二年
季孫肥

社。邾茅夷鴻請救于吳，曰：「夏盟于鄫衍，秋而背之，四方諸侯，其何以事君？」吳子從之。

薛氏季宣曰：「伐邾本三家，而書公者，三家歸過于上也。」

王氏樵曰：「諱不在公，是以直書而不諱。」

方氏苞曰：「三桓屢歲伐邾，披削其土，待其將滅，使公主兵，以受惡名，而抗大國之討。春秋書公不諱，所以深著三桓之罪。」

哀十三年
季孫肥

乃歸邾子，而受齊盟。踰一年，卽會吳伐齊。欺凌弱小，反覆兩大，真小人哉！

哀十四年
季孫肥

哀十五年
季孫肥

致齊弑君以說。以怨報德，真狗彘之不若矣。秋，吳子使來復儆師。

齊爲鄎故伐我，及清。季孫謂其宰冉求曰：「若之何？」求曰：「一子守，二子從公禦諸竟。」季孫告二子，二子不可。求曰：「二子之不欲戰也宜，政在季氏。當子之身，齊人伐魯而不能戰，子之恥也。」師及齊師戰于郊。孟孺子洩以右師先奔，齊人從之。冉求帥左師，用矛入齊軍，獲甲首八十，齊人乃遁。

王氏樵曰：「時政在季氏，生事啟釁，故二家不肯用力。」

爲郊戰故，會吳子伐齊。五月甲戌，戰于

季孫欲以田賦，使冉有訪諸仲尼。仲尼不對，而私于冉有曰：「季孫若欲行而法，則周公之典在。若欲苟而行，又何訪焉。」弗聽。

夏五月甲辰，孟子卒。死不赴，故不稱夫人。不反哭，故不言葬小君。孔子與弔，適季氏。季氏不免，放絰而拜。

正義曰：「孟子居夫人之位，藉小君之尊已三世。季氏當國，不爲之服，至令仲尼釋己之絰，不以世適夫人之禮喪之，此季氏之咎也。」

夏，公會晉侯及吳子于黃池。

陸氏淳曰：「黃池，魯地，故魯獨會之耳。若更有諸侯，不當不序。」

吳人將以公見晉侯，子服景伯設辭以對，使者乃止。

案：春秋自中葉以後，盟會征伐，多以大夫交政于中國。至定、哀之世，而公反親行者，蓋季氏執政，己受其利，而以危辱之事迫君以不得不行，世事又一變矣。

六月，齊人弒其君壬于舒州。孔子三日齊，而請伐齊。公曰：「子告季孫。」

八月辛丑，仲孫何忌卒。

初，孟孺子洩將圉馬于成，成宰公孫宿不受。孺子怒，襲成。秋八月辛丑，孟懿子卒，成人奔喪，弗內；聽共，弗許。

春正月，成叛于齊。武伯伐成，不克，遂城輸。

案：定十二年，季、叔二子墮費、墮郈，而孟氏獨不肯墮成，至此成亦叛矣。前後共十九年，而孔子之言始驗。三都之墮，非特利公室，并利三桓也。

冬，及齊平。

子服景伯如齊，子貢爲介。陳成子乃歸成。公孫宿以其兵甲入于嬴。

艾陵，大敗齊師。方氏苞曰：「公會伐而不與戰，何也？齊、魯積怨，悼公既沒，復會吳伐齊，齊必致死于我。故季氏迫公以出而不以師從，其意常欲陷公于難也。魯師少不足用，故吳人獨與齊戰，不欲魯分其功。」

案：孟子不稱夫人，不言葬小君，蓋深著季氏之惡。季氏生逐其君，死又弱其配，父子濟惡，書之以志痛也。或以爲譏昭公之娶同姓，過矣。愚另有論。孔氏之言，實先得我心。

哀十六年

季孫肥

哀十七年

季孫肥

哀十八年

季孫肥

哀十九年

季孫肥

冬，叔青如京師，敬王崩故也。

哀二十年

季孫肥

哀二十一年

季孫肥

夏五月，越人始來。

哀二十二年

季孫肥

哀二十三年

季孫肥

春，宋景曹卒。季康子

哀二十四年

季孫肥

夏四月，晉侯將伐齊，

哀二十五年

季孫肥

六月，公至自越。季康

秋八月，公及齊侯、邾子盟于顧。齊人責稽首。

使冉有弔，且送葬。秋八月，叔青如越，始使越也。越諸鞅來聘，報叔青也。

使來乞師。臧石帥師會之，取廩丘。公子荆之母嬖，將以爲夫人，使宗人釁夏獻其禮。對曰：「無之。」公怒。對曰：「以妾爲夫人，固無其禮也。」公卒立之，而以荆爲太子，國人始惡之。閏月，公如越，越太子適郢將妻公，而多與之地。公孫有山使告于季孫，季孫懼，使因太宰嚭而納賂焉，乃止。案：昭公之孫，齊、晉皆欲納公，意如納賂于梁丘據與范鞅，沮齊、晉而不果納。至

子、孟武伯逆于五梧。郭重僕，公享二子宴，武伯爲祝，惡郭重，曰：「何肥也？」季孫曰：「請飲彘也。以魯國之密邇仇讎，臣是以不獲從君，又謂重也肥。」公曰：「是食言多矣，能無肥乎！」飲酒不樂，公與大夫始有惡。王氏錫爵曰：「二子當君側而出惡言，公宜隱忍，待時而動，何遽出此言，卒使二子生心，而公不得安其位。此不明于居尊馭下之道也。」

此齊、晉衰而越始伯，康子乃復用祖之故智，因吳之亡臣以納賂。讒慝橫行，三綱倒置，世道幾如黑夜矣。

哀二十六年

季孫肥

夏五月，叔孫舒帥師會越皋如、后庸、宋樂茷納衛侯輒。

哀二十七年

季孫肥

春，越子使后庸來聘，且言邾田，封于駘上。二月，盟于平陽，三子皆從，康子病之。夏四月己亥，季康子卒。公弔焉，降禮。公患三桓之侈也，欲以諸侯去之，三桓亦患公之妄也，故君臣多閒。公欲以越伐魯

而去三桓，秋八月甲戌，公如公孫有山氏，因孫于邾，乃遂如越。國人施公孫有山氏。案：公孫有山，季氏之私黨也，公胡爲遽如其家，此必受季孫意指，百方凌辱，迫公使不得不出奔。後之歸罪，聊以掩人耳目爾。如邾，遂如越，而越已中太宰嚭之賂，視之蔑如，無所控訴，如窮人之無歸，亦可哀矣哉！

案：自僖公元年至哀公二十七年左氏春秋經傳之末，閱年一百九十三，魯之執政共十一人，季氏凡六人，叔孫氏二人，孟孫氏一人，東門氏一人，中間陽虎執政在定之六、七、八，僅三年爾，旋出奔，政柄復歸季氏。當定之九年，季孫斯乘意如凶惡之後，遭陽虎幾死，僅而得免，創鉅痛深，乃始

用孔子以銷弭禍患。孔子建墮三都之議，叔、季二家墮費、墮郈。譬之虎穴，虎出而羣狼據之，虎亦不得歸。墮其穴，非特公室安，并私門亦安，此聖人撥亂反正之大機括也。至十二年冬十二月孟氏不肯墮成，季、叔亦漸漸生悔，志慮一變，旋不用孔子。患難則思之，安樂則棄之，亦時勢使然。至哀之十五年，孟氏之成宰公孫宿亦叛入于齊，踵南蒯及侯犯之後，聖人之言始驗，明年孔子亦卒。使孔子久于其位，當能感悟孟氏，使漸就約束，而卒以女樂去，此天也。至哀公之世，孔子已告老，陪臣之禍已銷，而三家復熾，哀公復孫于越，蹈乾侯之轍，尾大不掉之禍至于如此，雖聖人其奈之何哉！

春秋子野卒論

春秋：「子野卒。」左傳曰：「毀也。」穀梁曰：「日卒，正也。」歷漢以迄宋、明，無有以子野爲弒者，獨近日望溪方氏斥之爲弒，與子般、子赤一例。初見似創，迺余反覆觀之，而知其説之不可易也。胡茅堂氏謂子般、子赤被弒而書卒，子野過毀而亦書卒，不覩傳文，何以知其非弒。余謂正惟覩傳文而益知其弒無疑，特世儒爲成見所封，不之察耳。蓋嘗學斷斯獄，隱之遇弒也，傳稱館于寪氏，壬辰，羽父使賊弒公於寪氏。子般之遇弒也，傳稱次于黨氏，冬十月己未，共仲使圉人犖賊子般于黨氏。凡亂臣賊子謀行不軌，類不于宮庭，慮君之徒御多而耳目廣也。必伺其閒於寬閒隱僻之所而後得以肆虐，且爲後日諉罪飾奸之地。況此傳更明云次于季氏，秋九月癸巳卒。入大臣之家而不得反，則弒逆之罪，季氏將誰逃乎！左氏乃云毀，此正季之欲蓋而彌彰也。且所云毀者，以爲哭泣哀傷而毀乎，則當在大斂小斂搶天呼地之際；以爲歠粥疏食不勝羸瘠而毀乎，則當遲之朞月經年之久。今襄公之薨以六月辛巳，子野之卒以九月癸巳，相去七十五日，距襄斂之時則已遠矣。胡乃不先不後，適當其時，豈平日倚廬堊室之毀獨無恙，次于季氏遂至一毀而卒乎！且季氏爲正卿，攝國政，職當調護嗣君。嗣君入其室，凡防衛之不周，進藥之不謹，當惟季是問，縱使季無逆謀，亦當爲法受惡。許世子不嘗藥，而春秋書之曰弑，今季豈止不嘗藥而已。故孔子書之，與子般、子赤一例。季孫謀逆之罪，當與羽父、襄仲同科。或者謂賊無主名，烏得斥之爲弑？曰：季孫之惡毒于梁冀，而季孫之謀同于霍顯。漢質帝于朝會中目梁冀曰：「此跋扈將軍也。」冀聞，遂進酖弑帝。霍顯之藥殺許后也，乘其産子。意子野平日憤襄公之見欺，與季有違言，而季亦憚其英武，計不若昭之童騃易制，遂萌邪謀，而適當倚廬居喪之日。霍顯之謀曰：「婦人大故十死一生，可用投藥去。」季之謀曰：「子之喪親，禮當哀毀，可以毀卒。」飾加至美之名于君父，以惑羣聽，立其親娣之子，以釋羣疑，舉朝莫得知，通國莫敢議，而學士大夫亦遂相蒙以至于今，是其謀更巧而心更毒，而烏得逭于弑逆之誅乎哉！或又謂子赤之弑，上書公子遂、叔孫得臣如齊，而下書夫人姜氏歸于齊，可以知其弑，而此經上下文無所見。曰：此世儒之拘于近而忽于遠也。經于襄二十九年正月書公在楚，夏五月，公至自楚，聞季孫取卞而不敢入。於昭元年書取鄆，二年公如晉，至河乃復，而季孫宿如晉。穀梁曰：「公如晉而不得入，季孫宿如晉而得入，惡之也。」是季之結援大國，動見掣肘，擅用甲兵陵逼君父，所謂司馬昭之心路人皆知者。子野特未與甲以攻季氏，不至顯然蒙弑耳。謹因方氏之論爲二語判其狀曰：據經文無殊于子般、子赤之卒，據傳文顯同于𫇭氏、黨氏之事。後之折是獄者，以是蒞焉可也。

余見望溪先生之說，以爲千古未發，急爲說以申明之。後閱趙木訥經筌有云：「公薨而子野卒，此與莊公薨而子般卒，文公薨而子惡卒何異，均未成君，均不書地，均不書葬。蓋子野賢，季氏忌之，弑野而立昭公，以毁言于朝，而世不察爾。」黄若晦通說云：「曰毁者，左氏失之。季氏專政，以子野非己所立，故于其次于季氏而害之，以毁聞爾。春秋書子野卒于公薨之下，情狀顯然。」又存耕趙氏云：「卒不于他所而于季氏，此疑以傳疑之辭。」閱三說略同，不禁狂喜，乃知人心之同然，前儒已多有疑及此者，不獨望溪一人之創見也，謹附識于此。乾隆十年十月中浣九日書。

校勘記

〔一〕〔分爲三〕「三」字原訛作「二」，據左傳襄公十三年文改。

春秋晉中軍表卷二十二

錫山　顧棟高復初　輯
金匱受業王稻孫孟堅　參

敍

周制大國三軍，次國二軍，小國一軍。晉本大國，自曲沃武公以支子奪宗，莊公十六年，僖王命曲沃伯以一軍爲晉侯，從小國之制。至閔公元年，晉獻公始作二軍，公將上軍，太子申生將下軍以滅耿、滅霍、滅魏，時尚未有中軍也。僖公二十七年，文公蒐于被廬，作三軍，謀元帥，使郤縠將中軍，郤溱佐之，中軍于是始。二十八年，復作三行以禦狄，荀林父將中行，屠擊將右行，先蔑將左行。避天子六軍之名，故名三行。三行無佐。三十一年秋，蒐于清原，更作五軍以禦狄，罷去三行，更爲上下新軍。文公六年春，晉襄公蒐于夷，舍二軍，罷五軍，復三軍之制，以趙盾爲中軍將。成公三年十二月，晉景公賞鞌之功，作六軍，韓厥、趙括、鞏朔、韓穿、荀騅、趙旃皆爲卿，擬于天子矣。六年，晉遷新田，韓厥將新中軍，且爲僕大夫。是時欒書爲中軍將。曰新中軍，創出也。十三年，晉厲公伐秦，韓厥將下軍，趙旃代韓厥將新軍，是新中軍在下軍佐之下矣。十六年，鄢陵之戰，郤犨代趙旃將新軍，新上下軍復罷，是爲四軍。襄公三年，晉悼公使魏絳佐新軍，新軍皆有將佐二卿，鄭子展謂晉四軍無闕，八卿和睦，知罃謂三分四軍，與諸侯之鋭以逆來者是也。至十三年，蒐于緜上，使荀偃將中軍，士匄佐之，趙武將上軍，韓起佐之，欒黶將下軍，魏絳佐之。將佐皆遷，于是新軍無帥，悼公難其人，使其什吏率其卒乘官屬以從于下軍。十四年，歸自伐秦，遂舍新軍，復還三軍之舊。自是終春秋之世，晉軍制不復變更。中軍本司徒之職，晉以僖侯諱廢司徒爲中軍。自翼侯以前未入春秋，故其時中軍不著。文公圖伯以後，世有賢佐，國以日强，諸侯咸服，雖經靈、厲無道，而小國不敢叛。自韓起雖賢而弱，末年漸不能制其同列。范鞅更爲黷貨，趙氏繼之，與范、中行相仇怨，晉以失伯，而三分之勢遂成。嗚呼！考其次第，亦治亂得失之鑒也。

輯春秋晉中軍表卷二十二

春秋晉中軍表

僖二十七年

晉文三年

郤縠

冬，蒐於被廬，作三軍，謀元帥。趙衰曰：「郤縠可。」乃使郤縠將中軍，郤溱佐之。使狐偃將上軍，讓於狐毛而佐之。欒枝將下軍，先軫佐之。荀林父御戎，魏犨爲右。案：此年爲晉中軍之始。閔二年，晉獻公作上下二軍，時尚未有中軍也。

僖二十八年

晉文四年

郤縠　原軫

二月，郤縠卒，原軫將中軍，胥臣佐下軍，上德也。註：「先軫以下軍佐超將中軍，胥臣代。」三月，入曹。四月，敗楚城濮。五月，盟踐土，帥諸侯朝王所。冬，會於溫，天王狩河陽，復帥諸侯朝王所。晉侯作三行以禦狄，荀林父將中行，屠擊將右行，先蔑將左行。

僖二十九年

晉文五年

原軫

夏六月，盟諸侯于翟泉。

僖三十年

晉文六年

原軫

晉侯、秦伯圍鄭，鄭及秦盟而還。鄭石甲父、侯宣多逆公子蘭以爲太子，以求成於晉，晉人許之。

僖三十一年

晉文七年

原軫

春，以曹地分諸侯，分魯自洮以南，東傅于濟。秋，蒐于清原，作五軍以禦狄。趙衰爲卿。註：「罷三行，更爲上下新軍，趙衰始爲新軍帥。」國語：「趙衰將新上軍，箕鄭佐之。胥嬰將新下軍，先都佐之。」是五軍共爲十卿也。此晉軍制第二變。

註:「晉置三軍,今復增置三行,以辟天子六軍之名。」案:此爲晉軍制第一變。

僖三十二年

晉文八年

原軫

是冬,晉文公卒。秦謀襲鄭。

僖三十三年

晉襄元年

原軫　先且居

秦人滅滑,原軫曰:「秦以貪勤民,天奉我也。奉不可失,敵不可縱,必伐秦師。」夏四月,敗秦師于殽。秋八月,敗狄于箕,先軫死師。襄公以三命命先且居將中軍。

文元年

晉襄二年

先且居

晉告于諸侯而伐衞,討其不朝也。先且居曰:「請君朝王,臣從師。」晉侯朝王于溫,先且居、胥臣伐衞。

文二年

晉襄三年

先且居

春,秦孟明伐晉,晉先且居將中軍,趙衰佐之。及秦師戰于彭衙,秦師敗績。冬,先且居及宋、陳、鄭伐秦,取汪及彭衙而還。

文三年

晉襄四年

先且居

文四年

晉襄五年

文五年

晉襄六年

文六年

晉襄七年

文七年

晉靈元年

文八年

晉靈二年

先且居	秋，晉伐秦，圍邧、新城，以報王官之役。
先且居	冬，趙成子、欒貞子、霍伯、臼季皆卒。註：「霍伯卽先且居。」
趙盾	春，蒐于夷，舍二軍。使狐射姑將中軍，趙盾佐之。陽處父至自溫，改蒐于董，易中軍。陽子，成季之屬也，黨于趙氏，且謂趙盾能，宣子於是乎始爲國政。註：「僖三十一年作五軍，今舍二軍復三軍之制。」此晉軍制第三變。八月，晉襄公卒。趙盾使先蔑、士會如秦逆公子雍。
趙盾	秦送公子雍于晉。趙盾背先蔑而立靈公，以禦秦師。趙盾將中軍，先克佐之。荀林父佐上軍。先蔑將下軍，先都佐之。箕鄭居守。敗秦師于令狐。註：「箕鄭將上軍居守，故佐獨行。」
趙盾	春，晉歸匡、戚之田于衞。夏，秦伐晉，取武城，以報令狐之役。

文九年	晉靈三年	趙盾	范山言於楚子曰：「晉
文十年	晉靈四年	趙盾	春，晉伐秦，取少梁。
文十一年	晉靈五年	趙盾	郤缺會叔仲惠伯于承
文十二年	晉靈六年	趙盾	冬，秦、晉戰于河曲。
文十三年	晉靈七年	趙盾	春，使詹嘉處瑕，以守

君少，不在諸侯，北方可圖。」乃伐鄭，侵陳。趙盾及諸侯之大夫救鄭，不及。

夏，秦伐晉，取北徵。冬，楚子、蔡侯次于厥貉，宋公聽命。

匡，謀諸侯之從楚者。

趙盾將中軍，荀林父佐之。郤缺將上軍，臾駢佐之。欒盾將下軍，胥甲佐之。

桃林之塞。冬，衛、鄭俱請平于晉。

文十四年

晉靈八年

趙盾

六月，同盟于新城。是年，楚莊王立。

文十五年

晉靈九年

趙盾

新城之盟，蔡人不與。郤缺以上軍、下軍伐蔡，以城下之盟而還。冬，盟于扈，尋新城之盟，且謀伐齊。

文十六年

晉靈十年

趙盾

楚人、秦人、巴人滅庸。

文十七年

晉靈十一年

趙盾

春，晉、衛、陳、鄭伐宋，曰：「何故弒君？」猶立文公而還。復合諸侯于扈，平宋也。書曰「諸侯」，無功也。

文十八年

晉靈十二年

趙盾

宣元年

晉靈十三年

趙盾

夏，晉討河曲之戰不用命者，放胥甲父于

宣二年

晉靈十四年

趙盾

春，鄭受命于楚伐宋，戰于大棘，獲宋華元。

宣三年

晉成元年

趙盾

春，晉伐鄭，及郔。鄭及晉平。

宣四年

晉成二年

趙盾

冬，楚子伐鄭，未服也。

宣五年

晉成三年

趙盾

冬，楚子伐鄭。陳及楚平。晉荀林父救鄭，

衛，而立其子胥克。楚、鄭侵陳，遂侵宋。晉趙盾帥師救陳、宋。會于棐林，伐鄭。冬，趙穿帥師侵崇。晉、宋再伐鄭。	趙盾及諸侯之師侵鄭以報之，楚鬬椒救鄭，趙盾乃還。九月乙丑，趙盾弑其君夷皋，使趙穿逆公子黑臀于周而立之。冬，趙盾爲旄車之族。	夏，楚人侵鄭。		伐陳。
宣六年 晉成四年 趙盾 春，晉趙盾、衛孫免侵陳，陳即楚故也。冬，楚人伐鄭，取成而還。	宣七年 晉成五年 趙盾 冬，會諸侯于黑壤。鄭及晉平，王叔桓公臨之，以謀不睦。	宣八年 晉成六年 郤缺 胥克有蠱疾，郤缺爲政，代趙盾。秋，廢胥克，使趙朔佐下軍。案：成十七年傳胥童以胥克之廢怨郤氏，實始于此。是年，士會代將上軍。	宣九年 晉成七年 郤缺 秋，會諸侯于扈，陳侯不會，晉荀林父以諸侯之師伐陳。晉侯卒于扈，乃還。冬，楚子伐鄭，晉郤缺救鄭，鄭伯敗楚師于柳棼。	宣十年 晉景元年 郤缺 六月，鄭及楚平，諸侯之師伐鄭，取成而還。冬，楚子伐鄭，晉士會救鄭，逐楚師于潁北。
宣十一年	宣十二年	宣十三年	宣十四年	宣十五年

	晉景二年	郤缺	春，楚伐鄭，及櫟。子良曰：「晉、楚無信，我焉得有信。」乃從楚，盟于辰陵，又徼事于晉。秋，郤缺會衆狄于攢函。
	晉景三年	荀林父	春，楚子圍鄭，三月克之。夏六月，晉師救鄭。荀林父將中軍，先穀佐之。士會將上軍，郤克佐之。趙朔將下軍，欒書佐之。戰于邲，晉師敗績。案是年荀林父代郤缺將中軍。冬，楚滅蕭。
	晉景四年	荀林父	夏，楚伐宋。冬，晉殺先穀。
	晉景五年	荀林父	九月，楚子圍宋。
	晉景六年	荀林父	夏五月，宋人及楚人平。六月，荀林父敗赤狄于曲梁，遂滅潞。
宣十六年	晉景七年	士會	春，士會帥師滅赤狄甲氏及留吁、鐸辰。三月，請于王，以黻冕命士會將中軍，且爲太傅。
宣十七年	晉景八年	士會　郤克	六月，會諸侯于斷道。秋，范武子將老，召文子曰：「郤子其或者欲已亂于齊乎。不然，余懼其益之也。余將
宣十八年	晉景九年	郤克	春，晉侯、衛太子臧伐齊，齊侯會晉侯盟於繒。是年，楚莊王卒。
成元年	晉景十年	郤克	
成二年	晉景十一年	郤克	六月，晉郤克會魯、衛、曹之大夫及齊侯戰于鞌，齊師敗績。案：傳云：「士燮佐上軍，欒書將下軍。」正

案：是年士會代荀林父將中軍。

冬，晉侯使士會平王室。

老，使郤子逞其志。」乃請老，郤獻子爲政。

義曰：「宣十三年，晉殺先穀，當是士會佐中軍，郤克將上軍，疑荀首代郤克佐上軍。十六年，士會將中軍，則林父卒矣，當是郤克佐中軍，疑荀首將上軍，荀庚佐之。十七年，士會請老，郤克將中軍，當是荀首佐中軍，荀庚將上軍。所以知者，此年傳稱知罃之父新佐中軍，明士會老後，郤克遷而荀首代也。首于邲戰尚爲大夫，不應宣之末年得佐中軍，故疑先穀死後，代郤克佐上軍也。明年，荀庚來聘，傳稱『中行

成三年
晉景十二年
郤克
春，晉會諸侯伐鄭，討

成四年
晉景十三年
欒書
冬，鄭伯伐許。晉欒

成五年
晉景十四年
欒書
鄭伯請成于晉。冬，

成六年
晉景十五年
欒書
三月，晉及衞、鄭、伊

伯之于晉也，其位在三』，則此時荀庚將上軍矣。疑林父卒後，荀庚即佐上軍，士會老後，荀庚轉將上軍，故杜以爲士燮代荀庚也。邲戰以來，趙朔無代。今欒書將下軍，則趙朔卒矣，不知誰代欒書佐下軍。」按成六年正義引服虔云：「是時郤錡將下軍，趙同佐之。」疑郤錡先佐下軍，至四年欒書將中軍，錡代將下軍也。

成七年
晉景十六年
欒書
秋，楚子重伐鄭，晉及

邲之役。

夏，郤克、衛孫良夫伐廧咎如，〔一〕討赤狄之餘焉。

十二月，晉作六軍，韓厥、趙括、鞏朔、韓穿、荀騅、趙旃皆爲卿，以賞鞌之功。註：「韓厥爲新中軍，趙括佐之。鞏朔爲新上軍，韓穿佐之。荀騅爲新下軍，趙旃佐之。」晉舊自有三軍，今增此，故爲六軍，僭王制，此晉軍制第四變。合六軍將佐共爲卿十二人。

書將中軍，荀首佐之，士燮佐上軍，以救許，伐鄭。

案：是年欒書代郤克將中軍。

諸侯同盟于蟲牢，鄭服也。

雒之戎、陸渾、蠻氏侵宋，以宋辭蟲牢之會也。

夏四月，晉遷于新田。

秋，楚子重伐鄭，晉欒書救鄭，楚師還。晉師遂侵蔡，楚公子申、公子成以申、息之師救蔡，禦諸桑隧。知武子、范文子、韓獻子不欲戰，乃遂還。于是軍帥之欲戰者衆，或謂欒武子曰：「子之佐十一人，不欲戰者三人而已，盍從衆？」欒武子曰：「善，衆之主也。三卿爲主，可謂衆矣。從之，不亦可乎？」

諸侯救鄭。八月，同盟于馬陵，尋蟲牢之盟也。

成八年	晉景十七年	欒書	晉欒書侵蔡，遂侵楚，獲申驪。楚師之還也，晉侵沈，獲沈子揖初，從知、范、韓也。	
成九年	晉景十八年	欒書	爲歸汶陽之田故，諸侯貳于晉。晉人懼，會于蒲。楚以重賂求鄭，鄭從楚。秋，鄭伯如晉，晉人執諸銅鞮。欒書伐鄭，楚子重侵陳以救鄭。	
成十年	晉景十九年	欒書	夏，鄭人立髡頑。欒書曰：「鄭立君矣，我執一人焉何益，不如伐鄭而歸其君。」五月，會諸侯伐鄭。	
成十一年	晉厲元年	欒書	宋華元善于令尹子重，又善于欒武子，聞楚人既許晉成，冬，華元如楚，遂如晉，合晉、楚之成。	案：是役晉六軍十二卿悉出，行師未有如此之盛者，晉之僭亦極矣。
成十二年	晉厲二年	欒書	晉、楚爲成。夏五月癸亥，盟于宋西門之外。鄭伯如晉聽成。	
成十三年	晉厲三年	欒書		
成十四年	晉厲四年	欒書		
成十五年	晉厲五年	欒書		
成十六年	晉厲六年	欒書		
成十七年	晉厲七年	欒書		

夏五月，晉會諸侯伐秦。欒書將中軍，荀庚佐之。士燮將上軍，郤錡佐之。韓厥將下軍，荀罃佐之。趙旃將新軍，郤至佐之。與秦師戰于麻隧，秦師敗績。

案：此年卽止有新軍，不言上下，是新上下軍卽罷于是年，六軍之制改矣。襄九年傳：「鄭子展云：『晉四軍無闕，八卿和睦。』」十六年傳：「單襄公云：『郤至位于七人之下。』」是晉此時止有四軍八卿，郤至爲新軍佐，故位于七人之下也。此晉軍制第五

春，同盟于戚。執曹伯負芻歸于京師，討其殺太子而自立也。夏六月，楚子背盟侵鄭，遂侵衞。

春，楚以汝陰之田求成于鄭，鄭叛晉，晉侯伐鄭。欒書將中軍，士燮佐之。郤錡將上軍，荀偃佐之。韓厥將下軍，郤至佐新軍。與楚子、鄭伯戰于鄢陵，楚子、鄭師敗績。杜註：「是年郤犫代趙旃將新軍，新上下軍罷矣。」正義云：「三年作六軍，其新三軍將佐六人皆賞鞌之功，至此死亡不復存，唯韓厥在耳。郤至佐新軍，不言上下，是新軍唯一，改六軍爲四軍也。」

春，會尹武公、單襄公及諸侯伐鄭，同盟于柯陵。楚子重救鄭。冬，諸侯復伐鄭。楚公子申救鄭。十二月，晉殺三郤。

變。

成十八年

晉厲八年

欒書　韓厥

正月，欒書、中行偃弑厲公，迎公子周于周而立之，是爲悼公。

二月，使魏相、士魴、魏頡、趙武爲卿。

案：晉語：「呂宣子佐下軍，彘恭子將新軍，令狐文子佐之。」呂宣子，魏錡之子相也。彘恭子，士魴也。令狐文子，魏頡也。是年冬，士魴來乞師，臧武仲曰：「今彘季亦佐下軍。」蓋相卽于是

襄元年

晉悼元年

韓厥

春，圍宋彭城，彭城降晉。

夏五月，韓厥、荀偃帥諸侯之師伐鄭，入其郛。

秋，楚子辛救鄭，侵宋。

襄二年

晉悼二年

韓厥

秋，會于戚，謀鄭故也。孟獻子請城虎牢以偪鄭。

冬，復會于戚，遂城虎牢，鄭人乃成。

襄三年

晉悼三年

韓厥

六月，同盟于雞澤。陳侯使袁僑如會求成。戊寅，諸侯之大夫及陳袁僑盟。

楚司馬公子何忌侵陳，陳叛故也。

冬，荀罃帥師伐許，不會於雞澤故也。

是年使魏絳佐新軍。

正義曰：「于是魏頡卒矣，使趙武將新軍代魏頡，升魏絳佐新軍代趙武。」

襄四年

晉悼四年

韓厥

春，楚師爲陳叛故，猶在繁揚。韓獻子患之，言于朝曰：「文王帥殷之叛國以事紂，唯知時也。今我易之，難哉！」

夏，楚彭名侵陳。

冬，使魏絳和諸戎。

年卒，魴代相佐下軍也。又案：晉語：「呂宣子卒，使趙文子佐新軍。」是魏相卒後，士魴升佐下軍，頡代魴將新軍，趙武佐之也。
夏六月，楚、鄭同伐彭城，納宋叛人魚石，以三百乘戍之。
冬，楚子重伐宋，宋華元如晉告急。韓獻子爲政，曰：「成霸安疆，自宋始矣。」師于台谷以救宋。
十二月，會于虛朾，謀救宋。宋人辭諸侯而請師以圍彭城。
案：是年欒書卒，韓厥代將中軍。

襄四年

晉悼四年

韓厥

九月丙午，盟于戚，會吳，且命戍陳也。冬，諸侯戍陳，楚子囊伐陳，會于城棣以救之。

襄五年

晉悼五年

韓厥

襄六年

晉悼六年

韓厥

襄七年

晉悼七年

韓厥　知罃

冬十月，韓獻子告老，公族穆子有廢疾，請立其弟起。楚子囊伐陳，會于鄬以救之，陳侯逃歸。

案：九年傳：「楚子囊曰：『韓厥老矣，知罃稟焉以爲政。』」是知罃代韓厥將中軍也。

襄八年

晉悼八年

知罃

五月甲辰，會于邢丘，以命朝聘之數，使諸侯之大夫聽命。鄭伯獻捷于會。

襄九年

晉悼九年

知罃

冬十月，諸侯伐鄭，季武子、齊崔杼、宋皇鄖從荀罃、士匄門于鄟門，衞北宮括、曹人、

襄十年

晉悼十年

知罃

春，會吳于柤，遂滅偪陽以與宋。秋，諸侯伐鄭，遂城虎牢，士魴、魏絳戍之。

襄十一年

晉悼十一年

知罃

夏四月，諸侯復伐鄭，荀罃東侵舊許。六月，諸侯會于北林。秋七月，同盟于亳城北。

襄十二年

晉悼十二年

知罃

冬，楚子囊伐宋師于楊梁，以報晉之取鄭也。

襄十三年

晉悼十三年

知罃　荀偃

荀罃、士魴卒。晉侯蒐于緜上以治兵，使士匄將中軍，辭曰：「伯游長。」乃使荀偃

郲人從荀偃、韓起門于師之梁,滕人、薛人從欒黶、士魴門于北門,杞人、郳人從趙武、魏絳斬行栗。鄭人行成。十一月己亥,同盟于戲。

案:此爲晉四軍,軍各有將佐,所謂八卿也。荀罃將中軍,故居首。

楚子伐鄭,鄭及楚平。

鄭平。

楚子囊救鄭。十一月,諸侯之師與楚夾潁而軍,鄭人宵涉潁與楚人盟。

楚子囊乞旅于秦以伐鄭,鄭伯逆之,伐宋。九月,諸侯悉師以復伐鄭,鄭人行成。十二月戊寅,會于蕭魚。楚執鄭行人良霄。

將中軍,士匄佐之。趙武將上軍,韓起佐之。欒黶將下軍,魏絳佐之。新軍無帥,晉侯難其人,使其什吏率其卒乘官屬,以從于下軍。

案:是年新軍併入下軍,然尚未革新軍也。以後六人更迭爲政,荀偃、士匄、趙武、韓起以次將中軍。欒黶、魏絳先死,黶子盈爲范氏所逐,絳子魏舒代韓起。

襄十四年

晉悼十四年

荀偃

正月,諸侯會吴于向。

襄十五年

晉悼十五年

荀偃

戚之會,范宣子假羽

襄十六年

晉平元年

荀偃

三月,會于溴梁。戊

襄十七年

晉平二年

荀偃

襄十八年

晉平三年

荀偃

冬十月,會于魯濟,尋

夏，諸侯之大夫從晉伐秦，欒黶違命，荀偃命還。晉人謂之「遷延之役」。

師歸自伐秦，晉侯舍新軍，禮也。成國不過半天子之軍，諸侯之大者三軍可也。於是知朔生盈而死，盈生六年而武子卒，彘裘亦幼，皆未可立，故舍之。

案：是年舍新軍，復三軍之舊，此晉軍制第六變，自此迄春秋末不改。

晉侯問衞故于中行獻子，對曰：「不如因而定之。」冬，會于戚，謀定衞也。

施于齊而弗歸，齊人始貳。夏，齊人圍成，貳于晉故也。秋，邾人亦伐我南鄙，使告于晉，晉將爲會以討邾、莒。晉侯有疾。冬，晉悼公卒，遂不克會。

寅，大夫盟，執莒子、邾子以歸。

夏六月，荀偃、欒黶帥師伐楚，以報宋楊梁之役。

溴梁之言，同伐齊。十一月丁卯朔，入平陰，遂從齊師。荀偃、士匄以中軍克京茲，魏絳、欒盈以下軍克邿，趙武、韓起以上軍圍盧。

案：是年六卿班次與襄十三年同，只欒黶死，魏絳升爲下軍將，而黶子盈佐之。

襄十九年	晉平四年	荀偃　士匄	春，諸侯盟于祝柯，執邾悼公。以其伐我故，遂取邾田自漷水歸之于我。二月，荀偃卒，范宣子爲政。五月，齊靈公卒。士匄侵齊，及穀，聞喪而還。
襄二十年	晉平五年	士匄	夏，盟于澶淵，齊成故也。
襄二十一年	晉平六年	士匄	范宣子使欒盈城著而遂逐之。秋，欒盈出奔楚。冬，會于商任，以錮欒氏。
襄二十二年	晉平七年	士匄	秋，欒盈自楚適齊。冬，會于沙隨，復錮欒氏。
襄二十三年	晉平八年	士匄	欒盈自齊入曲沃。四月，帥曲沃之甲以入絳。范宣子奉公如固宮，戰，敗欒氏，欒盈奔曲沃。秋，齊侯乘欒氏之亂以伐晉，入孟門，登太行，封少水而還。冬，晉人克欒盈于曲沃，殺之。
襄二十四年	晉平九年	士匄	秋，會于夷儀，將以伐齊。水，不克。
襄二十五年	晉平十年	士匄　趙武	夏五月，復會于夷儀以伐齊，齊人弒莊公。
襄二十六年	晉平十一年	趙武	楚子、秦人侵吳，遂侵鄭。
襄二十七年	晉平十二年	趙武	宋向戌欲弭諸侯之兵以爲名，告于諸侯，皆
襄二十八年	晉平十三年	趙武	夏，爲宋之盟故，從楚之諸侯朝于晉。

冬，楚子伐鄭以救齊，諸侯之師還救鄭。是年傳晉侯嬖程鄭，使佐下軍。

以說，乃行成，使叔向告齊服于諸侯。秋七月，同盟于重丘，齊成故也。　趙文子爲政，令薄諸侯之幣，而重其禮。案：是年趙武代范匄。

六月，晉趙武會諸侯于澶淵以討衛，疆戚田，取衛西鄙懿氏六十以與孫氏。冬十月，楚子爲許伐鄭。鄭子産曰：「晉、楚將平，諸侯將和，不如使逞而歸。」子展說，不禦寇。楚子門于師之梁，涉于氾而歸。

爲會于宋。楚令尹子木請晉、楚之從交相見，許之。將盟，晉、楚爭先。叔向謂趙孟曰：「諸侯歸晉之德，非歸其尸盟也。」乃先楚人。書先晉，晉有信也。

冬十一月，從晉之諸侯朝于楚。

襄二十九年

晉平十四年

趙武

晉平公，杞出也，故治杞。六月，合諸侯之大夫以城杞。

襄三十年

晉平十五年

趙武

冬十月，會于澶淵，宋災故。鄭良霄之黨羽頡出奔晉，事趙文子，與言伐鄭之說焉。以宋之盟故不可。

襄三十一年

晉平十六年

趙武

昭元年

晉平十七年

趙武

三月，會于虢，尋宋之盟也。楚令尹圍請讀舊書加于牲上而已，許之。十二月，晉既烝，趙孟

昭二年

晉平十八年

韓起

春，晉侯使韓宣子來聘，且告爲政而來見。杜註：「代趙武爲政。」正義云：「五年傳曰：『韓起之下有趙成、中

昭三年	晉平十九年 韓起 五月，韓起如齊逆女。	
昭四年	晉平二十年 韓起 楚子使椒舉求諸侯于晉，晉侯許之。遂合十二國諸侯于申，椒舉遂請昏。	
昭五年	晉平二十一年 韓起 楚令尹子蕩逆女于晉，晉韓宣子如楚送女，叔向爲介。	
昭六年	晉平二十二年 韓起 楚公子棄疾如晉，報韓子之送女也。韓宣子之適楚，楚人弗逆。公子棄疾及晉竟，晉侯將亦弗逆。叔向曰：「焉用效人之辟。匹夫爲善，民猶則之，況國君乎！」晉侯說，乃逆之。	適南陽，將祭孟子餘。庚戌，卒。
昭七年	晉平二十三年 韓起 晉人爲杞取成。子産爲豐施歸州田于晉，晉侯以與韓宣子。宣子爲初言，病有之，以易原縣于樂大心。	行吳、魏舒、范鞅、知盈。』則六者三軍之將佐也。韓起代趙武將中軍，趙成繼父爲卿，代韓起也。」

昭八年

晉平二十四年

韓起

晉侯築虒祁之宫。叔弓如晉，游吉相鄭伯以如晉，賀虒祁也。史趙見子太叔曰：「甚哉！其相蒙也。可弔也，而又賀之。」

是年，楚滅陳。

昭九年

晉平二十五年

韓起

周甘人與晉閻嘉争閻田，晉梁丙、張趯率陰戎伐潁。王使詹桓伯辭于晉，晉人無辭。時王有姻喪，韓宣子使趙成如周弔，且致閻田與襚，反潁俘。

是年，荀盈卒，使其子荀躒代佐下軍。

案：盈爲知悼子，躒爲知文子。

昭十年

晉平二十六年

韓起

昭十一年

晉昭元年

韓起

夏，楚子誘殺蔡侯般，使公子棄疾圍蔡。晉荀吴謂韓宣子曰：「不能救陳，又不能救蔡，晉之不能，亦可知也。己爲盟主，而不恤亡國，將焉用之？」秋，會于厥慭，謀救蔡。使狐父請蔡于楚，弗許。

是冬，楚滅蔡。

昭十二年

晉昭二年

韓起

晉荀吴假道于鮮虞，遂入昔陽。秋八月壬午，滅肥。

冬，晉伐鮮虞。

昭十三年

晉昭三年

韓起

是年，楚靈王遇弒于乾谿。

昭十四年

晉昭四年

韓起

晉邢侯與雍子争鄐田，叔魚攝理，韓宣子

昭十五年

晉昭五年

韓起

晉荀吴伐鮮虞，圍鼓。鼓人或請以城叛，穆

昭十六年

晉昭六年

韓起

韓宣子有環，其一在鄭商。宣子請諸鄭伯，

昭十七年

晉頃元年

韓起

九月庚午，荀吴滅陸渾，以其貳于楚也。

晉成虒祁，諸侯朝而歸者，皆有貳心。叔向曰：「諸侯不可以不示威。」乃並徵會。七月丙寅，治兵于邾南，甲車四千乘，遂合諸侯于平丘，執季孫意如以歸，信邾、莒之愬也。
荀吳以上軍侵鮮虞，大獲而歸。

令斷舊獄，罪在雍子。雍子納女於叔魚，叔魚蔽罪邢侯，邢侯怒，殺叔魚與雍子于朝。叔向曰：「三人同罪，施生戮死可也。」乃施邢侯，而尸雍子與叔魚于市。

子弗許。圍鼓三月，鼓人或請降，使其民見，曰：「猶有食色，姑脩而城。」鼓人告食竭力盡，而後取之。克鼓而反，不戮一人。

子產弗與。韓子買諸商人，商人曰：「必告君大夫。」韓子請諸子產，子產曰：「我先君桓公與商人世有盟誓，曰：『毋或匄奪。』今吾子教敝邑强奪商人，是背盟誓也，毋乃不可乎！吾子得玉而失諸侯，必不爲也。若大國令，而共無藝，鄭鄙邑也，亦弗爲也。」韓子辭玉，曰：「起不敏，敢求玉以徼二罪？」

初，宣子夢文公攜荀吳而授之陸渾，故使穆子帥師獻俘于文宮。
昭十八年
晉頃二年
韓起
案：韓宣子秉政凡二

昭十九年
晉頃三年
韓起

昭二十年
晉頃四年
韓起

昭二十一年
晉頃五年
韓起
宋華向作亂，晉荀吳

昭二十二年
晉頃六年
韓起
楚人助華向，諸侯之

十二年，外不能抗禦强楚，内不能彈壓諸卿，荀吴、范鞅、知躒公行賄賂，又擅用大師，舍楚不事，而連年滅肥、滅鼓、滅陸渾以自封殖。宣子如木偶人，噤不發一語，僅與叔向、子産輩爲文雅之儒，則謂晉之伯業始于趙武，而成于韓起可也，魏舒以下，又何誅焉。	昭二十三年 晉頃七年 韓起 魯人伐邾，邾人愬于晉。叔孫婼如晉，晉人執之，使與邾大夫
	昭二十四年 晉頃八年 韓起 六月，鄭伯如晉。子太叔見范獻子曰：「嫠不恤其緯，而憂宗周之
	昭二十五年 晉頃九年 韓起 夏，會于黄父，趙簡子令諸侯之大夫輸王粟，具戍人，曰：「明年
合齊、衛、曹之大夫救宋。	昭二十六年 晉頃十年 韓起 七月，晉知躒、趙鞅帥師納王，使女寬守闕塞。
戍固請逸賊以爲楚功。華亥、向寧、華定出奔楚，故諸侯之救宋皆不書。 六月，景王崩。王子朝作亂。 冬十月，籍談、荀躒帥九州之戎納王猛于王城。	昭二十七年 晉頃十一年 韓起 秋，會于扈，令戍周，且謀納公也。宋、衛皆利納公。范獻子取

坐。士彌牟謂韓宣子曰：「子以叔孫與其讎，叔孫必死之。魯亡叔孫，必亡邾，悔之何及？」乃使各居一館。士伯得其辭，而愬諸宣子，乃皆執之。圍郊，討子朝。王使告閒，乃還。

隕，爲將及焉。今王室實蠢蠢焉，吾小國懼矣。王室之不寧，晉之耻也。」獻子懼，而與韓宣子圖之，乃徵會于諸侯，期以明年。

將納王。」

九月，魯季孫意如出其君于陽州。

十一月，王子朝奔楚，敬王入于成周。

貨于季孫，以爲難，乃辭小國，而以難復。

昭二十八年

晉頃十二年

韓起　魏舒

晉祁勝與鄔臧通室，祁盈執之。祁勝賂荀躒，荀躒爲之言于晉侯。晉侯執祁盈。祁盈之臣殺勝與臧。六月，晉殺祁盈及楊食我。秋，晉韓宣子卒，

昭二十九年

晉頃十三年

魏舒

冬，晉趙鞅、荀寅帥師城汝濱，遂賦晉國一鼓鐵，以鑄刑鼎，著范宣子所爲刑書焉。

昭三十年

晉頃十四年

魏舒

昭三十一年

晉定元年

魏舒

晉侯將以師納公，范獻子曰：「若召季孫而不來，則信有罪矣，然後伐之，若何？」晉人召季孫，獻子使私焉，曰：「子必來，我受其無咎。」季孫意如會晉

昭三十二年

晉定二年

魏舒

秋，王使如晉請城成周，曰：「俾戍人無勤，諸侯用寧，晉之力也。」范獻子謂魏獻子曰：「與其戍周，不如城之。」冬十一月，晉魏舒、韓不信合諸侯

魏獻子爲政。分祁氏之田以爲七縣，分羊舌氏之田以爲三縣。

荀躒于適歷。

之大夫于狄泉，尋盟，且令城成周。

定元年
晉定三年
魏舒　范鞅
春正月辛巳，晉魏獻子屬役于韓簡子，而田于大陸，焚焉。還，卒於甯。范獻子去其柏槨，以其未復命而田也。庚寅，栽。宋仲幾不肯受功，與薛宰争言。士彌牟曰：「晉之從政者新，歸而視吾故府。」杜註：「言范鞅新代魏子爲政，未習故事。」正義云：「魏舒以辛巳會，至庚

定二年
晉定四年
范鞅

定三年
晉定五年
范鞅
秋九月，〔二〕鮮虞人敗晉師于平中，獲觀虎。蔡昭侯拘于楚三年，歸而質其子元於晉，而請伐楚。

定四年
晉定六年
范鞅
三月，劉文公合十八國之諸侯于召陵，謀伐楚。晉荀寅求貨于蔡侯，弗得，設辭于范獻子，乃辭蔡。夏，使蔡滅沈。楚爲沈故，圍蔡。冬十有一月，蔡侯更以吳師伐楚，戰于柏舉，大破楚師，入郢。
定五年
晉定七年
范鞅
冬，晉士鞅帥師圍鮮虞，報觀虎之役也。

寅相去止十日，舒甫卒而已得范鞅代者。鞅本是中軍佐，於次當得代。蓋晉人聞舒卒，而馳使代之也。」

定六年

晉定八年

范鞅

秋八月，宋樂祁如晉，晉趙簡子逆，而飲之酒于緜上，獻楊楯六十。范獻子怒，言于晉侯曰：「以君命越疆，未致使而私飲酒，不可以不討。」乃執樂祁。

案：范、趙不和，已萌芽於此。

定七年

晉定九年

范鞅

秋，齊、鄭盟于鹹，徵會于衛。衛侯與齊盟于瑣，結叛晉也。

是年齊景公争霸。

定八年

晉定十年

范鞅

宋樂祁卒于太行。士鞅曰：「宋必叛晉。」乃止其尸以求成。

夏，齊伐我，晉士鞅、趙鞅、荀寅救我。公會晉師于瓦，范獻子執羔，趙簡子、中行文子皆執鴈。晉人使涉佗、成何盟衛侯，捘衛侯之手，及捥。衛叛晉，晉士鞅

定九年

晉定十一年

范鞅

秋，齊侯、衛侯伐晉夷儀。

定十年

晉定十二年

范鞅

晉趙鞅圍衛，報夷儀也。晉人討衛之叛，故曰：「由涉佗、成何。」於是執涉佗以求成于衛。衛人弗許，晉人遂殺涉佗。

侵鄭，遂侵衛。

定十一年
晉定十三年
范鞅
冬，魯及齊平，始叛晉也。

定十二年
晉定十四年
范鞅
冬十月癸亥，公會齊侯盟于黃。
杜氏預曰：「結叛晉也。」

定十三年
晉定十五年
趙鞅
春，齊侯次于垂葭，使師伐晉。
夏，晉趙鞅入于晉陽以叛。
冬，晉荀寅、士吉射入于朝歌以叛。晉趙鞅歸于晉。士吉射，范鞅之子也。
據昭五年傳，三軍將佐班次，范鞅之後當及知盈，盈于昭九年卒，周而復始，次當及韓，而韓起之子須亦前死，故當及趙成之子鞅爲政也。成，趙

定十四年
晉定十六年
趙鞅
冬十二月，晉人敗范、中行之師于潞。
梁嬰父惡董安于，謂知文子曰：「不殺安于，使終政于趙氏，趙氏必得晉國。」文子使告趙孟，曰：「范、中行雖信爲亂，安于則發之。」趙孟患之。安于曰：「我死而趙氏定，焉用生。」乃縊而死。趙孟尸諸市，而告于知氏。知伯從趙孟盟。

定十五年
晉定十七年
趙鞅

武之子。

哀元年

晉定十八年

趙鞅

夏，齊侯、衛侯會于乾侯，救范氏。

冬十一月，晉趙鞅伐朝歌。

哀二年

晉定十九年

趙鞅

夏，晉趙鞅納衛太子蒯聵于戚。

秋八月，齊、鄭輸范氏粟，士吉射逆之。趙鞅帥師與戰于鐵，鄭師敗績。

哀三年

晉定二十年

趙鞅

冬十月，晉趙鞅圍朝歌，荀寅奔邯鄲，趙鞅殺士皋夷。

哀四年

晉定二十一年

趙鞅

楚人襲蠻氏，蠻子赤奔晉陰地。楚使謂陰地之命大夫士蔑，將通于少習以聽命。趙孟曰：「晉國未寧，安能惡于楚，必速與之。」執以畀楚師于三户，楚人盡俘以歸。

九月，趙鞅圍邯鄲，荀寅奔鮮虞。齊國夏會鮮虞納荀寅于柏人。

哀五年

晉定二十二年

趙鞅

春，晉圍柏人，荀寅、士吉射奔齊。

夏，趙鞅伐衛，范氏之故也。遂圍中牟。

哀六年

晉定二十三年

趙鞅

哀七年

晉定二十四年

趙鞅

哀八年

晉定二十五年

趙鞅

哀九年

晉定二十六年

趙鞅

哀十年

晉定二十七年

趙鞅

春，趙鞅伐鮮虞，治范氏之亂也。

魏曼多帥師侵衛。

宋公伐鄭，趙鞅卜救鄭，不吉。陽虎更以周易筮之，亦不吉，乃止。

夏，趙鞅帥師伐齊，取犁及轅，侵及賴而還。

哀十一年
晉定二十八年
趙鞅

哀十二年
晉定二十九年
趙鞅

哀十三年
晉定三十年
趙鞅
吴夫差會晉公午于黄池。秋七月辛丑，盟，吴、晉争先。趙鞅呼司馬寅曰：「請姑視之。」反曰：「肉食者無墨。今吴王墨，夷德輕，不忍久，請少待之。」乃先晉人。

哀十四年
晉定三十一年
趙鞅
秋，晉趙鞅帥師伐衛。

哀十五年
晉定三十二年
趙鞅
秋八月，晉趙鞅帥師伐衛。
冬，晉侯伐鄭。

哀十六年
晉定三十三年
趙鞅

哀十七年
晉定三十四年
趙鞅

哀十八年
晉定三十五年
趙鞅

哀十九年
晉定三十六年
趙鞅

哀二十年
晉定三十七年
知瑶

正月，衛世子蒯聵自戚入于衛。

晉趙鞅使告于衛曰：「君之在晉也，志父爲主。請君與太子來，以免志父。不然，寡君其曰志父之爲也。」衛侯辭以難。夏六月，趙鞅圍衛。

案：晉自趙武于襄二十七年宋之盟後，數十年不出師，晉虛有上中下軍之名，而將佐諸人俱不見于傳，無可考。但據昭五年傳云：「韓起之下有趙成、中行吳、魏舒、范鞅、知盈。」正義云：「六人是三軍之將佐也。」晉中軍以次更代，韓起卒，而趙成、中行吳二人先死，故即用魏舒代。魏舒卒，而范鞅代。范鞅之後，次當及知盈，而盈卒於昭九年，其子躒輩行幼。周而復始，次當及韓，而韓起之子須亦前卒，其孫不信

十一月，越圍吳，趙襄子降于喪食。(時有父簡子之喪。)使楚隆告于吳王曰：「黃池之役，君之先臣志父得承齊盟，曰：『好惡同之。』今君在難，無恤不敢憚勞，非晉國之所能及也，使陪臣敢告不共。」

是年趙鞅卒，知瑶爲政。

哀二十一年 晉定三十八年	知瑤	
哀二十二年 晉定三十九年	知瑤	
哀二十三年 晉定四十年	知瑤	
哀二十四年 晉定四十一年	知瑤	輩行幼，故當及趙成之子鞅，是爲趙簡子。簡子爲政二十二年而卒，次當及中行，而中行吳之子荀寅前已爲趙所逐。次當及魏，而魏舒之孫曼多輩行幼。次當及范，范鞅之子士吉射亦爲趙所逐。次當及知，知瑤以知躒之孫、盈之曾孫，故當代趙也。是時晉六卿爲四卿，知伯強，三家皆畏之，故瑤以盈之曾孫而越次代。
哀二十五年 晉定四十二年	知瑤	

哀二十六年 晉定四十三年 知瑤	
哀二十七年 晉定四十四年 知瑤 晉荀瑤伐鄭，次于桐丘。鄭駟弘請救于齊。齊陳成子召顏涿聚之子晉曰：「隰之役，而父死焉。今君命汝是邑，毋廢前勞。」救鄭，及留舒，知伯乃還，曰：「我卜伐鄭，不卜敵齊。」	
悼四年 晉出元年 知瑤 晉荀瑤圍鄭，門於桔柣之門。知伯謂趙孟入之，對曰：「主在此。」知伯曰：「惡而無勇，何以爲子？」對曰：「以能忍耻，庶無害趙宗乎！」趙襄子由是惎知伯，知伯貪而愎，故韓、魏反而喪之。	夏六月，晉荀瑤伐齊，戰于犁丘，知伯親禽顏庚。
	夏四月，晉乞師于魯以伐齊，取廩丘。

右晉中軍自郤縠至知瑤，共十九人。

校勘記

〔一〕〔夏郤克衛孫良夫伐廧咎如〕郤克、孫良夫伐廧咎如，春秋經傳皆繫於成公三年秋，此云「夏」，誤記。

〔二〕〔秋九月〕「九」字原誤作「七」，據左傳定公三年文改。

春秋楚令尹表卷二十三

錫山　顧棟高復初　輯
金匱受業杜　灝載陽　參

敍

楚自桓公六年武王侵隨始見左傳，其時鬬伯比當國主謀議，不著官稱。十一年，莫敖屈瑕盟貳、軫，敗鄖師於蒲騷。時則莫敖爲尊官，亦未有令尹之號。至莊四年，武王伐隨，卒於樠木之下，令尹鬬祁、莫敖屈重除道梁溠，營軍臨隨。令尹與莫敖並稱，亦不知其尊卑何別也。嗣後莫敖之官，或設或不設，閒與司馬並列令尹之下。而令尹以次相授，至戰國猶仍其名。其官大都以公子或嗣君爲之，他人莫得與也。其軍制則分爲二廣，中軍不必皆令尹將。邲之戰，沈尹將中軍，時爲沈尹者，莊王之子公子貞也。而孫叔敖不與鄢陵之役，司馬子反將中軍，令尹子重將左。蓋楚以令尹當國，而司馬則專主兵事，將相微分，與晉制略異矣。子辛多欲，而陳棄楚即晉，囊瓦貪而信讒，而唐、蔡道吳入郢，迹其利害，班班可考焉。自令尹鬬祁而下，歷二十三年，而子元欲蠱文夫人，中更文王、堵敖兩世，不著其令尹姓氏，獨哀十七年子穀對葉公之言可以參考而互見，聊復補之，以俟篤于左氏者之考定云。輯春秋楚令尹表第二十三。

春秋楚令尹表

魯紀年	楚紀年	令尹	事蹟
莊四年	楚武五十一年	鬬祁	令尹鬬祁、莫敖屈重除道梁溠，營軍臨隨。此爲楚令尹見傳之始。
莊五年	楚文元年	彭仲爽	案：楚令尹自鬬祁至子元，中更文王、堵敖二君，凡二十三年，令尹不見一人，無可考。昭十七年傳：〔一〕「太師子穀對王曰：『彭仲爽，申俘也，文王以爲令尹，實縣申、息，朝陳、蔡。』」意必有據，故附列于文王之世。
莊六年	楚文二年	彭仲爽	
莊七年	楚文三年	彭仲爽	
莊八年	楚文四年	彭仲爽	
莊九年	楚文五年		
莊十年	楚文六年		
莊十一年	楚文七年		
莊十二年	楚文八年		
莊十三年	楚文九年		

彭仲爽	彭仲爽	彭仲爽	彭仲爽	彭仲爽
莊十四年 楚文十年 彭仲爽	莊十五年 楚文十一年 彭仲爽	莊十六年 楚文十二年 彭仲爽	莊十七年 楚文十三年 彭仲爽	莊十八年 楚文十四年 彭仲爽
莊十九年 楚文十五年 彭仲爽	莊二十年 楚堵敖元年 闕	莊二十一年 楚堵敖二年 闕	莊二十二年 楚堵敖三年 闕	莊二十三年 楚成元年 闕
莊二十四年 楚成二年 闕	莊二十五年 楚成三年 闕	莊二十六年 楚成四年 闕	莊二十七年 楚成五年 闕	莊二十八年 楚成六年 子元
				楚令尹子元欲蠱文夫人，爲館於其宮側，而振萬焉。是秋，子元以車六百乘伐鄭。
莊二十九年 楚成七年 子元	莊三十年 楚成八年 子元 子文	莊三十一年 楚成九年 子文	莊三十二年 楚成十年 子文	閔元年 楚成十一年 子文

		楚公子元歸自伐鄭，而處王宮。鬭射師諫，則執而梏之。秋，申公鬭班殺子元，鬭穀於菟爲令尹，自毀其家，以紓楚國之難。
閔二年 楚成十二年	子文	
僖元年 楚成十三年	子文	是秋，楚人伐鄭，鄭卽齊故也。楚始爭鄭，齊桓會諸侯于檉以救鄭。
僖二年 楚成十四年	子文	冬十月，楚人侵鄭，囚鄭聃伯。家氏鉉翁曰：「楚比歲侵鄭，而齊師不出。春秋不以緩救爲譏，蓋伐楚，天下之至難也。」
僖三年 楚成十五年	子文	齊桓會於陽穀，謀伐楚。冬，楚人伐鄭。
僖四年 楚成十六年	子文	春正月，齊伐楚。夏，盟于召陵。
僖五年 楚成十七年		
僖六年 楚成十八年		
僖七年 楚成十九年		
僖八年 楚成二十年		
僖九年 楚成二十一年		

子文

秋，鬪穀於菟滅弦，于是江、黃、道、柏方睦于齊，皆弦姻也。弦子恃之而不事楚，故亡。

是年，鄭伯逃首止之盟，從楚。

子文

夏，諸侯伐鄭。

秋，楚圍許以救鄭。

子文

春，齊伐鄭。　秋，盟于甯母，鄭伯使請盟于齊。

子文

子文

僖十年

楚成二十二年

子文

僖十一年

楚成二十三年

子文

冬，楚人伐黃，以其不歸楚貢也。

僖十二年

楚成二十四年

子文

黃人恃諸侯之睦于齊，不共楚職。夏，楚滅黃。

僖十三年

楚成二十五年

子文

僖十四年

楚成二十六年

子文

僖十五年

楚成二十七年

子文

春，楚伐徐，齊會諸侯

僖十六年

楚成二十八年

子文

僖十七年

楚成二十九年

子文

是年，齊桓公卒。

僖十八年

楚成三十年

子文

宋襄公争霸，鄭伯始

僖十九年

楚成三十一年

子文

陳穆公請脩好於諸

			于牡丘以救徐。
			朝于楚。
			侯，以無忘齊桓之德。冬，公會陳人、蔡人、楚人、鄭人盟于齊。
僖二十年	楚成三十二年	子文	隨以漢東諸侯叛楚，楚鬬穀於菟帥師伐隨，取成而還。
僖二十一年	楚成三十三年	子文	宋爲鹿上之盟，以求諸侯于楚。秋，會于盂，執宋公以伐宋。
僖二十二年	楚成三十四年	子文	鄭伯如楚，宋公以諸侯伐鄭，楚伐宋以救鄭。〔三〕戰于泓，宋師敗績。
僖二十三年	楚成三十五年	子文　子玉	是年，宋襄公卒。子玉伐陳，討其貳于宋也。遂取焦、夷，城頓而還。子文以爲之功，使爲令尹。
僖二十四年	楚成三十六年	子玉	春，晉公子重耳返國。是年，宋及楚平。宋成公如楚。
僖二十五年	楚成三十七年	子玉	秦、晉伐鄀，商密人降秦師。子玉追秦師，弗及，遂圍陳，納頓子于頓。
僖二十六年	楚成三十八年	子玉	公子遂如楚乞師，臧孫見子玉而道之伐齊、宋，以其善于晉侯也。宋叛楚即晉。
僖二十七年	楚成三十九年	子玉	冬，楚及陳、蔡、鄭、許圍宋。公會諸侯盟于宋。
僖二十八年	楚成四十年	子玉　蔿吕臣	晉伐曹、衛以救宋。晉侯、齊師、宋師、秦師及楚人戰于城濮，楚師敗績。
僖二十九年	楚成四十一年	蔿吕臣　子上	楚子上爲令尹，見于僖三十三年侵陳、蔡。然考文元年商臣弒君傳，楚子將立商臣爲

冬，楚子玉、子西帥師伐宋，圍緡。公以楚師伐齊，取穀。

楚殺子玉。晉侯喜曰：「莫余毒也已。蔿呂臣實爲令尹，奉己而已，不在民矣。」

太子，訪諸令尹子上，子上曰：「君之齒未也。」是成王年未老，而子上已爲令尹。意當卽繼子玉之後，與蔿呂臣相次，但傳偶未之見耳。

僖三十年

楚成四十二年

子上

僖三十一年

楚成四十三年

子上

僖三十二年

楚成四十四年

子上

春，楚鬬章請平於晉。晉陽處父報之，晉、楚始通。

是年，晉文公卒。

僖三十三年

楚成四十五年

子上

令尹子上侵陳、蔡，遂伐鄭。晉陽處父侵蔡，子上救之，與晉師夾泜而軍。陽子駕以待，子上欲涉，大孫伯曰：「晉人無信，半涉而薄我，悔敗何及？不如紓之。」乃退舍。陽子宣言曰：「楚師遁

文元年

楚成四十六年

大孫伯

案：大孫伯是子玉之子，亦名成大心，其代子上爲令尹，傳未之見。文十二年傳云：「楚令尹大孫伯卒，成嘉爲令尹。」是大孫伯繼子上，而成嘉繼大孫伯也。

矣。」遂歸。楚師亦歸。太子商臣譖之王，王殺子上，大孫伯爲令尹。

文二年	楚穆元年	大孫伯
文三年	楚穆二年	大孫伯　秋，楚圍江。晉先僕伐楚以救江。
文四年	楚穆三年	大孫伯　秋，楚人滅江。
文五年	楚穆四年	大孫伯（卽成大心）　六人叛楚卽東夷，楚成大心、仲歸帥師滅六。冬，楚子燮滅蓼。
文六年	楚穆五年	大孫伯
文七年	楚穆六年	大孫伯
文八年	楚穆七年	大孫伯
文九年	楚穆八年	大孫伯　范山言于楚子曰：「晉君少，不在諸侯，北方可圖也。」楚子師于狼淵以伐鄭，鄭及楚平。
文十年	楚穆九年	大孫伯　陳、鄭會楚子于息，遂及蔡侯次于厥貉，將伐宋。宋公逆楚子，且聽命。
文十一年	楚穆十年	大孫伯　厥貉之會，麇子逃歸。楚子伐麇，成大心敗麇師于防渚。

公子朱伐陳，陳及楚平。

文十二年	楚穆十一年	大孫伯　子孔	楚令尹大孫伯卒，成嘉爲令尹。羣舒叛楚。夏，子孔執舒子平及宗子，遂圍巢。
文十三年	楚穆十二年	子孔（卽成嘉）	
文十四年	楚莊元年	子孔	楚莊王立，子孔、潘崇將襲羣舒，使公子燮與子儀守。二子作亂，楚殺鬬克及公子燮。子燮求令尹而不得，故作亂。
文十五年	楚莊二年	子孔	
文十六年	楚莊三年	子越（卽鬬椒）	楚大饑。戎與庸人帥羣蠻、麇、濮交伐楚。楚人謀徙于阪高。蔿賈曰：「不如伐庸。」與之遇以驕之，七遇皆北，庸人遂不設備。楚子會師分爲二隊，子越自石溪，子貝自仞，秦人、巴人從楚師，遂滅庸。
文十七年	楚莊四年	子越	
文十八年	楚莊五年	子越	
宣元年	楚莊六年	子越	
宣二年	楚莊七年	子越	
宣三年	楚莊八年	子越	

鄭穆公受盟于楚，陳靈公受盟于晉。秋，楚子侵陳，遂侵宋。

晉趙盾及諸侯之師侵鄭。楚鬬椒曰：「能欲諸侯，而惡其難乎？」遂次于鄭，以待晉師。趙盾曰：「彼宗競于楚，殆將斃矣。姑益其疾。」乃去之。

楚子伐陸渾之戎，觀兵于周疆。

宣四年

楚莊九年

子越

令尹子越作亂攻王，王敗之皋滸，遂滅若敖氏。

宣五年

楚莊十年

孫叔敖

楚子伐鄭，陳及楚平。晉荀林父救鄭伐陳。案：孫叔敖即蔿艾獵，爲令尹見于十一年城沂，宣五年以後無所見。然孫叔敖爲楚莊功臣，不應至十年尚不用爲令尹，況宣四年鬬椒圍其父伯嬴而

宣六年

楚莊十一年

孫叔敖

楚子伐鄭，取成而還。

宣七年

楚莊十二年

孫叔敖

鄭及晉平。

宣八年

楚莊十三年

孫叔敖

楚爲衆舒叛故，伐舒、蓼，滅之；楚子疆之。盟吳、越而還。

殺之，鬬椒誅則叔敖自當用，故知卽繼子越爲令尹也。

宣九年	楚莊十四年	孫叔敖	楚伐鄭，晉郤缺救鄭，鄭敗楚師于柳棼。
宣十年	楚莊十五年	孫叔敖	六月，鄭及楚平。諸侯之師伐鄭，取成而還。
宣十一年	楚莊十六年	孫叔敖	楚復伐鄭，及櫟，鄭從楚。夏，盟于辰陵，陳、鄭服也。鄭受盟，又徼事于晉。令尹蔿艾獵城沂，使封人慮事，三旬而成，不愆于素。冬，入陳，殺夏徵舒。
宣十二年	楚莊十七年	孫叔敖	楚圍鄭，三月克之，鄭伯受盟。晉荀林父救鄭，戰于邲，晉師敗績。鄭伯、許男如楚。冬，滅蕭。
宣十三年	楚莊十八年	孫叔敖	夏，楚伐宋，以其救蕭也。
宣十四年	楚莊十九年	孫叔敖	秋九月，楚子圍宋。
宣十五年	楚莊二十年	孫叔敖	夏五月，宋人及楚人
宣十六年	楚莊二十一年	孫叔敖	
宣十七年	楚莊二十二年	孫叔敖	
宣十八年	楚莊二十三年	孫叔敖	

平。

成元年	楚共元年	子重
成二年	楚共二年	子重 宣公使求好于楚，莊王卒，宣公薨，不克作好。公卽位，受盟于晉，會晉伐齊，故楚令尹子重爲陽橋之役以救齊，會諸侯盟于蜀。
成三年	楚共三年	子重
成四年	楚共四年	子重
成五年	楚共五年	子重 鄭請成于晉。
成六年	楚共六年	子重 楚子重伐鄭，鄭從晉故也。晉欒書救鄭，與楚師遇于繞角，楚師還。
成七年	楚共七年	子重 楚子重伐鄭，諸侯救鄭。鄭軍楚師，囚鄖公鍾儀。
成八年	楚共八年	子重
成九年	楚共九年	子重 楚人以重賂求鄭，鄭卽楚。秋，晉人執鄭伯伐鄭，子重侵陳以救鄭。冬，圍莒，莒潰，遂入鄆。
成十年	楚共十年	子重 左傳去冬楚使公子辰如晉，報鍾儀之使，請結成。春，晉使糴茷如楚報聘。

成十一年
楚共十一年
子重
宋華元善于令尹子重，又善于欒武子，聞楚人既許晉成，冬，如楚，遂如晉，合晉、楚之成。

成十二年
楚共十二年
子重
宋華元克合晉、楚之成。夏五月，晉士燮會楚公子罷、許偃，盟于宋西門之外。冬，郤至如楚聘，且涖盟。楚公子罷如晉聘，且涖盟。

成十三年
楚共十三年
子重

成十四年
楚共十四年
子重

成十五年
楚共十五年
子重
楚將北師，子囊曰：「新與晉盟而背之，無乃不可乎！」子反曰：「敵利則進，何盟之有。」申叔時曰：「子反必不免。」楚子侵鄭，遂侵衞。宋魚石奔楚。

成十六年
楚共十六年
子重
楚以汝陰之田求成於鄭，鄭叛晉，從楚子盟于武城。晉伐鄭。楚子救鄭，司馬子反將中軍，令

成十七年
楚共十七年
子重
夏，諸侯盟于柯陵，復伐鄭，楚子重救鄭，諸侯還。冬，諸侯圍鄭，楚公子申救鄭，諸侯還。舒庸人以楚鄖陵

成十八年
楚共十八年
子重
夏，與鄭同伐彭城，納宋魚石，以三百乘戍之而還，塞吳、晉往來之道。是年，晉悼公立。

襄元年
楚共十九年
子重
春，諸侯圍宋彭城，彭城降晉。夏，晉帥諸侯伐鄭。秋，子辛侵宋以救鄭。

襄二年
楚共二十年
子重
冬，晉帥諸侯城虎牢以偪鄭，鄭與晉成。

尹子重將左，右尹子辛將右，戰于鄢陵，楚師敗績。

之敗，道吳人圍巢。楚襲舒庸，滅之。

秋七月，宋圍彭城。冬十一月，子重救彭城，伐宋。

襄三年

楚共二十一年

子重　子辛

春，子重伐吳，克鳩兹，至于衡山。使鄧廖帥組甲三百、被練三千以侵吳。吳要而擊之，獲鄧廖。歸飲至三日，吳伐楚，取駕。楚人謂是役所獲不如所亡，子重病之，遇心疾而卒。子辛爲令尹，侵欲於小國。陳侯使袁僑求成於晉。

襄四年

楚共二十二年

子辛

楚彭名侵陳，又使頓間陳而侵伐之，故陳人圍頓。

襄五年

楚共二十三年

子辛　子囊

楚人討陳叛故，曰：「由令尹子辛。」乃殺之，子囊爲令尹。范宣子曰：「楚人討貳而立子囊，必改行，而疾討陳。陳近于楚，能無往乎？」冬，諸侯戍陳。子囊伐陳。會于城棣以救之。

襄六年

楚共二十四年

子囊

襄七年

楚共二十五年

子囊

楚子囊圍陳，諸侯會于鄬以救之。陳人患楚，使公子黄如楚，而使楚人執之，使告陳侯于會，陳侯逃歸，陳復屬楚。

襄八年	楚共二十六年	子囊	鄭人侵蔡，獲蔡公子燮。楚子囊以爲討，伐鄭，鄭及楚平。
襄九年	楚共二十七年	子囊	秦景公使乞師于楚，將以伐晉，楚子許之。子囊曰：「當今吾不能與晉爭，事之而後可。」王曰：「雖不及晉，必將出師。」師於武城以爲秦援。冬，晉及諸侯伐鄭，鄭及晉平。楚復伐鄭，鄭及楚平。
襄十年	楚共二十八年	子囊	春，晉滅偪陽以予宋，通吳、晉往來之道。六月，子囊及鄭子耳伐宋，以宋受偪陽故也。冬，諸侯戍鄭虎牢，楚子囊救鄭。
襄十一年	楚共二十九年	子囊	夏，諸侯復伐鄭，鄭及晉平。子囊乞旅于秦，將伐鄭，鄭復逆之以伐宋。九月，諸侯悉師以復伐鄭，鄭人行成，會于蕭魚，使告于楚，楚人執鄭良霄。
襄十二年	楚共三十年	子囊	冬，楚子囊、秦庶長無地伐宋，以報晉之取鄭也。
襄十三年	楚共三十一年	子囊	楚共王卒。吳侵楚，楚養由基謂子庚曰：「吳
襄十四年	楚康元年	子囊　子庚	秋，子囊師于棠，以伐吳，報庸浦之役。吳
襄十五年	楚康二年	子庚	是年，晉悼公卒。
襄十六年	楚康三年	子庚	
襄十七年	楚康四年	子庚	

乘我喪，謂我不能師，必不戒。子爲三覆以待我，我請誘之。」子庚從之，戰于庸浦，大敗吳師。

不出而還。子囊殿，以吳爲不能而弗儆。吳人自皋舟之隘要而擊之，獲楚公子宜穀。子囊還自伐吳，卒。將死，遺言謂子庚必城郢。君子謂子囊忠，將死不忘衛社稷。

襄十八年

楚康五年

子庚

諸侯同圍齊，鄭子孔欲去諸大夫，將叛晉而起楚師以去之。使告子庚，子庚弗許。楚子使告子庚曰：「不穀即位，于今五年，師徒不出，人其以不穀爲自逸，其若之何？」子

襄十九年

楚康六年

子庚

襄二十年

楚康七年

子庚

襄二十一年

楚康八年

子庚　子南

夏，楚子庚卒，楚子使薳子馮爲令尹，以疾辭。方暑，闕地，下冰而牀焉。重繭，衣裘，鮮食而寢。楚子使醫視之，曰：「瘠則甚矣，而血氣未動。」乃使子南爲令尹。

襄二十二年

楚康九年

子南　薳子馮

楚觀起有寵于令尹子南，未益祿而有馬數十乘，王將討焉。子南之子棄疾爲王御士，王每見之必泣。棄疾問其故，王曰：「令尹之不能，爾所知也，國將討焉，爾其居

庚對曰：「諸侯方睦于晉，臣請嘗之。」乃伐鄭，門於純門，信於城下而還。甚雨及之，楚師多凍，役徒幾盡。

乎？」王遂殺子南于朝，轘觀起于四境，棄疾縊而死，復使薳子馮爲令尹。

襄二十三年

楚康十年

薳子馮

襄二十四年

楚康十一年

薳子馮

夏，楚爲舟師以伐吳，無功而還。冬，楚子伐鄭以救齊，諸侯還救鄭。吳爲楚舟師之役故，召舒鳩人，舒鳩人叛楚。楚子使讓之，舒鳩子告無之，且請受盟。王欲伐之，令尹薳子曰：「彼告不叛而伐之，伐無罪也。姑歸息民，以待其卒。」

襄二十五年

楚康十二年

薳子馮　子木（卽屈建）

楚薳子馮卒，屈建爲令尹。舒鳩人卒叛，令尹子木伐之，及離城，吳人救之，子木大敗吳師，遂圍舒鳩，滅之。楚子以滅舒鳩賞子木，辭曰：「先大夫蔿子之功也。」以與蔿掩。

襄二十六年

楚康十三年

子木

楚子、秦人侵吳，及雩婁，聞吳有備而還，遂侵鄭。楚爲許靈公之請伐鄭，鄭人將禦之。子産曰：「晉、楚將平，諸侯將和，不如使逞而歸。」乃不禦寇。楚子涉于汜而歸。

襄二十七年

楚康十四年

子木

宋向戌善于趙文子，又善于令尹子木，欲弭諸侯之兵以爲名，告於諸侯，皆爲會於宋。子木請晉、楚之從交相見，盟于宋西門之外。將盟，晉、楚爭先。叔向謂趙孟曰：「諸侯歸晉之德，非歸其尸盟也。」乃先楚人。

乃還。

襄二十八年

楚康十五年

子木

夏，爲宋之盟故，齊侯、陳侯、蔡侯、北燕伯、杞伯、胡子、沈子、白狄朝于晉。十一月，公及宋公、陳侯、鄭伯、許男如楚。楚子昭、令尹屈建皆卒。

襄二十九年

楚郟敖元年

王子圍

夏四月，葬楚康王，公及陳侯、鄭伯、許男送葬至于西門之外，諸侯之大夫皆至于墓。楚郟敖卽位，王子圍爲令尹。

襄三十年

楚郟敖二年

王子圍

春，楚子使薳罷來聘，穆叔問王子之爲政何如。對曰：「吾儕小人，焉與知政？」固問焉，不告。穆叔曰：「楚令尹將有大事，子蕩將與焉助之，匿其情矣。」

襄三十一年

楚郟敖三年

王子圍

昭元年

楚郟敖四年

王子圍　薳罷

正月，晉、楚合諸侯之大夫會於虢，尋宋之盟也。楚令尹圍請用牲讀舊書加于牲上而已，晉人許之。

冬，楚公子圍將聘于鄭，聞王有疾而還，縊而弑之，葬王于郟，謂之郟敖。薳罷爲令尹。

昭二年

楚靈元年

薳罷

昭三年

楚靈二年

薳罷

鄭伯如楚，子產相。楚

昭四年

楚靈三年

薳罷

春，楚子使椒舉如晉

昭五年

楚靈四年

薳罷（卽子蕩）

楚子以屈生爲莫敖，

昭六年

楚靈五年

薳罷

楚子使薳洩伐徐，吳

子享之，賦吉日。子產乃具田備，以田江南之夢。

求諸侯，晉侯許之，遂合十二國諸侯會于申。秋，以諸侯伐吳。執齊慶封，殺之，遂滅賴。

使與令尹子蕩如晉逆女。冬，楚子以諸侯及東夷伐吳，以報棘、櫟、麻之役。

人救之。令尹子蕩帥師伐吳，吳人敗其師于房鍾，子蕩歸罪于薳洩而殺之。

昭七年	楚靈六年	薳罷	楚子成章華之臺，願與諸侯落之。使薳啟彊來召公，公如楚。
昭八年	楚靈七年	薳罷	九月，楚公子棄疾帥師奉孫吳圍陳。冬十一月壬午，滅之，使穿封戌爲陳公。
昭九年	楚靈八年	薳罷	楚公子棄疾遷許于夷，實城父。然丹遷城父人于陳。〔三〕
昭十年	楚靈九年	薳罷	
昭十一年	楚靈十年	薳罷	夏四月，楚子誘蔡侯般殺之于申，公子棄疾帥師圍蔡。秋，晉會諸侯于厥憖以救蔡。請蔡于楚，弗許。冬十一月，滅蔡，執蔡世子有以歸，用之。使棄疾爲蔡公。
昭十二年			
昭十三年			
昭十四年			
昭十五年			
昭十六年			

楚靈十一年
薳罷
楚子使五帥伐徐以懼吳，次于乾谿以爲之援。

楚靈十二年
薳罷　子旗（即蔓成然）
楚棄疾以蔡作亂，召公子比弒其君于乾谿，已又殺公子比而即位，使子旗爲令尹。封陳、蔡，復遷邑。吳滅州來，令尹子旗請伐吳，王弗許。

楚平元年
子旗
楚子使然丹簡上國之兵于宗丘，屈罷簡東國之兵於召陵。註：「東國在國都之東，上國在國都之西。西方居上流，故謂之上國。」令尹子旗有德于王，而不知度，王患之。九月，殺鬭成然，使鬭辛居鄖，以無忘舊勳。

楚平二年
陽匄
案：陽匄爲令尹，見十七年戰于長岸傳，穆王曾孫子瑕也，當即繼子旗爲令尹。此二年絕無楚事，所以不見于傳耳。

楚平三年
陽匄
楚子使然丹誘戎蠻子嘉殺之，遂取蠻氏，既而復立其子。

昭十七年
楚平四年
陽匄
吳伐楚，楚陽匄爲令尹，卜戰不吉。司馬子魚曰：「我得上流，

昭十八年
楚平五年
陽匄
楚子使王子勝遷許于析。

昭十九年
楚平六年
陽匄（即子瑕）
楚令尹子瑕城郟，叔孫昭子曰：「楚不在諸侯矣，其僅自完也。」

昭二十年
楚平七年
陽匄
令尹子瑕言吳蹶由于楚子而歸之。費無極讒太子將以方城之外

昭二十一年
楚平八年
陽匄
費無極取貨于東國，而謂蔡人曰：「君王將立東國，若不先，必圖

何故不吉。」戰于長岸，子魚先死，大敗吳師。

費無極爲太子建少師，無寵。爲太子聘于秦，勸王自取之。又請大城城父而寘太子焉，故太子建居于城父。　令尹子瑕聘于秦，拜夫人也。

叛，王使殺太子，太子建奔宋，殺其傅伍奢，奢之子員奔吳。

蔡。」蔡人懼，出朱而立東國，朱出奔楚。

昭二十二年

楚平九年

陽匄

宋華向之族叛，華登如楚乞師。楚薳越將逆華氏，使告於宋，請受而戮之。諸侯之戍請出之以爲楚功。春，宋華亥、向寧、華定出奔楚。

昭二十三年

楚平十年

陽匄　囊瓦

吳伐州來，楚薳越及諸侯之師奔命救州來。子瑕卒，楚師熸。吳公子光曰：「諸侯畏楚而不獲已，是以來。楚令尹死，師賤多寵，政令不壹，無大威命，楚可敗也。」戰于雞父，大敗楚師。　楚

昭二十四年

楚平十一年

囊瓦

楚子爲舟師以略吳疆，及圉陽而還。吳人踵楚，而邊人不備，遂滅巢及鍾離。沈尹戌曰：「亡郢之始于此在矣。」

昭二十五年

楚平十二年

囊瓦

楚子使薳射城州屈，復茄人焉，城丘皇，遷訾人焉。熊相禖郭巢，季然郭卷。子太叔聞之曰：「楚王將死矣。使民不安其土，民必憂，憂將及王。」

昭二十六年

楚平十三年

囊瓦

楚平王卒。令尹子常欲立子西，曰：「太子壬弱，其母非適也，王子建實聘之。」子西怒曰：「是亂國而惡君王也，我受其名，必殺令尹。」令尹懼，乃立昭王。

	囊瓦爲令尹，城郢。沈尹戌曰：「子常必亡郢。苟不能衞，城無益也。」註：「囊瓦，子囊之孫子常也，代陽匄。」

昭二十七年	楚昭元年	囊瓦	吴欲伐楚喪，使公子掩餘、燭庸帥師圍潛。楚莠尹然、工尹麇帥師救潛，遇于窮，令尹子常以舟師及沙汭而還。令尹子常賄而信讒，費無極與鄢將師比而譖郤宛，盡滅郤氏之族，國人皆謗
昭二十八年	楚昭二年	囊瓦	
昭二十九年	楚昭三年	囊瓦	
昭三十年	楚昭四年	囊瓦	吴公子光弑其君僚，公子掩餘、燭庸奔楚，楚子大封而定其徙，將以害吴。吴子怒，執鍾吾子，遂伐徐，滅之。徐子章禹奔楚。
昭三十一年	楚昭五年	囊瓦	秋，吴人侵楚，伐夷，侵潛、六，又圍弦。

令尹。九月，子常殺費無極與鄢將師，盡滅其族，以說于國。

昭三十二年

楚昭六年

囊瓦

定元年

楚昭七年

囊瓦

定二年

楚昭八年

囊瓦

秋，楚囊瓦伐吳，師于豫章。吳人見舟于豫章，而潛師于巢。冬十月，吳敗楚師于豫章，遂圍巢，克之。

定三年

楚昭九年

囊瓦

子常欲蔡昭侯之佩裘，弗與，三年止之。又欲唐成公之肅爽馬，弗與，亦三年止之。蔡人固請，而獻佩于子常，乃歸蔡侯。歸及漢，執玉而沈曰：「余所有濟漢而南者，有若大川。」以其子元爲質於晉，而請伐楚。

定四年

楚昭十年

囊瓦

晉合諸侯於召陵，謀伐楚。荀寅求貨弗得，乃辭蔡侯。更以子爲質於吳，伐楚，與楚夾漢，自小別至于大別。戰於柏舉，楚師大奔，子常奔鄭，五戰入郢，楚子涉睢，濟江，奔隨。

定五年

楚昭十一年

定六年

楚昭十二年

定七年

楚昭十三年

定八年

楚昭十四年

定九年

楚昭十五年

子西

申包胥如秦乞師，以車五百乘救楚，大敗夫概王于沂。九月，夫概王奔楚。秦、楚交敗吳師，吳子乃歸，楚子復入于郢。王之在隨也，子西爲王輿服，國于脾洩，以靖國人。

子西

四月，吳太子終纍敗楚舟師，子期又以陵師敗于繁揚，楚大惕，懼亡。令尹子西喜曰：「乃今可爲矣。」于是乎遷郢于鄀，而改紀其政，以定楚國。

子西

子西

子西

定十年

楚昭十六年

子西

定十一年

楚昭十七年

子西

定十二年

楚昭十八年

子西

定十三年

楚昭十九年

子西

定十四年

楚昭二十年

子西

頓子牂欲事晉，背楚而絕陳好。二月，楚公子結、陳公孫佗人滅頓。

家氏鉉翁曰：「楚至是始戢矣。諸侯無從楚

定十五年	楚昭二十一年 子西 吳之入楚也，胡子盡俘楚邑之近胡者。楚既定，又不事楚。二月，楚滅胡。家氏鉉翁曰：「召陵之會，頓、胡之君皆在，楚有吳怨不能報。去年滅頓，今年滅胡，所以快其宿憤也。」	
哀元年	楚昭二十二年 子西 春，楚子圍蔡，報柏舉也。里而栽，廣丈，高倍。夫屯晝夜九日，如子西之素。蔡人男女以辨。使疆于江、汝之閒而還。吳師在陳，楚大夫皆懼，曰：「闔廬惟能用其民，以敗我于柏舉。今聞其嗣又甚焉。」子西曰：「闔廬勤恤其民，而與	
哀二年	楚昭二十三年 子西	
哀三年	楚昭二十四年 子西	
哀四年	楚昭二十五年 子西 楚人將謀北方，致蔡于負函，致方城之外于繒關，襲梁及霍，圍蠻氏，蠻子赤奔晉陰地。使謂陰地之命大夫，將通于少習以聽命。晉執戎蠻子與其五大夫，以畀楚師于三户，楚人盡俘以歸。	者，陳以盛德之後，比而從之。春秋書楚、陳連兵滅頓，誅楚而罪陳也。」

之勞逸。我先大夫子常易之，所以敗我也。今夫差珍異是聚，觀樂是務，視民如讐，而用之日新，夫先自敗也已，安能敗我。」

哀五年

楚昭二十六年

子西

哀六年

楚昭二十七年

子西

吳伐陳。秋七月，楚子將救陳，卜戰，不吉，卜退，不吉。曰：「然則死也。再敗楚師，不如死。棄盟逃讐，亦不如死。死一也，其死讐乎！」將戰，王有疾。庚寅，昭王攻大冥，卒于城父。

哀七年

楚惠元年

子西

哀八年

楚惠二年

子西

哀九年

楚惠三年

子西

夏，楚伐陳，陳即吳故也。

李氏廉曰：「六年，吳伐陳，楚昭救之，卒于城父，不克而還。則陳之即吳，惟強是從。惠王不念陳之有德于楚，而亟伐之，此春秋所以以救予吳也歟？」

哀十年	楚惠四年	子西	冬，楚子期伐陳，吳延州來季子救陳，謂子期曰：「二君不務德，而力爭諸侯，民何罪焉。我請退，以爲子名。」乃還。 汪氏克寬曰：「陳屢滅于楚，而僅存者也，今而從吳，蓋不獲已。楚不思自反，而薦數攻之，暴横甚矣。」
哀十一年	楚惠五年	子西	
哀十二年	楚惠六年	子西	
哀十三年	楚惠七年	子西	夏，楚子西帥師伐陳。 高氏閌曰：「楚畏吳之强，無如之何，故乘吳之出會黄池而伐陳也。」
哀十四年	楚惠八年	子西	
哀十五年	楚惠九年	子西	夏，楚子西、子期伐吳，及桐汭。
哀十六年	楚惠十年	子西　葉公	初，楚太子建奔宋，又奔鄭，又適晉，與晉人
哀十七年	楚惠十一年	葉公　子國	楚白公之亂，陳人恃其聚而侵楚。楚使公
哀十八年	楚惠十二年	子國	巴人伐楚，圍鄾。王命子國爲帥，請承。王
哀十九年	楚惠十三年	子國	越人侵楚以誤吳，楚公子慶、公孫寬追越

謀襲鄭，鄭人殺之。其子曰勝，在吳，令尹子西召之，使處吳竟，爲白公。請伐鄭，未起師，晉人伐鄭，與之盟。勝怒，殺子西、子期於朝，而劫惠王。葉公與國人攻之，勝奔山而縊。葉公兼令尹、司馬，國寧，乃使寧爲令尹，寬爲司馬，而老于葉。

孫朝帥師取陳麥，陳人御之，敗，遂圍陳，滅之。王與葉公枚卜子良以爲令尹。沈尹朱曰：「吉。過于其志。」葉公曰：「王子而相國，過將何爲。」他日，改卜子國而使爲令尹。註：「子國，子西之子公孫寧也。」

曰：「寢尹、工尹勤先君者也。」三月，楚公孫寧、吳由於、薳固敗巴師于鄾，封子國于析。

師至冥，不及，乃還。秋，楚沈諸梁伐東夷，三夷男女及楚師盟于敖。

哀二十年
楚惠十四年
子國

哀二十五年
楚惠十九年
子國

哀二十一年
楚惠十五年
子國

哀二十二年
楚惠十六年
子國

哀二十三年
楚惠十七年
子國

哀二十四年
楚惠十八年
子國

右楚令尹自鬬祁至子國，共二十五人，彭仲爽不在内。

春秋楚令尹論

國家之勢，不外重則内重，外重之弊，權奪于異姓，内重之弊，勢落于宗藩。故漢懲七國之反，而削奪諸侯王，卒成王莽之禍。晉懲魏孤立之弊，而大封諸子，旋釀八王之亂。二者嘗循環而相因。我觀春秋之世，晉分於韓、趙、魏，齊簒於陳氏，此外重之弊也。魯之政逮於三桓，衛之政由於孫甯，宋之亂鍾於華向，此内重之弊也。蓋世卿爲春秋列國之通弊，而晉以驪姬之亂詛無畜羣公子，故文公諸子孫雍仕秦，樂仕陳，黑臀仕周，無在本國者。惟悼公之弟揚干與其子公子慭二人見傳，終不聞其當國秉政爲卿。故通經無書晉公子來聘之事，而權奪於韓、趙、魏矣。齊之公族高、國、崔、慶，恣睢暴戾，自取滅亡，卒爲陳氏所覆，此亦天運使然。楚以蠻夷之國，而自春秋迄戰國四五百年，其勢常强于諸侯，卒無上陵下替之漸者，其得立國之制之最善者乎！楚以令尹當國執政，而自子文以後，若鬬氏、成氏、蔿氏、薳氏、陽氏，皆公族子孫，世相授受，絶不聞以異姓爲之，可以矯齊、晉之弊。然一有罪戾，隨即誅死。子玉、子反以喪師誅，子上以避敵誅，子辛以貪欲誅，子南以多寵人誅，絶不赦宥，可以矯魯、衛、宋之弊。以肺腑而膺國重寄，則根本盛强。以重臣而驟行顯戮，則百僚震懼。且政權畫一，則無牽制爭競之病。責任重大，則無諉罪偷安之咎。楚之國法行而綱紀立，於是乎在。或者以秦之用孟明，晉之不殺荀林父，以是爲楚咎。曰：此自朝廷宥過之典，可偶一用之，然晉亦未爲得也。若魯之慶父弑二君，而卒立其後爲孟孫氏，公孫敖從己氏，而卒歸公孫敖之喪，此則魯之法紀倒地，其終至乾侯之孫宜矣。

楚子囊城郢論

左傳：楚子囊將死，遺言謂子庚必城郢，君子謂子囊忠，將死不忘衛社稷。後四十年而子囊之孫囊瓦秉政，首成其志。沈尹戌曰：「子常必亡郢，苟不能衛，城無益也。古者諸侯守在四境。」後世以沈尹戌爲名言，而以子囊爲詬厲。宋仁宗朝契丹有警，時范文正公爲諫官，請大脩京城。呂公夷簡笑曰：「此子囊城郢計也。」命宿重兵於北京大名府，卒以無事。當時以呂公爲持重，而以范公爲少不更事。嗚呼！世儒徒以成敗論人，徒見囊瓦城郢，而昭王卒至於出奔，呂公絀范公之計，而宋室卒保於無事，遂以此爲定論。其實子囊之城郢未必非，卽孟子鑿斯池，築斯城之計也。呂公之絀范公未必是，後世成靖康之禍者，未必不自呂公啟之也。蓋嘗綜其大勢而論之，當吳兵之長驅而向楚也，孤軍深入，轉戰千里，昭王正宜固守國都，厲兵登陴，堅壁清野，不出十日，救援必至。爲吳者頓兵堅城之下，師老財匱，楚之屬邑截其歸路，四面夾攻，此時如虎入陷阱，闔閭之君臣可坐縛。則子囊之城郢，正是社稷之至計，失在囊瓦信讒不仁，人心離叛，而昭王輕棄國本，狼狽出走，自取滅亡。此孟子所謂高城深池，委而去之者，柰何併其城郢而重訾之哉！世傳宋祖之營京城也，命趙韓王以圖上，怒擲諸地，徐取幅紙以筆塗之，曰：「依此營造。」城衢街巷，如蚯蚓屈曲，乘輿出多阻礙。子孫莫敢違其制，後蔡京務侈，大改其式，從方廣正直。粘罕來攻，命植砲四隅，一砲所擊，隨手摧壞，始識太祖之遠慮。夫當仁宗之朝，未經蔡京之改制，使常用范文正公之策，高城浚隍，嚴設守備，則當靖康之世，亦可堅守以待四方之援，不至有青城之辱矣。徒以子囊城郢爲嗤笑，而不知城郢未始非社稷之至計，此又可與楚昭之事連類而並觀之也。後宋百年而金復都汴，木虎高琪築京城，〔四〕縻費累巨萬，元速不臺以百萬之師盡鋭來攻，不克，卒講和而退。唐德宗幸奉天，朱泚圍困京城踰年，卒能殲厥巨魁，光復舊物，此尤深根固本之關於長算，可爲明效大驗者也。然則沈尹之言非歟？曰：此又不可偏廢也。當疆埸告警，而遽爲嬰城自守之計，勢必人心驚惶，訛言四起，外爲敵人所窺，而内解將士之志，此爲不戰而自敗。爲國家者平日懔勇夫重閉之戒，而臨事持從容鎮定之度。故子囊言之于四十年之前，則爲老成之忠謀，而囊瓦爲之於四十年之後，則爲怯懦以誤國。論者當綜前後之時勢而觀之，未可泛然爲執一之論也。

校勘記

〔一〕〔昭十七年傳〕　下所引子穀之言見左傳哀公十七年。此云昭公十七年，誤。

〔二〕〔楚伐宋以救鄭〕　此句原誤作「楚代鄭以救宋」，今據左傳僖公二十二年改正。

〔三〕〔然丹遷城父入于陳〕　「入」字今本左傳昭公九年作「人」。

〔四〕〔木虎高琪築京城〕　「木」字乃「朮」字之誤。金史有朮虎高琪傳。

春秋宋執政表卷二十四

錫山顧棟高復初輯
同邑受業施鳳藻清聲參

敍

中州爲天下之樞，而宋、鄭爲大國，地居要害，國又差强。故伯之未興也，宋與鄭常相鬭争。逮伯之興，宋、鄭常供車賦，潔玉帛犧牲以待于境上，亦地勢然也。顧春秋時宋最喜事，春秋之局變多自宋起。當齊桓之伯，宋嘗先諸侯以求盟。桓死而襄繼之，求諸侯于楚，卒至執于盂，傷于泓，楚遂横行不可制，而春秋之局于是乎一變。繼恃其有禮于晉公子，逮公子反國，首先輔晉成伯業，鄭、衛、陳、蔡翕然從服，而春秋之局于是乎再變。最後華元欲合晉、楚，向戌以弭兵爲名，令晉、楚之從交相見，卒至宋、虢之盟，楚先晉，黄池之役，吴先晉，舉中原之勢淩夷而折入于吴、楚，悉向戌爲之禍首，而春秋之局于是乎三變。厥後南里之叛，晉已失伯，而吴、楚帥兵以助叛人，夫非宋自階之厲歟？敘其次第于南北勝復之故，有深感焉，亦春秋升降之一大機也。其執政不拘一官，孔父以大司馬，華督以太宰，華元以右師，向戌以左師，樂喜以司城，與晉、楚又異。輯春秋宋執政表第二十四。

春秋宋執政表

隱元年

宋穆七年

孔父

魯惠公之季年，敗宋師于黃，隱公立而求成焉。九月，盟于宿，始通也。

隱二年

宋穆八年

孔父

隱三年

宋穆九年

孔父

宋穆公疾，召大司馬孔父，而立殤公，使公子馮出居于鄭。

隱四年

宋殤元年

孔父

魯公與宋公爲會，將尋宿之盟。未及期，衞人來告州吁之亂。夏，遇于清。鄭人欲納公子馮于宋。及衞州吁立，欲求寵于諸侯，使告宋曰：「君伐鄭，以除君害，敝邑以賦與陳、蔡從。」宋許之。故宋公、陳侯、蔡人、衞人伐鄭，圍其東門，五日而還。

隱五年

宋殤二年

孔父

九月，宋人取邾田。邾人告于鄭曰：「請君釋憾于宋。」鄭人以王師會之，伐宋，入其郛，以報東門之役。冬十二月，伐鄭，圍長葛，以報入郛之役。家氏鉉翁曰：「宋殤不仁，日以殺馮爲事，輒率諸侯伐鄭，以有東門之役。自是兵連不解，宋殤實爲禍首。」

秋，魯公子翬復會四國伐鄭，敗鄭徒兵，取其禾而還。

隱六年

宋殤三年

孔父

秋，取鄭長葛。冬，京師告飢于魯，魯爲之請糴于宋、衛、齊、鄭。

隱七年

宋殤四年

孔父

秋，及鄭平。七月庚申，盟于宿。

隱八年

宋殤五年

孔父

春，齊侯將平宋、衛。杜註：「平宋、衛于鄭。」有會期。宋公以幣請于衛，請先相見，故遇于犬丘。齊人卒平宋、衛于鄭。秋七月庚午，盟于瓦屋，以釋東門之役。李氏廉曰：「垂之遇，左氏以宋、衛有怨于鄭，而齊欲平之。然瓦屋止三國參盟，而不及鄭。十年入鄭伐

隱九年

宋殤六年

孔父

宋公不王，鄭伯以王命討之，伐宋。宋以入郛之役怨魯，不告命。魯怒，絕宋使。秋，鄭人以王命告魯伐宋。冬，齊、魯會于防，謀伐宋也。

隱十年

宋殤七年

孔父

夏五月，魯公子翬會齊、鄭伐宋。六月壬戌，魯敗宋師于菅，鄭師取郜取防，悉歸于魯。秋七月，鄭師還，及郊，宋、衛乘虛入鄭，蔡人從之伐戴。八月壬戌，鄭伯圍戴，取三師焉。九月壬寅，鄭伯入宋。

戴之師，又二國爲黨以讎鄭，則宋、衛此謀，蓋有志于從齊黨，而無意于釋鄭憾也。」

隱十一年

宋殤八年

孔父

桓元年

宋殤九年

孔父

桓二年

宋殤十年

孔父

春正月戊申，華督弒其君與夷及大夫孔父。三月，魯、齊、陳、鄭四國會于稷，以成宋亂，爲賂故，立華氏也。殤公立十年十一戰，民不堪命。孔父嘉爲司馬，督爲太宰，故因民之不堪命，先宣言曰：「司馬則然。」已殺孔父而弒殤公，召莊

桓三年

宋莊元年

華督

桓四年

宋莊二年

華督

公于鄭而立之，以親鄭。以郜大鼎賂魯，齊、陳、鄭皆有賂，故遂相宋公。

桓五年
宋莊三年
華督

桓六年
宋莊四年
華督

桓七年
宋莊五年
華督

桓八年
宋莊六年
華督

桓九年
宋莊七年
華督

桓十年
宋莊八年
華督

桓十一年
宋莊九年
華督
夏五月，鄭莊公卒，祭仲立昭公。初，宋雍氏女于鄭莊公，曰雍姞，生厲公。雍氏宗，有寵于宋莊公。九月，誘祭仲而執之，曰：「不立突，將死。」亦執厲公而求賂。祭

桓十二年
宋莊十年
華督
魯欲平宋、鄭。秋七月丁亥，魯侯及宋公盟于句瀆之丘。八月，魯會宋公于虛。冬十一月，魯會宋公于龜。
季氏本曰：「宋馮弒立本倚鄭莊，然得國以

桓十三年
宋莊十一年
華督
二月，魯會紀侯、鄭伯。及齊、宋、衞、燕戰，四國之師敗績。
案：鄭莊向助齊以謀紀，至突欲有求于魯，許魯以棄齊，而魯卽背宋以親鄭，魯助鄭以伐宋，故鄭亦助魯

桓十四年
宋莊十二年
華督
冬，宋人以齊、蔡、衞、陳伐鄭，報宋之戰也。伐東郊，取牛首，以太宮之椽歸爲盧門之椽。
案：宋莊以責賂無厭，鄭卽背宋，宋卽仇鄭，反覆無常，市賈小人，

仲與宋人盟，以厲公歸而立之。案：宋馮即位九年，絶無一事。迨鄭莊卒，開手即要突取賂。蓋已以賂得國，旋欲取賂于人以償本，不足則更相戰伐。以一國之君而有市心，與今之番人無異，聖人得不望桓、文之出乎！

魯柔會宋公、陳侯、蔡叔盟于折。

魯侯會宋于夫鍾。

冬十有二月，魯侯會宋于闞。

來爲鄭所抑，諸侯會盟不得與，積忿久矣。故鄭莊卒，即挾突以亂鄭，將謂突立必助己，而鄭之羣臣猶足拒。宋突爲衆議所迫，即絶宋交。宋既不得志于鄭，故始合三國爲盟，既而五會桓公，欲堅魯之志，以爲圖鄭之計。蓋鄭、齊爲黨，宋得魯則齊兵不敢擬其後，而宋可專意向鄭耳。此所以爲宋公志歟？

彙纂曰：「自折以下，魯、宋四會二盟。有以爲魯志者，左氏所謂欲平宋、鄭也。有以爲宋志者，穀梁所

以援紀，與齊爲難，魯桓爲紀之心亦苦矣。然無益也，適足攖齊之怒，而速紀之亡爾。

猶不至此。

謂會者，外爲志也。二説不同。惟黄氏正憲謂始則宋欲親魯，繼則魯欲爲宋平鄭，引宋、魯地名以爲證，于情事爲近。」

冬十二月，魯及鄭師伐宋。丁未，戰于宋。

吴氏澂曰：「宋莊貪得鄭賂之多，而不許魯桓之請。鄭突遂忘宋立己之德，結魯而爲伐鄭之師。」

桓十五年

宋莊十三年

華督

鄭厲公欲殺祭仲而不克，夏，出奔蔡，秋九

桓十六年

宋莊十四年

華督

春正月，魯會宋公、蔡侯、衛侯于曹，謀伐

桓十七年

宋莊十五年

華督

秋八月，魯及宋、衛伐郲。左傳：「宋志也。」

桓十八年

宋莊十六年

華督

莊元年

宋莊十七年

華督

月，入居于櫟。冬十一月，魯、宋、衞、鄭會于袲，伐鄭，將納厲公，弗克而還。趙氏與權曰：「宋馮前年方合四國以伐突，未幾突出忽歸，又合三國以納突，馮之無恆心可知矣。」

鄭。夏四月，魯會宋公、衞侯、陳侯、蔡侯伐鄭。案：忽與突皆宋之仇，而宋莊卒輔突以伐忽者，非果能忘怨也。蓋忽雖入而更懦弱，受制于祭仲；突雖出而已居櫟，不終爲人下。宋之意以爲助突則可不棄前功，而且可多責前日之路；助忽則無損前怨，而又慮不能抗突方餤之凶。中間爲之左右游說者，一魯桓也。當時宋馮、鄭突、衞朔、魯軌同惡相濟，謂之四凶，而魯爲之魁首，故始終黨突，復黨朔，

杜註云：「邾、宋爭疆，魯從宋志，背趡之盟。」按：魯前黨鄭伐宋，今復偕宋納突，宋既忘前怨而如魯之志，故每事惟宋之所欲，雖二月親爲趡之盟而不顧也。

其與宋忽合忽離，無非助成邪黨，以自成其羽翼，卒受淫妻之報，禍自內作，狡詐果曷用哉！

莊二年

宋莊十八年

華督

冬十二月乙酉，宋公馮卒。

案：宋莊在位十八年，其會盟戰伐，專爲納突要賂一事，别無他事見于春秋。聖人特書之，詳書之，其意可見矣。

莊三年

宋閔元年

華督

莊四年

宋閔二年

華督

莊五年

宋閔三年

華督

冬，魯公會齊人、宋人、陳人、蔡人伐衛，以納惠公。

彙纂曰：「衛朔得罪于王，而齊襄會諸侯以納之，無王甚矣。故春秋皆書人以貶之。」

莊六年

宋閔四年

華督

莊七年

宋閔五年

莊八年

宋閔六年

莊九年

宋閔七年

莊十年

宋閔八年

莊十一年

宋閔九年

華督

華督

華督

華督　二月，魯侵宋。孫氏復曰：「魯既敗齊師于長勺，又退而侵宋，結怨二國。」三月，宋人遷宿。夏六月，齊師、宋師次于郎，魯敗宋師于乘丘。

華督　夏五月，爲乘丘之役故侵魯。魯公禦之，宋師未陳而薄之，敗諸鄑。秋，大水。魯使來弔，公子御説對云云。臧孫達曰：「是宜爲君，有恤民之心。」

莊十二年

宋閔十年

華督

秋，宋萬弒閔公于蒙澤。遇仇牧于門，批而殺之。遇太宰督于東宮之西，又殺之。立子游。公子御説奔亳。南宮牛、猛獲圍亳。

莊十三年

宋桓元年

闕

春，諸侯會于北杏，以平宋亂。是年，齊桓公主盟，參盟始不復見。

莊十四年

宋桓二年

闕

宋人背北杏之會。春，齊人、陳人、曹人伐宋，請師于周。夏，單伯會之。取成于宋而還。冬，會于鄄，始服于齊。

莊十五年

宋桓三年

闕

冬，宋從齊侯復會于鄄，齊始伯也。秋，諸侯爲宋伐郳。鄭人聞之而侵宋。

莊十六年

宋桓四年

闕

夏，宋人、齊人、衞人伐鄭。冬十二月，宋從齊侯同盟于幽。

冬十月，蕭叔大心以曹師伐之，殺南宮牛于師，殺子游于宋，立桓公。

莊十七年

宋桓五年

闕

莊十八年

宋桓六年

闕

莊十九年

宋桓七年

闕

秋，魯公子結媵陳人之婦于鄄，遂及齊侯、宋公盟。

冬，齊、宋、陳伐魯。

莊二十年

宋桓八年

闕

莊二十一年

宋桓九年

闕

莊二十二年

宋桓十年

闕

莊二十三年

宋桓十一年

闕

夏，蕭叔朝魯。

正義曰：「蕭本宋邑，宋桓公之立，蕭叔大心有功焉，宋人封以

莊二十四年

宋桓十二年

闕

莊二十五年

宋桓十三年

闕

莊二十六年

宋桓十四年

闕

秋，魯會宋人、齊人伐徐。

案：此齊爲宋伐，詳三傳異同表。

	莊二十七年 宋桓十五年 闕 夏六月，從齊侯同盟于幽。	莊三十二年 宋桓二十年 闕 齊侯爲楚伐鄭之故，請會于諸侯。宋公請先見于齊侯。夏，遇于梁丘。
爲附庸。」案：此當其始封之時，宋公遣之自通于列國也。	莊二十八年 宋桓十六年 闕 秋，荆伐鄭。魯會齊人、宋人救鄭。	閔元年 宋桓二十一年 闕
	莊二十九年 宋桓十七年 闕	閔二年 宋桓二十二年 闕 冬十二月，狄滅衞。宋桓公逆衞之遺民于河，宵濟。
	莊三十年 宋桓十八年 闕	僖元年 宋桓二十三年 闕 春正月，齊師、宋師、曹師次于聶北，救邢。邢人潰，出奔師，師遂逐狄人。 夏六月，邢遷于夷儀。 三國之師城邢。
	莊三十一年 宋桓十九年 闕	僖二年 宋桓二十四年 闕 正月，諸侯城楚丘而封衞。 秋九月，從齊盟于貫。

秋，楚伐鄭。八月，從諸侯會于檉，謀救鄭也。

僖三年	宋桓二十五年	闕	秋，從齊侯會于陽穀，謀伐楚。
僖四年	宋桓二十六年	闕	春正月，從齊會諸侯侵蔡，蔡潰，遂伐楚，次于陘。夏，楚屈完來盟于師，盟于召陵。冬十二月，從齊會諸侯侵陳。
僖五年	宋桓二十七年	闕	夏，諸侯會王世子于首止，謀寧周。秋八月，諸侯盟于首止。
僖六年	宋桓二十八年	闕	夏，從齊會諸侯伐鄭，圍新城，以其逃首止之盟也。秋，楚子圍許以救鄭，諸侯遂救許。
僖七年	宋桓二十九年	闕	秋七月，從齊會諸侯盟于甯母，謀鄭故也。
僖八年	宋桓三十年	闕	正月，從齊會王人盟于洮，謀王室也。
僖九年	宋桓三十一年	子魚	宋公疾，太子茲父固請曰：「目夷長且仁，
僖十年	宋襄元年	子魚	
僖十一年	宋襄二年	子魚	
僖十二年	宋襄三年	子魚	

僖十三年

宋襄四年

子魚

夏四月，從齊會諸侯于鹹，淮夷病杞故，且謀王室也。秋，爲戎難故，諸侯戍

君其立之。」公命子魚，子魚辭曰：「能以國讓，仁孰大焉，臣不及也，且又不順。」遂走而退。三月，宋桓公卒。

夏，會于葵丘。九月戊辰，盟葵丘。宋襄公即位，以公子目夷爲仁，使爲左師以聽政，于是宋治。故魚氏世爲左師。

僖十四年

宋襄五年

子魚

春，諸侯城緣陵而遷杞。

僖十五年

宋襄六年

子魚

三月，從齊會諸侯盟于牡丘，尋葵丘之盟，且救徐也。冬，宋人伐曹。

僖十六年

宋襄七年

子魚

正月戊申朔，隕石于宋五。是月，六鷁退飛，過宋都。周內史叔興聘于宋，宋襄公

僖十七年

宋襄八年

子魚

齊桓公內嬖如夫人者六人，各有子。公與管仲屬孝公于宋襄公，以爲太子。管仲

周。

許氏翰曰：「同盟始自相攻。」家氏鉉翁曰：「宋襄于桓之方存，已有圖伯之志，其後執滕伐曹，張本于此。」

問焉，曰：「君將得諸侯而不終。」冬十二月，從齊會諸侯于淮。

卒，五公子皆求立。冬十月乙亥，齊桓公卒，易牙與寺人貂因內寵以殺羣吏，而立公子無虧，孝公奔宋。

年	宋	執政	事
僖十八年	宋襄九年	子魚	正月，宋公、曹伯、衛人、邾人伐齊，以納孝公。三月，齊人殺無虧，將立孝公，不勝四公子之徒，遂與宋人戰。夏五月，宋敗齊師于甗，立孝公而還。案：春秋之世，好佐少奪長，佐庶篡嫡。蓋
僖十九年	宋襄十年	子魚	三月，執滕子嬰齊。薛氏季宣曰：「以威求伯也。」夏六月，宋公、曹人、邾人盟于曹南，鄫子不及曹南之盟。諸侯既罷，鄫子乃會之于邾。宋公怒其後會也，夏，使邾文公用鄫
僖二十年	宋襄十一年	子魚	宋襄公欲合諸侯，臧文仲聞之，曰：「以欲從人則可，以人從欲鮮濟。」
僖二十一年	宋襄十二年	子魚	春，爲鹿上之盟，以求諸侯于楚，楚人許之。公子目夷曰：「小國爭盟，禍也，幸而後敗。」秋，諸侯會宋公于盂。子魚曰：「禍其在此乎！」于是楚執宋公以伐宋。冬，會于薄以釋之。子魚曰：「禍猶
僖二十二年	宋襄十三年	子魚	三月，鄭伯如楚。夏，宋公伐鄭，楚人伐宋以救鄭。宋公將戰，大司馬公孫固諫，不聽。冬十一月己巳朔，戰于泓，宋師敗績，公傷股。劉氏敞曰：「穀梁之意似責宋公不早擊楚于

以嫡以長，則彼分所當立，輔之不爲有功，日後未必見德。惟佐庶孽成事，則彼將終身感戴，可以惟吾所欲爲。故襄仲殺齊之甥，而齊惠佐立宣公，長衛姬生武孟，于次爲長，而宋、衛佐立孝公，人心天理滅盡矣。傳稱桓公、管仲屬孝公于宋襄，以爲太子。此蓋宋襄矯爲此言，以誑齊國耳。張氏洽謂宋襄成桓之私意，趙氏鵬飛謂書爵以見兵自齊招，非宋之罪，皆夢夢也，詳在宋楚爭盟表。穀梁謂客不言及，言及，惡宋也，

子于次睢之社，欲以屬東夷。司馬子魚曰：「古者六畜不相爲用，况敢用人乎！一會虐二國之君，又用諸淫昏之鬼，得死爲幸。」

時曹雖與盟，而猶不服。秋，宋人圍曹。子魚言于宋公曰：「君德無乃猶有所闕，而以伐人，若之何？盍姑内省德，無闕而後動。」

未也，未足以懲君。」

險，而失機會，何其悖乎！如宋公之用心，懔懔乎忠厚有德之人，雖師敗國削非其恥。」

案：劉氏此言乃真大謬也，宋儒大抵有此一種議論，若使當國，必誤國事。如捕虎豹者，去陷阱而以空拳與虎豹鬭，以陷阱爲行詐也，卒爲所食而不悔，宋襄之騃何以異是。且使宋襄而忠厚有德，何以用鄫子于次睢之社乎！

得之矣。

僖二十三年

宋襄十四年

子魚

春，齊侯伐宋圍緡，討其不與盟于齊也。夏五月，宋襄公卒，傷于泓故也。

僖二十四年

宋成元年

子魚

是年，晉公子重耳反國，立爲文公。秋，宋及楚平，宋成公如楚。還，入于鄭，鄭伯享之有加禮。

僖二十五年

宋成二年

子魚

夏，宋殺其大夫。黄氏震曰：「杜註：『無傳，其事則未聞。』胡安定曰：『以泓之戰不死難也。』崔氏曰：『豈嗣君三年喪畢而治泓戰之罪乎！』木訥曰：『宋敗乃襄公自取，安可以責其臣。今成公立，將託于晉，乃歸罪于其臣，以滅先君之恥。』愚按：此皆以宋事臆度。」孫氏復曰：「不稱名氏者，脱之，與莊二十六

僖二十六年

宋成三年

子魚

宋以其善于晉侯也，叛楚即晉。冬，楚人伐宋圍緡。

僖二十七年

宋成四年

公孫固

冬，楚人、陳侯、蔡侯、鄭伯、許男圍宋，宋公孫固如晉告急。十二月甲戌，魯會諸侯盟于宋。

僖二十八年	宋成五年	公孫固	三月丙午，晉侯執曹伯畀宋人。夏四月己巳，從晉及楚人戰于城濮，楚師敗績。五月癸丑，盟于踐土，晉侯帥諸侯朝于王所。冬，諸侯復會于溫。壬申，復朝于王所，諸侯遂圍許。	
僖二十九年	宋成六年	公孫固	夏六月，魯侯會王子虎、晉狐偃、宋公孫固、齊國歸父、陳轅濤塗、秦小子憖盟於翟泉。卿不書，罪之也。在禮，卿不會公侯，會伯子男可也。案：是時公孫固已代子魚執政，但未明見于傳。看二十二年泓之戰，固已爲大司馬，二十七年如晉告急，此年盟魯侯及王子虎，則其當國執政可	
僖三十年	宋成七年	公孫固		年曹殺其大夫義同。」詳闕文表。
僖三十一年	宋成八年	公孫固		
僖三十二年	宋成九年	公孫固		

知矣。

年	宋紀年	執政	事蹟
僖三十三年	宋成十年	公孫固	
文元年	宋成十一年	公孫固	
文二年	宋成十二年	公子成	夏六月，會晉士穀盟于垂隴。冬，晉先且居、宋公子成、陳轅選、鄭公子歸生伐秦。
文三年	宋成十三年	公子成	春正月，從晉會諸侯伐沈，沈潰。秋，雨螽于宋。
文四年	宋成十四年	公子成	
文五年	宋成十五年	公子成	
文六年	宋成十六年	公子成	
文七年	宋成十七年	公子成	夏四月，宋成公卒。于是公子成爲右師，公孫友爲左師，樂豫爲司馬，鱗矔爲司徒，公子蕩爲司城，華御事爲司寇。昭公將去
文八年	宋昭元年	公子卬	宋襄夫人，襄王之姊也，昭公不禮焉。夫人因戴氏之族以殺襄公之孫孔叔、公孫鍾離及大司馬公子卬，皆昭公之黨也。司馬
文九年	宋昭二年	華耦	三月，楚子師于狼淵以伐鄭。魯公子遂會晉趙盾、宋華耦、衛孔達、許大夫救鄭。是年，華耦代公子卬爲大司馬。

		羣公子，樂豫諫，不聽。穆、襄之族率國人以攻公，殺公孫固、公孫鄭于公宮。六卿和公室，樂豫舍司馬以讓公子卬。 案：傳備列六卿，而公子成爲之長，則其當國秉政明矣。宋多以右師執政，前後凡有六人。
		握節以死。 劉氏敞曰：「何以不名？非國討也。非國討，則執討之？華孫殺之，華孫逐之。」
文十年	宋昭三年 華耦	秋七月，楚子、蔡侯次于厥貉，將以伐宋。宋華御事曰：「楚欲弱我也，先爲之弱乎。」乃逆楚子，勞且聽命。
文十一年	宋昭四年 華耦	
文十二年	宋昭五年 華耦	
文十三年	宋昭六年 華耦	
文十四年	宋昭七年 華耦	六月，魯公會宋公、陳侯、衛侯、鄭伯、許男、曹伯、晉趙盾，癸酉，同盟于新城。 高哀爲蕭封人，以爲

卿，不義宋公而出，遂奔魯。

文十五年	宋昭八年	華耦	三月，宋華耦盟魯，其官皆從之。書曰「宋司馬華孫」，貴之也。杜註：「古之盟會，卿行旅從。春秋時多不能備其儀，華孫能率其屬以從古典，所以敬事而自重，故貴而不名。」 案：左傳曰「貴之」，非也。華孫蓋公子鮑之私人，鮑有逆謀，故先爲之使魯，以求免于討耳。詳三傳異同表。
文十六年	宋昭九年	華耦	公子鮑禮于國人，昭公無道，國人奉公子鮑以因夫人。于是華元爲右師，公孫友爲左師，華耦爲司馬，鱗矔爲司徒，蕩意諸爲司城，公子朝爲司寇。冬十一月甲寅，昭公田孟諸，夫人王姬使帥甸攻而殺之，蕩意諸死之。文公卽位，使母弟須爲司城。華耦卒，而使蕩虺爲司馬。
文十七年	宋文元年	華元	春，晉荀林父帥師及諸侯伐宋，曰：「何故弒君？」猶立文公而還。
文十八年	宋文二年	華元	宋武氏之族道昭公子，將奉司城須以作亂。十二月，宋公殺母弟須及昭公子，使戴、莊、桓之族攻武氏于司馬華耦之館，遂出武、穆之族，使公孫師爲司城，樂呂爲司寇，以靖國人。 註：「戴族，華、樂也。莊族，公孫師也。桓族，向、魚、鱗、蕩也。」
宣元年	宋文三年	華元	鄭穆公受盟于楚。 秋，楚、鄭侵陳，遂侵宋。晉趙盾帥師救宋。 冬，晉人、宋人伐鄭。

宣二年

宋文四年

華元

二月壬子，華元帥師及鄭公子歸生戰于大棘，宋師敗績，囚華元，獲樂呂。

案：宋鮑弑君，晉以諸侯之師致討，卒受賂而立之。鄭自是受盟于楚而侵宋，晉庇宋，是庇賊也，鄭自是有辭矣。至是再伐宋，宋不能自反，而遽與師與戰，是固不待交鋒而知其必敗也。

宣三年

宋文五年

華元

宋文公卽位三年殺母弟須及昭公子，盡逐武、穆之族，武、穆之族以曹師伐宋。秋，宋師圍曹，報武氏之亂也。

家氏鉉翁曰：「宋鮑大罪未討，以兵伐人，春秋書之，卽所以惡之，不待貶斥而情見矣。」

宣四年

宋文六年

華元

宣五年

宋文七年

華元

宣六年

宋文八年

華元

宣七年

宋文九年

華元

宣八年

宋文十年

華元

宣九年

宋文十一年

華元

宣十年

宋文十二年

華元

宣十一年

宋文十三年

華元

冬，從晉會諸侯盟于黑壤，鄭及晉平，公子宋之謀也。王叔桓公臨之，以謀不睦。案：鄭受命于楚伐宋，蓋將執辭問罪，宋卒覆軍虜將，晉再爲伐鄭，皆無功，蓋理不直也。至是公子宋亦弑君，欲解仇于晉、宋，而宋亦靦然會之。同惡相濟，又重臨之以王人。以天王之尊，至爲兩賊通和好，世道至此，亦可哀矣。			
九月，從晉會諸侯于扈。陳侯不會，晉荀林父遂以諸侯之師伐陳。晉侯卒，乃還。冬，宋人圍滕，因其喪也。			
滕人恃晉而不事宋。六月，宋師伐滕。案：滕自宋人執嬰齊之後，遂爲宋私屬。至是聞晉之多故，半年之間，圍而又伐，暴亦甚矣。傳稱滕恃晉而不事宋，此宋欲加之罪爾。滕，微國，安敢不禮于宋。前年以大喪而被圍，方俯首聽命之不暇，豈能負固不服哉！春秋于滕子卒之後再書圍滕伐滕，繫而不殺，其罪宋之意深切著明矣。鄭及楚平。宋從晉師伐鄭，取成而還。			
夏，楚子重侵宋。			

宣十二年

宋文十四年

華元

是年，楚敗晉于邲。冬十二月，楚子伐蕭，宋華椒以蔡人救蕭。華椒與晉、衛、曹同盟于清丘，曰：「恤病討貳。」于是陳貳於楚，宋爲盟故，伐陳。

宣十三年

宋文十五年

華元

夏，楚子伐宋，以其救蕭也。

宣十四年

宋文十六年

華元

楚子使申舟聘于齊，曰：「無假道于宋。」及宋，宋人止之。華元曰：「過我而不假道，鄙我也。鄙我，亡也。殺其使者，必伐我。伐我，亦亡也。亡一也。」乃殺之。秋九月，楚子圍宋。趙氏鵬飛曰：「楚是時橫行列國，許、蔡已從，陳、鄭已服，其次必及于宋。宋爲列國之門户，得宋則齊、魯以之。此楚之所以必欲服宋而後已也。」

宣十五年

宋文十七年

華元

春，魯公孫歸父會楚子于宋，宋人使樂嬰齊告急于晉，晉侯欲救之，既而中止。楚人築室，反耕者。宋人懼，使華元夜入楚師，登子反之牀，而與之盟。夏五月，宋人及楚人平，華元爲質。案：中國所恃一宋，宋及楚平，而魯以望國亦先期薦賄，使楚莊更二十年不死，中國其殆哉！

宣十六年

宋文十八年

華元

案：楚之不假道，特欲借爲兵端。使宋置若不聞，楚亦無奈。乃欲争一時之虚氣，挑釁速禍，卒至屈伏于楚，華元真宋之罪人矣。

宣十七年

宋文十九年

華元

是年六月，晉及魯、衛、曹、邾同盟于斷道，宋不與。

案：是時宋亦折而入于楚，而曹、衛猶堅從晉，豈非城濮之餘烈未艾歟？

宣十八年

宋文二十年

華元

是年，楚莊王卒。

成元年

宋文二十一年

華元

成二年

宋文二十二年

華元

八月，宋文公卒，始厚葬，用蜃炭，益車馬，始用殉。君子謂華元、樂舉「于是乎不臣」。十一月丙申，華元會楚公子嬰齊及諸侯之大夫盟于蜀。

案：是時天下之諸侯

成三年

宋共元年

華元

春正月，從晉會諸侯伐鄭，討邲之役也。高氏閌曰：「去冬之役，鄭爲楚導，而宋、魯、衛、曹雖盟于蜀，猶不敢背晉，故罷盟而遂會晉伐鄭焉。」

皆從楚，蓋不待後日宋之盟矣。所幸者晉不與盟，楚無以爲要質，故未及兩月而四國即背盟，從晉伐鄭，于此益知向戌之爲罪首矣。

成四年

宋共二年

華元

春，華元聘魯，通嗣君也。

成五年

宋共三年

華元

春，魯仲孫蔑如宋，報華元也。

宋公子圍龜代華元爲質于楚而歸，華元享之。請鼓譟以出，鼓譟以復入，曰：「習攻華氏。」宋公殺之。

冬，同盟于蟲牢，諸侯謀復會，宋公使向爲

成六年

宋共四年

華元

三月，晉、衛、鄭侵宋，以其辭會也。

秋，魯仲孫蔑、叔孫僑如侵宋，晉命也。

成七年

宋共五年

華元

秋，楚子重伐鄭，宋從諸侯救鄭。八月戊辰，同盟于馬陵。

成八年

宋共六年

華元

春，華元聘魯，聘共姬也。

夏，使公孫壽納幣。

人辭以子靈之難。

成九年
宋共七年
華元
春正月，從晉會諸侯同盟于蒲，尋馬陵之盟也。將始會吴，吴人不至。二月，魯伯姬來歸。夏，魯季文子來致女。

成十年
宋共八年
華元
五月，從晉伐鄭。

成十一年
宋共九年
華元
華元善于令尹子重，又善于欒武子。冬，華元如楚，遂如晉，合晉、楚之成。

成十二年
宋共十年
華元
華元克合晉、楚之成。夏五月，晉士燮會楚公子罷、許偃。癸亥，盟于宋西門之外。

成十三年
宋共十一年
華元
夏五月，從晉會諸侯伐秦。

成十四年
宋共十二年
華元

成十五年
宋共十三年
華元
春，從晉會諸侯同盟于戚。夏六月，宋共公卒，秋八月葬。于是華元爲右師，魚石爲左師，蕩

成十六年
宋平元年
華元
夏四月，鄭子罕伐宋，將鉏、樂懼敗諸汋陂。不儆，反爲鄭獲。宋恃勝也。是年，晉敗楚于鄢陵。

成十七年
宋平二年
華元
夏，從晉會尹子、單子及諸侯伐鄭。六月乙酉，同盟于柯陵。冬，諸侯復伐鄭。庚午，圍鄭。

成十八年
宋平三年
華元
是年二月，晉悼公即位。夏六月，楚子、鄭伯侵宋，同伐彭城，納宋魚石五大夫，以三百乘

澤爲司馬，華喜爲司徒，公孫師爲司城，向爲人爲大司寇，鱗朱爲少司寇，向帶爲太宰，魚府爲少宰。蕩澤弱公室，殺公子肥。華元出奔晉，反于宋，殺子山。魚石、向爲人、鱗朱、向帶、魚府與子山皆桓族，懼同罪，遂出奔楚。華元使向戌爲左師，老佐爲司馬，樂裔爲司寇，以靖國人。

秋，華元從晉會諸侯于沙隨。

戍之而還。西鉏吾曰：「楚崇諸侯之姦而披其地，以塞夷庚，毒諸侯而懼吳、晉，吾庸多矣，非吾憂也。」

襄元年	宋平四年	華元	春正月，晉合諸侯爲宋討魚石，華元會晉
襄二年	宋平五年	華元	春正月，鄭師伐宋，楚令也。
襄三年	宋平六年	華元	晉爲鄭服故，且欲脩吳好，六月，諸侯同盟
襄四年	宋平七年	華元	
襄五年	宋平八年	華元	九月丙午，盟于戚，會吳，且命戍陳也。

欒黶圍彭城，彭城降晉，晉人以五大夫歸，寘之瓠丘。 秋，楚子辛侵宋呂、留。鄭子然侵宋，取犬丘。
六月，從晉侵鄭。 秋七月，會于戚，謀鄭故也。 冬，復會于戚，遂城虎牢，鄭人乃成。
于雞澤。 戊寅，諸侯之大夫及陳袁僑盟。
楚子囊伐陳，諸侯會于城棣以救之。

襄六年	宋平九年	子罕	宋華弱與樂轡少相狎，長相優，又相謗也。子蕩怒，以弓梏華弱于朝。平公曰：「司武而梏于朝，難以勝矣。」逐華弱，華弱奔魯。司城子罕曰：「同罪異罰，非刑也。」亦逐子蕩。
襄七年	宋平十年	子罕	冬，楚子囊圍陳，諸侯會于鄬以救之。
襄八年	宋平十一年	子罕	五月甲辰，會于邢丘，以命朝聘之數，使諸侯之大夫聽命。魯季孫宿、齊高厚、宋向戌、衞甯殖、邾大夫會之。
襄九年	宋平十二年	子罕	春，宋災，樂喜爲司城以爲政，使伯氏司里云云。 杜註：「樂喜，子罕也，爲政卿。」 正義曰：「文七年及成十五年二傳言宋六卿之次，皆以右師爲長，故華元以右師爲政
襄十年	宋平十三年	子罕	春，諸侯會吳于柤，遂滅偪陽以與宋。 夏，楚、鄭伐宋。 秋，從晉會諸侯伐鄭。 冬，諸侯之師戍鄭虎牢。 楚子囊救鄭，諸侯之師還，侵鄭北鄙而歸。

卿。今言司城爲政卿者，蓋華閱是華元之子，以元有大功，使閱繼其父，子罕賢，以位卑而執國政也。」冬，從晉會諸侯伐鄭。十二月己亥，同盟于戲。

襄十一年

宋平十四年

子罕

夏四月，鄭子展侵宋，從晉會諸侯伐鄭。秋七月己未，同盟于亳城北。楚子、鄭伯伐宋，諸侯復伐鄭，鄭人乃成。十二月戊寅，會于蕭魚。

襄十二年

宋平十五年

子罕

冬，楚子囊伐宋，師于楊梁，以報晉之取鄭也。

襄十三年

宋平十六年

子罕

襄十四年

宋平十七年

子罕

春，吳告敗于晉，會于向。夏四月，從晉會諸侯伐秦。冬，華閱會諸侯之大夫于戚。時衞孫林父逐其君衎，立剽。晉侯問其故于中行獻

襄十五年

宋平十八年

子罕

春，使向戌聘魯。鄭之餘盜在宋，鄭人納賂于宋，以馬四十乘與師茷、師慧，子罕以盜與之。師慧過宋朝，將私焉。其相曰：「朝也。」慧曰：「無人焉。若猶有人，豈其

襄十六年 宋平十九年 子罕 三月，向戌會諸侯之大夫于溴梁。戊寅，大夫盟。 五月，從晉伐許。	
襄十七年 宋平二十年 子罕 春，宋莊朝伐陳，獲司徒卬。 宋華閱卒，其弟華臣弱皋比之室，使賊六人殺其宰華吳於盧	
襄十八年 宋平二十一年 子罕 冬十月，從晉會諸侯同圍齊。	
襄十九年 宋平二十二年 子罕 春正月，諸侯盟于祝柯。	子，獻子黨孫林父，曰：「不如因而定之。」故會于戚，以謀定衛，晉于是乎失霸。
襄二十年 宋平二十三年 子罕 夏六月庚申，從晉會諸侯盟于澶淵，齊成故也。	以千乘之相易淫樂之矇。」子罕聞之，固請而歸之。 是年冬，晉悼公卒。 宋人或得玉，獻諸子罕，子罕弗受，曰：「我以不貪爲寶，爾以玉爲寶。若以與我，皆喪寶也。」使玉人爲之攻之，富而後使復其所。

門合左師之後，遂幽其妻。宋公曰：「臣也大亂宋國之政，必逐之。」合左師曰：「不如蓋之。」乃舍之。十一月，國人逐瘈狗，瘈狗入于華臣氏，國人從之。華臣懼，遂奔陳。

皇國父爲太宰，爲平公築臺，妨于農收。子罕請俟農功之畢，公弗許。築者謳云云。子罕聞之，親執扑，以行築者，而抶其不勉者，謳者乃止。或問其故，曰：「宋國區區，而有詛有祝，禍之本也。」

襄二十一年
宋平二十四年
子罕
冬十月，諸侯會于商任，錮欒氏也。

襄二十二年
宋平二十五年
子罕
冬，會于沙隨，復錮欒氏。

襄二十三年
宋平二十六年
子罕

襄二十四年
宋平二十七年
子罕
八月，從晉會諸侯于夷儀，將以伐齊。水，不克。冬，楚子伐鄭以救齊，諸侯還救鄭。

襄二十五年
宋平二十八年
子罕
夏五月，晉再會諸侯于夷儀伐齊，以報朝歌之役。齊人以弒莊公說。秋七月己巳，同盟于重丘。

襄二十六年
宋平二十九年
子罕
六月，向戌會晉趙武于澶淵，以討衛，疆戚田。合左師惡太子痤，而寺人伊戾無寵于太子。秋，楚客聘于晉，過宋，太子享之，伊戾

襄二十七年
宋平三十年
子罕
向戌欲弭諸侯之兵以爲名，徧告于諸侯，諸侯皆許之。夏六月，晉、楚盟于宋，請晉、楚之從交相見。向戌請賞，公與之邑六十，以示子罕。子罕曰：

襄二十八年
宋平三十一年
子罕
十二月，爲宋之盟故，魯侯、宋公、陳侯、鄭伯、許男如楚。及漢，聞楚康王卒，諸侯皆行至楚。向戌曰：「我一人之爲，非爲楚也。姑歸而息民，待其立

襄二十九年
宋平三十二年
子罕
鄭饑，子皮以父子展之命餼國人粟，户一鍾。宋子罕聞之，曰：「鄰于善，民之望也。」宋亦饑，請于平公，出公粟以貸，使大夫皆貸。司城氏貸而不

襄三十年
宋平三十三年
向戌
五月甲午，宋大災，宋伯姬卒。汪氏克寬曰：「伯姬以成九年歸于宋共公，歸七年而共公卒，嫠居三十有四年。火延其宫，必待傅姆而後

請從。至，則飲，用牲，加書，而聘告公，曰：「太子將爲亂，既與楚客盟矣。」公使視之，有焉。問諸左師，則對曰：「固聞之。」公囚太子。太子曰：「惟佐也能免我。」召而使請，曰：「日中不來，吾知死矣。」左師聒而與之語，使過期，太子縊而死，佐爲太子。公徐聞其無罪也，乃烹伊戾，合左師如故。案：晉獻本意欲易太子，而宋平初無成見。向戌與閹豎進謀傾陷儲嗣，其罪較里克百倍，而猶謂向戌爲諸侯之良，吾不信也。

「天生五材，民並用之，誰能去兵。兵所以威不軌而昭文德，而子求去之，不亦誣乎！罪莫大焉。」削而投之，左師辭邑。

君而爲之備。」宋公遂

書，宋無饑人。叔向聞之，曰：「鄭之罕，宋之樂，其後亡者也。」六月，晉荀盈合諸侯之大夫城杞，宋司徒華定往，與齊高子容見知伯，女齊相禮，謂知伯曰：「二子皆將不免，子容專，司徒侈，皆亡家之主也。」

避，可以風勵千古。」齊氏履謙曰：「宋平以千乘之君而不能救其母于火，聖人録伯姬之卒，所以深著宋平之罪。」秋七月，魯叔弓來葬共姬。冬十月，諸侯之大夫會于澶淵，謀歸宋財，既而無歸于宋。

襄三十一年

宋平三十四年

向戌

昭元年

宋平三十五年

向戌

春正月，向戌會晉、楚及諸國之大夫于虢，尋宋之盟也。

昭二年

宋平三十六年

向戌

昭三年

宋平三十七年

向戌

昭四年

宋平三十八年

向戌

夏，楚子合十三國諸侯于申，向戌往會。伍舉言于楚子曰：「今君始合諸侯，其慎禮矣。宋向戌、鄭公孫僑在，諸侯之良也，君其選焉。」王使問禮合左師，獻公合諸侯之禮六。宋太子佐後至，王田于武城，久而弗見。秋七月，楚子以諸侯伐吳，宋太子及鄭伯先歸。

昭五年

宋平三十九年

昭六年

宋平四十年

昭七年

宋平四十一年

昭八年

宋平四十二年

昭九年

宋平四十三年

向戌

向戌

宋寺人柳有寵，太子佐惡之。右師華合比曰：「我殺之。」柳聞之，乃坎，用牲，埋書，而告公曰：「合比將納亡人之族，既盟于北郭矣。」公使視之，有焉，遂逐華合比，合比奔衛。合比之弟亥欲代其位，乃與寺人柳比，從爲之徵，公使代爲右師。見于左師向戌，向戌曰：「女夫也必亡，女喪而宗室，于人何有？人亦于女何有？」案：寺人柳之譏華合比，與伊戾之譏太子痤，一也。華亥之與

向戌

向戌

九月，楚公子棄疾帥師奉孫吳圍陳，宋戴惡會之。十一月壬午，滅陳。案：向戌爲弭兵之説，使晉按兵不動，坐視楚之殘暴，而又遣兵助楚爲虐，則前日之弭兵，特專爲楚耳，與宋之秦檜何異。

華亥

春，魯叔弓、宋華亥、鄭游吉、衛趙黶會楚子于陳。許氏翰曰：「楚既滅陳，威震諸夏。是以無所號召而四國大夫自往會之。」

昭十年	宋平四十四年	華亥	九月，華定如晉，葬晉平公。十二月甲子，宋平公
昭十一年	宋元元年	華亥	楚師在蔡，晉韓起合諸國之大夫謀救蔡。秋，宋華亥與諸侯之
			柳比，與向戌之與伊戾比，一也。亥逐其兄，而戌殺太子，其罪更重。向戌知華亥之必亡，而不知己之罪當誅。伊戾烹，而己居位如故，自謂可逃天網。十年之後，而向戌之子向寧與華亥、華定同出奔，同爲叛逆之臣，華、向遂無後于宋，天道不爽信哉！
昭十二年	宋元二年	華亥	夏，使華定聘魯，通嗣君也。享之，爲賦蓼蕭，不知，又不答賦。
昭十三年	宋元三年	華亥	
昭十四年	宋元四年	華亥	

昭十五年 宋元五年 華亥	卒。初，元公惡寺人柳，欲殺之。及喪，柳熾炭于位，將至，則去之。比葬，又有寵。
昭十六年 宋元六年 華亥	大夫會于厥憖。
昭十七年 宋元七年 華亥	昭子曰：「必亡。」
昭十八年 宋元八年 華亥 夏五月壬午，宋、衛、陳、鄭災。	
昭十九年 宋元九年 華亥 邾人入鄅，盡俘以歸。鄅夫人，宋向戌之女也，故向寧請師。二月，宋公伐邾，圍蟲。三月，取之，乃盡歸鄅俘。邾人、郳人、徐人會宋公，同盟于蟲。高氏閌曰：「天下無伯，而宋元于此一正人鄅之亂，是以春秋録而進之。」	

昭二十年	宋元十年	華亥	宋元公無信多私，而惡華、向。華定、華亥與向寧謀先，華亥僞有疾，以誘羣公子來問，則執而殺之。夏六月丙申，遂劫公。癸卯，取太子欒與母弟辰、公子地以爲質，公亦取華亥、向寧、華定之子以爲質。冬十月，公殺華、向之質而攻之，向寧亦欲殺太子，華亥不可，使其庶兄少司寇牼歸三公子，遂出奔陳，華費遂之子登出奔吴。
昭二十一年	宋元十一年	亂故闕	宋華費遂生華貙、華多僚、華登，多僚與貙相惡，乃譖諸公，公謀逐華貙，貙遂殺多僚，劫費遂以叛，而召亡人。壬寅，華、向入居盧門，以南里叛。六月庚午，宋城舊鄘及桑林之門而守之。冬十月，華登以吴師救華氏。齊烏枝鳴戍宋，敗華氏于新里。十一月，晉、齊、曹、衛之師救宋，大敗華氏，圍諸南里。華貙使華登如楚乞師。
昭二十二年	宋元十二年	樂大心	春二月，楚薳越使告于宋曰：「寡君聞君有不令之臣，請受而戮之。」諸侯之戍謀曰：「若華氏知困而致死，楚恥無功而疾戰，非吾利也。不如因而出之，以爲楚功。」宋人從之。宋華亥、向寧、華定、華貙出奔楚。宋公使公孫忌爲大司馬，邊卬爲大司徒，樂祁爲司城，仲幾爲左師，樂大心爲右師，樂輓爲大司寇，以靖國人。
昭二十三年	宋元十三年	樂大心	
昭二十四年	宋元十四年	樂大心	

昭二十五年	宋元十五年	樂大心	春，魯叔孫婼聘于宋，樂大心見之，語卑宋大夫而賤司城氏。昭子曰：「右師其亡乎！卑其大夫而賤其宗，是無禮也，無禮必亡。」夏，會于黃父，謀王室也。趙簡子令諸侯之大夫輸王粟，具戍人。樂大心曰：「我不輸粟，我于周爲客。」晉士伯曰：「自踐土以來，何盟之不同？曰『同恤王室』，子焉得辟之？」右師不敢對，
昭二十六年	宋景元年	樂大心	
昭二十七年	宋景二年	樂大心	秋，樂祁犂會諸侯之大夫于扈，晉令戍周，且謀納魯公也。宋、衛皆固請之。范獻子取貨于季孫，設辭謂司城子梁與衛北宮貞子，二子懼，皆辭。
昭二十八年	宋景三年	樂大心	
昭二十九年	宋景四年	樂大心	

受牒而退。士伯告簡子曰：「宋右師必亡。」是年，魯季孫意如出其君昭公，公孫于齊。十一月，元公將爲魯故如晉，夢太子欒即位于廟，已與平公服而相之，遂行。己亥，卒于曲棘。

昭三十年

宋景五年

樂大心

昭三十一年

宋景六年

樂大心

昭三十二年

宋景七年

樂大心

冬十一月，晉魏舒、韓不信合諸侯之大夫于狄泉，令城成周。宋仲幾往會。

定元年

宋景八年

樂大心

春正月，城成周，宋仲幾不肯受功，曰：「滕、薛、郳，吾役也。」與薛宰爭言。晉士伯曰：「子姑受功，歸，我視諸故府。」仲幾曰：「縱子忘之，山川鬼神其

定二年

宋景九年

樂大心

忘之乎！」士伯怒，謂韓簡子曰：「必以仲幾爲戮。」乃執仲幾以歸。三月，歸諸京師。

定三年

宋景十年

樂大心

定四年

宋景十一年

樂大心

三月，從晉會諸侯于召陵，侵楚。五月，諸侯盟于臯鼬。

定五年

宋景十二年

樂大心

定六年

宋景十三年

樂大心

秋八月，樂祁言于景公曰：「諸侯唯我事晉，今使不往，晉其憾矣。」其宰陳寅曰：「必使子往，子立後而行，吾室亦不亡。」見溷而行。趙簡子逆，而飲之酒于綿上，獻楊楯六十于簡子。范鞅怒，言于晉侯，執樂祁。

定七年

宋景十四年

樂大心

年	宋紀年	執政	事蹟
定八年	宋景十五年	樂大心	趙鞅言于晉侯曰：「諸侯唯宋事晉，今執其使，是絕諸侯也。」將歸樂祁，范鞅曰：「無故而歸之，宋必叛。」晉乃私謂子梁，請使溷代。其宰陳寅曰：「宋將叛晉，是棄溷也，不如待之。」樂祁歸，卒于太行，范鞅止其尸于州。
定九年	宋景十六年	樂大心	春，宋公使樂大心盟于晉，且逆樂祁之尸。辭，僞有疾，乃更使向巢。樂祁之子溷言于公曰：「右師不肯適晉，將作亂也。不然，無疾。」乃逐桐門右師。
定十年	宋景十七年	皇瑗	秋，樂大心出奔曹。公嬖向魋與公子地之嬖蘧富獵爭寵，公子地使其徒抶魋。魋懼，將走，公閉門而泣之，目盡腫。母弟辰曰：「子爲君禮，不過出竟，君必止子。」公子地出奔陳，公弗止。辰爲之請，弗聽。辰曰：「是我迋吾兄也。」冬，辰暨仲佗、石彄出奔陳。
定十一年	宋景十八年	皇瑗	春，宋公母弟辰暨仲佗、石彄、公子地自陳入于蕭以叛。秋，樂大心從之，大爲宋患，寵向魋故也。
定十二年	宋景十九年	皇瑗	
定十三年	宋景二十年	皇瑗	
定十四年	宋景二十一年	皇瑗	
定十五年	宋景二十二年	皇瑗	
哀元年	宋景二十三年	皇瑗	
哀二年	宋景二十四年	皇瑗	

秋，齊侯、宋公會于洮，始叛晉，范氏故也。

秋，宋公之弟辰自蕭奔魯。

高氏閌曰：「宋公不能容一弟，使爲叛臣。奔而入叛，叛而復奔，三書宋公之弟，罪宋公也。」

夏五月，鄭罕達帥師伐宋，敗宋師于老丘。

杜註：「宋公子地奔鄭，鄭爲之伐宋，欲取地以處之。」

哀三年

宋景二十五年

皇瑗

五月，宋樂髡帥師伐曹。

季氏本曰：「曹奉樂大心入蕭以叛，宋方有亂，故且從齊盟，未暇致討。今聞齊景髦，

哀四年

宋景二十六年

皇瑗

春，宋人執小邾子。

李氏廉曰：「伐曹、執邾之役，蓋齊景圖伯無成，而宋亦有志于争伯也。」

哀五年

宋景二十七年

皇瑗

夏，齊侯伐宋。

王氏貫道曰：「齊方圖伯，而宋人伐曹，執小邾子，故伐宋。」

哀六年

宋景二十八年

皇瑗

冬，宋向巢帥師伐曹。

哀七年

宋景二十九年

皇瑗

春，皇瑗帥師侵鄭。

李氏廉曰：「宋之叛晉久矣，豈復爲晉討鄭，左氏非也。」

家氏鉉翁曰：「宋連歲有事于曹，意鄭爲援

而無畏于齊，脩曹之怨也。」

而侵之也。」宋人圍曹。冬，鄭駟弘帥師救曹，侵宋。

哀八年

宋景三十年

皇瑗

春正月，宋公伐曹，遂滅曹，執曹伯及司城彊以歸，殺之。

哀九年

宋景三十一年

皇瑗

春，鄭罕達圍宋雍丘。宋皇瑗圍鄭師，每日遷舍，壘合，鄭師哭。二月甲戌，宋取鄭師于雍丘。

哀十年

宋景三十二年

皇瑗

夏，宋伐鄭。

哀十一年

宋景三十三年

皇瑗

哀十二年

宋景三十四年

皇瑗

秋，皇瑗會魯、衞盟于鄖，而卒辭吴盟。宋、鄭之間有隙地，子産向與宋人爲約曰：「勿有是。」及宋平、元之族自蕭奔鄭，鄭人爲之城嵒、戈、錫。九月，宋向巢伐鄭，取錫，殺元公之孫，遂圍嵒。十二月，鄭罕達救嵒，圍宋師。

哀十三年

宋景三十五年

皇瑗

春，宋向魋救其師。鄭罕達使徇曰：「得桓魋者有賞。」魋逃歸，遂取宋師于嵒，以六邑爲虚。

哀十四年

宋景三十六年

皇瑗

桓魋之寵害于公，公將討焉。未及，魋先謀公，欲因享公以作亂。公知之，召左師向巢，命其徒攻桓氏。向魋遂入于曹以叛。六月，使左師巢伐之，魋奔衛，衛人攻之，遂奔齊，陳成子使爲次卿。向巢奔魯。

哀十五年

宋景三十七年

皇瑗

哀十六年

宋景三十八年

皇瑗

哀十七年

宋景三十九年

皇瑗

皇瑗之子麇有友曰田丙，而奪其兄劖般邑以與之。劖般慍而行，告桓司馬之臣子儀克，使告夫人曰：「麇將納桓氏。」公問諸皇野。初，皇野將立非我爲適子，麇曰：「必立伯也。」野怒，弗從，故對曰：「右師老矣，不識麇也。」公執皇麇，皇瑗奔晉，召之。

哀十八年

宋景四十年

皇緩

哀十九年

宋景四十一年

皇緩

哀二十年

宋景四十二年

皇緩

哀二十一年

宋景四十三年

皇緩

哀二十二年

宋景四十四年

皇緩

春，殺皇瑗。公聞其情，復皇氏之族，使皇緩爲右師。註：「緩，瑗從子。」

哀二十三年
宋景四十五年
皇緩

哀二十四年
宋景四十六年
皇緩

哀二十五年
宋景四十七年
皇緩

哀二十六年
宋景四十八年
皇緩
宋景公無子，取公孫周之子得與啟畜諸宮中，未有立也。于是皇緩爲右師，皇非我爲大司馬，皇懷爲司徒，靈不緩爲左師，樂溷之子茷爲司城，樂朱鉏爲大司寇，六卿聽政，常因大尹以達。大尹常不告，而假稱君命以令，國人惡之。冬十月辛巳，公卒于

哀二十七年
宋昭元年
樂茷

連中。大尹興甲士千人，奉公之尸自空桐入，使召六子。至，以甲劫之，大尹立啓，奉喪殯于大宫，三日而後國人知之。司城茷使宣言于國曰：「大尹令君無疾而死，死又匿之，大尹之罪也。」使國人攻大尹，大尹奉啓以奔楚，乃立得，是爲昭公。司城茷爲上卿。

註：「大尹，近官有寵者。」

右宋執政自孔父至樂茷共十五人，中閒桓公三十年執政闕，不見傳，或遂欲以蕭叔大心當之，非也。蕭叔特封爲附庸，未見有執政之迹，其餘皆斑斑可考。

大司馬四人：孔父、公孫固、公子卬、華耦。

太宰一人：華督。

左師二人：子魚、向戌。

右師六人：公子成、華元、華亥、樂大心、皇瑗、皇緩。

司城二人：樂喜、樂茷。

春秋鄭執政表卷二十五

錫山　顧棟高復初　輯
瀋陽受業唐寅保東賓　參

敍

世嘗謂鄭莊公鍊事而黠，宋襄公喜事而狂。然此二者，兩國遂成爲風俗。宋之狂，非始于襄公也。殤公受其兄之讓，而旋仇其子，至十年十一戰，卒召華督之弑，此非狂乎？下及莊公馮以下諸君，以及華元，不忍鄙我之憾，而旋致析骸易子之慘。向戌貪弭兵之功，而使天下諸侯僕僕楚廷，馴至晉伯熄而楚氛熾，其狂之禍遂中于天下。至鄭則不然，明事勢，識利害，常首鼠晉、楚兩大國之閒，視其强弱以爲向背，貪利若鶩，棄信如土。故當天下無伯則先叛，天下有伯則後服。其先叛也，懼楚也。齊桓公以僖十七年冬十二月卒，而鄭文明年春正月即朝楚。邲之戰，鄭首先叛晉，堅事楚者十二年。中閒以與許訟不勝，改而從晉。至成九年，貪楚之重賂，復從楚。未三年，復從晉。至成十六年，貪汝陰之田，復從楚。投骨于地，就而食之，搖尾乞憐者，鄭之謂也。其後服也，欲以諸侯之力斃楚，使楚不敢與争也。莊十六年，與齊桓同盟于幽，明年即不朝。歷十三年復同盟于幽，至僖五年首止之盟，復逃而從楚。晉文之興，踐土甫盟，而明年翟泉復不至。燭之武復閒晉事秦，旋召杞子之謀，不得不從晉。未及五六年，復與陳、蔡偕楚爲厥貉之次矣。每閒伯主之有事，則侵伐小國以自益。晝伏夜行，竊食盆盎，常懼人覺者，鄭之謂也。然亦因此得保其國，常倔强于諸侯閒。以中國四戰之地，迭受晉、楚之侵伐，而能國威不挫，民力不疲。雖當晉、楚之伯已衰，猶能與宋相鬭爭者，蓋亦地勢使然。其君臣積習之久，而遂成爲風俗歟？鄭之君且勿論，其大臣執政如子良、子駟、子展之徒，遞掌國政五十餘年，其謀議具見于左傳。子良之言曰：「晉、楚與其來者可也。晉、楚無信，我焉得有信。」子駟之言曰：「犧牲玉帛，待于二竟，以待强者而庇民焉。」子展之言曰：「吾伐宋，晉師必至，使晉師致死于我，楚弗敢敵，而後可固與晉。」其揣量兩國之情形狡矣黠矣。故其術常出于頑鈍無恥，卑污忍垢，民鮮罹戰鬭之苦，而有征賦之擾，其時國勢亦賴以少安。子産繼之，能折衷于大道，適遇向戌弭兵，兩事晉、楚，能事楚而不受楚害，事晉而不爲晉屈，本之以禮，而善其辭令，故仲尼稱之，有君子之道。蓋委蛇以從時，權宜以濟變，又非黠之謂矣。竊嘗以春秋列國之情形譬之，秦、楚如虎狼，鄭如黠鼠，宋如猘犬。鼠之嚙物也以漸，鄭莊以隱十一年入許，旋使許叔居許東偏，卒還其國，後屢侵伐之，直至定六年游速因楚敗而始滅許，首尾歷二百餘年。犬之噬人也以暴，宋襄甫嗣齊伯，而即執滕子嬰齊，用鄫子于次睢之社。宋景當晉、楚之衰，天下無伯，伐郲侵鄭，遂執曹伯以歸，殺之，狂猘四出，不可嚮邇。蓋終始春秋二百四十二年，宋、鄭立國之大較也。此由封建之貽害積漸至此，後世易爲郡縣，朝不道則夕黜之，夕不道則朝黜之，豈特虎狼遠屏，凡鼠竊狗偷，俱不容于大一統之世矣。鄭自中葉以後，執政之上更有當國，蓋自襄二年鄭成公卒，介于晉、楚，國家多難，成公命子罕當國攝君事，非常法，自後子駟、子孔、子展世有當國之號。其執政常不依卿之位次，子皮父子世爲上卿，位居子産之上，與魯、宋又異。輯春秋鄭執政表第二十五。

春秋鄭執政表

隱元年

鄭莊二十二年

祭仲

夏五月，克弟段于鄢。共叔之亂，公孫滑出奔衞，衞人爲之來伐，取廩延。冬十月，以王師、虢師伐衞南鄙，復請師于邾。邾、鄭、魯三國盟于翼。註：「滑，共叔子。」

隱二年

鄭莊二十三年

祭仲

冬十二月，伐衞，討公孫滑之亂。趙氏鵬飛曰：「鄭有兄弟之隙，衞因其餘孽以加兵于鄭，蓋亦有罪。而聖人書『鄭人伐衞』，若獨責鄭者，蓋鄭莊克其弟，而不字其子，使栖栖然僑累于衞，而又加兵，忍已甚矣，故特斥而『人』之。」汪氏克寬曰：「鄭莊志

隱三年

鄭莊二十四年

祭仲

三月庚戌，平王崩。周人將畀虢公政。夏四月，祭仲帥師取温之麥。秋，又取成周之禾。秋八月，宋穆公以國讓其弟與夷，而使其子馮出居于鄭。冬十二月，齊、鄭盟于石門。張氏洽曰：「盟而不食言者，惟此二君，終身未嘗相伐。蓋齊强，

隱四年

鄭莊二十五年

祭仲

宋殤公之卽位也，公子馮出奔鄭，鄭人欲納之。及衞州吁立，將脩先君之怨于鄭，而求寵于諸侯，以和其民，使告于宋。夏，宋、衞、陳、蔡四國伐鄭，圍東門，五日而還。秋，宋復乞師于魯，魯復會四國伐鄭，敗鄭徒兵，取其禾而還。案：鄭之欲納馮，猶衞

隱五年

鄭莊二十六年

祭仲

春，曲沃莊伯以鄭人、邢人伐翼。四月，鄭人侵衞牧，以報東門之役。衞人以燕師伐鄭。六月，鄭二公子以制人敗燕師于北制。九月，以王師會邾人伐宋，入其郛，以報東門之役。案：邾于隱元年黨鄭伐衞，故此年復乞師于鄭伐宋。鄭莊奸

于殺段，而又欲絶其嗣。去年伐衛南鄙，又請師于邾，今再伐衛，窮兵黷武，遷怒復怨，不貶絶而罪自見矣。」

而鄭之深讎在宋，欲結齊以敵之故也。」劉氏實曰：「齊、鄭之黨合，天下始多故，而諸侯遂無王矣。」

之欲納滑也。然滑猶爲鄭莊之仇，而與夷親受國于穆公，以德爲怨，而更讎其子，其負恩不義，比鄭尤甚。春秋兩書伐鄭，繁言不殺，其情見矣。

雄，大國如齊、魯，小國如邾，無不聯合爲一黨，所以一年之中，報衛，復報宋，又敗燕師，幾無敵于天下。冬十二月，宋人圍長葛，以報入郛之役。

隱六年

鄭莊二十七年

祭仲

春，輸平于魯，孤宋援也。

五月庚申，侵陳，大獲。

冬，宋人取長葛。

案：自後宋、鄭交兵無已，直至殤公見弑而後止。二國爲天下樞，其爭蓋不待晉、楚

隱七年

鄭莊二十八年

祭仲

秋，及宋平。七月庚申，盟于宿。十二月，陳及鄭平。陳五父如鄭涖盟。壬申，及鄭伯盟。鄭公子忽在王所，故陳侯請妻之。鄭伯許之，乃成昏。

隱八年

鄭莊二十九年

祭仲

三月，使宛歸祊于魯，請釋泰山之祀而祀周公，以泰山之祊易許田。

夏四月甲辰，公子忽如陳逆婦嬀。辛亥，以嬀氏歸。

齊人卒平宋、衛于鄭。秋，盟于瓦屋，以釋東

隱九年

鄭莊三十年

祭仲

宋公不王，鄭伯爲王左卿士，以王命討之。秋，以王命告于魯，請伐宋。冬，齊、魯會于防，謀伐宋也。

案：鄭率齊朝王，欲假公義挾天子以令諸侯爾。卒糾合齊、魯，幾伯天下。

隱十年

鄭莊三十一年

祭仲

春二月，會齊、魯于中丘，爲師期。六月庚午，入郜。辛未，歸于魯。庚辰，入防。辛巳，歸于魯。秋七月庚寅，鄭師還，猶在郊，宋人、衛人乘虛入鄭，蔡人從之伐戴。八月壬申，鄭伯圍戴。

争盟之日而已然矣。冬，如周，始朝桓王，王不禮。

門之役。八月丙戌，以齊人朝王，禮也。案：是年虢公忌父始作卿士于周，周人于此遂畀之政。杜云：「鄭伯不以虢公得政而背王，故禮之。」

北戎侵鄭，用公子突謀，十二月甲寅，大敗戎師。

癸亥，克之，盡取三師。九月戊寅，入宋。蔡、衛、郕不會王命。冬十月壬午，齊、鄭入郕，討違王命也。

隱十一年

鄭莊三十二年

祭仲

夏，會魯侯于時來，謀伐許也。秋七月壬午，入許。鄭伯使許大夫百里奉許叔居許東偏，使公孫獲居許西偏。王取鄔、劉、蔿、邘之田于鄭，而與鄭人蘇

桓元年

鄭莊三十三年

祭仲

三月，會魯侯于垂，以璧假許田，請復祀周公，卒易祊田。夏四月丁未，魯、鄭盟于越，結祊成。冬，鄭伯拜盟。胡傳：「鄭欲得許田以自廣，是以爲垂之會。

桓二年

鄭莊三十四年

祭仲

春正月，宋華督弑其君與夷，來召公子馮而立之，是爲莊公。偏賂齊、魯、陳、鄭四國。三月，會于稷，以成宋亂，立華氏。秋七月，與蔡會于鄧，始懼楚。

桓三年

鄭莊三十五年

祭仲

桓四年

鄭莊三十六年

祭仲

忿生之田十二邑。息侯伐鄭，鄭伯大敗息師。冬十月，以虢師伐宋。壬戌，大敗宋師。

魯桓欲結鄭好以自安，是以爲越之盟。」

年	鄭	執政	事
桓五年	鄭莊三十七年	祭仲	夏，齊侯、鄭伯朝于紀，欲以襲之。紀人知之。 王奪鄭伯政，鄭伯不朝。 王以蔡人、衛人、陳人伐鄭，鄭伯敗王師，射王中肩。
桓六年	鄭莊三十八年	祭仲	夏，北戎伐齊，齊侯乞師于鄭，鄭太子忽帥師救齊。 六月，大敗戎師。
桓七年	鄭莊三十九年	祭仲	盟、向求成于鄭，既而背之。 秋，鄭人、齊人、衛人伐盟、向，王遷盟、向之民于郟。
桓八年	鄭莊四十年	祭仲	
桓九年	鄭莊四十一年	祭仲	
桓十年	鄭莊四十二年	祭仲	
桓十一年	鄭莊四十三年	祭仲	
桓十二年	鄭厲元年	祭仲	
桓十三年	鄭厲二年	祭仲	
桓十四年	鄭厲三年	祭仲	

初，北戎病齊，諸侯救之，鄭公子忽有功。齊人餼諸侯，使魯次之。魯以周班後鄭，鄭人怒，請師于齊，齊人以衞師助之。冬十二月丙午，戰于郎。	桓十五年	鄭厲四年	祭仲	祭仲專，鄭伯患之，使其壻雍糾殺之。雍姬知之，以告祭仲，殺雍
春正月，齊、衞、鄭盟于惡曹，謀魯也。夏，鄭莊公卒。初，祭仲有寵于莊公，莊公使爲卿。爲公娶鄧曼，生昭公，故祭仲立之。九月，宋執鄭祭仲，曰：「不立突，將死。」亦執厲公而求賂。祭仲以厲公歸而立之。秋九月丁亥，昭公奔衞，厲公立。	桓十六年	鄭昭元年 厲五年	祭仲	春正月，魯、宋、蔡、衞四國會于曹，謀伐
宋人責賂不已，魯欲平宋、鄭。秋，宋、魯盟于句瀆之丘，繼又會于虛于龜，而宋公辭平，遂與鄭盟于武父，謀背宋。冬十二月，魯及鄭師伐宋。丁未，戰于宋。	桓十七年	鄭昭二年 厲六年	祭仲	初，鄭伯將以高渠彌爲卿，昭公惡之，固
二月，魯侯、紀侯、鄭伯及齊侯、宋公、衞侯、燕人戰，四國之師敗績。吴氏澂曰：「昔鄭莊助齊，謀紀者也。魯桓數爲鄭會宋，繼又同鄭伐宋。鄭厲德魯，故助魯救紀，而悉反其父之所爲。」	桓十八年	鄭厲七年 子亹元年	祭仲	秋，齊侯師于首止，子亹會之。七月戊戌，
春正月，魯、鄭會于曹。吴氏澂曰：「蓋虞齊、衞報怨，故爲會以謀之。」夏，使弟語尋盟于魯，且脩曹之會。冬十二月，宋以齊人、蔡人、衞人、陳人伐鄭，報宋之戰也。焚渠門，入，及大逵。	莊元年	鄭厲八年 子儀元年	闕	

糾。夏，厲公出奔蔡。六月乙亥，昭公入。秋九月，鄭伯突因櫟人殺檀伯，而遂居櫟。冬十一月，魯、宋、衞、陳四國會于袲，伐鄭，將納厲公，弗克而還。趙氏鵬飛曰：「先地而後伐，議所伐也，聽宋命而後伐也。何則？忽固宋仇，既而責賂于突，而三戰再北，突尤宋仇也。故先會于袲，議所伐。然卒助突而伐忽者，蓋突親也，嘗賂宋。忽，路人也，未嘗拔一毛以遺宋。庸詎知突復得鄭之後，不更傾國以事宋乎。此先地後

鄭，以納厲公。

案：春秋當伯主未興以前，諸侯離合不常，惟利是視。宋方責賂而與突爲仇，旋復兩會以謀納突。且昭公前奔衞，而袲之會衞亦與。至此又復糾蔡，且會于曹，而曹亦與。突黨日盛，忽勢日孤，其故何也？蓋突甫失國而旋居櫟，據國要害，聲勢猶盛，四鄰諸侯謂可輔之入國，以爲責賂之計，而忽更懦弱，以爲無足與也。是以强弱爲向背，置邪正是非于不問，真島夷之不若。其原由于宋馮入國，

諫，不聽。昭公立，懼其殺己也，冬十月辛卯，弑昭公而立公子亹。

齊人殺子亹，而轘高渠彌。祭仲逆鄭子于陳而立之。

伐之深意，先儒皆未之達也。」先母舅曰：「穀梁謂地而後伐疑辭。蓋宋責賂于鄭，公與之六會而宋辭平。既與突伐宋，而有宋之戰矣，宋方合三國伐鄭以報。今公又忽然連宋、陳、衛以伐忽納突，大反前日之爲，能無疑乎！疑者，疑宋也，亦宋自有疑也，故先會于袲。袲，宋地，宋計決而後伐鄭也。然宋所以卒決計納突者，則以公爲之周旋，而宋亦深知突之才略，既已據櫟而扼鄭之險，其勢終必得鄭，故賂四國以定位，其後遂欲取償，似爲定例。突未入，則執以求賂，突入而賂不足，則更相攻戰，迨突出，則又再納之，以邀後之傾國以報也。以一國爲奇貨，以連兵納君爲市賈，已爲行賂立赤幟，而使四國諸侯皆有市心。聖人于其始事特書「會于稷，以成宋亂」，又曰「取郜大鼎于宋」，所以誅宋而誅諸侯者豈無意哉！夏四月，魯、宋、衛、陳、蔡五國之師伐鄭。家氏鉉翁曰：「自去冬及今夏三書公會，再書伐鄭，不閒以他事，不如再納以邀突之賂爲得計也。胡傳：「始疑于輔正，終變而與邪。」去當日之事情甚遠。」

誅宋、魯之輔篡而干正也。東遷以後，王章掃地，人紀廢絶，黨州吁，輔魯桓，成宋亂，納鄭突，傳所謂四逆四黨者，其去禽獸蓋不遠矣！」張氏洽曰：「當時强陵弱，衆暴寡如此。及桓、文之興而少抑，春秋欲不與齊、晉得乎！」

莊二年	鄭厲九年	子儀二年	闕	
莊三年	鄭厲十年	子儀三年	闕	
莊四年	鄭厲十一年	子儀四年	闕	夏，齊侯、陳侯、鄭伯遇于垂。高氏閌曰：「蘇子由以
莊五年	鄭厲十二年	子儀五年	闕	案：自此至十四年厲公入櫟，鄭事凡九年不見傳。
莊六年	鄭厲十三年	子儀六年	闕	

此鄭伯爲子儀，非也。子儀乘閒得立，方惴惴懼不保，豈敢輕棄國都與諸侯會，故知此卽突也。高渠彌弑忽立子亹，齊人殺亹立子儀，春秋皆没而不書，以突爲鄭伯故也。」

卓氏爾康曰：「趙子常謂鄭要陳遇齊，請存紀社稷。然突方居櫟，豈能謀紀。高抑崇言齊恐陳、鄭救紀，故結二國之歡。夫齊何畏于陳、鄭，陳、鄭又去紀最遠，亦何能救紀。此疑鄭突救釋援紀之怨于齊，假陳以爲介紹爾。」

莊七年
鄭厲十四年
子儀七年
闕

莊八年
鄭厲十五年
子儀八年
闕

莊九年
鄭厲十六年
子儀九年
闕

莊十年
鄭厲十七年
子儀十年
闕

莊十一年
鄭厲十八年
子儀十一年
闕

莊十二年
鄭厲十九年
子儀十二年
闕

莊十三年
鄭厲二十年
子儀十三年
闕

莊十四年
鄭厲二十一年
子儀十四年
闕
厲公自櫟侵鄭，及大陵，獲傅瑕。傅瑕曰：「苟舍我，吾請納君。」與盟而舍之。六月甲子，傅瑕殺鄭子及其二子，而納厲公。厲公入，遂殺傅瑕。

莊十五年
鄭厲二十二年
叔詹
春，從諸侯會于鄄，齊始伯也。秋，侵宋。
黃氏震曰：「鄭以宋舊怨故，乘齊、宋之伐郳而侵宋，是背齊盟也。故明年宋、齊、衞伐鄭。鄭突處櫟二十年，一旦得志，遽與脩怨之師，猶未知世有伯主也。」

莊十六年
鄭厲二十三年
叔詹
夏，宋、齊、衞伐鄭。鄭伯自櫟入，緩告于楚。秋，荆伐鄭。南北争鄭于是始。治與于雍糾之亂者，九月，殺公子閼，刖强鉏。公父定叔出奔衞。三年而復之，曰：「不可使共叔無後于鄭。」冬十二月，諸侯同盟于幽。

莊十七年
鄭厲二十四年
叔詹
春，齊人執詹，鄭不朝也。
杜氏預曰：「詹爲執政大臣，詣齊見執。」
孔氏穎達曰：「僖七年傳：『鄭有叔詹、堵叔、師叔三良爲政。』先言詹，明詹最貴也。且以君不朝而被執，明詹是執政大臣，爲不道君使朝，故執之也。」
秋，詹自齊逃魯。

莊十八年
鄭厲二十五年
叔詹
春，虢公、晉侯、鄭伯使原莊公逆王后于陳。
杜氏預曰：「虢、晉朝王，鄭伯又以齊執其卿，故求王爲援，皆在周。」

莊十九年
鄭厲二十六年
叔詹

莊二十年
鄭厲二十七年
叔詹
周子頹作亂，五大夫奉子頹以伐王，不克，奔衛。衛師、燕師伐周。春，鄭伯執燕仲父，以王歸，處于櫟。秋，王及鄭伯入于鄔，遂入成周，取其寶器而還。

莊二十一年
鄭厲二十八年
叔詹
春，鄭、虢同伐王城，鄭伯將王自圉門入，虢叔自北門入，殺王子頹。王與鄭以武公之略，自虎牢以東。五月，厲公卒。

莊二十二年
鄭文元年
叔詹

莊二十三年
鄭文二年
叔詹

莊二十四年
鄭文三年
叔詹

莊二十五年
鄭文四年
叔詹

莊二十六年
鄭文五年
叔詹

莊二十七年	莊二十八年	莊二十九年	莊三十年	莊三十一年
鄭文六年 叔詹 夏六月，同盟于幽，陳、鄭始服于齊。 案：鄭厲公于莊十六年同盟于幽，明年即以不朝而至詹見執，鄭蓋未心服也。至此歷十有三年，復同盟于幽，外內一心推桓爲伯，齊桓九合之功亦難矣。	鄭文七年 叔詹 楚子元欲蠱文夫人，爲館于其宮側，而振萬焉，夫人聞之而泣。子元爲是故伐鄭。諸侯救鄭，楚師夜遁。 朱子曰：「桓、文所以有功王室者，當時楚最强大，時復加兵于鄭，鄭在王畿之內，向非桓、文遏之，則周室爲所併矣。」	鄭文八年 叔詹 夏，侵許。 案：桓公之興，諸侯無敢有侵弱暴寡者。而鄭文猶敢爲此，蓋未諳伯令，而姑嘗試之，冀倖其不討。甚矣，鄭人之黠也。	鄭文九年 叔詹	鄭文十年 叔詹
莊三十二年 鄭文十一年 叔詹 齊侯爲楚伐鄭之故，請會于諸侯。夏，齊、	**閔元年** 鄭文十二年 叔詹	**閔二年** 鄭文十三年 叔詹 初，文公惡高克，使帥師次于河上，久而弗	**僖元年** 鄭文十四年 叔詹 秋，楚人伐鄭，鄭卽齊故也。諸侯盟于犖以	**僖二年** 鄭文十五年 叔詹 冬，楚人伐鄭，鬭章囚鄭聃伯。

僖三年 鄭文十六年 叔詹 冬，楚人伐鄭，鄭伯欲成。孔叔不可，曰：「齊方勤我，棄德不祥。」 汪氏克寬曰：「楚師三至鄭，齊桓不救，而孔叔猶有勤我之言，蓋知于檉于貫于陽穀之會，皆爲伐楚救鄭之	宋遇于梁丘。 杜註：「楚伐鄭在二十八年。」
陳。 僖四年 鄭文十七年 叔詹 春，齊侯以諸侯之師侵蔡，蔡潰，遂伐楚，次于陘。夏，楚子使屈完如師，盟于召陵。冬十二月，從諸侯侵	
僖五年 鄭文十八年 叔詹 夏，從諸侯會王世子于首止，謀寧周。鄭伯逃歸不盟，孔叔止之，弗聽。	召，師潰而歸，高克奔陳。故春秋書曰：「鄭棄其師。」
僖六年 鄭文十九年 叔詹 夏，諸侯伐鄭，圍新城，以其逃首止之盟故也。楚子圍許以救鄭，諸侯救許，乃還。	救鄭。 杜註：「犨卽櫟。」
僖七年 鄭文二十年 叔詹 春，齊人伐鄭，孔叔曰：「國危矣，請下齊以救國。」公曰：「姑少待我。」 夏，殺申侯以說于齊。 秋，盟于甯母，鄭伯使太子華聽命于會，請去洩氏、孔氏、子人氏三族，願以鄭爲內臣。	張氏洽曰：「楚自莊三十年用子文爲令尹，兵勢浸强，故比年侵伐鄭，若非齊桓召陵之師，則執宋公，盟諸侯之事，不在僖十九年之後矣。」

謀故也。」

管仲曰：「不可，君其勿許，鄭必受盟。鄭有叔詹、堵叔、師叔三良爲政，未可閒也。」齊侯辭焉。

冬，鄭伯使請盟于齊。

僖八年

鄭文二十一年

叔詹

春正月，諸侯盟于洮，鄭伯乞盟。

高氏閌曰：「楚爲諸侯患，鄭先受害，自莊十六年至僖三年，凡五加兵于鄭。有齊桓召陵之役，而楚始懾服，鄭曷爲背齊而附楚。聖人詳書逃盟、乞盟

僖九年

鄭文二十二年

叔詹

夏，會宰周公及諸侯于葵丘。

僖十年

鄭文二十三年

叔詹

僖十一年

鄭文二十四年

叔詹

僖十二年

鄭文二十五年

叔詹

之事，以罪鄭伯見義之不明。自此至十七年小白卒，楚人絕迹于鄭，桓之伯功盛矣。」

僖十三年	鄭文二十六年	叔詹	夏，從諸侯會于鹹，淮夷病杞故，且謀王室。秋，爲戎難故，諸侯戍周。
僖十四年	鄭文二十七年	叔詹	春，諸侯城緣陵而遷杞。秋八月，狄侵鄭。
僖十五年	鄭文二十八年	叔詹	三月，從諸侯盟于牡丘。
僖十六年	鄭文二十九年	叔詹	秋，齊徵諸侯戍周。冬十一月乙卯，殺子華。十二月，從諸侯會于淮，謀鄫，鄫爲淮夷所病也。
僖十七年	鄭文三十年	叔詹	冬十二月，齊侯小白卒。
僖十八年	鄭文三十一年	叔詹	春，鄭伯始朝于楚。
僖十九年	鄭文三十二年	叔詹	冬，從陳、蔡盟楚于
僖二十年	鄭文三十三年	叔詹	滑人叛鄭而服于衛。
僖二十一年	鄭文三十四年	叔詹	時宋襄公主伯，鄭從
僖二十二年	鄭文三十五年	叔詹	三月，鄭伯如楚。夏，

案：齊桓以去年冬卒，今年春正月而鄭伯卽朝楚。甚矣，鄭之嗜利無恥也。

齊。張氏洽曰：「楚欲得志中國久矣，屈于齊桓而不敢。逮桓歿，宋襄欲圖伯，而諸侯不服，故假不忘桓德之說，求參與中國之會盟。陳、蔡及鄭近楚而素降服者，故先受其謀。」愚案：張氏之言是也，若非楚意，陳蕞爾小國，安能屈楚來盟，而已偃然居其上。此蓋楚明以主盟，餌陳爲入室之計。後二年爲盂之會，則遂居陳、蔡之上，而且執宋公以伐宋矣。然則弭兵之說，宋向戌亦受楚之

夏，鄭人入滑。王氏葆曰：「滑與鄭爲鄰，齊桓時同盟幽。今列國無伯，鄭首從楚，遣二卿長驅而入滑，無忌憚甚矣。」

諸侯會楚于盂，楚執宋公以伐宋。

宋公率諸侯伐鄭。冬十一月，楚人伐宋以救鄭，戰于泓，宋師敗績。丙子晨，鄭文夫人芈氏、姜氏勞楚子于柯澤。楚子入饗于鄭，取鄭二姬以歸。叔詹曰：「楚王其不沒乎！」

案：鄭以五年之中再朝楚，致宋來伐，仗楚以勝宋，而使其夫人出勞，卒致楚取二姬以歸，此與出妻獻子何異？叔詹爲國大臣，不能救正，亦與有罪，而管仲、甯辰猶以爲三良，吾不解也。

僖二十三年 鄭文三十六年 叔詹 晉公子重耳適諸國，	
僖二十四年 鄭文三十七年 皇武子 王將以狄伐鄭，富辰	謀，而欲奪晉之伯也。使弭兵于楚不便，宋必不敢請，即請之，必不聽。自後楚日烹滅小國，而晉不敢發一矢，是楚授意于向戌箝制晉人，使不救援列國，而已得横行無忌耳。此盟陳、蔡居楚上，而鄭居楚下者，蓋楚、鄭合謀，而陳、蔡特受其籠絡也。黄氏仲炎亦謂此楚人之謀，日後宋、虢争盟，兆于此矣。
僖二十五年 鄭文三十八年 皇武子	
僖二十六年 鄭文三十九年 皇武子	
僖二十七年 鄭文四十年 皇武子 冬，從楚圍宋。	

過鄭，鄭文公不禮焉。叔詹諫曰：「臣聞天之所啓，人弗及也，君其禮焉。」弗聽。

諫曰：「鄭有平、惠之勳，又有厲、宣之親，棄嬖寵而用三良，于諸姬爲近，四德具矣。棄德從姦，無乃不可乎？」弗聽，出狄師伐鄭，取櫟。立狄女隗氏爲后，后通于太叔，王替隗后。頹叔、桃子以狄師伐周，大敗周師。王出適鄭，處于氾。子臧出奔宋，好聚鷸冠，鄭伯惡之，使盗殺之陳、宋之閒。宋成公如楚，還，入于鄭。鄭伯享之，問禮于皇武子云云。杜註：「皇武子，鄭卿。」

案：鄭自僖十八年至二十七年，十年之閒，凡三如楚，一合楚敗宋，再從楚圍宋。使微晉文之興，鄭且爲楚鄉導，憑陵中國，不知所極矣。然則城濮之功曷可少哉！

僖二十八年

鄭文四十一年

皇武子

正月，鄭伯如楚致其師。夏四月，晉敗楚于城濮，使子人九行成于晉。五月丙午，晉侯及鄭伯盟于衡雍。丁未，獻楚俘于王。鄭伯相王，用平王享晉文侯之禮。癸丑，盟于踐土，朝于王所。

案：衡雍在今懷慶府原武縣西北五里。踐土在今鄭州滎澤縣西北十五里，有踐土臺，去衡雍三十五里，皆鄭地。

僖二十九年

鄭文四十二年

皇武子

夏六月，晉會王子虎及諸侯之大夫盟于翟泉，鄭不至，諸侯謀伐鄭。

案：鄭以莊十六年與齊桓同盟于幽，明年即不朝，歷十三年復同盟于幽，始一心歸齊，至僖五年首止復逃盟。晉文之興，踐土甫盟，而明年翟泉復不至，鄭之反覆無信類如此。

僖三十年

鄭文四十三年

皇武子

春，晉人侵鄭。秋九月，晉侯、秦伯圍鄭，鄭使燭之武見秦伯，秦伯與鄭盟，使杞子、逢孫、楊孫戍之。初，公子蘭出奔晉，從于晉侯伐鄭，諸無與圍鄭。許之，使待命于東。鄭石甲父、侯宣多逆以爲太子，以求成于晉，晉人許之。

僖三十一年

鄭文四十四年

皇武子

鄭洩駕惡公子瑕，鄭伯亦惡之。冬，公子瑕出奔楚。

案：鄭文公，天姿刻薄人也，其子孫殘滅盡矣。

僖三十二年

鄭文四十五年

皇武子

夏四月，鄭伯捷卒。冬十二月己卯，晉文公卒。

杞子使告于秦曰：「鄭人使我掌其北門之管，若潛師以來，國可得也。」秦遂與師襲鄭。

案：杞子之告秦，蓋乘鄭之初喪，又晉文已死，意欲滅鄭以争伯。使非弦高破壞其謀，鄭不國矣。棄親即戎，卒自貽禍。自後秦、晉爲仇，晉欲搢秦，則不復能庇鄭。

鄭有晉、楚之禍二百餘年，皆燭武一人啓之也。

僖三十三年

鄭穆元年

皇武子

二月，秦人及滑，鄭商人弦高遇之，使遽告于鄭。鄭穆公使視客館，則束載厲兵秣馬矣。使皇武子辭焉。杞子奔齊，逢孫、楊孫奔宋。秦人知鄭有備，滅滑而還。晉人扼諸殽，秦師大敗。冬，從晉伐許。楚令尹子上伐鄭，將納公子瑕。門于桔柣之門，瑕覆于周氏之

文元年

鄭穆二年

皇武子

文二年

鄭穆三年

公子歸生

夏六月，從晉士縠盟于垂隴。冬，公子歸生從晉先且居伐秦，以報彭衙之役。

文三年

鄭穆四年

歸生

春正月，從晉伐沈，以其服于楚也。

文四年

鄭穆五年

歸生

汪，外僕髡屯禽之以獻。

文五年	鄭穆六年	歸生
文六年	鄭穆七年	歸生
文七年	鄭穆八年	歸生 秋八月，諸侯會晉趙盾盟于扈，晉靈公立故也。
文八年	鄭穆九年	歸生
文九年	鄭穆十年	歸生 范山言于楚子曰：「晉君少，不在諸侯，北方可圖也。」楚子師于狼淵以伐鄭，鄭及楚平。晉趙盾帥諸侯之師救鄭，不及。 李氏廉曰：「楚自城濮以來十五年不敢窺諸國者，以文、襄之烈尚存也。今正其嘗試之時，而趙盾不能防微杜漸，使之得志于鄭，明年而遂有厥貉之次矣。」

年	鄭	執政	事
文十年	鄭穆十一年	歸生	陳侯、鄭伯會楚子于息。冬，遂及蔡侯次于厥貉。
文十一年	鄭穆十二年	歸生	六月，歸生佐太子夷偕陳侯朝晉。
文十二年	鄭穆十三年	歸生	
文十三年	鄭穆十四年	歸生	十二月，會魯侯于棐，請平于晉。趙氏鵬飛曰：「楚伐麇圍巢，無復顧忌，駸駸然兵及衞、鄭，故懼而請平于晉，蓋謀晉之復伯也。」
文十四年	鄭穆十五年	歸生	六月，諸侯從晉趙盾同盟于新城，從于楚者服也。案：是盟許亦與。許自文公圍之不服，襄公又嘗伐之。今始與盟會諸侯，既散而復合，故書同盟以與之。
文十五年	鄭穆十六年	歸生	冬十一月，諸侯復盟于扈，尋新城之盟，且謀伐齊也。齊人賂晉侯，故不克而還。
文十六年	鄭穆十七年	歸生	正月，燭之武相太子夷朝晉。八月，鄭伯又朝晉。
文十七年	鄭穆十八年	歸生	春，從晉伐宋。六月，晉復合諸侯于扈，平宋也。晉侯不見鄭伯，以爲貳于楚。子家使執訊而與之
文十八年	鄭穆十九年	歸生	
宣元年	鄭穆二十年	歸生	宋之弒昭公也，晉荀林父以諸侯之師伐宋，宋及晉平。又會諸侯于扈，將爲魯討齊，皆取賂而還。鄭

書，以告趙宣子。晉鞏朔行成于鄭，趙穿、公壻池爲質焉。註：「子家，歸生字。」

冬十月，鄭太子夷、石楚爲質于晉。

穆公曰：「晉不足與也。」遂受盟于楚。

秋，晉趙盾伐鄭，楚蔿賈救鄭，遇于北林，囚晉解揚，晉人乃還。

冬，晉人伐鄭。

宣二年

鄭穆二十一年

歸生

春，歸生受命于楚伐宋，宋華元、樂呂禦之，戰于大棘，宋師敗績，獲宋華元。

夏，晉趙盾及諸侯之師侵鄭，以報大棘之役。楚鬭椒救鄭，晉師還。

宣三年

鄭穆二十二年

歸生

春，晉侯伐鄭，鄭及晉平。

夏，楚人侵鄭。

冬十月丙戌，鄭穆公卒。

宣四年

鄭靈元年

歸生

夏六月乙酉，歸生弒靈公，鄭人立子良。子良辭曰：「公子堅長。」乃立襄公。襄公將去穆氏，而舍子良。子良不可，曰：「若將亡之，則亦皆亡。」乃舍之，皆爲大夫。是爲七穆之始。

宣五年

鄭襄元年

歸生

冬，楚人伐鄭，陳及楚平。晉荀林父救鄭伐陳。

家氏鉉翁曰：「經書楚伐而不書晉救者，歸生弒君，晉當出師討賊。今既更歲，因楚師之來而以兵救鄭，是當討而不當救也。」

宣六年

鄭襄二年

歸生

冬，楚人伐鄭，取成而還。

吳氏澂曰：「歸生貴戚之卿，秉國重權，嗣君新立，必有所不獲于其君，因宋之有邪謀而遂成之，此亂臣之首，而宋特其從也。」案：左氏所傳殆謬也。其居靈公立未踰年，其居儲宮亦未甚久，大抵當壯年爾。而遽有畜老憚殺之言，無論人臣不當出諸口，于事情亦不合。歸生久握大權，無君已久，假手于宋，而特造爲解黿之事以欺世，其實弑君者，歸生一人也。聖人直書歸生弑君，明白正大，自無容說。陸氏淳謂歸生縱子公爲逆，不得不居首惡之罪，此猶牽于左氏而爲是蛇足之論耳。春秋于宣元年書趙盾帥師救陳，而明年趙盾弑其君夷皋。二年書歸生帥師與宋戰于大棘，而四年歸生弑其君夷。兵權下移，禍患之來若影響。不從此著眼，而沾沾以舍宋而罪歸生爲聖人明微之論，此終是爲左氏所誤也。至謂君無道，又謂歸生爲仁而不武，此殆無人心之言。

冬，楚子伐鄭。

宣七年

鄭襄三年

歸生

冬，鄭及晉平，公子宋之謀也，故相鄭伯會諸侯于黑壤。案：公子宋與歸生同弒君，而相鄭伯以會諸侯，則知是年歸生猶秉政。

宣八年

鄭襄四年

歸生

宣九年

鄭襄五年

子良

九月，會晉及諸侯于扈，從晉荀林父伐陳。冬，楚子伐鄭，晉郤缺救鄭。鄭伯敗楚師于柳棼，國人皆喜，惟子良憂，曰：「是國之災也，吾死無日矣。」案：是年子良始見傳，當是歸生已老不任事，故明年歸生卒，而即討其罪，是子良爲之也。

宣十年

鄭襄六年

子良

六月，鄭及楚平。諸侯之師伐鄭，取成而還。冬，楚子伐鄭，晉士會救鄭，逐楚師于潁北，諸侯之師戍鄭。是歲，歸生卒。鄭人討幽公之亂，斲子家之棺，而逐其族。改葬幽公，謚之曰靈。

宣十一年

鄭襄七年

子良

春，楚子伐鄭，及櫟。子良曰：「晉、楚不務德而以兵爭，與其來者可也。晉、楚無信，我焉得有信。」乃從楚。夏，盟于辰陵。冬，鄭又徼事于晉。

宣十二年

鄭襄八年

子良

宣十三年

鄭襄九年

子良

宣十四年

鄭襄十年

子良

宣十五年

鄭襄十一年

子良

宣十六年

鄭襄十二年

子良

春，楚子圍鄭，三月克之。鄭伯肉袒牽羊以迎楚，楚子許之平，子良出質。晉荀林父帥師救鄭，與楚戰于邲，晉師敗績。秋七月，鄭伯、許男如楚。
夏，晉侯伐鄭，爲邲故也。鄭人懼，使子張代子良于楚。鄭伯如楚，謀晉故也。

宣十七年	鄭襄十三年	子良	
宣十八年	鄭襄十四年	子良	
成元年	鄭襄十五年	子良	
成二年	鄭襄十六年	子良	冬，從楚師侵衛。高氏閱曰：「鄭從楚而首伐衛喪，是授戈與寇而攻其親戚也。」十二月，鄭公子去疾從楚會十二國諸侯于蜀。去疾，子良名。
成三年	鄭襄十七年	子良	春正月，晉帥諸侯伐鄭，討邲之役也。鄭敗晉師于丘輿，使皇戌如楚獻捷。許恃楚而不事鄭。夏，公子去疾帥師伐許。冬十一月，鄭再伐許。

成四年

鄭襄十八年

子良

三月壬申，鄭伯堅卒。冬十一月，鄭伯伐許，晉欒書救許伐鄭。楚子反救鄭，鄭伯與許男訟，皇戌攝鄭伯之辭，子反不能決。

成五年

鄭悼元年

子良

許靈公愬鄭伯于楚。六月，鄭悼公如楚訟，不勝，楚人執皇戌及子國，故鄭伯歸而請成于晉。秋八月，盟于垂棘。十二月，諸侯同盟于蟲牢。

案：鄭自邲之戰與許男如楚，以後堅事楚者十二年，中閒從楚伐衞，且敗晉師而獻捷于楚，倜然與中夏爲難。此年因訟不勝而請成于晉，未幾又貪楚之重賂，復從楚。甚矣，鄭之嗜利反覆也。

成六年

鄭悼二年

子良

春，鄭伯如晉拜成，授玉于東楹之東。士貞伯曰：「鄭伯其死乎！視流而行速，宜不能久。」六月，鄭悼公卒。秋，楚子重伐鄭。冬，晉欒書帥師救鄭，與楚師遇于繞角，楚師還。

成七年

鄭成元年

子良

春，子良相成公以如晉，見，且拜師。秋，楚子重伐鄭，諸侯救鄭。鄭囚楚鍾儀，獻諸晉。八月，同盟于馬陵，尋蟲牢之盟也。

家氏鉉翁曰：「晉前此救鄭，皆以大夫帥偏師。至此合九國之師，自將以行。春秋爵諸侯，而書救鄭，褒之也。」

成八年

鄭成二年

子良

春，晉欒書侵蔡，以報伐鄭之役。鄭伯將會晉師，門于許東門，大獲。

成九年

鄭成三年

子罕

春，從晉會諸侯同盟于蒲，尋馬陵之盟也。二月，楚人以重賂求鄭，鄭伯會楚公子成于鄧，鄭復從楚。秋，鄭伯如晉，晉人討其貳于楚也，執諸銅鞮。欒書伐鄭，楚子重侵陳以救鄭。冬十一月，鄭人圍許，示晉不急君也。

成十年

鄭成四年

子罕

春，衛侯之弟黑背帥師侵鄭，晉命也。五月，晉會諸侯伐鄭，鄭子罕賂以襄鍾，子然盟于脩澤，子駟爲質。辛巳，鄭伯歸。鄭伯討立君者，戊申，殺叔申、叔禽。

成十一年

鄭成五年

子罕

成十二年

鄭成六年

子罕

宋華元克合晉、楚之成。夏，鄭伯如晉聽成，會于瑣澤，鄭復從晉。

成十三年

鄭成七年

子罕

六月丁卯夜，公子班自訾求入于太宮，不能，殺子印、子羽，反軍于市。己巳，子駟帥國人盟于太宮，遂從而盡焚之。

成十四年

鄭成八年

子罕

八月，子罕伐許，爲許所敗。戊戌，鄭伯復

成十五年

鄭成九年

子罕

三月癸丑，從晉會諸侯于戚。

成十六年

鄭成十年

子罕

春，楚以汝陰之田求成于鄭，鄭叛晉，子駟

成十七年

鄭成十一年

子罕

春正月，鄭子駟侵晉虛、滑。衛北宮括救

成十八年

鄭成十二年

子罕

是年春，晉厲公被弑，悼公即位。夏六月，

伐許，許人平以叔申之封。	襄元年 鄭成十三年 子罕 春，晉帥諸侯圍宋彭城，彭城降晉。晉韓厥帥諸侯之師伐
夏六月，楚子背晉盟伐鄭，鄭子罕侵楚，取新石。冬十一月，從晉會諸侯之大夫，會吳于鍾離。	襄二年 鄭成十四年 子罕 春，鄭師伐宋，楚令也。鄭成公疾，子駟請息肩于晉。公曰：
從楚子盟于武城，鄭復從楚。夏四月，子罕伐宋。衞侯伐鄭，爲晉故也。六月，晉師伐鄭，楚子救鄭。甲午晦，晉、楚戰于鄢陵，楚師敗績。秋七月，晉復請王人以諸侯伐鄭，諸侯之師還于潁上。戊午，鄭子罕宵軍之，宋、齊、衞皆失軍。	襄三年 鄭僖元年 子罕 六月，從晉會諸侯，同盟于雞澤，鄭暫從晉。案：鄭首鼠于晉、楚之
晉，侵鄭，至于高氏。夏五月，太子髡頑爲質于楚，楚人戍鄭。尹武公、單襄公及諸侯伐鄭，自戲童至于曲洧。六月，諸侯同盟于柯陵，謀復伐鄭。秋，楚子重救鄭，諸侯還。冬，單子及諸侯復伐鄭。十月庚午，圍鄭，楚公子申救鄭，諸侯還。	襄四年 鄭僖二年 子駟 案：襄七年會鄬，傳：「鄭僖元年朝于晉，子豐欲愬諸晉而廢之，
鄭伯會楚子伐宋，同伐彭城，納宋叛人魚石，以三百乘戍之而還。冬十一月，從楚伐宋，救彭城。晉侯師于台谷以救宋。	襄五年 鄭僖三年 子駟 夏，使公子發聘于魯，通嗣君也。九月丙午，從晉會諸

鄭，入其郛，敗其徒兵于洧上。秋，楚救鄭，鄭子然侵宋，取犬丘。

「楚君以鄭故，親集矢于其目。若背之，是棄力與言，其誰暱我。」七月庚辰，鄭伯睔卒。于是子罕當國，子駟爲政，晉師侵鄭。諸大夫欲從晉，子駟不可。案：鄭是年始有當國之號，自後子駟、子孔、子展迭爲之。正義曰：「鄭時閒于晉、楚，國家多難，喪代之際，或致傾危。蓋成公顧命，使之當國，非常法也。子駟爲政，已是正卿，知當國是攝行君事。」諸侯會于戚，孟獻子請城虎牢以逼鄭。

閒，惟强是聽。至是以楚共集矢之故，堅從楚者五年，晉厲三假王命以討之而不服。至悼公合天下之諸侯，扼其險，而乃聽命。鄭可謂嗜利而尚詐，易叛而難服者矣。

子罕止之。」知是年子罕猶當國秉政，此後絕不見傳，知鄭僖二年以後當是子駟代子罕矣。

侯于戚，會吳，且命戍陳也。冬，楚子囊伐陳，從晉會諸侯以救陳。

冬，復會于戚，遂城虎牢，鄭人乃成。

襄六年

鄭僖四年

子駟

襄七年

鄭僖五年

子駟

楚子囊圍陳，諸侯會于鄬以救之。十二月，鄭伯將會諸侯于鄬，子駟欲與楚，鄭伯曰：「不可。」于是使賊夜弒鄭伯，而以瘧疾赴于諸侯。簡公生五年，奉而立之。

襄八年

鄭簡元年

子駟

鄭羣公子以僖公之死謀子駟，子駟先之。夏四月庚辰，盡殺羣公子。子國、子耳侵蔡，獲蔡司馬公子燮。子産曰：「禍莫大焉。楚人來討，能勿從乎。從之，晉師必至。」晉、楚爭鄭自此始矣。冬，楚子囊伐鄭，討其侵蔡也。子駟固欲與楚，子展力爭之，不

襄九年

鄭簡二年

子駟

冬十月，諸侯伐鄭，鄭人恐，乃行成。十一月己亥，同盟于戲。晉人不得志于鄭，以諸侯復伐之。十二月癸亥，門其三門。戊寅，濟于陰阪，次于陰口而還。楚子伐鄭，鄭及楚平，公子罷戎入盟鄭伯。

襄十年

鄭簡三年

子駟　子孔

六月，子耳從楚子囊伐宋，衞侯救宋。鄭皇耳帥師侵衞。秋七月，子耳從子囊伐魯西鄙，還，圍蕭。八月丙寅，克之。九月，子耳侵宋北鄙。秋，諸侯伐鄭。是時子駟當國。冬，盜殺子駟、子國、子耳。子孔當國，代子駟。諸侯城鄭虎牢，鄭及晉平。楚子囊救鄭。十一月，諸侯之師還

聽，乃及楚平。案：自虎牢服鄭以後，鄭一心從晉者七年。而楚亦不加兵于鄭者，以争陳故也。争陳則不暇及鄭，鄭方從諸侯戍陳以抗楚。迨會鄬之救無功，陳侯逃歸，而楚兵以次争鄭矣。雖不侵蔡，楚師亦必及鄭。于此疑范匄之棄陳爲失策，然陳在楚如口中蝨，地更近而國更小，陳豈能終抗楚哉！必欲陳之固與中國，楚師可朝夕往，諸侯之救不時至，勢必如江、黄之爲所滅耳。愚嘗謂范匄之棄陳，如漢鄭而南，與楚師夾潁而軍。鄭人宵涉潁與楚人平。

之棄珠厓者，非無見也。

襄十一年
鄭簡四年
子孔
鄭人患晉、楚之故，子展曰：「吾伐宋，晉師必至，使晉師致死于我，楚弗敢敵，而後可固與也。」夏，子展侵宋。
四月，諸侯伐鄭，觀兵于南門，鄭及晉平。
秋七月己未，同盟于亳城北。
楚子囊乞旅于秦以伐鄭，鄭伯逆之，伐宋。
高氏閌曰：「此蓋子展之謀，以伐宋自信于

襄十二年
鄭簡五年
子孔

襄十三年
鄭簡六年
子孔

襄十四年
鄭簡七年
子孔
春正月，從晉會諸侯，會吳于向。
夏四月，子蟜從晉會諸侯伐秦。
冬，子蟜從晉會諸侯于戚，謀定衞也。

襄十五年
鄭簡八年
子孔
鄭之餘盜在宋，鄭人以子西、伯有、子產之故，納賂于宋。三月，宋以堵女父、尉翩、司齊與鄭，鄭人皆醢之。
是年冬，晉悼公卒。子西如晉奔喪，子蟜送葬，楚，而數叛晉，使楚道敝，而乃固與晉以託國。」九月，諸侯悉師復伐鄭，鄭子展出盟晉侯。十二月戊寅，會于蕭魚。鄭自此不復背晉者二十四年。

襄十六年

鄭簡九年

子孔

三月，子蟜從晉會諸侯之大夫于溴梁，聞將伐許，遂相鄭伯，以從諸侯之師。

襄十七年

鄭簡十年

子孔

襄十八年

鄭簡十一年

子孔

冬十月，從晉會諸侯同圍齊。子孔欲去諸大夫，將叛晉而起楚師以去之。楚子庚伐鄭，子展、子西完守入保，楚師無功而還。案：蕭魚之後至此七年，楚第一次加兵于

襄十九年

鄭簡十二年

子孔　子展

春，從晉會諸侯盟于祝柯。四月，子蟜卒，赴于晉。晉以其善于伐秦也，六月，請于王，賜大路以葬。子孔之爲政也專，國人患之，乃討西宮之難與純門之師。秋八

襄二十年

鄭簡十三年

子展

夏六月，從晉會諸侯盟于澶淵。

鄭。

月，鄭人殺子孔，子展當國，子西聽政，立子產爲卿。

襄二十一年

鄭簡十四年

子展

冬十月，從晉會諸侯于商任，錮欒氏。

襄二十二年

鄭簡十五年

子展

夏，晉人徵朝于鄭，使少正公孫僑對。冬，從晉會諸侯于沙隨，復錮欒氏。

襄二十三年

鄭簡十六年

子展

襄二十四年

鄭簡十七年

子展

八月，從晉會諸侯于夷儀，將以伐齊。水，不克。冬，楚子伐鄭以救齊，門于東門，諸侯還救鄭。案：蕭魚之後至此十三年，楚再次加兵于鄭。

襄二十五年

鄭簡十八年

子展

夏五月，從晉會諸侯于夷儀，伐齊，以報朝歌之役。齊人以莊公說。六月，子展、子產帥師入陳。高氏閌曰：「去秋夷儀之會，楚與陳、蔡、許三國同伐鄭。今歲慮楚之復來也，故先帥師入陳，以奪其心。」秋八月，從諸侯同盟于重丘，齊成故也。

子產獻陳捷于晉，戎服將事。冬十月，子西復伐陳，陳及鄭平。家氏鉉翁曰：「陳叛晉即楚，輔楚伐鄭，晉人置而不問。鄭從晉既久，至是又能一歲再出師伐陳以撓楚，春秋再書，皆無貶辭，與之也。」

襄二十六年

鄭簡十九年

子展

鄭伯賞入陳之功。三月甲寅朔，賜子展先路三命之服，先八邑，子產次路再命之服，先六邑。子產辭邑，

襄二十七年

鄭簡二十年

子展

宋向戌欲弭諸侯之兵，告于晉、楚、齊、秦及諸小國，皆爲會于宋。秋七月辛巳，盟于宋

襄二十八年

鄭簡二十一年

子展

秋八月，蔡侯以宋之盟朝晉，還，入于鄭，鄭伯享之。鄭子太叔如楚，及漢，楚人還之，曰：「宋之盟，君實

襄二十九年

鄭簡二十二年

子展　伯有

夏四月，葬楚康王，四國之君送葬至于西門之外，諸侯之大夫皆至墓。去冬十二月，周靈王

襄三十年

鄭簡二十三年

伯有　子皮

正月，子產相鄭伯如晉，叔向問鄭國之政焉。對曰：「駟、良方爭，未知所成。」曰：「不既和矣乎？」對曰：

曰：「自上以下，隆殺以兩，禮也。臣之位在四，不敢及賞，禮請辭。」公固予之，乃受三邑。

楚子、秦人侵吳，遂侵鄭。五月，至于城麇，囚鄭皇頡及印堇父，以獻于秦。

六月，良霄從晉會諸侯于澶淵，以討衛，疆戚田。晉人執衛侯。

秋七月，子展相鄭伯如晉，爲衛請。

鄭伯歸自晉，使子西如晉聘。

冬十月，楚子爲許伐鄭，鄭人將禦之。子產曰：「晉、楚將平，諸侯將和，不如使逞而

西門之外，晉、楚之從交相見。

趙武自宋還，過鄭，鄭伯享之，子展、伯有、子西、子產、子太叔、二子石從。趙孟請七子皆賦詩。

案：此七卿班次，是鄭執政之次第。去年子產曰：「臣位在四。」謂上有子展、伯有、子西三人也。故子展卒而伯有爲政，伯有誅，子西卽世，而子產爲政；子產死，子太叔爲政。

親辱。寡君謂吾子姑還，將使驛奔問諸晉而以告。」

九月，子太叔如晉，告將朝于楚，以從宋之盟。子產相鄭伯以如楚。是行也，魯、宋、陳、鄭、許五國賓偕往，及漢，聞楚康王卒，宋公遂反，四國俱如楚。

亦崩，子展使印段往，伯有曰：「弱，不可。」子展曰：「與其莫往，弱不猶愈乎！」

子展卒，子皮卽位。鄭飢而未及麥，子皮以父子展之命餼國人粟，戶一鍾，是以得鄭國之民，故罕氏常掌國政，以爲上卿。

六月，晉合諸侯之大夫城杞，鄭子太叔與伯石往會。

吳季札通聘列國，至鄭，見子產，如舊相識，與之縞帶，子產獻紵衣。謂曰：「鄭之執政侈，政必及子。子爲政，愼之以禮。不然，將敗。」

「伯有侈而愎，子晳好在人上，莫能相下，惡至無日矣。」

伯有耆酒，爲窟室，而夜飲酒，及朝未已。既又强使子晳如楚，歸而飲酒。秋七月庚子，子晳以駟氏之甲伐而焚之，伯有奔雍梁。癸丑晨，自墓門之瀆入，因馬師頡以伐舊北門。駟帶率國人伐之，死于羊肆。

子皮知政，以公孫鉏爲馬師。

冬十月，爲宋災故，子皮會七國之大夫于澶淵，謀歸宋財。

子皮授子產政，子產辭曰：「國小而偪，族

歸。」子展說，不禦寇。案：自蕭魚以後，楚三次加兵于鄭，而鄭猶堅從晉者，以悼公之餘烈也。明年晉、楚爲成，而天下諸侯皆僕僕于晉、楚之廷，不獨鄭矣。	襄三十一年	鄭簡二十四年	子產	六月，魯襄公卒。子
	昭元年	鄭簡二十五年	子產	春，楚公子圍聘于鄭，
	昭二年	鄭簡二十六年	子產	秋，子晳將作亂，欲去
正義曰：「二十七年傳伯有次子展之下，此年子展卒，故伯有執政也。」案：執政侈，謂伯有。伯有使子晳如楚，辭曰：「楚、鄭方惡，是殺余也。」伯有將强使之。子晳怒，將攻伯有氏，大夫和之。裨諶曰：「政將及子產。天禍鄭久矣，其必使子產息之，不然，將亡矣。」	昭三年	鄭簡二十七年	子產	正月，游吉如晉，送少
大寵多，不可爲也。」子皮曰：「虎帥以聽，誰敢犯子？子善相之。」子產爲政，使都鄙有章，上下有服，田有封洫，廬井有伍，三年而輿人誦之。豐卷將祭，請田焉，弗許，曰：「惟君用鮮，衆給而已。」子張怒，將攻子產，子產奔晉，子皮止之，而逐豐卷。	昭四年	鄭簡二十八年	子產	正月，楚子止鄭伯，復

產相鄭伯如晉，晉侯以魯喪故，未之見。子產使盡壞其館之垣，而納車馬焉。士文伯讓之，子產對云云。晉侯見鄭伯有加禮，乃築諸侯之館。十二月，北宮文子以宋之盟故相衞侯如楚，過鄭，言于衞侯曰：「鄭有禮，其數世之福也。」

鄭人游于鄉校，以論執政。然明曰：「盡毁諸？」子產曰：「夫人議執政之善否，其所善者，吾則行之，其所惡者，吾則改之，是吾師也，若之何毁之？」

子皮欲使尹何爲邑，

且娶于公孫段氏，將以衆逆。子產使子羽辭焉。楚人請垂橐而入，許之，遂會于虢，尋宋之盟，子皮往會。

夏四月，趙孟、叔孫豹、曹大夫還，入于鄭，鄭伯兼享之，子皮相。

鄭徐吾犯之妹美，子南、子皙争之。子皙橐甲見子南，欲殺之而取其妻。子南執戈逐之，及衝，擊之以戈，子皙傷而歸。子產曰：「直鈞，幼賤有罪，罪在楚也。」乃執子南而數之，放之于吴。

鄭爲游楚亂故，六月

游氏而代其位，傷疾作而不果。子產使吏數其三罪，曰：「不速死，司寇將至。」七月壬寅，縊。

十一月，印段如晉弔少姜。

姜之葬。

夏四月，公孫段相鄭伯如晉，甚敬而卑，禮無違者，晉侯賜之州田。

秋七月，子皮如晉，賀夫人，且告曰：「楚人日徵敝邑以不朝立王之故。敝邑之往，則畏執事，其不往，則宋之盟云。進退罪也。寡君使虎布之。」

十月，鄭伯如楚，子產相。楚子享之，賦吉日。子產乃具田備，王以田江南之夢。

田江南。使椒舉如晉求諸侯，晉侯許之。

六月，楚子合諸侯于申，魯、衞、曹、邾不會。鄭伯先待于申，王使問禮于宋左師與子產，子產獻伯子男會公之禮六。

秋七月，楚子以諸侯伐吴，鄭伯先歸，大夫從。

九月，子產作丘賦，國人謗之，子寬以告。子產曰：「禮義不愆，何恤乎人言？」

子産曰：「少，未知可否。」子皮曰：「使夫往而學焉，夫亦愈知治矣。」子産曰：「僑聞學而後入政，未聞以政學。」子皮以爲忠，故委政焉，子産是以能爲鄭國。

丁巳，鄭伯及其大夫盟于公孫段氏。罕虎、公孫僑、公孫段、印段、游吉、駟帶私盟于閨門之外。子皙强與于盟，子産弗討。

秋，子産如晉聘，且問晉侯疾。答叔向問實沈、臺駘之神。

冬十一月，楚令尹圍使公子黑肱、伯州犁城犨、櫟、郟。子産曰：「不害。令尹將行大事，而先除二子也。」己酉，弒其君麇，使赴于鄭。游吉如楚會葬，且聘立君。

十二月，晉趙孟卒，鄭伯如晉弔。

昭五年

鄭簡二十九年

子産

正月，楚令尹子蕩如晉逆女，過鄭，鄭伯勞之。 晉侯送女于邢丘，子産相鄭伯會晉侯于邢丘。

晉韓宣子如楚送女，叔向爲介，子皮、子太叔勞諸索氏。 韓起反，鄭伯勞諸圉。 辭不敢見，禮也。

罕虎如齊，娶于子尾氏。 晏子見之曰：「能用善人，民之主也。」

昭六年

鄭簡三十年

子産

三月，鄭人鑄刑書，叔向使詒子産書云云。子産復書曰：「僑不才，不能及遠，吾以救世也。 既不承命，敢忘大惠。」

六月丙戌，鄭災。 楚公子棄疾如晉，過鄭，鄭罕虎、公孫僑、游吉從鄭伯以勞諸柤，禁芻牧採樵，往來如是，鄭三卿皆知其將爲王也。

昭七年

鄭簡三十一年

子産

三月，魯公如楚，鄭伯勞于師之梁。

夏四月，子産聘于晉，答韓宣子問黄熊入于寢門之夢，晉侯賜子産莒之二方鼎。

子産爲豐施歸州田于韓宣子。

伯有爲厲，子産立公孫洩及良止以撫之，乃止。

子皮之族飲酒無度，故馬師氏與子皮氏有惡。 罕朔殺罕魋，罕朔奔晉。

昭八年

鄭簡三十二年

子産

夏四月，游吉相鄭伯如晉，賀虒祁。

昭九年

鄭簡三十三年

子産

春，游吉偕魯、宋、衞之大夫會楚子于陳。

杜氏預曰：「時楚子在陳，故四國大夫往。 不行會禮，故不總書。」

陳氏傅良曰：「諸夏之大夫旅見于楚始此。」

昭十年

鄭簡三十四年

子産

正月，有星出于婺女，裨竈言于子産曰：「七月戊子，晉君將死。」及期，晉平公卒。鄭伯如晉，及河，晉人辭之，游吉遂如晉。九月，子皮如晉葬平公，將以幣行。子産曰：「喪焉用幣？」子皮固請以行。既葬，諸侯之大夫欲因見新君，叔向辭之云云，皆無辭以對。子皮盡用其幣。歸，謂子羽曰：「夫子知度與禮矣，我實縱欲，而不能自克

昭十一年

鄭簡三十五年

子産

楚師在蔡。秋，韓宣子會諸侯之大夫于厥慭，謀救蔡。子皮將行，子産曰：「行不遠，不能救蔡也。天將棄蔡以壅楚，盈而伐之，蔡必亡矣。」

昭十二年

鄭簡三十六年

子産

三月，鄭簡公卒。將爲葬除，有當道者，毁之，則朝而堋；弗毁，則日中而堋。子太叔請毁之，子産曰：「諸侯之賓能來會吾喪，豈憚日中？無損于賓，而民不害，何故不爲？」遂弗毁，日中而堋。鄭伯如晉朝嗣君，晉侯享諸侯，子産相鄭伯，請免喪而後聽命，許之。

昭十三年

鄭定元年

子産

夏四月，楚公子棄疾弑靈王，并殺公子比。使枝如子躬聘于鄭，且致犨、櫟之田。爲賂事畢，弗致。秋七月，晉會諸侯于平丘，子産、子太叔相鄭伯以會。八月甲戌，同盟，子産争承，曰：「鄭伯，男也，而使從公侯之貢，懼弗給也。」自日中以争至于昏，晉人許之。子産歸，未至，聞子皮卒，哭，且曰：「吾無爲爲善矣，唯夫子知

昭十四年

鄭定二年

子産

也。」

昭十五年
鄭定三年
子產

昭十六年
鄭定四年
子產
三月，晉韓起聘于鄭，鄭伯享之。宣子有環，其一在鄭商，宣子謁諸鄭伯，繼買諸賈人，又以請，子產終弗與。夏六月，六卿餞宣子于郊，請皆賦。宣子私覲于子產以玉

昭十七年
鄭定五年
子產
冬，有星孛于大辰，西及漢。裨竈言于子產曰：「宋、衛、陳、鄭將同日火。若我用瓘斝玉瓚，鄭必不火。」子產不與。

我。」
案：子皮讓政于子產，而已爲之佐，周旋共事凡十五年，凡會盟出使之事，皆子皮任之。和而不競，虛己善下，宋之韓、富猶有愧焉。

昭十八年
鄭定六年
子產
夏五月，火始昏見。丙子，風。壬午，宋、衛、陳、鄭皆火。裨竈曰：「不用吾言，鄭又將火。」鄭人請用之，子產不可，曰：「天道遠，人道邇，竈焉知天道？」遂不與，亦不復

昭十九年
鄭定七年
子產
駟偃卒。其子絲幼，晉大夫之出也。其父兄立其叔父駟乞。子產以爲不順，不許，亦不止。冬，晉人使如鄭問駟乞之立故，子產對曰：「平丘之會，君尋舊盟曰：『無或失

昭二十年	鄭定八年 子產　子太叔 冬，子產有疾，謂子太叔曰：「我死，子必爲政。唯有德者能以寬	
昭二十一年	鄭定九年 子太叔	輿馬，曰：「子命起舍夫玉，是免吾死也，敢不藉手以拜！」
昭二十二年	鄭定十年 子太叔	
昭二十三年	鄭定十一年 子太叔	火。七月，子產爲火故，大爲社，祓禳于四方。火之作也，子產授兵登陴，子太叔曰：「晉無乃討乎？」子產曰：「小國忘守則危，況災乎？」既，晉之邊吏讓鄭，子產對曰：「敝邑失政，天降之災，又懼貪人薦爲敝邑不利，以重君之憂。不幸而亡，君雖憂之，亦無及也。」
昭二十四年	鄭定十二年 子太叔 六月，鄭伯如晉，子太叔相，見范獻子。獻子曰：「若王室何？」子	職。』若寡君之二三臣，晉大夫專制其位，是晉之縣鄙也，何國之爲？」晉人舍之。鄭大水，龍鬭于時門之外洧淵，鄭人請禜焉，子產弗許。

服民，其次莫如猛。」子太叔爲政，不忍猛而寬。鄭國多盜，太叔悔之，曰：「吾早從夫子，不及此。」興徒兵以攻萑苻之盜，盡殺之，盜少止。

太叔曰：「詩曰：『缾之罄矣，惟罍之恥。』王室之不寧，晉之恥也。」獻子懼，而與宣子圖之，乃徵會于諸侯。

昭二十五年

鄭定十三年

子太叔。

夏，晉合九國之大夫于黃父，謀王室也。子太叔往會，見趙簡子，簡子問揖讓周旋之禮。

昭二十六年

鄭定十四年

子太叔

昭二十七年

鄭定十五年

子太叔

昭二十八年

鄭定十六年

子太叔

夏四月丙戌，鄭伯寧卒。

昭二十九年

鄭獻元年

子太叔

昭三十年

鄭獻二年

子太叔

昭三十一年

鄭獻三年

子太叔

昭三十二年

鄭獻四年

子太叔

定元年

鄭獻五年

子太叔

定二年

鄭獻六年

子太叔

定三年 鄭獻七年	夏六月，晉頃公卒。秋八月，葬。子太叔弔，且送葬。魏獻子使詰之，曰：「悼公之喪，子西弔，子蟜送葬。今吾子無貳，何故？」對曰：「靈王之喪，先君簡公在楚，先大夫印段實往，敝邑之少卿也。王吏不討，恤所無也。今大夫曰：『汝盍從舊？』舊有豐有省，不知所從。從其豐，則寡君幼弱，是以不共。從其省，則吉在此矣。」晉人不能詰。
定四年 鄭獻八年	
定五年 鄭獻九年	冬，晉合諸侯之大夫城成周，國參往會。註：「國參，子產之子。」
定六年 鄭獻十年	
定七年 鄭獻十一年	

子太叔

定八年

鄭獻十二年

駟歂

秋，晉士鞅帥師會成

子太叔

三月，鄭伯從晉會諸侯于召陵，侵楚。反自召陵，子太叔未至而卒。晉趙簡子爲之臨，甚哀。

定九年

鄭獻十三年

駟歂

春，駟歂殺鄧析，而用

駟歂

案：八年傳云：「駟歂嗣子太叔爲政。」註云：「歂，駟乞子子然也。」則知是年已駟歂執政矣。

定十年

鄭聲元年

駟歂

冬，游速會齊侯、衛侯

駟歂

春，游速滅許，因楚敗也。註：「游速，太叔之子。」

二月，魯侵鄭，取匡，爲晉討鄭之伐胥靡也。周儋翩率王子朝之徒因鄭人將以作亂于周，鄭于是乎伐馮、滑、胥靡、負黍、狐人、闕外。

杜註：「鄭伐周六邑在魯伐鄭取匡前，于此見者，爲下闔沒戍周起也。」

定十一年

鄭聲二年

駟歂

冬，魯及鄭平，叔還來

駟歂

秋，從齊侯會于鹹，結叛晉。

定十二年

鄭聲三年

駟歂

案：子太叔嗣子産爲

桓公侵鄭，圍蟲牢，報伊闕也。遂侵衛。冬，衛侯、鄭伯盟于曲濮。高氏閱曰：「去年公侵鄭，今年二卿侵衛，皆爲晉故。而士鞅又自帥師侵之，故二君同爲此盟，以固其謀。」

其竹刑，君子謂子然于是乎不忠，苟有可以加于國家者，棄其邪可也。註：「傳言駟歂嗣太叔爲政，鄭所以衰弱。子然，歂之字。」夏四月戊申，鄭伯蠆卒。

于安甫。家氏鉉翁曰：「三國復爲此會，無所憚于晉。」

涖盟。註：「平六年侵鄭取匡之怨。」

政，雖無可稱，然猶安静無事。至駟歂爲政，結衛以叛晉，滅許而仇宋，且顯然助叛人伐王室，悖逆已甚。是時晉、楚俱衰，而鄭亦末世，春秋將爲戰國矣。

定十三年

鄭聲四年

駟歂

定十四年

鄭聲五年

駟歂

定十五年

鄭聲六年

罕達

夏五月，罕達敗宋師于老丘。杜註：「罕達是子齹之子，子皮之孫。宋公子地奔鄭，鄭人爲之伐宋，欲取地以處之。」

哀元年

鄭聲七年

罕達

哀二年

鄭聲八年

罕達

秋八月，齊人輸晉范氏粟，鄭罕達、駟弘送之，趙鞅禦之。甲戌，戰于鐵，鄭人擊簡子中肩，斃于車中，獲其蠭旗。衛太子救之以戈。鄭師北，太子復伐之，鄭師大敗，獲齊粟千車。註：「駟弘，駟歂子。」

哀三年

鄭聲九年

罕達

哀四年

鄭聲十年

罕達

哀五年

鄭聲十一年

罕達

駟秦富而侈，嬖大夫，而常陳卿之車服于庭。鄭人惡而殺之。子思曰：「詩曰：『不解于位，民之攸塈。』不守其位而能久者鮮矣。」註：「子思，子產之子國參也。」

哀六年

鄭聲十二年

罕達

哀七年

鄭聲十三年

罕達

春，宋皇瑗帥師侵鄭，鄭叛晉故也。宋人圍曹，鄭桓子思曰：「宋人有曹，鄭之患也，不可以不救。」冬，駟弘帥師救曹，侵宋。

案：子思是駟弘之字，桓，謚也，與子產之子又是一人。

哀八年

鄭聲十四年

哀九年

鄭聲十五年

哀十年

鄭聲十六年

哀十一年

鄭聲十七年

哀十二年

鄭聲十八年

罕達

罕達

罕達之嬖許瑕求邑，無以與之。請外取，許之，故圍宋雍丘。宋皇瑗圍鄭師，每日遷舍，壘合，鄭師哭。子姚救之，大敗。二月甲戌，宋取鄭師于雍丘。

秋，宋公伐鄭，晉趙鞅卜救鄭，不吉，乃止。

罕達

夏，宋人伐鄭。

許氏翰曰：「既取其師，伐而又伐，惡其脩怨不已也。」

罕達

罕達

九月，宋向巢伐鄭，取錫，殺元公之孫，遂圍嵒。十二月，鄭罕達救嵒。丙申，圍宋師。

哀十三年

鄭聲十九年

罕達

春，宋向魋救其師。鄭罕達使徇曰：「得桓魋者有賞。」魋逃歸，遂取宋師于嵒。

案：隱、桓之世，宋、鄭

哀十四年

鄭聲二十年

罕達

哀十五年

鄭聲二十一年

罕達

夏五月，鄭伯伐宋。

冬，晉侯伐鄭。初，楚太子建自宋適鄭，又自鄭適晉，與晉人謀襲鄭，鄭人復之如初。

哀十六年

鄭聲二十二年

罕達

哀十七年

鄭聲二十三年

罕達

哀十八年 鄭聲二十四年	駟弘		交惡。至伯統絶後，復蹈前轍，殆與春秋相終始。蓋以其地近，而强弱亦相等也。使無桓、文之興，則宋、鄭爲鷸蚌之争，而楚爲漁翁得利，此聖人所以有被髮左衽之歎乎！
哀十九年 鄭聲二十五年	駟弘		
哀二十年 鄭聲二十六年	駟弘	春，齊人徵會于魯。夏，齊、魯會于廩丘，爲鄭故，謀伐晉。鄭人辭諸侯。秋，師還。	晉人使諜于建，鄭人得晉諜，遂殺建。其子勝在吴，子西召之，使處吴竟爲白公。請伐鄭，未起師而晉人伐鄭，楚反救鄭，與鄭人盟，勝以此怒。
哀二十一年 鄭聲二十七年	駟弘		
哀二十二年 鄭聲二十八年	駟弘		
哀二十三年 鄭聲二十九年			
哀二十四年 鄭聲三十年			
哀二十五年 鄭聲三十一年			
哀二十六年 鄭聲三十二年			
哀二十七年 鄭聲三十三年			

駟弘

駟弘

駟弘

駟弘

駟弘

夏四月,晉荀瑤帥師伐鄭,次于桐丘。駟弘請救于齊,齊陳成子救鄭。及留舒,違穀七里,穀人不知。及濮,雨,不涉。子思曰:「大國在敝邑之宇下,是以告急。今師不行,恐無及也。」成子衣製杖戈,立于阪上,馬不出者,助之鞭。知伯聞之,乃還。

悼四年

鄭聲三十七年

駟弘

晉荀瑤帥師圍鄭,未至,駟弘曰:「知伯愎而好勝,早下之,則可行也。」乃先保南里以待之。
是歲，鄭聲公卒。

右鄭執政自祭仲至駟弘共十五人。

春秋齊楚爭盟表卷二十六

錫山顧棟高復初 輯
陽湖楊遂曾振初 參

敍

五霸之中，仲尼獨許齊桓，然論者謂自桓伯而天下遂不復知有王。吾謂春秋之世之趨于伯，非自桓始也。桓八年，楚已合諸侯于沈鹿矣。十一年，屈瑕盟貳、軫矣。脱無齊桓，而天下之勢將遂折而入于楚，故當日之望齊桓如槁旱之望甘雨也。然而齊桓攘楚之功十分不及晉文之一，何也？城濮一戰，而天下翕然宗晉，齊桓盟召陵，未踰年而楚人滅弦，又踰年而楚人圍許、滅黄、伐徐，楚之桀驁曾不能稍減其分毫，故穀梁子謂桓之得志爲僅此，非桓之劣于晉文也。管仲與子文並世而生，管仲有節制之師，而子文亦有持重之計，召陵之役，按兵不出，遣屈完如師，方城、漢水數言，隱然有堅壁清野，以逸待勞之計，故桓不得已成盟而退，于楚未大創，故天下從違之勢未分也。使如得臣之輕脱，囊瓦之不仁，一戰而勝，全師壓楚，責其僭王與侵奪諸侯之罪，還楚舊號，悉返侵地，終齊桓之世不動，豈非赫然王者之師哉！然齊桓之志，志在服鄭而已，當日北方多故，桓公之爲備者多，狄病邢、衛，山戎病燕，淮夷病杞，且伊雒之戎爲患王室，方左支右吾之不暇，明知天下之大患在楚，而未暇以楚爲事，以爲王畿之鄭能不向楚，則事畢矣，故終其身竭力以圖之。至如楚之江、黄，晉之虞、虢，桓公以爲鞭長不及，無如何也。且管仲佐桓公圖伯以來，以大義服人，未嘗交兵，與諸侯一戰，其意以愛養民力，勤恤諸侯爲事。故仲尼許其仁，爲其不勞民力以戰攻也，而孟子嗤其功烈之卑，爲其不能服楚制晉，大王者之烈也。此則桓公之世爲之也。輯春秋齊楚争盟表第二十六。

春秋齊楚爭盟表

莊十三年春，齊侯、宋人、陳人、蔡人、邾人會于北杏。

齊桓始求伯也。

案：春秋自桓二年蔡侯、鄭伯會于鄧，始懼楚。楚武侵隨于桓之六年，合諸侯于桓之八年，圍鄾敗鄧于桓之九年，盟貳、軫，敗鄖師蒲騷于桓之十一年，至莊六年而文王伐申，十年而執蔡侯，使無齊桓之興，則周

冬，公會齊侯盟于柯。

左傳：「始及齊平也。」

張氏溥曰：「齊桓圖伯，欲以義動諸侯，必先得魯。北杏之會，宋、陳、蔡、邾皆至，猶未有魯也。至公與盟，而齊伯成矣。」

莊十四年春，齊人、陳人、曹人伐宋。

左傳：「宋人背北杏之會，諸侯伐宋。夏，單伯會之，取成于宋而還。」

秋七月，荆入蔡。

趙氏汸謂蔡會齊侯于北杏，荆所以入蔡。

姜氏寶曰：「荆以蔡侯歸，爲欲服蔡也。而北杏之會，蔡人從齊，是以荆入之。左氏好紀異聞，喜談女德，故以蔡禍盡委之于息嬀耳。」

案：是時齊桓之力未盛，方得魯而旋失宋，是以委蔡于不問，而蔡遂一折而入于楚，

冬，單伯會齊侯、宋公、衛侯、鄭伯于鄄。

左傳：「宋服故也。」

吴氏澄曰：「單伯復會齊，宋之君以結成，而衛、鄭之君亦來會，齊伯略定矣。」

衣裳之會二。

且岌岌矣。范甯穀梁註：「此爲衣裳之會一。」	莊十五年春，齊侯、宋公、陳侯、衛侯、鄭伯會于鄄。左傳：「春，復會焉，齊始伯也。」張氏洽曰：「傳謂齊始伯，指諸侯始定而言。然魯未信服，是後宋猶主兵衛、鄭，未免復叛。蓋齊伯駸駸，而諸侯之心猶未一也。」
	秋，宋人、齊人、邾人伐郳。左傳：「諸侯爲宋伐郳。」杜氏預曰：「郳，附庸，屬宋而叛，故爲之伐。」范氏甯曰：「宋主兵，故序齊上。」
	莊十六年夏，宋人、齊人、衛人伐鄭。左傳：「諸侯爲宋伐郳，鄭閒之而伐宋。夏，諸侯伐鄭，宋故也。」許氏翰曰：「中國諸侯宋爲大，既爲之伐郳，又爲之報鄭，宋自是與齊爲一，宋親而中國諸侯定矣。」
不復與齊之會盟矣。其後凡二十六年始侵蔡伐楚，爲召陵之師，而卒不能革蔡從楚之心，終齊桓之世不能得蔡。	秋，荆伐鄭。王氏樵曰：「齊方圖伯，楚亦浸强，北伐不已，陳、蔡、鄭、許適當其衝，鄭之要害，尤在所先，中國得鄭則可以拒楚，楚得鄭則可以窺中國。故鄭者，齊、楚必争之地也。」案：楚在莊公之世首先圖蔡，其次争鄭，其次争許，然折而入于
	冬十二月，會齊侯、宋公、陳侯、衛侯、鄭伯、許男、滑伯、滕子同盟于幽。左傳：「鄭成也。」此諸侯主盟之始，自是無特相盟者矣。衣裳之會四。

莊二十六年冬，公會宋人、齊人伐徐。汪氏克寬曰：「宋先于齊，則宋主兵明矣。是時齊桓伯業未盛，	衣裳之會三。
莊二十七年夏六月，公會齊侯、宋公、陳侯、鄭伯同盟于幽。穀梁：「衣裳之會十有一，未嘗有歃血之盟	
莊二十八年春王三月甲寅，齊人伐衛。案：衛自十六年與前幽之盟，至前年同盟不至，故齊伐之，以討	案：齊桓圖伯，首先欲得宋、魯，魯爲周公之後，宋爲先代之後，不得此不足以號召諸侯，故于魯則釋憾而不較，于宋則再爲之興師，若晉文則無事此矣。凡此皆齊桓創其局，而晉文享其成者也。
秋，荊伐鄭。公會齊人、宋人救鄭。程子曰：「此救鄭制楚之始，蓋天下大勢所在。」	楚者，僅蔡而已，鄭、許猶堅從中國，陳則于齊桓無役不從。逮晉文，當日四國皆從楚圍宋，然城濮一勝，陳、蔡、鄭俱翕然來歸，獨許後服耳。至晉悼之世，乃曰有陳非吾事，蔡、許則并不敢問，三駕而僅得一鄭，觀四國之向背，可以知世變矣。
莊二十九年夏，鄭人侵許。張氏洽曰：「許自盟幽之後，不與齊桓之會，鄭人侵之，或齊之命歟？自後許始從中	

亦若伐郳伐鄭之先宋也。至明年盟幽而後，授之諸侯，則征伐無不以齊主兵者矣。」案：趙氏謂徐界宋、魯之交，爲二國患，此必犯宋之牧圉，故齊爲之伐。然齊爲伯主，而連年爲宋伐郳伐鄭伐徐，其欲得宋也至矣。

也。兵車之會四，未嘗有大戰也。」案：二幽之會相隔至十有二年，齊桓之蓄威養鋭，不輕發露如此。衣裳之會五。

不服耳。左氏載衛立子頽之事，不見于經，且其事已經十年，衛朔又已死，何故至今乃伐之。又云「數之以王命，取賂而還」，齊方創伯，不應違謬至此，皆事之不可信者也。

案：是年子元因夫人之言而伐鄭，聞有諸侯之救而遂遁，兵未及鄭也。自後楚殺子元而令尹子文爲政，得賢臣，而楚益强，猾夏益甚，齊雖有召陵之師，不能大創矣。

國。」高氏閌曰：「諸侯救鄭而許不至，故侵之。」

莊三十年冬，公及齊侯遇于魯濟。齊人伐山戎。

許氏翰曰：「齊桓伐郳伐鄭伐徐，皆以宋主兵。與公會城濮而後

莊三十二年夏，宋公、齊侯遇于梁丘。

左傳：「齊侯爲楚伐鄭之故，請會于諸侯。宋公請先見于齊侯。夏，遇于梁丘。」

冬，狄伐邢。

張氏洽曰：「狄自滅邢而伐衛，三年之閒，塗炭兩國。」

閔元年春，齊人救邢。

孫氏復曰：「桓未能帥諸侯以往，故猶稱人。」

閔二年十二月，狄入衛。

王氏葆曰：「救邢之初，齊獨出兵，既而狄又入衛，其勢益張。齊恐其乘勝遂滅邢也，于是帥諸侯之兵共救之。且狄伐邢于

伐衛，與公遇魯濟而後伐戎，以是知桓公之伯，用人之能以爲能，不自恃也。」	僖元年春，齊師、宋師、曹師次于聶北，救邢。夏六月，邢遷于夷儀。諸侯城邢。
家氏鉉翁曰：「伯主能虛己以求人，宋公能悉力以輔伯。」張氏溥曰：「遇魯濟則親至魯，遇梁丘則序先宋。遇固簡禮，齊獨執謙，所以能伯。」	秋，楚人伐鄭。左傳：「鄭即齊故也。」
	八月，公會齊侯、宋公、鄭伯、曹伯、邾人于檉。左傳：「謀救鄭也。」陳氏深曰：「是時楚伐鄭，其勢方强，齊會諸侯合謀以救之，愼重而不輕舉也。」衣裳之會六。
	僖二年春王正月，城楚丘。左傳：「諸侯城楚丘而封衛焉。」
去年之冬，而桓以春救，未可爲緩。先儒以書人爲罪其緩救者，非也。」	秋九月，齊侯、宋公、江人、黃人盟于貫。左傳：「服江、黃也。」杜氏預曰：「江、黃，楚與國，始來服齊，故爲合諸侯。」衣裳之會七。季氏本曰：「江、黃，楚之東北境可出兵以截齊後者也，得江、黃則師無左顧之憂矣。」

冬，楚人侵鄭。

張氏洽曰：「是時楚顓已長，用子文爲令尹，兵勢浸强，故比年侵伐鄭。」

家氏鉉翁曰：「伐楚，天下之至難，必萬全而後動。」

僖三年春，徐人取舒。

林氏曰：「舒者，楚之黨。徐人取舒，爲齊桓通伐楚之境也。」

趙氏鵬飛曰：「齊桓自莊二十六年伐徐，意徐遂服于齊。至是使取舒，以奪楚援。其後楚兩伐徐，齊桓合八國之君救徐，皆以此故。」

秋，齊侯、宋公、江人、黃人會于陽穀。

左傳：「謀伐楚也。」

趙氏鵬飛曰：「貫之盟，結之而已，伐楚之謀，初未以諭江、黃。至是二國始聽命，定伐楚之計。」衣裳之會八。

冬，楚人伐鄭。

李氏廉曰：「楚自莊十六年以來，五加兵于鄭矣。」

趙氏鵬飛曰：「鄭歲受楚兵，使無伯主，亦必屈于楚。鄭入楚，則楚愈熾，後欲圖之不可，故明年有次陘之師。」

僖四年春王正月，公會齊侯、宋公、陳侯、衞侯、鄭伯、許男、曹伯侵蔡，蔡潰，遂伐楚，次于陘。

呂氏大圭曰：「齊桓將攘楚，必先有事于蔡；晉文將攘楚，必先有事于曹、衞，所以搜其黨與，翦其手足也。左氏每多爲之辭，于侵蔡則曰爲蔡姬故，于侵曹伐衞則曰爲裸浴與塊故，推尋事由，毛擧細故，而二公攘夷安夏之績皆

夏，楚屈完來盟于師，盟于召陵。 案：先儒多稱召陵之功，然自受盟之後，滅弦、圍許、滅黃、敗徐，	
秋，及江人、黃人伐陳。 王氏樵曰：「據左氏所載濤塗之言，齊桓何至勤師以討。蓋陳、蔡近楚，嘗有貳心，今	
冬十二月，會齊人、宋人、衛人、鄭人、許人、曹人侵陳。 張氏洽曰：「再侵者，陳近于楚，伐而未得	
僖五年夏，公及齊侯、宋公、陳侯、衛侯、鄭伯、許男、曹伯會王世子于首止。 左傳：「謀寧周也。」	
秋八月，諸侯盟于首止。鄭伯逃歸不盟。 左傳：「王使周公召鄭伯，曰：『吾撫女以從楚，撫之以晉，可以少	晦矣。」 案：齊桓之圖楚已經二十年，即遇梁丘至此亦已五年矣。會檉、盟貫、會陽穀，用全力以圖之，豈亦爲蔡姬之故乎！左氏喜談女德，史公因之，遂曰桓公實怒少姬，南伐蔡，管仲因而伐楚。以震動天下大事同于兒戲，可一笑也。

桀驁如故，而桓不能禁者，以楚未大創故也。桓之所以不能創楚者，以深入楚地，楚得以逸待勞，攻之不克，圍之不下，故僅得屈完一來而遂旋師，桓亦知其力之不足以制也。晉文是以致楚衞地，俾楚離其巢穴，一舉勝之，而後荆楚稍帖，中國安枕者數年，則是城濮之功大于召陵。而論者必以爲譎，是使曹、衞仍然從楚，而齊、宋仍受楚患，中國諸侯未能翕然從齊也。大凡不論實事，而但求好題目，說得好聽者，皆宋儒

不欲齊師反由己國，齊人以爲叛齊即楚之漸，故因歸師以威之。觀再侵而陳乃成，則陳初未肯心服，桓之再師非專以濤塗故與也。」

其成，則陳必不服，故侵以列國之師，待其服而後已。」

案：先儒多信左傳誤軍道之言，以桓公之侵伐爲驕滿。然觀張氏及王氏之說所見略同，則左氏未必可信也。夫濤塗卽攖齊侯之怒，執其身足矣。卽不然，以偏師致討，陳，小國，何煩大衆，而乃以三國伐之，旋合七國之兵臨其境，而乃行成，且歷二時之久，此必有不得已者。蓋楚怒齊之攜其與國，受盟之後，旋卽誘陳使貳于己，以爲齊得江、黄，而我得陳

高氏閌曰：「王將廢鄭而立帶。齊桓以爲議之于朝覲，貢之以諫詞，從則世子安，不從則廢，是從違未可知也。莫若爲會以尊之，使天下曉然，皆知世子之爲鄭，則其位終不可易矣，是齊桓之志也。」

案：漢高帝欲立趙王如意，留侯爲吕后畫策，招四皓以安太子，亦是此意。而積齋程氏謂桓未嘗朝王而進諫，亦未見王之拒諫也，齊桓不免要君，世子不免制父。嗚呼！何其迂也。倘一拒諫而更以他罪廢世子，

安。』鄭伯喜于王命，故逃歸。」

楚人滅弦，弦子奔黃。

之講經也。彙纂云：「穀梁以桓之得志爲僅。屈完止書來盟，而不書其所與盟者，蓋亦爲諸侯諱爾。」

僖六年夏，公會齊侯、宋公、陳

秋，楚人圍許，諸侯遂救許。

足以相當。且陳以小國而受齊師自秋及冬，必恃楚爲之應援，特左氏不之載耳。故齊合七國之力侵之，俾知諸侯兵力彊盛，不敢南向卽楚，塞楚北出之路，而後召陵之盟庶幾稍固。觀明年楚卽滅弦，蓋不得志而洩憤于弦，以報齊之合江、黃，折其右臂也。使微陳之侵伐，則楚之桀驁豈止圍許、滅黃、敗徐而已哉！

僖七年春，齊人伐鄭。

天下之大變起矣，此時將何所措手乎！桓公不動聲色，而使父子之間俱泯于無形，此正是苦心調劑處。而後儒輒生議論，魏叔子所謂每將難事看得極易，此類是也。趙木訥亦謂以會世子爲抗天王，此不知權者，妄疵人爾。衣裳之會九。

秋七月，公會齊侯、宋公、陳世

左傳：「是時江、黃、道、柏方睦于齊，皆弦姻也。弦子恃之而不事楚，故亡。」 案：召陵盟甫踰年而楚卽滅弦，桓不能興師責楚叛盟之罪而復弦之國，黃之亡亦不旋踵矣。是前日之合江、黃，適所以禍之也。而文定輒比之微、盧、彭、濮，且云孔明伐魏，申好江東。夫孫氏力足以抗曹，而江、黃不能以當楚，何擬之不倫歟？	僖八年春王正月，公會王人、齊侯、宋公、衛
侯、衛侯、曹伯伐鄭。 左傳：「以其逃首止之盟故也。」	僖九年夏，公會宰周公、齊侯、宋子、衛侯、鄭
左傳：「楚子圍許以救鄭，諸侯救許，乃還。」 張氏洽曰：「楚之圍許，蓋攻其所必救。齊桓釋鄭而救許，此見齊桓之急于義，故書遂以褒之。」 案：齊積謀攘楚數十年，始終皆爲鄭，其勤亦至矣。而鄭以齊之强不如楚，齊遠而楚近，首叛齊侯。且許在鄭之南，更邇于楚，許猶堅從中國，而鄭顚反覆，鄭在齊桓世已狡獪如此。	僖十年夏，齊侯、許男伐北戎。
張氏洽曰：「鄭未服，故復伐之。齊力足以制之，不煩諸侯也。」	僖十二年夏，楚人滅黃。 左傳：「黃恃諸侯之睦
子款、鄭世子華盟于甯母。 左傳：「謀鄭故也。」 彙纂曰：「是會陳、鄭皆遣世子者，蓋二國皆新被侵伐，陳欲渝盟而未敢渝，姑勉强以應，鄭欲與盟而未得與，猶趦趄不前，故止遣世子而君皆不行。」 衣裳之會十。	僖十三年夏，公會齊侯、宋公、陳侯、衛侯、鄭

侯、許男、曹伯、陳世子款盟于洮。鄭伯乞盟。

左傳：「謀王室也。襄王既定而後發喪。」

高氏閌曰：「鄭自此年從齊，至十七年小白卒，楚人絶迹于鄭，桓之伯功盛矣。」

穀梁：「兵車之會也。」

此爲兵車之會一。

伯、許男、曹伯于葵丘。九月戊辰，諸侯盟于葵丘。

陸氏淳曰：「盟稱諸侯者，前目後凡之義，且明周公不與盟也。不與盟，禮也。」

汪氏克寬曰：「桓公不敢盟宰周公者，不敢使天子之宰受諸侯之約束也。晉文以後則皆同盟，非桓比矣。」

衣裳之會十一。

李氏廉曰：「衣裳兵車之説止見穀梁傳。范氏甯以莊十三年會北杏至僖九年會葵丘，此衣裳之會十一也。」

薛氏季宣曰：「當是時，狄及晉、楚患大于戎，齊桓置而不問，而舍强圖弱，所謂不務德而勤遠略也。」

於齊，不共楚職。夏，楚滅黃。」

穀梁：「貫之盟，管仲曰：『江、黃遠齊而近楚，若楚伐而不能救，則無以宗諸侯矣。』桓公不聽，遂與之盟。楚伐江，滅黃，桓公不能救，君子閔之也。」

案：漢莊助難田蚡曰：「誠患德不能覆，力不能庇，如能，何故棄之。」如齊之於江、黃，所謂力弗能庇者也，則當棄之從楚。如隨首爲楚所伐，而終春秋世不滅，以其服屬于楚故也。乃合江、黃爲召陵之師，未幾次第就滅，而齊不

伯、許男、曹伯于鹹。

左傳：「淮夷病杞故，且謀王室也。秋，爲戎難故，諸侯戍周。齊仲孫湫致之。」

案：左傳十一年夏，揚、拒、泉、皋、伊、雒之戎同伐京師，入王城，焚東門，王子帶召之也。秦、晉伐戎以救周。十二年秋，王討王子帶，子帶奔齊。冬，齊侯使管仲平戎于王。是年春，使仲孫湫聘于周，請復子帶。夫子帶以臣伐君，擅召外裔，幾危王室，此天下之大變，在

僖八年會洮至十六年會淮，此兵車之會四也。兵車四會，穀梁皆發傳無可疑，獨衣裳十一，諸儒更牽合論語九合之說而異論以起。范氏則去貫與陽穀爲九，謂此二會本非管仲之意。鄭康成則去北杏，以爲經文無諸侯，併去貫與陽穀，于是分葵丘之會與盟爲二，以足九之數。或又不分葵丘而增入公子結之盟，皆無據。但衣裳兵車本只穀梁一家之說，而論語九合，朱子用展喜之言，訓九作糾，則諸說紛紛，可不必

敢問，則如管仲之言信矣。且齊嘗用徐取舒，而楚卽仇徐，桓公至合八國之師以救之，卒至徐敗于婁林，幸而徐稍强，未至爲楚滅耳。齊之不能遠庇如此。若吳在楚之肘腋，而力足以制楚，晉悼之世，楚不敢北向爭鄭，中國得以安枕者，通吳之力也。而論者反謂其御虎進狼，自以爲不論利害而事論是非，詎知利害卽是非之所在歟。

帶則屬籍當絶，在戎則必誅不赦，乃齊桓不聞有一旅之問，反受子帶之奔，不執以歸于京師，且于戎則爲之請平，子帶則爲之請復，若晏然無事者，是助叛臣，黨外夷也，豈管仲之智而出此。然召戎之事，不見于經，疑左傳未可信。夫戎周之役，魯亦在焉，周豈有不赴告于魯之理。既赴告，安有不書。而戎之伐周與諸侯之戍周，經俱無所見。春秋尊周攘夷，于此等事尤不宜從略。故疑子帶之召戎與子頽之

僖十四年春，諸侯城緣陵。左傳：「城緣陵而遷杞焉。」	
僖十五年春，楚人伐徐。左傳：「徐即諸侯故也。」	辨，專用穀梁十一之說可也。」
三月，公會齊侯、宋公、陳侯、衛侯、鄭伯、許男、曹伯盟于牡	
秋七月，齊師、曹師伐厲。左傳：「以救徐也。」張氏洽曰：「厲在徐、	
冬，宋人伐曹。楚人敗徐于婁林。案：曹方從齊伐厲，而	亂，皆係左氏之妄載，而非其實也。豈因後日有召狄之事，而遂增出召戎，以爲齊桓之勤王室誇美歟？夫戎之亂已二年，齊桓不遏之于方熾之初，而致諸侯之戍于略定之際，且平戎于王，平戎于晉，若惟恐戎之獲罪者，是厚于戎而薄于周也。果爾，則齊桓之罪不勝誅矣。兵車之會二。

案：此書諸侯城緣陵，則知前年之會鹹專爲城杞也，戍周之事乃左氏增造爾。夫淮夷病杞，北戎病燕，齊桓猶爲之興師動衆，豈有戎犯天子，而顧爲之求平，不敢一問者乎！

季氏本曰：「僖三年徐從齊而取舒，舒爲楚之與國，故甘心于徐。」

丘，遂次于匡。公孫敖帥師及諸侯之大夫救徐。

案：徐在今江南泗州，去楚遠而去齊近，楚之兵威及徐，而齊之救患顧不力。葵丘聽命之諸侯不卽驅之討楚，而再盟于牡丘，不晨夕赴難，而次于匡，列國之君俱在行，而使大夫將，于以見列國之解體，伯威之不行，直書其事而義自見者也。

兵車之會三。

楚之閒，齊蓋攻楚之必救以解徐也。然楚卒敗徐于婁林，則此役爲無用。況宋乘虛而擣曹，同盟之內自相攻擊，欲以抗方張之楚得乎！」

宋卽伐曹，宋襄此時已爭伯，顯與齊貳矣。宜救徐之不力，而卒爲楚敗也。自桓公之伯，三十年諸侯無敢有擅相侵伐者。至是宋人內叛撓齊成功，而桓公不問，年垂老，而伯圖亦盡矣。

僖十六年冬十二月，公會齊侯、宋公、陳侯、衞侯、鄭伯、許男、邢侯、曹伯于淮。 左傳：「城鄫，役人病，有夜登丘而呼曰：『齊有亂。』不果城而還。」 杜氏預曰：「鄫爲淮夷所病。」 萬氏孝恭曰：「許以男而先于邢、曹，邢以侯而後于鄭、許，聖人之作春秋，悉從主會者之所爲而無所改政，所以著其罪也。」 兵車之會四。
僖十七年春，齊人、徐人伐英氏。夏，滅項。 左傳：「齊人爲徐伐英氏，以報婁林之役。」 公、穀二傳皆以爲齊滅項，不言齊者，蒙上伐英氏之文也。 胡氏銓曰：「楚人病徐，齊不能服楚而伐其與國，是遷戮也。」
冬十二月乙亥，齊侯小白卒。 李氏廉曰：「桓公自莊十三年始伯，至僖十七年，凡三十九年。」

春秋宋楚争盟表卷二十七

錫山　顧棟高復初　輯
鹽城受業夏瀛閬仙　參

敍

孟子曰："以力假仁者伯，伯必有大國。"説者謂宋襄之執于盂，傷于泓，由其國小力絀使然，其説得之矣，而不盡然也。以宋襄之國而苟以齊桓之道用之，則亦可以不至于敗；以齊桓之大而苟以宋襄之術馭之，則傷威損重，其去楚靈也不遠。蘇子有言："人有十夫之力，苟終日狂呼跳浪，則三尺童子亦可制其後。"我觀齊桓之伯，蓋終其身未嘗用戰争之力也。存三亡國而未嘗加兵于狄。合八國之師，整兵召陵，成盟而退。其于淮夷、山戎止以先聲驅之，務在保安弱小，使各安宇下而已。而又能克己以下小國，遇魯則身至魯地，遇宋則序先宋人。其興師嘗更迭用之，令各就近爲侵伐，而不役之于遠，故東征西討而民力不疲，數動與國而諸侯不怨。而宋則反是，方齊桓之卒也，汲汲乎欲代其任，而首先與齊戰，幸而一勝，則翹然自喜，以爲天下莫與敵。于是一會虐二國之君，五年之中，無歲不興師，伐曹，伐鄭，馴至排不測之强楚，軍敗國蹙，旋以身斃。嗚呼！其輕用民力若是，雖使齊、晉之大，其能有濟哉！

夫以晉文之兵力，猶兢兢示禮、示信、示義，逮合齊、秦兩大國而後敢與楚戰。宋襄以孤軍單進，又不乘險擇利，雖以晉文處此亦必敗，而況小國乎！後來惟楚靈以咆哮之質，適當晉之不振，威脅小國，北方之諸侯俯首帖耳恐後。然未幾而外怨内叛，棄疾一呼，反者四起，適趣其申亥氏之變，此所謂有十夫之力而終日狂呼跳浪以至于斃者也。如宋襄者，則以尩弱之夫而舉鼎絶臏而死，豈不可哀也哉！輯春秋宋楚争盟表第二十七。

春秋宋楚争盟表

僖十八年春王正月，宋公、曹伯、衛人、邾人伐齊。	左傳：「齊桓內嬖子六人，公與管仲屬孝公于宋襄公，以爲太子。雍巫有寵于衛共姬，公許之立武孟。管仲卒，五公子皆求立。冬十月乙亥，齊桓公卒。易牙與寺人貂因內寵以殺羣吏，而立公子無虧。孝公奔宋。宋襄公以諸侯伐齊，齊
五月戊寅，宋師及齊師戰于甗，齊師敗績。	左傳：「齊人將立孝公，不勝四公子之徒，遂與宋人戰。夏五月，宋敗齊師于甗，立孝公而還。」 先母舅霞峰華氏曰：「宋襄志在争伯，而特假齊桓、管仲託孤之說誑齊人以納孝公，春秋不書納公子昭，而但書伐齊，且以宋主甗之戰，則伐喪而
冬，邢人、狄人伐衛。	案：衛爲無虧之母家，又衛之方滅，無虧帥車三百乘、甲士三千人以戍漕，以分則甥舅也，以恩則有再造之功也，且甥又居長，乃怵宋之誑說，從宋伐齊，以戕其甥而奪其國，負心甚矣，其受邢、狄之伐宜也。邢與衛俱爲狄所滅，雖不忍于齊而忘狄之讎，聽其驅以伐兄弟同難
僖十九年春王三月，宋人執滕子嬰齊。	案：宋襄以威求伯，起于前年伐曹，而曹即從宋伐齊，以爲諸侯可以力服，于是一會虐二國之君，使諸侯不敢不聽命，而不知曹已先叛矣。旋伐曹，再伐鄭，而即敗于泓。夫以齊之大而圖伯之初猶屈已以求魯、宋，宋乃欲專恃威力，宜其敗不旋踵也。
夏六月，宋公、曹人、邾人盟于曹南。	杜氏預曰：「曹雖與盟而猶不服，不肯致餼，無地主之禮，故不以國地，而曰曹南，所以及秋而見圍。」 孫氏覺曰：「曹、邾皆稱人者，宋襄威德未著，曹、邾但使其臣會之。」 案：宋襄始伯不能致曹，而乃枉駕以盟曹，鄫則後而執之，所與

人殺無虧。」
黃氏仲炎曰：「當國家未有事變之際而早立嗣子，以君父命足矣，何待屬于鄰國之君。管仲雖不能以王道正君，然非甚愚者，何至若是。此蓋宋襄誣死而誑生者之辭耳。宋襄自僖十五年伐曹，齊桓在時已有争伯之志。幸而桓公死，諸子争亂，無虧立，而孝公奔宋，得之不啻如獲奇貨至寶，挾之伐齊猶懼不足以勝，則託之曰是齊侯、仲父嘗屬此於我，如欺人孤幼而利其財者，必假曰其先人嘗託孤于

已矣，攘伯而已矣。聖人推見至隱，此誅心之法也。」
案：齊桓託孤已是莫須有，况云管仲。桓或有寵愛之私，仲不應從君于昏至此。且宋襄豈是可信之人，仲豈有不知，而君臣屬託，以啟日後無窮之禍耶？齊桓果不欲立無虧，不應于閔元年衛滅之時令無虧掌兵權，以樹功于衛矣。孝公爲鄭姬所生，不向母家求援，而獨奔宋，知鄭無争伯之志，而宋于乃父在時已伐曹，與齊抗衡，故以身予宋爲奇貨也。宋亦

之國，均爲非義。凡此皆直書其事而曲直自見，不必以稱人稱爵爲褒貶也。先儒以狄稱人爲進之，宋書爵爲桓公之自取，皆係曲說。

偕者僅一邾而已。未幾曹復叛去，不得已乃求諸侯于楚，計愈下而心愈拙矣。

鄫子會盟于邾，邾人執鄫子用	我而爲之經理。以孝公爲先君所命，則其名正；以己爲齊侯所屬，則其辭順，雖齊通國之人亦有不可致詰者。幸而戰勝，卒立孝公，國史書之以爲信然，不知宋襄實欲立威攘伯，借孝公以挫齊耳。此市井奸人之計，不待智者知之，而左氏乃受其誣，可謂惑矣。」
秋，宋人圍曹。左傳：「討不服也。」	知無虧居長，且素習兵事，若一立則不可動摇，必不肯讓宋以伯。而孝公行次居幼，立之，四子皆覬覦，孝公内怯，不得不俯首聽命于我，是兩相市也。當日曹新爲宋所伐，而衛爲無虧母家，俱從宋伐齊者，蓋惑于其邪説耳。而後儒復不悟，特責以成桓公之私愛，似義而實非義。噫，持是説也，恐宋襄竊喜於生前，而齊桓叫寃于地下矣。
冬，會陳人、蔡人、楚人、鄭人	
僖二十一年春，宋人、齊人、楚	
秋，宋公、楚子、陳侯、蔡侯、鄭	

之。

杜氏預曰：「曹南之盟已罷，鄫子乃會之于邾，宋怒鄫不至，故使邾用鄫子，爲罰已虐矣。」

杜氏預曰：「曹雖與盟而猶不心服。」

盟于齊。

公羊作公會。

杜氏預曰：「地于齊，齊亦與盟。」

左傳：「陳桓公請脩好于諸侯，以無忘桓公之德。冬，盟于齊。」

案：宋襄公全恃詐力，諸侯不服，是時天下無伯，陳乃借不忘桓德之説招楚人盟，并齊、魯俱與會爲六國，而陳靦然居首，是又一宋襄也。然陳止欲撓宋之伯，而非以求伯。楚亦喜得與中國之會盟，而暫居陳、蔡之下。齊、魯俱忘向日之攘楚而俯首就列，

人盟於鹿上。

左傳：「宋人爲鹿上之盟，以求諸侯于楚，楚人許之。公子目夷曰：『小國争盟，禍也，宋其亡乎！』」

案：宋襄一生所附者惟齊，齊桓死，宋竊喜，以爲天下惟吾獨尊，楚，蠻夷，可以名市也，齊爲吾所立，必不叛我，其餘小國可折箠驅之耳。於是虐二國之君，以示威于陳、蔡，求爲鹿上之盟，以餌楚人，而己偃然列其上，是不特楚憾，而齊亦憾，并諸小國亦俱憾。鹿上之

伯、許男、曹伯會于盂。執宋公以伐宋。

案：宋所恃者惟齊，此會齊不在，陳、蔡、鄭、許，皆楚之黨，曹又新叛而見伐，以隻身入虎口，何計能自全乎！

又案：是役齊、魯俱不與，恥爲楚下，而亦恥爲宋下也。蓋亦袖手旁觀，聽宋人之自敗爾。

冬十二月癸丑，公會諸侯盟于薄，釋宋公。卓氏爾康曰：「魯爲望國，楚欲借以號召天	
僖二十二年夏，宋公、衛侯、許男、滕子伐鄭。左傳：「三月，鄭伯如楚。夏，宋公伐鄭。子	
冬十有一月己巳朔，宋公及楚人戰于泓，宋師敗績。左傳：「楚人伐宋以救	是南北之合成，陳已爲向戍開先矣。卒至後役屬于楚，而終爲楚滅，是陳自招寇也。宋襄見此役以爲楚之强可以得諸侯，于是求諸侯于楚，而己偃然居齊、楚之上，鹿上與盂再爲首盟。夫以楚之强悍，豈肯以諸侯授宋而已屈伏爲其下者乎，其見執宜矣。
僖二十三年春，齊侯伐宋，圍緡。左傳：「以討其不與盟于齊也。」	盟，楚初喜先代之後之見與，勉强列其下，盂之盟而即辱之縲絏矣。在會諸君方拊掌稱快，笑其自取，而尚責其伸大義以抗楚乎，亦迂甚矣。
夏五月庚寅，宋公茲父卒。左傳：「傷于泓故也。」案：宋襄一生全用詐力，誣死誑生，奉少奪長，虐鄰國之君，以祭	

下。盂之盟，僖公與齊不與，故使宜申獻捷，脅而誘之。僖公畏楚，不得不來，楚既得盟魯，即慨然釋宋公以見德，蓋示己之有禮，而堅魯之服從也。」

案：諸侯，即上會盂五國之諸侯。五國未嘗不爲宋請，而楚必得魯之盟而後釋之，蓋楚人之狡計，欲借一宋以市一魯也，自是魯甘心從楚矣。

魚曰：『禍在此矣。』」

案：鄭于僖之元、二、三年，三受楚伐而不肯即楚者，以有齊桓在也。至是齊桓死，宋力不能抗，鄭之之楚亦無如何耳。宋襄甫脱纍囚，遽率諸侯伐鄭，豈非力小任重歟。是時滕懾宋之威，而衞素從宋，許尤近楚而從伐鄭者，以許、鄭世讎故也。以三小國之師角鄭可矣，遽挑楚釁，東萊氏所謂椎鼓徑進，亟犯大險，而卒身膏魚鱉之腹者，其宋襄之謂乎！

鄭。宋公及楚戰于泓，宋人既成列，楚人未既濟，司馬曰云云，公曰：『未可。』既陳而後擊之，公傷股，門官殲焉。」

案：宋襄謂不重傷、不禽二毛，此如王莽一生作僞，漢兵垂至，猶執威斗旋席而繞，此作僞之報應也。公羊以爲文王之戰不過是，劉原父駁之是矣，而又以爲懔懔乎忠厚有德之人，雖師敗國削非其恥，何其謬也！

穀梁：「不正其以惡報惡也。」范註：「宋伐齊之喪是惡，今齊乘其敗而報，是以惡報惡也。」

案：齊五公子之中，首以少奪長者，齊孝也。首成齊惡，使齊常有骨肉相殘之患，因得以乘其弱而擁其伯者，宋襄也。宋襄之心，齊亦已知之矣，特己受其援立之恩，姑聽命焉，而實不心服，即諸小國亦不甘也。于是陳、蔡更召楚與齊盟，以顯然與宋立兩幟。其實此會正欲擯宋也，若宋來與盟，能爲楚下乎；宋未嘗

淫昏之鬼，無復人理。乃于盂之會信楚而不肯以兵車往，泓之戰則曰不禽二毛，是以詐力待平人，而以忠厚至誠待虎狼也。大抵以虺蠆之心而外節爲迂腐謹厚之行者，宋襄而後，一爲王莽，一爲蕭繹，均國亡身死，爲世大戮。如宋襄得以壽終，幸矣。

又案：宋伯僅六年，盟會僅三次耳。

求楚，楚能爲宋下乎，是宋、楚早啟釁也。宋乃求諸侯于楚，鹿上之盟，齊亦勉强一來，而居宋下，而心未嘗不慊。盂之會即不肯至，然猶未敢顯與宋貳。迨至盂會而見執，泓戰而受傷，乃曉然知宋爲不足恃，乃更責宋以不與齊盟，所謂欲加之罪也。其意以爲宋責我以背恩，而宋先背恩矣，宋責我以乘其敗，而宋先伐我之喪矣，宋當無辭以對也。卒之宋襄死，而齊後兄弟四人更相殺而爲君，楚亦乘之寘桓公子雍于穀，置戍以逼齊，齊之亂三四世，皆宋襄奉少奪長之遺禍。嗚呼！如宋襄者，死不足惜，而有餘辜者也。

秋，楚人伐陳。

左傳：「討其貳于宋也。遂取焦、夷，城頓而還。」

案：陳首招楚爲齊之盟以閒宋，而楚反討其貳于宋，所謂招虎入室，自遺患也。楚亦知宋襄已死，不足患，此蓋懾後來者，使陳不敢他向耳，陳自是堅從楚矣。

僖二十四年，宋及楚平。無經。

左傳：「宋成公如楚，還入于鄭。鄭伯享之，有加禮。」

宋自是亦從楚矣。

案：春秋列國，陳、蔡、鄭、許以地近而從楚，魯以周公之後而從楚，宋以先代之後，至此不得不從楚，後又結曹而昏于衞，諸侯俱拱手南向。未服楚者，齊與晉耳，而齊方爲楚所逼，天下之勢岌岌矣。夫伐叛自近始，晉文之伐衞，所謂豺狼當道也，而論者必以伐衞致楚爲譎。嗚呼！使非致之衞地，則楚必不可勝，楚不勝而周且不可保，如李、郭之于安、史，設奇用伏，可謂譎矣，而卒復唐祚，使必責其譎而聽二京之淪陷，反得爲正理乎！

春秋於齊晉外尤加意於宋論

公羊屢發傳爲王者之後記異，先儒深闢之，以爲杞亦王者之後，何以不記，不知公羊之説未可厚非也。杞棄其故都而自卽於東夷，無關於天下之故，而宋居天下要樞，晉、楚之所視以爲强弱，故春秋恆重之，亦初不因其爲王者之後也。考春秋一書，書雨螽于宋，隕石于宋五，六鷁退飛過宋都，以及宋大水，宋災，他國之災異未有如此詳悉者也。又如會未有書其所爲者，而會于稷則云成宋亂，會澶淵則曰宋災故，是聖人特筆志貶。盟亦未有書其所爲者，盟于薄則曰釋宋公，是聖人特筆志褒。晉、楚爭宋、鄭，而鄭及楚平，春秋不志。至宣十五年宋人及楚人平，大書特書。蓋宋爲中國門户，常倔强不肯即楚，以爲東諸侯之衛。至宋即楚，而天下之事去矣。故晉文、晉悼之興，首有事于救宋。先軫曰：「取威定伯於此乎在。」韓獻子曰：「成伯安疆自此始。」宋之關於天下利害非細故也。楚頵之猾夏也，於僖二十六年圍宋；楚莊之争伯也，於宣十四年又圍宋；至向戌爲弭兵之策，合天下諸侯盟于宋，而伯統絶而蠻夷横矣。謂春秋全無意於宋者，豈識春秋之旨哉！

春秋晉楚争盟表卷二十八

錫山顧棟高復初 輯
古岑程志銓原衡 參

敍

孔子曰：「晉文公譎而不正，齊桓公正而不譎。」朱子專以伐楚一事言之，其説蓋原于杜氏。愚竊意其非然也。論其譎與正之大者，如齊桓不納鄭子華之請，而晉文因元咺執衛侯，齊桓定王世子而拜天子之胙，晉文則至請隧，其規模之正大，事事不如齊桓。至論城濮之戰，則勝召陵遠甚，何則？召陵雖盟，而楚滅弦圍許，毫無顧忌，蔡、鄭亦未敢卽從齊。至如城濮一勝，而天下之諸侯如決大川而東之，其功之大小寧可以數計哉！論者曰：晉不宜伐衛以致楚，尤不當矜兵力以求必勝，其説皆非也。論當日從楚之罪，則曹、衛爲罪首，何則？楚之最近者許、蔡，其次則陳，又其次則鄭。諸國之從楚，實迫于不得已。若衛爲北方大國，而曹介在齊、魯之閒，與楚風馬牛不相及，又均爲文昭之後，其相率而從楚何爲者。原楚之意，不過欲結衛以擣晉，結曹以來齊、魯，使天下諸侯俱南面朝楚而止耳。此門庭之寇，匪直爲報怨之私而已也。且論者之意果以爲晉不伐衛而遂可以勝楚，晉不勝楚而晉遂可以伯乎，尤非也。不勝楚則楚之虐燄未息，而不伐曹、衛，勢必加兵于陳、蔡、鄭、許，目前齊、宋之急未易解也。且使晉而勤兵于四國，勞兵頓師，而楚撽曹、衛議其後，令楚反得仗義之名，而晉有孤軍轉戰腹背受敵之苦，勝負未可知，孰若蹙方張之寇于大河四戰之地，一舉勝之，爲中原立赤幟，聖人宜録其不世之功，不宜以爲譎而訾之也。且當日之時勢何如者，魯從楚矣，宋亦嘗及楚平矣，魯又乞師伐齊取穀，楚兵威所未及者周與晉耳。斯時楚頵之横，埒于安、史，而晉文之功侔于李、郭。假令以安、史之桀驁，唐室能仗義執言以服之乎！李、郭百計殄之，收復京師，而論功之際，乃謂其兵出詭道，非王者之師，鰓鰓焉議其後，恐朱子之綱目其書法不應如是。或又謂子所論者，後世之事耳，春秋未遠三代，不可以戰争論。曰：果如是，則宋襄有明驗矣。不重傷，不禽二毛，而遂至敗于泓。令晉文而守拘方之見，城濮一挫，周室將不可問，其利害孰爲大小，而又可執儒者之見以議之乎！劉氏敞乃謂宋襄能守信義，雖師敗國削非其恥。又謂周末諸侯交争，賤守信而好奇功，故穀梁子亦以宋公爲非。嗚呼！是皆杜氏譎而不正之説誤之。其弊馴至陳餘儒者，不用詐謀奇計，卒爲泜水之擒而後已，豈不謬哉！輯春秋晉楚争盟表第二十八。

春秋晉楚爭盟表

文公

僖二十四年正月，晉公子重耳反國。

左傳：「秦伯納之，不書，不告入也。」

僖二十六年，公子遂如楚乞師。

左傳：「東門襄仲、臧文仲如楚乞師，臧孫見子玉而道之伐齊、宋。」

案：宋，先代之後，齊，伯國之餘，而魯亦周公之後也。今魯與楚比而道之伐齊、宋，使無晉文之興，幾無中夏矣。

冬，楚人伐宋，圍緡。公以楚師伐齊，取穀。

左傳：「宋以其善于晉侯也，叛楚即晉。冬，楚伐宋，圍緡。公以楚師伐齊，寘桓公子雍于穀，易牙奉之以爲魯援。楚申叔侯戍之。」

僖二十七年冬，楚人、陳侯、蔡侯、鄭伯、許男圍宋。十二月甲戌，公會諸侯盟于宋。

杜氏預曰：「諸侯伐宋，公與楚有好而往會之。」

案：楚師四國圍宋而魯復會之，曹、衛又結于楚，天下大勢，楚蓋十居其八九矣。

僖二十八年春，晉侯侵曹。晉侯伐衛。

左傳：「狐偃曰：『楚始得曹而新昏于衛，若伐曹、衛，楚必救之，則齊、宋免矣。』」

家氏鉉翁曰：「去年書圍宋，盟于宋，著宋之急也。今年繼書侵曹，伐衛，攻楚之必救，以救宋也。楚攻宋不已，是并兼之計。春秋不閒事，而重舉晉侯，所謂言之不足而重言之，謂其能先天下之所難，慰諸侯之望爾。」

楚人救衛。三月丙午，晉侯入曹，執曹伯，畀宋人。

高氏閌曰：「此書救者，非善之也，著衛國附楚之罪，晉文果能致楚師之出也。」

孫氏復曰：「書晉侯不奪其爵者，曹伯卽楚，晉侯圖伯，執得其罪也。」

夏四月己巳，晉侯、齊師、宋師、秦師及楚人戰于城濮，楚師敗績。

孫氏復曰：「晉文始見經，孔子遽書爵者，予其功不旋踵而建也。」

朱子曰：「齊桓公死，楚侵列國，得晉文攔過住，如横流泛濫，硬做隄防，不然列國爲洊浸必矣。」

五月癸丑，公會晉侯、齊侯、宋公、蔡侯、鄭伯、衛子、莒子，盟于踐土。陳侯如會。

陳氏岳曰：「襄王聞晉勝，自往勞，非晉致之也，故爲王諱而不書。」

李氏廉曰：「外以諱爲善，則諱晉者非貶也。」朱子亦曰：「如葵

冬，公會晉侯、齊侯、宋公、蔡侯、鄭伯、陳子、莒子、邾子、秦人于溫。

左傳：「討不服也。」

吳氏澂曰：「陳、蔡、鄭、許俱從楚圍宋，楚既敗，蔡、鄭、陳卽從晉。許最小弱而猶不改圖，故合諸侯以討許也。踐土無邾、秦，至此則小國畏威，

僖二十九年夏六月，會王人、晉人、宋人、齊人、陳人、蔡人、秦人盟于翟泉。

「會」上公、穀有「公」字。

案：秦與中國之會盟，惟于溫、翟泉輔晉攘楚，最合正，以後如成二年蜀之盟，且從楚撓晉矣。蓋自戰勝城濮以後，秦已甘心爲

張氏洽曰：「齊桓之伐楚，致屈完于召陵，楚未大創也。故次年即滅弦救鄭，楚患終不能弭。文公欲伯天下，以爲楚不大創，不足以定伯，故一戰勝楚，而後伯業定。」

彙纂曰：「晉文自用兵以來，侵、伐、入、執、戰，無不爵者，其予晉可知矣。」

丘之會，召陵之師，踐土之盟，自是好，本末自別。」

陳氏傅良曰：「序晉侯于齊侯、宋公之上，予晉以伯也。」

案：魯及陳、蔡、鄭、衞五國，向從楚者，今俱改圖從晉，所謂一戰而伯也。

大國聞風而至，可見晉伯之盛矣。」

諸侯遂圍許。

杜氏預曰：「會溫諸侯也。」

晉役。秦、晉合則可制楚而有餘，使無殽之釁，秦、晉之交永固，中國之兵爭永息矣。是故非秦不能輔晉，非文公不能用秦。

僖三十年秋，晉人、秦人圍鄭。

孫氏復曰：「翟泉之盟，鄭不至故。」

案：秦、晉之爭始此。夫晉之所以能服楚

僖三十二年冬十二月，晉侯重耳卒。

李氏廉曰：「文公以二十八年城濮始伯，至卒凡五年。」又曰：

者，以有秦爲之佐也。戰于城濮，盟于温，于翟泉，秦于晉無役不從，故能以全力制楚。至此而秦、晉之嫌隙搆矣。晉之所以不振，楚之所以日强，實萌芽于此。皆由燭之武一言階之禍也。詳見燭之武論。

「晉、楚之事，乃關中夏之盛衰，非繫一國之得失。春秋于文公入國以後，四年之事不見于經，至二十八年一簡之中五書晉侯，抑楚之深，故予晉之亟也。」

襄公

僖三十三年，晉人、陳人、鄭人伐許。

左傳曰：「討其貳于楚也。」

文元年，晉侯伐衛。

左傳：「晉文公之季年，諸侯朝晉。衛成公不朝，使孔達侵鄭。襄

文二年夏六月，公孫敖會宋公、陳侯、鄭伯、晉士縠盟于垂隴。

文三年春，王正月，叔孫得臣會晉人、宋人、陳人、衛人、鄭

秋，楚人圍江。冬，晉陽處父帥師伐楚以救江。

左傳：「晉以江故告于周。伐楚救江，門于方

嚴氏啟隆曰：「許自此服晉，至宣十二年敗邲後復事楚。」

公既祥，使告于諸侯而伐衞。先且居曰：『效尤，禍也。請君朝王，臣從師。』晉侯朝王于溫，先且居、胥臣伐衞。」

左傳：「晉討衞故也。陳侯爲衞請成于晉，執孔達以說。」

人伐沈。沈潰。

左傳：「以其服于楚也。」

城，遇息公子朱而還。」

文四年，楚人滅江。

案：自城濮至此僅十年，楚已滅江者，以晉方與秦爲敵，無暇圖楚故也。使能釋秦之憾，合諸侯以討商臣弒逆之罪，則不至有此矣。

文五年秋，楚人滅六及蓼。

高氏閌曰：「楚滅江滅六，敢肆其惡逆如此者，以列國不正其弒逆之罪也。」

案：楚至此已不可遏矣。商臣立已五年，君位已定，無從更理其弒逆之罪。爲晉襄之計，當弒頵之日，告于列國，請于天子，以六軍壓楚竟。楚頵之舊

文六年八月乙亥，晉侯驩卒。

案：晉襄在位僅七年，即位之初，夏戰殽以御秦，秋敗箕以翦狄，冬伐許以離楚，三强悉退，可謂有伯者之略。然不能正商臣滔天之罪，合天下以聲罪致討，而區區伐沈，以潰其與國，何益于事。宜其後嗣終不能勝楚，徒遞强遞弱于

臣如子西之徒，當必有倒戈內應者。孔子請討陳恒，以魯之微弱，尚云以魯之衆加齊之半可克，豈以晉合諸侯之衆而輔以楚之不與商臣者，不可全勝乎？縱不能別立君，亦當暫于境上，終其世不許侵伐小國，江與六、蓼不至坐受屠滅矣。然晉襄所以無暇及楚者，以秦之故。秦之所以搆難于晉者，則以鄭之故。愚嘗謂燭之武一言啟春秋二百年戰爭之禍，而鄭亦受其弊者，良以此也。

春秋之世而已。

靈公

文七年，公會諸侯、晉大夫盟于扈。	左傳：「諸侯會晉趙盾盟于扈，晉侯立故也。公後至，故不書所會。」 趙氏鵬飛曰：「此盟諸侯無前目之文，而不列序諸侯、大夫，說者以爲抑趙盾之伉，非也。十四年新城之盟，亦趙盾主之，何以得序哉！凡國君出會，必以左右史從，故得記所會之君，以登于册書。若會後至，則安
文八年，冬十月壬午，公子遂會晉趙盾，盟于衡雍。	左傳：「晉人以扈之盟來討。冬，襄仲會晉趙盾盟于衡雍，報扈之盟也。」 汪氏克寬曰：「大夫專盟始此。」 案：文公事事廢弛，十年之閒，三次會盟不與，屢受伯主之討，而公子遂爲之彌縫，使列國知有遂，不知有公，政權旁落于此始。
文九年三月，楚人伐鄭，公子遂會晉人、宋人、衛人、許人救鄭。	左傳：「范山言于楚子曰：『晉君少，不在諸侯，北方可圖也。』楚子師于狼淵以伐鄭。鄭及楚平。公子遂會諸侯之大夫救鄭，不及楚師。夏，楚侵陳，陳及楚平。」
文十年冬，楚子、蔡侯次于厥貉。	左傳：「陳侯、鄭伯會楚子于息，遂及蔡侯次于厥貉，將以伐宋。宋公逆楚子，勞，且聽命。」 胡傳：「陳、鄭、宋皆從楚，獨書蔡侯，蓋鄭侯救而不及，陳獲公子茷而懼，宋方有狄難，皆有不得已者。蔡無四境之虞，則是志在從楚矣，故特書以著其罪。」
文十一年春，楚子伐麇。	賀氏仲軾曰：「厥貉之會，宋、陳、鄭大國受役于楚司馬，而麇子逃歸，楚以故伐之。一敗于防渚，再迫于錫穴，而終不聞與楚成。聖人亟嘉其守義，故書曰楚子伐麇以美之。」

知某侯同盟，某侯在會，故不得而序。」程子曰：「文公事多廢緩，既約晉盟，而復後至，故書往會而隱其不及，不序諸侯以見其不在，故明年公子遂再往與晉盟也。」

夏，叔仲彭生會晉郤缺于承筐。

左傳：「謀諸侯之從于楚者。」

汪氏克寬曰：「晉欲謀貳國，而使次卿爲會，魯亦不遣執政，而使惠伯往，其不足卻遠人方張之勢審矣。」

文十二年夏，楚人圍巢。

趙氏鵬飛曰：「前日楚伐麇，列國不能救，于是又圍巢。」

是年楚莊王立。

文十四年六月，公會宋公、陳侯、衞侯、鄭伯、許男、曹伯、晉趙盾。癸酉，同盟于新城。

左傳：「從于楚者服也。」高氏閌曰：「去冬衞、鄭皆因公而請平

文十五年六月，晉郤缺帥師伐蔡。戊申，入蔡。

左傳：「新城之盟，蔡人不與，晉郤缺入蔡，以城下之盟而還。」

冬十一月，諸侯盟于扈。

左傳：「晉侯、宋公、衞侯、蔡侯、陳侯、鄭伯、許男、曹伯盟于扈，尋新城之盟，且謀伐齊也。齊人賂晉侯，故不克而還。于是有齊難，是以公不會。書曰諸侯盟于扈，無能

文十六年秋，楚人、秦人、巴人滅庸。	
文十七年春，晉人、衛人、陳人、鄭人伐宋。夏，	
宣元年，楚子、鄭人侵陳，遂侵宋。	于晉，至是諸侯之從楚者復附晉也。」案：前宋、陳、鄭皆從楚，至是諸侯之散者復合，故特書同盟。
晉趙盾帥師救陳，宋公、陳侯、衛侯、曹伯會晉	
冬，晉人、宋人伐鄭。左傳：「晉侯侈，故不競于楚。」	爲故也。」趙氏鵬飛曰：「此之不序諸侯，以公不會，與七年同。若說伐齊無功，則定四年合十八國之諸侯于召陵侵楚，亦無功矣，何以得序？」案：左傳本有兩說，前言公不會，意在責魯，後言諸侯無功，意在責諸侯。而趙氏獨主前說，且引文十四年新城、定四年召陵之盟爲證，似更有理。

案：前城濮之役，秦助晉以攘楚，今助楚以滅庸，自滅庸之後，楚遂不可制，晉益孤而楚益熾矣。此皆殽之役爲之也。而所以致殽之師者，由燭之武之一言。此實關夷夏之大機。胡傳乃謂列書三國，楚不稱師，爲減楚之罪，殊失經旨。是年冬，宋弒其君杵臼。	諸侯會于扈。 左傳：「晉人討宋，曰：『何故弒君！』猶立文公而還。六月，晉侯復合諸侯于扈，平宋也。公不與會，齊難故也。書曰諸侯，無功也。」趙氏鵬飛曰：「不序諸侯，與七年同。」	左傳：「宋人之弒昭公也，晉荀林父以諸侯之師伐宋，宋及晉平。宋文公受盟于晉，又會諸侯于扈，將爲魯討齊，皆取賂而還。鄭穆公曰：『晉不足與也。』遂受盟于楚。陳共公之卒，楚人不禮焉。陳靈公受盟于晉。秋，楚子侵陳，遂侵宋。」	師于棐林，伐鄭。 左傳：「楚蒍賈救鄭，晉人乃還。」	
宣二年春，王二月，宋、鄭戰于大棘，獲宋華元。 左傳：「鄭受命于楚，	夏，晉人、宋人、衛人、陳人侵鄭。 左傳：「晉趙盾及諸侯之師侵鄭，以報大棘之役。」	秋九月乙丑，晉趙盾弒其君夷皋。 案：晉靈在位凡十四年，伯局凡三變。始以靈公幼小，楚商臣圖		

伐宋。」

北方，陳、鄭俱從楚，最後宋亦從楚而諸侯散。文十四年，趙盾爲新城之盟，鄭、衛皆因魯而請平。至明年冬，盟于扈，宋、衛、陳皆與盟，而蔡亦與盟，而諸侯復合，終以受齊賂，鄭首叛盟，楚莊勃起，天下大勢集于楚矣。

成公

宣三年，楚子伐陸渾之戎。

趙氏鵬飛曰：「陸渾逼近王城，楚于陸渾無絲髮之憾，蓋將撼周

夏，楚人侵鄭。

左傳：「鄭卽晉故也。」

案：是年春，晉侯伐鄭，鄭及晉平。

宣四年，楚子伐鄭。

左傳：「鄭未服也。」

杜氏預曰：「前年楚侵鄭，不獲成，故曰未

宣五年冬，楚人伐鄭。

左傳：「楚伐鄭，陳及楚平。晉荀林父救鄭伐陳。」

宣六年春，晉趙盾、衛孫免侵陳。

左傳：「陳卽楚故也。」

冬，楚人伐鄭，取成而

鼎焉。」

服。」案：是年夏，鄭弒其君夷。趙氏鵬飛曰：「鄭弒其君夷，諸侯不問，而楚伐爲有辭。雖楚兵非爲討罪而來，然未必不以是爲辭也。聖人因其辭而權與之，其意蓋責晉耳。」

還。」案：宣九年傳：「楚子爲厲之役故，伐鄭。」杜注：「六年楚伐鄭，取成于厲，鄭伯逃歸。」蓋卽指此年。

宣七年冬，公會晉侯、宋公、衛侯、鄭伯、曹伯于黑壤。左傳：「鄭及晉平，公子宋之謀也。」

宣八年冬，楚師伐陳。高氏閌曰：「陳以晉、衛見侵，復棄楚而從晉，故楚以爲討。然晉不能救陳，陳遂復卽楚。」

宣九年九月，晉侯、宋公、衛侯、鄭伯、曹伯會于扈，晉荀林父帥師伐陳。左傳：「討不睦也。陳侯不會，荀林父以諸侯之師伐陳，晉侯卒，

辛酉，晉侯黑臀卒于扈。案：晉成在位凡七年，值楚莊暴興，屢爭陳、鄭二國，乍得乍失，而終不能致其心服者，由大權在盾，無以庇小國故也。

冬，楚子伐鄭，晉郤缺帥師救鄭。左傳：「楚子爲厲之役故，伐鄭。晉郤缺救鄭，鄭伯敗楚師于柳棼。」

乃還。」

景公

宣十年六月，晉人、宋人、衛人伐鄭。

左傳：「鄭及楚平，諸侯之師伐鄭，取成而還。」

冬，楚子伐鄭。

左傳：「楚伐鄭，晉士會救鄭，逐楚師于潁北。諸侯之師戍鄭。」是年夏，陳夏徵舒弒其君平國。

宣十一年夏，楚子、陳侯、鄭伯盟于辰陵。

左傳：「楚伐鄭，及櫟。子良曰：『晉、楚與其來者可也。』乃從楚。夏，盟于辰陵，陳、鄭服也。」

是年冬，楚人殺陳夏徵舒。

方氏苞曰：「胡氏以書爵而序陳、鄭之上爲進楚，因推其故，以爲謀討陳，非也。楚之書

宣十二年，楚子圍鄭。

左傳：「楚子圍鄭，三月克之。鄭伯肉袒牽羊以迎楚，楚許之平。」

夏六月，晉荀林父帥師及楚子戰于邲，晉師敗績。

是年秋，鄭伯、許男如楚。冬，楚滅蕭。

	晉人、宋人、衛人、曹人同盟于清丘。
	宣十三年夏，楚子伐宋。左傳：「以其救蕭也。」卓氏爾康曰：「陳、鄭、
蔚與陳、鄭之屈服于楚舊矣，傳稱侵鄭及櫟，未嘗一語及陳事。入陳之日，陳侯方在晉，且既盟之後，逾三時而後興師，何以見是役之爲謀討陳也。蓋借夏氏爲兵端，實則伺其君之出而謀併其國耳。誠有討賊之心，則陳君在會，以楚之威執徵舒而戮之，一使者之任耳，豈必以重兵親造其地而後罪人可得乎！」	宣十四年夏，晉侯伐鄭。左傳：「爲邲故也。告於諸侯，蒐焉而還。」
	秋九月，楚子圍宋。趙氏鵬飛曰：「楚橫行列國，次及于宋。宋，
	宣十五年春，公孫歸父會楚子于宋。

案：是時陳、蔡、鄭、許俱從楚，晉所得者宋、衛、曹三國及魯而已，而楚復滅蕭以逼宋。

許皆在河南爲要樞，鄭處其西，宋處其東，陳其介乎鄭、宋之閒。得鄭則可以致西諸侯，得宋則可以致東諸侯，得陳則可以致鄭、宋。陳、鄭既皆歸楚，若復得宋，河南之地盡爲楚有矣。」

趙氏鵬飛曰：「邲之戰，晉救不及，鄭卒歸楚。清丘之盟，鄭不在也。今景公能一出而躬擐甲胄，是有志興復，故舉而爵之。而諸儒更以爲貶，豈任鄭叛而縱楚强反爲春秋所予耶？」

趙氏孟何曰：「楚入陳得陳，圍鄭得鄭，且將圍宋，楚之得志未有甚于此時者。景公自伐齊而後，一合諸侯，伐鄭四，同盟皆其君親之，于是齊、魯從而鄭服，楚亦無能爲是，故晉侯伐鄭始書之，予之以復伯也。」

列國之門户也，得宋則齊、魯以之。」

王氏樵曰：「鄭在楚之𣪍中，未易旦夕爭也。是時急莫先于救宋，宋救捷則鄭亦可招。而晉勢師于鄭，緩于救宋。乃比之，雖鞭之長，不及馬腹。不知宋既去，則楚威震及齊、魯，豈但失鄭而已。」

許氏翰曰：「楚圍宋之威震及魯矣。」

夏五月，宋人及楚人平。

陳氏傅良曰：「外平不書，必關于天下之故而後書。陳、鄭皆及楚平矣不書，至宋始書之。僖二十四年宋嘗及楚平矣不書，至莊王始書之。蓋此時天下將有南北之勢，故春秋特致意焉。」

案：是時陳、蔡、鄭、許而外，魯復從楚，宋力屈而與楚平，楚之猖獗幾甚于成王之世。而曹、衛猶依然不敢叛，則以城濮之餘烈尚在也。孰謂侵曹伐衛爲晉文報怨之私也

宣十七年六月己未，公會晉侯、衛侯、曹伯、邾子同盟于斷道。

趙氏鵬飛曰：「楚兵雖退，而宋已爲楚。北方無宋，藩籬益薄。晉景懼而爲斷道之盟，以固魯、衛、曹、邾之心，故皆舉其爵而予之，以振伯主之餘燼也。」彙纂云：「宋、楚既平，南風方競，曹、衛適當其衝，晉爲盟主合諸侯，以共謀之，則外楚者，其本謀也。穀梁之說不爲無據。」

宣十八年春，晉侯、衛世子臧伐齊。

趙氏孟何曰：「自晉文公卒，齊不復從晉盟，晉是以不競于楚，而歷三君，問不及齊。齊，東方大國也。晉不得齊，則諸侯不附。景公爲斷道之盟，齊侯不至，而自將伐齊，庶乎知所伐矣。」

是年秋，楚莊王卒。先是，公使如楚乞師，欲以伐齊，會莊王卒，楚師不出，既而用晉師，楚于是有蜀之役。

成二年六月癸酉，晉郤克會魯、衛、曹之大夫及齊戰于鞌，齊師敗績。

彙纂曰：「是時楚氛孔熾，齊以東方大國亦與楚通，晉將復脩伯業，若不得齊，則魯、衛、曹、邾皆去矣，故盟于斷道謀楚，即以謀齊。及袁婁既盟，而齊不背晉者二十年，楚亦少斂其鋒，晉人世伯之業賴以不墜，則鞌之戰亦安可少哉！」

冬十一月丙申，公及楚人、秦人、宋人、陳人、衛人、鄭人、齊人、曹人、邾人、鄫人盟于蜀。

左傳：「公即位，受盟于晉，從晉伐齊。衛人亦受盟于晉，從于伐齊。故楚令尹子重爲陽橋之役以救齊。十一月，盟于蜀。蔡侯、許男不書，乘楚車也。」

案：是役天下盡屬楚矣，南方諸侯則有陳、蔡、鄭、許，北方諸侯則有魯、宋、曹、衛，大

成三年春，王正月，公會晉侯、宋公、衛侯、曹伯伐鄭。 左傳：「討邲之役也。」	哉！
成五年十二月己丑，公會晉侯、齊侯、宋公、衛侯、鄭伯、曹伯、邾子、杞伯同盟于蟲牢。 杜註：「蟲牢，鄭地。」 左傳：「鄭服也。」 李氏廉曰：「鄭自邲戰後從楚，至此十有二年，始復從晉。」	
成六年秋，楚公子嬰齊帥師伐鄭。冬，晉欒書帥師救鄭。 左傳：「鄭從晉故也。晉欒書救鄭，與楚師遇于繞角，楚師還。」	
成七年秋，楚伐鄭。公會晉侯、齊侯、宋公、衛侯、曹伯、莒子、邾子、杞伯救鄭。八月戊辰，同盟于馬陵。 左傳：「尋蟲牢之盟，且莒服故也。」	
成八年春，晉欒書帥師侵蔡。 左傳：「欒書侵蔡，遂侵楚，獲申驪。楚師之還也，晉侵沈，獲沈子揖，初從知、范、韓也。」	國則有齊、秦，小國則有鄫、邾。幸楚莊既死，而晉新立威于鞌，得稍留中夏之一綫。不然，其不胥而爲楚者幾希。

成九年春，公會晉侯、齊侯、宋公、衛侯、鄭伯、曹伯、莒子、杞伯同盟于蒲。

左傳：「爲歸汶陽之田故，諸侯貳于晉。晉人懼，會于蒲，以尋馬陵之盟。是行也，將始會吳，吳人不至。」

案：此晉謀通吳之始。

秋，晉人執鄭伯。晉欒書帥師伐鄭。

左傳：「鄭伯如晉。晉人討其貳于楚也，執諸銅鞮。欒書伐鄭，楚子重侵陳以救鄭。」

冬，楚伐莒。庚申，莒潰，楚人入鄆。

左傳：「楚子重自陳伐莒，莒潰，楚遂入鄆。」家氏鉉翁曰：「莒同盟馬陵及蒲，晉坐視其危亡而莫之恤，春秋所惡也。」

成十年五月，公會晉侯、齊侯、宋公、衛侯、曹伯伐鄭。

左傳：「欒武子曰：『鄭人立君，我執一人焉，何益？不如伐鄭，而歸其君以求成焉。』五月，會諸侯伐鄭，鄭子駟爲質。辛巳，鄭伯歸。」

六月丙午，晉侯獳卒。

李氏廉曰：「晉景公立凡十八年，同盟五，大戰二，救鄭三。」

案：景公初年，當楚莊方熾，敗邲以後，諸侯盡去，然猶能發憤自強。自戰鞌立威，得齊，復得鄭。鄭雖屢叛屢服，伯業得賴以不墜焉。

厲公

成十二年夏，公會晉侯、衛侯于瑣澤。

成十五年夏六月，楚子伐鄭。

左傳：「楚將北師。子

成十六年六月甲午晦，晉侯及楚子、鄭伯戰于

秋，公會尹子、晉侯、齊國佐、邾人伐鄭。

成十七年夏，公會尹子、單子、晉侯、齊侯、宋

左傳：「宋華元克合晉、楚之成。夏五月，晉士燮會楚公子罷、許偃。癸亥，盟于宋西門之外。」	囊曰：『新與晉盟而背之，無乃不可乎？』子反曰：『敵利則進，何盟之有？』楚子侵鄭，遂侵衛。」是年冬，諸侯之大夫會吳于鍾離，謀制楚。	鄢陵，楚子、鄭師敗績。家氏鉉翁曰：「晉自靈、成、景，天下諸侯去而從楚，及厲公與楚一戰勝之而楚鋒大挫，是城濮以來所未有。」		公、衛侯、曹伯、邾人伐鄭。左傳：「鄭太子髡頑、侯獳爲質于楚，楚公子成、公子寅戍鄭。」高氏閌曰：「晉厲無道而能數合諸侯，力捍强楚者，由假王靈挾義以令天下也。」
六月乙酉，同盟于柯陵。穀梁：「謀復伐鄭也。」	冬，公復會諸侯伐鄭。左傳：「十月庚午，圍鄭。楚公子申救鄭。十一月，諸侯還。」姚氏舜牧曰：「晉三假王命伐鄭，春秋屢書辭繁而不殺，何也？楚勢甚强，且挾鄭爲	成十八年春正月庚申，晉弒其君州蒲。李氏廉曰：「厲公不特純以汰心行之，亦假義飾譽者。歸于京師而後正曹負芻之罪，請于王官而後進駕鄭之威，且敗狄而狄		

	援，睥睨列國，若不有晉厲假王靈以薄伐，不知其憑陵當何如者。雖伐鄭不服，不猶愈縱彼肆行而莫之忌耶？春秋但書晉之伐，不書楚之救，其與晉可知矣。」	服，伐秦而秦恐，勝楚而楚弱，通吳則吳成，可謂有馭天下之略。四鄰無釁，而諸侯反貳者，則以其外强中乾，無服人心之道也。」案：晉厲在位凡七年。		

悼公

成十八年夏，楚子、鄭伯伐宋，宋魚石復入于彭城。 左傳：「鄭伯會楚子同伐彭城，納宋五大夫，以三百乘戍之而還。」	冬，楚人、鄭人侵宋。 左傳：「楚子重救彭城伐宋，宋華元如晉告急。韓獻子曰：『成伯安疆，自宋始矣。』晉侯師于台谷以救宋，	十二月，仲孫蔑會晉侯、宋公、衛侯、邾子、齊崔杼同盟于虛朾。 左傳：「謀救宋也。宋人辭諸侯，而請師以	襄元年春，王正月，仲孫蔑會晉欒黶、宋華元、衛甯殖、曹人、莒人、邾人、滕人、薛人圍宋彭	夏，晉韓厥帥師伐鄭。仲孫蔑會齊崔杼、曹人、邾人、杞人次于鄫。 趙氏鵬飛曰：「晉以韓厥獨攻其前，以五國

宋人患之，西鉏吾曰：『楚崇諸侯之奸，而披其地，以塞夷庚，毒諸侯而懼吳、晉，非吾憂也。晉必恤之。』」杜註：「夷庚，吳、晉往來之要道。」	楚師還。」李氏廉曰：「齊桓伯業始于平宋亂，晉文伯業始于釋宋圍，悼公伯業又始于彭城之救宋，此時晉之勢漸盛，而楚之勢漸衰矣。」	圍彭城。」	城。左傳：「爲宋討魚石也。彭城降晉，齊人不會彭城，晉人以爲討。二月，齊太子光爲質于晉。」	之兵援其後。楚兵不出，則一韓厥足以當鄭而有餘，楚兵出，則五國之兵足以鬭楚而不懾，皆所以謹用諸侯而不忍輕鬭其民也。」
秋，楚公子壬夫帥師侵宋。孫氏復曰：「所以救鄭也。」高氏閌曰：「楚之不敢敵諸侯之師而侵宋者，蓋攻其所必救也。」	襄二年春正月，鄭師伐宋。左傳：「楚令也。」	秋七月，仲孫蔑會晉荀罃、宋華元、衛孫林父、曹人、邾人于戚。左傳：「謀鄭故也。孟獻子請城虎牢以偪鄭。」	冬，仲孫蔑會晉荀罃、齊崔杼、宋華元、衛孫林父、曹人、邾人、滕人、薛人、小邾人于戚，遂城虎牢。左傳：「鄭人乃成。」趙氏鵬飛曰：「晉、楚爭鄭五十年，乍叛乍	襄三年六月，公會單子、晉侯、宋公、衛侯、鄭伯、莒子、邾子、齊世子光。己未，同盟于雞澤。左傳：「晉爲鄭服故，且欲脩吳好，將合諸侯。六月己未，同盟

服，惟强是視。鄭入楚，則楚兵將横行于宋、衛之郊。晉悼謀所以得鄭之策，而城虎牢以偪之，兵出則直指鄭郊，非特鄭無所恃，楚失之蓋亦恐矣。」彙纂曰：「鄭方堅于從楚，孟獻子請城虎牢以偪之，所以扼鄭之吭，使之不得南向也。攘楚服鄭，實關天下之大計，故不書城鄭虎牢。」

于雞澤，晉侯使荀會逆吳子于淮上，吳子不至。」

陳侯使袁僑如會。戊寅，叔孫豹及諸侯之大

冬，晉荀罃帥師伐許。蘇氏轍曰：「許事楚故也。」

襄五年夏，仲孫蔑、衛孫林父會吳于善道。

秋，公會晉侯、宋公、陳侯、衛侯、鄭伯、曹伯、

冬，戍陳。楚公子貞帥師伐陳。公會諸侯救陳。

夫及陳袁僑盟。

左傳：「楚子辛爲令尹，侵欲于小國。陳成公使袁僑如會求成，晉侯使告于諸侯。秋，諸侯之大夫及陳袁僑盟，陳請服也。」

蘇氏轍曰：「諸侯既盟而後袁僑至，故復使大夫盟之。殊及袁僑，主盟，袁僑也。夫諸侯不專敵袁僑而使大夫盟之，此正合禮。穀梁以爲大夫張，諸侯失正，過矣。」

趙氏鵬飛曰：「陳、鄭卽楚久矣，厲公之威有所不能服。今一會而得二叛國，則虎牢

趙氏鵬飛曰：「晉既得陳、鄭，而許猶比楚，故夏盟陳、鄭而冬伐許。然許爲鄭所虐，遷于葉以避之，葉逼近楚，倚楚爲重，必不能叛楚而遠事晉，晉徒征之，無益矣。」

左傳：「吳子使壽越如晉，辭不會于雞澤之故，且請聽諸侯之好。晉人將爲之合諸侯，使魯、衛先會吳，且告會期。」

許氏翰曰：「晉、楚争衡，權之在吳，故晉急吳如此。」

莒子、邾子、滕子、薛伯、齊世子光、吳人、鄫人于戚。

左傳：「會吳，且命戍陳也。」

左傳：「楚子囊爲令尹。范宣子曰：『我喪陳矣。楚人討貳而立子囊，必改行而疾討陳。陳近楚，民朝夕急，能無往乎？有陳，非吾事也，無之而後可。』冬，諸侯戍陳。子囊伐陳，會于城棣以救之。」

之功偉矣。以諸侯盟鄭之君以大夫盟陳之臣，尊卑之分尤正。」

襄七年冬，楚公子貞帥師圍陳。十二月，公會諸侯于鄬。

左傳：「楚子囊圍陳，會于鄬以救之。」杜氏預曰：「謀救陳，陳侯逃歸，不成救，故不書救也。」汪氏克寬曰：「自是凡會同無陳矣。」

襄八年夏，季孫宿會晉侯、鄭伯、齊人、宋人、衛人、邾人于邢丘。

左傳：「會于邢丘，以命朝聘之數，使諸侯之大夫聽命。」杜氏預曰：「時公在晉，晉悼難勞諸侯，唯使大夫聽命。故季孫在會而公先歸。」彙纂曰：「胡傳謂晉侯姑息愛人，不自爲政，而委政于臣下者。後

冬，楚公子貞帥師伐鄭。

左傳：「討其侵蔡也。鄭及楚平。」李氏廉曰：「此鄭又從楚之始也。至十一年蕭魚始堅從晉。」

襄九年冬，公會諸侯伐鄭。十二月己亥，同盟于戲。

左傳：「諸侯圍鄭。鄭人恐，乃行成。中行獻子曰：『遂圍之，以待楚人之救也而與之戰。不然，無成。』知武子曰：『許之盟而還師，以敝楚人，吾三分四軍，與諸侯之鋭以逆來者，于我未病，楚不能矣，猶愈于戰。』乃許鄭成。十一月己

楚子伐鄭。

左傳：「子駟將及楚平。子孔、子蟜曰：『與大國盟，口血未乾而背之，可乎？』子展曰：『吾盟固云惟强是從，今楚師至，晉不我救，則楚强矣。』乃及楚平，同盟于中分。晉侯歸，謀所以息民。魏絳請施舍，輸積聚以貸。國無滯積，亦無困人。公無禁利，亦無貪民。祈以幣更，賓以特牲。器用不作，車服從給。行之期年，國乃有

襄十年夏，楚公子貞、鄭公孫輒帥師伐宋。

高氏閌曰：「以宋公受偪陽故也。」

魯失政，而諸侯之大夫亦各專其國。此防微之論也。」

秋，公會諸侯伐鄭。

此三駕之一。

趙氏鵬飛曰：「楚、鄭伐宋，故晉侯率諸侯伐鄭，鄭不服，于是戍虎牢。」

冬，戍鄭虎牢。楚公子貞帥師救鄭。

左傳：「鄭及晉平。楚子囊救鄭，諸侯之師還鄭而南，至于陽陵，與楚師夾潁而軍。鄭人宵涉潁，與楚人盟。欒黶欲伐鄭師，荀罃不可，曰：『伐鄭，楚必救之，戰而不克，爲諸侯笑。克不可命，不如還也。』丁未，諸侯之師還，楚師亦還。」

案：此年楚救鄭，與僖

亥，同盟于戲，鄭服也。」

襄十一年夏，鄭公孫舍之帥師侵宋。

左傳：「鄭人患晉、楚之故。子展曰：『與宋爲惡，諸侯必至，吾從之盟。楚師至，吾又從之，則晉怒甚矣。晉能驟來，楚將不能，吾乃固與晉。』夏，鄭子展侵宋。」

節。三駕而楚不能與爭。」

公會諸侯伐鄭。秋七月己未，同盟于亳城北。

此三駕之二。

左傳：「鄭人懼，乃行成。」

程子曰：「鄭服而同盟也。隨復同楚伐宋，云同見其反覆。」

二十八年楚人救衞同，非予楚之救也，著鄭、衞從楚之罪耳。胡傳謂書救未有不善，過矣。

家氏鉉翁曰：「唐之叛將有乞援于外而抗其君者，與鄭、衞乞援于楚何異？」

陳氏宗之曰：「楚來爭鄭，徐合諸侯以救之，無及于鄭而勦民。戍則退可守，進可戰，鄭服則保鄭以拒楚，鄭貳則我扼其要而制其肩膂，南向足以禦楚，而反向足以臨鄭矣。」

楚子、鄭伯伐宋。公會諸侯伐鄭，會于蕭魚。

此三駕之三。

左傳：「九月，諸侯悉師以復伐鄭，鄭人行成。十二月戊寅，會于蕭魚。晉侯使叔肸告于諸侯。」

胡傳：「鄭自此不復背晉者二十四年，由悼公能謀于魏絳以息民，聽于知武子而不與楚戰，故三駕而楚不能與之争，雖城濮之績不越是矣。」

襄十二年冬，楚公子貞帥師侵宋。

左傳：「以報晉之取鄭也。」

李氏廉曰：「著楚之無能爲也。」

季氏本曰：「楚兵加宋，每無功而還，蓋爲晉人不戰所屈。明年，楚共王卒，吴乘喪侵楚，楚人大敗吴師。」

襄十四年春，王正月，季孫宿、叔老會諸侯之大夫，會吴于向。

左傳：「吴告敗于晉，會于向，爲吴謀楚故也。范宣子數吴之不德也，以退吴人。」

案：此時鄭已服晉，楚不能與晉争。晉無藉于吴，而吴伐楚喪爲不義，執此爲辭以退吴人，蓋能用吴而不爲吴用也。

李氏廉曰：「晉之會吴止此。」

冬，季孫宿會晉士匄、宋華閲、衛孫林父、鄭公孫蠆、莒人、邾人于戚。

左傳：「晉侯問衛故于中行獻子，對曰：『不如因而定之，衛有君矣。伐之，未可以得志而勤諸侯。』冬，會于戚，謀定衛也。范宣子假羽旄于齊而弗歸，齊人始貳。」

案：悼公此時伯業衰矣，聽賊臣荀偃之言，抑君而臣是助，名分倒置，莫此爲甚，豈特假羽旄之失哉！

襄十五年冬十一月癸亥，晉侯周卒。

案：晉悼在位凡十六年，内靖國難，外雄諸侯，能不戰以屈楚，懷柔以服鄭，使仇國之大夫如子囊者，亦曰晉不可敵，事之而後可，幾于王者之中心悦而誠服。蓋功烈如桓文，而德量過之。然春秋之末，列國權移子大夫，實基于此。蓋日中必昃，泰極而否，自是世運當然，非特晉悼一人之過也。至其晚年，容孫林父之奸，反爲之合諸侯，以助其聲勢，則爲賊臣荀偃所誤，悼公不得辭其責矣。

平公

襄十六年三月，公會諸侯于湨梁。戊寅，大夫盟。

左傳：「會于湨梁。晉侯與諸侯宴于温，使諸大夫舞。齊高厚之歌詩不類，荀偃怒曰：『諸侯有異志矣！』使諸大夫盟高厚，高厚逃歸。」公羊：「諸侯皆在是，

襄十八年冬十月，公會諸侯同圍齊。

左傳：「秋，齊侯伐我北鄙。晉侯伐齊，濟河。冬十月，會于魯濟，尋湨梁之言，同伐齊。齊侯禦諸平陰。丙寅晦，齊師夜遁。十一月丁卯朔，入平陰，遂從齊師。」杜氏預曰：「齊數行不義，諸侯同心俱圍之。」

楚公子午帥師伐鄭。

薛氏季宣曰：「此閒鄭伯之從晉伐齊也，乘人不備，而迄無成功，黷武而已矣。」李氏廉曰：「蕭魚之後，楚兵又至鄭。」案：平公初年，乘悼公之餘烈，國勢方强，故鄭子孔欲背晉從楚，而楚卒無功。

襄十九年春，王正月，諸侯盟于祝柯。

案：晉平凡十三次主盟會。而湨梁、祝柯二盟，總覽羣侯，誅討强暴，矜恤弱小，猶有悼公之餘烈。過此以後，商任、沙隨，則范氏專以報私怨，政權全移于大夫，而晉亦自是不競。襄二十六年澶淵以後，則與楚成二

秋七月，晉士匄帥師侵齊至穀，聞齊侯卒，乃還。

左傳：「聞喪而還，禮也。」公羊：「還者何？善辭也。大其不伐喪也。」杜氏預曰：「詳録所至及還者，善得禮。」朱子曰：「春秋分明處只是晉士匄侵齊至

其言大夫盟何？信在大夫也，君若贅旒然。」穀梁：「諸侯在而不曰諸侯之大夫，不臣也。」案：晉使大夫盟高厚，蓋懼諸侯之從齊也。齊自鞌戰以後，于晉無役不從。自悼之末年始貳，屢侵伐魯。四年之中，至六伐鄙而四圍邑，所以復有平陰之圍。杜、孔謂厚逃而大夫共盟，非大夫之專。其意蓋予晉，此第據一時之事勢。然自後大夫專政，實始于此。公、穀以權移于大夫爲說，則據以

王氏樵曰：「齊環不道之甚，爲諸侯所共疾。晉討得其罪，與衆同欲，而非爲其私，故書同圍以與之。」

伯，晉不復爲盟主矣。

穀，聞卒乃還，這分明是與他。」

後百年之大勢也。其義更精，不得以此廢彼。

襄二十年夏六月庚申，公會晉侯、齊侯、宋公、衛侯、鄭伯、曹伯、莒子、邾子、滕子、薛伯、杞伯、小邾子盟于澶淵。

左傳：「齊成故也。」薛氏季宣曰：「齊之無道，諸侯圍之而不服，以士匄聞喪而還師，遂會于澶淵，脩德來遠，不誣也哉！」

襄二十一年冬十月，公會晉侯、齊侯、宋公、衛侯、鄭伯、曹伯、莒子、邾子于商任。

左傳：「錮欒氏也。」案：欒盈以無罪見逐，范氏以私怨而合諸侯以錮之，晉平一任其所爲，自是政權全移于范氏，伯業其衰矣。

襄二十二年冬，公會諸侯于沙隨。

左傳：「復錮欒氏也。」案：商任之會九國，沙隨之會十二國，動天下大衆，而大夫專以報私怨，太阿旁落矣，宜諸侯之不服而解體也。王氏錫爵曰：「晉以柄臣譏盈之故，期年兩合諸侯以錮之，失伯主之義矣。是以齊莊不服，明雖爲會，而陰實保之，明年遂敢于

襄二十三年秋，齊侯伐衛，遂伐晉。

案：左傳齊侯以藩載欒盈及其死士納諸曲沃，幾成大亂，已卽以勁兵踵其後，長驅直逼國都，成裏應外合之勢。使微欒鮒之謀，范鞅之勇，先退欒氏，晉幾不國矣。入春秋以來，未有諸侯伐盟主至于此極者也。齊自晉文創伯以來，世服于晉，至頃公始貳。

襄二十四年八月，公會晉侯、宋公、衛侯、鄭伯、曹伯、莒子、邾子、滕子、薛伯、杞伯、小邾子于夷儀。

左傳：「將以伐齊，水，不克。」汪氏克寬曰：「晉大合諸侯而無所事，蓋進則憚齊之强，退又憂楚之伐鄭，是以一會而徒返，晉之不能亦可知矣。」

冬，楚子、陳侯、蔡侯、許男伐鄭。 左傳：「楚子伐鄭以救齊，門于東門，諸侯還救鄭。楚子還，使薳啟彊帥師送陳無宇。」	案：齊自成二年鞌之戰始會于袁婁，服晉垂二十年，至悼公末而復貳，襄十八年諸侯同圍之于平陰猶未服。至此年感士匄不伐喪之義，復會于澶淵事晉。是時楚已不復與晉爭，獨齊乍叛乍服。蓋晉伯之極盛而將衰之侯也。
襄二十五年，公再會諸侯于夷儀。 左傳：「伐齊，以報朝歌之役。齊人以莊公說，使隰鉏請成。晉侯許之。」	
秋八月己巳，諸侯同盟于重丘。 左傳：「齊成故也。」 張氏洽曰：「重丘之盟，合諸侯將以討齊，乃受賂而釋之；且列弒君之齊于盟，天下之惡，孰大于是！」	伐晉也。」
襄二十六年，公會晉人、鄭良霄、宋人、曹人于澶淵。 左傳：「討衛，疆戚田，取衛西鄙懿氏六十以與孫氏。」	成二年鞌之戰會于袁婁，事晉幾二十年，至靈公復貳，襄十八年平陰之役，又二年盟于澶淵，復事晉。今纔四年耳，乃敢猖獗如此，則晉伯之衰，不復能宗諸侯矣。
冬，楚子、陳侯、蔡侯伐鄭。 左傳：「楚子伐鄭，鄭人將禦之，子產曰：『晉、楚將平，諸侯將和，楚王是故昧于一來。不如使逞而歸，乃易成也。』」	

李氏廉曰：「蕭魚之後，楚兵再至鄭而無功，則以悼公之餘澤也。」季氏本曰：「楚既制吳，于是率三國伐鄭，瞰晉伯之衰而諸侯之貳也。」	襄二十七年夏，叔孫豹會晉趙武、楚屈建、蔡公孫歸生、衛石惡、陳孔奐、鄭良霄、許人、曹人于宋。秋七月
	襄二十八年十有一月，公如楚。左傳：「爲宋之盟故，公及宋公、陳侯、鄭伯、許男如楚。」陳氏傅良曰：「列國之君旅見于楚始于此，
	襄二十九年夏五月，仲孫羯會諸侯之大夫城杞。左傳：「晉平公，杞出也，故治杞。」許氏翰曰：「其志私
家氏鉉翁曰：「晉自悼公獎大夫以伉其君，而下陵上替之禍自此始。今平公復受孫氏之譖而止獻公，因甯喜，取衛田，以益林父，由晉之諸臣各爲私計，羽翼諸侯之大夫，使交起爲亂。魏、趙、韓三分晉國，悼、平實有以啟之矣。」	襄三十年，諸侯之大夫會于澶淵，宋災故。胡傳：「是時蔡世子般弒其君，天下之大變，人理所必不容也。宋國有災，小事耳，乃合
汪氏克寬曰：「蕭魚而後，楚三伐鄭。十年，楚公子午不得志于鄭。二十四年，諸侯救之。此年諸侯不救，楚是以知晉之不在諸侯而復爲陵駕之舉也。鄭雖未服于楚，明年，晉、楚爲成，而北方諸侯皆朝楚矣。」	昭元年春，王正月，叔孫豹會晉趙武、楚公子圍、齊國弱、宋向戌、衛齊惡、陳公子招、蔡公孫歸生、鄭罕

辛巳，豹及諸侯之大夫盟于宋。

左傳：「宋向戌善于趙文子，又善于令尹子木，欲弭諸侯之兵以爲名，爲會于宋。子木請晉、楚之從，交相見，釋齊、秦。」

杜氏預曰：「案傳會者十四國，齊、秦不交相見，邾、滕爲私屬，皆不與盟。宋爲主人，地于宋，則與盟可知，故經序九國大夫。」

汪氏克寬曰：「兩伯之勢遂成于此。」

舉魯以見其餘也。」

汪氏克寬曰：「列國之諸侯旅朝于楚，以事天子之禮事之矣。至昭九年，而列國之大夫亦旅見于楚。迄哀之四年，而晉亦京師楚。世變至此，聖人蓋傷之甚。」

也，動又不時，能無擕乎！」

陳氏傅良曰：「合十一國諸侯之大夫而書城杞，爲悼夫人也。是時天下亦多故，晉爲盟主，而區區于杞，其細已甚。晉之已細而後有執齊慶封，放陳招，殺蔡侯般，假討賊之義以爭伯，如楚靈王者矣。」

彙纂曰：「晉平以母家之私煩諸侯以城杞，伯業所由隳也。故經書城杞以示貶。」

十二國之大夫，更宋之所喪而歸其財，可謂知務乎！」

黃氏仲炎曰：「自晉人廢討賊之義而後，楚虔得竊是義以行之，以討陳亂爲名而滅陳，以討蔡爲名而滅蔡，蓋澶淵之會爲之也。」

虎、許人、曹人于虢。

左傳：「尋宋之盟也。楚令尹圍請用牲，讀舊書，加于牲上而已。晉人許之。」

高氏閌曰：「宋之盟，齊人不預，今齊又從楚矣，晉伯之衰可知也。」

汪氏克寬曰：「宋、虢兩役，楚屈建、公子圍亞于晉趙武而序于諸侯大夫之上，皆兩伯之辭也。」

是年冬，楚公子圍弒其君麇自立。

昭四年夏，楚子、蔡侯、陳侯、鄭伯、許男、徐子、滕子、頓子、胡子、沈子、小邾子、宋世子佐、淮夷會于申。

范氏甯曰：「楚靈王始會諸侯也。」

程子曰：「晉平公不在諸侯，楚于是强，爲伯者之事。」

案：自襄二十七年向戌爲宋之盟，至是凡九年矣。始猶爲二伯，而楚争先，趙武偷安，靡然從之。至楚虔新

昭十年秋七月戊子，晉侯彪卒。

案：晉平在位二十五年，內惑于寵嬖，以女色蠱其心，外崇建宫室，以侈麗誇于諸侯，致使楚虔日横，吞滅陳、蔡而不能救，晉伯之失，平公爲之也。

立，逞其狂悖，乃遂獨伯，合十有三國而爲此會，此春秋之一大變也。自此至昭十三年，楚虔之弒，凡歷十年，楚三伐吴，滅賴，滅陳，滅蔡，伐徐，吞噬四出，如猘犬潰鬬。晉之君臣噤不發聲，不敢南向加一矢。雖有厥憖之會，反卑辭以請蔡于楚，卒不見聽。虐用蔡世子如封羊豕，則以宋之盟爲弭兵之説，晉不敢背盟故也。宋秦檜倡和議，金人力攻，守臣不敢相抗，奸臣誤國，千古同恨。趙武、向戌，非特春秋之罪人，直千古之罪人矣。

昭公

昭十一年秋，季孫意如會晉韓起、齊國弱、宋華亥、衛北宮佗、鄭罕虎、曹人、杞人于厥憖。

左傳：「楚師在蔡，晉荀吳謂韓宣子曰：『不能救陳，又不能救蔡，晉之不能，亦可知也已。爲盟主而不恤亡國，將焉用之？』秋，會于厥憖，謀救蔡。使

昭十三年秋，公會劉子、晉侯、齊侯、宋公、衛侯、鄭伯、曹伯、莒子、邾子、滕子、薛伯、杞伯、小邾子于平丘。

陳氏傅良曰：「晉自重丘以後，主盟皆大夫，至是復合十四國之諸侯，叔向請之，劉子臨之，中國猶有望焉。而齊人不可，鄭人争承，魯不預盟，晉之合諸

昭十六年秋八月己亥，晉侯夷卒。

案：晉昭在位僅六年，止有厥憖、平丘二會。而厥憖不能救蔡，平丘不能服諸侯，徒盛兵邾南，而齊敢拒令，鄭敢争承，衛病芻蕘之擾，魯困蠻夷之訴，諸侯並貳，宜晉之伯業遂止于此也。

狐父請蔡于楚，弗許。」

許氏翰曰：「蔡能嬰城八月堅不下楚，此易助也。厥憖合天下之兵，畏不敢救，遣使請命，示之不能，使楚益驕，有以量諸侯之力而卒取之，此韓起之罪也。」

卓氏爾康曰：「宋之盟以弭兵召諸侯，今楚背盟肆暴，欲逞無厭于陳、蔡，晉不能以義責之，而反姑息含忍，遣使請楚，卑屈已甚，冀保前好，豈不悖哉！」

嚴氏啟隆曰：「晉之不能，始于趙孟，而極于

侯遂由是止。鄢陵之役，參盟復見，晉非盟主矣。」

家氏鉉翁曰：「晉自宋之盟以後，自謂天下無事，君臣媮情苟安，無復自强之志。楚由是竊伯權，虎視列國，晉鼠伏而不敢出者幾二十年。今楚虔自底滅亡，乃復爲此會，號召諸侯，如病痱沈錮之人，彊自支柱，見者知其無能爲矣。」

案：是年夏四月，楚虔弑于乾谿，棄疾新立，晉乘楚亂而爲此會，此中興伯業千載一時也。而叔向徒以兵力威諸侯，專治魯之親

韓宣。天下雖安，忘戰則危，弭兵之禍蓋至此。」

案：晉自襄二十六年會于澶淵爲獨主夏盟，明年遂成二伯，至此凡一十七年中閒，不主盟會，不用師旅。此年復合八國之大夫，不能討楚以庇蔡，反卑辭以求楚，伯業全喪矣。蓋始壞于平公，而大壞于昭公，則趙武、韓起二人優游姑息養成此禍耳。

嘔，是以內外離心，諸侯益貳，伯業不復能興矣。

案：晉自文公創伯於僖之二十八年，歷襄、靈、成、景、厲、悼、平、昭凡九世，計共一百零四年。自是以後，晉、楚俱衰，齊景争伯，參盟復見，如春秋初年矣，此世運一大變也。詳齊晉争盟表。

附晉伯餘燼

昭二十五年夏，叔詣會晉趙鞅、宋樂大心、衛北宮喜、鄭游吉、曹人、邾人、滕人、薛人、小邾人于黃父。

左傳：「謀王室也。趙簡子令諸侯之大夫輸王粟，具戍人，曰：『明年將納王。』」

高氏閌曰：「自二十二年景王崩，王室亂，天王播越。四年之後，晉始爲此會，而諸侯不至，僅合大夫以謀之，曰明年將納王。夫王室之急如此，豈可坐

昭二十七年秋，晉士鞅、宋樂祁犂、衛北宮喜、曹人、邾人、滕人會于扈。

左傳：「令戍周，且納公也。宋、衛皆利納公，固請之。范獻子取貨于季孫，謂司城子梁與北宮貞子曰：『季氏甚得其民，淮夷與之，有十年之備，有齊、楚之援，有天之贊，有民之助，有堅守之心，有列國之權，而弗敢宣也，事君如在國。故鞅以爲難。』請從二子以圍魯，無成，

昭三十二年冬，仲孫何忌會晉韓不信、齊高張、宋仲幾、衛世叔申、鄭國參、曹人、莒人、薛人、杞人、小邾人城成周。

左傳：「晉魏舒、韓不信如京師，合諸侯之大夫于狄泉，尋盟，且令城成周。魏子南面。衛彪傒曰：『魏子必有大咎，非其任也。』」

家氏鉉翁曰：「此諸侯之大夫奉王命而城成周，伯政之僅克舉者也。」

定四年三月，公會劉子、晉侯、宋公、蔡侯、衛侯、陳子、鄭伯、許男、曹伯、莒子、邾子、頓子、胡子、滕子、薛伯、杞伯、小邾子、齊國夏于召陵，侵楚。

左傳：「謀伐楚也。晉荀寅求貨于蔡侯，弗得，言于范獻子曰：『水潦方降，疾瘧方起，中山不服，棄盟取怨，而失中山，吾自方城以來，楚未可以得

待明年哉！聖人書此，重傷諸侯之無伯也。」
死之。』二子懼，皆辭。乃辭小國，而以難復。」 家氏鉉翁曰：「齊景爲鄟陵之盟，而梁丘據入季孫之錦，晉頃爲扈之會，而士鞅納季氏之貨，二君懵然無知，以爲魯之休戚無與于己。孰知已兆陳氏、六卿之禍，厝火積薪而不悟。」
志。』乃辭蔡侯。」 高氏閌曰：「蔡不勝楚之陵虐，告于諸侯，而請伐楚。晉爲盟主，大合諸侯十八國之衆，天子使大夫臨之，可謂極盛。乃不能攘楚，而吳以一國之師敗之，晉是以失伯。吳子主黃池之會，自此始也。」

案：晉自平丘以後，已不復能宗諸侯。自此至召陵凡二十有四年，僅有此三四會盟，然皆虛循故事，而無勤王恤患之實。黄父之會，坐待明年。扈之會，范鞅取貨。城成周，而魏子南面。會召陵，而卒辭蔡侯。蓋是時六卿强而公室弱，置中夏于不問，徒伐鮮虞，滅肥、鼓，以自封殖。又貪於貨賄，以破楚入郢之大功讓之强吳，致吳、晉争長黄池，而晉自此如死灰之不復然矣。此世運之又一大變也。詳吳晉争盟表。

春秋楚人秦人巴人滅庸論

據左氏傳，滅庸者，楚也。而經文列書秦人、巴人，略無異辭。文定因謂庸有取滅之道，而蔿賈善謀國，春秋以是滅楚之罪。嗟乎！春秋豈爲楚計得失哉！就使謀國果善，亦祇益其狡焉。啓疆憑陵中夏之計，乃春秋之所深惡，聖人曷爲予之。其所以詳書不殺者，實著楚之交深黨固，横行無忌，將有問鼎之漸，關于天下之故而書之也。考楚武文之世，巴、庸嘗病楚，楚方經營近境之不暇，未敢以全力與中國争。而城濮之役，秦助晉攘楚，楚威稍挫，中國得安枕者十五年。今以晉靈幼弱，楚莊暴興，乃連結巴、秦滅庸。庸與麇俱爲今鄖陽府境，麇，今鄖陽府鄖縣。又竹山縣東四十里有上庸故城，卽庸國地。界連秦隴，楚得其地則勢益西北，逼近周、晉。且滅庸而楚之内難夷矣，連巴、秦而楚之外援固矣。滅庸以塞晉之前，結秦以撓晉之後，斯不待陸渾興師而早知其有窺覦周鼎之志矣。且夫庸非小弱也，周武時曾佐伐紂，立國已數百年，晉欒武子嘗稱楚自克庸以來，無日不討國人而申儆之，蓋亦重大其事。其所屬魚邑實爲今夔州府奉節縣，地跨兩省，居秦、楚、巴三國之界。故不結巴、秦則不得滅庸，庸滅而秦、楚合勢，中國之藩籬撤矣。夫讀春秋者，貴合數十年之事以徐考其時勢，不當就一句内執文法以求褒貶。宜合天下而統觀大勢，不當就一國内拘傳事以斷其是非。春秋爲天下之無王作，非爲一國作也。矧吴、楚蠻夷，其謀國之善否，何關于聖人之慮，又況其爲封豕長蛇洊食上國者哉！前此翟泉于温之盟，秦人皆與，志秦、晉之合，晉伯之所以盛。今此楚、秦滅庸，志秦、楚之合，晉伯之所以衰。晉伯之盛衰，周室之安危係焉，不可以弗志也。胡傳固非，而張氏洽亦第謂楚宜制服之而已，不當遽夷人宗社。以是爲楚罪，猶屬管窺之見。夫春秋豈沾沾焉責楚之滅庸而已哉！

春秋時楚始終以蔡爲門户論

楚在春秋，北向以争中夏，首滅吕、滅申、滅息，其未滅而服屬於楚者曰蔡。蔡爲今汝寧府上蔡縣。汝寧諸小國盡屬于楚，獨蔡存。故蔡自中葉以後，於楚無役不從，如虎之有倀。而中國欲攘楚，必先有事於蔡。僖四年齊桓爲召陵之師，經云齊侯以諸侯之師侵蔡，蔡潰，遂伐楚。蓋齊不伐蔡則不能長驅而至于陘也。定四年吴闔閭之入郢也，經云蔡侯以吴子及楚人戰于柏舉，楚師敗績。庚辰，吴入郢。蓋吴不得蔡爲嚮導則不能深入要害，因以直造郢都也。蓋蔡居淮、汝之閒，在楚之北，爲楚屏蔽，熟知楚里道，其俗自古稱强悍。故春秋時服楚最早，從楚最堅，受楚之禍最深，而其爲楚之禍亦最烈。始以楚爲可恃，故甘心服從。逮不堪命而反噬，則楚亦幾亡。故讀春秋者，必熟曉地理而後可知春秋之兵法，而後可知聖人之書法。乃後儒之以一字爲褒貶者，則曰侵蔡爲蔡姬故，書曰遂，是聖人貶之也。蔡用吴破楚，能報數世之怨，書曰以，是聖人褒之也。皆不考實事，懸空臆斷，殊不知齊桓以天下之故而伐楚，積謀二十餘年，豈爲一姬。其曰蔡姬者，或反借此爲兵端，若不討蔡之從楚，使楚不忌而預爲之備，因得輕行掩襲，疾驅至陘。而吴自舍舟淮汭，今壽州。過蔡境，蔡來會之，道吴自江南壽州陸行，經義陽三關之險，至湖廣漢川縣小别山，深入敵地一千一百里，此非唐侯所能與，故雖與唐偕而獨書蔡侯。此皆當日之實事，聖人豈有褒貶于其閒哉！夫春秋之作因魯史，魯史之書因赴告。故熟玩經文，而列國之地形與當日之兵勢瞭然可見矣。自哀二年吳遷蔡于州來，汝寧之地全爲楚有，中國始無事于蔡，而蔡亦旋爲楚滅。自定公以上，蔡爲中國與楚之利害，豈不歷歷可驗也哉！

晉悼公論

悼公乘再伯之餘，再合諸侯，天下翕然宗晉。論者謂較文公之創始稍易。然文公一戰而伯，而晉悼蕭魚服鄭則八年九合而後定之，何遲速之相懸若此？曰：此其故未可以一概論也。當文公之時，天下之勢已盡屬楚，曹、衞、魯、宋延及北方之諸侯。此如陰之進而至于剝，剝極當復。故文公一出而如日再中，是循環之理則然。至悼公時所未服者鄭耳，鄭舊屬楚，其勢未可以旦夕服。而當日楚之執政如子囊者，又堅忍持重，非如得臣之輕脱以僨事。故其勢常迭進而迭退，非要之以持久而老之以不戰，則徒暴骨以逞，而無當于服楚之大計。故當日之謀臣知長慮卻顧爲國本計者，無如魏絳；制勝廟堂，不戰而屈人之兵者，無如知罃，此兩人均非如狐偃、先軫爲推鋒出奇慓鋭果敢之計者。魏絳之最得者在定和戎之策，以專事中夏，建息民之謀，使國力不竭，則既得於國本矣。然後知罃復用孟獻子之言，城虎牢以扼地勢，卻荀偃速戰之策，三分四軍，以道敝楚人。而其要尤莫如戍虎牢，何則？鄭爲南北之中，其距晉、楚道里俱各半，若徒道敝楚人，恐楚敝而諸侯之力亦敝。故留宿勁兵于虎牢，則我爲主而楚爲客，諸侯散則各歸其國，聚則兵衆不勞而畢具，反客爲主，静以待動，以逸制勞，此固不待交鋒而楚已望風而卻避矣。或者謂遠人不服則脩文德以來之，未聞道敝諸侯以來之也。曰：戍虎牢者，所以保鄭，非以争鄭也。鄭未嘗不願服于晉，特慮爲楚所擾，故欲兩事以苟免，其心蓋不得已。戍之則鄭在晉之宇下，楚不敢北向以争鄭，以鄭屏楚，而東諸侯始得晏然。攘楚以安中夏，其計無出于此。吾怪夫世之好爲議論者以服鄭爲勞民，而以范匄之棄陳爲失策，此皆一偏之見，而不審時勢之論。夫陳、蔡與許服楚已久，其國去楚又近，必欲致三國之服從，此如齊桓之伐楚合江、黄，而適以速楚之滅也。當春秋襄、昭之世，中國至服鄭而止，以鄭爲南北之界，使曹、衞、魯、宋常服晉，而陳、蔡與許常服楚，各共犧牲玉帛以事其大國，豈至使晉、楚之從交相見，帥天下之諸侯僕僕哉！愚嘗反覆究悼公之事，善其君臣能識大勢，持重以服鄭，即趙充國屯田以制羌之計，棄陳而不事，即賈捐之棄珠厓之計。蓋其集效視文公爲遲，而其規模較可經久，使晉之君臣世世守之，伯業常存可也。

春秋吴晉争盟表卷二十九

錫山顧棟高復初 輯
陽湖楊觀曾依文 參

敘

晉用申公之計，用吴以犄楚，其後吴卒破楚入郢，馴至爲患于方夏，病齊及魯，與晉争長于黄池。論者因以咎晉之失計，自啟門庭之寇，其實非也。晉欲制楚則不得不用吴，吴之所以横不可制者，咎在晉君失政，六卿各擅强權，不復以諸侯爲事，失不在用吴也。何以言之？楚之强，天下莫能抗。日者齊桓嘗欲攘楚矣，不得已而用江、黄，一會于貫，再會于陽穀，徐而興召陵之師，春秋詳書其事以美之。然江、黄國小而近楚，楚滅江、黄而桓公不能救也，是無益于制楚之事，而徒以速江、黄之滅。若吴則不然，在楚之肘腋，而力足與楚相抗。自成七年入州來，楚内有吴釁，奔命不暇，遂不復加兵于宋、鄭，中國藉以息肩者數十年。日後晉復用向戌弛兵之説，委天下諸侯南向而朝楚，晉亦偃然弛備，無復有經營諸侯之心。楚得肆其驕横，争長壇坫。至靈王，遂大會諸侯于申。楚熄而吴熾，因遂踵其故轍。是則吴之所以争長黄池者，由於當日之玩楚，而使楚得志，非用吴之過也。向使晉常脩悼公之業，雖明知弭兵之說之不可御，而嚴兵以待之，楚人爭先則正辭以折之，楚必俯首帖耳而不敢動，楚不敢動而吳亦無緣萌其覬覦，烏有召吳而反爲吳病者哉！且晉自昭十三年平丘之盟而後，晉已失伯，齊景欲嗣興而不能，宋、魯、鄭、衞皇皇焉無所依，故吳得乘虛而爭伯中國。就使天下不折而入于吳，亦必折而入于楚，吳、楚于中國固無分也。況是時晉政已移于三家，天下久已無晉。君子之責晉者，謂急宜發憤自立，速收三家之權，必使先有晉而後可以制吳，不必以前日之用吳爲晉詬病。嗚呼！自古資鄰國之兵以集事，鮮有不被其患者，而能自强則無之。唐興嘗資突厥矣，其後太宗卒擒頡利。中興嘗資回紇矣，而卒恭順爲國外藩。彼所用者第一時之力，而能自固于根本之地，故能有利而無害。城濮之役，文公嘗用齊、秦，日後秦雖搆怨而不能爲晉病也。且以桓公之盛，未有能獨力制楚者。以悼公之用吳較之齊桓之用江、黃，其利害豈不較然著明也哉！余因撮其先後諸事都爲一編，使後之論吳、晉者有考焉。輯春秋吳晉爭盟表第二十九。

春秋吳晉争盟表

成七年正月，吳伐郯。

左傳：「吳伐郯，郯成。」

李氏廉曰：「此吳壽夢之二年也。蓋自成公二年，楚申公巫臣奔晉，求通吳以罷楚，於是吳兵始及上國矣。」此爲書吳之始。

成八年冬十月，叔孫僑如會晉士燮、齊人、邾人伐郯。

左傳：「以其事吳故。」

案：此時吳、晉未通，故郯與吳成而晉伐之。此爲争盟之始。明年，卽謀會吳。十五年，鍾離，遂率諸侯往會之，吳、晉爲一家，不復争郯矣。迨後楚患息而吳日强横，遂争長黄池。此時微吳，晉亦不能伯。

成九年，公會晉侯、齊侯、宋公、衛侯、鄭伯、曹伯、莒子、杞伯同盟于蒲。

左傳：「是行也將始會吳，吳人不至。」

案：去年晉與吳争郯，此年卽謀會吳，蓋晉知楚患之方棘，不欲更仇吳以益其敵也，而吳更驕蹇不至。至十五年，復親往會之，不聞吳之來會，故書會以會以殊之。屈中

成十五年冬十有一月，叔孫僑如會諸侯之大夫會吳于鍾離。

左傳：「始通吳也。」

此會吳之始，亦晉以諸侯之大夫爲會之始。

趙氏鵬飛曰：「于時吳、楚兩熾，晉既抗楚，則不得不與吳以奪楚援。」

李氏廉曰：「吳之見經始于郯之伐，盛于州來之入。晉之通吳始

襄三年六月，公會單子、晉侯、宋公、衛侯、鄭伯、莒子、邾子、齊世子光。己未，同盟于雞澤。

左傳：「晉欲通吳好，將合諸侯。己未，同盟于雞澤，晉侯使荀會逆吳子于淮上，吳子不至。」

朱子曰：「襄公之世，晉悼公出來整頓一

必以通吳爲召禍者，皆膚末之見也。

國以就蠻夷，辱也。至襄五年戚之會，不復殊吳矣。蓋此時吳來聽諸侯之好，且受命戍陳，晉伸縮惟我，驅遣吳如屬國，非復前日景象矣。是故非用吳不能制楚，非悼公亦不能用吳。

于蒲之欲會，成于鍾離之往會。」

案：呂氏大圭謂此舉實兆黃池之會。責晉之開門延盜，此迂論也。結吳抗楚，後來楚患稍息，此舉實爲有功。較之齊桓合江、黃以伐楚，而卒至江、黃見滅者，其勝自百倍。後來黃池爭長，此自晉實不競。召陵之會，范獻子貪貨而卒辭蔡侯，以破楚之大功讓之吳，以致諸侯翕然從吳耳。不責其後日之委弱，而反以通吳爲晉咎，此所謂懲羹而吹虀也。

番，楚始退去。」

案：此晉悼公即位之三年，始謀通吳以制楚也。成九年于蒲欲會吳，吳人不至，此年復不至。吳恃强大，未易役使也。而悼公能自强，不專恃吳，吳卒聽命。不然徒卑屈以求之，其不爲王黼、童貫者幾希。

襄五年夏，仲孫蔑、衛孫林父會吳于善道。

左傳：「吳子使壽越如晉，辭不會于雞澤之故，且請聽諸侯之好。晉人將爲之合諸侯，使魯、衛先會吳，且告師期。」

案：成九年于蒲而吳人不至，吳不聞有辭來解，且遲至十五年而不來聽命，待諸侯之往會于鍾離，其倔强可知。至此不會，蹶然不安，先期解釋，至秋即躬來赴會，且受奔走戍陳之役，非吳之前倨後恭，以晉悼

秋，公會晉侯、宋公、陳侯、衛侯、鄭伯、曹伯、莒子、邾子、滕子、薛伯、齊世子光、吳人、鄫人于戚。

左傳：「會吳，且命戍陳也。」

杜氏預曰：「不復殊吳者，吳來會于戚。」

案：晉合十四國爲此會，吳以强大而居于末座，僅先屬魯之鄫人耳。且受戍陳之命如屬吏。然晉悼具有降龍伏虎手段，故日後會于向，吳告敗于

襄十年春，公會諸侯，會吳于柤。

左傳：「會吳子壽夢也。」

杜註：「柤，楚地。」

卓氏爾康曰：「合十二國以會壽夢，而于楚界，示楚以得吳也。晉得吳則楚之右臂斷，不敢議鄭，議鄭則恐吳之據其後。是後蕭魚之會卒得鄭不叛者二十年，吳之力也。」

張氏溥曰：「荆楚地大人悍，專與伯争，能敵之者，齊、秦、晉三大國而已。而齊國亂君弱，秦以殽戰讎晉，反

襄十四年正月，季孫宿、叔老會諸侯之大夫會吳于向。

左傳：「吳告敗于晉，會于向，爲吳謀楚故也。范宣子數吳之不德也，以退吳人。」

李氏廉曰：「晉之會吳止此，自此以後，吳不資于晉，晉亦不能致吳，至黃池而兩伯並列矣。」

案：是時吳伐楚喪，故范宣子執此爲罪，以退吳人。蓋能用之，亦能退之，藉吳之力而仍不爲吳用，最得制馭外夷之道。後來

哀六年夏，叔還會吳于柤。

許氏翰曰：「叔還以吳在柤，故往會之，始結吳好也。」

李氏廉曰：「春秋之末臣與吳會者二，然後有黃池之兩伯，魯不得不任其責也。」

案：自向之會范宣子退吳人之後，吳屏處蠻夷，不與中國之盟會，至此已七十年矣。哀公懦弱，乃乘晉、楚俱衰，齊景復死，中國無伯，復諂事吳國。以周公之後而甘屈外夷，爲中夏倡，黃池争長，非魯之咎而誰咎

能自彊故耳。	哀七年夏，公會吳于鄫。左傳：「公會吳于鄫，吳來徵百牢，曰：『宋
晉，范宣子數吳之不德以退吳人，蓋能用吳而不爲吳用也。後世有受屬夷之款附，反爲之興師捍患，勞民費財，兵連禍結而不可解者，殆未聞此道也夫。	哀十年，公會吳伐齊。案：左傳：哀八年，齊侯陽生使如吳，請師
與楚合。獨吳肘腋之下，盛氣方厲，晉一通吳，吳益致銳于楚，師不出則擾其旁，師出則議其後。楚畏吳偪，無暇與晉較，晉始得從容收宋、陳，伐秦、鄭，坐享伯功。是故晉三會吳，專以楚故，非得已也。三駕絕不用吳師，而楚師自屈，此悼公之知權也。	哀十一年，公會吳伐齊。案：左傳：哀十年秋，吳子使來復儆師伐
魯哀卑事强吳，使臣會之，親往會之，致吳責百牢，徵師伐齊，如同縣鄙。故開門延盜，宜責魯而不宜責晉。晉之通吳以制楚，此以毒攻毒，出于不得已。且楚患去而仍能退吳之毒，所謂無病安用藥，元氣一毫無損也。魯之通吳以求媚，可已而不已，此如服毒自斃耳。統觀前後經、傳，情勢瞭然見矣。	哀十二年夏五月，公會吳于槖皋。秋，公會衛
哉！	哀十三年夏，公會晉侯及吳子于黃池。

百牢我，魯不可以後宋。且魯牢晉大夫過十，吴王百牢，不亦可乎？』景伯曰：『晉范鞅貪而棄禮，以大國懼敝邑，故十一牢之。君若以禮命諸侯，則有數矣云云。』吴人弗聽。景伯曰：『吴棄天而背本，不與，必致疾于我。』乃與之。反自鄫，以吴爲無能爲也。」高氏閌曰：「吴欲伯諸侯，魯先往會之。」家氏鉉翁曰：「晉衰而即齊，景死而事吴，趣利棄信，春秋所惡也。」

將以伐我。是年秋，逆季姬以歸，嬖。歸讙及闡。九年春，辭師于吴，吴子曰：「昔歲寡人聞命，今又革之，不知所從，將進受命于君。」是年冬，使來儆師伐齊，而魯興師會伐。夫吴，豺狼也。齊、魯世好，且新爲甥舅。吴本欲借齊伐魯，及齊辭師而遂含怒伐齊。魯不念齊之德而反致毒于齊，不念甥舅之好而就豺狼之命，致齊弒君以説，魯之爲魯，亦可知矣。

齊。是年春，齊國書帥師伐我。至是，復會吴伐齊，戰于艾陵，大敗齊師，獲國書及某某，革車八百乘，甲首三千，以獻于公。公使歸國子之元，寘之新篋，褽之以玄纁，寘書于其上。據此，則公之此舉信有功矣。然齊以辭師于吴，致吴來伐，魯反助吴伐齊。至十年秋，復結謀再舉，則齊之先期伐魯宜也。魯曾不自反，助吴之凶燄，覆齊之全師，蹶齊之上將，借强鄰以矜武功，受蠻夷之命而結怨甥舅之邦，魯可謂知恥

侯、宋皇瑗于鄖。案：左傳：公會吴于槖皋，吴子使尋盟，子貢對曰：「盟以周信。若可尋也，亦可寒也。」乃止。吴徵會于衞，衞侯會吴于鄖，公及衞侯、宋皇瑗盟，而卒辭吴人。據此，則夫差争伯，其威靈已及魯、宋、衞三國矣。且其先已得陳、蔡，幾幾如楚靈之比。而晉之君臣付若不聞，與聾啞無異。黄池争長，實晉之痿弱有以致之也。

左傳：「公會單平公、晉定公、吴夫差于黄池。」公羊傳：「其言及吴子何？會兩伯之辭也。」趙氏曰：「據左氏有單平公，而不書于經者，緣吴、晉敵禮而會，如今賓主對舉酒，自然單子無坐位，故不書。且經文有及字，是兩伯之義分明也。」案：辰陵于蜀于申，楚雖主盟，而晉不與；于宋、于虢，楚雖先晉，而未有王人來涖盟。今黄池之會，吴子爲主，晉定以奕世之伯，魯哀以周公之後，皆俯伏聽命于壇

也哉？

坫之上。且天子使單平公儼然臨之，曾不改正，是爲蠻夷加一敕印，若今之新班憲綱宜然者。是天下大變，自晉、楚爭盟以來未之有也。故聖人特書晉侯及吳子，微示兩伯，以志世變之極。諱單平公不書，仍復先晉，以存夷、夏之防。

春秋齊晉争盟表卷三十

錫山 顧棟高復初 輯
同邑受業楊潮觀鴻圖 參

敍

案：昭十二年，晉侯以齊侯宴，投壺，齊侯舉矢曰：「有酒如澠，有肉如陵，寡人中此，與君代興。」是時景公窺晉之衰，已有互相争長之志。屬當平丘之會，晉已不復能宗諸侯，楚新斃于吴，無復北方之志，而吴亦未遽争衡于中國。齊得于此時收召列辟，得鄭，得衛，得魯，復得宋。夫以齊之强，承桓公之餘烈，又當晉、楚俱衰之後，因利乘便，使能正魯意如之罪，反昭公而君之，伸大義于天下，此如順風而呼，何遽不能代晉主盟哉！乃鄟陵之盟，信子猶之讒，卒佚天討。且于晉則助臣以叛君，于衛則助子以拒父。三綱既絶，猶欲軋晉而求諸侯，是卻行而求前也。卒之内不能正其家，溺意嬖寵，耽樂忘禍，廢長立少，輕棄國本，權臣乘閒得行篡弒，數年之閒，遂移陳氏，與晉争彊，卒與晉同斃。嗚呼，亦可悲矣！孔子告景公曰君君臣臣父父子子，所以起膏肓而拯廢痼者，豈不深切著明也哉！故自鄟陵之會，訖于景公之殁，争伯凡二十八年，撮略其傳著于篇，輯春秋齊晉争盟表第三十。

春秋齊晉爭盟表

昭二十六年秋，公會齊侯、莒子、邾子、杞伯，盟于鄟陵。

左傳：「謀納公也。」陳氏傅良曰：「此參盟也。參盟自齊桓以來未之有，于是始書，以晉之不復主盟也。晉不復主盟而後，齊專盟矣。」王氏錫爵曰：「此舉蓋景公假納公之大義，以爲糾合之謀者也。而卒不能納公，則爭

定七年秋，齊侯、鄭伯盟于鹹。

許氏翰曰：「齊、鄭之盟，叛晉也。伯道隳，諸侯散，離盟始，復志此，蓋自是中國無殷會矣。」陳氏傅良曰：「此特相盟也。自齊桓以來未之有，于是再見諸侯無主盟矣。」家氏鉉翁曰：「于鹹、于沙，齊景圖伯之始事也。是時天王辟僭

定七年秋，齊侯、衛侯盟于沙。

許氏翰曰：「齊、衛之盟，叛晉也。晉定之季，鄭獻、衛靈叛而從齊，齊可以伯，而景不足望也。」李氏廉曰：「是時晉、楚皆衰弱，而吳、越之禍又未至于北方，使景公果能撫伯國之餘業，尊事王室，輯寧諸侯，則桓公之功可復。柰何包藏禍心，日以圖晉爲事乎！」

定八年冬，衛侯、鄭伯盟于曲濮。

杜氏預曰：「結叛晉。」高氏閌曰：「去年公侵鄭，今年二卿侵衛，皆爲晉故，而士鞅又自帥師侵之，故二君同爲此盟以固其謀。」

定十年冬，齊侯、衛侯、鄭游速會于安甫。

家氏鉉翁曰：「前此齊與鄭、衛盟鹹盟沙矣，今而三國復爲此會，無所憚于晉矣。前此魯受命于晉而以兵加衛，今而盟夾谷，棄晉不復顧矣。然諸侯雖叛晉，而齊亦不能因之復伯也。」

伯之業止于如此矣。」

朝之難出居姑蕕，景公不能伸勤王之義，乃今日求之鄭盟于鹹，明日求之衛盟于沙，皆彊人之從我，非心悅而誠服也。」

李氏廉曰：「此爲齊景圖復伯之始，而鄭實左右之。自是以後有盟沙，盟曲濮，會安甫，盟黃，會牽，會洮，皆齊、鄭糾合之事。可與隱公初年對看。」

定十二年冬十月癸亥，公會齊侯，盟于黃。

杜氏預曰：「結叛晉也。」

汪氏克寬曰：「此齊、

定十四年五月，公會齊侯、衛侯于牽。

左傳：「晉人圍朝歌，公會齊侯、衛侯于脾、

秋，齊侯、宋公會于洮。

左傳：「范氏故也。」

許氏翰曰：「齊、宋、魯、衛，崇獎亂逆，謀動干戈，大義亡矣。」

哀五年秋九月癸酉，齊侯杵臼卒。

案：齊景于昭二十六年始爲鄟陵之盟，謀

魯爲盟之終也。固叛晉之交，而晉不復能伯矣。」

上梁之閒，謀救范、中行氏。」

家氏鉉翁曰：「自齊景圖伯，衛、鄭、魯既與之同盟，宋猶未忍絶晉。至是及齊爲此會，蓋始從于齊也。傳謂二會皆謀救范、中行，四國相率而預于亂。世道至是一變，春秋降爲戰國，景公亦有責焉。」

納魯昭以圖伯，距其歿凡歷二十八年。

春秋秦晉交兵表卷三十一

錫山顧棟高復初　輯
同邑楊度汪勖齋　參

敍

賈生有言：秦孝公據崤、函之固，擁雍州之地，君臣固守以窺周室。嗚呼！此周、秦興廢之一大機也。考春秋之世，秦、晉七十年之戰伐，以争崤、函。而秦之所以終不得逞者，以不得崤、函。惠公之入也，賂秦以河外列城五，東盡虢略，南及華山。蓋自華陰以及河南府之嵩縣，南至鄧州，凡六百里，皆古虢略地，桃林之險在焉。賂秦則晉之地險盡失，蓋以空言市秦而實不與也。逮戰韓獲晉侯，秦始征晉河東，不二年復歸之晉。春秋當日，雖天子所賜，苟其民不服，則亦不得而有。隱十一年，王以盟、向易蔿、邘之田於鄭，未幾盟、向叛鄭歸王，王遷盟、向之民于郟。襄王錫晉以南陽，而温、原之民不服晉。況此時晉兵力尚强，秦蓋知其力不能有，故索質子于晉，因而歸之以爲名耳。逮穆公暮年，年老智昏，越千里而襲鄭。蓋乘文公之没蘄，滅鄭而有之，其地反出周、晉之東。使衰絰之師不出，秦將包陜、洛，亙崤、函，其爲患且十倍于楚。幸而崤師一敗，遯逃竄伏。其後迭相攻擊歷三四世，終不能越大河以東一使三步。成十一年，秦、晉爲成，秦史顆盟晉于河東，晉郤犨盟秦于河西，截然兩界，如天塹之不可越。使三晉不分，以其全力制秦，秦終不敢東出周室，何自有窺闞之漸哉！余嘗持論謂晉獻公滅虢，而周室無復有西歸之計。然使晉不滅虢，虢必入秦，而秦于周爲切膚之災，于鄭成密邇之勢。夫楚爭鄭而晉得以救之者，以楚去鄭稍遠，而晉得陜、虢，庇鄭于宇下，能聯絡東諸侯以爲之援也。秦若滅虢，則晉與鄭隔絕，而鄭在秦掌握中，秦伐鄭而晉不能救也。秦得鄭則周室如累卵，三川之亡，且不待赧王之世。故周之得以支持四百年者，以晉得虢略之地，能爲周西向以拒秦也。周、秦廢興之故，豈不重係乎此哉！輯春秋秦晉交兵表第三十一。

春秋秦晉交兵表

僖十五年十有一月壬戌，晉侯及秦伯戰于韓，獲晉侯。	左傳：「晉惠公之入，賂秦伯以河外列城五，東盡虢略，南及華山，内及解梁城，既而不與。秦伯伐晉，戰于韓，獲晉侯，用瑕呂飴甥計得歸，秦于是征晉河東。」案：晉于春秋前滅韓，即韓原之地。獻公以僖五年滅虢，所謂虢
僖十七年夏，晉太子圉爲質於秦，秦歸晉河東。	經不書。案：秦征晉河東，不二年而即歸晉，蓋秦知晉兵力尚强，河東之民不心服，故借質子爲名以歸之耳。觀王以蘇忿生之田賜鄭，而盟、向背鄭歸王，以晉文之兵力而陽樊之民猶不服，則秦歸晉河東之故可知已。
僖二十四年春正月，秦伯歸晉公子重耳。	經不書。
僖二十五年秋，秦人、晉人伐鄀。	經不書。案：左傳：「秦伯師于河上，將納王。狐偃言於晉侯曰：『求諸侯，莫如勤王，且大義也。』晉侯辭秦師而下。三月甲辰，次于陽樊。夏四月丁巳，取太叔于溫，殺之。秋，秦、晉伐鄀。楚鬭克、屈禦寇以申、息之師戍商密，商密降秦
僖二十八年夏四月己巳，秦從晉侯與楚人戰于城濮，楚師敗績。	案：秦自入春秋來，未嘗與中國會盟征伐，此年首從晉攘楚，文公之力有以致之也。是故非合秦不能勝楚，而非文公亦不能用秦。

略是也。而秦穆以僖二年滅芮，築壘以臨晉地，號曰王城。自是秦、晉接壤，王畿故地爲兩國戰爭之場矣。前此晉封太原，爲今山西太原縣，而秦收餘地至岐，亦僅有陝西鳳翔府之岐山縣耳。兩國相距二千餘里，虢、鄭、虞、芮環峙河之東西，西周通洛陽，爲千里甸服，呼吸相應。秦、晉初非接界，兵争何由興。是年秦征晉河東，蓋卽虢之故地，桃林之塞在焉。使終不歸晉，晉且不得霸，秦早虎視列國矣。		
師。一 案：秦穆欲納王，蓋欲東出以圖伯，而晉辭秦師獨下，不欲秦得分其功。甫賴秦之力，而卽抑秦，使不得東向，秦穆必不得志矣。顧地實限隔于晉，而重耳又梟雄，料不能以兵力威之，且前好已結，不欲遽相圖，乃借晉之力以伐鄀。鄀近武關，爲楚之與國。穆公之意以爲不得于晉，猶可借晉以南向圖楚，經營武關，爲南出之門户耳。其後于晉無役不從，雖與晉結讎以後，文五年猶與楚争鄀而		

滅之，不遂與楚合，秦之處心積慮蓋如此。

僖三十年秋，晉人、秦人圍鄭。

左傳：「鄭使燭之武說秦，秦伯與鄭人盟，使杞子、逢孫、楊孫戍之，乃還。」秦、晉之隙始此。

案：秦穆釋韓之憾而從晉于城濮，嗣後盟于溫于翟泉，無役不從。至此忽然背晉改圖，雖因燭之武說，實挾前日辭秦師獨下之憾，以爲異日潛師東出，可藉鄭爲接應耳。是故東道主一語適中

僖三十三年夏四月辛巳，晉人及姜戎敗秦于殽。

秦、晉兵爭始此，嗣後報復無已，秦之伐晉八，晉之伐秦七，直至襄十四年十三國之伐然後止，首尾歷七十年。家氏鉉翁曰：「晉文死而秦伯襲鄭，蓋乘晉之喪，其志將以得諸侯，非直爲鄭、滑而已。使稍不自彊，秦將觀兵中原，遂其欲

文二年春二月，晉侯及秦師戰于彭衙，秦師敗績。

彙纂曰：「胡傳謂敵加于己，當告之天子，方伯不宜遽興師與戰。斯言可謂闊于事情矣。當時周室衰微，雖告于天子，豈能止侵伐之暴。若謂告于方伯，則方伯舍晉而誰也。必待告焉而後應，則敵已造其國都，而宗社墟矣。」

秦伐晉一。

冬，晉人、宋人、陳人、鄭人伐秦。

左傳：「伐秦取汪，及彭衙而還，以報彭衙之役。」

晉伐秦一。

文三年夏，秦人伐晉。

左傳：「秦伯伐晉，濟河焚舟，取王官，及郊，晉人不出，遂自茅津濟，封殽尸而還。」

秦伐晉二。

其心曲。此時雖未有圖鄭之心，而已萌圖晉之志矣。

霸之心。幸而文公有子，發兵扼而北之，秦亦疲敝，庶幾幹父承考。而論者必責其忘親背惠，是使晉襄不爲忘親事楚之齊孝，則爲束手就執之宋襄矣。論者又以墨衰從戎爲非禮，然使晉襄身不親，則師必敗，楚攻其南，秦撓其西，晉之衰可立而待，豈小小利害之比哉！」

彙纂曰：「胡傳比先軫于杞子，其于當日情理可謂頗矣。秦乘晉喪踐晉境，滅晉切近之同姓，晉君臣豈得晏然而已，彼固將繼先君之志爲子孫之謀。自敗殽之後，秦不敢越境而圖東諸侯，是殽師之烈亞于城濮，而顧重訾之，必欲晉襄牽已絶之好，守居廬之節，坐視秦師馳騁四境之近，盡諸姬而不恤，然後爲孝乎？」

文四年秋，晉侯伐秦。

左傳：「晉侯伐秦，圍邧、新城，以報王官之役。」

晉伐秦二。

李氏廉曰：「秦穆、晉襄五年之閒交兵者五，止此。」

文七年夏四月戊子，晉人及秦人戰于令狐，晉先蔑奔秦。

案：左傳：晉襄公卒，晉人以難故欲立長君，趙盾主立公子雍，使先蔑、士會逆于秦。秦康公送之，懲前呂、

文十年春，晉人伐秦，取少梁。

經不書。

晉伐秦四。

胡傳：「晉取少梁事不經見，固未可據。」

案：晉敗秦于令狐，秦未能報復，伐秦取少梁，晉之罪益重矣。孫氏復謂晉自令狐之後

夏，秦伐晉。

左傳：「秦伯伐晉，取北徵。」

秦伐晉三。

案：秦伐晉，以號舉，先儒多以爲罪秦，即彙纂亦主此説。孫氏覺謂其易世相讎，交兵不已，故不稱其人。彙纂亦云：「殽之役，

文十有二年冬十有二月戊午，晉人、秦人戰于河曲。

左傳：「秦爲令狐之役故，伐晉，取羈馬。晉趙盾禦之，戰于河曲，交綏。秦師夜遁。復侵晉，入瑕。」

郤之難，乃多予之徒衛。穆嬴日抱太子以啼于朝，宣子與諸大夫患之，乃背先蔑而立靈公，以禦秦師，曰：「我受秦，秦則賓也。不受，寇也。」敗秦師于令狐，至于刳首。先蔑奔秦，士會從之。

案：據此，則殽戰之怨已終，至此欲解仇結好，忽然中變，乘其不意，棄玉帛之歡而搆兵戈之慘，宜日後之報復無已也。殽之戰，襄公以國故不得不然，此則出于趙盾強臣之私意，置君如弈棋之不定，以大國不出師者三年，其厭戰可見。而秦不顧人命，又起北徵之役，故曰秦伐晉以狄之。此蓋信經疑傳，以少梁之事爲不見于經也。至程子謂晉舍適嗣而外求君，既而悔之，正也。秦不顧是非，惟以報復爲事，故黜秦不書人，蓋深許晉人之能悔過，尤爲不情之論。夫晉改立嗣君，宜遣使如秦，深自引咎，厚賂秦以止其入，此自情理宜爾。遽起兵戎，長驅逐北，殺兩國之士卒，隳兩國之和好，此何義乎？秦送公子雍，謀出自

釁起自秦，晉自方伯之職所不容已，乃因是相讎，連兵不已，且結楚爲援。向輔晉以攘楚，今且附楚以謀晉，致楚日横，而中國受其敝皆秦爲之。」殊不知殽之報復于文四年晉侯伐秦已是結案，晉伐秦而秦不報。至七年逆公子雍于秦，且曰秦大而近，足以爲援，已是歡然一家。忽然改圖，以德爲怨，報復在常情自不能已。且秦之前後伐晉多矣，皆不舉號，彭衙之役，且云秦師，何獨于此狄之乎？此蓋經文偶脱一人字，

秦伐晉四。

孫氏復曰：「秦、晉之讎既易世，而秦康、晉靈猶尋舊怨，殘民以逞，故孔子自令狐之戰，不復名其將帥。」

蘇氏轍曰：「秦、晉皆稱人，以其亟戰罪之也。」

彙纂曰：「殽之戰，秦不哀晉喪而伐其同姓，晉未報秦施而伐其師，故彼此有辭。比者秦屢興師何義乎？故春秋前舉秦號，此則秦、晉俱稱人，蓋以連兵搆怨，秦、晉皆在所貶，而秦曲爲甚也。」

案：諸儒皆以報復殽

之約，立儲之重，視同兒戲，出爾反爾，起于一朝。釁開自晉，于秦無罪。七十年之兵連禍結，皆趙盾一人尸之也。

晉伐秦三。

晉，非自秦也。無端而喪師辱國，豈秦自不能默默而已。而可曰彼能改過，吾雖多殺士卒，可姑忍以成其義乎？縱其君能忍，其士卒有何罪乎？此皆欲曲成狄秦舉號之說，故爲此論也。

與成三年，鄭伐許，昭十二年晉伐鮮虞，同爲闕文。黄氏仲炎以夏五闕月爲比，此不易之定論也。詳闕文表。

趙氏木訥以晉靈稚子脩先君之怨，有所不足責。秦康果能一言自屈，晉將忸怩而奉事秦。乃責仇于孺子，致報復無已，故狄之。其不狄晉，以晉靈不足責也。迂曲已甚。是時權在趙盾，於靈公何與。靈公未立之先，且欲逆公子雍于秦，與秦脩好，秦多與之徒衛，亦防晉有外虞。忽然改圖，

怨爲亟戰，余前既辨之矣。此復以稱人立義。夫春秋直書其事而義自見，豈以稱人稱號稱師爲褒貶乎！如城濮戰書楚人，敗書楚師，其褒貶之義安在乎？

	宣元年冬，晉趙穿帥師侵崇。 左傳：「晉欲求成于秦，趙穿曰：『我侵崇，秦急崇必救之，吾以求成焉。』冬，趙穿侵崇，秦弗與成。」 案：秦、晉自河曲之戰
	宣二年春二月，秦師伐晉。 左傳：「以報崇也，遂圍焦。」 秦伐晉五。 趙氏鵬飛曰：「秦、晉自河曲之戰，于今七年無疆埸之虞，蓋亦
	宣八年夏六月，晉師、白狄伐秦。 左傳：「春，白狄及晉平。夏，會晉伐秦。」 晉伐秦五。 李氏廉曰：「秦自侵崇起釁，七年未已。晉昏
晉亦自知理曲，非脩怨也。乃委曲以爲秦之罪，此欲曲成狄秦之説，竟抹去晉逆公子雍一段情事，與殽戰作一直看。夫過信左氏固不可，全撇卻左氏更無欛柄。泰山孫氏、木訥趙氏病俱由此。	宣十五年七月，秦人伐晉。 左傳：「秦桓公伐晉，次于輔氏。壬午，晉侯治兵于稷以略狄土，及雒，魏顆敗秦師于輔氏，獲杜回。」 秦伐晉六。 高氏閌曰：「此年秦伐
	成九年冬十一月，秦人、白狄伐晉。 左傳：「諸侯貳故也。」 秦伐晉七。 高氏閌曰：「晉爲盟主，既執鄭伯，又不救莒，故諸侯攜貳，而秦

兵争已息七年，令狐之怨又已結局了。此年侵崇以挑之，又起一重公案，致明年有圍焦之師，晉與白狄伐秦，秦亦與白狄伐晉。此又出于趙氏之意，欲弑君而先謀奪兵權。釁仍開自晉，不在秦也。	厭戰爾。趙穿無釁而侵崇，無損于秦，而犯秦怒，秦于是有報怨之師。書秦曰師，曲在晉也。」	狄而結以伐秦，其罪大矣。故自此至成十三年呂相絶秦，秦康共、晉襄靈之後晉成、秦桓之交兵又始于此。」	晉，蓋乘晉兵略狄土而竊其虛也。」	人連白狄伐之，見景公不能伯矣。」
成十一年，秦、晉爲成。 經不書。 左傳：「秦、晉爲成，將會于令狐，晉侯先至焉。秦伯不肯涉河，次于王城，使史顆盟晉侯于河東，晉郤犫	成十三年夏五月，晉侯帥八國之師伐秦。 左傳：「晉侯使呂相絶秦，秦桓公既與晉厲公爲令狐之盟，而又召狄與楚，欲道以伐晉，諸侯是以睦于晉。	襄十一年冬，秦人伐晉。 左傳：「秦庶長鮑、庶長武帥師伐晉以救鄭。己丑，秦、晉戰于櫟，晉師敗績。」 秦伐晉八。 案：秦自背令狐之盟，	襄十二年冬，秦人伐宋以報晉。 經不書。 左傳：「楚子囊、秦庶長無地伐宋，以報晉之取鄭也。」 經但書楚公子貞帥師侵宋。高氏閌曰：「秦	襄十四年夏四月，晉侯帥十二國之師伐秦。 左傳：「諸侯之大夫從晉侯伐秦，以報櫟之役。晉侯待于竟，使六卿帥諸侯之師以進。欒黶違命，晉師乃還。晉

盟秦伯于河西。秦伯歸而背晉成。」案：九年，秦人與白狄伐晉，晉不之報，而更與秦爲成。晉侯先至，則前侵崇之怨又已結局了。至此秦伯不肯涉河，歸而背晉成，又起一重公案。是釁開自秦，不在晉也。

五月丁亥，戰于麻隧，秦師敗績。」晉伐秦六。

致晉帥八國來伐。秦自知其屈而不敢報，至此已歷十七年。茲復因晉悼三駕之績，欲佐楚以争鄭，于理則不順，于勢則不敵，秦之罪大矣。

人與焉而削之者，楚人率秦，故專罪楚也。」案：是時秦一意結楚以仇晉，秦景公妹爲楚共王夫人，故爲楚伐晉伐宋。晉未嘗開隙于秦，而秦專佐楚猾夏，是罪專在秦，非晉之咎也。

人謂之遷延之役。」晉伐秦七。秦、晉兵争止此。案：秦、晉自僖三十三年爲殽之師，至此首尾共歷六十九年，中間凡四大案。殽戰一也，爲秦穆公襲鄭，曲在秦。令狐二也，爲晉趙盾距公子雍，曲在晉。侵崇三也，爲趙穿設謀求成，曲在晉。麻隧四也，爲秦桓公背令狐之盟，曲復在秦。

襄二十五年夏五月，秦、晉爲成。

襄二十六年春，秦伯之弟鍼如晉脩成。

經不書。

左傳：「是年五月，秦、晉爲成。晉韓起如秦涖盟，秦伯車如晉涖盟，成而不結。」

經不書。

左傳：「秦伯之弟鍼如晉脩成，叔向命召行人子員。行人子朱曰：『朱也當御。』班爵同，何以黜朱於朝？』叔向曰：『秦、晉不和久矣。幸而集，晉國賴之。不集，三軍暴骨。夫唯子員道二國之言無私。』」

案：是年脩成，即去年夏五月之成也。以後未知其集與不集。至昭元年鍼出奔晉，昭五年鍼復歸於秦，秦、晉之君亦莫往莫來，而兵爭之事不復見于經矣。

春秋晉楚交兵表卷三十二

錫山顧棟高復初　輯
金匱楊守禮敬脩　參

敍

春秋時，晉、楚之大戰三，曰城濮，曰邲，曰鄢陵，其餘偏師凡十餘遇，非晉避楚則楚避晉，未嘗連兵苦戰如秦晉、吴楚之相報復無已也。其用兵嘗以争陳、鄭與國，未嘗攻城入邑，如晉取少梁、秦取北徵之必略其地以相當也。何則？晉、楚勢處遼遠，地非犬牙相輳，其興師必連大衆，乞師于諸侯，動必數月而後集事。故其戰嘗不數，戰則動關天下之向背。城濮勝而天下諸侯翕然從晉，邲勝而天下諸侯翕然從楚。惟鄢陵之勝，鄭猶倔强，至悼公而後服之。故文公之伯，務一戰以勝楚；悼公之伯，務不戰以罷楚。逮向戌爲弭兵之説，而天下之大事去矣。然此非獨向戌之罪也。當晉、楚盟宋時，天下尚多與晉而不與楚，晉强而楚弱，使當時晉嚴兵以待楚，楚必不敢萌先歃之志。即楚人請之，而晉正辭以折其鋭，不可則整軍而退，帥諸侯以申罪致討于楚，楚必不敢動。乃趙武守匹夫之信，以藩爲軍，惴惴懼楚之衷甲謀變，以請先歃則聽，以請晉、楚之從交相見則聽，叔向空爲大言以自慰，俾楚得執前言爲要質，魯、宋諸國僕僕于楚之庭，甚至楚虔驕橫，執殺陳、蔡之君，晉猶恐瀆齊盟而卑辭請楚，曾不敢發一矢相加遺，趙武、叔向豈非當日之罪人也哉！自弭兵之後，晉之君臣偃然弛備，不復以諸侯爲事，歷楚之郟敖、靈、平三世，晉不能復出兵東向者四十餘年，如病痿不能起。至囊瓦不仁，從楚之國悉起從晉，晉合十八國之師，自桓、文以來所未嘗有。而徒濳掠楚境，以大功歸諸僻陋之吳，而晉之伯業于是乎終矣。嗣及六卿相軋，日尋干戈。至哀之四年，晉人且執戎蠻子以歸楚，儼然以京師之禮事之。晉之爲晉，亦可哀矣哉！輯春秋晉楚交兵表第三十二。

春秋晉楚交兵表

僖二十八年夏四月丁巳，晉侯、齊師、宋師、秦師及楚人戰于城濮，楚師敗績。

左傳：「楚圍宋，宋公孫固如晉告急。晉侯用先軫計，合齊、秦以拒楚，戰于城濮，楚師敗績。晉師三日館穀，及癸酉而還。」

趙氏鵬飛曰：「桓、文之服楚一也。晉文以五年之閒突起而攻

僖三十三年冬十二月，晉陽處父侵蔡，與楚師遇于泜，晉、楚俱還。

經不書。

左傳：「晉陽處父侵蔡，楚子上救之，與晉夾泜而軍。陽子使謂子上曰：『子若欲戰，則吾退舍，子濟而陳，不然紓我。老師費財，亦無益也。』乃駕以待。子上欲涉，大孫伯曰：『晉人無信，

文三年秋，楚人圍江，晉先僕伐楚以救江。

經不書。

高氏閌曰：「江近楚，前已服從于齊桓，而楚自城濮之後，亦不敢侵伐。今復圍者，蓋晉文既歿，襄公不能討弑逆之惡，故楚復有窺諸侯之意，而先圍江以試之也。」

晉伐楚一，無勝負。

冬十二月，晉陽處父帥師伐楚以救江。

左傳：「晉以江故告于諸侯。王叔桓公、晉陽處父伐楚以救江，門于方城，遇息公子朱而還。」

孫氏復曰：「先言伐楚，而後言救江者，惡不能救江也。不帥師赴倒懸之急，乃先伐楚，欲其引兵自救而江圍解，豈救患之師乎？故明年秋卒爲楚

文九年春三月，楚人伐鄭，公子遂會晉人、宋人、衛人、許人救鄭。

左傳：「范山言于楚子曰：『晉君少，不在諸侯，北方可圖也。』楚子師于狼淵以伐鄭。囚公子堅、公子尨及樂耳。鄭及楚平，公子遂會諸侯之大夫救鄭，不及楚師。」

孫氏復曰：「楚復彊也。」

之，一戰而霸，可謂一時之偉績矣。故三國書師而晉獨稱侯。蓋不如是，無以顯其一時之功也。」晉大勝一。

半涉而薄我，悔敗何及，不如紓之。』乃退舍。陽子宣言曰：『楚師遁矣。』遂歸。楚師亦歸。」此役晉、楚俱不戰而歸，無勝負。

所滅。」彙纂曰：「楚滅弦滅黃，齊未嘗遣一旅之師。至是圍江而晉人勤之，既遣先僕于前，又請王師于後，命上卿，動大衆，聲罪而致討，非徒以孤軍塞責也。且傳稱門于方城，遇息公子朱而還。注謂子朱爲楚伐江之師，聞晉師起而江兵解，故晉亦還。是處父亦未嘗無功矣。三年秋書圍，四年秋書滅，蓋江近于楚，晉師還而楚師復出，遂致滅耳。故晉之罪在于不能存江，而伐楚以救江，則未見其罪

李氏廉曰：「楚自城濮以來，十五年不敢窺諸國者，以文、襄之烈尚存也。今狼淵之師，正其嘗試之時，而趙盾不能防微杜漸，使之得志于鄭，復得志于陳，明年而有厥貉之次矣。春秋重貶之，其志楚莊伯事之權輿歟？」

案：晉襄不能正商臣弑逆之罪，扼楚之凶鋒，致楚日肆，四年滅江，五年滅六滅蓼，至此年加兵于鄭，而鄭服楚。趙盾帥五國之兵不及楚師，不聞其討楚，更謀服鄭，隳城濮之遺烈。明年而

也。」案：先儒皆責晉之不能存江、黃，愚謂江、黃國小而又近楚，非晉之兵力所能存也。爲江、黃之計，只宜如隨之服屬于楚而不列于諸侯，故終春秋世幸存，況隨猶爲漢東大國。而江、黃更弱小，乃欲立異，從諸夏而與楚爲難，大國之師朝出則存，夕入則亡，其能恃以久遠乎？其禍中于齊桓召陵之師合江、黃以犄楚，致攖楚之怒，如口中蝨，不滅不休，雖有百晉不能存也。楚滅弦、黃，齊未嘗救，而楚、蔡遂有厥貉之次。宋公以先代之後逆之，且聽命，道之田孟諸，至宋、鄭之君爲左右盂，中國諸侯埽地矣。以後肆行無忌，十一年而滅麇，十二年而滅宗滅巢，十六年而滅庸，無歲不并吞列國。晉曾不敢發一矢，以弑逆之賊縱之使如虎狼白晝攫人，至滅蕭以後，楚益強大，地連秦隴，窺周晉之後，遂至問鼎觀兵周疆矣。此豈特晉靈與趙盾之罪，實由襄公不能制之于始，以至潰決不可救也。易曰：「童牛之牿，元晉兩次遣將救之，并請于天王，得稍延旦夕之命，其勝于齊桓遠矣。論者乃以齊桓之合江、黄比之周武之用微、盧、彭、濮，而獨厚責晉，愚不知其何說也。然則春秋之書伐楚救江者何居？曰：聖人之意，責晉襄之不能伐楚以正商臣弑逆之罪，而區區于救江，卒之江亦不能救，爲舍其大而圖其細，如會于澶淵宋災故一例爾。使當日率天下之諸侯，全師壓境，誅商臣之爲亂臣賊子者，而更立賢君，楚方聽命之不暇，何

吉。」信哉！

此役晉不及楚師，無勝負。

宣元年秋，宋公、陳侯、衞侯、曹伯會晉師于棐林伐鄭。左傳：「楚子侵陳，遂侵宋。晉趙盾帥師救陳、宋，遂會四國于棐林，以伐鄭。楚蔿賈救鄭，遇于北林，囚晉解揚。晉人乃還。」楚小勝一。	
宣二年夏，晉人、宋人、衞人、陳人侵鄭。左傳：「趙盾自陰地及諸侯之師侵鄭，以報大棘之役。楚鬬椒救鄭，曰：『能欲諸侯，而惡其難乎？』遂次于鄭，以待晉師。趙盾曰：『彼宗競于楚，殆將斃矣。姑益其疾。』乃去之。」	
宣九年冬，楚子伐鄭，晉郤缺帥師救鄭。左傳：「楚子伐鄭，晉郤缺救鄭，鄭伯敗楚師于柳棼。」陸氏九淵曰：「伐陳救鄭，晉之諸臣猶未忘文公之伯業，春秋蓋善之。」鄭助晉敗楚一。	
宣十年冬，楚子伐鄭。左傳：「楚子伐鄭，晉士會救鄭，逐楚師于潁北。諸侯之師戍鄭。」家氏鉉翁曰：「士會用偏師，無益于救鄭。是歲鄭卽楚，故略而不書耳。」晉小勝一。	暇圖江，此所謂正其本而末自正也。然亦只可救患于一時，必欲保江之長存，雖湯、武不能也。晉伐楚二，無勝負。
宣十二年夏六月乙卯，晉荀林父帥師及楚子戰于邲，晉師敗績。左傳：「春，楚子圍鄭，三月，克之。夏六月，晉荀林父救鄭，先穀違命，乙卯，戰于邲，晉師敗績，宵濟，終夜有聲。」	

成二年冬十一月丙申，楚公子	
成三年正月，公會諸侯伐鄭。	案：趙盾實畏楚，特爲大言以自寬且欺衆耳。此時盾外與秦爲仇，内謀弑靈公，植黨樹權之不暇，何暇求諸侯爲宋侵鄭，特爲具文以塞責。謀國如此，何以當楚莊方興之敵哉！ 晉避楚一。
成六年冬，晉欒書帥師救鄭。	
成七年秋，楚公子嬰齊帥師伐	
成八年春，晉欒書帥師侵蔡。	呂氏大圭曰：「鄭不堪楚之屢伐而受盟辰陵，猶未純乎從楚，故徼事于晉。晉既不能有陳而僅争鄭，則邲之一戰，晉、楚勝負之一決也。自邲之敗，而楚横行莫制矣。」趙氏鵬飛曰：「自春被圍六月而後救，何益于救？邲雖鄭地，而鄭圍已解，已服楚矣，縱敗楚師于邲，亦不能復得鄭。況復爲楚敗，益楚之勢，而固鄭之叛，果何益哉！」 楚大勝一。

嬰齊會十二國之大夫于蜀。

左傳：「宣公使求好于楚。莊王卒，宣公薨，不克作好。公即位，受盟于晉，伐齊，戰于牽。楚子重爲陽橋之役以救齊，曰：『君弱，師衆而後可。』王卒盡行。蔡景公爲左，許靈公爲右。丙申，盟于蜀。蔡侯、許男不書，乘楚車也。楚師及宋。是行也，晉辟楚，畏其衆也。」

晉避楚二。

成十二年夏，公會晉侯、衛侯于

左傳：「討邲之役也。鄭公子偃帥師禦之，使東鄙覆諸鄤，敗諸丘輿。皇戌如楚獻捷。」

案：邲之役已十年，楚莊已死，而鄭猶堅從楚以敗晉，則楚之凶威亦赫矣。使微牽之勝，齊、秦更與楚合，晉非特失伯而已。

鄭助楚敗晉一。

成十五年夏六月，楚子伐鄭。

左傳：「成五年，許靈公愬鄭伯于楚。六月，鄭伯如楚訟，不勝，楚人執皇戌及子國。鄭伯歸，而使請成于晉。十二月，同盟于蟲牢。是年秋，楚子重伐鄭，晉欒書救鄭，與楚師遇于繞角。楚師還，晉師遂侵蔡。楚人救蔡，禦諸桑隧。知莊子、范文子、韓獻子不欲戰，晉師亦還。」此役晉、楚俱不戰而歸，無勝負。

成十六年夏六月甲午晦，晉侯

鄭，公會諸侯救鄭。

左傳：「諸侯救鄭，鄭共仲、侯羽軍楚師，囚鄖公鍾儀，獻諸晉。」

鄭助晉敗楚二。

成十七年夏，公會尹子、單子及

左傳：「晉欒書侵蔡，遂侵楚，獲申驪。」

晉小勝二。

冬，公會單子及諸侯伐鄭。

瑣澤。

左傳：「宋華元克合晉、楚之成，夏五月癸亥，盟于宋西門之外。鄭伯如晉聽成，會于瑣澤，成故也。冬，晉郤至如楚聘，且涖盟。楚公子罷如晉聘，且涖盟。十二月，盟于赤棘。」

家氏鉉翁曰：「晉、楚爲成，關繫不細，春秋略而不書，何也？晉苟求安佚，而楚實怙其彊，大略無息肩之意。後三年渝盟伐鄭，無所恤也。其後向戌復持弭兵之説爲盟而長楚，使列國諸

左傳：「楚將北師，子囊曰：『新與晉盟而背之，無乃不可乎？』子反曰：『敵利則進，何盟之有？』楚子侵鄭，遂侵衛。鄭子罕侵楚，取新石。」

鄭助晉侵楚三。

及楚子、鄭伯戰于鄢陵，楚子、鄭師敗績。

左傳：「春，楚子以汝陰之田求成于鄭，鄭叛晉，與楚子盟于武城。晉侯伐鄭，楚子救鄭。六月，遇于鄢陵，楚師敗績，射共王中目，楚師宵遁。晉入楚軍，三日穀。」

晉大勝二。

汪氏克寬曰：「前此未有諸侯助楚以戰者，惟鄢陵之役，鄭佐楚敵晉。使無呂錡射目之勝，則楚將依鄭爲援，長驅中原，其害可勝言耶？」

諸侯伐鄭。

左傳：「鄭太子髡頑爲質于楚，楚公子成、公子寅戍鄭。公會諸侯伐鄭，自戲童至于曲洧。楚子重救鄭，諸侯還。」

晉避楚三。

左傳：「諸侯伐鄭。十月庚午，圍鄭。楚公子申救鄭，師于汝上。十一月，諸侯還。」

晉避楚四。

李氏廉曰：「晉自鄢陵以後，兵威非不振，伯事非不舉，而鄭卒不服者，以厲公無服人之德也。」

姚氏舜牧曰：「晉三假王命伐鄭，鄭卒不服，似無可書，春秋辭繁而不殺，何也？當時楚勢甚張，且挾鄭爲援，睥睨列國，不有晉厲假王靈以薄伐，不知其憑陵當何如者。雖伐楚不服，不猶愈于縱彼肆行直入而莫

侯僕僕楚庭，其端實兆于此。故瑣澤之會，書法如此，不與晉爲此會也。晉、楚爲成一。

之忌耶？春秋但書晉之伐，不書楚之救，其與晉可知矣。」

襄二年，公會諸侯于戚，遂城虎牢。

左傳：「城虎牢，鄭人乃成。」

趙氏鵬飛曰：「城虎牢，天下俱蒙其安，非鄭所得專也，故不繫之鄭。蓋鄭入楚，則楚兵將橫行宋、衛之郊，天下諸侯爲之不寧。既城虎牢，則虎牢非鄭有，兵出則直

襄九年冬，公會諸侯伐鄭。

左傳：「諸侯圍鄭，鄭人恐，乃行成。中行獻子曰：『遂圍之，以待楚人之救也，而與之戰。不然，無成。』知武子曰：『許之盟而還師，以敝楚人。吾三分四軍，與諸侯之銳，以逆來者，于我未病，楚不能矣。猶愈于戰。』乃許鄭成。」

襄十年秋，公會諸侯伐鄭。冬，戍鄭虎牢。

左傳：「諸侯伐鄭，師于牛首。冬，諸侯之師城虎牢而戍之。鄭及晉平。楚子囊救鄭。十一月，諸侯之師還鄭而南，至于陽陵，與楚師夾潁而軍。鄭人宵涉潁，與楚人盟。欒黶欲伐鄭師，荀罃不可，曰：『伐鄭，

襄十一年夏，公會諸侯伐鄭。

左傳：「諸侯伐鄭，門于東門。晉荀罃至西郊，東侵舊許。衛孫林父侵其北鄙。六月，諸侯會于北林，觀兵于南門，鄭人懼，乃行成。秋七月，同盟于亳。」

此三駕之二。

襄十一年秋，公會諸侯伐鄭，會于蕭魚。

「九月，諸侯悉師以復伐鄭，觀兵于鄭東門。鄭人行成。十二月，會于蕭魚，鄭人使告絕于楚。」

呂氏大圭曰：「悼公再伯之烈，其最可稱道者，莫如蕭魚。以荊楚方强，子囊爲政，而凜然有憚晉之心，雖

指鄭郊，非特扼鄭之吭，而且藉鄭以屏楚，是誠有功于天下。此聖人所以不繫之鄭歟？」

汪氏克寬曰：「齊桓説申侯而與之虎牢，未嘗以爲北方之輕重。迨悼公之興，則近楚微國若江、黄、弦、庸、六、蓼、羣舒之類，吞噬靡遺，陳、蔡、許亦服役于楚，而鄭以畿内大國，又屈而從楚。苟非扼虎牢之險，則楚將越鄭而東，蹂躪北方之境，故虎牢之城，不繫于鄭也。」

案：此争地勢而不争野戰，此悼公最得要

汪氏克寬曰：「數伐鄭而不與楚戰，使楚疲于奔命，而莫能争鄭，既有以挫其暴狠之鋒，又有以摧其憑陵之志，桓文以降，于斯爲盛。」

晉不戰一。

楚必救之，戰而不克，爲諸侯笑，不如還也。』丁未，諸侯之師還。」

嚴氏啟隆曰：「諸侯伐鄭而鄭不下，于是乎頓兵虎牢爲久駐計。是時晉之計主于擾鄭而使自服，故進無偪之之兵，亦主于肆楚而使自疲，故遇亦無勝之之意。」

彙纂曰：「既城虎牢而不戍，何貴乎城？戍之，所以庇鄭而抗楚。三駕之績，實本于此。胡傳謂虎牢繫鄭爲罪諸侯，非也。」

此三駕之一。

晉避楚四。

或時出師徒以示不怯，而卒不能以陵駕北方者，豈無故哉！」

趙氏鵬飛曰：「鄭在楚則楚患深，鄭不歸則兵不息，必得鄭以爲外禦，然後諸侯得以安枕。然鄭君臣本皆有歸晉之心，其服而復叛者，以楚偪之不置耳。悼公屢出而屢擾之，楚知鄭終不能久爲楚也，數發應兵不勝其疲，故亦置而不問，而鄭亦決意事晉。其後二十餘年，鄭不復叛，而楚不復伐。寸兵不折而鄭自歸，隻牲不插而鄭不叛，悼之功，豈不比于桓、

領處，功高桓文遠矣。故聖人許以安天下之功，而虎牢不繫於鄭也。	襄二十七年，叔孫豹會諸侯之大夫盟于宋。凡十國外齊、秦不交相見，邾、滕私屬，共十四國。
	昭元年春正月，叔孫豹會諸侯之大夫于虢。凡十一國。左傳：「尋宋之盟也。楚令尹圍請用牲讀舊
	昭十一年，季孫意如會諸侯之大夫于厥慭。凡八國。左傳：「謀救蔡也。使狐父請蔡于楚，弗
	定四年三月，公會諸侯于召陵侵楚。凡十八國。左傳：「謀伐楚也。晉荀寅求貨于蔡侯，弗得，言于范獻子，曰：
文耶？」此三駕之三。案：自此至襄二十六年，悼公已卒，楚凡三伐鄭而卒不得志，以蕭魚之烈尚在也。其明年而趙武聽向戌弭兵之說，天下諸侯俱朝楚，楚日肆而晉曾不敢發兵以問，晉、楚之交兵息而伯業終矣。	

左傳：「宋向戌欲弭諸侯之兵以爲名，告于諸侯，皆爲會于宋。楚令尹請晉、楚之從交相見，晉人許之。」

晉、楚爲成二。

案：自成十二年華元爲晉、楚之成，未三年而楚卽背之。賴明年厲公卽赫然發憤，勝之鄢陵，射其君中目，中國之威得以復振，則楚不可信，兵不可去，已有明驗矣。今平公席悼餘烈，向戌老奸，復爲此舉，曷不鑒于前事以御之。卽不能御，亦當約束與國之諸侯，嚴兵以待。請交相見不許，請先晉

書加于牲上，晉人許之。」

晉、楚爲成三。

案：自宋盟以後，自是五年矣。楚康雖未甚猖獗，而虔新弑立，凶燄久聞。晉之君臣曾不警備，方且治杞田，歸宋財，日爲不急之務。至是復會于虢，與豺狼作緣。凡楚所請許于前日者，今日不得不許，此明入楚之彀中而不悟也。

許。」

案：晉、楚以弭兵爲名，今楚用兵圍蔡，晉曷爲不興師責楚背盟，而顧卑辭請之，何也？曰：以晉前日不討蔡般弑父之罪，而楚得以討罪爲名也。晉曷爲不討蔡罪？曰：以蔡近楚，在楚之宇下，晉一興師，則嫌于背盟，姑息隱忍，以全弭兵之説也。噫！向戌以弭兵爲罔，晉得以苟安弛備，縱豺狼于市上，日攫人而食之，而己自囚于桎梏，熟視而不能一援手，晉之爲晉，亦愚矣！

『楚未可以得志。』乃辭蔡侯。」

晉、楚交兵止此。

案：齊桓召陵之師，會者八國，晉文城濮之師，凡四大國，而厲公鄢陵之戰，乞師魯、衛，魯、衛未至而獨勝楚。今乃合十八國之諸侯，凡陳、蔡、鄭、許、頓、胡之舊屬楚者，悉轉而從晉，又臨以王人，此時可以滅楚而有餘。乃荀寅以求貨弗得，卒辭蔡侯，以入郢之大功讓之强吳，天下震動。此時晉、楚俱弱而吳興矣。語稱：「鷸蚌相争，漁翁得利。」今鷸蚌相

不許，可則盟，不可則退，治兵如故，天下諸侯與晉者衆，楚必不敢動。柰何以藩爲軍，中楚人之計，怵于衷甲之先聲，俯首帖耳，惟命是聽。此如渾瑊涇原之盟，適爲吐蕃所劫耳。趙武、叔向好爲大言，公然賣國。楚虔得藉此爲媒，縱肆無忌，楚日滅國，不爲敗盟。晉一出師，即爲爽信，坐視諸侯之魚肉，以冀無失前好。此非特爲成之誤，爲成而弛備誤之也。議者惑于范文子之言，謂晉厲以勝而致亡。此乃左氏以成

讓，而漁翁亦得利，豈不可怪耶？

敗論人，從厲公被弑之後假託文子此言耳。厲公之侈，不緣戰勝。若謂釋楚爲外懼，則頃、定之時，諸侯皆叛矣，其能得逞者有幾。吾見其媮惰苟安以至于盡耳。此皆儒者迂闊之論也。

春秋吴楚交兵表卷三十三

錫山　　顧棟高復初　輯
同邑受業徐汝瓚殿一　參

敍

聞之敵在千里者，患生于有象，敵在肘腋者，患發于不虞。楚以方城爲城，漢水爲池，天下莫之與抗，而吴卒入郢。吴破楚，勝齊，敵晉，威行於中夏，而越以入吴。此如猛獸之畏鼷鼠，巨木之畏蝎蟲。獨是吴自分封以來數百年入春秋，常服屬于楚，至壽夢而遂不可制。説者謂此是申公巫臣教之，似矣而猶未詳其利害之實也。余嘗究觀左氏，而知吴地水行，其性不能以陸，故其會晉也，于蒲則不能至于鍾離，而後至于雞澤，則不能至于戚，而後至晉侯徵平丘之會，吴以水道不可辭。哀九年儆師伐齊，則先溝通江淮矣。十三年會晉黄池，則闕爲深溝于商、魯之閒矣。是知吴不能一日而廢舟楫之用也。然以此與楚角，則萬萬不能勝。何則？舟楫之用在江湖，而長江之險，吴、楚所共，楚實居上流，故其用兵常棄舟楫之用，而争車乘之利。撮其前後數百戰，鳩兹之役則楚勝，而吴之報之也，伐楚取駕。朱方之役則楚勝，而吴之報之也，則取楚棘、櫟、麻。蓋舍其習用之技，而常從陸路瞰其東北，以避楚長江直下之險。當其舍舟淮汭，自豫章與楚夾漢也，贏糧越險，深入内地。蓋用蔡人爲嚮道，而又得子胥、伯嚭報仇死戰之士，孤軍單進，轉戰千里，自非熟練車乘，不能爲用。然後知巫臣之教吴，其患在楚數十年之後，非止一時之疲于奔命而已也。向非巫臣教吴以乘車射御，則楚軸轤之師從漢口順流而下，譬如屋上建瓴水而注之地，而吴以舟師仰攻，勢必不勝。向之甘于役屬者，職是故耳。夫吴之争州來也，凡七十年，三用大衆，而後奄有其地。蓋亦欲去江路而阻淮爲固，扼楚咽喉，爲進戰退守之資。故日後以季子賢人撫柔之，復遷蔡以實之。其舍舟淮汭，直走漢濱，蓋逆料楚瓦不仁，勢必離散，亦必先于此用重兵屯守，據險設伏，爲歸路計，故楚司馬戌議悉方城之外，以毁其舟，還塞城口。當日其計不行，就令得行，而吴必有與敵以不可勝者，不然吴之全軍，且如覆釜，無噍類矣。闔閭君臣豈肯出此萬死不顧一生之計哉！嗚呼！古之善戰者，常因地以制宜，隨時以適變。吴舍舟用車，而卒破楚，晉毁車用卒，而能勝翟。至戰國，而趙武靈王胡服騎射，後世遂用爲長技，而車戰且成古法不可用。唐房琯一用之而敗，明孫傳庭再用之而亦敗矣。古今之世變，豈可一律論哉！

輯春秋吴楚交兵表第三十三。

春秋吴楚交兵表

宣八年夏六月，楚人滅舒蓼。

左傳：「楚伐舒蓼，滅之，疆之。及滑汭，盟吴、越而還。」

案：是時吴、越俱聽命于楚，楚之所以横行不可制也。用吴制楚，所謂使蠻夷内自相攻，而吾乃可以乘其閒，此趙充國制馭罕羌先零之至計。

又案：楚莊欲争伯中國，首先滅庸，庸滅而楚西北之患息矣。次

成七年春，吴伐郯。

許氏翰曰：「吴自壽夢得申公巫臣，而爲楚患。伐郯之役，兵連上國，于是始見于春秋，志入州來，著十五國之所以會鍾離也。」

項氏安世曰：「楚初主盟于蜀，而吴已伐郯，入州來，異時入郢之禍，已兆于此。」

黄氏仲炎曰：「吴、郯相去本隔江、淮二水，而伐之者，吴始大也。」

成七年秋，吴入州來。

左傳：「申公巫臣通吴于晉，以兩之一卒適吴，舍偏兩之一焉。與其射御，教吴乘車，教之戰陳，教之叛楚。吴始伐楚、伐巢、伐徐。吴入州來，子重自鄭奔命。蠻夷屬于楚者，吴盡取之，是以始大。」

高氏閌曰：「吴、楚争彊，始見于此。州來屬楚，吴以兵入之，著楚雖悖强，而吴敢與之

成十七年冬十二月，吴人圍巢。

左傳：「舒庸人以楚之敗于鄢陵也，道吴人圍巢，伐駕，圍釐、虺。」

襄三年春，楚公子嬰齊帥師伐吴。

左傳：「楚子重伐吴，克鳩兹，至于衡山。使鄧廖帥組甲三百、被練三千以侵吴。吴人要而擊之，獲鄧廖。子重歸，飲至三日，吴人伐楚，取駕。」

此吴、楚争彊之始。

高氏閌曰：「楚始志伐吴，吴與鍾離之會故也。楚自鄢陵之敗，其勢稍屈，畏諸侯并力

盟吳、越，吳、越就盟而楚東南之隙彌矣。根本既固，然後與强晉爭鋒，此孫叔敖之謀也。

抗也。」嚴氏啟隆曰：「州來迤北則魯，迤南而西則楚，吳得州來可以窺楚，楚控州來可以禦吳。州來，吳、楚之扼吭也。」

案：東萊呂氏曰：「通吳誠足以病楚而紓晉之憂，然楚病而晉亦病，借助于夷狄，未有不貽其患者。」此蓋有鑒于宋、金之事。然晉之通吳，未嘗受吳之病也。襄十四年向之會，范宣子數吳之不德，以退吳人。嗣後未嘗與吳盟會，亦未嘗爲吳興師，何病之有？晉之失伯，乃晉

謀之，而吳乘其閒，故先伐吳，以張其勢。」

案：吳、楚共長江之險，而吳居楚下流，仰攻不能勝楚，故吳之用兵，常從淮右北道。鳩茲，爲今太平府之蕪湖縣，此楚從水道勝吳也。而吳之報楚，則取駕。駕在今無爲州境，此從陸道。前此巫臣未通吳以前，吳不諳乘車之法，不能陸戰，故入春秋以來踰百年常役屬于楚，至此乃得射御長技，與楚角遂于中原平地。楚既失長江上流之險，不得不堵截淮路，以塞吳北來之衝。

襄十三年秋九月庚辰，楚子審卒。吳侵楚。

經不書。

左傳：「吳侵楚，養由基奔命，子庚以師繼之。養叔曰：『吳乘我

襄十四年秋，楚公子貞帥師伐吳。

左傳：「楚子爲庸浦之役故，子囊師于棠，以伐吳。吳不出而還。子囊殿，以吳爲不能而

自不競。宋之盟，使諸侯交相見。召陵之役爲蔡伐楚，而卒辭蔡侯，以致吳得收破楚之功，而横行中國耳。使微前日之通吳，晉亦不能伯。必以通吳爲晉咎，反任楚之横行而莫制，吳更役屬于楚，助其凶燄，乃爲得計哉！

襄二十四年夏，楚子伐吳。

左傳：「楚子爲舟師以伐吳，不爲軍政，無功而還。」

楚無功一。

案：楚以舟師伐吳，水道宜取勝，自以不爲

襄二十五年秋，楚屈建帥師滅舒鳩。

左傳：「二十四年，吳人爲楚舟師之役故，召舒鳩人，舒鳩人叛楚，楚子師于荒浦，舒

至州來失，而入郢之禍兆矣。此吳、楚用兵之大略也。

楚克吳一，吳亦克楚一。

冬十有二月，吳子遏伐楚，門于巢，卒。

左傳：「吳子伐楚，以報舟師之役。門于巢。巢牛臣曰：『吳王勇而輕，若啟之，將親門。

喪，謂我不能師也，必易我而不戒。子爲三覆以待我，我請誘之。』子庚從之。戰于庸浦，大敗吳師。十四年春，吳告敗于晉，會于向，爲吳謀楚故也。范宣子數吳之不德也，以退吳人。」

案：是年爲晉悼之十四年，鄭已服，楚已不能與晉争，而晉之用吳亦止此，誰謂通吳是爲晉患哉！

楚勝吳一。

又案：庸浦在今江南無爲州，此陸道也，而吳自以伐喪不戒致敗。

弗儆。吳人自臯舟之隘要而擊之，大敗楚師，獲楚公子宜穀。」

吳勝楚一。

案：棠爲江南江寧府之六合縣，此楚從水道伐吳也，故吳畏之而不出，而楚自以不儆致敗。

趙氏鵬飛曰：「楚康卽位，脩先君之怨于諸侯，謂楚所以不得志于北方者，吳實爲之梗也，故置宋、鄭不問而首伐吳。今伐而未得志，故二十四年復親伐之，其讎吳深矣。」

軍政而無功。

高氏閌曰：「自襄十一年楚失鄭，十四年伐吳，自是舍鄭不争，又十年而一再伐吳，急吳而緩中國也。觀此而悼公之通吳，其有功于中國大矣。而貫道王氏乃謂晉挾中國之諸侯以制楚，不患其功之不足，以悼公之會吳爲無遠慮，又謂晉伯世用夷，是文、襄之術，齊桓不爾。噫！是將以齊桓之合江、黄爲得計耶？徒使江、黄見滅，而楚日熾。召陵之後，楚滅弦圍許，縱肆無忌，孰若文公之用秦，悼公之

鳩子請受盟。二十五年秋，舒鳩人卒叛楚，令尹子木伐之，吳人救之。及離城，子彊請以私卒誘之，簡師，陳以待我。從之。乃以其私卒先擊吳師，吳師奔，登山以望，見楚師不繼，復逐之，傅諸其軍，簡師會之，大敗吳師，遂圍舒鳩。舒鳩潰，八月滅之。」

楚勝吳二。

案：杜註：「離城，卽舒鳩城也。」今在江南廬州府舒城縣境。此亦陸道，而楚將帥以善謀取勝。

我獲射之，必殪。』從之。吳子門焉，牛臣隱于短牆以射之，卒。」

楚勝吳三。

案：巢卽今廬州府之巢縣。此亦陸道，而吳子以輕身致敗。

用吳，城濮、蕭魚而後，猶得一二十年之安枕也。是儒者之好爲大言耳。」

襄二十六年夏，楚子、秦人侵吳。

經不書。

左傳：「及雩婁，聞吳有備而還。」

楚避吳一。康王之世交兵凡五。

案：雩婁，在今江南鳳陽府霍丘縣西南，此陸道，吳所嚴備，故楚不能取勝。

昭四年秋七月，楚子以諸侯伐吳。

左傳：「楚子伐吳，使屈申圍朱方，克之，執齊慶封而盡滅其族，遂滅賴。」

吳避楚一。

案：朱方爲今江南鎮江府丹徒縣。此從大江直下水道也。楚居上流，吳所最畏，故不出兵交戰，而楚得以殺慶封，而乘勢滅賴。

冬，吳伐楚。

經不書。

左傳：「吳伐楚，入棘、櫟、麻，以報朱方之役。楚沈尹射奔命于夏汭，箴尹宜咎城鍾離，薳啟彊城巢，然丹城州來。」

楚避吳三。

案：棘在今河南歸德府永城縣南，櫟在今河南汝寧府新蔡縣北二十里，麻在今江南徐州府碭山縣，皆楚

昭五年冬，楚子以諸侯伐吳。

左傳：「楚子以諸侯及東夷伐吳，以報棘、櫟、麻之役。薳射以師會于夏汭。越大夫常壽過帥師會楚子于瑣。聞吳師出，薳啟彊帥師從之，遽不設備，吳人敗諸鵲岸。薳射之師先入南懷，楚師從之，及汝清，吳不可入。是行也，吳早設備，楚無功而還。」

昭六年秋，楚薳罷帥師伐吳。

左傳：「楚子使薳洩伐徐，吳人救之。令尹子蕩師于豫章，而次于乾谿，吳人敗其師于房鍾。」

吳勝楚三。

案：乾谿在今江南鳳陽府亳州東南。房鍾，今壽州蒙城縣界。此從淮右陸路，故吳勝而楚敗。

昭十二年冬，楚子伐徐。

昭十三年冬，吳滅州來。

東鄙邑。此吳從陸路出淮右北道也，楚失其長江之險矣，故亦不能交戰，而築三城于淮北以距之。鍾離在鳳陽府鳳陽縣，巢爲今之廬州府巢縣，州來，今壽州，俱屬江南境。案：夏汭乃漢水曲入江處，卽今之漢口也，在湖廣漢陽府城東，武昌府城西，正當大別山下。杜云：吳兵在東北，楚盛兵在東南，以絶其後。

昭十七年冬，楚人及吳戰于長

吳勝楚二。案：夏汭在今湖廣武昌府江夏縣，鵲岸在今江南太平府繁昌縣大江中，南懷、汝清皆楚界，在今江、淮閒。此從湖廣大江順流直下至江南，陳友諒乘虛擣太平之策也。楚宜勝吳，而吳以設備故，爲吳敗。是年越始見經，爲楚通越制吳之始。

昭十九年，楚人城州來。

昭二十三年秋七月戊辰，吳敗

左傳：「楚子狩于州來，次于潁尾，使蕩侯、潘子、司馬督、囂尹午、陵尹喜帥師圍徐以懼吳。楚子次于乾谿，以爲之援。十三年夏四月，楚子弒于乾谿，楚師還自徐，吳人敗諸豫章，獲其五帥。」

吳勝楚四。靈王之世交兵凡五。

案：此從淮右北道，而楚有篡弒之禍，故吳勝而楚敗。

左傳：「吳滅州來，令尹子旗請伐吳，王弗許，曰：『吾未撫民人而用民力，敗不可悔，子姑待之。』」

楚避吳三。此平王初年欲卹民以待時也。使終守其說，何至一動亡二姓之帥哉！

家氏鉉翁曰：「州來是吳、楚中閒要害處，成七年吳人當撫而有之，又五十載復以兵入而殘毀之。十九年傳『楚城州來』，可見此時吳尚不能有。」

岸。

左傳：「吳伐楚，陽匄爲令尹，卜戰，不吉。司馬子魚曰：『我得上流，何故不吉？請改上之。』吉。戰于長岸，子魚先死，楚師繼之，大敗吳師，獲其乘舟餘皇。使隨人與後至者守之，環而塹之，及泉。吳公子光使長鬣者三人潛伏于舟側，曰：『我呼餘皇，則對。』師夜從之。』三呼，皆迭對。楚人從而殺之，楚師亂，吳人大敗之，取餘皇以歸。」

楚勝吳四。

案：長岸，楚地，在今

經不書。

左傳：「楚人城州來，沈尹戌曰：『楚人必敗。昔吳滅州來，子旗請伐之。王曰：『吾未撫吾民。』今亦如之，而城州來以挑吳，能無敗乎？』」

頓、胡、沈、蔡、陳、許之師于雞父。

左傳：「吳人伐州來，楚薳越帥師及諸侯奔命救州來。吳人禦諸鍾離。公子光請分師先犯胡、沈與陳，必先奔，三國敗，諸侯之師乃搖心矣。諸侯乖亂，楚必大奔。從之，戰于雞父。三國敗，獲胡、沈之君及陳大夫。舍胡、沈之囚使奔許與蔡、頓，曰：『吾君死矣！』師譟而從之，三國奔，楚師大奔。」

吳勝楚五。

案：雞父，楚地，在江

冬，楚人城郢。 經不書。 左傳：「楚囊瓦城郢，沈尹戌曰：『子常必亡郢，苟不能衞，城無益也。』」 杜註：「楚用子囊遺言，已築郢城矣。今畏吳，復增脩以自固。」	
昭二十四年冬，吳滅巢。 左傳：「楚子爲舟師以略吳疆。越大夫胥犴勞王于豫章之汭，越公子倉及壽夢帥師從王，王及圉陽而還。吳人踵楚，而邊人不備，遂滅巢及鍾離。沈尹戌曰：『王一動而亡二姓之帥，幾如是而	
昭二十七年夏，吳伐楚。 經不書。 左傳：「吳子使公子掩餘、燭庸帥師圍潛，楚莠尹然、工尹麇帥師救潛，與吳師遇于窮，吳師不能退。公子光使鱄設諸弒王，楚師聞吳亂而還。」 楚避吳四。	江南太平府當塗縣西南三十里有西梁山，與東梁山夾江相對，對岸卽和州，爲吳地矣。此從長江直下，爲吳、楚交界處，所謂我得上流也，故楚能勝。
昭三十一年秋，吳侵楚。 經不書。 左傳：「吳人侵楚，伐夷，侵潛、六。楚沈尹戌帥師救潛，吳師還。吳師圍弦，左司馬戌、右司馬稽帥師救弦，及豫章，吳師還。始用子胥之謀也。」 吳避楚二。所謂亟肄	
定二年秋，楚人伐吳。 左傳：「桐叛楚。吳子使舒鳩氏誘楚人，楚囊瓦伐吳，師于豫章。吳人見舟于豫章，而潛師于巢。冬十月，吳軍楚師于豫章，敗之。」 吳勝楚七。所謂多方以誤之也。	南壽州西南六十里。自是之後，州來始爲吳有，楚之藩離撤，而入郢之禍兆矣。

不及郢。」

吳勝楚六。平王之世交兵凡四。

案：楚從北道出師，故吳勝楚，所築三城俱爲吳有，爲今廬、鳳二府之地，得以憑高而瞰郢城矣。

案：灊爲楚邑，在今廬州府霍山縣東北三十里，即灊山縣也。窮水在今鳳陽府霍丘縣西。楚亦從北道出師。

以疲之也。

案：夷在今亳州，灊在今壽州，皆楚邑。

定四年冬十一月庚午，蔡侯以吳子及楚人戰于柏舉，楚師敗績。庚辰，吳入郢。

左傳：「蔡侯、吳子、唐侯伐楚，舍舟淮汭，自豫章與楚夾漢。庚午，

定五年冬十月，楚子復入于郢。

經不書。

左傳：「申包胥以秦師至，大敗夫概王于沂。秦師又敗吳師，又戰于公胥之谿，吳師大敗，吳子乃歸，楚子入于郢。」

楚敗吳五。賴秦得復

定六年夏四月，楚遷郢于鄀。

經不書。

左傳：「四月己丑，吳太子終纍敗楚舟師，子期又以陵師敗于繁揚。楚國大惕，懼亡。子西喜曰：『乃今可爲矣。』于是乎遷郢于鄀，而改紀其政。」

哀六年春，吳伐陳。

左傳：「吳伐陳。楚救陳，卜戰，不吉。卜退，不吉。王曰：『然則死也。再敗楚師，不如死。』將戰，王有疾。庚寅，昭王攻大冥，卒于城父。」

吳、楚無勝負。昭王之

哀十年冬，楚公子結帥師伐陳，吳救陳。

左傳：「楚子期伐陳。吳延州來季子救陳，謂子期曰：『二君不務德，而力爭諸侯，民何罪焉？我請退，以爲子名，務德而安民。』乃還。」

陳于柏舉。夫概王以其屬五千先擊子常之卒，楚師亂，吳師大敗之。從楚師，及清發，半濟而擊楚，又敗之。五戰及郢，楚子取其妹季芉畀我以出，遂奔隨。」吳勝楚八，楚幾亡。	國。	案：楚之舊郢在今湖廣武昌府江夏縣，都在今襄陽府宜城縣，是由南而北，遷以避吳也，亦仍其名曰郢。楚避吳五。	世交兵凡七。	吳避楚三。
哀十三年，楚公子申帥師伐陳。高氏閲曰：「楚畏吳之彊，無如之何，故乘吳之出會而伐陳也。」	哀十五年夏，楚人伐吳。續經不書。左傳：「夏，楚子西、子期伐吳，及桐汭。」			

春秋吳楚柏舉之戰論

春秋吳、楚柏舉之戰，子常濟漢而陳，自小别至于大别。孔穎達曰：小别當在大别之東。蓋子常自小別與吳戰，退而至大別，明其自東而漸西也。高江村駁之曰：以地形考之，大別在漢陽，小別在漢川，柏舉在麻城。漢川在漢陽之西北百七十里，麻城在漢陽之東北，與孔説正相反，蓋孔誤也。余案：高氏之言信矣。獨是吳在東，楚在西，楚子常三戰不能勝吳，吳無緣有退歸而東之理，故孔氏有此臆斷。然余嘗反覆考之，而知其所由然也。蓋吳當淮汭即舍舟，自豫章與楚夾漢，漢即今之漢口，淮汭即今之壽州。自壽州至漢口九百餘里，懸師深入，餉道不繼。此亦如齊莊公之伐晉，入孟門，登太行，第欲蹂踐其內地，以矜威武耳，此時非果有破都滅國之謀也。故其戰常且鬭且卻，欲退歸淮汭以收師而返。傳云：「自小別至于大別。庚午，陳於柏舉。」從小別至柏舉，東移凡三百里，則其志可知矣。且司馬戌議毁舟而還塞城口，世以爲善計。然余謂闔閭君臣不應獨愚至此。古之善爲兵者，過險必令搜山，沿途常爲設伏，一以防敵之邀截，一以爲己之應援。故亞夫之入滎陽也，先使搜人於淆、澠之閒，得之。陽明之攻宸濠也，先搜城外伏兵。當吳兵平行至城口，覩其地形阨隘，料楚人必有塞斷以阻其歸路者，必多置鋭卒，據險設伏，以爲歸師接應之計。故夫概請戰，不許，而日夜引楚兵近東，意欲誘入伏中，還師合擊以取勝，此闔閭本謀也。至柏舉之戰，夫概不請命，而以其私卒先死，大破楚軍，逐北千里，幾至滅國。此則楚之失算，亦屬有天幸，而闔閭君臣萬萬計不及此也。然則小別、大別之戰，其自西而趨于東也，復何疑乎」！當日爲楚之計者，第當嚴兵固壘，勿輕與戰，淹至旬日，吳必倦怠欲歸，正不必爲毁舟與塞城口之計，但以重兵徐行驅之，縱令過險，待其爭舟而濟，然後縱兵追擊，可以大勝。故當日楚之失計在速戰，尤在楚昭輕棄國本，逃竄狼狽，人心驚惶，遂至宗社失守。使子常雖敗而昭王固守郢都，屹然不動，徐令楚之城邑堅壁清野，四面合援，吳進困於堅城，退無所得食，楚之制勝亦可以百全。惜當日子西、葉公輩不知出此，遂令吳得僥倖成功，而當其決戰時，固不料其能及此也。但令整軍而退，不至敗衂斯已矣。嗚呼！世之論者多據成敗已然之局，故常爲古人所愚。故世常恨司馬之計不行，爲楚之失算，而不知卽行其計，楚亦未必能勝吳。又謂子常三戰不勝，吳無緣退而東去，而不知吳當日之戰事，勢常患不能勝楚，其卒能勝者，天也。其不行司馬之計，亦司馬幸而得成其名耳。就令其計得行，而吳于淮汭必宿重兵，城口必伏死士，徒令偏師先敗，以搖軍心耳。不然子胥善謀，豈肯以君臣陷入死地，隻輪不返，重爲天下戮笑哉！愚故因高氏之辨而竊料當日之成算如此。若孔氏所云，特膚末之見，未可與語戰鬬之事也。

春秋蔡侯以吳師入郢論

聖人經文皆是據實書。定四年，蔡侯以吳子及楚人戰于柏舉，楚師敗績。庚辰，吳入郢。據左傳，唐、蔡俱從吳伐楚，而經獨書蔡，先儒謂蔡受楚毒最深，善其能報仇雪恥，故特書曰「以」。乃余深考當日地里，知吳之入郢，全憑蔡爲之鄉導，唐不得與。聖人亦第據實書，而非有意于褒之也。案：吳、楚俱澤國，皆善水戰，而楚地居上流，吳常不勝。故入春秋百年以來，吳屈服于楚爲屬國者，職是故也。逮申公巫臣自晉使吳，教以乘車射御，吳始用陸道，與楚角逐，而楚始駸駸患吳矣。楚既失長江上流之險，迺更于淮右北道築州來、鍾離、巢三城以禦吳。吳于楚之水師克鳩兹，克朱方，悉置不問，而第日擾于廬、壽、淮、潁之閒。逮克鍾離、巢，而楚患始棘，然猶未敢懸軍深入也。至滅州來，今江南壽州。與蔡密邇，蔡更道吳舍舟從陸，從淮汭，即州來。歷光、黃，逕義陽三關之險，至漢江北岸，與楚夾漢而陣。當是時，吳歷楚境一千一百餘里，深入死地，亦未敢必能入郢。故其戰嘗且勝且卻，收軍至柏舉，今湖廣麻城縣，去小別漢川縣三百餘里。適會楚瓦不仁，人無固志，而夫概身先死戰，遂長驅入郢，固屬有天幸，而蔡之計謀亦毒矣。是時蔡以小國而聲震天下，諸侯俱歸粟于蔡。五年楚復國卽滅唐報怨，而不敢動蔡者，夫亦以蔡近吳，有吳以爲之援故也。則當日吳、楚之赴告，自必以蔡爲兵首，魯史從而書之，聖人亦從而書之，而豈有意于褒之也哉！夫讀春秋者，不知春秋之地里，則不得當日之事勢；不得當日之事勢，則無以見聖人之書法。余因蔡侯以吳師一事而發明經文之據實書者如此。夫蔡以弱小用吳覆楚，而晉爲盟主，辭蔡不救，而有事于鮮虞，則又比事觀之，而罪自見矣。

春秋吴越交兵表卷三十四

錫山　顧楝高復初　輯
同里受業沈岵瞻起巖　參

敘

世嘗恨吴王不聽子胥滅越，致越卒沼吴。余以爲不然，吴之亡，以驕淫黷武，耽樂忘禍，輕用民力，馳騁於數千里之外，雖微越，吴亦必亡。若使守其四境，和其人民，任賢使能，而增脩其政，越雖切齒思報，亦且慴伏而不敢動，動卽滅國矣，雖百越能爲吴患哉！且吴之會晉黄池，聞有越師，遑遽而奔歸也。太子戰死，國之不亡者如髮，而越未嘗不與吴平。此時若能效句踐會稽之志，則吴之封疆大于越國，而吴之受創未至如會稽，將見越能復吴，而吴亦能復越。豬越之國，數句踐背德之罪而戮之，天下其孰敢議。乃因循至十年之久，再受越師，卒迷不悟，慶忌驟諫而至見殺，則非越之能滅吴，吴自滅耳。嗚呼！古今存亡之理，雖曰天命，豈非人事。吴嘗破楚入郢，乃不踰年而楚卒返國，越一入吴，而泰伯之後遂以不祀，此又非特夫差之過也。楚能信任宗族，其執政皆公子，昭王奔隨，而子西爲王輿服于脾洩，以靖國人，子期至身爲王以與吴，其大臣多捐軀盡忠之士，譬如百足之蟲，至死不僵矣。向使夫差雖亡，而夫概尚在，以其精于用兵，得吴旁郡邑而守之，安見死灰不可復然。而吴自闔閭以來，世疎忌骨肉，王僚之弒，掩餘、燭庸逃竄無所，夫概有破楚大功，而卒奔楚爲堂谿氏，盡斬其枝葉，而欲以孤幹特立于二千里之地。故以吴之强，而越摧之如拉朽，豈不哀哉！爲著其始終得失之故，明鑒戒焉。輯春秋吴越交兵表第三十四。

春秋吳越交兵表

昭五年冬，楚子、越人伐吳。 左傳：「楚子以諸侯及東夷伐吳，越大夫常壽過帥師會楚子于瑣。」 李氏廉曰：「此爲楚通越制吳之始。」	哀元年春正月，
昭二十四年，越從楚伐吳。 經不書，見吳滅巢傳。 左傳：「楚子爲舟師以略吳疆，越大夫胥犴勞王于豫章之汭。越公子倉歸王乘舟。倉及壽夢帥師從王。」	三月，越及吳
昭三十二年夏，吳伐越。 左傳：「吳伐越，始用師于越也。史墨曰：『不及四十年，越其有吳乎！越得歲而吳伐之，必受其凶。』」 高氏閌曰：「前此越與楚子伐吳，故始用師于越，而國自是亡矣。」 家氏鉉翁曰：「吳方抗楚，越議其後，自是吳、楚、越不相爲下。」	哀十一年夏五
定五年夏，於越入吳。 左傳：「吳在楚也。」 案：吳以定四年入郢，而越卽乘虛入吳。是年申包胥以秦師至。有秦以犄吳之前，而復有越以巉吳之後，吳欲不歸，得乎？	哀十三年夏六
定十四年五月，於越敗吳于檇李。 左傳：「吳伐越，越子句踐禦之，陳于檇李。句踐使罪人三行，屬劍于頸，而辭云云。師屬之目，越子因而伐之，大敗之。闔廬傷將指，還，卒于陘。夫差使人立于庭，苟出入，必謂己曰：『夫差，而忘越王之殺而父乎？』則對曰：『唯不敢忘。』三年，乃報越。」	哀十七年春三

吳敗越于夫椒。

經不書，吳不告慶，越不告敗也。

左傳：「吳王夫差敗越于夫椒，報檇李也，遂入越。」

平。

經不書。

左傳：「越子以甲楯五千保于會稽，使大夫種因吳太宰嚭以行成，吳子許之。伍員諫，不聽，退而告人曰：『越十年生聚，十年教訓，二十年之外，吳其爲沼乎！』」

月，越子朝于吳。

經不書。

左傳：「吳將伐齊，越子率衆以朝，王及列士皆有饋賂。子胥懼，曰：『是豢吳也夫。』諫，弗聽。使于齊，屬其子于鮑氏。王聞之，賜之屬鏤以死。將死，曰：『樹吾墓檟，檟可材也，吳其亡乎！』」

月，於越入吳。

左傳：「夏，公會單平公、晉定公、吳夫差于黃池。六月丙子，越子伐吳。乙酉，戰。丙戌，復戰，大敗吳師。丁亥，入吳。吳人告敗于王。」

「冬十有二月，吳及越平。」

月，越子伐吳。

左傳：「越子伐吳，吳人禦之笠澤，夾水而陳。越人爲左右句卒，使夜或左或右，鼓譟而進，吳師分以禦之。越子以三軍潛涉，當吳中軍而鼓之，吳師大亂，遂敗之。」

哀二十年冬十一月，越圍吳。

左傳：「越圍吳，趙孟降于喪食，使楚隆通問于吳王，吳王與之一簞珠，使問趙孟。」

哀二十二年冬十一月丁卯，越滅吳。

左傳：「越滅吳，請使吳王居甬東。辭曰：『孤老矣，焉能事君。』乃縊。」

春秋齊魯交兵表卷三十五

錫山　顧棟高復初　輯
同邑受業鄧愷濟美　參

敘

夫子有言：「管仲相桓公，霸諸侯，一匡天下，民到于今受其賜。微管仲，吾其被髮左衽。」嗚呼！夫子稱「到于今」，則知此言非特予管仲，並予晉文。愚嘗觀于齊、魯之故，而歎春秋之天下不可一日無晉。晉伯息，而齊、魯俱受其敝矣。何則？霸之局非管仲與齊桓不能創，而非晉則不能維持以至于百年。齊桓之世，天下之所賴者唯齊，齊桓既没，魯之所患亦唯齊。齊桓之子孫至春秋之末凡八九世，獨惠公稍安静，而景公有志争伯，覬釁而動，故二公之世，齊、魯争鬬差少。其餘若孝公、懿公、頃公、靈公、莊公，類皆如猘犬之狂噬，而悼公之世，國已制于陳氏，好以其君惡于諸侯。故其時魯一有齊難，則乞師于晉，晉師出而魯得安枕者數十年。迨晉稍有閒，或新君初立未遑諸侯之事，則齊患復起。故齊之於魯，如切膚之錮疾，不時間作，所藉以爲扁鵲者唯晉，晉伯息則魯無所控愬。故晉文之未興也，僖公至以楚伐齊。晉伯之既去也，哀公至以吴伐齊。夫至以吴、楚伐齊，天下幾無復有中夏，此夫子所以有被髮左衽之懼也。世徒見夫子有譎正之言，謂聖人或伸齊而抑晉，略晉文之功而不録，豈識春秋之旨哉！夫桓公一匡天下，而其子孫首壞其法，狼貪鼠竊，晝伏夜行，賴晉承齊桓之業整飭者數世。至晉伯衰而齊弱魯，魯亦能乞師以弱齊。齊、魯交相敝，而吴、楚得横行于天下。夫子立定、哀之世，親見昭公娶于吴矣。哀公會吴伐齊，至齊弑君以説矣。至吴、晉争長黄池，而齊桓一匡之緒，吴且分其半，夫子蓋心傷之。而要非齊桓則不能創其局以貽晉，夫子所以獨歸功於管仲者以此。孟子曰：「其事則齊桓、晉文。」夫惟桓、文並稱，此夫子之所謂「到於今」也。輯春秋齊魯交兵表第三十五。

春秋齊魯交兵表

桓十年冬十二月丙午，齊侯、衛侯、鄭伯來戰于郎。

左傳：「初，北戎病齊，諸侯救之，鄭忽有功焉。齊人餼諸侯，使魯次之。魯以周班後鄭。鄭人怒，請師于齊，齊人以衛師助之。」此爲齊、魯交兵之始。季氏本曰：「齊欲吞紀，與鄭、衛合，魯則專意援紀者也。三國來戰，蓋爲此爾。考魯

桓十三年春二月，公會紀侯、鄭伯。己巳，及齊侯、宋公、衛侯、燕人戰，齊師、宋師、衛師、燕師敗績。

穀梁傳：「其不地于紀也。」胡傳：「趙匡考據經文，內兵則以紀爲主，而先于鄭，外兵則以齊爲主，而先于宋，獨取穀梁之說。蓋齊、

桓十五年夏五月，公會齊侯于艾。

高氏閌曰：「魯嘗與齊絶矣。自僖公卒，襄公新立，至是復通好焉。彭生之禍兆于此，故春秋志之，以齊侯爲主。」案：左氏以爲艾之盟謀定許，此說極謬。鄭氏玉謂隱十一年入許之役，齊、魯、鄭也。今許叔乘鄭亂以復其國，齊、魯不與師問罪

桓十七年春正月丙辰，公會齊侯、紀侯盟于黃。夏五月丙午，及齊師戰于奚。

左傳：「盟于黃，平齊、紀也。」高氏閌曰：「紀懼齊之見圖，每爲之備。而齊人多詐，故爲此盟，示之以不疑，俾紀弛怠而不我慮。是以尋盟既退，魯遂與齊戰于奚。二年齊遂遷紀之

莊九年夏，公伐齊，納糾。齊小白入于齊。

左傳：「桓公自莒先入。」陳氏傅良曰：「凡納所宜納皆不書，必不宜納也而後書。襄公，吾讎也，而納其亡公子以爲德，是納不宜納也。」趙氏與權曰：「魯莊之伐齊似矣，惜乎其以納糾也，使移此爲復讎之師則可矣。春秋

以援紀之故，與齊不親。自齊、鄭如紀之後，與魯不相通已六年矣，何由至齊爲班耶？」

卓氏爾康曰：「齊惡魯爲紀謀難，則主兵者齊也。鄭與齊同如紀者，衛又與齊胥命於蒲，故三國來戰。」

案：隱公之始，魯與齊、鄭爲一黨，而桓公初立，以篡弑懼見討，以賂結鄭，以昏求齊，與二國尤親，未嘗相戰伐也。至是齊欲圖紀，而紀爲魯姻，其來戰當以此故。左氏之説非也。齊爲大國，豈以鄭班餼小嫌而遽爲

紀世讎，齊人合三國以攻紀，魯、鄭援紀而與戰，戰而不地于紀也。不然紀懼滅亡不暇，何敢將兵越國助魯、鄭以結怨乎！」

呂氏大圭曰：「桓公既無所以固紀之道，而徒挾鄭以戰，幸而勝齊，不知所以促紀之亡在此。迨夫紀懼亡不給，然後爲黄之盟，求以安紀，亦晚矣。」

吴氏澂曰：「昔鄭莊助齊謀紀，今魯桓數爲鄭會宋，繼又同鄭伐宋。鄭厲德魯，故助魯救紀，而悉反其父之所爲。」

足矣，安得反爲之會以定其位。駁得極有理。蓋是年爲襄公元年，襄公舊嘗通其妹，至是齊、魯絶好，襄公之意以爲既絶，則不得復借名相往來，而奸淫之計不得逞也，故親至艾而邀魯爲此會。魯喜大國之忘宿怨而與己和，且冀已盟之後，或可借以紓紀難，不知其引盜入室，無救于紀，而已被其災。曰會者，外爲志。春秋特書于齊襄之首年，見襄公之乘喪爲會，絶無人理，而魯桓之愚騃受齊玩弄可爲哀也。

三邑。」

趙氏鵬飛曰：「黄之盟，齊蓋不欲魯必有以强之，故春盟而夏有是戰焉。」

黄氏震曰：「齊之圖紀，至是十有二年。魯爲紀納后于王，故紀雖從魯、鄭敗齊，而齊僖不敢報怨，猶知畏義也。至襄公新立，春盟黄而夏與魯戰于奚，齊且無魯，豈爲魯存紀，盟豈足恃哉！」

案：魯欲平齊、紀，蓋恃前日艾之盟，謂齊能屈己與和，或能存紀，爲魯推愛耳。豈知齊襄行同狗彘，其包藏禍心别有在，何有

書其故，以其非讎齊而德齊也。」

汪氏克寬曰：「小白繫齊而糾不稱子，則小白當立，而糾不當立明矣。魯莊忘讎而納其公子，奉少奪長，與師以助不正，卒至于敗。書公伐齊、書納，而罪惡著矣。」

案：莊公可謂無人心者矣，父親被弑，不聞有一旅之師問罪。元年而即爲齊主昏，二年而縱母姜氏會齊侯于禚，三年而會齊師伐衛，四年而親與齊侯爲狩，五年復會齊伐衛納朔，抗天王之命，六年而納齊人來

莊九年八月庚申，及齊師戰于乾時，我師敗	與師。明年春正月，三國盟于惡曹，孫氏復曰謀魯也，孫氏覺亦謂以新勝魯而結好，亦是齊爲主，合二國以謀紀，懼魯爲之援爾。經惟書三國，而左氏增入一宋，尤非。
莊十年春正月，公敗齊師于長勺。	
夏六月，齊師、宋師次于郎，公敗宋師于乘丘。	
莊十三年冬，公會齊侯盟于柯。左傳：「始及齊平也。」張氏溥曰：「齊桓圖	于一紀。魯桓至是亦可以省矣，猶復不悟，明年遂及夫人如齊，卒蹈其禍。不知其十五年邀魯會艾之時，其畜謀全爲此。墮其機械，患起宫掖，豈不哀哉！ 桓公之世，齊、魯交兵凡三，專爲存紀一案。
莊十九年秋，公子結媵陳人之婦于鄄，遂及齊	歸衛寶，納纂弑之賂，七年而姜氏會齊侯于防于穀，八年而治兵圍郕，郕降齊師，至襄公之見弑而後已。其于弑父之讎，奔走惟命，不啻前子之于假父，孱弱極矣。至齊君弑國亂，反納其亡公子以爲德，躬御戎旅，戰于乾時，戰于長勺，兵敗不悔，何怯于復讎而勇于助亂若是哉！是後世唐中宗之流亞也。

績。

左傳：「公喪戎路，傳乘而歸。」

趙氏匡曰：「內敗不書。此書者，納讎喪師，以惡內也。」

趙氏鵬飛曰：「春秋內戰未有書敗績者，皆爲之諱也。今莊公內忘父讎，而外爲齊納不當立之君，其罪已甚，尚何足爲諱。或者謂以我伐齊爲有復讎之名，故聖人與之，不諱其敗。噫！莊所納者，讎之子，而名爲復讎，有是理乎！」

汪氏克寬曰：「春秋凡言敗者，是勝彼，言戰

胡傳：「左言齊師伐我，經不書伐，意責魯也。」

金氏賢曰：「觀長勺之勝，則魯與齊戰，魯豈盡出齊下。使莊公移乾時之戰于魯桓遇弒之時，移長勺之戰于齊襄未死之日，則勝敗俱榮。乃不用之復讎，而用之以納讎人之子，可勝歎哉！」

左傳：「齊師、宋師次于郎。公子偃曰：『宋師不整，可敗也。宋敗，齊必還。請擊之。』公弗許，自雩門竊出，蒙皋比而先犯之。公從之。大敗宋師于乘丘，齊師乃還。」

杜氏諤曰：「公不能復讎，而反納子糾，以啟齊之寇。又侵宋，以衆其敵，致二國同次于郎。公雖敗宋，不足爲美。」

李氏廉曰：「齊之忿魯，始于子糾之納，宋之忿魯，始于公之侵，而其實則齊桓挾宋以圖伯也。」

案：莊公之初，齊、魯

伯，必先以義動諸侯，欲重于諸侯，必先得魯。北杏之會，宋、陳、蔡、邾皆至，猶未有魯也。至公與盟，而齊伯成矣。反稷之會而爲北杏，忘長勺之敗而爲柯盟，桓之所以能爲諸侯主也。」

案：自柯盟之後，齊桓倡伯，魯無役不從，兵爭息矣。惟十九年有三國之來伐，則以責魯不恭故。魯方聽命之不暇，而不敢與交戰。至僖二十六年，孝公新立，銜怨而與魯爲難，侵我西鄙，公追齊師至酅，復起兵端。計莊十三年至此

侯、宋公盟。冬，齊人、宋人、陳人伐我西鄙。

杜氏預曰：「結在鄄聞齊、宋有會，去其本職，遂與二君爲盟，本非魯公志，而又失媵陳之好，故冬各來伐。」

孫氏覺曰：「公子結以遂事召寇，故三國皆來伐我。三國有辭，故曰伐也。」

程子曰：「齊桓始伯，責魯不恭其事，故來伐。」

吳氏澂曰：「魯之臣送己女爲媵，而遂與伯主大國盟，不恭也，是

者，爲彼所勝也。內諱敗，言戰乃敗也。故奚與升陘之戰實敗也，皆不書敗績，爲公諱也。此獨不諱敗者，以莊忘父仇而納仇人之子，惡之也。」季氏本曰：「莊公輔邪奪正，志在必爭。乾時之戰書及，在魯以見齊人本不欲戰，而魯決求一逞也。」		交兵凡四，專爲納糾一案。	凡歷四十八年。	以聲其罪而伐之。陳亦以結媵其國人之婦，而輕慢伯主，故與齊、宋同興問罪之師。」李氏廉曰：「齊之伐魯，雖由公子結之不恭，然魯自受鄭詹而背盟幽之信，已得罪于齊矣。」
僖二十六年春，齊人侵我西鄙，公追齊師至酅，弗及。左傳：「討是二盟也。」討魯與衛爲洮、向之	夏，齊人伐我北鄙。左傳：「衛人伐齊，洮之盟故也。」	冬，公以楚師伐齊，取穀。左傳：「東門襄仲、臧文仲如楚乞師。臧孫見子玉而道之伐齊、宋。冬，公以楚師伐	僖二十八年秋，公子遂如齊。許氏翰曰：「齊自孝公立，與魯好絕，比相侵伐。洎晉文有城濮之勝，昭公復與公同踐	文十五年秋，齊人侵我西鄙。高氏閌曰：「齊商人篡弒，又執我命大夫，罪不勝誅，而反加兵于我，故貶而人之。」

二盟。

趙氏鵬飛曰：「甗之戰，孝公將入，而魯救無虧，則孝公之有怨宜也。然于十九年既爲齊之盟，固當已釋。然魯與齊向爲甥舅，魯恃盟而無慮齊之心，孝公乃因其不備而潛師略于西鄙，故書人，以見其惡。」

齊，取穀。寘桓公子雍于穀，易牙奉之，以爲魯援。楚申公叔侯戍之。」

高氏閌曰：「齊人加兵于魯，魯欲報之，當請命于天子，安可遠引豺狼之楚以伐親鄰之國乎？」

李氏廉曰：「齊、魯之争，自盟柯以來未之有也。于是再見者，天下無伯也。推其事迹，乾時、長勺之兵，由于納糾；而西鄙北鄙之怨，始于救齊，本非有深憾者。然桓公卒能屈己于柯盟，而孝公不知自反，搆怨連兵，遂使楚人得乘閒而肆

土之盟，故公遣大夫聘之。」

張氏洽曰：「杞伯姬來而入杞之怨釋，公子遂如齊而取穀之憾解，伯權之立如此，此邵子所謂功之首也。」

吳氏澂曰：「魯以楚師伐齊取穀，幸而孝公遄卒，未及報怨。晉文既伯，齊、魯俱爲受盟之國，則齊不敢背晉盟而報怨，故魯使聘齊講好而釋前怨也。」

案：自踐土之後，晉文倡伯，齊、魯俱受盟約，兵争復息矣。三十三年，而公朝齊，因晉文既卒，欲改事齊也。

吳氏澂曰：「魯無得罪于齊，齊之興師無名，故曰侵。」

其毒，孝公之墜先業宜哉！」

案：僖公之世，齊、魯交兵凡三，則専爲無虧一案。自僖十八年争立至此，猶結怨不已，甚至乞楚師伐齊，不念齊桓攘楚之功，且引盗入室，冠履倒置甚矣！幸而晉文勃興，諸侯俱受盟于踐土，而齊、魯復和。天下其可一日無伯哉！

自後魯事齊益恭，至文十五年而齊商人侵我西鄙，兵争復起，則専爲子叔姬一案。計僖二十八年至此凡歷二十一年。

冬十二月，齊侯侵我西鄙，遂伐曹，入其郛。

左傳：「齊侯侵我西鄙，謂諸侯不能也。遂伐曹，入其郛，討其來

文十七年夏四月，齊侯伐我西鄙。六月癸未，公及齊侯盟于穀。

成二年春，齊侯伐我北鄙。

趙氏鵬飛曰：「齊頃不義于四鄰，諸侯皆哆然外之，獨魯宜以援立之故，不敢忘惠公

六月癸酉，季孫行父、臧孫許、叔孫僑如、公孫嬰齊會晉郤克、衛孫良父、曹公

襄十五年夏，齊侯伐我北鄙，圍成。公救成，至遇。

杜氏預曰：「遇，魯地。

朝也。」

高氏閌曰：「商人弒君自立，諸侯會于扈，謀伐之，晉取賂而還。由是商人知諸國之無能爲，益無顧忌，一歲再伐魯，惡魯而及曹，暴橫甚矣。」

李氏廉曰：「齊、魯之爭，齊桓未伯之先，有長勺、次郎之役，晉文未伯之先，有至酅取穀之役，至此而齊三弱魯矣。雖以子叔姬無寵之故，實由晉伯之不振也。」

杜註：「西當爲北，蓋經誤。」

左傳：「十六年春正月，及齊平。公有疾，使季文子會齊侯于陽穀。請盟，齊侯不肯，曰：『請俟君閒。』六月戊辰，公使襄仲納賂于齊侯，盟于郪丘。是年夏，復伐我北鄙，襄仲請盟。六月，盟于穀。」

高氏閌曰：「齊猶以公不親盟，復來討，而脅公出盟。」

案：魯至此孱弱甚矣，當討商人執子叔姬之罪，乃噤不敢發，坐受其侮。三年之中，三受伐而再乞盟。請盟

之好，而折節事齊。末年使歸父如晉，其叛齊之跡已顯然矣。而齊猶未加兵于魯者，冀魯之猶未絶齊也。既而成公立，臧孫許及晉侯盟于赤棘，始知魯決意事晉，故有北鄙之伐焉。」

案：齊自懿公受盟之後，旋復被弒，而魯宣亦以弒立之，故求援于齊，終宣公之世，曲事齊惠，至頃公初年而未絶也。至成公改事晉，而齊、魯兵端復起。幸是年六月晉郤有鞌之勝，而齊不至爲患。計文十七年至此凡歷二十二年。

子首及齊師戰于鞌，齊師敗績。

左傳：「晉郤克將兵救魯、衛。癸酉，師陳于鞌，郤克傷于矢，左并轡，右援枹而鼓，馬逸不能止。師從之，齊師敗績。逐之，三周華不注。晉師從齊師，入自丘輿，擊馬陘。齊侯使國佐賂以紀甗、玉磬與地，晉人不可。魯、衛諫曰：『子得其國寶，我得地而紓于難，其榮多矣。』晉人許之。秋七月，及齊國佐盟于袁婁，使齊歸我汶陽之田。」

公畏齊，不敢至成。」

高氏閌曰：「衛侯在齊，季孫宿爲戚之會以定衛，而齊不與。伐我北鄙，以此之故。」

李氏廉曰：「此齊之弱魯第五役也。自鞌戰之後，齊兵不至魯者三十餘年，則以畏晉之故也。于是再見晉悼衰矣。三年之閒，伐魯者六，而有同圍之師。」

不可，而至納賂。使其臣盟不可，而終至親盟。明年商人復戒師期，使無申池之禍，則兵又至魯。皆由文公內寵敬嬴，外任襄仲，置國事于不問，所以至此。魯之弱，文公爲之也。

文公之世，齊、魯交兵凡三。

成公之世，齊、魯交兵凡二。

襄十六年三月，齊侯伐我北鄙。

高氏閌曰：「是時齊益强，有輕諸侯之心。前年北鄙之伐，爲莒伐我，邾實附齊，故亦伐我南鄙。晉會溴梁以討貳，莒、邾畏晉往

秋，齊侯伐我北鄙，圍成。

家氏鉉翁曰：「齊叛晉，而屢以兵加魯，欲致晉而與之戰，其志蓋在于争伯也。」

襄十七年秋，齊侯伐我北鄙，圍桃。齊高厚帥師伐我北鄙，圍防。

左傳：「齊人以其未得志于我故，秋，齊侯伐

冬，邾人伐我南鄙。

左傳：「爲齊故也。」

王氏葆曰：「魯之四鄙，而莒伐其東，齊伐其北，邾伐其南，魯之微弱可知矣。三家分政，民不知有君也。」

襄十八年秋，齊師伐我北鄙。

許氏翰曰：「四年之中，六伐鄙而四圍邑，又縱邾、莒以助其虐，諸侯陵暴未有若是之甚者也。是以動天下之兵，幾亡其國。」

會，而齊獨不至。晉執二君之歸，齊乃益復伐我。三年之閒，齊師五至于魯矣。」

我北鄙，圍桃，高厚圍臧紇于防。」

家氏鉉翁曰：「自鞌之戰，齊屈于晉，而內懷不平，每欲釋憾于魯，以致晉師，故今君臣異道而進。」

冬十月，公會晉侯及諸侯同圍齊。

左傳：「冬十月，會于魯濟，尋湨梁之言，同圍齊。齊禦諸平陰，晉人使司馬斥山澤之險，旆而疏陳之，輿曳柴而從之。齊侯見之，畏其衆也，乃夜遁。十一月丁卯朔，入平陰，

襄二十年秋，叔老如齊。

杜氏預曰：「齊、魯有怨，朝聘禮絕，今復繼好息民。」

王氏葆曰：「齊屢陵魯，及是年之澶淵而始平。今叔老之修聘，欲固齊好也。」

襄二十四年春，仲孫羯帥師侵齊。

左傳：「晉故也。」

高氏閌曰：「齊之伐晉取朝歌也，魯使叔孫豹救之無功，故孟孝伯至帥師復爲晉報焉。」

案：自襄十八年平陰之役至此凡歷七年。

襄二十五年春，齊崔杼帥師伐我北鄙。

左傳：「報孝伯之師也。」

趙氏與權曰：「齊莊連歲用兵伐衞、伐晉、伐莒、伐魯，三年之閒，曾弗之戢，而又援兵于好亂之夫，宜其終不免于禍也。」

定七年秋，齊國夏帥師伐我西鄙。

許氏翰曰：「東夏諸侯，惟魯事晉，故齊伐之。」

家氏鉉翁曰：「昭公流離顛沛，惟齊景是依，如是五六年，卒不能爲之出偏師問意如之罪。今乃與無名之師

遂從齊師。齊侯駕，將走郵棠，太子抽劍斷鞅，乃止。」			襄之世齊、魯交兵凡九，于齊歷二君，靈公七，莊公二。案：是年五月，崔杼即弒莊而立景，晉會諸侯于夷儀伐齊，齊人以莊公説，由是兵爭復息。景公即位，有志與晉爭伯，觀釁而動，直至定七年，與晉爭魯，而國夏帥師伐我北鄙。計襄二五十年至此凡歷四十五年。	而加魯，失方伯之道矣。」李氏廉曰：「自襄二十五年崔杼伐我之後，四十餘年兵不至魯。至是再見，則以晉伯之不復振也。國夏兩伐，晉救無功，于是而及齊平矣。」
定八年春正月，公侵齊。杜氏預曰：「報國夏之伐也。」張氏洽曰：「魯陽虎用事，用兵無法，故以侵	二月，公侵齊。杜氏預曰：「未得志故。」孫氏復曰：「公一歲再侵齊，以重其怨甚矣。」	夏，齊國夏帥師伐我西鄙。公會晉師于瓦。左傳：「齊伐我西鄙，晉士鞅、趙鞅、荀寅救	定十年春三月，及齊平。范氏甯曰：「平前八年再侵齊之怨。」卓氏爾康曰：「齊以魯事晉，七年八年兩伐	哀八年夏，齊人取讙及闡。歸邾子益于邾。公羊傳：「外取邑不書，此何以書？以賂

書之。」

我。公會晉師于瓦。」杜氏預曰：「將來救我，公往會之。救不書，齊師已去。」定公之世，齊、魯交兵凡四，則以齊景爭伯一案。

魯，魯亦兩侵之。此時用魯，惟平齊從魯爲第一要務。書及齊平，見魯之睦鄰，非復前日之用兵矣。孔子用魯，其施爲如此。」案：是年孔子相，會夾谷，齊人服義而歸魯田，兵爭息矣。至哀八年，而季康子以伐邾啟釁，致齊來伐取讙及闡，兵端復起。計自定十年至此凡歷十有四年。

齊也。曷爲賂齊？以邾婁子益來故也。」杜氏預曰：「不書伐，兵未加而魯與之邑。」何氏休曰：「邾婁，齊與國，畏爲齊所怒而賂之。」范氏甯曰：「魯前年伐邾，以邾子益來。益，齊之甥。畏齊，故賂之。」

哀十年春二月，公會吳伐齊。左傳：「八年，齊侯使如吳請師，將以伐我。」

哀十一年春，齊國書帥師伐我。左傳：「齊爲鄎故伐我，及清。魯師及齊師

夏五月，公會吳伐齊。甲戌，戰于艾陵，齊師敗績，獲齊國書。

哀十五年冬，及齊平。左傳：「春，成叛于齊。孟武伯伐成，不克。冬

哀二十年夏，會齊于廩丘。

乃歸邾子。秋七月，及齊平。冬，齊人歸讙及闡，且辭師于吳。吳子曰：『昔歲寡人聞命，今又革之，不知所從，將進受命于君。』九年冬，吳子使來儆師伐齊。十年二月，公會吳伐齊南鄙，師于鄎。齊人弑悼公，赴于師。」

案：魯以虐邾之故，致吳、齊交伐魯。賂齊而不及吳，故齊得地而辭師于吳，吳人遷怒，移伐魯之師以伐齊，且徵魯會伐。夫齊以受平之故而歸讙、闡之地，則齊于魯爲有恩矣。以辭師之故而吳遷怒伐齊，則齊之

戰于郊，師入齊軍，右師奔，齊人從之。陳瓘、陳莊涉泗。孟之側後入以爲殿，林不狃徐步而死。師獲甲首八十，齊人不能師。宵諜曰：『齊人遁。』是役也，冉有用矛于齊師，故能入其軍。」

王氏樵曰：「前此無兵及近郊者。八年吳師克東陽而進，次于泗上。此年齊師在清，冉子請一子守，二子從公禦諸境，不可，居封疆之閒，不可。一子帥師背城而戰，孟氏始黽勉以右師從，從而又後戰而先奔。是時政在季氏，生事起釁，

左傳：「爲郊戰故，公會吳子伐齊。五月，克博。壬申，至于嬴。甲戌，戰于艾陵，大敗齊師，獲國書、公孫夏、閭丘明、陳書、東郭書，革車八百乘，甲首三千，以獻于公。」

哀公之世，齊、魯交兵凡四，則以伐邾一案，而齊、魯交兵亦止于此。

及齊平，乃歸成。」

受伐爲魯所累矣。魯不能拒吳之請而居然反噬，惟强是從，致齊弑君以說，此何理乎！皆由季康子之狂悖，而公坐受不義之名耳。	故二家不肯同力，前之吳師，後之齊師，召之使來，直至傳國都而止。兩書伐我，見魯之益衰也。」			
哀二十一年秋，八月，公及齊侯、邾子盟于顧。	哀二十四年，臧石會晉師伐齊，取廩丘。			

春秋魯邾莒交兵表卷三十六

錫山　顧棟高復初　輯
同邑受業弟遷于喬　參

敘

嗚呼！余觀春秋之世，而知封建之爲禍烈也。魯與邾、莒僻處一隅，非有關于天下之故。然魯虐邾、莒，莒滅向、滅鄫，邾滅須句、滅鄅，而其後皆爲魯所吞併。最後以邾子益來，幾亡邾矣，賴吴、越而得復。中間仗桓、文之霸，扶持綿延二百餘年，迭相攻伐，而斯民之塗炭亦甚矣。蓋嘗綜其始終而論之，魯、邾、莒之事，終春秋之世凡三變，何則？魯立國于兖州之曲阜，其南則邾，其東則莒，地小而偪，其勢不得不爭。然邾列在附庸，而莒介于蠻夷，故春秋之初，魯嘗淩邾而畏莒，隱、桓皆再盟邾而再伐邾，邾不敢報。而莒則隱與其微者盟于浮來矣，莊以叔姬女其大夫矣。隱、桓、莊三世，魯、莒未嘗交兵。至僖公首年一敗莒師，旋即再盟洮、向，以弭其隙。而邾則僖公之世，戰伐無已，則以邾近而莒差遠，邾弱而莒差强故也。至文十二年，季孫行父城鄆，而爭鄆之禍起。襄四年，魯請屬鄫，而莒即滅鄫，而爭鄫之禍又起。當其時，晉悼興霸，羣侯方屏息聽命，魯以禮義之國，兢兢焉軌於法度，罔敢淩虐弱小，而蓋邾、莒反恃齊靈而肆横。十年之閒，莒四伐我，而邾再伐我。魯凡十六年不伐邾，反爲脩平以講好。蓋邾、莒倚齊以軋魯，魯之所恃者晉，晉遠不若齊之近，又是時晉方以楚、鄭爲事，無暇理邾、莒。蓋倚人立國，彊弱隨時，理固然也。至昭之元年，而莒有亂，季孫以大盜竊國，取鄆不已，旋而取鄫，取鄫不已，旋而取郠，而邾則連歲四納其叛人。昭公以後，莒不復見。哀之世，無歲不與邾爲難，竟俘其君以歸，獻於亳社，陵蔑弱小之禍，至此極矣。嗚呼！以邾、莒之密邇于魯，而得終春秋之世不亡者，以大國林立，環視而莫敢先動，然其民之死于戰争已不可勝數。故欲復周初方伯連帥興師討伐之制，不若易後世郡縣寓内守令迭更之制，雖有殘暴不軌爲生民害者，馳一尺符則虐燄頓息，孰與夫興師討罪，有抗拒之禍、甲兵之慘哉！春秋列國之事可前鑒矣。輯春秋魯邾莒交兵表第三十六。

春秋魯邾莒交兵表

邾

李氏廉曰：「春秋内兵之伐國僅二十，而書公伐邾者六，書大夫伐邾者八，止書伐邾者一。邾在魯之宇下，而陵弱侵小之兵史不絕書如此。」

隱元年三月，公及邾儀父盟于蔑。

左傳：「公攝位而欲求好于邾，故爲蔑之盟。」

魯盟邾一。

隱七年秋，公伐邾。

左傳：「爲宋討也。」

胡傳：「宋先取邾田，故邾人入其郛。魯與儀父則元年盟于蔑矣，邾何罪可聲，特託爲辭説以伐之爾。」

張氏洽曰：「苟欲悦宋而忘蔑之盟。」

魯伐邾一。

桓八年秋，伐邾。

孫氏復曰：「不出主名，微者也。」

高氏閌曰：「桓自弑立，恃其强惡，以陵小國，小國皆畏而從之，故紀、郕、鄧、穀、滕、杞，或朝或會，惟邾恃舊好而不顧，至是始伐之。」

桓十五年，邾人、牟人、葛人來朝。

黄氏震曰：「旅朝，諸侯朝天子之禮，故貶稱人。」

邾朝魯。

桓十七年二月丙午，公會邾儀父盟于趡。

左傳：「尋蔑之盟也。」

家氏鉉翁曰：「隱公立之始年即爲蔑之盟，至桓公十有七年始復爲此盟。蓋篡國之君，儀父惡而遠之。八年爲魯所伐，十五年乃與牟、葛俱朝，猶曰尋

		趙氏鵬飛曰：「儀父蓋知義者也，隱有遜千乘之心，則即位三月而即來盟，桓有弑逆之惡，則定位八年而猶不至。桓公憤其然，故無故而伐之。然邾終不肯即至，直至十五年因牟、葛之來，不得已而與之俱朝。」 魯伐邾二。		蔑之盟，儀父之不苟有所附可見。」 汪氏克寬曰：「下書伐邾，則趡盟不待貶而惡自見。」 魯盟邾二。
秋八月，及宋人、衛人伐邾。 左傳：「宋志也。」 汪氏克寬曰：「桓、隱皆盟邾，而背盟皆以宋故，以國君之重，而其心無所適主，尚足	閔二年，夫人姜氏孫于邾。 案：是年八月，慶父弑閔公，哀姜與知之，成季以僖公適邾，共仲奔莒，乃入立之。哀姜孫于邾，齊人取而	僖元年，公敗邾師于偃。 胡傳：「八月檉之會，公與邾盟。九月即敗邾師于偃。直書其事而義自見者也。」 高氏閌曰：「邾受姜	僖二十一年冬，公伐邾。 左傳：「須句，風姓也。夏，邾人滅須句，須句子來奔，成風爲之言于公。冬，公伐邾。」 魯伐邾五。	僖二十二年春，公伐邾，取須句。 左傳：「反其君焉，禮也。」高氏閌曰：「歸其君，使爲我附庸也。爲我附庸，則是我取

貴乎！」
張氏洽曰：「桓公春與齊、邾盟，既而皆背之，戰奚伐邾，並見一年之內。蓋其爲人瀆信而好亂，不仁而佳兵，宜其不踰年卽見殺于齊也。」
魯伐邾三。

秋八月丁未，及邾人戰于升陘。
左傳：「邾人以須句故出師。公卑邾，不設備

殺之。夫僖公與姜氏所以俱適邾者，以莊、閔兩世邾、魯未嘗交兵，爲相好之國，欲藉以託庇也。邾既受僖公，則不宜復受姜氏，所以逢僖之怒，而明年卽有偃之役。

僖三十三年夏，公伐邾，取訾婁。
左傳：「以報升陘之

氏，公不請于會而討之，乃既會而敗其師，非禮也。」
魯敗邾四。
案：隱、桓之世，邾、魯有怨，背盟在魯。由莊訖閔三十餘年，繼好息民，舊怨釋矣。僖甫卽位，乃以邾受姜氏之故，詐敗其師，背大國之盟，結小國之怨，終僖之世，兵連禍結，升陘之敗，僖公其自取哉！

秋，公子遂帥師伐邾。
張氏洽曰：「僖公懷升陘之忿，以晉文方伯，

文七年春，公伐邾。
左傳：「聞晉難也。」
案：是年爲晉靈公之

之也。」
張氏洽曰：「僖公非有崇明祀、保小寡之公心，而徒徇母之私意，故無以服邾，而致升陘之寇。」
魯伐邾六。

三月甲戌，取須句。
左傳：「寘文公子焉，非禮也。」

而禦之。戰于升陘，我師敗績。邾人獲公冑，懸諸魚門。」

案：隱、桓嘗伐邾，邾未嘗敢報怨。今以須句故而大挫魯師，則以前日之所争者虚禮，而今日之所争者土地也。觀此則僖公之取須句非有崇祀保寡之公心，直貪其土地而已矣。

邾伐魯一。

文十四年，邾人伐我南鄙，叔彭生帥師伐邾。

役。」

薛氏季宣曰：「升陘之役十歲矣，邾未始侵伐我也。夏，公伐邾，取其邑，秋，公子遂又伐之，無名甚矣。」

趙氏鵬飛曰：「僖公在位三十三年，敗邾者三，親伐邾取邾邑者二，又以公子遂帥師伐之。蓋邾本魯附庸，自列五等爲諸侯，不屈于魯，故魯必欲服邾，邾終不服也。」

魯伐邾七。

宣元年秋，邾子來朝。

黄氏仲炎曰：「邾自僖、文之世，嘗與魯

而未敢興殽復之師。今晉文方没，秦、狄内訌，故君臣閒有事而交伐以取利。」

家氏鉉翁曰：「齊桓之没，宋、楚争霸，魯乘之以伐邾，歲至于再。今晉文方没，秦、晉交兵，魯又乘之而伐邾，歲至于再。每乘伯國之多事而侵陵小國。」

魯伐邾八。

宣十年，公孫歸父帥師伐邾，取繹。

元年，方與秦爲難。

汪氏克厚曰：「僖公雖曰私其母家，猶假託公義。文公乘伯主之喪，貪土地而舍逋逃，其罪益甚。」

魯伐邾九。

成六年，邾子來朝。

汪氏克寬曰：「蓋成公即位而始朝也。」

杜註：「僖公反其君之後，邾復滅之。今邾文公子叛邾在魯，故公使爲守須句大夫。」

孫氏復曰：「惡再取也。僖二十二年伐邾，取須句，後其地復入于邾。」

遂城郚。

杜註：「備邾難。」

汪氏克寬曰：「文公以邾叛臣守須句之地，心有慊焉，故城内邑以防邾師之至。」

成十八年，邾子來朝。

左傳：「邾宣公來朝，即位而來見也。」

趙氏鵬飛曰：「僖公之世，疾于邾也深矣。文公復脩舊怨，七年公伐邾，取須句，又城郚以備之。然十三年蘧蒢卒而邾復來赴，邾之弱不敢爲憾也。至是公如晉，踰年而反，邾蓋伺魯之隙而伐我南鄙，不知公之既至也，兵未返而叔彭生帥師伐之，其報怨速哉。」 邾伐魯二。 魯伐邾十。	抗，今宣篡立而反朝之，非畏魯，乃畏齊也。齊悦魯之利，邾畏齊之壓。」趙氏鵬飛曰：「邾自僖、文之世，屢爲魯虐，至是因宣公之立而求成焉，故來朝。」 邾朝魯二。	薛氏季宣曰：「文公時，邾、魯有隙。宣公篡立，而邾子首朝之。自是絶迹魯庭者又十年，故歸父伐之。」汪氏克寬曰：「宣公之爲此者，蓋以晉伯之不振，而强齊爲之援耳。如碩鼠欺人之不見而竊食盆盎，觀下書歸父爲邾故如齊，則魯之爲魯可知矣。」 魯伐邾十一。	邾朝魯三。	邾朝魯四。
襄元年，邾子來朝。 季氏本曰：「邾子去年朝魯，今襄公新立，故	襄四年冬，臧紇侵邾，敗于狐駘。不見經。	襄六年冬，叔孫豹如邾。 左傳：「穆叔如邾聘，且脩平。」	襄十五年秋，邾人伐我南鄙。 左傳：「使告于晉，晉將爲會以討邾、莒。晉	襄十六年，晉人執莒子、邾子以歸。 左傳：「以我故。」

復來朝以賀之。」邾朝魯五。

左傳：「冬十月，邾人、莒人伐鄫，臧紇救鄫侵邾，敗于狐駘。國人逆喪者皆髽，魯于是乎始髽。」

案：是年冬，公如晉聽政，請屬鄫，故邾、莒伐鄫而臧紇救之，遂致敗衄也。魯爲邾敗，而明年戚之會，魯與邾、莒皆與。不聞興師報怨者，以晉悼之伯方盛，不敢梗盟會而擅相征伐。又不請于晉以討邾、莒者，以纔於是月請屬鄫，旋以鄫之故而爲邾敗，慚其言之不售，而羞見晉君臣，故且隱忍諱之。不告敗，魯史不

高氏閌曰：「公初即位，邾子來朝。四年有狐駘之戰，至是往聘脩平，以無忘舊好。」李氏廉曰：「春秋書魯聘邾，止此一條。」

案：自入春秋以來，魯屢伐邾，邾曾不敢報怨，魯亦未嘗請平于邾。至此大受挫衄矣，反爲之納聘而脩好，豈非畏强陵弱，顯然可見者乎！蓋畏悼公之嚴明，不敢背盟侵伐，又不敢明言其故，請兵伐邾，故諱言其敗，而更與講和，以匿其迹，使若今日之脩聘，爲報元年之來朝，中閒若無狐駘之事

侯有疾，乃止。冬，晉悼公卒，遂不克會。」汪氏貫道曰：「邾屬于齊而黨于莒，齊、莒來伐，故邾亦效尤。」

案：自六年莒人滅鄫，魯慙屬鄫之言，而懼晉人之來討也，遂不敢請兵以討邾、莒，而反與邾脩好。晉亦方以楚、鄭爲事，十年之間凡十餘盟會，魯與邾、莒咸在列，噤不敢發聲。莒于是大肆猖獗，凡四侵東鄙，而邾亦效尤鋒起，則皆魯之太弱爲之招也。回視僖、文之世，屢加殘暴而不知止者，不較若兩轍乎？

載，故經亦莫得而書也。觀明年夏穆叔覿鄫太子于晉，以成屬鄫，藉使告狐駘之敗，何以能屬鄫乎？旋卽以屬鄫不爲利，使鄫大夫聽命于會。又明年而鄫卽爲莒所滅。晉人之來討，邾、莒之爭鬬，皆以屬鄫之故，一時可謂掩耳盜鈴之計矣。

邾敗魯三。

者。知此則知經文所以不書之故矣。謂夫子削之者，妄也。

又案：此年襄公甫十歲，季孫行父卒，而仲孫蔑爲政，專務睦鄰，故多通使列國，不獨一邾也。蓋前日之搆怨，行父主之。此日之脩平，蔑主之。孟孫賢者，以解仇釋怨，繼好息民爲事。惜乎其爲政不久，甫三年而卽及叔孫豹，豹三年而卽及季孫宿，至襄十二年而遂有入鄆之役矣。使獻子常執政，何至與邾、莒交兵無已哉！

邾伐魯四。

襄十七年，邾人伐我南鄙。

左傳：「爲齊故也。」高氏閌曰：「邾之先君以伐魯爲晉所執，今嗣子在喪而復興師伐魯者，叛晉而從齊，齊人使之脩先君之怨也。此祝柯之會所以復執也。」案：文、宣之世，魯屢伐邾，而邾數朝魯。自襄四年以後，魯未嘗報怨，而邾屢來伐，此其故何也？前此魯與齊合，而邾畏齊，今邾與齊比，而魯所恃者晉，晉遠，不若齊之近也，故雖執邾、莒之君

襄十九年，諸侯盟祝柯，晉人執邾子，取邾田，自漷水。

左傳：「以其伐我故，遂次于泗上，疆我田。取邾田，自漷水歸之于我。」

襄二十年，仲孫速帥師伐邾。

左傳：「邾人驟至，以諸侯之事弗能報也。秋，孟莊子伐邾以報之。」案：自四年以後，魯凡十六年不伐邾，而邾數伐魯。至齊平陰敗後，邾失所恃，魯復橫，澶淵甫盟而復伐之，庶其、畀我相繼，受叛人之奔，蹴踏如前日矣。又案：邾、莒之恃齊以陵魯一也，邾再伐而莒至四伐魯。又俱受盟于澶淵，乃一年之內盟莒而伐邾，何報

襄二十一年，邾庶其以漆、閭丘來奔。

左傳：「季武子以公姑姊妻之。」案：是時公在晉，季孫受之。趙氏鵬飛曰：「大夫來奔者有矣，而邾獨爲多。聖人不以微而略之者，蓋邾本魯之附庸，自受王命，不服于魯。魯蓋憾之，虐于邾者屢矣。及其末年，邾嘗訴于晉，魯又畏晉而不欲顯疾于邾，特陰誘其臣而叛之，故來奔者四，竊邑來者二，魯實利之也。堂堂大國，爲逋逃主，以登

襄二十三年夏，邾畀我來奔。

家氏鉉翁曰：「魯受庶其二邑，復納其黨。」納邾叛二。

而猶未止。

邾伐魯五。

施頓異哉？則以邾會爲附庸故耳。

魯伐邾十二。

受叛人，其惡著矣。」

納邾叛一。

冬十月乙亥，臧孫紇出奔邾。

案：一年之内邾、魯交納叛人，報施之道也。

襄二十八年春，邾子來朝。

左傳：「時事也。」

高氏閌曰：「邾自晉執其君，魯取其田，益微弱矣。至是悼公來朝。」

邾朝魯六。

昭十一年，仲孫貜會邾子盟于祲祥。

汪氏克寬曰：「自邾倚齊靈屢致兵于魯，魯藉晉伯之力，溴梁、祝柯兩執邾子，又取其田。既而魯納庶其、畀我之奔，邾受臧紇之奔，仇隙益深。至同盟重丘，齊、晉既睦，襄二十八年邾君來朝，昭元年魯會悼公之葬，是以此盟祲祥以脩好也。」

魯盟邾三。

昭十三年，同盟于平丘。邾人、莒人愬于晉，公不與盟，晉人執季孫意如以歸。

胡傳：「魯已與邾通好，亦不朝夕伐莒，而鄆、鄫之亂，又非昭公意，徒信邾、莒之愬，曰『我之不共，魯故之以』，遂辭魯君而執意如，則是意貨財，而不責其無君臣之義也，何得爲伯討乎！」

昭二十三年春，武城人取邾師，邾人愬于晉，晉人執我行人叔孫婼。

左傳：「邾人城翼，還自離姑，武城人塞其前，斷其後之木而弗殊，邾師過，乃推而蹷之，遂取邾師。邾人愬于晉，晉人來討。叔孫婼如晉，晉人執之，明年二月乃歸叔孫。」

魯取邾師一。

昭二十七年，邾快來奔。

高氏閌曰：「快亦三叛人之黨。」家氏鉉翁曰：「快，賤者，宜不足録。春秋録之而無所遣，誅意如之無君也。」

納邾叛三。

昭三十一年，邾黑肱以濫來奔。

左傳：「賤而書名，重地故也。」

納邾叛四。

定三年，仲孫何忌及邾子盟于拔。

左傳：「脩邾好也。」汪氏克寬曰：「魯以大夫而盟邾君，紊君臣之分也。邾隱公父喪纔九月而出會盟，薄父子之親也。」

魯盟邾四。

定十四年，邾子來會公。

杜註：「會公于比蒲。來而不用朝禮，故曰會。」

定十五年春正月，邾子來朝。

汪氏克寬曰：「邾隱公以去年來會爲未成禮，故復來朝。未幾奔魯之喪，其卑屈亦甚矣。」

邾朝魯七。

夏，邾子來奔喪。

趙氏鵬飛曰：「邾自昭公之世爲魯所虐，定公爲拔之盟，終其世不犯于邾，邾人德之，故來會來朝。今又忘

冬，城漆。

杜註：「漆，庶其邑。」

張氏洽曰：「謀伐邾也。」

案：夏奔喪而冬即謀伐邾，其死先君亦亟矣。定公在位十五年，

哀元年，仲孫何忌帥師伐邾。

趙氏鵬飛曰：「定公之世，撫邾爲厚，自拔之盟，疆埸寧謐，未嘗以一兵相遺。邾亦事魯爲勤，會公比蒲，朝公

哀二年，季孫斯、叔孫州仇、仲孫何忌帥師伐邾，取漷東田及沂西田。癸巳，叔孫州仇、

哀三年，季孫斯、叔孫州仇帥師城啟陽。

季氏本曰：「啟陽爲邾所滅之鄅國，其地在邾東鄙，而近于費。魯既取漷東、沂西田，則

其卑屈而奔喪，于禮雖非，而其情則惻矣。」

諸大夫絶不敢伐邾，身死甫六月，而旋卽城邾邑，則定公猶能整飭其下，不至如昭、哀之孱懦矣。」

魯城邾邑一。

于魯，定公之訃，倒屣而奔喪。然邾、魯之好，實出定公之志，諸大夫不欲也。故公未瞑目而城漆，哀公卽位，席未卽温而伐邾，何先君撫之厚，而嗣君虐之速哉！此非公意也。」家氏鉉翁曰：「邾子奔喪，戚死者以感動生者，冀其不爲侵暴爾。曾幾何日，何忌以兵伐之，自是三家更將迭出，殆無虚歲。」

魯伐邾十三。

仲孫何忌及邾子盟于句繹。

穀梁：「三人伐而二人盟，各盟其所得也。」胡傳：「莫强于季孫，何獨無得？蓋季氏四分有其二，昭公伐意如而叔孫氏救之，陽虎囚桓子而孟孫氏救之，故以所得歸二家，而已不取。」郝氏敬曰：「季孫不盟，志未厭也，明年遂復圖邾。」

魯伐邾十四。

魯盟邾五。

邾人不得不以啟陽讓魯矣。」觀此則知季孫前歲不盟之故矣。

魯城邾邑二。

冬十月，叔孫州仇、仲孫何忌帥

哀六年春，城邾瑕。

冬，仲孫何忌帥師伐邾。

哀七年，公伐邾。八月己酉，

哀八年春，吳伐我。

師圍邾。

李氏廉曰：「來會、來朝、來奔喪，猶不免伐取漷、沂田，受繹盟，猶不免圍不至，以邾子益來不止。」

高氏閌曰：「是年冬伐邾，明年遂入邾，邾蓋微弱，魯以不義彊城之也。聖人因其城而繫之邾，豈無意乎！」

汪氏克寬曰：「魯取邾瑕不書，恐如杞成之不見于經耳。」

魯城邾邑三。

高氏閌曰：「魯必欲滅邾而後已，自公卽位以來，四用兵于邾矣。」

魯伐邾十五。

趙氏汸曰：「隱、桓之世，其曲在魯，以衆暴寡也。襄之初年，其曲在邾，邾恃齊也。其後邾日削，而其臣多叛，齊亦日衰，邾雖自卑以事魯，而三家伐邾不已，則咎在魯臣，非君之故，而魯亦非昔日之魯矣。」

入邾，以邾子益來。

左傳：「季康子欲伐邾，大夫諫，不聽，遂入邾，處其公宮。衆師晝掠，邾衆保于繹。以邾子益來，獻于亳社。邾茅夷鴻請救于吳。」

魯伐邾十六。

案：是時邾竟滅矣，使非齊、吳之故，邾將遂爲季氏私邑，茅夷鴻之功當不在申包胥下。

左傳：「吳爲邾故伐魯，克東陽而進，遂次于泗上。景伯負載，造于萊門，吳人盟而還。」

夏，齊人取讙及闡。

歸邾子益于邾。

左傳：「齊侯使如吳請師，將以伐我，乃歸邾

哀二十七年，越子使后庸來聘，

家氏鉉翁曰：「公、穀以齊爲邾故，左氏則以季姬未歸故，當從二傳。蓋齊取二邑，要魯以存邾爾。」

子。」
胡氏銓曰：「畏吳懼齊而歸之也。」
黃氏仲炎曰：「魯以不道肆虐于邾，物極必反，于是吳攻其國，齊取其田，不勝困辱，乃始歸邾子，易所謂不威不懲小人也哉。」

且言邾田，封于駘上。
杜註：「欲使魯還邾田，封竟至駘上。」
案：邾之國賴吳而得存，邾之封竟賴越而復。以周公之後而肆虐于邾，反使藉蠻夷之力，可哀也哉！

莒

莒與魯爲列國，差倔彊，非若邾之附庸，能卑屈于魯也。故始而争向，繼而争鄆、争鄫，中閒附于齊，更愬于晉、楚，致叔孫見執，意如爲囚。兵端與春秋相終始，共公以後不復見矣。

隱二年夏五月，莒人入向。
案：穀梁以向爲我邑。
汪氏克寬謂不書伐

冬，紀子帛、莒子盟于密。
左傳：「魯故也。」
杜註：「子帛，紀大夫

隱八年，公及莒人盟于浮來。
左傳：「成紀好也。」
杜註：「二年，紀、莒盟

桓十二年，公會紀侯、莒子盟于曲池。
杜註：「曲池，魯地。」

桓十六年冬，城向。
趙氏鵬飛曰：「向界莒、魯之境上，本非莒

我，則非我邑也。愚謂向雖非我邑，而莒、魯之兵端自此始。桓十六年城向，宣四年公伐莒取向，向實爲禍階，故列于莒、魯兵爭之首。

趙氏孟何曰：「莒雖小國，東夷之雄者也。其爲患不減于荆、吳。自入春秋，未有入人之國者，而莒入向，未有取人之地者，而莒取杞牟婁，放恣無忌。」

裂繻字。莒、魯有怨，紀侯既昏于魯，故使大夫盟莒以和解之。」杜註：「密，莒邑，城陽淳于縣東北有密鄉。」在今山東萊州府昌邑東南十五里。

于密，爲魯故，今公尋之。」浮來，紀邑，今山東沂州府莒州西有浮來。

家氏鉉翁曰：「魯、莒有未平之怨，前此紀爲平之，而魯、莒之好猶未合也。今隱公降心以平二國之患，而莒之君卒不至，以望國之君而盟小國之臣，謙而不中禮者也。」

魯盟莒一。

在今兗州府曲阜縣東北四十里。

程子曰：「隱二年，紀、莒盟于密，是時紀謀齊難，故魯桓與之盟莒以援之耳。」

魯盟莒二。

邑，故莒、魯交爭，互以爲己邑。而其交爭自今日之城向始，故聖人謹志之。」

城向一。

莊二十七年，莒慶來逆叔姬。

汪氏克寬曰：「莒慶，微國之大夫，而莊公

僖元年，公子友帥師敗莒師于酈，獲莒挐。

左傳：「慶父弒閔公，

僖二十五年冬十二月，公會衛子、莒慶盟于洮。

僖二十六年春正月，公會莒子、衛甯速盟于向。

文十二年，季孫行父帥師城諸及鄆。

此東鄆也，今山東沂

以女妻之，又自爲之主，不君亦甚矣。」

案：隱公以君而盟莒國之臣，莊公又與其大夫爲婚媾，屈體以求媚，異乎其待邾矣。

陳氏傅良曰：「莒慶伉也。隱、桓、莊之際，莒嘗爲强國，入向，取杞牟婁，納公子慶父，吾君特會外大夫自浮來之盟始，以是知慶之敢伉也。」

季友以僖公適邾，共仲奔莒，乃入立之，以賂求共仲于莒，莒人歸之，乃縊。冬，莒人來求賂，公子友敗諸酈，獲莒子之弟挐。」

案：莒爲蠻夷之國，莊公時，文姜嘗再如莒，放恣淫佚，魯人不問，故慶父藉爲逋逃主。及莒人以賂歸之，得正國典。明年復來求賂，魯人敗之。前此魯嘗媚莒，至此乃一交兵。

左傳：「衛人平莒于我，盟于洮，脩衛文公之好，且及莒平也。」

杜註：「莒以元年酈之役怨魯，衛文公將平之，未及而卒，故成公追成父志。」

趙氏鵬飛曰：「莒自獲挐之後，未嘗通于魯，其怨深矣。衛成繼立，斷然在衰絰之中，爲會以平之，其心亦聖人之所許。然平莒而莒子不至，以慶如會，何益于平？蓋此時莒疑魯之不肯平，故權以大夫聽命，則此盟猶未成也。至明年向之會，而乃成矣。」

汪氏克寬曰：「莒慶，

左傳：「尋洮之盟也。」

杜註：「向，莒邑。」寰宇記：「莒州南七十里有向城。」

趙氏鵬飛曰：「洮之會，衛意也。衛平莒、魯而已不親之，何以必信于人。故雖在苫塊，而必親至。莒之于魯，其怨舊矣，一旦復通于魯，慮有不測，故先以大夫聽命，而測魯之情也。今向之盟，莒意也。莒知魯肯平乎已，今將與魯爲會，而已不躬行，非所以爲平，故莒子必親至，而衛第使大夫與歃而已，故聖人兩無貶辭。」

州府沂水縣北鄆城是。

孫氏復曰：「帥師而城，畏莒故也。」

張氏洽曰：「莒、魯爭鄆始于此。前此莒未嘗與魯有爭，且未嘗有事于鄆。今行父帥師城二邑，以啟爭端，魯、莒之釁自此始。」

黄氏仲炎曰：「城其國邑，宜無待于帥師。而鄆，莒邑也，慮莒必爭，故須將兵以往。」

黄氏震曰：「二邑近費而介于莒，他年宿伐莒取鄆，叔弓疆其田，費于是始大。」

案：魯自隱、桓、莊三世，皆屈體于莒，至僖

		魯之壻，因衛成公爲平于二國，遂來會盟。君盟大夫，自浮來而已然矣。」魯盟莒三。	吳氏澂曰「洮盟莒子不親至，僖公必欲與莒子盟，故復爲此會。」案：自十二月至正月，僖公兩屈君駕，先盟其大夫，而後盟其君，其屈意就莒至矣。魯盟莒四。	之元年一交兵，旋卽比年兩會，以弭其隙，魯人待莒可爲至矣。而季孫忽以封殖費邑之故，造釁于莒，遂終魯之世。城鄆二。
宣四年，公及齊侯平莒及郯，莒人不肯，公伐莒，取向。趙氏鵬飛曰：「向在莒、魯之閒。隱二年，莒人入向，向遂滅，地屬于莒，至是爲魯所取焉。」	宣十一年，公孫歸父會齊人伐莒。趙氏鵬飛曰：「齊、魯平莒、郯之怨，莒人不肯，公伐莒取向，而齊未有所獲，故亦加兵于莒，魯亦總兵而會伐，欲復取邑以與	襄四年，邾人、莒人伐鄫，臧紇救鄫。不見經。案：是年冬，公如晉，請屬鄫，卽于是月，邾、莒伐鄫，臧紇救鄫侵邾，敗于狐駘。至六年，莒人遂滅鄫。八年，以疆鄫田，伐魯東	襄八年，莒人伐我東鄙。左傳：「以疆鄫田。」高氏閌曰：「鄫田接于魯，而疆界不明，故興兵伐魯以正之，鄫遂屬于莒矣。」王氏樵曰：「莒滅鄫伐魯，以疆鄫田，其爲奸	襄十年秋，莒人伐我東鄙。左傳：「閒諸侯之有事也。」汪氏克寬曰：「莒屢同晉悼之盟，而乘閒加兵于魯，其無忌憚亦甚矣。」莒加兵于魯二。

家氏鉉翁曰：「魯之與莒積不相下，徒挾齊人之威力而要莒以必從，其不肯宜矣。遽以兵加莒而取其邑，無道甚矣。」

案：鄆爲沂州府鄆城縣，莒爲沂州府莒州，本鄰近，以疆場啟怨。

魯加兵于莒二。

取向三。

齊。」

家氏鉉翁曰：「十年伐邾取繹，此年會齊伐莒，皆歸父爲國生患，求多于小國，書之所以誅也。」

魯加兵于莒三。

鄫。此又爲莒、魯交兵之始。

齊盟大矣，而伯討不及，晉方慮楚故也。」

案：四年，公如晉，請屬鄫，晉以鄫屬魯，則鄫不惟得魯之援，而且有大國之命，且五年魯自知力不能庇鄫，使鄫大夫聽命于會，則儼託庇于晉矣。乃莒一旦滅之，不惟魯不敢爭，且不敢請于晉以討莒，魯何畏莒之甚。且晉以亡鄫故討魯，致季武子如晉謝亡鄫，而不聞帥諸侯討莒，晉何愛莒之深。且楚聽莒人之愬，而欲以叔孫爲戮，晉聽莒人之愬，而平丘辭魯不盟。莒自滅

	襄十二年，莒人伐我東鄙，圍台。 高氏閌曰：「莒人聞歲伐我，公五與莒子會，宜其釋怨同好矣。而見伐不已，則魯弱可知矣。」 莒加兵于魯三。
	季孫宿帥師救台，遂入鄆。 左傳：「季武子救台，遂入鄆，取其鐘以爲公盤。」 高氏閌曰：「文十二年嘗帥師城鄆矣，魯不能守，復爲莒所取，今復取之。」 魯加兵于莒四。 入鄆四。
	襄十四年，莒人侵我東鄙。 杜註：「報入鄆。」 趙氏鵬飛曰：「季孫宿入鄆，非兵首也，而莒猶以爲憾，侵我東鄙，報入鄆之役。至十六年，魯訴于晉，晉人執而釋之，然後少悛。二十年，爲向之盟，而魯始無東鄙之患。」 莒加兵于魯四。
鄫以後，晉之征伐會盟無不與，若不知其有滅鄫之事者。又當悼公嚴明之世，何刻于魯而寬于莒也。此皆事之不可解者。 莒加兵于魯一。	襄十六年，晉人執莒子、邾子以歸。 左傳：「以我故，執邾宣公、莒犂比公。」
	襄二十年，仲孫速會莒人盟于向。 左傳：「春，及莒平，督揚之盟故也。」 杜註：「莒數伐魯，前年諸侯盟督揚，以和解之，故二國復自共盟結其好。」 高氏閌曰：「向本莒邑，宣四年取之者也。」

昭元年三月，取鄆。

左傳：「晉、楚會于虢，尋宋之盟也。季武子伐莒取鄆，莒人告于會。楚告于晉曰：『尋盟未退，而魯伐莒，瀆齊盟，請戮其使。』趙孟請諸楚曰：『莒、魯爭鄆，爲日久矣。苟無大害于其社稷，可無亢也。封疆之削，何國蔑有。吳、濮有釁，楚之執事豈其顧盟，莒之疆事，楚勿與知，不不亦可乎？』固請諸

秋，叔弓帥師疆鄆田。

左傳：「因莒亂也。」

王氏葆曰：「魯因莒亂，出不意而取，得之爲易，今欲固其所得，則莒人必來爭，故遣卿帥師而疆之。」

任氏公輔曰：「帥師疆之，豈獨有虞于莒，雖鄆民亦不服，所以必欲帥師也。」

案：文十二年，季孫行父帥師城鄆，後復爲莒所取。成九年，楚子重圍莒入鄆，此時

昭四年九月，取鄫。

左傳：「言易也。莒亂，著丘公立而不撫鄫，鄫叛而來。」

黃氏仲炎曰：「春秋國言滅，邑言取。鄫本國也，自襄六年見滅于莒，遂爲莒邑。至是魯乘莒亂而有之，故曰取。」

取鄫七。

昭五年夏，莒牟夷以牟婁及防、茲來奔。

左傳：「牟夷非卿而書，尊地也。」

胡傳：「邾、莒之大夫名姓不登于史策，牟夷曷爲以姓氏通？以地叛，雖賤必書。」

案：是時公在晉，而季孫受之，欲陷其君也。

左傳：「莒人愬于晉，晉人欲止公，范獻子請歸之，而以師討焉。」是時季氏通于范，范之言非爲公，乃

秋七月戊辰，叔弓帥師敗莒師于蚡泉。

左傳：「莒人來討，不設備。戊辰，叔弓敗諸蚡泉，莒未陳也。」

鄭氏玉曰：「晉人方以納牟夷之故欲止公，而叔弓又敗莒師，不顧伯討，以成君禍。」

魯加兵于莒五。

自是十五年不交兵。」

魯盟莒五。

楚，楚人許之。」家氏鉉翁曰：「不書伐莒，爲魯諱，亦以貶也。昭公新立，豈知爲此，皆季氏所爲爾。蓋救台入鄆之時，欲取未得，至是取之。」李氏廉曰：「若書伐莒，則是以討賊予魯也。不書伐而書取，直收奪而已矣。」愚謂正月會虢，而三月書取鄆，中無異事，季孫之危國事而甒同列，欲致叔孫于死，皆可概見。取鄆五。

昭六年，季孫宿如晉拜莒田。

鄆蓋屬莒也。至此年疆鄆田，則與莒人分明疆界，莒甘心讓與魯矣。訴與晉、楚大國，而俱不之問，自知其力不能争，無可奈何，由是鄆長爲魯有。昭二十五年，齊侯取鄆以居公，即此。疆鄆六。

昭十年，季孫意如、叔弓、仲孫

昭十二年夏，公如晉，至河乃

爲季也，恐益重季氏之罪爾。然正月如晉，秋七月乃歸，危亦甚矣。納叛邑八。

昭十三年秋，晉合諸侯于平丘，

昭二十三年秋七月，莒子庚輿

杜註：「謝前年受牟夷邑不見討。」
高氏閱曰：「莒既伐魯，則魯有辭，是以晉受季孫之聘而不見討也。」

貜帥師伐莒。
左傳：「平子伐莒，取郠。獻俘，始用人于亳社。」
杜註：「取郠不書，公見討于平丘，魯諱之。」
案：是時莒益弱矣，國內有亂，而季氏方與晉大夫比，雖取邑納叛而不討，所以魯益無忌憚。

復。
左傳：「取郠之役，莒人愬于晉。晉有平公之喪，未之治，故辭公。」

邾人、莒人愬于晉。晉侯不見公，執季孫意如以歸。
案：晉于十二年辭公，十三年執意如以歸，則爲討得其罪矣。惜乎終佚其罰，由晉亦失其政，而彊家以同惡相庇故也。

來奔。
季氏本曰：「庚輿之奔，國人逐之，魯弔去疾之喪，故以魯爲託而奔。」
案：自此以後，莒、魯交争之事不見于經、傳。二十五年，昭公孫。二十六年，莒、邾從齊盟于鄟陵，謀納公。蓋明知兵端始于季孫，而無惡于公矣。

春秋宋鄭交兵表卷三十七

錫山　顧棟高復初　輯
金匱受業程開基祖望　參

敘

春秋之初，宋、鄭號中原大國。宋紹微子之封，而鄭取虢、檜之地，地既偪近，力又相埒，故其勢常至于鬬争。乃吾統觀春秋宋、鄭之故，而知天下不可以一日而無伯也。春秋二百四十二年之中，宋、鄭凡四十九交戰，然其局凡三變。蓋當初年，晉、楚未興，齊亦僻處東服，其時犬牙相錯者，惟宋、魯、鄭、衞。而鄭莊以善用兵，常結援于齊而藉其力，繼又結魯，宋合衞、陳、蔡以掎之而不能當也。至宋馮之世，始立突，繼又責賂而讎突，後復助突以求入，交戰尤數。當是時，魯桓、衞惠、鄭厲、宋莊俱負篡弑大惡，號稱四凶，相與逐利棄信，結黨崇奸，競用干戈，朝盟夕改，生民之塗炭極矣。此春秋之一大變也。至齊桓興而兵争息，桓殁而宋襄以争伯，一戰而軍敗身傷。晉文、襄起而兵争又息。當是時，宋、鄭之君俱共玉帛，以從容于壇坫之上，閒一用兵，不過帥敝賦以從大國之後，無兩君對壘，朝勝夕負，報復無已者，亦足見霸功之有益于人國矣。迨晉悼嗣伯，其事乃與桓、文少異。晉合天下之力以争鄭，鄭患楚之數來，屢盟屢叛，故惡于宋，以激諸侯之兵，使楚疲于奔命而不敢與晉争，而後乃固與晉。時交戰尤數，十年凡十三戰。此宋、鄭之事之又一變也。蕭魚以後，悼公及公平之初，海内嬉恬。至向戌弭兵，宋、鄭更僕僕于晉、楚之廷，民不苦于戰鬬，而苦于供億，兩國息于兵戎者六十八年，而陳、蔡卒坐受楚滅，其事得失又相半。至春秋之末，晉、楚俱衰，齊景欲圖伯而不終，宋景乃率其祖之故智，伐郳滅曹，妄意争伯，與鄭以隙地啟釁，驟興兵革，卒至彼此交取師，全軍覆歿，得不償失。此又宋、鄭之事之一大變，春秋將夷而爲戰國矣。統計伯功之始終，始于齊桓之北杏，訖于晉昭之平丘，首尾凡百四十有八年。每當伯功之息，則宋、鄭首發難。春秋于列國戰争不悉書，獨于兩國自隱、桓至定、哀，凡取邑取師無不備載，蓋以其地踞中原，關于天下之故。伯功視兩國之向背爲盛衰，而兩國又視伯功之興廢爲休戚。聖人思王，不得已而更思伯，其亦有見于此乎！余故撮略其事，輯宋鄭交兵表第三十七。

春秋宋鄭交兵表

隱四年夏，宋公、陳侯、蔡人、衛人伐鄭。

左傳：「宋殤公之卽位也，公子馮出奔鄭，鄭人欲納之。及衛州吁立，欲求寵于諸侯，使告于宋曰：『君伐鄭，以除君害，敝邑以賦與陳、蔡從。』于是宋公、陳侯、蔡人、衛人伐鄭，圍其東門五日而還。」

案：左傳：「宋殤公立，十年十一戰。」服虔謂

秋，翬帥師會宋公、陳侯、蔡人、衛人伐鄭。

左傳：「秋，諸侯復伐鄭，宋公使來乞師，公辭之，羽父固請而行。諸侯之師敗鄭徒兵，取其禾而還。」

案：此服虔謂卽位之再戰也。宋、鄭交兵二。

隱五年九月，邾人、鄭人伐宋。

左傳：「宋人取邾田，邾人告于鄭曰：『請君釋憾于宋，敝邑爲道。』鄭人以王師會之，伐宋，入其郛，以報東門之役。」

案：此服虔謂卽位之四戰也。第三戰謂取邾田，係宋、邾交兵，與鄭無與。宋、鄭交兵三。

冬，宋人伐鄭，圍長葛。

左傳：「以報入郛之役。」案：此服虔謂卽位之五戰也。宋、鄭交兵四。

隱六年冬，宋人取長葛。

宋取鄭邑一。

案：此宋、鄭交兵五。

殤公以隱四年即位，此即位之第一戰也。宋、鄭交兵一。

隱九年傳，鄭人以王命來告伐宋。冬，公會齊侯于防，謀伐宋。

案：此服虔謂即位之六戰也。然據傳文，鄭人來告伐宋，冬，公會齊謀伐宋，尚未實有其事，如何成爲一戰。而六年冬，宋人取長葛，與前年之圍自是兩事，服反不列此，似未當。

隱十年夏，翬帥師會齊人、鄭人伐宋。六月壬戌，公敗宋師于菅。

左傳：「庚午，鄭師入郜。辛未，歸于我。庚辰，鄭師入防。辛巳，歸于我。」

案：此服虔即位之七戰也。宋、鄭交兵六。

秋，宋人、衞人入鄭。

左傳：「秋七月庚寅，鄭師入郊。猶在郊，宋人、衞人乘虛入鄭。」

案：此服虔謂即位之八戰也。宋、鄭交兵七。

宋人、蔡人、衞人伐戴，鄭伯伐取之。

左傳：「蔡人從宋、衞伐戴。八月壬戌，鄭伯圍戴，克之，取三師。」

杜註：「三國之師在戴，故鄭伯合圍之。」

案：此服虔謂即位之九戰也。宋、鄭交兵八。

傳九月戊寅，鄭伯入宋。

案：此服虔謂即位之十戰也。宋、鄭交兵九。

隱十一年傳，冬十月，鄭伯以虢師伐宋。壬戌，大敗宋師。

宋不告命，故不書。

案：此服虔謂卽位之十一戰也。宋、鄭交兵十。

桓二年三月，公會齊侯、陳侯、鄭伯于稷，以成宋亂。

左傳：「宋殤公立，十年十一戰，太宰督因民之不堪命，弑殤公，召公子馮于鄭而立之，以親鄭。以郜大鼎賂公，齊、陳、鄭皆有賂。」

案：十年十一戰，正義引服虔說只有取郜田非是，其餘皆宋、鄭交兵事也。至立莊公以後，宋、鄭已解仇釋結。直至莊公立突責賂，復興兵。

桓十二年十有二月，及鄭師伐宋。丁未，戰于宋。

左傳：「宋執鄭祭仲，使納厲公，亦執厲公而求賂。厲公立，宋多責賂于鄭。公爲之二盟四會，以平鄭、宋。宋公辭平，公遂與鄭盟于武父，同伐宋。」

案：是時宋、鄭息兵已十年，至是以多責賂之故，鄭突遂背恩而結魯以伐宋，足見宋莊之無恥，而鄭突之無恩也。

李氏廉曰：「宋莊本以

桓十四年冬十有二月，宋人以齊人、蔡人、衛人、陳人伐鄭。

左傳：「報宋之戰也。焚渠門，入，及大逵。伐東郊，取牛首。」

杜氏預曰：「告伐而不告入取，故不書。」

案：鄭厲自負材武，藉宋得國，今至見伐而取邑以爲恥，故第以伐告，而不以取邑告。宋伐鄭一。取鄭邑二。

桓十五年冬十有一月，公會宋公、衛侯、陳侯于袲伐鄭。

左傳：「是年五月，鄭厲公謀殺祭仲，不克，出奔蔡。九月，入居于櫟。冬，會于袲，謀伐鄭，將納厲公，弗克而還。」

案：十二年、十四年之交伐，宋與鄭突已成仇矣。今復助突而伐忽，蓋前日之伐突，爲多責賂也，故反親而爲仇。今日之助突，冀後之傾國以償也，故復忘仇而盡力。然爲之左右糾合者，

		賂魯、鄭得立，今責賂于鄭，是以己之前日望鄭。春秋書郜鼎之取，以見宋、魯、鄭之交以賂合。書宋之戰，以見宋、魯、鄭之交以賂離。」鄭伐宋一。		魯桓一人而已。厥後諸侯伐鄭無功，直至莊十四年突自以兵力乃入，則以魯桓既死，無人爲糾合故耳。宋伐鄭二。
桓十六年夏四月，公會宋公、衛侯、陳侯、蔡侯伐鄭。程子曰：「突善結諸侯，故皆爲之致力，屢伐鄭。」劉氏敞曰：「伐鄭以納突，不書納，不與其納也。」	莊十五年秋，鄭人侵宋。左傳：「諸侯爲宋伐郳，鄭閒之而侵宋。」案：鄭突處櫟二十年，一旦得志，遽與脩怨之師于宋。又背是年鄄之盟，蓋欲以嘗試伯令，倖得免罪也。而齊卽與諸侯伐之，仍	莊十六年夏，宋人、齊人、衛人伐鄭。左傳：「宋故也。」案：齊桓爲宋伐鄭，蓋欲得宋之心，而弭鄭之驕也。故鄭屬雖倔强，亦聽命。宋伐鄭一。	僖六年夏，公會齊侯、宋公、陳侯、衛侯、曹伯伐鄭，圍新城。左傳：「以其逃首止之盟故也。」宋從齊伐鄭二。齊桓創伯之世，宋、鄭交兵凡三。	僖二十二年夏，宋公、衛侯、許男、滕子伐鄭。左傳：「鄭伯如楚。夏，宋公伐鄭。冬十一月，楚人伐宋以救鄭，戰于泓，宋師敗績，公傷股。」案：自莊十六年至此凡二十有一年，宋、鄭

案：前日之伐突與今日之助突，蔡、衛、陳皆與，何倏合倏離若是？三國惟宋是聽，而宋馮惟利是圖，獨魯桓始終無異心。蓋桓與鄭厲同惡相濟，而材力又足相埒，且欲邀其援紀而反乃父之所爲也，故甘爲之盡死力而不辭。逮魯桓死，而伐鄭之師亦不復舉矣。 宋伐鄭三。 案，齊桓未伯以前，鄭厲、宋莊之世，交兵凡四。	僖二十七年冬，楚人、陳侯、蔡
使宋自主兵，故明年鄭卽聽令，同盟于幽。自是訖齊桓之世，宋、鄭之兵争息矣。 鄭侵宋一。	文十七年春，晉人、衛人、陳人、
	宣元年秋，楚子、鄭人侵宋。
	宋公、陳侯、衛侯，曹伯會晉師
未嘗以私怨交一矢。僖六年新城之役，乃從伯令，則齊桓之績偉矣。洎齊桓殁，宋襄嗣伯，鄭料其不能抗楚，如楚往朝。宋不量力而遽伐鄭，致横挑强楚，軍敗身傷，此宋自取釁，非鄭之罪也。 宋伐鄭一。	冬，晉人、宋人伐鄭。

侯、鄭伯、許男圍宋。

案：自宋襄敗衄以後，天下諸侯靡然從楚，魯及曹、衛且然，鄭不足責矣。

鄭從楚圍宋一。

自僖十七年齊侯小白卒，至二十八年晉文踐土之盟，中間隔十二年，宋、鄭交兵凡二。

鄭人伐宋。

左傳：「晉荀林父帥師及諸侯伐宋，曰：『何故弑君？』猶立文公而還。」

案：自僖二十七年至此凡二十有四年，宋、鄭未嘗交兵，即此年鄭之伐宋，亦從伯而討弑君之賊，非以私怨也，則文、襄之績侔于齊桓矣。而此時晉靈幼弱，趙盾專政，貪賂而立宋文，致鄭穆公以晉爲不足與而從楚，則此舉實爲禍首，由是宋、鄭之兵争復起。

鄭從晉伐宋一。

左傳：「宋人之弑昭公也，晉荀林父以諸侯之師伐宋，宋及晉平。又會諸侯于扈，將爲魯討齊，皆取賂而還。鄭穆公曰：『晉不足與也。』遂受盟于楚。秋，楚子侵宋。」

鄭從楚侵宋二。

案：前日鄭從晉伐宋，晉取賂而還，則此舉從楚侵宋，楚必以討弑君爲名。自是楚直而晉曲，楚强而晉弱，而宋、鄭之兵争無已矣。

于棐林，伐鄭。

左傳：「楚蔿賈救鄭，遇于北林，囚晉解揚，晉人乃還。」

宋會晉伐鄭一。

左傳：「晉人伐鄭，以報北林之役。」

高氏閌曰：「宋怨鄭與楚之侵，復請晉伐鄭，晉亦以前救之無功也，遂連兵伐之。夫晉以貪賂致諸侯之叛，不能退而自責，乃勞師以遂宋之復怨。況宋人弑君，豈可與之合兵哉？」

宋從晉伐鄭二。

宣二年春王二月壬子，宋華元帥師及鄭公子歸生帥師戰于大棘，宋師敗績。

左傳：「鄭公子歸生受命于楚伐宋，宋華元、樂呂禦之，戰于大棘，宋師敗績，囚華元，獲樂呂。」

案：自伯統既與以後，宋、鄭交兵，俱從晉、楚，無兩國自合戰者，或迫于彊令而非其意，或不得已而乞師大國，以免滅亡。今宋、鄭爲敵國，乃公然

夏，晉人、宋人、衞人、陳人侵鄭。

左傳：「趙盾及諸侯之師侵鄭，以報大棘之役。楚鬬椒救鄭。趙盾曰：『彼宗競于楚，殆將斃矣。姑益其疾。』乃去之。」

案：是年九月，趙盾卽弑靈公。此行實無意侵鄭，特因救焦之役，姑以爲名，以悦宋之心耳，其實畏楚，乃託爲大言以班師。至弑君之後，遂不復以雪宋恥爲事，宋、鄭之兵争復息。

宋從晉侵鄭三。鄭穆、

宣十年六月，晉人、宋人、衞人、曹人伐鄭。

左傳：「鄭及楚平，諸侯之師伐鄭，取成而還。」陸氏九淵曰：「晉、楚争鄭日久，春秋常與鄭之從晉，而不與其從楚者，以晉爲中夏，有禮義也。今晉捨陳弑逆之大惡，而汲汲于争鄭，反以討逆遺楚，至使楚夾仗義之名，以争伯中國，故皆書人以示貶。」

宋從晉侵鄭一。

成三年春王正月，公會晉侯、宋公、衞侯、曹伯伐鄭。

左傳：「諸侯伐鄭，討邲之役也。鄭公子偃帥師禦之，使東鄙覆諸鄤，敗諸丘輿。」

宋從晉伐鄭二。

成十年五月，公會晉侯、齊侯、宋公、衞侯、曹伯伐鄭。

左傳：「鄭伯如晉，晉人討其貳于楚，執諸銅鞮，鄭人更立君。欒武子曰：『鄭人立君，我執一人焉何益，不如伐鄭而歸其君，以求成焉。』五月，晉會諸侯伐鄭。」

宋從晉伐鄭三。

受楚命伐宋，兩軍對壘，至蹶其王將，鄭之罪亦重矣。然所以然者，由宋負弑君之罪，鄭以討賊爲名，故鄭卒勝，而宋卒敗爾。鄭伐宋三。	成十六年夏四月，鄭公子喜帥師侵宋。左傳：「楚子以汝陰之田求成于鄭，鄭叛晉，鄭子罕伐宋。」鄭伐宋一。是年晉敗楚于鄢陵。
宋文之世，宋、鄭交兵凡六。	成十七年夏，公會尹子、單子、晉侯、齊侯、宋公、衛侯、曹伯、邾人伐鄭。宋從晉伐鄭四。
	冬，公會單子、晉侯、宋公、衛侯、曹伯、齊人、邾人伐鄭。宋從晉伐鄭五。時鄭成公以楚王集矢之故堅從楚，故晉厲三假王命以討之而不服。成十六年秋伐鄭，宋、衛以後至故不書。
	成十八年夏，楚子、鄭伯伐宋，宋魚石復入于彭城。左傳：「鄭伯侵宋，及曹門外，遂會楚子伐宋，取朝郟。楚子辛、鄭皇辰侵城郜，取幽丘，同伐彭城，納五大夫，以三百乘戍之而還。」
	冬，楚人、鄭人侵宋。左傳：「楚子重救彭城，伐宋，宋華元如晉告急。」鄭從楚侵宋二。

	襄元年傳，秋，楚子辛救鄭，侵宋呂、留。鄭子然侵宋，取犬丘。 鄭從楚侵宋三。
	襄二年春王正月，鄭師伐宋。 左傳：「楚令也。」 鄭伐宋四。
晉景、厲之世，宋、鄭交兵凡六。	六月，晉師、宋師、衛甯殖侵鄭。 左傳：「諸大夫欲從晉，子駟曰：『官命未改。』」 宋從晉侵鄭一。
鄭從楚伐宋一。是年晉悼公立。	襄九年冬，公會晉侯、宋公、衛侯、曹伯、莒子、邾子、滕子、薛伯、杞伯、小邾子，齊世子光伐鄭。 左傳：「知武子曰：『許之盟而還師，以敝楚人。吾三分四軍，與諸侯之銳，以逆來者，於我未病，楚不能矣。』乃許鄭成。十一月己亥，同盟于戲。」 宋從晉伐鄭二。
	襄十年夏，楚子貞、鄭公孫輒帥師伐宋。 高氏閌曰：「以宋公受偪陽故也。」 鄭從楚伐宋五。

秋，公會晉侯、宋公、衛侯、曹伯、莒子、邾子、齊世子光、滕子、薛伯、杞伯、小邾子伐鄭。

晉悼三駕之一。

宋從晉伐鄭三。

襄十一年夏，鄭公子舍之帥師侵宋。

左傳：「鄭人患晉、楚之故。子展曰：『與宋爲惡，諸侯必至，吾從之盟。楚師至，吾又從之，則晉怒甚矣。晉能驟來，楚將不能，吾乃固與晉。』大夫説之，使疆埸之司惡于宋，宋向戌侵鄭，大獲。夏，鄭子展侵宋。」

鄭侵宋六。

宋侵鄭四。

公會晉侯、宋公、衛侯、曹伯、齊世子光、莒子、邾子、滕子、薛伯、杞伯、小邾子伐鄭。

同盟于亳城北。

晉悼三駕之二。

宋從晉伐鄭五。

秋七月，楚子、鄭伯伐宋。

左傳：「楚子囊乞旅于秦以伐鄭，鄭伯逆之，伐宋。」

趙氏鵬飛曰：「鄭自子駟之死，君臣皆有歸晉之心，戲之盟，亳城之役，既服而復叛，以楚逼之不置耳。悼公知楚之遠于鄭，故屢出而屢擾之。楚知鄭終不能久爲楚也，數發應兵，不勝其疲，故亦置而不問，而鄭亦決于事晉，兩犯宋，以致晉師，藉諸侯之兵叛楚而爲晉也。」

鄭從楚伐宋七。

公會晉侯、宋公、衛侯、曹伯、齊世子光、莒子、邾子、滕子、薛伯、杞伯、小邾子伐鄭。

會于蕭魚。

晉悼三駕之三。

宋從晉伐鄭六。

案：自成十八年至此凡十二年，宋、鄭交兵共十三，兵争之數未有甚于此時者也。蕭魚之後，鄭服晉，楚不敢争，宋、鄭之兵争息矣。

定十五年，鄭罕達帥師伐宋。

左傳：「敗宋師于老丘。」

杜氏預曰：「宋公子地奔鄭，鄭人爲之伐宋，欲取地以處之。」

李氏廉曰：「自罕達伐宋之後，有哀七年皇瑗之侵，九年雍丘之取，其秋宋公伐鄭，十年夏宋人伐鄭，十二年宋向巢伐鄭卒至十三年罕達取于嵒之師而後已，正與隱公初年公子馮之事相類。」

案：自襄十一年蕭魚之會至此凡六十八年，悼公之世至平公

哀七年春，宋皇瑗帥師侵鄭。

張氏洽曰：「老丘之役，宋、鄭始因隙地以起兵争，卒至各取其師以逞其殺人之志。」

宋侵鄭一。

案：此時天下無伯，宋、鄭復以私怨興兵，兩國對壘，兵連禍結，報復無已，隱、桓之世于兹復見。

宋人圍曹。冬，鄭駟弘帥師救曹。

左傳：「鄭師救曹侵宋。」

鄭侵宋二。

哀九年春，宋皇瑗帥師取鄭師于雍丘。

左傳：「鄭圍宋雍丘，宋皇瑗圍鄭師，每日遷舍，壘合，鄭師哭。子姚救之，大敗。二月甲戌，宋取鄭師于雍丘。」

宋取鄭師二。

李氏廉曰：「觀左氏所載『使有能者無死』，而止以二人歸，則殺人多矣。春秋之末特書取師者二，蓋志春秋之將爲戰國，而長平之阬所由來也。」

秋，宋公伐鄭。

汪氏克寬曰：「鄭雖不義，宋覆其師而盡取之，亦云憯矣。而又君親帥師以伐其國，明年偏師再伐，十二年向巢又伐，卒至十三年鄭人復取宋師，然則宋、鄭之喪師，皆其自取之也。」

宋伐鄭三。

初年，宋、鄭俱列在盟會，至向戌弭兵，宋、鄭俱僕僕于晉、楚之廷，行役繁而兵争息矣。至此乃復以隙地啓釁，如春秋初年時。

鄭伐宋一。

哀十年夏，宋人伐鄭。

卓氏爾康曰：「宋景不自揣量，妄圖興伯，前年以曹伯陽歸，而齊、晉不加討，其志益驕。且皇瑗又盡俘許瑕之師，則視滅鄭不啻人曹之易，鄭非弱國，豈肯遂爲俘虜。喪師于喦與雍丘之役，得失

哀十二年秋，宋向巢帥師伐鄭。

左傳：「宋、鄭之閒有隙地焉，曰彌作、頃丘、玉暢、喦、戈、鍚。子産與宋人爲成，曰勿有是。及宋平、元之族自蕭奔鄭，鄭人爲之城喦、戈、鍚。九月，宋向巢伐鄭，取鍚，殺元公之孫，遂圍

哀十三年春，鄭罕達帥師取宋師于喦。

左傳：「宋向魋救其師。鄭子賸使徇曰：『得桓魋者有賞。』魋懼，逃歸，遂取宋師于喦，以六邑爲虛。」

案：左氏例，悉虜而俘之曰取。隱十年鄭莊取三師，春秋書鄭伯

哀十五年夏，鄭伯伐宋。

續經。

鄭伐宋四。

案：定、哀之世，伯統已絶，宋、鄭交兵凡九，恰與隱、桓初年對照。

相當。兵驕者敗，宋之謂也。」
宋伐鄭四。

邑。十二月，鄭罕達救邑。丙申，圍宋師。」
宋伐鄭五。

伐取之，惡其譎，且惡其盡也。桓、文既與以後，未有書取師者，則列國猶有所憚而不敢肆。至春秋之末，而書取師二，志二國之與春秋相終始，聖人欲不與桓、文得乎？
鄭取宋師三。

春秋城築表卷三十八

錫山　顧棟高復初　輯
同邑受業秦斌季豐　參

敘

國家用民之力，歲不過三日，豳風：「我稼既同，上入執宮功。」召誥：「厥既命殷庶，庶殷丕作。」言先王之世，役民而民不知，相與趨事赴功如此也。夫說以使民，民忘其勞，說以犯難，民忘其死。所謂說者，非家喻而户曉之也，民知其事之不獲已，而非爲其私，則雖捐軀赴刃而民不怨，況區區力役乎。周公東征三年，破斧缺斨，而詩人作詩致美。至平王之世，揚水之役，特期戍耳，而民相與怨思。此以見存乎其事，而不係乎期之久近與役之勞逸也。春秋十二公其用民力多矣，僖公修泮宮，復閟宮，不志于經。程子謂復古興廢，乃禮之大者，至城郭溝池以爲固，非立國之本務。春秋自莊以後，或黷武啟釁而防報復，或背盟大國而慮見討，又況末季權臣擅侵奪小國以自封殖甚矣。故凡城之志，無論時不時，皆譏；臺囿之築，耽細娛而忘國計，其失更不待言。莊公忘父讎不報，而一年三築臺。昭、定當權臣竊國，而築郎囿、蛇淵囿，此真下愚不移，無足與論得失之數矣。輯春秋城築表第三十八。

春秋城築表

先母舅霞峰華氏曰：「城者完舊，築者創始。經書築者八，皆譏也。書城二十有三，春城四，夏城七，冬城十二，左氏于冬城多曰『書時』，書時無貶乎？穀梁子曰：『凡城之志，皆譏。』何也？凡城郭溝池以爲固，有國之所務，而非有國之先務也。不務脩德而第勞民于城築土功之役，以爲保邦之要，雖以時脩之，庸得無譏乎？又況如莊公城諸、防，亟興土功于大饑告糴之後，季孫行父帥師城諸及鄆，開魯、莒數世之争，而左氏皆曰『書時』，其非聖人之旨明矣。或又以爲聖人重用民力，雖時亦書。然則十二公宮廟之脩，非用民力者乎？春秋書世室屋壞，新作世室不書，成公三年新宮災，作新宮亦不書，僖公脩泮宮、作閟宮亦不書。故知凡城之志，雖合乎時猶譏。而以爲重民力而書城者，猶未盡聖人之旨也。」

城二十三，附浚洙

隱七年夏，城中丘。	左傳：「書，不時也。」
隱九年夏，城郎。	左傳：「書，不時也。」
桓五年夏，城祝丘。	高氏閌曰：「祝丘是
桓十六年冬，城向。	左傳：「書，時也。」
莊九年冬，浚洙。	公羊：「畏齊也，辭殺

穀梁：「城爲保民爲之也，民衆城小則益城。益城無極。凡城之志，皆譏也。」范氏甯曰：「刺公不脩德政，更造城以安民。保民以德，不以城也。」孫氏復曰：「得其時者，其惡小；非其時者，其惡大。」

莊二十九年冬，城諸及防。

左傳：「書時也。」家氏鉉翁曰：「魯比歲

許氏翰曰：「七年城中丘而後伐邾，今城郎而後伐宋。」趙氏鵬飛曰：「郎逼于宋，魯將北會齊、鄭伐宋，疑宋爲批亢擣虚之策，故城以備之。」

莊三十二年春，城小穀。

范氏甯曰：「小穀，魯地。」

齊、魯兩境上邑，齊將襲紀，公欲助紀，而畏齊之來討，故非時城此以備之。」

文七年三月，遂城郚。

穀梁：「遂，繼事也。」杜氏預曰：「因伐邾師

啖氏助曰：「下有十一月，則此乃十月也，爲今之八月，縱是同月，亦今之九月，農功未畢，不可興役。」張氏洽曰：「下有十一月，卽夏正九月，亦不時也。」彙纂曰：「劉氏炫歷引周語之文，謂火見，土功必在建亥之月，則建戌之中必無土功之理。故啖氏助、張氏洽皆以爲不時，指爲傳誤，其說是也。」

文十二年冬十二月，季孫行父帥師城諸及鄆。

子糾也。」張氏洽曰：「洙水在魯北，齊伐魯之道也。魯雖殺子糾，猶有畏齊之心，故浚而深之，以備齊師之至。書之，以見其不能明政刑、固人心以端國之本，而重困民于無益也。」

宣八年冬十月，城平陽。

左傳：「書，時也。」高氏閌曰：「懼晉故

凶饑，而莊公輕用民力，不惟城一邑，併城二邑，故雖時而必書。」吴氏澂曰：「凡書土功，雖時，非善之也，愈于非時者爾。其閒亟興土功而亟書之，則無論時不時，皆貶也。此年春，甫新延廄，于是又城諸、防，豈不爲亟而譏之乎。」吕氏大圭曰：「十二公興力役，莫甚于莊公，築館者一，築邑者一，築臺者三，城邑者二，新延廄者一。其不城一邑，不築一囿，愛民力而重農事者，惟僖公爾。」

程氏迥曰：「齊地別有穀，在濟北，非小穀也。」案：去年公一歲三築臺，而冬復不雨，今春復興此役，其不恤天災而非時勞民可知矣。

以城郚，備邾難。」趙氏鵬飛曰：「既伐邾取邑，師徒亦敝矣。又遂城郚，其意以爲既攘邾邑，不可不備邾難，其亦念兵之勞而民之疲歟。況三月，今之正月，以東作之始而奪農時哉！」

左傳：「書，時也。」孫氏復曰：「帥師而城，畏莒故也。鄆，莒、魯所争者。」杜氏諤曰：「春秋凡城築之事皆譏，況帥師而城乎，勞民甚矣。」家氏鉉翁曰：「春秋之法，城非其時貶，城非其制貶，興兵以城，尤在所貶。」

也。方舉大喪，又城平陽，重困民力。」趙氏鵬飛曰：「左氏例，水昏正而栽。案：水昏正，乃夏之十月，非周之十月。今見書十月，遂謂之時，是不識夏、周正朔之異也。」

成四年冬，城鄆。

杜氏預曰：「公欲叛晉，故城而爲備。」

案：魯有東西二鄆。文十二年城諸及鄆，此爲東鄆，近莒之邑，莒、魯所争者，在今沂州府沂水縣治東北四十里。此年城鄆爲西鄆，近晉之邑，成十六年公待于鄆即此，今爲曹州府鄆城縣，昭二十六年齊取之以居公者。時公以不禮于晉，欲叛晉，故城之以爲備也。

成九年冬，城中城。

黄氏震曰：「中城，魯內城。」

方氏苞曰：「穀梁云非外民，胡氏譏儆守之微，皆非也。未有設險守國而城宮外之城者，必夫人僑如穢迹彰聞，欲去季、孟，因恐季、孟圖己而陰爲之備耳。其後沙隨之會，孟獻子守于公宮，則其故可知矣。」

案：此條左傳以爲書時，諸儒俱宗其說。趙氏匡謂城實摧壞，豈得不修。陳氏岳謂得時則書以示之。高氏

襄七年四月，城費。

左傳：「南遺爲費宰，叔仲昭伯爲隧正，欲善季氏，而求媚于南遺，謂遺：『請城費，吾多與而役。』故季氏城費。」

孫氏復曰：「季氏四月城所食邑，其專可知。」

襄十三年冬，城防。

左傳：「書，事時也。于是將早城，臧武仲請俟畢農事，禮也。」

趙氏鵬飛曰：「魯有二防，此疑近齊之防耳。魯既事晉而外齊，懼有齊師，故爲之備。明年齊卒有圍成之役，用是知城防以備齊也。」

襄十五年夏，季孫宿、叔孫豹帥師城成郛。

左傳：「齊侯圍成，貳于晉故也。于是乎城成郛。」

胡氏銓曰：「城築二十有九，大夫帥師而城者三，見文、襄之際，大夫張矣。」

劉氏絢曰：「由不能救成，故成郛見壞而城也。」

襄十九年冬，城西郛。

左傳：「懼齊也。」

王氏葆曰：「魯備齊難，城其國之郛，則凡

定六年冬，城中城。

高氏閌曰：「公之所有中城而已，成九年城之矣，此復城者，外有閔、趙氏鵬飛則謂莒以無備，楚入鄆，鄆逼于魯，故懼而爲之備。彙纂謂設險，有國之所不廢，況不奪民時，可以無譏。愚謂春秋常事不書，無有書之以示法者。且以爲懼楚而爲備，則當脩邊鄙，不然亦當脩外城，無有遽城中城之理，此必宮闈之故無疑。讀望溪先生之論，實獲我心矣。

定十四年，城莒父及霄。

杜氏預曰：「公助范氏叛晉，故懼而城二邑。」

定十五年冬，城漆。

張氏洽曰：「謀伐邾也。定公之喪，邾子

哀三年夏，季孫斯、叔孫州仇帥師城啓陽。

杜氏預曰：「魯黨范

屬皆不敢保，足見魯之弱而齊之强矣。」 汪氏克寬曰：「郛乃外城，此云西郛，實國都外城之西郭，而所謂中城，爲魯國都之内城可知矣。」 城武城。 左傳：「穆叔歸，曰：『齊猶未也，不可以不懼。』乃城武城。」 通典費縣有古武城，今故城在費縣西南九十里。 高氏閌曰：「襄公四書城邑，非本務也。」	齊、鄭之怨，故懼而城焉。」 汪氏克寬曰：「是時公室無民，公豈能役衆脩城以備外患。蓋陽虎欲去三家，故託于懼齊、鄭而城中城，將挾公以自固耳。」 方氏苞曰：「僑如欲去季、孟，則城中城；陽虎欲去三桓，亦城中城，皆欲得公以濟其亂謀也。」 案：後八年陽虎戰敗，說甲如公宮取寶玉大弓以出，則知平日中城之内，其所專據也。欒王鮒謂范宣子奉君以走固宫，必無害，亦此意。		來奔喪，事魯謹矣。哀公即位，不務睦鄰，而二年取其田，七年俘其君，卒使吳人乘閒來伐，齊人問罪而取讙、闡，利未至而害隨之矣。」	氏，故懼晉，比年四城。」 許氏翰曰：「所城近敵，故帥師焉。」

哀四年夏，城西郛。	杜氏預曰：「備晉也。」
哀五年春，城毗。	杜氏預曰：「備晉也。」師氏協曰：「魯不能親仁善鄰，鎮撫民庶，而屢奪民力，以興土功，往年城莒父及霄，又城啓陽，又城毗，六年又城邾瑕，一叛于晉而自備不暇如此，亦末矣。」
哀六年春，城邾瑕。	許氏翰曰：「定、哀十六年閒，凡八城邑。魯既不得事晉，不能自强，惟務高城深池，以捍外患。春秋備書，以著魯無德政，勞民薦數如此，後雖城邑，不復志矣。」

築八條，附新作三。

莊元年秋，築王姬之館于外。	杜氏預曰：「公在諒闇，慮齊侯當親迎，不
莊二十八年冬，築郿。	左傳：「凡邑有宗廟先君之主曰都，無曰邑。
莊二十九年春，新延廄。	公羊：「新者何？脩舊也。脩舊不書，此何
莊三十一年春，築臺于郎。	杜氏預曰：「書築臺，刺奢，且非土功之
僖二十年春，新作南門。	公羊：「何以書？譏。何譏爾？門有古常

忍便以禮接于廟，又不敢逆王命，故築舍于城外。」

邑曰築，都曰城。」孫氏覺曰：「公羊謂之造邑。陸氏從而廣之，曰：『言城者，城舊城也；言築者，築新邑也。蓋臺囿無新舊，皆曰築。』然則築郿者，新城郿而爲邑也。不曰新，明其無舊也。不曰城，無所因也。先書築郿，而下書大無麥禾，則公之不重民力可知矣。」

以書？凶年不脩。」劉氏敞曰：「春秋二百四十二年，興作脩舊多矣，獨書延廄、南門何哉？延廄者，天子之廄，非諸侯之廄。南門者，天子之門，非諸侯之門也。延廄之作非莊公始，過在可革而不革，故曰新。南門之僭自僖公始，罪在不可爲而爲，故曰新作。」

時。」

夏，築臺于薛。

公羊：「何以書？譏遠也。」

秋，築臺于秦。

張氏溥曰：「二十八年，築郿，則大無麥禾。二十九年，新延廄，城諸、防，則有蜚。三十一年，三築臺，則冬不雨。莊公歲勤民而歲有災，如此猶不知懼耶。」

也。」

穀梁：「作，爲也，有加其度也。南門者，法門也。」

王氏葆曰：「顧命孔氏傳：『南門，路寢門。』則知魯南門，乃路門也。魯庫、雉二門既用天子之制，惟路門猶仍舊，故僖公因其敝而斥大之。」

汪氏克寬曰：「僖公之經並無築城土功之事，則庶幾能愛民者，而猶有南門之役，且不免于過制而僭上，故春秋特書新作以譏之。」

成十八年八月，築鹿囿。

公羊："何以書？譏。何譏爾？有囿矣，又爲也。"

高氏閌曰："前此未有書築囿者，是後昭九年築郎囿，定十三年築蛇淵囿，人君之示子孫可不謹哉！"

李氏廉曰："成公自朝晉而歸，士匄來聘，杞、郳交朝。蓋晉悼之初，欲親魯以成伯業，故致此耳。而成公遽自以爲安，肆意于苑囿之樂，所謂及是時般樂怠敖者也。"

昭九年秋，築郎囿。

家氏鉉翁曰："魯君擁虛器而猶興築囿之役，其爲季氏敺民乎。"

定二年冬十月，新作雉門及兩觀。

高氏閌曰："魯僭天子之禮，天子示變以警之。遇災而不知以爲戒，乃更作而新之，反加其度焉，是魯之僭終無已也，特書新作，罪在定公也。"

定十三年夏，築蛇淵囿。

水經注："蛇水又西逕鑄城西，左傳所謂蛇淵囿也。京相璠曰：『濟北有蛇丘城，城下有水，魯囿也。』今蛇丘故城在濟南府肥城縣南。"

汪氏克寬曰："昭九年郎囿之築，雖當農隙之時，且書于策以示戒。況盛春耘耔，農事方殷，而役民以興苑囿，不待貶絕而罪著矣。"

附外城六

李氏廉曰：「齊伯之編外城三，獨城邢爲美。晉伯之編外城三，惟城成周無譏。愚謂城虎牢，乃晉悼扼鄭之吭，以制楚之南向，其功尤大，豈得以偪鄭爲譏乎。」

僖元年，齊師、宋師、曹師城邢。	左傳：「諸侯城之，救患也。」 張氏洽曰：「邢雖已遷，無力自城，諸侯若不城之，終未能以自定。桓公因其既遷，命三師爲之板築，使足以守，合于救患分災之禮，故再敘三師。」
僖二年春王正月，城楚丘。	孔氏穎達曰：「不言城夷儀，而言城邢，邢已遷也。言城楚丘，不言城衛，衛未遷也。」 卓氏爾康曰：「第言城楚丘者，蓋齊桓分版築之役于諸侯，諸侯各自受功，魯第從本國往衛，非與諸侯同行，不得書諸侯也。」 案：楚丘不書衛，先儒遂疑楚丘爲內城，黃
僖十四年春，諸侯城緣陵。	公羊：「城杞也。」 杜氏預曰：「不言城杞，杞未遷也。」 孫氏覺曰：「春秋城杞、城邢，斥言其國，緣陵、楚丘但書其地。蓋遷國者書國，未遷者書地，春秋之法然也。」 汪氏克寬曰：「城杞之功，器用不具，城池未固，不若城邢之美，故
襄二年冬，會于戚，遂城虎牢。	陸氏淳曰：「不書取，許其城也。城虎牢，可以安列國，息征伐，故聖人許之，而不繫于鄭。」 沈氏棐曰：「不言伐取，且不繫之鄭，皆所以與晉也。」 趙氏鵬飛曰：「圍宋彭城，爲宋治叛臣爾，其利不及天下，故繫之宋。遂城虎牢，天下
襄二十九年，仲孫羯會諸侯之大夫城杞。	左傳：「晉平公，杞出也，故治杞。」 李氏廉曰：「僖公爲成風伐邾，而春秋不與以救患之義。平公爲悼夫人城杞，而春秋不予以保小之仁，則于公私之際審矣。」

氏仲炎至引卜楚丘之父爲證，指爲魯邑，此妄説也。先母舅曰：「考詩『定之方中，作于楚宮』，爲僖公元年建亥之月，于夏爲十月，衞人以夏之十月定星之中爲營楚丘之始，而魯以十一月往助之城，故春秋于二年正月書城楚丘，其事其時適與之合。其曰楚宮、楚室，言楚則楚丘可知。且齊桓存衞之功，赫然耳目，春秋安得一無所書耶？」

不再敘諸侯。然杞未滅，特不待其自遷，而城緣陵以遷之，未如封衞之專，故諸侯以凡舉而不削。蓋城緣陵之義不若城邢，而功亦劣于楚丘也。」

均蒙其安，非鄭所得事也，故不繫之鄭。」

冬，仲孫何忌會諸侯之大夫城

成周。

左傳：「王使富辛與石張如晉請城成周。冬十一月，晉魏舒、韓不信如京師，合諸之大夫于狄泉，尋盟，且令城成周。」

吳氏澂曰：「王城自平王東遷以來，天子世世居之，故其城完固。成周乃周公遷殷頑民之地，其城圮惡，時子朝雖棄王城奔楚，而餘黨尚多，王不敢居王城，而留居成周，諸侯以兵戍之。自城之後，始徹諸侯之戍。」

黄氏正憲曰：「成周非爲城圮，以其狹小不

足以容衆，故擴而大之，如狄泉本在城外，今則遶入城内矣。若爲圮而城，不過完舊，何待勞諸侯之大夫哉！」

春秋四裔表卷三十九

錫山顧棟高復初 輯
歙縣程 鐘葭應 參

敘

昔先王疆理天下，建置侯甸，而蠻、夷、戎、狄猶錯處内地。春秋之世，其見于經傳者名號錯雜。然綜其大概，亦約略可數焉。戎之别有七，其在今陝西之臨潼者曰驪戎，卽女晉獻公以驪姬者。秦置驪邑，邑有驪山，俱以戎得名。其在鳳翔者曰犬戎，蓋西戎之别在中國，其先嘗攻殺幽王，秦驅逐之，至春秋時種類猶存，閔二年，虢公敗犬戎于渭汭是也。其在瓜州者曰允姓之戎，遠莫知其所居，秦、晉遷于中國，則曰陸渾之戎，今爲河南府嵩縣。又曰陰戎，又曰九州戎，又曰小戎。晉惠公母家，傳謂小戎子生夷吾。逮惠公歸自秦，而誘以來處之陸渾，世役于晉。亦曰姜戎。佐晉敗秦師于殽，自後無役不從，亦數與會盟。以其處晉陰地，謂之陰戎。昭十七年，陸渾貳于楚，晉荀吴滅之，其餘服屬于晉者，謂之九州戎。自晉滅陸渾，城汝濱地而有之，楚亦滅蠻氏，係汝州之地，而汝水南北遂爲晉、楚分界。其先陸渾而居伊、洛之閒者，又有揚、拒、泉、皋、伊、洛之戎，揚、拒、泉、皋皆戎邑，王子帶曾召之，以伐京師，焚王城東門，爲禍最烈。自秦、晉遷陸渾，而此種浸微。後泉戎地入于周爲前城。而文八年公子遂因趙盾盟伊洛之戎于暴，成六年與陸渾、蠻氏同受命于晉侵宋，則伊洛、陸渾並爲晉之内臣矣。蠻氏亦戎別種，在汝州西南，亦名茅戎，以處茅津得名，在今解州之平陸，地頗遼遠。成之元年，王師嘗爲所敗，後屬晉。乃哀公之世，晉執戎蠻子以畀楚，而楚之强益不可制。其在直隸之永平者，曰北戎，亦曰山戎。春秋初，嘗侵鄭，伐齊，已而又病燕，齊桓公因北伐山戎。襄四年，無終子嘉父因魏莊子納虎豹之皮，以請和諸戎者，其別種也。又有在山東之曹縣與蘭陽接壤者，經直曰戎，無名號。春秋初，屢與隱公會盟，隱九年，天王使凡伯來聘，戎伐凡伯于楚丘以歸，所謂戎州己氏之戎是也。胡氏以徐戎當之。夫戎在魯西境，徐戎在魯東郊，凡伯聘魯，還，過楚丘，而戎伐之，豈所云東郊者乎？凡此皆諸戎之大略也。

狄之別有三，曰赤狄，曰白狄，曰長狄。長狄兄弟三人，無種類。而赤狄之種有六，曰東山皋落氏，曰廧咎如，曰潞氏，曰甲氏，曰留吁，曰鐸辰。潞爲上黨之潞縣，處晉腹心。宣十五年，晉滅赤狄潞氏。明年，並滅甲氏、留吁、鐸辰。留吁、甲氏俱在今之廣平，鐸辰在潞安境。白狄之種有三，其先與秦同州，在陝之延安，所謂西河之地。其別種在今之真定藁城、晉州者，曰鮮虞，曰肥，曰鼓。鮮虞最强，與晉數鬬爭，而肥、鼓俱爲晉所滅。蓋春秋時，戎、狄之爲中國患甚矣，而狄爲最。諸狄之中，赤狄爲最。赤狄諸種族，潞氏爲最。晉之滅潞也，其君臣用全力以勝之。荀林父敗赤狄于曲梁，遂滅潞，而晉侯身自治兵于稷，以略狄土。稷在河東之聞喜，而曲梁在廣平之雞澤，綿地七百餘里。旋復得留吁之屬，晉之疆土益遠，狄所攘奪衞之故地，如朝歌、邯鄲、百泉，其後悉爲晉邑。班氏所謂河内殷墟更屬于晉者，蓋自滅狄之役始也。然狄之强，莫熾于閔、僖之世，殘滅邢、衞，侵犯齊、魯。其時止稱狄，未冠以赤、白之號，其後乃稍稍見于經傳。意其種豪自相攜貳，更立名目，如漢之匈奴分爲南北單于，而其後遂以削弱易制。傳云：「衆狄疾赤狄之役，遂求成于晉。」此其徵也。

東方之夷曰萊，曰介，曰根牟。後萊、介並于齊，根牟滅于魯，不復見經。惟淮夷當齊桓之世，嘗病鄫，病杞，後復與楚靈王連兵伐吴，然皆竄伏海濱，于中國無甚利害。南方之種類不一，羣蠻在辰永之境，百濮爲夷，盧戎爲戎。羣蠻當楚莊王時，從楚滅庸，自後服屬于楚，鄢陵之役，從楚擊晉。而盧戎與羅兩軍屈瑕，後卒爲楚所滅，率微甚無足道者。余觀夫齊桓創霸以來，存三亡國，而終不敢加兵于狄。戎伐周，而管仲爲平戎于王，幾若儕于敵國。而范文子謂狄爲三彊。自宣迄昭六七十年，晉滅陸渾，兼肥、鼓，剗潞氏、留吁、鐸辰，戎狄之在河朔閒者稍稍盡矣，獨無終以請和得存。而鮮虞亦曰中山，至戰國時爲列國，僭號稱王，後滅于趙。輯春秋四裔表第三十九。

春秋四裔表

戎

四裔之中，戎種最雜亂難稽，或三名而爲一族，或一種而隨地立名，隨時易號至五六而未已，其中盛衰之故略可見，綜而計之，其別有七。如文十六年戎伐楚西南，則爲楚山閒之民，非有名號，不列于戎之數。

戎	即戎州己氏之戎。杜註：「陳留濟陽縣東南有戎城。」在今山東曹州府之曹縣與河南蘭陽縣接界。
北戎 山戎 無終	正義曰：「土地名以北戎、山戎、無終三名爲一。北平有無終縣。」今直隸永平府玉田縣治西有
允姓之戎	即戎子駒支之祖，范宣子所謂迫逐乃祖吾離于瓜州者。又昭九年傳：「允姓之姦，居于瓜州。」杜註：「瓜州，今燉煌。」在今陝
揚、拒、泉、皋、伊、雒之戎	杜註：「諸雜戎居伊水、雒水之閒者。揚、拒、泉、皋，皆戎邑，伊闕北有泉亭。」今河南府洛陽縣西
蠻氏 一名茅戎，一名戎蠻子。	杜註：「蠻氏，戎別種，河南新城縣東南有蠻城。」案：前漢志，河
犬戎	杜註：「犬戎，西戎別在中國者。」在今陝西鳳翔府境。案：犬戎即周之玁狁也。史記匈奴傳：「西伯昌伐畎夷
驪戎	杜註：「驪戎在京兆新豐縣。」今陝西西安府臨潼縣東二十四里有驪戎城。莊二十八年傳，晉伐

隱二年春，公會戎于潛。

杜註：「順其俗以爲禮。潛，魯地。」正義云：「會據公往，戎爲主人，故得隨主人之俗，以爲會禮。戎是西方之夷，必不遠來會魯。」按：據此，則潛蓋近戎之地，當在今曹州府西南境。

秋八月庚

古無終城。

隱九年，北戎侵鄭。

不見經。

桓六年，北戎伐齊。

不見經。

莊三十年，齊人伐山戎，以其病燕故。

杜註：「山戎卽北戎。」

莊三十一

西肅州衛西五百二十六里。

陸渾之戎。

在今河南府嵩縣，卽詹桓伯所謂惠公歸自秦而誘以來者。僖二十二年，秦、晉遷陸渾之戎于伊川。杜註：「陸渾在秦、晉西北，二國誘而徙之，遂從戎號，至今爲陸渾縣。」正義曰：「陸渾本是燉煌之地名，

南有前城，卽泉戎地。

僖十一年，同伐京師。

王子帶召之也。入王城，焚東門。秦、晉伐戎以救周。案：伊雒之戎與陸渾地略相近，觀此年傳所云，則知此戎種類繁夥，爲禍最暴，雖以齊桓覇伯，僅使管仲平戎于王室，其鷙悍難御可

南新城縣曰蠻中，故戎蠻子國。今汝州西南有蠻城。

文十七年，周甘歜敗戎于邥垂。

杜註：「垂亭在新城縣北。」今爲汝州伊陽縣地。劉昭後漢志以爲此蠻氏之戎也。

成元年，王師敗績于茅戎。

氏。穆王伐犬戎。幽王時，申侯與犬戎共攻殺幽王于驪山之下，遂取周之焦穫，而居于涇、渭之閒。晉文侯與秦襄公救周，逐出之，而其遺種在中國者尚留居渭濱。」閔二年，虢公敗犬戎于渭汭，其遺種也；本與山戎及陸渾各各爲一族，其地亦各殊，史公混諸戎而一之，并

驪戎，驪戎男女以驪姬。

案：國語云「晉滅驪戎。」不詳何年。而史記表稱在獻公之五年，爲魯莊公之二十二年，其地則入于秦，爲侯麗地。麗與驪通。成十三年，晉及諸侯之師伐秦，濟涇，及侯麗而還，卽故驪戎國也。其地一曰櫟陽。史記，秦

辰，公及戎盟于唐。杜註：「唐，魯地。高平方與縣北有武唐亭。」在今兗州府魚臺縣東十二里。「唐」與「棠」通，即隱公觀魚處。隱七年，天王使凡伯來聘，戎伐凡伯于楚丘以歸。杜註：「楚丘，衛地，在濟陰

年六月，齊侯來獻戎捷。即山戎之捷，傳蓋爲此經發也。僖十年，齊侯、許男伐北戎。杜註：「北戎即山戎。」襄四年，無終子嘉父因魏莊子納虎豹之

徙之伊川，復以陸渾爲號也。宣三年，楚伐陸渾即此。至昭十七年，爲晉荀吳所滅。」亦曰小戎。僖二十八年傳〔一〕：「小戎子生夷吾。」杜註：「小戎，允姓之戎。」亦曰姜戎。僖三十三年，晉人及姜戎敗秦師于殽，即戎子駒支所謂

知。故二十二年，秦、晉遷陸渾之戎于伊川，意必以藩衛王室爲名，用蠻夷以制蠻夷也。卒之果得其用，伊雒之戎就衰，旋服于晉。文八年，就趙盾之盟于暴，成六年，且受命侵宋，蓋得陸渾牽制之力爲多。故楚莊欲窺覘王室而先伐陸渾，晉荀吳欲滅陸渾，而先有事三

左傳：「晉侯使瑕嘉平戎于王，單襄公如晉拜成。劉康公徼戎，將遂伐之。叔服諫，不聽。三月癸未，敗績于徐吾氏。」案：杜註云：「平戎，平文十七年邥垂之怨。」合之後漢志，則此即爲蠻氏之戎明矣。水經注：「大陽縣有茅亭，故茅戎邑。」括地志：「茅戎在河北

混戎、狄而一之，疎略甚矣。閔二年，虢公敗犬戎于渭汭。釋例曰：「渭水出隴西狄道縣鳥鼠同穴山，東經南安、天水、洛陽、扶風、始平、京京兆六郡，至弘農華陰縣入河。」案：渭汭乃渭水入河處，虢之西境，在今陝西同州府華

獻公二年徙都櫟陽。在臨潼縣北三十里，即侯麗故地。其由晉入秦之年則不可考。

城武縣西南。」案：楚丘在曹縣東南四十里，本戎州己氏之邑，爲衛之南楚丘。凡伯聘魯道過戎境，戎因執之以歸也。隋開皇時，同時置兩楚丘縣，一在漢己氏縣，以戎伐凡伯之楚丘爲名。

桓二年，公及戎盟于唐。

皮，以請和諸戎。

杜註：「無終，山戎國名。」

昭元年，晉荀吳敗無終及羣狄于太原。

正義曰：「北平有無終縣，太原卽太原郡晉陽縣。計無終在太原東北二千餘里，不知何故遠就太原，來與晉戰。蓋與諸戎近晉

晉人角之，諸戎犄之者。杜註：「居晉南鄙。」正義云：「駒支自陳謂四嶽之裔胄，且此云姜戎，知是姜姓之戎也。杜註，四嶽之後皆姓姜，又別爲允姓。」

亦曰陰戎。

昭元年，〔二〕晉梁丙、張趯率陰戎伐潁。

杜註：「陰戎，陸渾之戎。」以其處晉陰地，

塗，居然爲王室之藩籬矣。

僖十二年，齊侯使管仲平戎于王。

時王子帶奔齊。

僖十三年秋，會于鹹，以謀王室。

爲戎難故，諸侯戍周，齊仲孫湫致之。

縣西二十里，里，以處晉之茅津得名。」其地當在今山西解州之平陸，且連亙河南汝州之境，疆域頗不狹。又近在肘腋，而甘歜乘其飲酒，劉康公又徼其無備，以用兵爲兒戲，執政大臣如此，何以能立國乎，宜王靈之不振也。

成六年，伊

陰縣界。

僖二年，虢公敗戎于桑田。

杜註：「桑田，虢地，在弘農陝縣東北。」今河南陝州閿鄉縣東三十里有稠桑驛，爲虢桑田地，後入晉。

莊十八年，公追戎于濟西。

吴氏澂曰：「戎即隱、桓與之盟者。戎入魯境，魯將禦之，而戎遽退，故魯莊以兵遠追之。」

莊二十年冬，齊人伐戎。

許氏翰曰：「齊桓既伯，七年，諸侯略定，是時始伐戎。」

者相率而共來也。」

謂之陰戎。詹桓伯曰：「允姓之姦，居于瓜州。」杜註：「允姓，陰戎之祖。」

亦曰九州戎。

昭二十二年，晉籍談、荀躒帥九州之戎以納王于王城。哀四年，士蔑致九州之戎，將裂田以與蠻子。

杜註：「九州戎即陸渾之戎。」

僖十六年，王以戎難告于齊，齊徵諸侯而戍周。

杜註：「自十一年戎伐京師以來，遂爲王室難。」

文八年，公子遂從趙盾會伊雒之戎盟于暴。

左傳：「襄仲會晉趙孟盟于衡雍，遂會伊雒

雒之戎、陸渾、蠻氏從晉侵宋。

時蠻氏屬于晉。

襄五年，王使王叔陳生愬戎于晉。

即蠻氏之戎。

昭十六年，楚誘戎蠻子嘉殺之，既而復立其子。

張氏溥曰：「戎在魯西南，魯之患也。齊伐戎，所以親魯也。」

莊二十四年，戎侵曹，曹羈出奔陳。赤歸于曹。

杜註：「羈，蓋曹世子。」

陳氏岳曰：「戎既侵曹，而羈出奔，是曹懼戎而出其君明矣。羈既出，赤乃入，是戎

自宣三年楚莊伐陸渾之戎，陸渾遂貳于楚。昭十七年，晉荀吳滅之，陸渾子奔楚，餘衆屬晉，爲九州戎。州，鄉屬，五鄉爲州。[三]

昭二十九年，晉趙鞅、荀寅帥師城汝濱。

杜註：「汝濱，晉所取陸渾地。」

之戎。書曰公子，珍之也。」

杜註：「伊雒之戎將伐魯，故遂不及復君。」壬午，盟趙盾。乙酉，遂盟雒戎。四日之間，專行二事。大夫出竟，有可以安國家利社稷者，專之可也，故書公子以貴之。

案：是時伊雒之戎猶横，魯亦畏之，故汲汲與盟。然既盟，遂不復來伐，已得以禮

余氏光曰：「戎蠻既稱子，則安于王化而服從晉伯者也。特以地在申、葉、許、鄭之西，而南界楚之白羽，故楚人誘蠻子而殺之。」

哀四年，晉人執戎蠻子赤歸于楚。

左傳：「楚謀北方，襲梁及霍，圍蠻氏，蠻氏潰，蠻子赤奔

出羈而納赤亦明矣，詎可謂羈大夫歟？」案：己氏之戎本居曹縣，與曹接壤，故得專廢置其君，如秦之于晉，齊之于魯。是時桓公方盛，而戎猶如此，橫亦甚矣。

莊二十六年春，公伐戎。

許氏翰曰：「隱、桓世有戎盟，至莊公戎

法羈縻矣。

成六年，晉伯宗、衛孫良夫、鄭人、伊雒之戎、陸渾、蠻氏侵宋。

案：此時伊雒之戎已馴服矣，後昭二十二年子朝之亂，王師敗績于前城。服虔曰：「前讀爲泉，即泉戎地。」蓋已入爲王城邑。其滅

晉陰地。晉陰地之命大夫士蔑誘執戎蠻子與其五大夫，以畀楚師于三户。」

今河南陝州盧氏縣有晉陰地故城，爲命大夫屯戍之所。

杜註：「梁在河南梁縣西南。」今汝州西南四十里有梁城，又梁南有霍陽山，在汝州東南二十里，皆戎蠻子邑。

高氏曰：「梁本周邑，時爲蠻

始變渝，是以有濟西之役，于此伐戎以執怨也。」

夏，公至自伐戎。

案：戎卽在魯西南，春伐而夏始至，戎之難克可知矣。

之年則不可考。

氏所據，後屬楚，謂之南梁。」

案：自後戎種之在中國者盡矣，獨無終以請和于晉得存。

狄

史記：「晉文公攘戎、翟，居于河西圁、洛之閒，號曰赤翟、白翟。」杜註：「亦云白狄，在晉西。」此因左傳白狄與秦同州而爲是說耳。以愚考之，狄之見于傳不一而足，均在晉之東，與西無預。潞氏在今山西潞安府，皐落氏則在今平陽府垣曲縣，鮮虞在直隸真定府，肥在藁城縣西南，鼓在今晉州。晉之滅潞也，荀林父敗赤狄于曲梁，曲梁爲今廣平府永年縣，蓋反出其東而轉攻之，則卽一潞氏而疆域之廣亙千有餘里。且閔、僖之世，狄滅邢、滅衞、滅溫，伐齊、伐魯、伐鄭、伐晉，並蹂躪王室，藉非境壤相接，何以能爲患至此，則自山西以迄直隸、河南，直接山東之境，皆其所出沒。特其俗不城郭，就山野廬帳而居，莫能指名其何處耳。且又遷徙無常，傳曰：「狄之廣莫，於晉爲都。」蓋指蒲與屈言。蒲、屈爲今山西之隰州、吉州。以後漸東徙。晉重耳之適諸國也，先奔狄，而後適衞、適齊，境道顯然，狄在晉東可知矣，征南得無爲史記所誤乎？

赤狄

其別有六，曰東山皋落氏，曰廧咎如，曰潞氏，曰甲氏，曰留吁，曰鐸辰。

莊三十二年冬，狄伐邢。

狄始見經。

案：自宣十五年以前，凡單以狄舉者，皆赤狄也。邢，今直隸順德府邢臺縣。

閔元年春，齊人救邢。

閔二年冬十二月，狄入衞。

白狄

其別有三，曰鮮虞，曰肥，曰鼓。

長狄

曰鄋瞞。

衞，今河南衞輝府淇縣。

晉侯使太子申生伐東山皐落氏。不見經。

杜註：「赤狄別種。皐落，其氏族。」在今山西平陽府垣曲縣。

僖元年夏六月，邢遷于夷儀。

齊師、宋師、曹師城邢。

後漢志：「聊城有夷儀聚。」在今山東東昌府聊城縣西南十三里。

僖二年春，諸侯城楚丘而封衞。

僖八年夏，狄伐晉。

左傳：「七年，晉里克敗狄于采桑。梁由靡曰：『狄無恥，從之，必大克。』里克曰：『懼之而已，無速衆狄。』虢射曰：『期年，狄必至，示之弱矣。』夏，狄伐晉，報采桑之役也。」

僖十年春，狄滅温，温子奔衞。

今河南懷慶府温縣西南三十里有古温城。

僖十二年春，諸侯城衞楚丘之郛。

懼狄難也。杜註爲明年狄侵衞傳。

僖十三年春，狄侵衞。

趙氏鵬飛曰：「前年狄滅温，温子奔衞。今狄侵衞，以衞納温子也。齊桓坐視而不救，失其職矣。」

僖十四年秋，狄侵鄭。

鄭，今河南鄭州。

趙氏鵬飛曰：「狄至是復侵鄭，甚矣。如是之甚，而復不能討，桓公之伯心怠哉！」

僖十六年秋，狄侵晉。

左傳：「取狐、厨、受鐸，涉汾，及昆都，因晉韓之敗也。」

僖十八年五月，狄救齊。

時齊桓公卒，宋襄公圖伯伐齊，納孝公，殺無虧，狄救四公子之徒。

冬，邢人、狄人伐衛。

此狄稱人之始。先儒以其伐衛救齊爲義，故稱人以進之，非也。不可云邢、狄伐衛，故加一人字以別之耳。杜氏謂無義例爲得之。

彙纂曰：「狄與邢伐衞書人，至二十一年狄獨伐衞，則復書狄，皆取便文也。」

僖二十年秋，齊人、狄人盟于邢。

左傳：「爲邢謀衞難也，于是衞方病邢。」

案：齊桓攘狄封邢、衞，桓甫殁，而衞即從宋伐齊，邢、狄救齊伐衞，衞即疾邢，齊、狄復爲邢謀衞難。春秋詳書不殺，蓋深慨宋襄之失道，而急望晉文之嗣興也。杜少陵詩云：「豈謂盡煩回紇馬，翻然遠救朔方兵。」盡亦同此意。以爲進狄而書人，非聖人之旨。

僖二十一年春，狄侵衞。

杜註：「爲邢故。」

張氏洽曰：「因邢之盟也。」

吴氏澂曰：「狄因宋、衞伐齊喪，仗義與

師以救齊，又與邢協力伐衛，衛因病邢，狄又援齊以爲邢謀，至此遂爲邢侵衛。竊謂宋襄圖伯，而反使狄居仗義之名。衛文中興而已即冒背德之罪，則文公與甯武子謀國未爲盡善，而狄之侵衛未可謂無名也。中國顛倒如此，春秋安得不望晉文之出乎！」

僖二十四年夏，狄伐鄭。

宋氏睦櫸曰：「鄭在王畿，王所倚毗。頽叔、桃子將欲叛王，故先伐鄭。此盡爲叔帶謀爾。伐鄭果出王意，是年王出居于鄭，伐鄭而住鄭，無是理也。」

冬，天王出居于鄭。

僖二十五年夏，晉侯納王。不見經。

彙纂曰：「晉侯有功王室，未有不告諸

侯者，其事不見于經，是夫子削之也。」愚謂狄人奉臣伐君，致天子播越，其罪大矣。晉侯宜聲其悖逆之罪，帥六師臨之，其功高于城濮十倍。乃以久依狄人之故，隱忍不發，誅子帶而宥狄，是顧私恩而虧大義。夫子削而不録，職是故歟？彙纂但責其請隧，以兵威彊取畿内之邑，猶未見及此也。

僖三十年夏，狄侵齊。

左傳：「聞晉之有鄭虞也。」

胡康侯曰：「晉文若移圍鄭之師以伐之，則方伯連帥之職脩矣。」

家氏鉉翁曰：「晉文置狄不問，以狄無僭王圖大之心，而楚之志不在小。」

僖三十一年冬，狄圍衛，衛遷于帝丘。

吴氏澂曰：「狄去年侵齊，今又圍衛，若

無晉伯。然豈以晉文居狄之久而狎之歟？」

僖三十二年夏，衞人侵狄。秋，衞人及狄盟。

左傳：「狄有亂，衞人侵狄，狄請盟。」

家氏鉉翁曰：「衞三十年閒，國凡再遷，抑亦微弱矣。一旦狄有內亂，從而侵之，狄請平，自是北鄙不聳。」

案：左傳狄有亂三字，最宜著眼看，自是赤、白狄分，號令不一，狄亦浸微。自閔元年至此，狄之橫于中國三十四年矣。

僖三十三年夏，狄侵齊。

左傳：「因晉喪也。」

秋，狄伐晉，晉人敗狄于箕。

杜註：「太原陽邑縣南有箕城。」在今太

郤缺獲白狄子。

白狄始見傳。

谷縣東南三十五里。
案：自僖三十年以來，狄連歲爲中國患，侵齊伐衞，今竟敢于伐晉，且深入至箕，使非晉襄此舉，狄禍其未有艾乎。

文四年夏，狄侵齊。
汪氏克寬曰：「狄自箕之敗，至是始復侵齊，以晉襄無攘卻之謀故也。」

文七年夏，狄侵我西鄙。
公使告于晉，趙宣子使因賈季問酆舒，且讓之。
案：宣十五年，晉滅赤狄潞氏，傳云：「酆舒爲政。」此傳云云，知此狄之爲赤狄明矣。是時晉襄既歿，秦、晉交争，故狄人得以肆其侵暴也。

案：凡單稱狄者，皆赤狄也，白狄其將佐爾。

文九年夏，狄侵齊。

案：狄不侵齊五年矣，至是復肆其橫，則以乘楚之得氣故也。

文十年冬，狄侵宋。

高氏閌曰：「狄侵諸大國，獨宋未爾。今復侵宋者，以宋昭公之亂未定也。」

文十一年秋，狄侵齊。

高氏閌曰：「十餘年之閒，狄四侵齊，其强如此，所以大鹹之功也。」

冬十月甲午，叔孫得臣敗狄于鹹。

案：此狄是赤狄也。下言獲長狄僑如，猶言獲宋華元，獲陳夏齧，俘獲之將佐爾。經不書，以夷狄故略之。彙纂亦云：「傳先言敗狄于鹹，後言獲長狄僑如。」蓋以長狄爲狄中之一人，非以長狄爲國號，與我意合。

獲長狄僑如。

案：先儒皆以長狄、白狄爲國號，經當云晉敗白狄于箕，叔孫得臣敗長狄于鹹。今經傳皆直云狄，而後言郤缺獲白狄子，叔孫得臣獲長狄僑如，足知狄之君爲赤狄，而長狄、白狄皆其將佐之臨陣見獲者爾。左傳又言晉之滅潞，獲僑如之弟焚如，非其明證歟？若説文十三年冬，狄侵衛。

趙氏鵬飛曰：「狄自鹹之敗，鋭鋒頓挫。今復侵衛者，以衛迫于狄。時成公方會魯于沓，故狄乘虛而侵之。」

宣三年秋，赤狄侵齊。

赤狄始見經。

案：狄自入春秋以來，俱止書狄，蓋舉北方引弓之人合而爲一也。卽狄有亂以後，箕之役，白狄見矣，而以狄寇之，白狄猶爲之屬。至是顯然分國爲二，其自通于中國，加一赤字之號。而白狄亦以八年偕晉伐秦，自爲盟會征伐，不復就赤狄之役矣。此匈奴分爲南北單于之始也。

宣五年夏，赤狄侵齊。

案：狄是時四出侵伐，連年用兵，號令不一，此狄之衰徵也。

僑如爲鄋瞞之君，防風氏之後，守封、嵎之山，去中國二千餘里，安能爲患？公羊以爲一之齊，一之魯，一之晉。穀梁又以爲直敗一人之辭。自古未有以一人而能爲寇患者，誕愈甚矣。蓋長狄不過如後世巨毋霸之屬，狄人恃以爲威猛而卒見獲，其勢遂日微，情理想當是如爾。

宣六年秋，赤狄伐晉。

圍懷及邢丘，中行桓子曰：「使疾其民，以盈其貫，將可殪也。」

宣七年秋，赤狄侵晉。

取向陰之禾。

杜註：「晉用桓子謀，故縱狄。」

宣八年夏，晉師、白狄伐秦。

白狄始見經。

左傳：「白狄及晉平。夏，會晉伐秦。」

案：此時白狄知赤狄之將亡，而欲結晉以自固也。

宣十一年秋，晉侯會狄于欑函。

左傳：「郤成子求成于衆狄，衆狄疾赤狄之役，遂服于晉。」

杜註：「赤狄潞氏最强，故服役衆狄。」

宣十五年，晉師滅赤狄潞氏，以潞子嬰兒歸。

左傳：「六月癸卯，荀林父敗赤狄于曲梁。辛亥，滅潞。酆舒奔衞，衞人歸之晉，晉人殺之。秋七月壬午，晉侯治兵于稷，以略狄土，立黎侯而還，獻俘于周。」

案：潞氏，今山西潞安府潞城縣。黎，今潞安府長治縣西三十里有黎侯亭。曲梁故城在直隸廣平永年縣東北。

宣十六年春正月，晉人滅赤

案：此云衆狄，專係白狄之種類，若鮮虞、肥、鼓之屬是也。晉侯親在會，蓋欲攜赤狄之黨，以絶其援。至十五年，遂滅潞氏，益知前日之合，而今日之分也。僖公初年，當狄之初起，里克曰：「懼之而已，無速衆狄。」蓋此時合諸部爲一，力大勢盛，遂無敵于天下。

獲長狄焚如。

案：焚如是僑如之弟，國滅而見獲，是赤狄之殉難者耳。晉盟衆狄，而長狄不與。兄弟與國同死，可謂義矣。如果有鄋瞞之國在吴郡之永安，何爲不歸其國，而甘以其身爲赤狄殉乎！

狄甲氏及留吁。

左傳："士會帥師滅赤狄甲氏及留吁、鐸辰，三月獻狄俘。"

杜註："甲氏、留吁，赤狄別種。晉既滅潞氏，并盡其餘黨。"

案：甲氏在今直隸廣平府雞澤縣地。留吁，今山西潞安府屯留縣南十三里有純留故城。鐸辰當亦在潞安府境。十一年之盟衆狄，此等俱不在内，以其爲赤狄之種類，故必殄滅之而後已，知前日之所盟者白狄也。

成三年，晉郤克、衞孫良夫伐廧咎如。

左傳："討赤狄之餘焉。"

杜註："廧咎如，赤狄別種。潞氏餘民散入廧咎如，故討之。"

案：是年赤狄之種盡絶。

成九年冬，秦人、白狄伐晉。

案：是時秦召楚與狄伐晉，故十二年晉敗狄，而旋即伐秦也。

成十二年秋，晉人敗狄于交剛。

高氏閌曰：「此狄蓋白狄也。九年，秦人、白狄伐晉，此先敗狄而後伐秦，是知報九年之役也。」

案：是時赤狄之種盡絕，故中國直名白狄爲狄，不復別之，如赤狄之在閔、僖之世也。

襄十八年春，白狄來。

杜註：「不言朝，不能行禮。」

高氏閌曰：「春秋書白狄于是焉止。」

襄二十八年夏，白狄與諸侯

朝于晉。

不見經。

宋之盟絶也。是時白狄屬楚。

昭元年夏，晉荀吳帥師敗狄于大鹵。

左傳：「中行穆子敗無終及羣狄于太原，崇卒也。」

案：羣狄即所云衆狄，蓋白狄也。宣十一年，郤缺求成于衆狄，以攜赤狄之黨，遂滅潞氏。是後役于晉，從伐秦，中閒爲秦所誘，而有交剛之敗，其禍遂息。閱四十二年，復牽帥無終以伐晉。無終，今直隸薊州，在太原東北二千餘里，且曾與晉和羣狄，敢爲搆煽，爲患邊鄙，宜其啓晉雄心，而有肥、鼓之滅也。

昭十二年秋，晉荀吳滅肥，以

肥子緜臯歸。

不見經。

荀吳僞會齊師者，假道于鮮虞，遂入昔陽。秋八月壬午，滅肥。

杜註：「肥，白狄也。鉅鹿下曲陽縣西有肥累城。」在今直隸真定府藁城縣西南七里，縣西南有昔陽亭，爲肥國都，與新樂縣接壤。

冬，晉伐鮮虞。

左傳：「因肥之役也。」

杜註：「鮮虞，白狄別種，中山新市縣。」今直隸真定府新樂縣西南有新市故城，其地有鮮虞亭。

昭十三年秋，晉荀吳侵鮮虞。

不見經。

是年八月，晉會諸侯于平丘，甲車四千乘。鮮虞人聞晉師悉起，因不設備。

晉荀吳以上軍侵鮮虞，及中人，大獲而歸。

杜註：「中山望都縣西北有中人城。」在今直隸真定府唐縣。

昭十五年秋，晉荀吳帥師伐鮮虞，圍鼓，以鼓子鳶鞮歸。

左傳：「荀吳圍鼓，鼓人或請以城叛，穆子弗許。鼓人告力竭食盡，而後取之。克鼓而反，不戮一人。」

杜註：「鼓，白狄之別種。鉅鹿下曲陽縣有鼓聚。」在今直隸真定府晉州西，今州治即漢志所云鼓聚也。

昭二十二年六月，晉荀吳再滅鼓。不見經。

左傳：「晉之取鼓也，既獻廟而復反鼓子已，又叛晉屬鮮虞。六月，荀吳略東陽，使師僞糴者負甲以息于昔陽之門外，遂襲鼓，滅之，以鼓子鳶鞮歸，使涉佗守之。」自是鼓地屬晉矣。

案：是時白狄之種亦絕，獨留一鮮虞，至戰國時爲中山王。

定三年秋，鮮虞人敗晉師于平中。不見經。

獲晉觀虎，恃其勇也。

定四年，晉士鞅、衞孔圉帥師伐鮮虞。

趙氏鵬飛曰：「晉伐楚，諸侯之利，而六卿之害也。故定公出，而六卿忌其有功，辭蔡卑鄭，而隳其成效。晉伐鮮虞，晉之害，而六卿之利也。故荀氏、士氏、趙氏交伐，以顯其績。」

定五年冬，晉士鞅帥師圍鮮

虞。

左傳：「報觀虎之役也。」

哀元年秋，師及齊師、衛孔圉、鮮虞人伐晉，以救范氏。

經止書齊、衛二國，沒魯與鮮虞不書。

哀三年春，齊、衛圍戚，求援于中山。

杜註：「中山卽鮮虞。」

案：戚爲衛太子蒯聵所居，而景公方與晉爭伯，助子圍父，助臣叛君，而皆求助于外裔，中國之不道甚矣。

哀四年冬，荀寅奔鮮虞。

不見經。

齊國夏伐晉，會鮮虞納荀寅于柏人。

案：自昭元年以來，晉無歲不與邊功，

置楚不問，而與外裔爲難，滅肥、鼓，并欲剗鮮虞。而銳意立功者，荀吴、范鞅也，身歿未幾，而其子爲晉所逐，反求託庇，黷武之禍，至于如此。天道好還，可不戒哉！

哀六年春，晉趙鞅帥師伐鮮虞。

左傳：「治范氏之亂也。」

案：鮮虞與肥、鼓，杜註皆云白狄種。歷觀諸傳，其地大抵在直隸真、保之閒，益知史記所云居于河西者誤也。

東夷

僖十九年傳：「宋襄公用鄫子于次睢之社，欲以屬東夷。」又論語：「子欲居九夷。」註云：「東方之夷有九種，若畎夷、黄夷、白夷之屬。」今考春秋左傳杜氏所稱東夷國絶少，如萊、介諸國，以其僻小不通于中夏，故遠外之。若吴、楚、越儼然與中國會盟，且吞併諸夏，不復列于蠻夷之數矣。

淮夷

僖十三年，淮夷病杞。不見經。

杜註：「淮夷，魯東夷。」

案：魯地盡江南海州沭陽縣，淮夷當在今淮安府山陽、安東之閒。

昭四年夏，楚子及諸侯、淮夷會于申。

案：淮夷自病杞以後，百餘年不見經傳。楚靈特列之于會者，蓋欲借以病吳，猶用越之意。

七月，楚子以諸侯及淮夷伐吳。

介

僖二十九年春，介葛盧來。

杜註：「介，東夷國，在城陽黔陬縣。」

今山東萊州府膠州東南七十里有黔陬城，古介國也。

冬，介葛盧來。

左傳：「以未見公故，復來朝。」

張氏洽曰：「介再來魯，而次年遂侵蕭，求援而後舉兵也。」

僖三十年秋，介人侵蕭。

案：介在山東之膠州，而蕭

萊

宣七年夏，公會齊侯伐萊。

杜註：「萊，夷也。今東萊黃縣。」

今山東登州府黃縣東南二十里有萊子城。

案：史記：「太公封于營丘，萊人來伐。」則萊于齊爲邊鄙之患由來久矣。魯與萊中隔一齊，素無嫌隙，特承齊意而往會之耳。

宣九年夏，齊侯伐萊。

戴氏溪曰：「萊于齊爲近，故齊必欲服之。」

根牟

宣九年，取根牟。

杜註：「根牟，東夷國也。瑯琊陽都縣東有牟鄉。」

在今山東沂州府沂水縣東南。

案：是年齊侯復伐萊，而魯于是秋取根牟。蓋齊、魯俱懷吞併，各就其近處益地。萊在齊之東，而根牟在魯東。前曾助齊伐萊，非魯之利，特欲悅齊，以爲己取根牟之計耳。萊險固，而根牟弱小，故魯之取較易于齊。

昭八年，蒐于紅，秋自根牟至于商、衞，

昭二十七年傳，范獻子曰：「季氏甚得其民，淮夷與之。」

爲江南徐州府之蕭縣，相去千有餘里，越魯而侵蕭，則其來雖未必求援，而其窺探情事，熟覽徑道可知矣。

成十八年，王湫奔萊。不見經。左傳：「齊爲慶克之難故，殺國佐，使清人殺國勝。國弱來奔，王湫奔萊。」

襄二年春，齊侯伐萊。不見經。左傳：「萊人使正輿子賂夙沙衛以索馬牛，皆百匹，齊師乃還。秋，〔四〕魯葬夫人齊姜，齊侯使諸姜宗婦來送葬，召萊子，萊子不會，故晏弱城東陽以偪之。」

襄六年冬，齊侯滅萊。

革車千乘。案：此時根牟已入爲魯邑，傳言其極東以至極西之境也。

左傳：「晏弱城東陽，而遂圍萊。甲寅堙之環城，傅于堞。王湫帥師及正輿子、棠人軍齊師，齊師大敗之，遂入萊。晏弱圍棠，滅之，遷萊于郳。」杜註：「棠，萊邑。北海即墨縣有棠鄉。」在今山東萊州府即墨縣南八十里，自是齊地東際于海矣

南蠻

春秋之世，楚境不能越洞庭而南，楚使對桓公言曰：「寡人處南海。」特誇辭耳。故其時蠻夷之在今湖南境者，皆係徼外，世服屬于楚，無由自通于中國，中國往往不能舉其號，第稱蠻曰羣蠻、濮曰百濮以概之，蓋其種類實繁，其地爲今某州縣亦難可深考。獨盧戎以敗屈瑕軍，楚滅之爲盧邑，文十六年楚戢黎爲盧大夫侵庸，其地在今江、漢閒，略可紀焉。

盧戎	桓十三年，楚屈瑕伐羅，羅與盧戎兩軍之，大敗之。 杜注：「盧戎，南蠻。」今湖北襄陽府南漳縣東五十里有中盧故城，亦曰中廬鎮。孔疏：「盧與廬通。」
羣蠻	文十六年，楚大饑，羣蠻叛楚。 後漢書南蠻傳曰：「蠻屬于楚，鄢陵之役，蠻與共王合兵擊晉。及吳起相悼王，南并蠻越，遂有洞庭、蒼梧。秦昭王使白起伐楚，略取蠻夷，始置黔中郡。」案：黔中故城在今湖南辰州府沅陵縣西。辰沅諸境所隸之蠻峒長官即羣蠻也。
百濮	文十六年，百濮聚于選。昭九年，詹桓伯曰：「巴、濮、楚、鄧，吾南土也。」 孔安國牧誓注云：「庸、濮在江、漢之南。」是濮爲西南夷。韋昭國語注云：「濮，南蠻之國。」杜預釋例曰：「建寧郡南有濮夷，濮夷無君長，各以邑落自聚，故稱百濮。」案：晉建寧郡在今雲南界，約言其地，當在楚之南境而迤西。 昭十九年，楚子爲舟師以伐濮。
巴	桓九年，楚及巴師圍鄾。 杜注：「巴國在巴郡江州縣。」今爲四川重慶府治巴縣，江水逕其城南，三折如巴，因名。 莊十八年傳，巴人叛楚而伐那處，取之，遂門于楚。 文十六年，楚人、秦人、巴人滅庸。

赤狄白狄論

春秋之世，有赤狄、白狄，又有長狄。長狄兄弟三人，無種類，而赤狄、白狄，種類最繁。案經傳所見赤狄之種有六，曰東山皋落氏，曰廧咎如，曰潞氏，曰甲氏，曰留吁，曰鐸辰。白狄之種有三，曰鮮虞，曰肥，曰鼓。然以予考之，閔、僖之世，狄尤横，其時止稱狄，未有赤、白之號。蓋當時之單以狄舉者，皆赤狄也。赤狄最强，能以威力役其種類。白狄故居河西，其别種在中國者，赤狄能役屬之。而長狄尤其酋豪中之魁異者，合諸部爲一，力大勢盛，故能以兵威伐邢入衛，滅温伐周，又能仗義執言，救齊伐衛，以齊、晉之强，莫之能抗也。其疆域自晉蒲、屈以東，東與齊、魯、衛爲界，蓋自平陽潞安以及山東之境，雜居山谷，緜地千里，故當日邢、衛、宋、魯、齊、晉、鄭諸國胥被其患。逮魯僖公之三十二年，而狄始亂。明年伐晉，而白狄子見獲。蓋其種類自相攜貳，各分部曲，如匈奴之分五單于，勢分力弱。自是而赤狄、白狄紛然見經，而狄於以不競矣。論者謂長狄、白狄之各爲一國，非也。蓋其初皆屬于赤狄，後稍稍離異，始以名見于春秋。文、宣之世，威令不行，四出侵伐，屢見挫衄。經書晉侯敗狄于箕，郤缺獲白狄子，叔孫得臣敗狄于鹹，獲長狄僑如，皆狄之將佐。後僑如之弟焚如，與潞俱滅，則狄之死國難者。春秋賤之，故不書，使不得與潞子嬰兒等，則其種之貴賤可知矣。綜而計之，莊公三十二年，而狄伐邢，暴横中國。更三十有四年，而狄有亂，赤狄、白狄始分。又三十有五年，而赤狄潞氏滅于晉。又六十有五年，而晉滅肥。又十年，而晉滅鼓，白狄止存鮮虞。首尾百四十有四年之閒，盛衰强弱之故，豈不較然也哉。晉里克之逐狄也，曰「懼之而已，無速衆狄」，則當狄之合，狄之所以盛也。郤成子之求成于狄也，衆狄疾赤狄之役，遂求成于晉，則當狄之分，狄之所以衰也。春秋始書狄，而後書赤狄、白狄者，蓋因列國之赴告，與狄之自通于中國者而書之，皆當時之實録，學者可由此思其故矣。杜氏于呂相絶秦，以白狄爲晉婚姻，謂赤狄之女，白狄伐之，以納于文公，其意似以廧咎如爲赤狄，而重耳所奔爲白狄，此出于臆見，無可考據。廧咎如之女爲叔隗、季隗，而狄女亦稱隗后，則本爲一姓，當時之止稱狄者，皆係赤狄無疑也。太史公稱諸戎翟自有君長，莫能相一，蓋據春秋之末至戰國而言耳，非所論于魯閔、僖之世也。

戎狄書子論

昔先王建國，胙土命爵，分爲公、侯、伯、子、男。春秋時，班班猶存。然亦有出于時王之所賜，如王命曲沃武公以一軍爲晉侯，郳犂來進爵爲小邾子是也，而于戎狄則無聞。乃吾觀宣、昭之閒，赤狄之別有潞子嬰兒，白狄之別有肥子緜皐、鼓子䳒鞮者，聖人皆書之于經，而左氏不著其封爵之所自，杜預亦弗深考。余嘗疑之，其爵非先王之所賜，亦非時王別命以土，直以戎狄各居一方，桀驁難制，大國請于王而命之，如唐世外彝有叛者，就加節度使之類耳。而其先之不見于經，何也？閔、僖之世，狄最强盛，聖人止書狄，其時實未賜爵也。僖之末年，而狄有亂，赤狄、白狄始分。宣三年，而赤狄始見經。八年，白狄始見經。自後凡書赤狄者七，書白狄者三，其時賜爵與否未可知。而聖人略之不書者，春秋于外彝多從其故號，如楚之武、文改爲楚已久，而終莊公之世止書荆人是也。逮晉滅諸國，則其君臣自誇武功，獻俘于王，必詳列其國號與其君之爵與名，如後世之露布，自京師昭示遠近，春秋安得而不書其爵乎？至如甲氏、留吁、鐸辰，則實未有國號，未賜爵命，聖人亦第從其實書之也。經于潞氏及甲氏、留吁，明書赤狄，而曰肥曰鼓，不著狄號，而杜氏知爲白狄之種者，此或別有考據。至其國名，則各從其地，潞氏以潞縣得名，鼓以鼓聚、肥以肥累城得名，此各因廬帳所在，從而立稱，知出于春秋之季之濫加名器，而不得比于徐、楚、吴、越之列明矣。推而計之，如所稱戎子駒支、無終子嘉父、戎蠻子嘉及陸渾子者，例皆書子。無終乃山戎之別種，陸渾係秦、晉之所遷，其非文、武之舊封，尤最易明者。他如楚之別爲夔，宋之別爲蕭，聖人皆書之于經，而未詳其封于何年。正義云：「宋桓公之立，蕭叔大心有功，宋人封之爲附庸。」孔晁註鄭語謂熊摯有疾，而自棄于夔，子孫有功，王命爲夔子，此皆隱、桓以後之別封者。余悲夫春秋之國日就微滅，而亦有別爲建置，如鮮虞亦曰中山，至戰國時僭號稱王，與燕、趙爲列國，均非周初之舊封。余因得而備論之，庶春秋當日之興廢較然可睹焉。

范爲士會封邑考

山東濮州范縣爲晉范武子封邑，世多疑之。以晉當春秋中葉，不應拓土至此。季氏私考遂以爲隨之別名，此甚非也。余嘗考之，武子之封范，蓋自宣十五年晉人滅潞之後始也。案宣十二年邲之戰稱隨武子，十五年荀林父滅潞，十六年士會滅甲氏、留吁，晉侯請于王，命爲太傅，王享之。其時止稱武子，而不稱隨。十七年請老，遂稱范武子，以後世世稱范。意范爲赤狄潞氏地，晉滅其族，而因以爲武子賞功之邑耳。何則？滅潞之役，士會、荀林父二人同功，荀林父賞狄臣千室，士伯謀不殺荀林父，猶予以瓜衍之縣，士會滅甲氏、留吁，豈獨無賞。傳但載其將中軍，爲太傅，而偶遺其封邑耳。其范之爲狄地，何也？春秋時，狄之疆域甚遠，伐邢，而邢遷夷儀，攘邢之故地入衞，而衞遷楚丘，處殷之故墟，其後屢侵齊、魯、曹、濮之境。狄地實相犬牙，而晉獻之世，以蒲屈爲邊。案蒲屈爲今平陽府隰、吉二州之境，自此以東皆狄地，故曰狄之廣莫。狄之東爲衞，衞之東爲齊，故其時晉之與齊甚遼遠，齊桓會盟無由至。文、襄之世猶隔絶，文公伐曹，必假道于衞，是則未滅潞氏以前，晉決無由得范地。既滅潞氏，二年而武子遂封范，中閒不聞别侵齊、魯，故知范爲狄之故地無疑。當是時，楚方强横，服鄭伐宋，晉概置不問，而郤缺、士會專致力于狄，其意以爲争無益之虚名，不如爲拓土之實計，故求成以攜其黨，滅留吁、甲氏，以盡其族。自是以後，衞之故封，如河内、朝歌、邯鄲、百泉之地，悉爲晉邑，幾有中原大半，與齊、魯、衞三國爲鄰境，鞌之戰，遂卷甲而長驅入齊矣。後東昌之冠縣爲晉冠氏邑，丘縣爲晉乾侯邑，而齊烏餘以廩丘入晉，廩丘亦范境，此皆宣公以後之晉，非宣公以前之晉也。余輯疆域而有見于范武子之事，故備誌之，使後有考焉。

隨在今山西介休縣，縣東有隨城。隱五年翼侯奔隨，即此隨也。士會既受范，隨仍歸于晉。案吴季札封延陵，稱延陵季子，後更封州來，稱延州來季子，以兩邑並食，故得兼稱。今范氏惟稱范，故知更不食隨也。

校勘記

〔一〕〔僖二十八年傳〕　下所引「小戎子生夷吾」一語見莊公二十八年，此云僖公，誤記。

〔二〕〔昭元年〕　下所記「晉梁丙、張趯率陰戎伐潁」事在昭公九年，此云「元年」，誤記。

〔三〕〔五鄉爲州〕　當云「五州爲鄉」。此本昭公二十二年杜預註。

〔四〕〔秋〕　當作「夏」。下所記「魯葬夫人齊姜」云云，皆爲襄公二年夏季之事。